Zwischen Engagement und Enttäuschung

Astrid Hieber/Ingrid Lukatis

Zwischen Engagement und Enttäuschung

Frauenerfahrungen in der Kirche

Umschlagsgrafik „Wege und Umwege"
von Erika M. Rehde

Die Deutsche Bibliothek - CIP-Einheitsaufnahme

Hieber, Astrid: Zwischen Engagement und Enttäuschung: Frauenerfahrungen in der Kirche / Astrid Hieber; Ingrid Lukatis. - Hannover: Luth. Verl.-Haus, 1994 NE: Lukatis, Ingrid:
ISBN 3-7859-0678-1

© Lutherisches Verlagshaus GmbH, Hannover, 1994
Alle Rechte vorbehalten
Gesamtherstellung: Th. Schäfer Druckerei GmbH, Hannover
ISBN 3-7859-0678-1

Inhalt

Vorwort		7
1	Kontext und Entstehungsgeschichte der Studie	9
1.1	„Frauen in der Kirche" - ein Thema von kirchensoziologischem und kirchenpraktischem Interesse	9
1.2	Vorgeschichte der Frauenbefragung	10
2	Untersuchungsansatz und Fragestellungen	12
3	Vorstellung der Teilnehmerinnen an der Befragung	16
3.1	Lebensalter	16
3.2	Stellung in der Kirche	17
3.3	Berufstätigkeit im außerkirchlichen Bereich	20
3.4	Haushalt und Familie	22
3.5	Besondere Aspekte der persönlichen Lebenssituation	24
4	Erfahrungen mit Kirche und Gemeinde	28
4.1	Gegenwärtige Orte der Erfahrung: Beteiligung am kirchlichen Leben	28
4.2	Frauenerfahrungen in der Kirche	33
4.2.1	Positive Erfahrungen	34
4.2.2	Negative Erfahrungen	48
4.3	Frauen und Ortsgemeinde	63
4.3.1	Erfahrungen mit der eigenen Ortsgemeinde	63
4.3.2	Auswirkung ortsgemeindlicher Erfahrungen	72
4.4	Kirchenbilder der befragten Frauen	81
4.4.1	Kirche, wie die befragten Frauen sie wünschen	81
4.4.2	Schritte zur Verwirklichung der „gewünschten Kirche"	95
4.4.3	Initiativen für Veränderung	108
5	Erfahrungen mit ehrenamtlicher Arbeit in der Kirche	113
5.1	„Ehrenamtliche Arbeit" - Begriff und Fragestellungen	113
5.2	Die ehrenamtlichen Mitarbeiterinnen in der Frauenbefragung	115
5.3	Arbeitsfelder und zeitlicher Umfang ehrenamtlichen Engagements	121
5.4	Bedeutung ehrenamtlicher Arbeit für die Frauen selbst	126
5.4.1	Positive Aspekte ehrenamtlicher Arbeit	126
5.4.2	Chance und Ermutigung zum Gespräch	130
5.5	Erfahrungen mit ehrenamtlicher Arbeit	132
5.5.1	Möglichkeit, eigene Fähigkeiten einzubringen	132
5.5.2	Selbstbestimmung über den Umfang der Mitarbeit	134
5.5.3	Zusammenarbeit	136

5.5.4	Beteiligung an Information, Diskussion, Entscheidungen	138
5.5.5	Kostenerstattung	140
5.5.6	Gremienarbeit	142
5.5.7	„Frauen dienen - Männer leiten"	145
5.5.8	Andere Erfahrungen	146
5.6	Veränderungswünsche	150
6	Erfahrungen mit beruflicher Arbeit in der Kirche	155
6.1	Berufsgruppenzugehörigkeit und Arbeitszeit	155
6.2	Lebenssituation der beruflich in der Kirche tätigen Frauen	160
6.3	Erfahrungen mit beruflicher Arbeit in der Kirche	162
6.3.1	Kirche als Arbeitgeberin	162
6.3.2	Möglichkeiten, eigene Fähigkeiten in den Beruf einzubringen	170
6.3.3	Zusammenarbeit	178
6.3.3.1	Zusammenarbeit mit Männern	178
6.3.3.2	Zusammenarbeit mit anderen Frauen	185
6.3.4	Beteiligung an Information, Diskussion, Entscheidung	190
6.3.5	Erfahrungen mit Gremienarbeit	196
6.3.6	Beruflicher Aufstieg	202
6.3.6.1	Beurteilung von Aufstiegschancen	202
6.3.6.2	Verbesserung von Aufstiegschancen	207
6.3.7	Erfahrungen von Benachteiligung bzw. Diskriminierung	214
7	Erfahrungen als Ehefrauen von Pastoren oder anderen kirchlichen Mitarbeitern	221
8	„Frau und Kirche"	228
8.1	Assoziationen zum Thema „Frau und Kirche"	228
8.2	Notwendige Veränderungen	239
8.2.1	Stellungnahmen zum Forderungskatalog	240
8.2.2	Stellungnahmen zur Einführung einer Quotenregelung	251
8.2.3	Stellungnahmen zur Einrichtung einer Gleichstellungsstelle	259
8.3	„Frauen und Kirche" - was dazu noch zu sagen wäre	264
9	Frauen in der Kirche: Zwischen Engagement und Enttäuschung	279
9.1	Kirche und Gemeinde aus der Sicht kirchlich interessierter, engagierter Frauen	280
9.2	„Frauen und Kirche" - aus der Perspektive unterschiedlicher „Ämter"	284
9.2.1	Ehrenamtliche Mitarbeiterinnen	285
9.2.2	Frauen ohne besonderes Amt in der Kirche	289
9.2.3	Frauen, die einen Beruf in der Kirche ausüben	290
9.2.4	Frauen, die sich auf einen Beruf in der Kirche vorbereiten	295
9.3	„Frauen und Kirche" - aus der Perspektive unterschiedlicher Lebenssituationen	297
Nachwort		302

Vorwort

"Zwischen Engagement und Enttäuschung" - mit dieser Veröffentlichung legen wir den Schlußbericht einer Befragungsaktion vor, die im Frühjahr 1988 mit einem Beschluß der Landessynode der Ev.-luth. Landeskirche Hannovers ihren Anfang genommen hatte. Fünf Jahre also liegen seit dem Start und dem Endpunkt eines Unternehmens, das erwachsen ist aus dem Wunsch von Frauen, ihre Kirche *"in Bewegung zu bringen"*, in eine Bewegung hin zu neuen Formen des Miteinanderlebens von Frauen und Männern.

Viele Frauen und eine ganze Reihe von Männern haben daran mitgearbeitet, diesen Prozeß in Gang zu bringen; sie haben viel Zeit und Kraft investiert, miteinander nachgedacht, diskutiert und manchmal auch gestritten. Dem Vorbereitungskreis, der diese Aktion konzipiert und den Fragebogen entworfen hat, gehörten an: Monica von Bandemer, Traute Gehrke, Ruth-Christa Hörning, Doris Janssen-Reschke, Margot von Klencke, Christa Kuzma, Gisela Lagershausen, Gunhild Lauter-Aehnelt, Renate Rogall, Eva-Maria Seifert, Sabine Sundermeyer und Eva-Brigitte Wolfrum; in beratender Funktion beteiligt waren Karin Lorenz und Ingrid Lukatis sowie Hans Joachim Schliep als Vertreter des Landeskirchenamtes.

Eine - gemessen an unseren Erwartungen - überraschend große Zahl von Frauen war bereit, sich den Fragen zu stellen und eigene Erfahrungen in und mit der Kirche zu Papier zu bringen. Der hohe Rücklauf von Fragebogen war für uns ein Signal, das die Dringlichkeit der Thematik und die Eignung der gewählten Vorgehensweise unterstrich. Viele Frauen fanden es offenbar *"begrüßenswert"*, wie wir in einem Fragebogen lesen konnten, *"daß auch mal die Frauen gefragt werden und sich zu diesem Thema äußern können"*.

Die hohe Antwortbereitschaft war in vielfältiger Weise verknüpft mit Hoffnungen und Erwartungen, eine solche Aktion möge ein vorzeigbares Ergebnis haben, *"wirklich zu Konsequenzen führen"*. Was diese Auswertung anbelangt, so haben wir diese Hoffnungen und Erwartungen als Verpflichtung empfunden, mit den von den Antwortenden formulierten Anliegen sehr sorgfältig umzugehen, unterschiedlichen Ansichten Raum zu geben, nach Möglichkeit auch die mit verschiedenen Äußerungen erkennbar verbundenen Gefühle von Freude und Dankbarkeit, Befürchtungen und Sorgen, Enttäuschung, Ärger und Wut zum Ausdruck zu bringen.

"Zwischen Engagement und Enttäuschung" - der nach längerem Nachdenken und vielen Gesprächen gewählte Buchtitel will den Spannungsbogen nachzeichnen, der für uns in mehrfacher Weise in den Antworten sichtbar wurde. Dieser Bogen spannt sich zwischen der von vielen Frauen empfundenen Aufbruchsstimmung und dem Wunsch anderer Frauen, Bewährtes, ihnen Liebgewordenes festzuhalten. Er kennzeichnet das *"Miteinander"* von Frauen in der Kirche - das, wie manche Äußerungen zeigen, durchaus nicht davor geschützt ist, auch einmal in ein *"Gegeneinander"* unterschiedlicher Positionen und Anschauungen umzuschlagen. Er ist aber auch Ausdruck einer Spannung, die viele einzelne Frauen *in sich* erleben, mit der sie leben, an der sie, wie viele Antworten zeigen, nicht selten leiden, oft aber auch wachsen. Sich dieser Spannung bewußt zu sein, die jeweils *"andere Seite"* zu kennen und vielleicht Anteile davon auch in sich selbst zu entdecken, das kann, so hoffen wir, das Gespräch miteinander und den weiteren gemeinsamen Weg erleichtern.

"Zwischen Engagement und Enttäuschung" - dieser Abschlußbericht ist das Produkt einer intensiven Analyse-Arbeit, die viel Zeit und Kraft - und auch einiges Geld

- gekostet hat. Dafür, daß auch letzteres im notwendigen Umfang zur Verfügung stand, danken wir dem Landeskirchenamt und der Pastoralsoziologischen Arbeitsstelle ebenso wie dem Arbeitsamt, das uns für diese Aufgabe für zwei Jahre eine AB-Maßnahme genehmigt hat. Die Auswertungsarbeiten begannen damit, daß vier Frauen - Annegret Brinkmann, Silke Jug, Ingrid Peters und Sabine Schütte - zum Teil viele Monate lang mit Ausdauer und großer Sorgfalt Antworten aus den Fragebogen in Computertexte übertragen haben. Diplom-Soziologin Sabine Schütte hat anschließend auch noch einige Zeit an der Erstellung der Auswertungspläne mitgearbeitet und erste Codierungsarbeiten durchgeführt. Ab November 1991 konnte Astrid Hieber MA diese Aufgabe für die folgenden zwei Jahre vollzeitlich übernehmen.

„Zwischen Engagement und Enttäuschung" - die Fertigstellung dieses Berichts verbinden wir mit dem Wunsch, daß dies nicht der *Abschluß* des begonnenen Prozesses sein möge. Die Veröffentlichung der Erfahrungen von Frauen in der Kirche war und ist vielmehr als ein - hoffentlich weiterführender - Schritt gedacht, der diesen Prozeß hin zu einer *„neuen Gemeinschaft von Frauen und Männern in der Kirche"* fördert.

Schließen möchten wir dieses Vorwort mit einem Zitat. Eine Frau beendete ihre Eintragungen in den Fragebogen mit folgendem Satz: *„Liebe Frauen, ich finde es toll, daß Ihr Euch mit den Fragebögen so viel Mühe gegeben habt."* - Wir möchten diese an den Vorbereitungskreis adressierte Bemerkung gerne weitergeben an all diejenigen, die durch Beantwortung der Fragen oder durch Mitarbeit an der Auswertung dazu beigetragen haben, daß die Erfahrungen von Frauen in der Kirche so ausführlich dokumentiert und damit öffentlich zur Sprache gebracht werden konnten.

1 Kontext und Entstehungsgeschichte der Studie

1.1 „Frauen in der Kirche" - ein Thema von kirchensoziologischem und kirchenpraktischem Interesse

Kirchensoziologische Untersuchungen im deutschsprachigen Raum zeigen seit langem, daß Frauen sich am Leben der Kirche stärker beteiligen als Männer. Mehr Frauen als Männer zeigen positive Einstellungen gegenüber Religion und Kirche, unterstützen kirchliche Aktivitäten und vertreten christliche Überzeugungen. Trotz dieser Erkenntnis wurden lange Zeit kaum empirische Forschungsarbeiten durchgeführt, die die Beziehungen von Frauen zum religiös-kirchlichen Leben einer eingehenderen Analyse unterziehen[1]. Auch in den Kirchen und Gemeinden hat die „Gewißheit", bei Frauen mit einem hohen Maß an Zustimmung und Unterstützung rechnen zu können, die Aufmerksamkeit eher auf die „abständigen" Männer gelenkt.

Diese Situation wandelte sich erst, als sich im Zug der neueren Frauenbewegung und der sich zeitgleich - und teilweise in enger Verbindung dazu - entwickelnden „Feministischen Theologie" immer mehr Frauen kritisch mit vorgegebenen Strukturen in Kirche und Theologie, mit kirchlicher Sprache und christlich-theologischen Denkmustern auseinandersetzten und anfingen, explizit Veränderungsvorstellungen zu entwickeln. Nun wurde man allmählich - insbesondere in den Kirchen selbst - auf die Situation von Frauen aufmerksam, begann sich sogar mit Fragen ihrer Benachteiligung auseinanderzusetzen.[2] In diesem Zusammenhang gab es auch Be-

---

[1] Eine Ausnahme bilden hier die Arbeiten der Projektgruppe „Frauen als Innovationsgruppen", angestoßen und finanziert vom Deutschen Nationalkomitee des Lutherischen Weltbundes; die Arbeiten wurden 1977 ff. veröffentlicht in der Reihe „Kennzeichen" im Burckhardthaus-Laetare-Verlag / Gelnhausen-Berlin-Stein. Im Rahmen dieses Programms wurden u.a. zwei empirische Untersuchungen zum Themenkreis „Frauen und Kirche" durchgeführt - eine „Selbststudie" der Evangelischen Frauenarbeit in Württemberg („Wir Frauen in der Kirche", 1980) und eine Studie über „Mitarbeit von Frauen und neue Formen der Frauenarbeit in der Kirche" (Ingrid Lukatis / Anna-Barbara Naß: „Phantasie für sich und andere", 1981); Zu den wenigen Studien, die das Thema „Frauen und Religion / Kirche" ausführlich behandeln, gehört ferner die auf Daten des Instituts für Demoskopie Allensbach basierende Sekundäranalyse von Gerhard Schmidtchen: Die Situation der Frau. Berlin, Duncker & Humblot, 1984; darin besonders Kapitel 7: Glaube und Kirche, S. 73 - 93.

[2] Ein frühes Dokument solcher Aufmerksamkeit ist die 1979 von einem Ausschuß der Evangelischen Kirche in Deutschland vorgelegte Studie „Die Frau in Familien, Kirche und Gesellschaft" (Gütersloh, Mohn). In den achtziger Jahren wandten sich kirchenleitende Gremien in den einzelnen Landeskirchen ebenfalls diesem Thema zu, veranstalteten Anhörungen und ließen zum Teil Befragungen durchführen (vgl. z.B. Frauen-Anhörung in der Evangelischen Kirche in Hessen und Nassau. Eine Dokumentation und Anregungen für die Arbeit in Gruppen, hrsg. von der Arbeitsstelle für Erwachsenenbildung der EKHN, 1986; Wenn Frauen die Kirche bewegen ... . Dokumentation zur Entstehung des Frauenreferats in der Evangelischen Kirche von Westfalen, Hrsg. Redaktionskreis, 1987, Frauen in der Kirche. Bericht der Frauenarbeit der Evangelischen Landeskirche in Württemberg bei der Tagung der Württembergischen Evangelischen Landessynode am 13. März 1987 in Stuttgart; Frauen melden sich zu Wort. Frauenhearing - 15. Oktober 1988 - in der Evangelischen Kirche in Berlin-Brandenburg (Berlin-West), hrsg. vom Ausschuß der Kirchenleitung zur Vorbereitung eines Frauenhearings; Gleichberechtigt in Gottes Namen!? Zur Diskussion um ein Frauenreferat in der Bayerischen Landeskirche, Tutzinger Materialien Nr. 52 / 1988; vgl. auch die „Materialien zur Vorbereitung der EKD-Synode 1989" mit dem Schwerpunktthema „Die Gemeinschaft von Frauen und Männern in der Kirche" sowie die daran anschließenden Dokumentationen und Veröffentlichungen: „Die Gemeinschaft von Frauen und Männern in der Kirche", epd-Dokumentation Nr. 48a / 89; Synode der Evangelischen Kirche in Deutschland: Die Gemeinschaft von Frauen und Männern in der Kirche (hrsg. vom Kirchenamt der EKD), Gütersloh, Mohn, 1990. Der Bund der Evangelischen Kirchen in der DDR hat 1987 unter dem Titel „Frau und Mann in Kirche und Gesellschaft" die „Arbeitsergebnisse des Facharbeitskreises für die Zusammenarbeit von Mann und Frau

mühungen um systematische Untersuchungen auf empirischer Basis oder doch zumindest Unterstützung für entsprechende Initiativen, die von Frauen ausgingen. Zugleich wuchs die Bereitschaft, Frauen Gelegenheit zu schaffen, eigene Erfahrungen in der Kirche öffentlich und kritisch zur Sprache zu bringen.[3]

1.2 Vorgeschichte der Frauenbefragung

Auch die hier vorgelegte Studie steht in diesem Zusammenhang. Sie war von ihrem Ansatz her in erster Linie an konkreten kirchenpraktischen Interessen und Zielvorstellungen orientiert. Entscheidungen über zu untersuchende Inhalte und Fragestellungen ebenso wie über die methodische Vorgehensweise sind eng damit verknüpft. Ein Rückblick auf die Vorgeschichte der Erhebung steht deshalb am Beginn dieses Berichts.

Von 1985 bis 1988 fand in der Evangelischen Akademie Loccum unter Beteiligung von Mitgliedern der Kirchenleitung der Ev.-luth. Landeskirche Hannovers sowie von Mitarbeiterinnen und Mitarbeitern verschiedener kirchlicher Einrichtungen eine fünfteilige Kolloquienreihe zur *„Zukunft der Kirche"* statt. Im Rahmen dieser Kolloquienreihe wurde an mehreren Stellen[4] das Thema „Frauen und Männer in der Kirche" bearbeitet. Nach dem vierten Kolloquium stand fest für die Teilnehmerinnen und Teilnehmer fest, daß dieses Thema weiterer Aufmerksamkeit in der Landeskirche bedurfte. Die Durchführung einer *„Frauen-Anhörung"* in der Landessynode wurde als geeigneter nächster Schritt empfohlen.[5]

Die 20. Landessynode der Ev.-luth. Landeskirche Hannovers hat im November 1987 beschlossen, ein solches *„Hearing über die Situation der Frau in Kirche und Gesellschaft"* durchzuführen. Zur Vorbereitung dieser Anhörung wurde ein Vorbereitungskreis berufen.[6] Vor der Anhörung sollte ein *„Frauen-Forum"* stattfinden, um Frauen einen *„Austausch über unterschiedliche Erfahrungen, Probleme und Wünsche in unserer Kirche zu ermöglichen"*. Diesem Forum wiederum sollte eine breit angelegte *„Frauen-Befragung"* vorausgehen, deren Ergebnisse in die Forums-Gespräche einzubringen waren.

---

in Kirche, Familie und Gesellschaft aus den Jahren 1972 - 1985" herausgegeben (Berlin, Evangelische Verlagsanstalt).

[3] In den Kontext dieser verstärkten Aufmerksamkeit für das Thema „Frauen" in der Kirche gehört z.B. die Aufnahme eines Beitrags „Frauen und Männer als Kirchenmitglieder" in den die zweite Kirchenmitgliedschaftsstudie der EKD ergänzenden Auswertungs- und Kommentarband (vgl. Ingrid Lukatis, in: Joachim Matthes [Hrsg.]: Kirchenmitgliedschaft im Wandel. Gütersloh, Mohn, 1990, S. 119 - 147). Eine kleine Studie über „Frauen im kirchlichen Ehrenamt" wurde vom Arbeitsbereich Frauen in der Kirche / Frauenreferat der Evangelisch-Lutherischen Kirche in Bayern herausgegeben („Wem gebührt die Ehre?", 1991). Im Herbst 1993 erschien eine im Auftrag der Deutschen Bischofskonferenz beim Institut für Demoskopie Allensbach in Auftrag gegebene Repräsentativbefragung von Katholikinnen mit dem Titel „Frauen und Kirche" (Arbeitshilfen Nr. 108, hrsg. vom Sekretariat der Deutschen Bischofskonferenz, Bonn, 1. Februar 1993).

[4] Vgl. insbesondere die Loccumer Protokolle „Zukunft der Kirche" Nr. 2, 26/86 und Nr. 4, 17/87.

[5] Vgl dazu auch Loccumer Protokolle „Zukunft der Kirche" Nr. 5, 26/88.

[6] Diesem Vorbereitungskreis gehörten an: Monica von Bandemer, Traute Gehrke, Ruth-Christa Hörning, Doris Janssen-Reschke, Margot von Klencke, Christa Kuzma, Gisela Lagershausen, Gunhild Lauter-Aehnelt, Renate Rogall, Eva-Maria Seifert, Sabine Sundermeyer und Eva-Brigitte Wolfrum; in beratender Funktion beteiligt waren Karin Lorenz und Ingrid Lukatis sowie Hans Joachim Schliep als Vertreter des Landeskirchenamtes.

Die mit dieser Befragung verknüpften Zielvorstellungen sind in den entsprechenden Synodalakten dokumentiert. Sie werden im folgenden in kommentierter Form wiedergegeben:[7]

„Im Aktenstück 133 der 20. Landessynode ist der Auftrag für diese Befragung in seinen Grundlinien skizziert. Im Absatz II, b) heißt es dort: *„Zur Vorbereitung (des Hearings) scheint eine Umfrage sinnvoll zu sein, weil dadurch Themen und Inhalte von der Basis her mitbestimmt werden können."* Die Modalitäten, die in diesem Zusammenhang für das Hearing genannt werden, haben sinngemäß auch für die Befragung zu gelten, nämlich:
- *„Eine breite Beteiligung von Frauen, die ehrenamtlich, nebenberuflich oder hauptberuflich in der Kirche mitarbeiten, ist anzustreben."* Und:
- *„Es ist wichtig, daß die verschiedenen Erfahrungen, die Frauen in der Kirche machen, zur Sprache kommen."*

Auch die im Blick auf das Hearing benannten Themen waren aufzunehmen (Aktenstück 133, III): *„das Bild der Frau und des Mannes in der Bibel, die gegenwärtige Rolle von Frauen in der Kirche, ihre Mitwirkung in der Leitung und in Entscheidungsgremien der Kirche und damit zusammenhängende Probleme"*.

Die Pastoralsoziologische Arbeitsstelle der Landeskirche wurde beauftragt, die methodische Vorbereitung, Durchführung und Auswertung dieser Befragung zu übernehmen.[8] Die einzelnen Schritte wurden aber vom Vorbereitungskreis gemeinsam verabredet und, von der abschließenden Auswertung abgesehen, auch gemeinsam vollzogen.

---

[7] Zitat aus der Vorstellung der Frauenbefragung zu Beginn der Frauen-Anhörung (Bericht von Ingrid Lukatis, vgl. Niederschrift über die 115. bis 124. Sitzung der 20. Landessynode der Ev.-luth. Landeskirche Hannovers / XV. Tagung vom 30. Mai bis 3. Juni 1989, S. 81 ff.). In dieser Anhörung wurden die Ergebnisse einer ersten Teilauswertung dieser Befragung eingebracht, die vom Vorbereitungskreis im Rahmen einer Klausurtagung zusammengestellt worden waren.
[8] Als Vertreterin der Pastoralsoziologischen Arbeitsstelle hat Ingrid Lukatis beratend an der Arbeit des Vorbereitungskreises teilgenommen.

2 Untersuchungsansatz und Fragestellungen

Was das methodische Vorgehen im einzelnen betrifft, so kristallisierten sich nach eingehenden Diskussionen im Vorbereitungskreis drei Vorgaben noch genauer heraus, an denen sich die Befragungsaktion orientieren sollte:
1. Durch die Befragung sollten die vorab im Blick auf das Hearing benannten Themen konkretisiert, differenziert, gewichtet und eventuell ergänzt werden.
2. Erhoben werden sollten Erfahrungen, Wünsche, Forderungen von Frauen, die beruflich oder ehrenamtlich in der Kirche tätig sind, von Frauen, die in verschiedenster Weise am kirchlichen Leben teilnehmen, von Frauen, die sich zugleich interessiert und kritisch mit der Kirche auseinandersetzen.
3. Auf dem Wege der Umfrage sollten möglichst viele Frauen in der ganzen Landeskirche am Prozeß der Hearings-Vorbereitung beteiligt werden.

Aus dem ersten Stichpunkt - Konkretisierung, Differenzierung, Gewichtung und Ergänzung von Themen - folgte die Entscheidung für eine bestimmte Form des Erhebungsinstrumentes: Damit die erwartungsgemäß ganz unterschiedlichen Erfahrungen von Frauen in der Befragung zum Ausdruck gebracht werden konnten, war es notwendig, überwiegend mit sogenannten „offenen" Fragen zu arbeiten. D.h., Antworten wurden nicht vorgegeben, sondern von den Frauen selbst formuliert. Ausnahmen von diesem Vorgehen bildeten einige standardisierte Sätze, mit deren Hilfe Frauen um Stellungnahme zu oft genannten Forderungen an die Kirche gebeten wurden.
Freilich: Auch offene Fragen müssen inhaltlich hinreichend präzisiert werden, damit qualitativ vergleichbare Antworten zustandekommen, die eine zusammenfassende Auswertung gestatten. Um beiden Anliegen - der Offenheit für unterschiedliche Erfahrungen und der Präzision der Fragerichtung - Rechnung zu tragen, wurden sowohl einige bewußt sehr weit gehaltene Impulsfragen als auch gezielte Fragen zu bestimmten Erfahrungsbereichen formuliert.

Stichpunkt Nr. 2 - die gewünschte Zielrichtung auf Frauen, die am Leben ihrer Kirche Anteil nehmen - gab den Ausschlag für die Umschreibung der Grundgesamtheit, die mit Hilfe der Fragebogenaktion genauer in den Blick kommen sollte. Nicht eine repräsentative Beschreibung „aller weiblichen Kirchenmitglieder" war beabsichtigt. (Für diese Personengruppe liegt repräsentatives Datenmaterial unter anderem aus den Kirchenmitgliedschaftsstudien der EKD vor. Die dort ermittelten Befunde waren zum Teil Grundlage der Arbeit in der Kolloquienreihe „Zukunft der Kirche".)
In der Vorbereitung des Hearings sollten vielmehr z.B. Gottesdienstbesucherinnen, Teilnehmerinnen an Kreisen und Gruppen, ehrenamtliche Mitarbeiterinnen in den verschiedensten Bereichen kirchlicher Arbeit und Frauen, die unterschiedlichen Gruppen von kirchlichen Mitarbeiterinnen und Mitarbeitern angehören, zu Wort kommen. Bei der Konstruktion des Erhebungsbogens wurde den ganz unterschiedlichen Erfahrungszusammenhängen dieser Frauen Rechnung getragen, indem sowohl „Fragen an alle Frauen" formuliert wurden als auch Fragen speziell an ehrenamtliche bzw. in der Kirche beruflich tätige Frauen. Auch die Situation von Frauen, die mit Pastoren oder anderen kirchlichen Mitarbeitern verheiratet sind, wurde gezielt angesprochen.

Der dritte Stichpunkt - das Interesse, möglichst viele Frauen in die Erhebung einzubeziehen - hatte zunächst die Entscheidung für eine schriftliche Befragung zur Folge. Interviews hätten schon aus Kostengründen den Kreis derjenigen, die angesprochen werden konnten, erheblich verkleinert.

Der Wunsch nach möglichst breiter Beteiligung sprach auch gegen jede Form der Stichprobenziehung - und damit der zahlenmäßigen Begrenzung der Befragung. Eine Stichprobenziehung nach Kriterien statistischer Repräsentativität schied darüberhinaus von vorneherein aus, weil die Grundgesamtheit „interessierte, aktive, am kirchlichen Leben partizipierende Frauen" von außen auch nicht annähernd umschreibbar erschien. Weder über Karteien noch über EDV-Listen ist die ins Auge gefaßte Personengruppe auch nur näherungsweise zu erschließen. So fiel im Vorbereitungskreis die Entscheidung, möglichst vielen Frauen die Teilnahme an der Befragung anzubieten und es ihrer eigenen Entscheidung zu überlassen, ob sie antworten wollten. Mit dieser Vorgehensweise verband sich zugleich die Hoffnung, daß die Umfrage so nicht nur analytisch, sondern auch motivierend, vielleicht gar aktivierend wirksam werden könnte.

Konkret wurde folgendes Verfahren gewählt: Über den Verteiler des landeskirchlichen Frauenwerks - d.h. über die Kreisarbeitsgemeinschaften der Frauenarbeit -, und über die Sammelsendung des Amtes für Gemeindedienst - d.h. über die Pfarrämter - wurden Fragebogen mit Anschreiben in die ganze Landeskirche versandt. Ergänzend hierzu wurden auch Beauftragte bzw. Fachberater/innen für verschiedene kirchliche Berufsgruppen sowie Werke, Einrichtungen, kirchliche Ausbildungsstätten und einzelne Netzwerke bzw. Initiativgruppen von Frauen angesprochen. Alle diese Multiplikatorinnen und Multiplikatoren waren gebeten, die Frauen in ihrem Bereich zu informieren und zur Beteiligung an der Aktion anzuregen.

Das vom Vorbereitungskreis „Frauen-Forum / Frauen-Hearing" verfaßte, dem Fragebogen beigefügte Anschreiben, mit dem Frauen zur Mitarbeit eingeladen werden sollten, hatte folgenden Wortlaut:

> **Liebe Frauen**,
> die Hannoversche Landeskirche hat beschlossen, sich in einer Synodaltagung dem Thema **„Frauen und Kirche"** zu stellen. Ein <u>Hearing</u> in der Synode zu dieser Frage ist im Sommer 1989 geplant. Zur Vorbereitung dieses Frauen-Hearings soll am 18. März 1989 ein <u>Frauen-Forum</u> stattfinden. Frauen, die an der Kirche interessiert sind, ehrenamtlich oder hauptberuflich mitarbeiten, sollen dort Gelegenheit haben, sich über ihre Vorstellungen, Wünsche und Hoffnungen auszutauschen. Ein wichtiges Ziel des Frauen-Forums ist es, eine Vorlage für das synodale Frauen-Hearing zu entwickeln, in der sich Situation und Interessen möglichst vieler Frauen in unserer Kirche widerspiegeln.
> Die Vorbereitung dieser beiden Vorhaben hat die Synode im Zusammenwirken mit dem Landeskirchenamt einem Kreis von Frauen übertragen. Dieser Vorbereitungskreis hat sich die Aufgabe gestellt, zunächst eine <u>Befragung</u> durchzuführen, um möglichst viele Frauen an diesem wichtigen Prozeß zu beteiligen. So soll jede Frau die Möglichkeit haben, sich zu äußern. Die Ergebnisse werden Gesprächsgrundlage für das Frauen-Forum im März 1989 sein. Eine ausführliche Auswertung aller Aussagen wird aber sicher weit über diesen Anlaß hinausreichen.
> Wir bitten Sie deshalb, den beiliegenden Fragebogen zu beantworten. Es ist für das ganze Vorhaben wichtig, daß sich möglichst viele Frauen beteiligen, damit ihre Erfahrungen und Vorstellungen im synodalen Diskussionsprozeß berücksichtigt werden können. Lassen Sie sich von den Fragen anregen, über sich als Frau in der Kirche nachzudenken, unabhängig davon, wie Sie sich der Kirche verbunden fühlen. Sie können die Themen auch mit anderen Frauen besprechen, ehe Sie antworten.

Bitte antworten Sie möglichst bald, spätestens aber bis zum 15. Januar 1989.[9]
Bei einigen Fragen brauchen Sie nur die für Sie zutreffende Antwort anzukreuzen. Bei den anderen notieren Sie bitte kurz Ihre Überlegungen. Wie Sie sehen werden, besteht der Fragebogen aus drei Teilen. Beantworten Sie auf jeden Fall die **Fragen an alle Frauen.** Für diejenigen, die **ehrenamtlich** und / oder **hauptamtlich** in der Gemeinde oder Kirche mitarbeiten, sind außerdem die Fragen auf den farbigen Blättern gedacht. Wenn wir bei der Zusammenstellung der Fragen wichtige Gesichtspunkte übersehen haben, dann fügen Sie diese bitte hinzu.

Die Angabe Ihres Absenders auf dem Fragebogen ist nicht erforderlich. Wir freuen uns, wenn Sie auch andere Frauen zum Mitmachen einladen. Sie können dazu weitere Fragebogen-Exemplare anfordern.

Mit freundlichen Grüßen und Dank für Ihre Mitarbeit
im Namen des Vorbereitungskreises
gez. Eva-Maria Seifert
(Vorsitzende)

Gestartet wurde die Umfrageaktion Ende Oktober 1988 mit dem Versand von zunächst 5000 Erhebungsbogen. Eine vom Landeskirchenamt wenig später versandte Mitteilung sollte ihr zu erhöhter Aufmerksamkeit verhelfen. Sehr bald konnten wir feststellen, daß die Aktion tatsächlich ein starkes Echo fand. Wochenlang wurden auf schriftlichem oder telefonischem Weg Fragebogen angefordert, von Einzelpersonen, aus Gemeinden, Kirchenkreisen und kirchlichen Einrichtungen. Bis zu dem der Aktion gesetzten Endtermin (15. Januar 1989) waren mehr als 35 000 Bogen abgerufen worden.

Natürlich sind wir uns darüber im klaren, daß es dennoch viele Frauen in der Landeskirche gibt, die - obwohl sie vermutlich an der Thematik brennend interessiert sind - nie (oder doch viel zu spät) von der Umfrageaktion gehört haben. Den Wert der Resultate mindert eine solche Einschränkung freilich nicht: Die erkennbare Breite der tatsächlich angesprochenen und erreichten Personengruppe berechtigt zu der Annahme, daß zwar nicht alle in Frage kommenden Frauen faktisch einbezogen waren, die Vielfalt unterschiedlicher Lebenserfahrung aber mit Gewißheit zur Sprache kam.

Zunächst einmal nahm auch der Rücklauf ausgefüllter Bogen bald erfreuliche Ausmaße an. Im Februar 1989 lagen etwa 4000 Bogen zur Auswertung bereit. Das mag angesichts der hohen Zahl abgerufener Exemplare vielleicht auf den ersten Blick wenig erscheinen. Zu berücksichtigen ist aber: Mit großer Wahrscheinlichkeit haben nicht alle bestellten Fragebogen wirklich die einzelnen Frauen vor Ort erreicht; möglicherweise wurden auch - für die versendende Stelle nicht erkennbar - in manchen Fällen Doppelbestellungen aufgegeben. Mit Sicherheit haben aber auch Frauen, die den Bogen in die Hand bekamen, ihn schließlich doch nicht bearbeitet. Verschiedene Gründe haben dabei offensichtlich eine Rolle gespielt.
- Manche Frauen haben die dort angesprochenen Themen letztlich doch nicht wichtig genug gefunden, um sich der Mühe der Beantwortung zu unterziehen.
- Andere Frauen meinten, mit der gesamten Aktion verbundene (Veränderungs-)Absichten zu erkennen, die sie nicht unterstützen wollten.

---

[9] Dieser Termin war, wie sich sehr bald zeigt, für die meisten Frauen nicht einzuhalten, da sich bereits der Prozeß der Fragebogen-Verteilung über einen erheblich längeren Zeitraum hinzog. In einer ergänzenden Information wurde das Ende der Umfrage-Aktion daher nachträglich auf April 1989 festgelegt.

- Wieder andere Frauen meinten trotz des mit der Umfrage, dem Frauen-Forum und dem Hearing in Gang gesetzten Prozesses in der Kirche keine echten Veränderungschancen zu erkennen und sahen deshalb keinen Sinn in einer Beteiligung.

Berücksichtigt man, daß der Vorbereitungskreis mit dem Fragebogen von Anfang an eine *doppelte Zielsetzung* verfolgt hat - nämlich einerseits eine möglichst breite Basis für die in das Hearing einzubringenden Erfahrungen zu schaffen, zum anderen die Diskussion über das ganze Vorhaben in der Landeskirche zu verbreitern -, so ist der Erfolg der Aktion vermutlich noch höher anzusetzen, als in der ohnehin hohen Zahl beantworteter Bogen zum Ausdruck kommt. Aus zahlreichen Rückmeldungen wissen wir, daß die letztgenannte Aufgabe oft auch dort erfüllt wurde, wo die Rücksendung des Fragebogens letztlich unterblieb.

Auf jeden Fall spiegeln 4000 Bogen ein breites Spektrum der in der hannoverschen Landeskirche aktiven, interessierten Frauen. Die Sichtung des Rücklaufs hat deutlich gezeigt: Beteiligt haben sich Frauen aus Dorfgemeinden, aus Klein-, Mittel- und Großstädten. Fragebogen kamen aus Stade, Lüneburg und Hannover, aus dem Leinebergland und aus Ostfriesland, kurz, aus allen Regionen der hannoverschen Landeskirche. Jüngere Frauen haben ebenso geantwortet wie ältere und alte Frauen. Und besonders engagiert zu Wort gemeldet haben sich Frauen mittleren Alters, jener Altersgruppe also, von der wir aus statistischen Erhebungen wissen, daß sie es vor allem sind, die die Kirche und ihre Gemeinden mit Leben füllen. Der größte Teil der Frauen, die ihre Erfahrungen, Wünsche und Forderungen zu Papier gebracht haben, beteiligt sich am gottesdienstlichen Leben. Sehr viele sind Mitglieder von Gruppen und Kreisen, und ein erheblicher Teil hat (darüberhinaus) ehrenamtlich eine (oft auch mehrere) Aufgaben in der Kirche übernommen. Unter den Frauen, die einen Beruf in der Kirche ausüben, finden sich Diakoninnen und Küsterinnen, Erzieherinnen und Pastorinnen, Kirchenmusikerinnen, Sozialarbeiterinnen und viele andere.

Wir haben den Frauen, die sich der Mühe der Beantwortung des Fragebogens unterzogen haben, zugesichert, daß alle Antworten berücksichtigt werden. Und wir möchten dieses Versprechen unbedingt einlösen, zumal das mit dieser Erhebung vorliegende Material auch für die Weiterarbeit an den angeschnittenen Problemen eine äußerst wertvolle Grundlage bildet, die keinesfalls ungenutzt bleiben sollte.

Auf Anregung des Vorbereitungskreises ermöglichte die Landeskirche nach Durchführung des Hearings eine sorgfältige und systematische Auswertung der nahezu 4000 vorliegenden Fragebogen. Das gesamte Textmaterial wurde zu diesem Zweck zunächst auf elektronische Datenträger übernommen, sodann die offenen Antworten Frage für Frage klassifiziert und anschließend inhaltlich wie statistisch aufbereitet. Mit diesem Bericht legen wir die Ergebnisse dieser umfangreichen Analysen vor.

3 Vorstellung der Teilnehmerinnen an der Befragung[10]

Insgesamt wurden 3957 ausgefüllte und auswertbare Fragebogen zurückgesandt. Die darin enthaltenen Angaben über das Lebensalter, über die familiäre und berufliche Situation sowie über das eigene ehrenamtliche Engagement gestatten eine „Vorstellung" dieser antwortenden Frauen. Eine solche Vorstellung ist besonders wichtig, weil die Untersuchungsgesamtheit nicht im statistischen Sinn als „repräsentativ" für eine bestimmte, benennbare Grundgesamtheit zu bezeichnen ist. Es geht also im folgenden um eine Art Rechenschaftslegung darüber, wer die Frauen sind, die die Einladung zur Beantwortung dieses Frauen-Fragebogens angenommen haben.[11]

3.1 Lebensalter

Die Angaben zum eigenen *Lebensalter* lassen beträchtliche Unterschiede in der Verteilung der Befragten auf die einzelnen Altersgruppen erkennen. Der größte Teil der vorliegenden Antworten stammt von Frauen im Alter zwischen 41 und 60 Jahren (vgl. Schaubild 1); mehr als ein Viertel aller Antwortenden gehört zur Altersgruppe der „41- bis 50jährigen". In besonders geringer Zahl haben sich einerseits sehr junge Frauen (im Alter bis zu 20 Jahren) beteiligt, zum anderen Frauen der Altersgruppe „71 Jahre und älter".

Auch wenn ein exakter Vergleich mit der Altersstruktur aller weiblichen Mitglieder der Landeskirche nicht möglich ist, weil entsprechende Daten fehlen, so gibt es doch angesichts dieses Resultats keinen Zweifel: Frauen mittlerer Altersgruppen sind in der Frauenbefragung, statistisch gesehen, eindeutig überrepräsentiert.[12] Sie prägen damit in besonderer Weise das als Gesamtbefund beschriebene Bild.

Dem Fragebogen-Rücklauf ist nicht zu entnehmen, ob diese starke Beteiligung der mittleren Altersgruppen - und die entsprechend geringere Beteiligung jüngerer und älterer Frauen - mit unterschiedlich stark ausgeprägtem Interesse an der angeschnittenen Thematik zusammenhängt oder aber, ob der Fragebogen Frauen bestimmter Altersgruppen häufiger als anderen zur Bearbeitung angeboten wurde. Für beide Annahmen sprechen durchaus plausible Überlegungen: Was die geringe Zahl junger Befragter anbelangt, so ist aus kirchengemeindlichen Erfahrungen wie auch aus kirchensoziologischen Studien bekannt, daß die Beteiligung jüngerer Menschen - auch: junger Frauen - am kirchlichen Leben in den letzten Jahren spürbar gesunken ist. In vielen Gemeinden dürfte es daher nur relativ wenige Kontakte zu jungen Frauen geben, die für eine Weitergabe des Fragebogens hätten genutzt werden können. Unabhängig davon könnte es aber auch sein, daß sehr junge Frauen, die in Gemeinden etwa als Mitarbeiterinnen im Kindergottesdienst oder in der Jugendarbeit engagiert sind, dort eher als „weibliche Jugendliche" denn als „junge Frauen" wahrgenommen werden und daß man sie deshalb gar nicht erst zur Mitarbeit an dieser Befragung aufgefordert haben könnte. Denkbar wäre schließlich auch, daß sich sehr junge Frauen selbst von dieser „Frauen"-Befragung nur selten angesprochen gefühlt haben.

---

[10] Bei der Darstellung der Untersuchungsergebnisse werden in diesem Kapitel jeweils die absoluten Zahlen wiedergegeben, um den Charakter der Befunde als „Vorstellung" der Befragtengesamtheit zu unterstreichen.

[11] Diese Rechenschaftslegung wird im Zusammenhang der Auswertung der einzelnen Fragestellungen insofern fortgesetzt, als dort jeweils anzugeben ist, welche Teilgruppen von Frauen sich mehr, welche weniger zu bestimmten Themen und Problemen geäußert haben.

[12] Zur Altersstruktur von Frauen in Niedersachsen vgl. beispielsweise die in der von der Landesbeauftragten für Frauenfragen bei der Niedersächsischen Landesregierung herausgegebene Studie über die „Lebens- und Arbeitssituation von Frauen in Niedersachsen", Hannover, 1988, S. 14.

Unterschiedliche Gründe können auch für die relativ geringe Repräsentanz alter Frauen in der Befragungsgesamtheit eine Rolle gespielt haben: Zwar ist diese Personengruppe im gemeindlichen Leben im Kontext von Frauen- und Seniorenarbeit in der Regel stark vertreten; die Einladung zur Teilnahme an der Frauenbefragung richtete sich aber an *„Frauen, die an der Kirche interessiert sind, ehrenamtlich oder hauptberuflich mitarbeiten ..."*. Dies mag die Aufmerksamkeit derjenigen, die vor Ort die Erhebungsbogen weiterzuleiten hatten, doch eher auf jene gelenkt haben, die *aktiv* - d.h. auch durch eigenes Engagement - im kirchlichen Leben verwurzelt sind. Nicht auszuschließen ist aber auch, daß der grundsätzliche Impuls zu kritischem Nachdenken über das Thema „Frauen in der Kirche" von Frauen der höheren Altersgruppen nicht in so großer Zahl aufgenommen wurde wie von jüngeren Frauen.

Schaubild 1: Die befragten Frauen nach Lebensalter (absolute Zahlen)

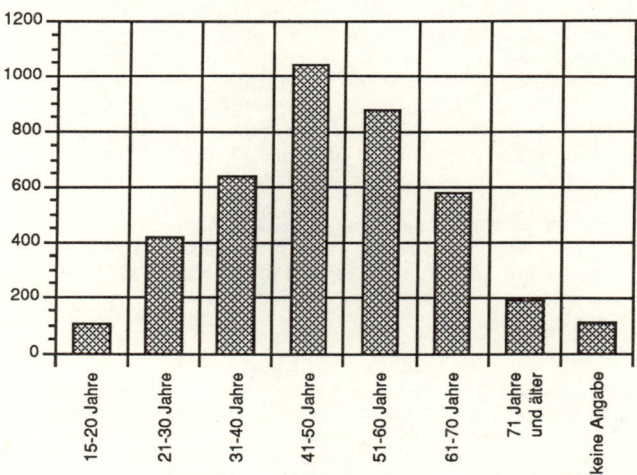

3.2 Stellung in der Kirche

Das Nachdenken über das Zustandekommen dieser Altersverteilung leitet über zu einem anderen Aspekt dieser Vorstellung. Er betrifft die *Art der Beziehung*, in der die Befragten zur Kirche stehen:

- Frauen konnten sich von der Aktion in erster Linie angesprochen fühlen als *engagierte Kirchen- und Gemeindemitglieder*, die sich am gemeindlichen oder sonstigen kirchlichen Leben beteiligen - als Gottesdienstbesucherinnen, Kirchenvorsteherinnen, Mitglieder von Frauenkreisen usw.
- Andere Frauen sahen sich vermutlich in erster Linie gefragt als *Mitarbeiterinnen, die ihren Beruf in der Kirche ausüben* - als Pastorinnen oder Pfarrsekretärinnen, als Diakoninnen, Sozialarbeiterinnen, Küsterinnen oder Kirchenmusikerinnen bzw. als Frauen, die sich - derzeit noch in Ausbildung befindlich - *auf einen solchen kirchlichen Beruf vorbereiten*.

- Und schließlich mögen manche Frauen den mit dem Fragebogen gegebenen Anstoß zur Stellungnahme begrüßt haben, weil sie *an der Kirche grundsätzlich interessiert* sind, obwohl manches dort sie vielleicht stört oder ärgert und obwohl sie - deshalb oder aus anderen Gründen - nur relativ wenig an kirchlichen Angeboten und Lebensformen partizipieren.

Im folgenden werden diese vier Teilgruppen von Frauen mit unterschiedlicher Beziehung zu Kirche bezeichnet als „(ausschließlich) ehrenamtlich in der Kirche tätige Frauen" bzw. „Frauen im Ehrenamt", als „beruflich in der Kirche tätige Frauen" bzw. „Frauen im Haupt-/Nebenamt", als „Frauen in Ausbildung auf einen Beruf in der Kirche" und „Frauen ohne besonderes Amt in der Kirche". Die erstgenannte Teilgruppe umfaßt also all jene Frauen, die in der Kirche einer unbezahlten, aber keiner bezahlten Tätigkeit nachgehen; in der zweiten Gruppe sind diejenigen zusammengefaßt, die für ihre Arbeit in der Kirche (mindestens teilweise) Lohn oder Gehalt empfangen. Die dritte Gruppe bilden all jene Frauen, die zum Befragungszeitpunkt ein Studium, eine Lehre, ein Praktikum o.ä. durchlaufen, das sie auf einen Beruf in der Kirche vorbereitet. Als „Frauen ohne besonderes Amt" schließlich wurden all diejenigen bezeichnet, die keiner der drei anderen Kategorien zuzurechnen waren, weil sie zum Befragungszeitpunkt weder ehrenamtlich noch beruflich in der Kirche tätig waren und auch keine entsprechende Ausbildung absolvierten. [13]

Schaubild 2 gibt eine erste Antwort auf die Frage nach dieser Art von Beziehung zu Kirche und Gemeinde. Hier wird sichtbar, daß etwa jede fünfte der Antwortenden als haupt- oder nebenamtliche Mitarbeiterin in der Kirche tätig ist. 4% der befragten

---

[13] Die genaue Durchsicht dieser Fragebogen zeigt allerdings, daß auch in dieser Gruppe Frauen zu finden sind, die früher einmal sehr aktive Mitarbeiterinnen waren. Andere können sich ein solches Engagement für die Zukunft vorstellen:
- „Zur Zeit bin ich durch meine familiäre Situation in der Kirchengemeinde überhaupt nicht aktiv beteiligt. Ich bin aber der Meinung, daß sich dieser Umstand in den nächsten Jahren durchaus ändern könnte, da gerade Mütter eine positive Einstellung zu gemeinschaftlichen Organisationen (z.B. Kirche) haben und diese Organisationen durch ihre vielschichtigen und toleranten Meinungen und Interessen sowie ihr Durchsetzungsvermögen bereichern können."

Andere erklären unter Hinweis auf ihre berufliche Belastung im außerkirchlichen Bereich, warum sie in Kirche und Gemeinde kaum aktiv sind, z.B.:
- „Sehr gern würde ich mich dem Gottesdienst, der Bibelstunde, den Frauenabenden und allen anderen Aktivitäten mehr widmen. Da ich aber Krankenschwester in leitender Position bin, habe ich sehr oft Dienst ..., besonders am Wochenende, und bin deshalb für die Kirche bzw. unsere kleine Gemeinde *kein oft gesehener Christ*!"

Mitunter deuten Frauen ihr berufliches Engagement als ein Engagement, das mit Kirche verbunden ist:
- „Ich bin nicht *in* der Kirche tätig, aber *von* der Kirche her, vielleicht (!) für die Kirche: Religionslehrerin am Gymnasium."

In dieser Teilgruppe gibt es aber auch Frauen, die auf ihr eher ärgerlich-gespanntes Verhältnis zu Kirche hinweisen oder vereinzelt - z.T. unter großer persönlicher Betroffenheit - einen endgültigen (?) „Schlußstrich" gezogen und die Kirche verlassen haben:
- „Als Religionslehrerin ... habe ich keine Zusammenarbeit zwischen Kirche und Schule erlebt. Auf meine Erfahrung mit ‚kirchenfernen' jungen Leuten wurde kein Wert gelegt."
- „Nach ...-jähriger Ehe mit einem Pfarrer, wo ich engagiert und mit Freude dabei war, habe ich mich scheiden lassen und bin von der Kirche im Stich gelassen und grausam behandelt worden."
- „Es fiel mir schwer auszutreten, es war, als ginge ein Stück von mir. Noch heute bin ich mir sicher, daß ich nur einer glaubwürdigen Kirche angehören möchte."

Frauen bereiten sich zum Erhebungszeitpunkt auf einen Beruf in der Kirche vor.[14] Die übrigen - und das sind drei Viertel der Frauen, die ihren Fragebogen ausgefüllt zurückgesandt haben - stehen weder in einem Arbeitsverhältnis mit der Kirche noch bereiten sie sich auf eine solche Tätigkeit vor. Allerdings ist die überwiegende Mehrheit dieser Frauen - auf die Befragungsgesamtheit bezogen immerhin 53 % - auf ehrenamtlicher Basis im kirchlichen Bereich tätig.[15] Mit einem Anteil von weniger als einem Viertel aller Befragten ist die Teilgruppe derjenigen Frauen, die „kein Amt" in der Kirche innehaben, damit - verglichen mit der gesamten weiblichen Kirchenmitgliederschaft - extrem unterrepräsentiert.[16]

Schaubild 2: Die befragten Frauen nach Stellung in der Kirche (absolute Zahlen)

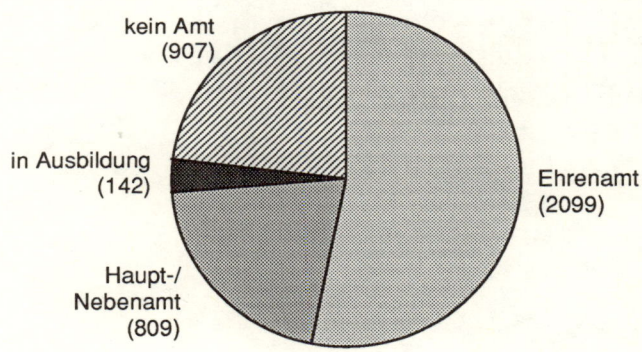

Eine Kreuzauswertung zwischen dieser „Stellung in der Kirche" und dem *Alter* der befragten Frauen zeigt Unterschiede in den vier Teilgruppen auf (vgl. Schaubild 3):
Die Frauen, die zum Befragungszeitpunkt eine Ausbildung durchlaufen, die sie auf einen kirchlichen Beruf vorbereitet, gehören ganz überwiegend zur Altersgruppe der „21- bis 30jährigen". Die Teilgruppe der Frauen, die bereits einen Beruf in der Kirche ausüben, hat zwar, wie auch die beiden anderen Gruppen ehrenamtlich tätiger bzw. derzeit nicht in besonderer Weise in der Kirche aktiver Frauen, ihren häufigsten Wert in der Altersgruppe „41 bis 50 Jahre". Im Unterschied zu den beiden anderen Teilgruppen sind aber bei den Berufstätigen die jüngeren Frauen etwas stärker, die älteren dagegen zahlenmäßig schwächer vertreten.

---

[14] Diese 142 Befragten verteilen sich auf folgende Ausbildungsbereiche bzw. zukünftigen Berufe in der Kirche: Theologiestudentinnen /Vikarinnen: 70, Diakoninnen / Studentinnen der Religionspädagogik: 30, diakonische Helferinnen / Praktikantinnen: 17, Ausbildungsgänge Erwachsenenpädagogik / Sozialpädagogik: 9, andere Ausbildungsgänge / Berufe: 15, ohne nähere Angabe: 1.

[15] Von besonderer Art ist vermutlich die Beziehung zu Kirche bei denjenigen Frauen, die Ehefrauen von Pastoren oder anderen kirchlichen Mitarbeitern sind. Auf ihre spezifischen Erfahrungen wird gesondert in Kapitel 7 eingegangen . Je nach ihrer persönlichen Situation sind sie im übrigen den Teilgruppen der (ausschließlich) ehrenamtlich Tätigen, der (auch) haupt- oder nebenamtlich in der Kirche Tätigen bzw. in Ausbildung auf einen kirchlichen Beruf Stehenden zugeordnet.

[16] Ein Vergleich mit entsprechenden Zahlenwerten für die gesamte Landeskirche bzw. mit repräsentativen Vergleichszahlen für den EKD-Bereich findet sich im Zusammenhang einer genaueren Vorstellung der Befragten im Abschnitt 4.1 (vgl. dort die Fußnoten 25 bis 27).

Schaubild 3: Die befragten Frauen nach Stellung in der Kirche und Lebensalter (absolute Zahlen)

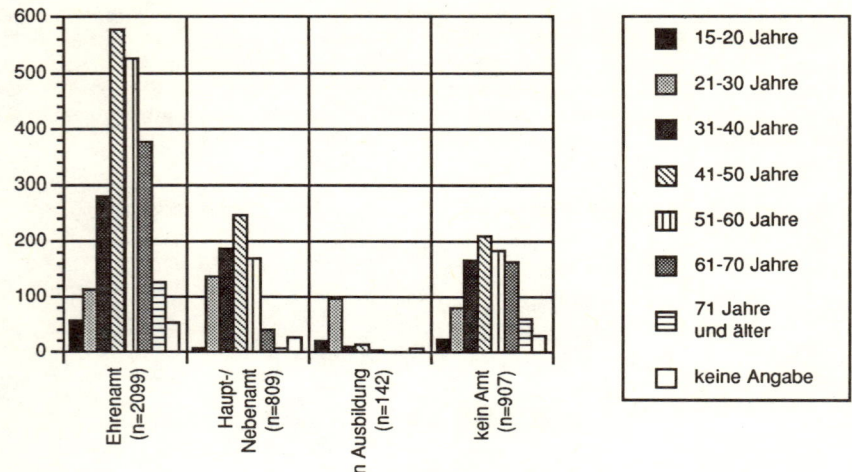

3.3 Berufstätigkeit im außerkirchlichen Bereich

Einer Vorstellung derjenigen Frauen, die zum Erhebungszeitpunkt in der Kirche weder beruflich tätig sind noch sich auf einen solchen Beruf vorbereiten, dienen auch die Antworten auf die Frage nach einer außerkirchlichen beruflichen Tätigkeit: 577 der insgesamt 2099 Frauen, die in der Kirche ausschließlich ehrenamtlich engagiert sind, gehen im außerkirchlichen Bereich einer eigenen Berufstätigkeit nach; das entspricht einer Quote von 27 % dieser Teilgruppe.[17] Unter denjenigen Antwortenden, die derzeit in der Kirche nicht in besonderer Weise aktiv sind, findet sich mit 34 % (= 305 von 907 Frauen) noch ein etwas höherer Anteil außerkirchlich berufstätiger Frauen.

Die Schaubilder 4 a und b zeigen die *Altersverteilungen* der berufstätigen und nichtberufstätigen Frauen unter den Ehrenamtlichen und unter den Frauen ohne Amt. Wie nicht anders zu erwarten, variieren die Anteile berufstätiger Frauen von Altersgruppe zu Altersgruppe:
Bei den Frauen, die zum Befragungszeitpunkt keine besondere Aufgabe in der Kirche übernommen haben, finden sich in den Altersgruppen zwischen 21 und 50 Jahren annähernd gleichgroße Anteile von Berufstätigen und Nicht-Berufstätigen; erst in den höheren Altersgruppen - und bei den jüngsten Befragten - dominieren eindeutig die nicht beruflich Tätigen.
Bei den ehrenamtlich in der Kirche Engagierten sind in allen Altersgruppen die Nicht-Berufstätigen in der Mehrzahl; nur in der zweitjüngsten - und zahlenmäßig in der Erhebung nur schwach vertretenen - Altersklasse gibt es hier zumindest annähernd gleich große Anteile von beruflich und nicht beruflich tätigen Frauen.

---

[17] Die Erwerbsquote der 15- bis unter 65jährigen Frauen in Niedersachsen lag nach Angaben des Statistischen Bundesamtes 1985 bei 51 % (vgl. „Lebens- und Arbeitssituation von Frauen in Niedersachsen, a.a.O., S. 16).

Schaubild 4: Berufstätigkeit außerhalb der Kirche nach Stellung in der Kirche und Lebensalter (absolute Zahlen)

a) Ehrenamtlich tätige Frauen

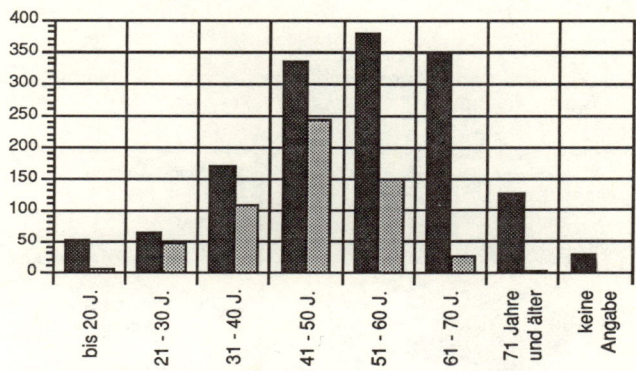

b) Frauen ohne besonderes Amt in der Kirche

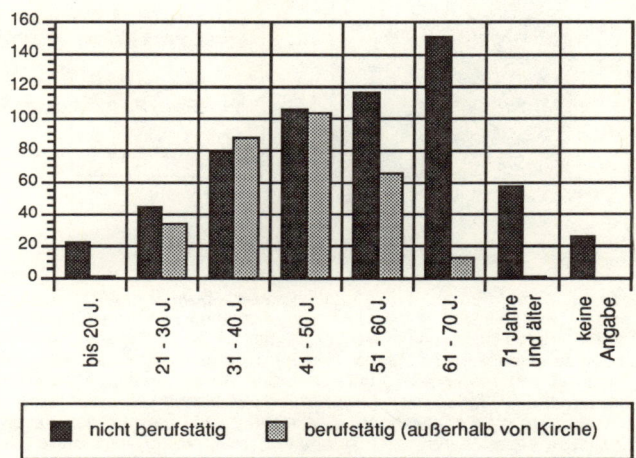

Vergleicht man diese Befunde mit der Quote der Erwerbstätigen unter den Frauen der mittleren Altersjahrgänge in Niedersachsen, so erweist sich letztere als beträchtlich höher liegend[18]. Dieses Ergebnis unterstreicht die relativ größere Zurückhaltung beruflich tätiger Frauen gegenüber einer Beteiligung am kirchlichen Leben - sei es nun in Gestalt ehrenamtlicher Arbeit in einer Kirchengemeinde oder einfach durch Beantwortung dieses Fragebogens.

---

[18] Vgl. dazu noch einmal die Studie „Lebens- und Arbeitssituation von Frauen in Niedersachsen", a.a.O., S. 17.

3.4 Haushalt und Familie

Die Angaben der befragten Frauen zu ihrer Lebenssituation in Haushalt und Familie zeigen, daß zwei Drittel aller Antwortenden in einem gemeinsamen Haushalt mit dem (Ehe-) Partner[19] und - zum größeren Teil - auch mit Kind bzw. Kindern leben (vgl. Schaubild 5).

Schaubild 5: Die befragten Frauen nach ihrer Situation in Haushalt und Familie (absolute Zahlen)

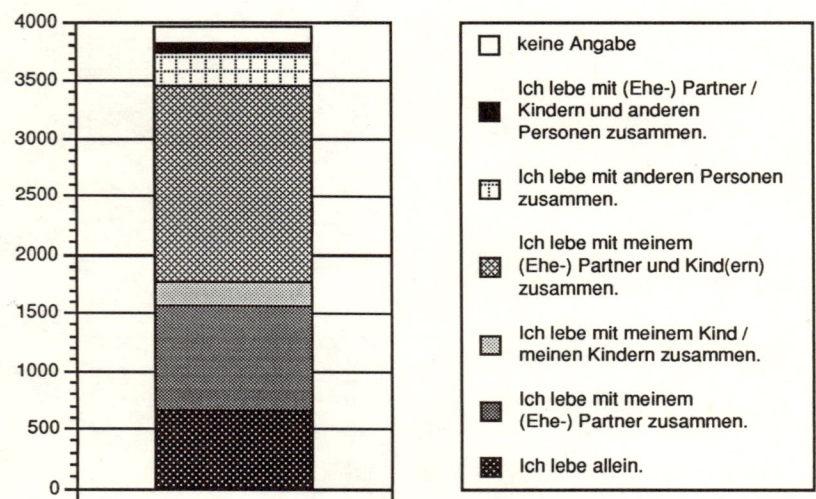

---

[19] Die Schreibweise „(Ehe-) Partner" im Fragebogen wurde bewußt gewählt, weil die Beantwortung dieser Frage dabei helfen sollte, eventuelle Zusammenhänge zwischen der Beziehungs*struktur*, in der die befragten Frauen leben, und ihrem Engagement in der Kirche sowie den dabei gesammelten Erfahrungen zu entdecken. Zu *diesem* Zweck schien es nicht erforderlich, zwischen Ehe und anderen Formen von Partnerschaft zu unterscheiden. Die genannte, offene Formulierung ergab sich aus dem Bemühen, Fragen nach Details der persönlichen Lebenssituation so begrenzt wie möglich zu halten, um die Beantwortung zu erleichtern. Einzelne Frauen haben diese Sprachregelung für sich zu interpretieren versucht und teils zustimmend, teils kritisch oder irritiert dazu Stellung genommen:
- „Es ist mutmachend, daß auch die Kirche (endlich!) der Partnerschaft den Vorrang vor der Ehe (mit bürgerlicher und evtl. kirchlicher Trauung) einräumt und die Ehe nur noch in Klammern als tolerierbar ansieht."
- „Ich bin sehr erstaunt, daß in Frage 9 das Wort ‚Ehe' in Klammern gesetzt ist. Deutet das auf eine bestimmte Denkrichtung des Vorbereitungskreises hin?"
- „Ist es Ihnen egal, ob Frauen verheiratet sind oder nicht? Warum setzen Sie Zusammenleben in Partnerschaft und Ehe gleich? Bedeutet die Ehe nichts für Sie?"
Andere Frauen hätten es besser gefunden, wenn die je eigene Lebensform noch spezifischer in der Beantwortung hätte ausgedrückt werden können. Eine Frau z.B. meint: „Es fehlen die Sparte ‚Alleinlebende in dauerhafter Beziehung' und die Sparte ‚Getrenntlebend'."

Jede zwanzigste Frau, die an dieser Befragung teilgenommen hat, teilt den Haushalt mit ihrem Kind bzw. ihren Kindern. Etwa ein Sechstel der Frauen (17 %) lebt allein.[20] Andere Formen des Zusammenlebens - mit Eltern oder anderen Verwandten, in Wohngemeinschaften usw. stellen sich unter den Befragten als ausgesprochenes Minderheitsphänomen dar.

Schaubild 6: Die befragten Frauen nach Stellung in der Kirche und Situation in Haushalt und Familie (absolute Zahlen)

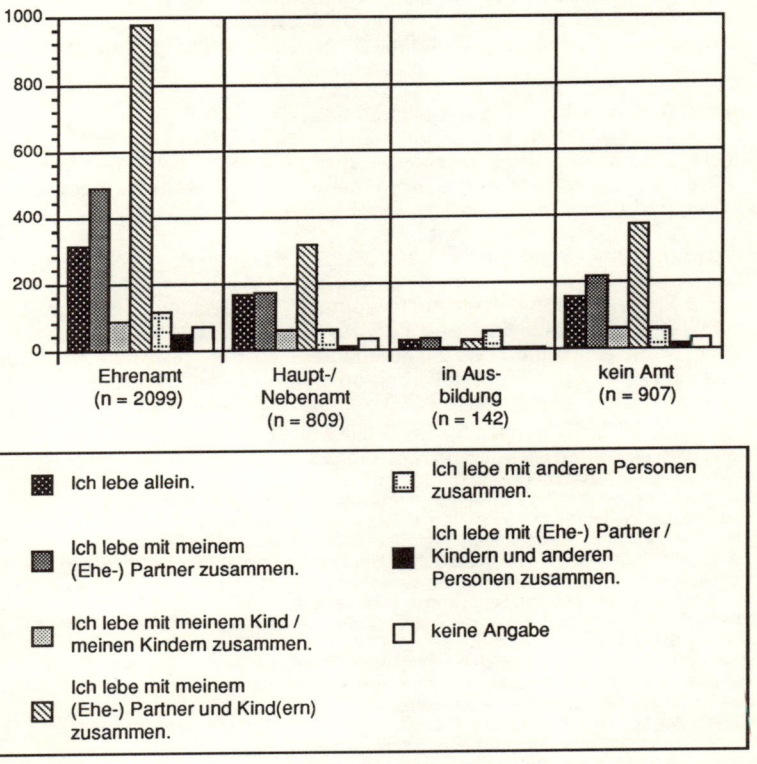

Unter jenen Frauen, die ihren Beruf in der Kirche ausüben, ist der Anteil der Alleinlebenden mit 20 % relativ am höchsten (vgl. Schaubild 6). Vergleichsweise am

---

[20] Bei der Beantwortung dieser Frage gibt es vereinzelt Randbemerkungen. Eine Befragte stellt beispielsweise an die vorgegebenen Antwortkategorien die folgende Rückfrage: „Lebe ich allein? Ich bin eingebunden in eine Kirchengemeinde - daraus erwachsen vielfältige Aufgaben - ich habe Kinder, die ich oder die mich häufig besuchen - Alle Fragen hier engen ein. Ich bin, das ist wichtig, dankbar ein Geschöpf Gottes zu sein!"

niedrigsten liegt er mit nur 15 % bei den in der Kirche (ausschließlich) ehrenamtlich tätigen Frauen.
Umgekehrt gibt es unter den ehrenamtlich Tätigen besonders viele Frauen, die in häuslicher Gemeinschaft mit Partner und Kindern leben (47 %); alleinerziehende Frauen dagegen finden sich hier auffallend selten (4 %). Bei Frauen ohne kirchliches Amt ebenso wie bei in der Kirche beruflich tätigen Frauen ist häusliche Gemeinschaft mit Partner und Kindern mit 41 % bzw. 39 % nicht ganz so häufig anzutreffen, anteilig etwas mehr Frauen sind hier alleinerziehend (je 7 %).
Daß die noch in Ausbildung auf einen kirchlichen Beruf befindlichen Frauen in diesem Punkt stark von der Befragungsgesamtheit abweichen, überrascht nicht: Hier spielt vor allem auch das Zusammenleben mit „anderen Personen" - insbesondere mit Eltern oder im Kontext von Wohngemeinschaften - eine größere Rolle.

3.5 Besondere Aspekte der persönlichen Lebenssituation

Im Anschluß an die im Erhebungsbogen ausdrücklich erfragten persönlichen Merkmale waren die antwortenden Frauen gebeten worden, weitere, ihnen selbst wichtig erscheinende Angaben zu ihrer Lebenssituation zu machen.

„Außerdem möchte ich zu meiner persönlichen Situation noch mitteilen:"

Zahlreiche Frauen haben diesen Anstoß genutzt. Oft zeichnen sie dabei ein genaueres Bild ihrer Situation in Ehe und Familie, als Alleinlebende bzw. Alleinerziehende oder in anderen Formen des Zusammenlebens; die Antworten zeigen, daß das *„Leben in Beziehungen"* für die Befragten einen herausragend wichtigen Aspekt ihrer persönlichen Identität darstellt. Die folgenden Beispiele sollen die Breite der skizzierten Alltagssituationen und Lebensgeschichten umreißen:

- „Ich lebe noch bei meinen Eltern, weil ich erst 15 Jahre alt bin und noch zur Schule gehe."
- „Bin Witwe mit vier studierenden Kindern."
- „Ich bin geschieden und trage für vielfältige Aufgaben die Verantwortung allein."
- „Ich arbeite seit 20 Jahren beruflich als alleinerziehende Mutter."
- „Ich habe vor 6 Jahren meine damals 19jährige Tochter durch Autounfall verloren."
- „Ich habe immer in einer landwirtschaftlichen Großfamilie gelebt (vier Generationen), es war nicht immer einfach, doch im nachhinein muß ich sagen, es war gut!"
- „Unser Kind ist schon aus dem Haus und in einer anderen Stadt berufstätig."
- „Ich habe 4 Kinder erzogen, bin kurze Zeit berufstätig gewesen und habe heute meine 86jährige Mutter bei mir, die betreut werden muß."
- „In den ersten 15 Jahren meiner Beschäftigungszeit wohnten noch die Kinder bei uns."
- „Ich bin seit über 10 Jahren verwitwet, habe zwei Töchter, die außer Haus leben. Zur Zeit lebe ich mit meiner Schwester in häuslicher Gemeinschaft."
- „Alleinerziehend, ‚Wochenendsohn'."
- „Ich lebe seit 38 Jahren in einer Schwesterngemeinschaft."[21]
- „Ich lebe von Ehemann und Kindern getrennt."

Einige Antworten machen über die bloße Benennung solcher Beziehungszusammenhänge hinaus sichtbar, wo und wie diese persönlich-familiären Lebensumstände mit dem kirchlichen Engagement der Befragten verknüpft sind:

- „Unsere Kinder haben uns schon verlassen, darum habe ich Zeit, mich einzubringen. Die Sache Jesu ist mir wichtig. Darum arbeite ich auch manchmal über meine Kräfte."

---

[21] Antwort einer Diakonisse.

- „Ich bin promovierte Naturwissenschaftlerin, habe meinen Beruf eine Zeit lang ausgeübt und dann drei Kinder großgezogen. Jetzt freue ich mich, daß ich Zeit habe, mich kirchlich und sozial zu engagieren."
- „Mir hat die Arbeit im kirchlichen Bereich geholfen, das Schrumpfen der Familie zu verkraften, ich bin dankbar für die Möglichkeiten der Selbstverwirklichung."
- „Ich engagiere mich als Mutter und Großmutter. Habe sehr viel mit Kranken und Sterbenden zu tun, und danke Gott, daß er mir noch immer die Kraft gegeben hat, neue Aufgaben anzupacken und zu bewältigen."
- „Ich bin Pfarrfrau, Landgemeinde, ohne Diakon(in)."
- „Durch meine labile Gesundheit bin ich mit meinem Fünf-Personenhaushalt, zwei Gärten etc. so ausgelastet und vor allem durch das kranke Kind, daß alles Außenstehende zurückstehen muß. Dennoch bietet mir die Chortätigkeit eine erfreuliche Abwechslung."
- „Würde gern in verschiedenen Gruppen intensiver arbeiten, aber meine häusliche Situation (ich betreue meine schwerstbehinderte Tochter, fast 30 Jahre alt) läßt das nicht zu."

Gute Zusammenarbeit mit dem eigenen Ehepartner spielt als Element positiver Erfahrung offenbar eine wichtige Rolle:

- „Mein Mann arbeitet auch in der Gemeinde mit, er und andere Ehemänner sind meistens die ‚Dienenden'; ich sehe, wo's fehlt und schicke sie."
- „Besonders positiv ist, daß mein Mann auch in der Gemeinde mitarbeitet (ehrenamtlich). "
- „Da mein Mann Pastor ist und mir freie Hand läßt mit dem, was ich in der Gemeinde tun möchte, habe ich sicher mehr Möglichkeiten, meine Ideen zu verwirklichen, als das sonst der Fall ist."
- „Ich war Pfarrfrau und habe nie *unter* meinem Mann gearbeitet, sondern *mit* ihm. "

Auch die „kirchliche Familiengeschichte" wird mehrfach erwähnt:

- „Ich bin mit ‚Kirche' groß geworden, Familienangehörige sind immer ehrenamtlich aktiv gewesen."
- „Ich bin Pastorentochter und war in meinem 1. Beruf Diakonin. Trotz mancher negativer Dinge - die Kirche ist ja schließlich eine menschliche Institution - kann ich mir mein Leben nicht ohne Kirchengemeinde vorstellen."
- „Als Kind eines Pastoren studierte ich Theologie im Dritten Reich an der kirchlichen Hochschule, heiratete einen Pastoren, vertrat im Krieg zeitweise meinen Mann, war 12 Jahre Kirchenrechnungsführerin, leitete den Jugendkreis und Kindergottesdienst und fühlte mich nie unterbewertet."
- „Ich habe meine Großeltern als leuchtendes Vorbild eines christlichen Lebens vor Augen, von denen ich gesehen habe, daß dem andern *dienen*!! eine Weite ins eigene Leben bringt. Bin seit 1954 ehrenamtlich tätig und 13 Jahre als Pfarramtshelferin (bis 1951)."
- „Pfarrerstochter, Vater ‚bekennender Kirche' zugehörig gewesen! Vom 14. Lebensjahr an sieben Jahre im Kindergottesdienst tätig gewesen, als Kindergärtnerin bzw. Erzieherin in diakonischen Einrichtungen, später Erwachsenbildung, ..."

Oder aber:

- „Als Theologiestudentin mit eher nichtkirchlicher Sozialisation habe ich leider zur Kirchgemeinde wenig Kontakte (auch wegen Ortswechsel)."

Einige Befragte sprechen davon, daß sie sich mit ihrer spezifischen Lebenssituation in der Kirche nicht akzeptiert fühlen bzw. sich als *„randständig"* erleben:

- „Ich fühlte mich als Mutter mit einem kleinen Kind sehr einsam und von Gesellschaft und Kirche verlassen."
- „ (Ich habe) ein behindertes Kind, das seine evangelische Kirche, in der es getauft wurde, erst einmal zum Gottesdienst besuchen durfte! Eventuell Geräusche von sich gebende Kinder sind nicht erwünscht."
- „Ich bin geschieden und hatte vor zehn Jahren dadurch zunächst Probleme, eine Stelle im kirchlichen Bereich zu bekommen."
- „Ich war ... Jahre mit einem Pastor verheiratet und bin jetzt ... Jahre geschieden. In der ... Jahre dauernden Trennungsphase - sie war dem Superintendenten und dem Landessuperintendenten bekannt - fand nicht ein persönliches Gespräch mit den Herren statt. Nach der Trennung hat man mich mehrfach - auch vor anderen - darauf verwiesen, daß ich eigentlich nichts zur Friedensarbeit sagen könnte, weil ich ja auch die Ehe nicht geheiligt hätte!"

- „Ich habe eine Beziehung zu einem verheirateten Mann, eine Tatsache, die für mich mit meinem ‚Kirchenfraudasein' nicht immer einfach in Einklang zu bringen ist, vor allem auf moralischer Ebene."
- „Daß ich Angst habe, gekündigt zu werden wegen meiner lesbischen Beziehung."
- „Ich lebe mit einem Partner zusammen und von uns wird verlangt zu heiraten. Die Beziehung ist noch sehr frisch."[22]

Manchmal verbinden Frauen Hinweise auf ihre persönliche Situation mit Bemerkungen über die positive Rolle, die ein Engagement in der Kirche für sie spielt:

- „Ich bin allein, beteilige mich rege am Gemeinde- und Kirchenleben, so daß keine Einsamkeit aufkommt."
- „Durch die Verbindung zur Gemeinde und vor allem zur Kirche habe ich ein persönliches Tief überwunden, weil diese mir viel Kraft gibt."
- „Ich fühle mich mit meinem Leben als Hausfrau und Mutter rundum zufrieden. Seit meine Kinder aus dem ‚Dreck' sind, habe ich mir als Freiraum die Kirche ausgesucht."

Andere sprechen im gleichen Zusammenhang Probleme an:

- „Seit Jugend in der Kirche aktiv und oft an Grenzen gestoßen."
- „Daß ich fast mein ganzes Leben lang ‚Ehrenamtliche' war und aus der Kirche nicht ausgetreten bin, weil ich hoffe, daß wir sie verändern können mit viel Geduld und langem Atem."

Gelegentlich werden Einschränkungen der eigenen Gesundheit erwähnt:

- „Bis vor einem Jahr war ich viel aktiver (KV), habe vier Jahre unentgeltlich Konfirmandenunterricht gegeben. Aus gesundheitlichen Gründen muß ich vieles aufgeben."
- „Frührentnerin, kann mich aus gesundheitlichen Gründen nicht so engagieren, wie ich möchte, werde dann nicht mehr wahrgenommen, wenn ich nicht mehr mitarbeiten kann."

Eine große Zahl von Frauen ergänzt ihre persönliche „Vorstellung" durch nähere Angaben über ihre derzeitige oder frühere *berufliche* Tätigkeit oder ihre berufliche *Ausbildung*; in einigen Fällen wird dabei die enge Verflochtenheit mit dem familiären Beziehungsgefüge bzw. dem weiteren sozialen Beziehungsrahmen erkennbar:

- „Abgeschlossene akademische Ausbildung, vorwiegend Teilzeit-Arbeit, gelegentlich Vollbeschäftigung."
- „Pastorin in Stellenteilung mit Ehemann."
- „Ich bin für ein Jahr diakonische Helferin in einer kirchlichen Einrichtung und lebe auch in diesem Haus."
- „Studentin im Examen, d. h. Lebensbereich Universität, z. Zt. keine Erfahrungen mit Ortsgemeinde, stattdessen mehr mit Landeskirche (Konventsarbeit)."
- „Ich bin ehemalige Volksschullehrerin und Pastorenwitwe."
- „Ich erteile Religionsunterricht in der Grundschule."
- „Jahrelang als Honorarkraft im Bereich Kirche tätig, während der Kindererziehungszeit akademische Grundausbildung."
- „Zehn Jahre Familienphase (zwei Töchter); berufliche Neuorientierung mit 35 Jahren; seitdem Studium, Weiterbildung, Berufstätigkeit."
- „Ich arbeite in einer Kirchenverwaltung, habe auf dem Wege des zweiten Bildungsweges die Hochschulreife erworben und studiere jetzt neben dem Beruf."
- „Geschieden, während der Trennungsphase 2. Beruf erlernt, 2 Kinder alleine erzogen."

Gelegentlich kommen belastende Arbeitsbedingungen zur Sprache:

- „Bei wöchentlich vier Stunden Bürodienst kann man seine Arbeit nur ausreichend erledigen! Das macht mich sehr traurig!"
- „Habe drei Jahre in einer Gemeinde als Diakonin gearbeitet, dann 5 Jahre gelegentlich als Honorarkraft (meist KU), dann 3/4 Jahr Vertretung, jetzt arbeitslos."
- „Berufliche Unsicherheit durch ‚Zeitvertrag' (befristet)."

---

[22] Antwort einer kirchlichen Mitarbeiterin.

- „Ich bin Organistin, vergütet wird lediglich das Spielen im Gottesdienst, nicht die Vorbereitung. Die Tätigkeit ist oft sehr belastend, wenn Predigten wie Vorträge ohne Verkündigung des Evangeliums gehalten werden."
- „Ich arbeite seit 20 Jahren bei der Kirche - seit 10 Jahren als Pfarrsekretärin. Ich bin über die Art der Pastoren, wie sie mit mir umgehen, sehr enttäuscht. ..."
- „Von Altersgenossen werde ich belächelt, daß ich bei meiner langjährigen Ausbildung für relativ wenig Geld ständig den Sonntagvormittag opfere."
- „Finanziell sieht es bei mir nicht rosig aus als Hausfrau."[23]

Andere Frauen, die einen Beruf in der Kirche ausüben, verbinden nähere Angaben hierzu mit positiven Akzenten persönlicher Zufriedenheit, Freude und Dankbarkeit:
- „Daß mir meine (kirchlichen) Kolleginnen und Kollegen in persönlichen Krisensituationen (Trennung vom Ehepartner) ohne Vorurteile stärkend zur Seite standen. Mein Weg in die ‚eigene Selbständigkeit' ist mitgetragen worden."
- „Ich habe zur Zeit eine ABM-Stelle, fühle mich durch die gute Zusammenarbeit mit meinem Vorgesetzten sehr wohl."
- „Für mich persönlich bedeutet die Mitarbeit in der Kirche eine Bereicherung. Immer wieder neue Kontakte, Auseinandersetzungen mit Fragenden, Geselligkeit und Spaß."
- „Ich freue mich, den Dienst der Küsterin, der sehr vielseitig ist, tun zu können, nachdem ich vor einigen Jahren schwer erkrankte und meine bisherige Arbeit nicht mehr ausüben konnte."
- „Ich bin froh, bei der Kirche ‚Arbeit' gefunden zu haben, auch wenn ich große Zugeständnisse machen mußte."

Auch Konkurrenzen und Konflikte zwischen familiärem und beruflichem Engagement werden benannt:
- „Ich stoße häufig auf die Vorstellung, daß ich mich als Pastorin ohne Familie völlig für die Gemeinde aufopfern müßte."
- „Der Beruf einer Pastorin ist familienfeindlich! Ich bin geschieden /1 Kind / 1 Enkel."
- „Für mich ist es nicht immer leicht, für die Kirche engagiert zu sein, da meine Familie den größten Teil meiner Zeit (außerhalb des Berufes) beansprucht."
- „Als verantwortungsbewußte Frau und Mutter bin ich Gewissenskonflikten ausgesetzt, da Mitarbeit in der Kirche sehr zeitraubend ist und sehr viel persönliches Engagement erfordert."
- „Vor Jahren war mein Mann durch den Beruf nur sonntags zuhause. Daß ich an seinem freien Tag weg mußte, hat oft Eheprobleme gebracht!"

Einzelne Frauen beschreiben Schwierigkeiten bei der eigenen beruflichen Entscheidung, die offensichtlich mit Rollenunsicherheiten zu tun haben:
- „Ich bin Religionslehrerin, weil ich mich früher nicht getraut habe, ‚Voll'-Theologie zu studieren, denn schließlich war (und bin ich immer noch) ich kein Mann."
- „Ich möchte Pastorin werden, schrecke aber momentan vor der Arbeit in einer (Dorf-) Gemeinde zurück - gerade deshalb finde ich Ihren Einsatz zum Thema ‚Frauen und Kirche' toll!"

Einige Frauen sehen Zusammenhänge zwischen ihrer Lebenssituation, ihren Erfahrungen in Kirche und Gemeinde und der Beurteilung der im Zusammenhang mit dem Thema „Frauen und Kirche" aufgeworfenen Fragen, z.B.:
- „Ich bin berufstätig und habe drei Kinder, lebe in partnerschaftlicher Ehe und fühle mich weder in der Kirche noch im Beruf als Frau sonderlich diskriminiert. Mir ist aber klar, daß das längst nicht für alle Frauen zutrifft."
- „Bilanz meines Lebens: Erkenne meine große Unwissenheit, Unfähigkeit geprägt durch Kindheit, daher starke *Abhängigkeit* vom Ehepartner. Ehevorbereitung wäre für viele Menschen nötig."
- „Ich bin seit meinem 16. Lebensjahr berufstätig, aber erst seit acht Jahren bei der Kirche. Ich habe daher einen guten Vergleich mit anderen Arbeitgebern."

---

[23] Antwort einer als nebenamtliche Küsterin mit sehr geringem Stundendeputat in der Kirche tätigen Befragten.

4 Erfahrungen mit Kirche und Gemeinde

4.1 Gegenwärtige Orte der Erfahrung: Beteiligung am kirchlichen Leben

Der erste Themenkomplex des Frauen-Fragebogens betrifft diejenigen „Orte" im kirchlichen Alltag, an denen die Frauen zum Befragungszeitpunkt ihre Erfahrungen mit Kirche und Gemeinde gesammelt haben. Zu diesem Zweck wurde ihnen die folgende Frage gestellt:
„*Wo machen Sie zur Zeit Erfahrungen mit einer Kirchengemeinde bzw. mit der Kirche?*"

Die vorgegebenen Antwortmöglichkeiten betrafen sowohl den Aspekt einer beruflichen Beziehung zu Kirche (haupt-/nebenberuflich, in Ausbildung auf einen kirchlichen Beruf) als auch den Aspekt ehrenamtlicher Arbeit. Die entsprechenden Ergebnisse wurden bereits im vorangegangenen Abschnitt vorgestellt.

Darüberhinaus wurden die folgenden Beteiligungsmöglichkeiten abgefragt:
„*Ich beteilige mich an einem Kreis bzw. einer Gruppe.*"
„*Ich beteilige mich an einem Projekt / einer Initiative.*"
„*Ich besuche Gottesdienste.*"
Die Frauen waren jeweils gebeten, diese Formen der Beteiligung am kirchlichen Leben als für sie zutreffend oder unzutreffend zu kennzeichnen.

Die Schaubilder 7 a bis d stellen die Ergebnisse im Blick auf die Gesamtheit der Befragten dar.

Es zeigt sich:
- Die große Mehrheit der antwortenden Frauen bezeichnet sich selbst als Gottesdienstbesucherinnen.[24]
- Mehr als drei Viertel der Frauen sind Mitglieder von Kreisen oder Gruppen.[25]
- Eine kleinere Gruppe - knapp ein Viertel der Antwortenden - ist an einem Projekt bzw. einer Initiative im kirchlichen Bereich beteiligt.
- Fast zwei Drittel der Frauen, die sich an dieser Befragung beteiligt haben, bezeichnen sich selbst als ehrenamtliche Mitarbeiterinnen.[26]

---

[24] Auf die Frage nach der *Häufigkeit* des Gottesdienstbesuchs war bewußt verzichtet worden. Ein Vergleich mit den Angaben evangelischer Frauen zum Kirchgang, wie sie beispielsweise in den Kirchenmitgliedschaftsstudien der EKD gewonnen wurden, ist deshalb nur sehr begrenzt möglich. Die Anteile derjenigen, die eine Teilnahme am Gottesdienst explizit verneinen, liegen zwar auch dort sehr niedrig - nach noch unveröffentlichten Befunden der 1992 durchgeführten dritten Erhebung beispielsweise für Westdeutschland bei 5 %. (Auf die Ev.-luth. Landeskirche Hannovers bezogene Vergleichsdaten liegen leider nicht vor.) Offen bleiben muß dabei aber, ob sich die beträchtliche Zahl derjenigen, die dort erklären, „*nur bei familiären Anlässen wie Taufe, Konfirmation, Hochzeit oder Beerdigung*" zur Kirche zu gehen, auf die einfache Frage nach einer Teilnahme am Gottesdienst eher für Zustimmung oder Ablehnung entschieden hätte.

[25] In der jüngsten Kirchenmitgliedschaftsstudie der EKD erklären 7 % der evangelischen Frauen in den alten Bundesländern, sie beteiligten sich an „Chören, Gruppen, Kreisen".

[26] Die entsprechende Vergleichszahl aus der repräsentativen EKD-Studie von 1992 liegt für evangelische Frauen in Westdeutschland bei maximal 6 %, wenn man deren Engagement im Gemeindedienst, in der Leitung von Gruppen und in gemeinde- und kirchenleitenden Gremien addiert.

Schaubild 7: Die befragten Frauen nach ihrer Beteiligung am kirchlichen Leben (alle Befragten, n = 3957)

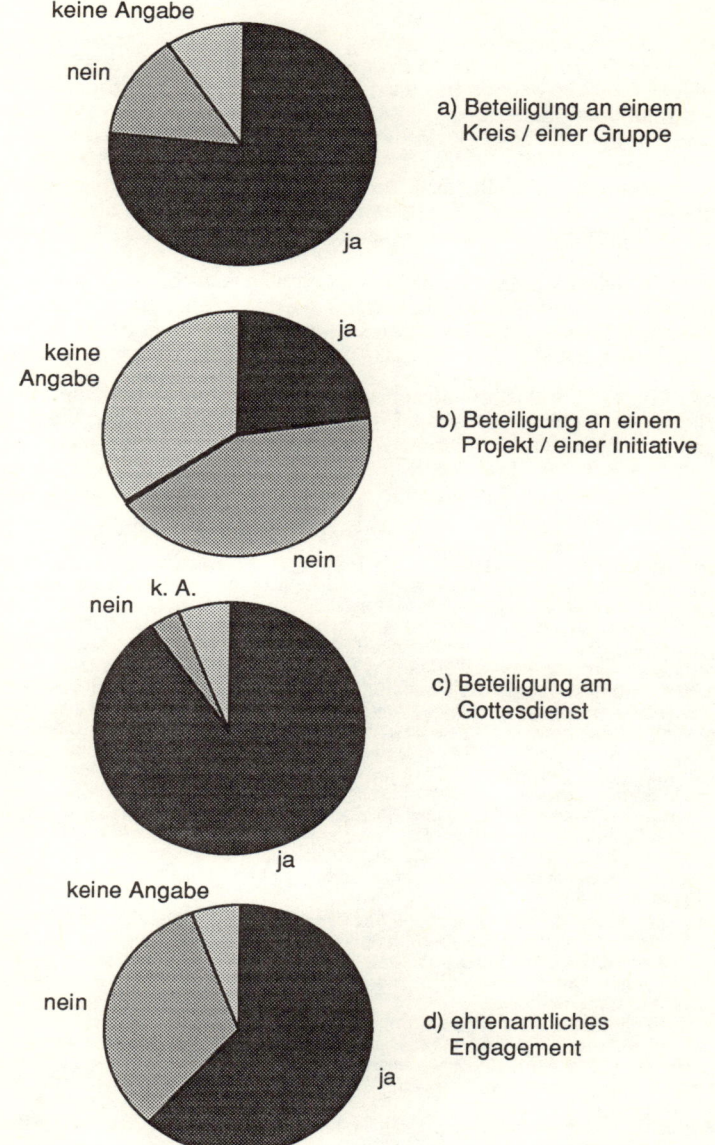

- Ein Fünftel der antwortenden Frauen steht in einer beruflichen Beziehung zur Kirche[27]; die Quote erhöht sich sogar auf ein Viertel, wenn man jene Befragten einrechnet, die sich erst auf einen solchen Beruf vorbereiten.

Schaubild 8 unterscheidet wieder zwischen jenen Frauen, deren Verhältnis zu Kirche und Gemeinde durch *berufliche* oder *ehrenamtliche Arbeit*, durch eine *Ausbildung* für eine berufliche Aufgabe in der Kirche oder aber durch das Nicht-Vorhandensein einer solchen Beziehung gekennzeichnet ist. Die Darstellung faßt die Gesamtheit der erfragten Beteiligungsformen am kirchlichen Leben zusammen.

Diese Analyse macht deutlich, daß die Häufigkeiten der verschiedenen „Erfahrungsorte" zwischen den vier Teilgruppen durchaus variiert. Durchgängig hoch allerdings ist in jedem Fall die Selbstkennzeichnung der Frauen als „Gottesdienstbesucherinnen".
Diejenigen, die sich als (ausschließlich) ehrenamtliche Mitarbeiterinnen vorgestellt haben, beteiligen sich besonders zahlreich am Gottesdienst, an Kreisen / Gruppen und Projekten / Initiativen. Vergleichsweise hoch ist der Anteil der Gruppenmitglieder auch bei jenen, die kein besonderes Amt in der Kirche übernommen haben. [28]

Frauen, die in einer beruflichen Beziehung zu Kirche stehen, berichten vergleichsweise seltener als andere von einer Teilnahme an Gruppen oder Kreisen, wenngleich auch hier immerhin etwa jede zweite Befragte eine solche Teilnahme bejaht. Hinzu kommt: Ein Drittel von ihnen engagiert sich neben der beruflichen Arbeit auch noch ehrenamtlich in der Kirche.[29]

---

[27] Daß auch diese beruflich in der Kirche aktive Teilgruppe in der Erhebungsgesamtheit, verglichen mit ihrem Anteil an der gesamten Kirchenmitgliederschaft, weit überrepräsentiert ist, macht ein Blick auf die Zahl der in der hannoverschen Landeskirche insgesamt beruflich tätigen Frauen unübersehbar deutlich: Nach der bereits zitierten unveröffentlichten Erhebung übten am 31.8.87 in den der Landeskirche zugehörigen kirchlichen Körperschaften 13 447 Frauen einen Beruf aus. (Hinzuzurechnen sind etwa 19 000 Frauen, die im Bereich der hannoverschen Landeskirche in selbständigen diakonischen Einrichtungen tätig sind. Diese Mitarbeiterinnen wurden allerdings von der Frauenbefragung nur in vergleichsweise geringem Umfang erreicht, weil sich die Fragebogenverteilung überwiegend in den Strukturen der verfaßten Kirche vollzog.) Diesen kirchlichen Mitarbeiterinnen steht am 31. 12. 88 eine Kirchenmitgliederzahl von insgesamt 3,4 Mio. gegenüber (vgl. Statistischer Bericht der EKD TII 88/89 vom August 1992, S. 23), wobei (unter Heranziehung von Volkszählungsdaten - vgl. dazu Statistisches Bundesamt: Bevölkerung und Erwerbstätigkeit, Fachserie 1, Heft 6: Religionszugehörigkeit der Bevölkerung. Stuttgart, Metzler-Poeschel, 1990, S. 74 ff.) davon auszugehen ist, daß Frauen mit etwa 1,85 Mio. an dieser Gesamtzahl beteiligt sind. Die Tatsache, daß in dieser Zahl auch Kinder, Jugendliche und alte Menschen enthalten sind, verändert die beträchtliche Überrepräsentation von beruflich in der Kirche tätigen Frauen in dieser Befragung kaum.

[28] Es könnte durchaus sein, daß Frauen ohne Amt besonders häufig über eine Mitgliedschaft in einer Gruppe mit diesem Fragebogen in Berührung kamen, während Frauen in gleicher Situation, jedoch ohne eine solche Gruppenzugehörigkeit - trotz prinzipiell vielleicht vorhandenen Interesses an den hier angeschnittenen Themen - möglicherweise geringere Chancen hatten, von dieser Befragung überhaupt zu erfahren.

[29] Sowohl bei in der Kirche beruflich tätigen Frauen als auch bei jenen, die sich zum Erhebungszeitpunkt auf einen Beruf in der Kirche vorbereiten, gibt es teilweise ergänzende Anmerkungen, die darauf hinweisen, daß ein Nicht-Engagement im ehrenamtlichen Bereich von den betreffenden Frauen als vorübergehender Zustand betrachtet wird, der von der derzeitigen Situation bestimmt ist, z.B.:
- „Bin nur in Abständen von ca. 2 - 5 Wochen in dieser Gemeinde, war vorher jedoch fünf Jahre aktiv dabei!"

Schaubild 8: Beteiligung am kirchlichen Leben nach Stellung in der Kirche (in v.H. der jeweiligen Befragtengruppe)

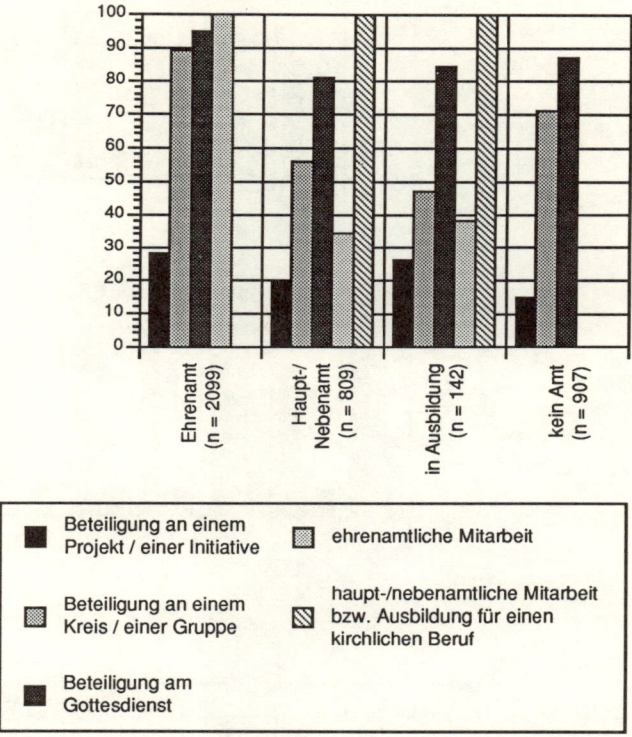

Werfen wir zum Schluß dieses Abschnitts noch einen Blick auf die Beantwortung dieser Fragen durch Frauen unterschiedlichen *Lebensalters*. Einige Differenzen zeichnen sich hier innerhalb der drei Teilgruppen mit größerer oder geringerer Deutlichkeit ab (vgl. die Schaubilder 9 a bis c):

- Es gibt unter den Befragten mit steigendem Lebensalter offenbar eine Tendenz zu höheren Beteiligungsgraden. Dies ist sowohl bei den in der Kirche haupt- oder nebenamtlich tätigen Frauen als auch bei jenen ohne besonderes Amt klar erkennbar, und zwar im Blick auf eine Teilnahme an Gruppen oder Kreisen ebenso wie beim Gottesdienstbesuch. Bei den ehrenamtlich in der Kirche tätigen Frauen ist dieser Trend dagegen nur schwach ausgeprägt; ehrenamtliches Engagement in der Kirche geht anscheinend generell mit einem verhältnismäßig hohen Maß an Teilhabe am kirchlichen Leben einher.

- „Im Moment arbeite ich in keiner Gemeinde richtig mit (außer Bläserchor), da ich in einer anderen Stadt studiere."
- „Wenn meine Kinder ... mich nicht mehr so in Anspruch nehmen, werde ich hoffentlich Kraft haben, an einem guten Gemeindeleben mitzuarbeiten."

Schaubild 9: Beteiligung am kirchlichen Leben nach Stellung in der Kirche und Lebensalter (in v.H. der jeweiligen Teilgruppe)

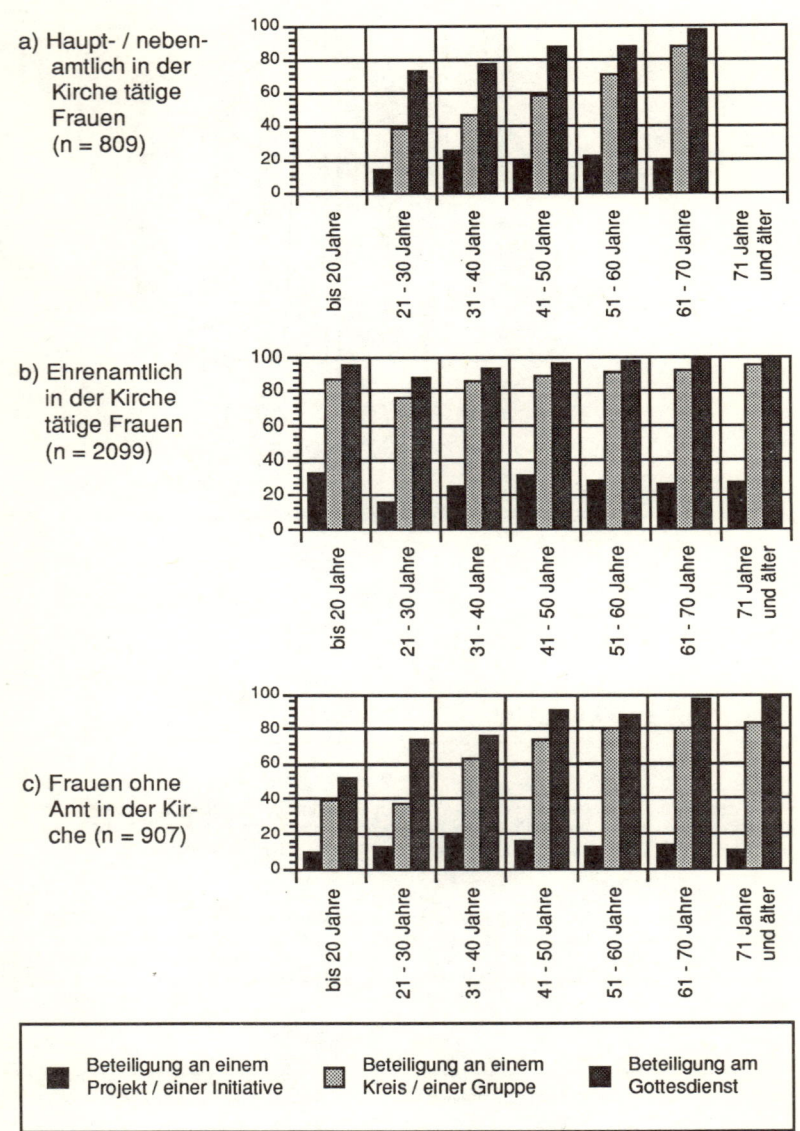

- Diese Tendenz gilt nicht für die erfragte Beteiligung an Projekten oder Initiativen. Jüngere Frauen und Frauen mittleren Alters sind an solchen Formen kirchlichen Lebens ähnlich stark, teilweise auch stärker beteiligt als ältere Frauen.
- Frauen im Alter zwischen 21 und 30 Jahren nennen besonders selten eine Beteiligung an den genannten Veranstaltungen, insbesondere an Gruppen oder Kreisen.

Insgesamt bleibt festzuhalten: Die befragten Frauen aller Teilgruppen verfügen in der Regel über jeweils mehrere Orte, an denen sie Erfahrungen mit Kirche und Gemeinde sammeln. Nur sehr wenige Frauen mit großer Distanz zum kirchlichen Leben haben sich an dieser Befragung beteiligt. Die Sichtweisen von Kirche, wie sie in den folgenden Kapiteln beschrieben werden, sind also mit Sicherheit kein repräsentatives Spiegelbild der Kirchensicht weiblicher Mitglieder in ihrer Gesamtheit. Vielmehr sagen sie etwas darüber aus, wie im kirchlichen Leben vielfach engagierte, sich überwiegend aktiv beteiligende Frauen die eigenen Erfahrungen wahrnehmen und reflektieren und welche kritischen Voten und in die Zukunft weisenden Wünsche und Forderungen diese Frauen aus der eigenen Wahrnehmung und deren Beurteilung ableiten.

4.2 Frauenerfahrungen in der Kirche

Unter der Überschrift „*positive*" bzw. „*negative Erfahrungen*" in der Kirche werden im folgenden zwei umfangreiche Bündel von Antworten vorgestellt, mit denen Frauen auf diese bewußt sehr allgemein formulierten Fragen reagiert haben. Bei der Analyse dieser Antworten haben wir besonders darauf geachtet, in welcher Weise die Befragten in ihren Antworten auf ihr Frau-Sein Bezug nehmen, wie sich dieses in ihren Wahrnehmungen widerspiegelt und inwieweit die beschriebenen Erfahrungen Parallelen bzw. Bezüge zur gesellschaftlichen Situation von Frauen heute erkennen lassen. Werden bestimmte positive Erfahrungen von Frauen in der Kirche mit ihrer besonderen Lebenssituation in Verbindung gebracht, mit Interessen und Bedürfnissen, die einen Zusammenhang mit weiblichen Lebenssituationen erkennen oder doch vermuten lassen? Läßt sich die Freude über bestimmte Erfahrungen in der Kirche möglicherweise deuten als Reflex frauenspezifischer Benachteiligungen, Deprivationen im sonstigen gesellschaftlichen Leben?

Hängen umgekehrt Negativerfahrungen mit bestimmten Aspekten einer gesellschaftlich gültigen „Frauenrolle" zusammen, die auch im Kontext von Kirche und Gemeinde wirksam ist? Inwieweit werden Benachteiligung wie Privilegierung in der Kirche bewußt als im sozialen System der Geschlechterhierarchie verortet wahrgenommen? Und: Wird das vorfindliche Geschlechterverhältnis als „veränderbar" erlebt oder als „natürlich" - vielleicht auch als „gottgewollt" - akzeptiert?

Die Fragen nach den „Erfahrungen als Frau in der Kirche" wurden im Erhebungsbogen „offen" - d.h. ohne vorgegebene Antwortmöglichkeiten - formuliert. Die Befragten sollten so die Möglichkeit haben, ihre Erfahrungen in Kirche und Gemeinde unbeeinflußt von Antwortvorgaben zum Ausdruck zu bringen. Im Auswertungsprozeß haben wir die verschiedenen Äußerungen zunächst gründlich gesichtet. Anschließend wurde jeweils ein möglichst systematisch strukturiertes Kategorienschema entworfen, dem in einem nächsten Schritt die einzelnen Antworten zuzuordnen waren. Die so codierten Aussagen ließen sich einer Häufigkeitsauszählung unterziehen, um auf diese Weise zu ermitteln, wie oft bestimmte Erfahrungen von den befragten Frauen in jeweils ähnlicher Weise beschrieben, bestimmte Situations-Einschätzungen übereinstimmend vorgetragen wurden.

Was die häufig sehr geringen Prozentanteile betrifft, mit der die einzelnen Antwortkategorien belegt sind, so ist zu beachten, daß die Frauen sich - entsprechend der offenen Art der Frageformulierung -

in ihren Antworten sehr frei für ganz unterschiedliche Aspekte der Betrachtung entscheiden konnten. Wir haben uns bemüht, Unterschiede in der Akzentuierung nicht zu nivellieren, sondern im Bericht sichtbar zu machen; deshalb begegnen uns die einzelnen Antwortkategorien in diesen Tabellenübersichten oft nur mit recht geringen Anteilen. Angesichts der großen Zahl von Befragten stehen solche relativ kleinen Anteilswerte allerdings meist dennoch für eine nicht unerhebliche Zahl von Frauen, die in einer je bestimmten Weise von ihren Erfahrungen berichtet haben.

Bei der Präsentation der Untersuchungsergebnisse werden die einzelnen - von uns im Auswertungsprozeß gebildeten - Antwortkategorien mit Hilfe einer Reihe von Zitaten aus den Fragebogen veranschaulicht.[30] Wo solche Antworten sehr einheitlich ausgefallen sind, beschränken wir uns dabei auf wenige Zitate; inhaltlich vielfältige und differenzierte Antwortbereiche werden durch eine größere Zahl von Aussagen illustriert; die Wiedergabe der relativen Antworthäufigkeiten in tabellarischer Form dient dazu, das Gewicht einer bestimmten Wahrnehmung oder Sichtweise innerhalb der Befragtengesamtheit bzw. in einzelnen Teilgesamtheiten zu verdeutlichen.

Mit Hilfe weitergehender Tabellenanalysen wurden Differenzierungen nach Stellung der befragten Frauen in der Kirche, nach ihrem Lebensalter, ihrer Familiensituation und einer etwaigen beruflichen Tätigkeit im außerkirchlichen Bereich vorgenommen, um möglichen Zusammenhängen zwischen den im Blick auf Kirche und Gemeinde formulierten Erfahrungsberichten und diesen anderen, die Lebenssituation dieser Frauen kennzeichnenden Merkmalen nachzuspüren.

4.2.1 Positive Erfahrungen

*„Welche **positiven Erfahrungen** haben Sie als Frau in der Kirche gemacht?"*

Tabelle 1 gibt einen ersten Überblick über die von etwa 4000 Frauen formulierten Stellungnahmen.

Etwa vier Fünftel aller Befragten haben demnach die Frage beantwortet, knapp ein Fünftel hat an dieser Stelle keine Angaben gemacht.[31] Zwei Drittel aller befragten Frauen nennen explizit positive Erfahrungen. Mit einem ausdrücklichen „Nein" antworten 8 %; eine Minderheit von 5 % weist die Frage zurück; diese Befragten erklären, nicht von frauenspezifischen Erfahrungen sprechen zu können.[32]

---

[30] Nach eingehender Prüfung haben wir uns schließlich dafür entschieden, die Verfasserinnen der einzelnen Antwortbeiträge nicht näher zu kennzeichnen, obwohl uns ein solches Vorgehen in einer ganzen Reihe von Fällen sehr sinnvoll und interessant erschienen war. Der Grund für diese Entscheidung war folgender: Die Zitate wurden jeweils primär unter dem Aspekt ausgewählt, für eine bestimmte Antwortkategorie möglichst „typische" Aussagen zu dokumentieren. Eine Zuordnung einzelner Formulierungen z.B. zu jüngeren oder älteren Frauen, beruflich oder ehrenamtlich in der Kirche tätigen Mitarbeiterinnen, Pastorinnen oder Küsterinnen usw. hätte unseres Erachtens die Leserinnen und Leser auf eine falsche Spur geleitet; eine solche Kennzeichnung hätte nämlich das gruppenübergreifend „Typische" des jeweiligen Zitats durch seine spezifische Zuschreibung zu einer bestimmten Teilgruppe zerstört und die Vermutung nahegelegt, Frauen gerade dieser bestimmten Teilgruppe hätten sich in solcher Weise geäußert. So beschränken wir uns darauf, eine nähere Kennzeichnung einzelner Antwortender nur ganz vereinzelt vorzunehmen, nämlich dort, wo uns die zitierte Antwort aus der Perspektive einer Vertreterin einer bestimmten Teilgruppe von Frauen besonders bemerkenswert erscheint.

[31] Zwischen den einzelnen Teilgruppen lassen sich, was die Nichtbeantwortung der Frage betrifft, nur marginale Unterschiede feststellen. Fast jede vierte Frau „ohne Amt" und etwa jede sechste ehrenamtlich in der Kirche Tätige und Auszubildende hat diese Frage nicht beantwortet. Bei den in der Kirche berufstätigen Frauen hat etwa jede fünfte Frau keine Angabe gemacht.

[32] Die betreffenden Frauen beschreiben dies z.B. so:
- „Es tut mir leid, daß ich diese Fragen nicht beantworten kann, weil ich nicht genau sagen kann, inwieweit meine Erfahrungen in der Kirche Erfahrungen speziell als Frau sind."
- „Ich kann diese beiden Fragen nicht beantworten, weil ich mich einfach nicht nur als Frau, sondern als Mensch sehe!"

Tabelle 1: Vorhandensein positiver Erfahrungen nach Stellung in der Kirche (in v.H. der jeweiligen Befragtengruppe)

	Frauen ausschließlich im Ehrenamt (n=2099)	Frauen in kirchlichen Berufen (n=809)	Frauen in kirchlicher Ausbildung (n=142)	Frauen ohne besonderes Amt in der Kirche (n=907)	alle Befragten (n=3957)
positive Erfahrungen	75	66	69	56	68
keine positiven Erfahrungen	4	9	8	14	8
keine positiven Erfahrungen speziell „als Frau"	6	3	6	4	5
keine Angabe	15	22	17	26	19
insgesamt	100	100	100	100	100

Am häufigsten wird die Frage nach positiven Erfahrungen von jenen Frauen verneint, die zum Zeitpunkt der Erhebung kein besonderes Amt in der Kirche ausüben: Etwa jede siebte dieser Befragten antwortet in dieser Weise. Dagegen äußert unter den ehrenamtlich in der Kirche Tätigen lediglich jede 25. Frau, sie könne nicht von positiven Erfahrungen berichten. Die in der Kirche Berufstätigen und die Frauen, die zum Erhebungszeitpunkt noch in einer kirchlichen Ausbildung stehen, nehmen hier mittlere Positionen ein.

Keine durchgängigen Unterschiede innerhalb der Teilgruppen werden sichtbar, wenn man das *Lebensalter* der Frauen in die Auswertung einbezieht. Auffällig ist aber doch, daß es unter den beruflich in der Kirche tätigen Frauen vor allem die jüngeren - und das heißt in diesem Fall, jene im Alter bis zu 40 Jahren - sind, die überdurchschnittlich häufig auf die Benennung positiver Erfahrungen verzichten.

Zieht man die *familiäre Situation* der befragten Frauen als Differenzierungsmerkmal heran, so fällt auf, daß unter den (ausschließlich) ehrenamtlich in der Kirche tätigen Frauen wie auch unter jenen ohne Amt Angaben über positive Erfahrungen in der Kirche dort besonders häufig unterbleiben, wo alleinlebende Frauen mit Kind gefragt sind.

Weitere Kreuzauswertungen unter den beruflich in der Kirche tätigen Frauen zeigen, daß einige *Berufsgruppen* im Zusammenhang dieser Frage nach positiven Erfahrungen in der Kirche eine größere Zurückhaltung der Frauen an den Tag legen als andere:[33] Erzieherinnen, Verwaltungsangestellte und Küsterinnen lassen die Frage häufiger unbeantwortet oder äußern sich sogar explizit verneinend; Pastorinnen und Diakoninnen benennen dagegen in besonders großer Zahl positive Erfahrungen in der Kirche.

- „Ich trenne das nicht - Mann / Frau, sondern sehe mich als Person (Mensch) und deshalb kann ich diese Frage nicht beantworten."
- „Meine positiven sowie auch negativen Erfahrungen haben mit meinem Frausein nichts zu tun."
- „Die positiven Erfahrungen beziehen sich auf meine Person als Gemeindeglied, nicht als *Frau*."
- „*Als Frau* weder positive noch negative."

[33] Wir beschränken uns bei Berichten über Unterschiede zwischen Angehörigen verschiedener Berufe auf jene Teilgruppen, die mit mindestens 50 Personen in der Befragung vertreten sind.

Insgesamt wird somit deutlich: Die überwiegende Mehrheit der befragten Frauen - insbesondere aber diejenigen, die sich als (ausschließlich) ehrenamtlich tätige Mitarbeiterinnen engagieren - verfügt über positive Erfahrungen.
Manche Befragte haben dabei mehrere unterschiedliche Erfahrungsaspekte benannt. Soweit überhaupt positive Angaben gemacht wurden, liegt ihre Anzahl im Mittel bei 1,2. Mit anderen Worten: Im Durchschnitt spricht jede fünfte Frau, die solche positiven Erfahrungen beschreibt, zwei voneinander unterscheidbare Aspekte an. Am höchsten ist der entsprechende Wert mit 1,3 bei den in der Kirche beruflich tätigen Frauen, relativ am niedrigsten - mit 1,1 - bei der entsprechenden Teilgruppe jener Frauen, die in der Kirche kein besonderes Amt übernommen haben.

Welcher Art sind nun diese positiven Erfahrungen? Tabelle 2 gibt eine erste Übersicht. Daraus geht hervor, daß die Frauen am häufigsten die folgenden Themen- bzw. Erfahrungsschwerpunkte benennen:
- Etwa jede sechste Frau spricht von Erfahrungen guter (christlicher) Gemeinschaft.
- Jede siebte Frau erinnert sich gern an erfahrenen Dank, erlebte Anerkennung und Akzeptanz.
- Etwa jede achte Befragte verbindet mit Kirche positive Erfahrungen von Schwesterlichkeit bzw. Solidarität und guten Kontakten unter Frauen.

Tabelle 2: Positive Erfahrungen der befragten Frauen in der Kirche (Mehrfachangaben, in v.H.).

	bezogen auf alle Befragten (n=3957)	bezogen auf antwortende Frauen (n=3190)
gute Gemeinschaft	13	16
Anerkennung / Akzeptanz	11	14
Schwesterlichkeit / gute Kontakte unter Frauen	10	12
Frauen können sich einbringen	7	9
Erfahrungen von Gleichbehandlung / Gleichberechtigung	6	7
Kirche bietet Frauen Betätigungsfelder, Arbeitsplätze	5	6
Frauen haben andere Möglichkeiten/Fähigkeiten als Männer	4	5
Neuanfänge / Aufbrüche	4	5
Kirche bietet Raum für Frauenthemen / -veranstaltungen	4	5
Raum für religiöses Leben	4	5
Raum für persönliche Entwicklung	3	4
gute Zusammenarbeit mit Männern	3	3
sonstige positiven Erfahrungen als Frau	2	3
positive Erfahrungen allgemeiner Art / ohne nähere Angabe	5	6

Unter dem Stichwort *Gute Gemeinschaft* sind alle Antworten zusammengefaßt, die Formen von zwischenmenschlichen bzw. ausdrücklich als „christlich" bezeichneten Beziehungen, Gefühle von Wärme und Geborgenheit zum Ausdruck bringen, z.B.:
- „Das Gefühl des Angenommenseins. Viele zwischenmenschliche Erlebnisse bei der Gestaltung von Gottesdiensten, Freizeiten, Gesprächskreisen usw. Das Miteinander in der Kirche im christlichen Sinne gibt mir viel Kraft für mein Leben."
- „Der Singkreis vermittelt einem gleich ein Gefühl des Dazugehörens, das fand ich gut."
- „Ich kann meine Gedanken mit anderen austauschen, bin nicht allein."
- „Es gibt offene Ohren für Probleme von Müttern mit Kindern unter 3 Jahren."
- „Ich fühle mich in meiner Gemeinde integriert und aufgenommen, nutze die Angebote gern und freue mich über jeden, den ich treffe und kenne."
- „Es ist das Bemühen da, die Rahmenbedingungen des Lebens als unverheiratete Frau zu erfahren."
- „Ich erfahre Gemeinschaft. Ich habe und erfahre Förderung."

Erfahrungen wie *„sich auf- oder angenommen fühlen, gern gesehen sein, verstanden und getragen werden"*, sind für diese Frauen offensichtlich ganz entscheidend. Manche Frauen, die ihren Beruf in der Kirche ausüben, vergleichen in diesem Zusammenhang die Art und Weise erfahrenen kollegialen Umgangs mit dem in anderen gesellschaftlichen Bereichen und kommen z.B. zu folgendem Ergebnis:
- „Beruflich ist das zwischenmenschliche Miteinander weniger konkurrenzbelastet als in der Wirtschaft oder vielen anderen öffentlichen Einrichtungen."

Manchmal relativieren Frauen, die von Geborgenheit in der Gemeinde und Verbundenheit mit der Kirche sprechen, ein solches Votum, indem sie positive Erfahrungen beispielsweise eher in der Vergangenheit ansiedeln:
- „Heimat / Dazugehörigkeit / Geborgenheit / Gemeinschaftserfahrungen: Erfahrungen als *Jugendliche* in der Kirche, als erwachsene Frau werde ich wenig wahrgenommen!"

Offensichtlich fühlen sich manche Frauen in bestimmten kirchlichen Bereichen oder Zusammenhängen aufgehoben, ohne aber bei dieser positiv formulierten Aussage die Abwertung von Frauen im kirchlichen Leben ausklammern zu wollen. Es ist anzunehmen, daß gerade Frauen, die eine enge „Kirchenbindung" haben, eine solche Erfahrung als besonders schmerzlich erleben.[34]

In diesem Punkt gibt es deutliche Unterschiede zwischen Frauen mit unterschiedlicher Stellung in der Kirche (vgl. Tabelle 3 a): Frauen „ohne Amt" ebenso wie (ausschließlich) ehrenamtlich Tätige schätzen die Gemeinschaft bzw. den Kontakt mit anderen offenbar besonders hoch ein; jeweils etwa jede sechste von ihnen macht im Zusammenhang mit der Frage nach positiven Erfahrungen in der Kirche entsprechende Angaben. Dagegen weist von den in der Kirche beruflich tätigen Frauen nur etwa jede achte, von jenen, die sich noch in einer kirchlichen Ausbildung befinden, sogar nur jede 13. Frau auf solche Erfahrungen hin.

Unter den Frauen „ohne Amt" sind es dabei vor allem die Alleinlebenden, die oft von solcher Gemeinschaftserfahrung in der Kirche sprechen; auch unter den in einem kirchlichen Beruf Tätigen erwähnen allein oder allein mit Kind lebende Frauen häufiger als andere solche positiven Erfahrungen. Kein Zusammenhang zwischen dem Hinweis auf Gemeinschaftserfahrung und der familiären Situation ist dagegen bei den ehrenamtlichen Mitarbeiterinnen erkennbar; von ihnen wird ein solcher Erfahrungszusammenhang durchgängig relativ häufig genannt.

---

[34] Dieser Eindruck wird häufig gestützt durch entsprechende Antworten auf die anschließende Frage nach Negativerfahrungen.

Tabelle 3 a: Ausgewählte Positiv-Erfahrungen von Frauen in der Kirche, nach Stellung in der Kirche (i.v.H. der Frauen, die die Frage beantwortet haben)

	Frauen ausschließlich im Ehrenamt (n=1774)	Frauen in kirchlichen Berufen (n=630)	Frauen in kirchlicher Ausbildung (n=118)	Frauen ohne besonderes Amt in der Kirche (n=667)	antwortende Frauen insgesamt (n=3190)
gute Gemeinschaft	17	12	8	18	16
Anerkennung / Akzeptanz	16	17	17	5	14
Schwesterlichkeit / gute Kontakte unter Frauen	10	17	20	10	12

Keine erkennbaren Differenzen, was die positive Hervorhebung erfahrener Gemeinschaft anbelangt, ergeben sich bei den ehrenamtlichen Mitarbeiterinnen auch dann, wenn man noch einmal zwischen den Frauen, die einem außerkirchlichen *Beruf* nachgehen, und jenen anderen, die keinerlei außerhäusliche Berufstätigkeit praktizieren, unterscheidet.[35]
Bei einer getrennten Auswertung nach *Altersgruppen* ist festzustellen, daß die Kategorie „gute Gemeinschaft" besonders häufig in den Berichten von Frauen im mittleren und höheren Lebensalter - also etwa ab dem 40. Lebensjahr - zu finden ist. Jüngere Frauen haben im Zusammenhang ihrer positiven Erfahrungen seltener auf diesen Sachverhalt hingewiesen.

Hinweise auf positive Erfahrungen im Blick auf *Dank, Anerkennung und Akzeptanz* gibt es fast gleichermaßen bei (ausschließlich) ehrenamtlich wie bei (auch) beruflich in der Kirche tätigen Frauen sowie bei jenen, die sich zum Befragungszeitpunkt auf einen Beruf in der Kirche vorbereiten (vgl. wieder Tabelle 3 a); jeweils etwa jede sechste der hier Antwortenden äußert sich in entsprechender Weise. Anders verhält es sich an dieser Stelle erwartungsgemäß mit jenen Befragten, die nach eigener Aussage keine besonderen Aufgaben in der Kirche übernommen haben; nur etwa jede 20. von ihnen hat Angaben dieser Art gemacht.

Ehrenamtlich in der Kirche tätige Frauen beschreiben in den Antworten, die unter dem Stichwort „Dank / Anerkennung / Akzeptanz" verrechnet wurden, überwiegend Erfahrungen positiver Resonanz der Hauptamtlichen und / oder der Gemeinde auf ihr ehrenamtliches Engagement:
- „Ich kann mich über Anerkennung meiner Arbeit von Seiten der Pastoren nicht beklagen."

Oder:
- „Die Dankbarkeit der Senioren ermuntert uns immer wieder zur Weiterarbeit."

Diese Frauen erleben, daß sie gebraucht und anerkannt werden; dies macht einen wesentlichen Teil ihrer positiven Erfahrungen mit der Kirche aus.

Beruflich in der Kirche tätige Frauen sprechen hier meist Aspekte ihrer Arbeit an.
Vor allem die positiven Erfahrungsberichte der befragten Pastorinnen beziehen sich sehr häufig auf diesen Punkt; dabei heben sie „die unvoreingenommene Aufnahme als Pastorin durch die Ortsgemeinde" besonders hervor - offenbar entgegen ursprünglich vorhandener eigener Befürchtungen. In mehreren Antworten wird zugleich deutlich, daß Frauen im Pfarramt auch heute noch nicht selbstver-

---

[35] Dies gilt in gleicher Weise auch für die anderen Aspekte positiver Erfahrungen. Deshalb wird im folgenden darauf verzichtet, dieses Differenzierungsmerkmal weiterhin zu benennen.

ständlich von allen Gemeindemitgliedern akzeptiert werden oder daß sie zumindest zu Beginn ihrer Tätigkeit mit Widerständen und Vorurteilen konfrontiert wurden:
- „Nach einer Phase des befremdeten Schauens sind die Leute mir als Frau gegenüber eher offen."
- „Nach anfänglichem Zögern Anerkennung als Frau im Pfarramt; mir wird mehr anvertraut als männlichen Kollegen; Zusammenarbeit mit Frauen."

Pastorinnen ebenso wie andere beruflich in der Kirche tätige Frauen deuten mehrfach an, daß die erfahrene Anerkennung und Akzeptanz für sie eng mit ihrer Seelsorge-Kompetenz verbunden ist. Darüberhinaus beziehen sie sich vor allem auf die erfahrene Akzeptanz durch Frauen, mit denen sie beruflich zu tun haben:
- „In der Seelsorge wird mir große Offenheit entgegengebracht (besonders von Frauen). ...Solidarität von Kolleginnen."
- „Die Basis in der Gemeinde sind Frauen! Im Amt auf seelsorgerlicher Ebene angenommen. Man akzeptiert mich, man mag mich."

Nicht immer haben Frauen die ihrem kirchlichen Engagement entsprechende Anerkennung erfahren:
- „...,daß ich nach etwa zehn Jahren ehrenamtlicher Mitarbeit in einem Projekt ernst genommen werde."

Daher ist es ihnen wichtig, an dieser Stelle einerseits die inzwischen positiv erlebte Veränderung hervorzuheben, zum anderen aber an die weniger erfreuliche Erfahrung in der Vergangenheit zu erinnern.

Nur eingeschränkt positiv sind auch Hinweise, die die erreichte Position in der Kirche hervorheben und zugleich mit einem Zusatz relativieren wie z.B.:
- „Schöne und ermutigende Begegnungen mit anderen Frauen. Als eine von wenigen Frauen in einer ansehnlichen kirchlichen Position werde ich gelegentlich ernster genommen als anderswo."

Hängt die Häufigkeit, mit der Frauen von erfahrener Anerkennung und Akzeptanz berichten, mit dem *Lebensalter* der Befragten zusammen? Als leichte Tendenz ist zu verzeichnen: In der Kirche beruflich wie ausschließlich ehrenamtlich tätige Frauen der Altersgruppen zwischen 41 und 60 Jahren haben sich etwas häufiger als andere positiv zu diesem Thema geäußert.[36]

Unter dem Stichwort *„Schwesterlichkeit / gute Kontakte unter Frauen"* wurden Antworten zusammengefaßt, in denen Befragte Aspekte von Offenheit, Solidarität und Freundschaft unter Frauen beschreiben. Sie suchen in dieser Gemeinschaft Gleichgesinnte, die *„die gleichen Fragen stellen und Antworten suchen"*; aus solchen Gesprächen und Begegnungen ziehen sie die Kraft, selbst Initiative zu ergreifen:
- „Ich habe Frauen gefunden, mit denen ich meine Fragen besprechen kann, aber auch feiern."
- „Ich treffe viele gleichgesinnte Frauen, die aufgeschlossen sind und daran arbeiten, ihre Persönlichkeit und das Umfeld im engeren und weiteren Sinn zu sehen, zu verstehen und evtl. zu verändern."
- „Es gibt viele Frauen in der Kirche, dadurch sind viele Dinge möglich (z.B. christliche Frauen in der Friedensbewegung), neue Erfahrungen geschehen oft durch und mit Frauen."

Eine andere Frau schreibt, sie schätze *„die Ausbildungsmöglichkeiten durch das Frauenwerk, Seminare etc. und die Begegnung mit anderen Frauen..."*.

Die Kontakte untereinander beleben und vertiefen bei manchen Frauen auch das persönliche Verhältnis zum christlichen Glauben, zu Kirche und Gemeinde:

---

[36] Eine altersspezifische Aussage bezogen auf die Frauen in einer kirchlichen Ausbildung ist wegen der geringen Zahlenbasis hier (wie auch an anderer Stelle) nicht sinnvoll.

- „Ich habe nette und interessante Frauen kennengelernt, durch die ich mich der Kirche zugehöriger fühle."
- „Durch die hier im Sprengel initiierte Frauenarbeit: neue Zugänge zur Bibel, in denen ich als Frau vorkomme, Gemeinschaft mit Frauen, andere Formen gottesdienstlicher Spiritualität, Vertiefung des Glaubens, Anerkennung als verantwortliche Frau."

Gute Erfahrungen mit anderen Frauen stärken das Selbstbewußtsein:
- „Anerkennung durch die ehrenamtliche Tätigkeit unter Frauen."
- „Ich nehme mich erst bewußt seit meinem Studium *als Frau* wahr. Praktikum bei einer Pastorin, Zusammenarbeit mit fitten Frauen während dieser Zeit."
- „Das Selbstbewußtsein der Frauen in der Kirche wächst, guter Austausch ist möglich, Solidarität unter den Frauen und Jugendlichen."
- „Gemeinsam mit anderen Frauen neue Wege zu gehen, Selbstbewußtsein in der Gruppe gestärkt."
- „Von Frauen ernstgenommen zu werden und Solidarität zu erleben, daß in der Gemeinde Raum ist zum Wachsen."

Die positiven Aspekte, die in diesen Antworten benannt werden, lassen mehr oder weniger deutlich auch kritische Einschätzungen und Wahrnehmungen erkennen. Diese Frauen engagieren sich bewußt mit anderen Frauen in der Kirche, um etwas in Bewegung zu bringen, neue Wege zu suchen oder sich trotz und vielleicht auch gerade wegen ihrer kritischen Sichtweise für Verbesserungen bzw. Veränderungen im kirchlichen Leben einzusetzen:
- „Ich erlebe, daß Einigkeit unter Frauen stark macht und etwas in Bewegung bringt."
- „Ich habe viele andere Frauen kennengelernt, auch in Nachbargemeinden, die bewußt mitmachen wollen trotz Kritik."
- „Daß wir so viele sind - Unterstützung von Frauen - Arbeitskreis Feministische Theologie."
- „Solidarität - nur innerhalb einer Frauengruppe."
- „... gemeinsamer Austausch in Frauengruppen - neue Wege."
- „Ich treffe andere Frauen und sehe, daß sie ähnliche Fragen und Probleme in Kirche, Glauben und Alltag haben."

Insgesamt formuliert etwa jede sechste der in der Kirche beruflich tätigen Frauen und etwa jede zehnte der Ehrenamtlichen sowie der Frauen „ohne Amt" Antworten, die sich diesem Themenbereich zuordnen lassen. Von denjenigen Frauen, die sich noch in einer kirchlichen Ausbildung befinden, hat sich sogar jede fünfte in entsprechender Weise geäußert (vgl. nochmals Tabelle 3 a).

Bezogen auf die verschiedenen *Altersgruppen* beschreiben - unabhängig von ihrer Stellung in der Kirche - Befragte zwischen 31 und 40 Jahren besonders häufig solche positiven Erfahrungen von Schwesterlichkeit und guten Kontakten unter Frauen.

Unter den in der Kirche *berufstätigen* Frauen sind es insbesondere die Diakoninnen, die in großer Zahl auf solche positiven Erfahrungen von Schwesterlichkeit hinweisen.

Andere Frauen sprechen in ihren Berichten über positive Erfahrungen davon, daß sie die Kirche als einen Ort erleben, wo sie ihre Kenntnisse, Fähigkeiten und Erfahrungen *einbringen*, sich in vielfältiger Weise *sinnvoll betätigen, Einfluß nehmen, neues Wissen erwerben* und *Erfahrungen sammeln* können (vgl. dazu Tabelle 3 b). Ehrenamtlich wie beruflich[37] in der Kirche tätige Frauen ebenso wie jene, die sich noch auf einen Beruf in der Kirche vorbereiten, stimmen in ihrer relativ starken Betonung solch positiver Erfahrungen überein. Ein abweichendes Ergebnis zeigen

---

[37] In der Teilgruppe der in einem kirchlichen Beruf tätigen Frauen sind es dabei die Diakoninnen, die diesen Aspekt besonders häufig benennen.

Frauen, die nach eigener Angabe keine besondere Aufgabe in der Kirche übernommen haben.

Tabelle 3 b: Ausgewählte Positiv-Erfahrungen von Frauen in der Kirche, nach Stellung in der Kirche (i.v.H. der Frauen, die die Frage beantwortet haben)

	Frauen ausschließlich im Ehrenamt (n=1774)	Frauen in kirchlichen Berufen (n=630)	Frauen in kirchlicher Ausbildung (n=118)	Frauen ohne besonderes Amt in der Kirche (n=667)	antwortende Frauen insgesamt (n=3190)
Frauen können sich einbringen	10	11	11	3	9
Kirche bietet Frauen Betätigungsfelder, Möglichkeiten, Arbeitsplätze	8	7	4	2	6
Kirche bietet Raum für Frauenthemen / -veranstaltungen	4	3	5	10	5
Kirche bietet Raum für persönliche Entwicklung	5	4	1	3	4

Vor allem ehrenamtlich in der Kirche tätige Frauen schätzen an ihrem Engagement das Gefühl, *Freiräume* zu haben, die ihnen die Entfaltung der eigenen Fähigkeiten ermöglichen. Einige hierfür typische Antworten sind:
- „Ich *kann* meine Gaben einbringen, ich *muß* es nicht."
- „Wenn man will, kann man aktiv oder auch passiv, je nach eigenem Bedarf tätig sein, nicht immer, aber oft deckt es sich mit persönlichen Neigungen."
- „Schon früh (als Jugendliche) ein Betätigungs- und auch Übungsfeld für meine persönlichen Stärken gehabt zu haben (Freiraum). Dies gilt auch noch heute. Viele meiner Kompetenzen in meinem Beruf habe ich nicht in der Schule / Hochschule gelernt, sondern in der Kirchengemeinde ‚erübt'."
- „Nebenamtliche Tätigkeit, unter Berücksichtigung anderer Verpflichtungen, ist zeitlich möglich."

Positiv berichten Frauen in diesem Zusammenhang auch von Erfahrungen entgegengebrachten Vertrauens, wie z.B.:
- „Ohne Prüfung oder Befähigungsnachweis wurden mir Aufgaben zugetraut und Verantwortung übertragen."

Nicht wenige ehrenamtlich tätige Frauen sehen außerdem in der Kirche die Möglichkeit, sich *neben Haushalt und Familie sinnvoll betätigen* zu können, eine Chance, die es sonst für viele von ihnen offensichtlich so nicht gäbe:
- „Möglichkeit zu vielen Betätigungen neben Haushalt und Familie, prinzipielle Offenheit für alle..."

Ähnliches trifft auf einige in der Kirche beruflich tätige Frauen zu, die hier auf die gute Vereinbarkeit ihrer Berufsarbeit mit ihren häuslichen und familiären Verpflichtungen hinweisen[38], z.B. mit Formulierungen wie der folgenden:
- „Freie Zeiteinteilung möglich, daher kann ich als Mutter von 4 Kindern mitarbeiten - Begabungen werden anerkannt."

---

[38] Einschränkungen gibt es an dieser Stelle offenbar vor allem für alleinlebende Frauen mit Kind bzw. Kindern, die einen Beruf in der Kirche ausüben; sie nennen auffallend selten positive Erfahrungen dieser Art; deutlich seltener insbesondere als alleinlebende Berufstätige ohne Kind.

Auch die Antworten zu diesem Themenkomplex enthalten freilich - bei grundlegend positiver Tendenz - teilweise durchaus kritische Aspekte und verdeutlichen damit, daß diese Frauen ihre Erfahrungen je nach persönlichem Interesse oder örtlicher Situation reflektieren:
- „Daß Engagement in kirchlichen Gruppen etwas sehr Schönes sein kann, wenn man seine Gaben und ‚Fähigkeiten' einsetzt und Verständnis findet. Das ist nicht immer und grundsätzlich der Fall."
- „Meinen persönlichen Einsatz einbringen, tätig sein, um Dinge, die mich stören, ändern zu können!"

Für einen Teil der Frauen verbinden sich mit ehrenamtlichem Engagement in der Kirche Erfahrungen, die sie als „Entwicklung", als persönlichen „Gewinn" erleben und beschreiben. Sie haben *„Einblicke, Durchblicke und neue Perspektiven gewonnen"* , *„eigene Begabungen entdeckt"* , wurden *„gefordert, aber auch gefördert"*, haben gelernt *„toleranter zu denken"* - und *„in einer Gruppe offen die eigene Meinung zu sagen"*:
- „Ich habe gute Teamarbeit kennengelernt, kann meine Fähigkeiten entfalten, bin selbstbewußter geworden und habe für meinen eigenen Glauben hinzugelernt. Mir wird viel Vertrauen entgegengebracht!"
- „Ich kann mich als Frau in Gremien und Gruppen einbringen und muß mich nicht verstellen."

In den Antworten der meist noch jüngeren Frauen, die gerade erst eine kirchliche Ausbildung durchlaufen, klingen solche Erfahrungen etwas seltener an als bei den übrigen Befragten (vgl. Tabelle 3 b).[39]

Vor allem Frauen „ohne Amt" berichten häufig von positiven Erfahrungen, die sich umschreiben lassen als Freude an und Zufriedenheit mit frauenspezifischen Angeboten in Kirche und Gemeinde: *„Kirche bietet Raum für spezifische Frauenkreise, -themen und Veranstaltungen"*. Einige Befragte nannten konkrete Angebote, wie *„Frauenkreis"*, *„Mütterkreis"*, *„Frauengesprächskreis"*, *„Weltgebetstag der Frauen"*, *„Müttergenesungsheim"*. Unter diesem Stichwort wurden beispielsweise auch folgende Antworten gesammelt:
- „Daß die kirchlichen Gruppen sehr viel für die Frauen tun."
- „Informative Referate in Seminaren und Tagungen - kontroverse positive und tiefe Gespräche."
- „Aufgeschlossen für Probleme der Frauen."
- „Wurde als Mutter angesprochen."
- „Es gibt Frauen-Gesprächskreise und Frauenseminare. Bei diesen Gruppierungen geht es um ein gemeinsames Interesse, ansonsten ‚wichtige' Kriterien wie Berufstätigkeit, Leistung etc. treten in den Hintergrund."

Was den *familiären Hintergrund* der befragten Frauen anbelangt, so fällt eine Teilgruppe wieder aus dem Antwortbild der übrigen Befragten heraus: Frauen, die allein mit ihrem Kind bzw. ihren Kindern leben - ob sie sich nun ehrenamtlich in der Kirche engagieren oder kein solches Amt übernommen haben - berichten in dieser Befragung *nicht* von positiven Erfahrungen, die damit zusammenhängen, daß in der Kirche - aus ihrer Sicht - Frauen besonders betreffende Themen aufgenommen würden.

Auch Antworten, die mit dem Wunsch von Frauen nach *gleichberechtigter Teilhabe* zu tun haben, sind in diesen Erfahrungsberichten anzutreffen (vgl. Tabelle 3 c).
Wo hier von *Gleichbehandlung / Gleichberechtigung* die Rede ist, haben Frauen auf Grund ihrer Erfahrungen den Eindruck gewonnen, in der Kirche den Männern gleichgestellt zu sein. Ein häufig genanntes Indiz für bestehende Gleichberechti-

---

[39] Auch alleinlebende Frauen mit Kind(ern) sprechen auffallend selten von solchen positiven Erfahrungen.

gung ist der zunehmende Frauenanteil im Kirchenvorstand der Gemeinden, die eigene Wahl in dieses Gremium oder langjährige Mitarbeit:
- „Die Frau wird bei unserer Kirchengemeinde gleichberechtigt eingesetzt, eine *Frau* ist Leiterin des KV."
- „In unserem Ort / Teil der Kirchengemeinde sind *nur* Frauen Kirchenvorsteherinnen."
- „Gleichwertige Stellung während meiner ersten Gruppenleitungen neben Pastorin, Zivi, Praktikantin, Akzeptanz vom KV, Kirchenkreis (-jugend)."
- „Daß von Frauen gestaltete Gottesdienste voll akzeptiert werden, daß Frauen gleiche Chancen haben."
- „Ich fühle mich als Mitarbeiterin ‚gleichberechtigt'. Ich erlebe etwas wie ‚Heimat'."
- „Ich werde bei Kirche geschlechtsneutral behandelt."

Vereinzelt betonen Befragte, daß sie die Gleichberechtigung von Frauen in der Kirche als *„Selbstverständlichkeit"* betrachten:
- „Ich werde gleichberechtigt behandelt, was ich allerdings nicht als positive Erfahrung bezeichnen würde, sondern als eine Selbstverständlichkeit."

Einige Befragte weisen darauf hin, daß Frauen in der Kirche in dieser Hinsicht bessere Bedingungen vorfinden als in anderen gesellschaftlichen Bereichen, so z.B.:
- „Ich wurde als Frau sicher gleichberechtig*ter* angenommen als in anderen Bereichen der Gesellschaft (Wirtschaft), ich muß als Frau nicht top schön und maßgekleidet sein."

Tabelle 3 c: Ausgewählte Positiv-Erfahrungen von Frauen in der Kirche, nach Stellung in der Kirche (i.v.H. der Frauen, die die Frage beantwortet haben)

	Frauen ausschließlich im Ehrenamt (n=1774)	Frauen in kirchlichen Berufen (n=630)	Frauen in kirchlicher Ausbildung (n=118)	Frauen ohne besonderes Amt in der Kirche (n=667)	antwortende Frauen insgesamt (n=3190)
Gleichberechtigung	8	6	8	4	7
Neuanfänge / Aufbrüche	5	5	11	5	5
Frauen haben andere Möglichkeiten / Fähigkeiten als Männer	4	9	9	3	5

Positive Erfahrungen in Kirche und Gemeinde, die sich diesem Stichwort *„Gleichberechtigung"* zuordnen lassen, begegnen uns relativ am häufigsten in den Antworten von ehrenamtlichen Mitarbeiterinnen - und hier vor allem von den jüngeren Frauen im Alter etwa bis zu 30 Jahren - sowie von Frauen, die sich auf einen Beruf in der Kirche vorbereiten. Frauen ohne besonderes Amt in der Kirche kommen offenbar verhältnismäßig seltener in Situationen, in denen sie Erfahrungen dieser Art machen können.

Was die *Familiensituation* der Frauen als dieses Antworten differenzierendes Kennzeichen anbelangt, so ist ein weiteres Mal die besondere Situation von alleinlebenden Frauen mit Kind(ern) anzusprechen: In allen Teilgruppen gilt, daß sie deutlich seltener als andere positive Erfahrungen benennen, die auf erlebter Gleichberechtigung beruhen.

Die Kategorie *„Neuanfänge / Aufbrüche"* faßt Positiv-Erfahrungen zusammen, die auf wachsende Partizipationschancen hinweisen bzw. eine Tendenz zu verstärkter Gleichstellung von Frauen in Kirche und Gemeinde erkennen lassen. In Antworten, die diesem Themenkomplex zugeordnet wurden, stellen Befragte entweder eine *„zunehmende Aufgeschlossenheit"* gegenüber Frauen fest, oder sie geben ihrer Hoffnung auf eine *zukünftig* angemessenere Beteiligung am kirchlichen Leben und vermehrte Berücksichtigung ihrer spezifischen Belange als Frau Ausdruck. Die meisten dieser Hinweise beziehen sich darauf, daß Frauen in der Kirche zunehmend wahrgenommen und akzeptiert werden, z.B.:

- „Daß die Mitarbeit von Frauen an Bedeutung gewinnt."
- „Daß die Frau doch immer mehr akzeptiert wird."
- „Die Kreise werden frauenfreundlicher, Aufbruch unter Frauen oder Männern, die etwas verändern. Zunehmendes Mitsprache- und Leitungsrecht der Frauen."
- „Daß in letzter Zeit die Belange von Frau wichtiger genommen werden, auch besonders die außerhäuslichen."
- „Die Frau wird stärker akzeptiert, als vor ein paar Jahren, z.B. die steigende Anzahl von Pastorinnen."
- „Kirche ist auf dem Weg, Frauen und ihre Anliegen ernster zu nehmen, weil Frauen in mehr verantwortungsvollen Bereichen zugelassen werden."
- „Gottseidank ist es heute schon selbstverständlich, daß Frauen im Pastorenamt zugelassen sind."
- „Zusammenarbeit mit Gemeindepastorin (teilweise Vorbildfunktion) - hart erkämpfter Freiraum einer Frauentagung für Theologie- und Religionspädagogikstudentinnen, auf der wir uns gegenseitig Mut machen konnten."

Ein Teil der Befragten - insbesondere Frauen, die in der Kirche einen Beruf ausüben oder sich zum Erhebungszeitpunkt in einer kirchlichen Ausbildung befinden - weist unter positivem Vorzeichen darauf hin, daß die tradierten weiblichen Rollenbilder in Kirche und Gemeinde zunehmend auch von Frauen selbst infrage gestellt werden und immer mehr Frauen sich aus der *„männlichen Vorherrschaft"* verabschieden und beginnen, eine eigene Identität in der Kirche zu suchen. Als Fortschritt und Indikator für Umdenkungsprozesse begrüßen Frauen auch die Einrichtung von Frauenreferaten und / oder die von ihnen als inzwischen weitgehend respektiert empfundene Beschäftigung mit feministisch theologischen Fragestellungen. Konkret finden sich dazu z.B. folgende Antworten:

- „Frauen versuchen, alte Rollenmuster zu durchbrechen. Frauen versuchen, sich neu zu orientieren - Suche nach Identität als Frau in der Kirche."
- „Beginnende Überwindung herkömmlicher Rollenbilder und damit Abbau von Vorurteilen wie z.B. zunehmende Aufgeschlossenheit gegenüber Pastorin als Befreiung von ‚Pfarr-Herrlichkeit'."
- „Es ist ein ermutigendes Erleben, daß überall Frauen beginnen, sich von der patriarchalischen Vorherrschaft zu lösen."
- „Beginnende Feminisierung wird spürbar; Offenheit und Freude von Frauen in der Gemeinde, deren Dank, Achtung von Männern!"
- „Daß immer mehr Frauen bereit sind, mitzuarbeiten und auch mitzureden."
- „Kirchentag Ffm'87: Frauenveranstaltungen. AG Feministische Theologie (am Ort): Unorthodoxes Suchen nach Leben und Befreiung."
- „Für mich als Frau gibt es sowohl in der Theologie als auch in den Formen vieles neu zu entdecken, und das geht zur Zeit."
- „Daß es Frauen gibt, die mit mir zusammen gegen den Strom schwimmen und bereit sind, Kraft und Zeit aufzuwenden, Veraltetes aufzuweichen und neue Perspektiven zu entwickeln."

Frauen, die sich zum Erhebungszeitpunkt auf einen Beruf in der Kirche vorbereiten, sprechen besonders oft von solchen positiven Erfahrungen. In die Zukunft gerichtet beschreiben sie Prozesse, die Veränderungen, Neuanfänge der beschriebenen Art bedeuten (vgl. noch einmal Tabelle 3 c). Hier kommt - aller diese Teilgruppe kennzeichnenden Skepsis, wie sie in dieser Auswertung immer wieder sichtbar wird, zum Trotz - auch Hoffnung zum Ausdruck, die möglicherweise für manche dieser Frauen eine Basis der eigenen beruflichen Zukunftsperspektive bildet.

Was die beruflich in der Kirche tätigen Frauen betrifft, so sind es am ehesten die 31- bis 40jährigen, die in ihren Berichten über positive Erfahrungen solche Neuanfänge ansprechen.

Insgesamt 5 % der antwortenden Frauen beantworten die Frage nach positiven Erfahrungen in der Kirche mit Hinweisen, die unter dem Stichwort *„Frauen haben andere Möglichkeiten / Fähigkeiten als Männer"* zusammengefaßt wurden. Die Rede ist dabei überwiegend von Denk- und Handlungsweisen von Frauen, die sich von männlich geprägten Normen und Wertmustern unterscheiden, wie z.B.:
- „Frauen sind einfühlsamer, aktiver, mutiger, kontaktfreudiger auch intuitiver, weniger formell als Männer, können besser vermitteln."
- „Weil Frauen anders sind als Männer, werden Frauen auch als Ansprechpartnerinnen ausgewählt."

Einige Befragte erleben es offenbar als besonders positiv, daß Frauen diese „anderen" Möglichkeiten und Fähigkeiten vor allem dafür einsetzen,
- „...in der Kirche etwas zu bewegen, um ungerechte Verhältnisse zu verändern".

Befragte, die in der Kirche einen Beruf ausüben, formulieren positive Erfahrungen dieser Art besonders häufig, und dasselbe gilt für jene, die sich zum Zeitpunkt der Umfrage gerade auf einen solchen Beruf vorbereiten (vgl. Tabelle 3 c).
Differenziert man die Teilgruppe der in der Kirche beruflich tätigen Frauen noch weiter, so zeigt sich: Vor allem Pastorinnen und - nicht ganz so ausgeprägt - Diakoninnen weisen auf derartige „besondere Möglichkeiten" von Frauen hin.

Dabei empfinden nicht wenige Frauen mit Beruf in der Kirche dieses „Anderssein von Frauen" als Vorteil für ihren beruflichen Handlungsspielraum. So fühlen sich vor allem Theologinnen *„als Frau in der Kirche viel weniger auf die Pastorenrolle festgelegt"*, ihr *„...Amts-Bild ist nicht so geprägt wie das der Männer"*; dies gibt ihnen *„mehr Bandbreite im zwischenmenschlichen Verhalten."*

Die Antworten zeigen erneut, wie stark die Frauen in Kategorien zwischenmenschlichen Verhaltens denken; Bewußtsein für soziale Verantwortung, Sich-Einfühlen in andere Menschen - das sind wichtige Fähigkeiten und Kompetenzen in Anbetracht einer auch heute noch bestehenden geschlechtsspezifischen Arbeitsteilung und des weiblichen Lebenszusammenhangs. In diesem Bereich kennen sich viele Frauen aus - soziales Gespür ist eine Stärke, aus der heraus sie Ideen und Initiative entwickeln und einbringen:
- „Gute Seelsorgeerfahrungen - als Frau - Mutter."
- „Als Frau bin ich leichter ansprechbar bei Fragen, Sorgen, Problemen - Gute Möglichkeit der Vermittlerrolle."
- „Frauen gehen intuitiver und oft angemessener mit Kirche um."
- „Daß die Gemeinde die Menschlichkeit und Wärme einer Frau schätzt."
- „Ich erlebe Frauenkreise als angenehm - und gemeinschaftsstiftend. Überall bin ich von Frauen herzlich und offen angenommen worden. Ich habe den Eindruck, daß es mir als Frau leichter fällt, Kontakte in Gesprächen aufzubauen."
- „Viele positive Erfahrungen: leichter Zugang zu Familien, wenig formell, Solidarität der Frauen, Hilfe in Verwaltung und Bausachen durch männliche KV-Mitglieder."

Auch Frauen, die ehrenamtlich in der Kirche tätig sind, beschreiben solche sozialen Aspekte positiven Erlebens:
- „Emotional ein besseres Einfühlungsvermögen der Frauen in bestimmten Situationen. Die Männer haben oft dabei gewisse Schwierigkeiten."
- „Als Frau in der *Gemeinde*: Die breite Masse der Gemeinde bringt viele ihrer Anliegen eher zu mir als zum Pastor."

- „Als ehemalige Kreisbeauftragte und ehemalige Leiterin eines Frauenkreises konnte ich früher Frauen für manche Projekte motivieren, besonders im sozialen Bereich."
- „Leichteren Zugang zu Müttern mit kleineren Kindern, da selber betroffen."
- „Als Frau ist mit Frauen eher über den christlichen Glauben zu sprechen als mit Männern. Als Frau kann man sich eher einem Gemeinde-Kreis anschließen, weil es für Frauen mehr Möglichkeiten gibt als für Männer."

In diesem Kontext sehen sich manche Frauen auch ausdrücklich als notwendiges Korrektiv zu einer an männlichen Denk- und Handlungsmustern orientierten sozialen Struktur, z.B.:

- „Kirche als Institution und Gemeinde, ein guter Raum, um auf andere zuzugehen. Menschen in der Gemeinde sind empfänglich dafür. Als Frau kann ich leichter auf Menschen zugehen als als Mann, kann leichter Kontakte knüpfen. Ich empfinde mich als Frau *als notwendige Ergänzung mit meinen fraulichen Gaben* zum Mann in der Kirche. Frauen können Probleme lockerer beim Namen nennen, ich kann einfühlender reagieren. Gemeinsam auf dem Weg sein schafft größte Nähe und Gemeinschaft."
- „Ich finde es gut, zu einem Gegengewicht zu der Kirche der Männer beizutragen und fühle mich darin stark."

Ein Blick auf die unterschiedlichen *Altersgruppen* zeigt: Es sind besonders die jüngeren Frauen - und zwar vor allem jene im Alter von 21 bis 30 Jahren - , die diesen Aspekt aufgegriffen haben.

Einige Frauen sprechen von positive Erfahrungen in der *„Kooperation und Gemeinschaft mit Männern"*. Sie weisen beispielsweise darauf hin, *„daß Männer und Frauen sehr gut zusammenarbeiten können und wichtige Entscheidungen auch von Frauen beeinflußt werden."* Eine andere Antwort lautet:

- „Ein gutes Miteinander mit Pastoren und allen Mitarbeitern und Mitarbeiterinnen. Jeder versucht, seine Arbeit seinen Fähigkeiten entsprechend zu tun. Dann ist eine gute *Zusammenarbeit* möglich - egal ob Mann oder Frau."

Gelegentlich beschreiben Frauen hier Veränderungen, die sie persönlich offenbar als Verbesserung empfinden, die aber bei der Lektüre einen zumindest ambivalenten Eindruck entstehen lassen:

- „Mein Frausein ist mir nach langen Jahren der Mitarbeit nicht mehr wichtig, ich werde besonders von jüngeren Männern (KV und Pastoren) anerkannt."

Gibt es bei der Benennung solcher Kooperationserfahrungen Unterschiede zwischen Frauen mit unterschiedlicher Stellung in der Kirche? Tabelle 3 d gibt eine Antwort.

Tabelle 3 d: Positiv-Erfahrung: Kooperation und Gemeinschaft mit Männern, nach Stellung in der Kirche (i.v.H. der Frauen, die die Frage beantwortet haben)

	Frauen ausschließlich im Ehrenamt (n=1774)	Frauen in kirchlichen Berufen (n=630)	Frauen in kirchlicher Ausbildung (n=118)	Frauen ohne besonderes Amt in der Kirche (n=667)	antwortende Frauen insgesamt (n=3190)
gute Kooperation und Gemeinschaft mit Männern	3	4	8	1	3

Bei Frauen, die kein besonderes Amt in der Kirche ausüben, finden sich kaum Antworten dieser Art. Frauen, die sich auf einen Beruf in der Kirche vorbereiten, berichten dagegen - teilweise offenbar zu ihrer eigenen Überraschung - relativ oft von solch positiven Erfahrungen in der Zusammenarbeit von Frauen und Männern. Zwischen ehrenamtlichen und beruflich in der Kirche tätigen Mitarbeiterinnen lassen sich in diesem Punkt so gut wie keine Unterschiede erkennen.

Eine letzte Kategorie, die Antworten zum Stichwort „positive Erfahrungen als Frau in der Kirche" unter einem inhaltlichem Aspekt zusammenfaßt, betrifft die Chance, in der Kirche *„Raum für religiöse Erfahrungen"* zu finden (vgl. Tabelle 3 e).
Jeweils etwa eine von 20 Frauen spricht solche positiven Erfahrungen an. Berichtet wird über die Bedeutung des christlichen Glaubens im eigenen Leben, über Gottesdienste und teilweise auch darüber, daß Frauen *„über die feministische Theologie ... überhaupt erst wieder den Weg in die Kirche gefunden* (haben)."

Von Befragten, die sich noch in einer kirchlichen Ausbildung befinden, liegen keine solchen Antworten vor; Frauen ohne besonderes Amt in der Kirche haben diesen Aspekt relativ am häufigsten benannt; auch eine Reihe von Frauen, die ausschließlich ehrenamtlich bzw. beruflich in der Kirche tätig sind, weist auf positive Erfahrungen dieser Art hin.

Tabelle 3 e: Positiv-Erfahrung: Raum für religiöses Leben, nach Stellung in der Kirche (i.v.H. der Frauen, die die Frage beantwortet haben)

	Frauen ausschließlich im Ehrenamt (n=1774)	Frauen in kirchlichen Berufen (n=630)	Frauen in kirchlicher Ausbildung (n=118)	Frauen ohne besonderes Amt in der Kirche (n=667)	antwortende Frauen insgesamt (n=3190)
Kirche bietet Raum für religiöses Leben	4	4	-	6	5

Sonstige Voten zu positiven Erfahrungen als Frau in der Kirche werden von insgesamt 6 % der antwortenden Frauen abgegeben. Es sind teils sehr unspezifische Antworten, teils sehr spezielle Berichte über bestimmte Gemeindeaktivitäten oder besondere kirchliche Ereignisse, sowie Hinweise auf persönliche Vorlieben und Interessen, die im Gemeindeleben offenbar gut aufgenommen werden. Hierzu finden sich beispielsweise folgende Angaben:
- „Es wird versucht, den Gemeindegliedern etwas zu bieten in Form von Veranstaltungen usw."
- „Daß wir trotz großer Belastung des Pastors mit vier Gemeinden einen geregelten Gottesdienst haben, zu dem auch die Frau des Pastors ihren Teil beiträgt."
- „Kirchentag, die Arbeit unseres Schulpastors (Energieforum für die Schulen), Schüler gestalten den Reformationsgottesdienst."
- „Meine positiven Erfahrungen beziehen sich auf weniger konventionell organisierte Formen von Kirchenpraxis wie z. B. neue Gottesdienstformen, Freizeiten, die spannende Diskussion ebenso wie Gemeinschaft ermöglichen, Gesprächskreise zu aktuellen Themen."
- „Ich bin gern mit Kindern zusammen, der Kindergottesdienst hat mir oft Spaß gemacht."

4.2.2 Negative Erfahrungen

„Welche negativen Erfahrungen haben Sie als Frau in der Kirche gemacht?"

Auch diese Frage war „offen" formuliert. Gut ein Viertel der Befragten hat auf eine Angabe verzichtet (vgl. Tabelle 4); eine kleine Gruppe von Frauen hat die Frage zurückgewiesen; sie sehen keine geschlechtsspezifischen Erfahrungen. Ein Fünftel der Frauen erklärt explizit, „keine negativen Erfahrungen" gemacht zu haben.[40] Fast die Hälfte der Befragten spricht negative Aspekte in der Kirche an.

Dabei ist die Anzahl der von den einzelnen Frauen formulierten Aspekte etwas geringer als bei den Antworten im Blick auf positive Erfahrungen: Im Schnitt werden 1,1 Negativaspekte benannt, d.h. etwa jede zehnte Frau hat - statistisch gesehen - zwei Negativ-Erfahrungen beschrieben.

Von den Frauen, die sich zum Erhebungszeitpunkt in einer kirchlichen Ausbildung befinden, benennen mehr als drei Viertel negative Aspekte.[41] Die in der Kirche beruflich tätigen Frauen haben - mit einem Anteil von fast zwei Dritteln - ebenfalls ziemlich oft negative Erfahrungen beschrieben. Von den in der Kirche ausschließlich ehrenamtlich tätigen Frauen gibt weniger als die Hälfte derartige Hinweise.

Dabei macht es offenbar einen leichten Unterschied, ob diese ehrenamtlich engagierten Frauen einem *Beruf* außerhalb der Kirche nachgehen oder nicht: Während erstere immerhin in mehr als der Hälfte der Fälle auf negative Erfahrungen hinweisen, erreicht die entsprechende Quote bei letzteren nur 44 %.

Tabelle 4: Vorhandensein negativer Erfahrungen nach Stellung in der Kirche (in v.H. der jeweiligen Befragtengruppe)

	Frauen ausschließlich im Ehrenamt (n=2099)	Frauen in kirchlichen Berufen (n=809)	Frauen in kirchlicher Ausbildung (n=142)	Frauen ohne besonderes Amt in der Kirche (n=907)	alle Befragten (n=3957)
negative Erfahrungen	47	63	78	37	48
keine negativen Erfahrungen	21	14	6	23	20
keine negativen Erfahrungen speziell *„als Frau"*	4	2	3	4	4
keine Angabe	28	21	13	36	28
insgesamt	100	100	100	100	100

Relativ am seltensten haben sich jene Frauen negativ geäußert, die nach eigenen Angaben kein Amt in der Kirche ausüben. Anscheinend hängt dies vor allem mit

---

[40] Hinzu kommt eine kleine Zahl von Frauen, die Antworten formulieren wie „keine besonderen" oder „seit längerem nicht mehr".

[41] Frauen in einer Ausbildung für einen kirchlichen Beruf haben zudem, soweit sie auf Negativerfahrungen hingewiesen haben, besonders viele solcher negativen Aspekte beschrieben (im Schnitt 1,3); bei Frauen im Ehrenamt liegt das entsprechende Mittel bei 1,2, bei Frauen in kirchlichen Berufen ebenso wie bei Frauen ohne Amt bei 1,1.

der vergleichsweise eingeschränkten Gelegenheit dieser Frauen zusammen, überhaupt Erfahrungen mit der Kirche zu machen: Im vorigen Abschnitt hatte sich gezeigt, daß diese Frauen auch seltener über positive Erfahrungen verfügen.

Die Differenzierung nach *Altersgruppen* zeigt: Frauen im Alter zwischen 21 und 40 Jahren nennen besonders viele negative Erfahrungen. Die jüngsten Befragten (im Alter bis zu 20 Jahren) haben anscheinend (noch) nicht so viele Negativ-Erfahrungen gesammelt. Ältere Befragte äußern sich ebenfalls deutlich weniger kritisch.

Gibt es Hinweise darauf, daß Frauen je nach ihrer *Familiensituation* in unterschiedlicher Weise von negativen Erfahrungen berichten? Die Analyse zeigt hier kein eindeutiges Resultat.

Die Unterscheidung nach *Berufsgruppen* innerhalb der beruflich in der Kirche tätigen Frauen dagegen läßt auch hier Differenzen erkennen: Diakoninnen und Pastorinnen äußern sich besonders häufig zu Negativ-Erfahrungen. Verknüpft man diese Befunde mit den Ergebnissen im Blick auf positive Erfahrungen, so entsteht der Eindruck, daß sich Frauen aus diesen beiden Gruppen offenbar besonders intensiv reflektierend mit ihrem Arbeitsfeld auseinandersetzen - mit der Folge, daß sowohl seine positiven wie negativen Seiten sehr differenziert wahrgenommen und beschrieben werden. Andere Berufsgruppen sind bei der Beschreibung ihrer Erfahrungen zurückhaltender; insbesondere Frauen, die als Erzieherinnen oder Küsterinnen tätig sind, verzichten häufig auf eine Antwort.

Das inhaltliche Spektrum negativer Erfahrungen der befragten Frauen in und mit der Kirche zeigt Tabelle 5.

Tabelle 5: Negative Erfahrungen der befragten Frauen in der Kirche (Mehrfachangaben, in v.H.).

	bezogen auf alle Befragten (n = 3957)	bezogen auf antwortende Frauen (n = 2856)
keine Gleichberechtigung	18	25
keine Anerkennung / kein Dank	7	10
Kirche erkennt die Arbeit von Frauenkreisen, -themen nicht an	4	5
keine Kooperation zwischen Frauen u. Männern	3	4
kein Aufbruch / Neuanfang	3	4
keine Gemeinschaft	3	4
Frauen können sich mit ihren Erfahrungen / Fähigkeiten nicht einbringen	3	4
Kirche berücksichtigt die persönliche Lebenssituation von Frauen nicht	2	3
wenig Raum für gutes religiöses Leben, religiöse Inhalte	2	3
Frauen haben Defizite / machen´s auch nicht besser	2	2
keine / zu wenig Schwesterlichkeit	1	2
sonstige negative Erfahrungen / negative Erfahrungen ohne nähere Erläuterung	8	11

Am häufigsten werden negative Erfahrungen beschrieben, die sich unter dem Stichwort *„mangelnde Gleichberechtigung"* zusammenfassen lassen. Insgesamt bezieht sich jede vierte dieser Antworten auf Situationen und Sachverhalte, in denen sich Frauen in der Kirche benachteiligt fühlen. Dabei wird sowohl auf tradierte Rollenerwartungen hingewiesen, die Frauen auf typisch weibliche Betätigungsfelder und Arbeitsbereiche festlegen, als auch auf institutionell festgelegte Strukturen der *„Machtverteilung und Machterhaltung"*, die die Befragten in der Kirche zu Gunsten der Männer geordnet erleben:

- „Frauen sind meist die ‚Zuarbeiterinnen' in der Gemeinde, je höher die Hierarchie, desto männlicher ist sie - besonders die Gottesdienste sind sehr ‚männlich' aufgebaut. Frauen sind fürs Gefühl und fürs ‚Schöne' da (und haben) lediglich zu dienen und zu gehorchen."
- „Zugelassen an der Basis und als Betreuerin bei Bewirtung, Aufstieg höchstens als *stellvertretende* Vorsitzende in allgemeinen Gremien."
- „Ich komme als Frau nicht in Verkündigung und Ämtern vor, bin nur mitgemeint oder in die exotische Ecke gedrängt, werde eingezwängt durch starre Rollenbilder, bin bis in die Seele verletzt durch männliche Sprache und Bilder."
- „ ‚Männer regieren, Frauen dienen' und Eigenverantwortung ist nur in Teilbereichen möglich."
- „Frauen sind sehr wenig in Leitungs- und Entscheidungsgremien der Kirche anzutreffen. Frauen haben es schwerer als Männer, ihre Anliegen durchzusetzen."
- „Was Frauen tun, tritt häufig nicht so an die Öffentlichkeit, Männer mit Amt und Titel werden bevorzugt in Gremien gewählt (z. B. Kirchenvorstand)."
- „Als Frau werde ich im ‚Ernstfall' auch von anderen Frauen immer noch oft einem Mann nachgesetzt: Der Mann *muß* ja kompetenter sein als eine Frau!"
- „Fähige Frauen werden noch nicht mit Selbstverständlichkeit als gleichberechtigt in führende (leitende) Positionen gelassen."
- „In Entscheidungs-Kompetenzen und repräsentativen Aufgaben haben Männer Mühe, Frauen zu ‚dulden'."
- „Die Einstellung der Öffentlichkeit gegenüber Frauen im KV hat sich m.E. noch nicht wesentlich geändert. Wo bei Wahlen genügend Frauen aufgestellt waren, werden doch zum größten Teil die Männer gewählt, selbst von Frauen."

Befragte, die solche Negativ-Erfahrungen ansprechen, weisen oft darauf hin, daß Frauen weder gleiche Mitspracherechte noch die gleichen beruflichen Zugangschancen haben wie Männer und auch nicht gleichermaßen an Leitungsämtern beteiligt sind, während sie zugleich höherem Leistungsdruck bzw. höheren Erwartungen ausgesetzt sind als Männer:

- „Eine Frau muß immer beweisen, was sie kann - bei Männern werden viele Dinge auch so anerkannt."
- „Mehr Durchsetzungskraft nötig als Männer, um ernstgenommen zu werden - auch mehr Kompetenz!"
- „Ich brauche mehr Überzeugungskraft und persönlichen Einsatz als ein Mann. Männliche Mitarbeiter werden teilweise bevorzugt bei höherwertigen Tätigkeiten eingesetzt."
- „Frauen stehen immer unter höherem Leistungsdruck als Männer, wenn sie anerkannt werden wollen."
- „Fehler / Versäumnisse werden Frauen stärker angerechnet als Männern."

Frauen haben mehrfach - selbst oder bei anderen - die Erfahrung gemacht: Selbst wenn Frauen es geschafft haben, sich eine gewisse Position zu erkämpfen, fühlen sie sich häufig als *„Alibifrau"*, als *„Notnagel"* oder *„Feigenblatt"* in einem System, dessen *„Grundprinzip männlich"* ist. Solche Erfahrungen verdichten sich bei nicht wenig Frauen zu einem oft bitter formulierten Urteil, wie es in der folgenden Antwort exemplarisch zum Ausdruck kommt:

- „Wie überall ist es auch bei der Verteilung von ‚wichtigeren' Aufgaben vorteilhafter, ‚Mann' zu sein als kompetent."

Die Antworten lassen erkennen, daß zahlreiche Befragte sich weder als Frau noch als ehrenamtliche bzw. berufstätige Mitarbeiterin in einem ihrer Kompetenz entsprechenden Ausmaß am kirchlichen Leben beteiligt fühlen. Hinweise auf geschlechtsspezifische Negativ-, ja Diskriminierungserfahrungen manifestieren sich aus der Sicht dieser Frauen besonders häufig darin, daß Leistungen von Frauen und Männern mit zweierlei Maß gemessen werden und daß Männer bevorzugt jene kirchlichen Ämter erhalten und bekleiden, mit denen ein gewisses Prestige, „Macht und Einfluß" verbunden sind, während Frauen im kirchlichen Leben meist die „weiblichen" Hilfsdienste repräsentieren.

Frauen, die solche Erfahrungen gemacht haben, beschreiben Gefühle der Ohnmacht gegenüber einer von Männern dominierten sozialen Struktur, fehlende Einflußmöglichkeiten der Frauen auf diesbezüglich notwendige Veränderungen, insbesondere, weil in den höheren Positionen die Frauen fehlen, die Frauenbelange angemessen vertreten und durchsetzen könnten. Eine Befragte drückt das so aus:

- „Ich werde als Frau (und Berufsanfängerin) nicht ernstgenommen. Ich werde mit meinen Forderungen und Wünschen ausgegrenzt. Ich kann mich schlecht durchsetzen, denn Frauen in ‚höheren Positionen‘, die mich mitvertreten können, fehlen oft."

Ehrenamtliche fühlen sich als Mitarbeiterinnen immer dann gern gesehen, wenn sie „... *zum Kuchen Backen und Kaffee Kochen* ..." gebraucht werden:

- „Das Angebot für ehrenamtliche Tätigkeit beschränkt sich auf Bereiche, die auch täglich im Haushalt zu leisten sind."
- „Immer noch Erwartung: Die Frau arbeitet in bestimmten Ecken der Gemeinde - z. B. Betreuung (Bezirkshelferin)."

Aber:

- „...Sobald man aber mit Problemen kommt, die einem sehr wichtig sind, wie u.a. die Bewahrung der Schöpfung, Frieden usw., wird man doch als unbequem empfunden, vorwiegend bei der Mehrheit der Gemeindeglieder."

Und: Wenn Frauen den Mut finden, *„Verantwortung zu übernehmen, ihre Meinung zu äußern..."* dann *„..werden sie oft noch ängstlich als sogenannte Feministinnen oder Emanzen gesehen. Die Erwartung des alten Rollenverhaltens besteht noch in hohem Maße - auch bei Frauen."* [42]

In Gremien fühlen sich nicht wenige Frauen nur gleichberechtigt, wenn es sich um soziale, karitative Belange / Aufgaben handelt:

- „Die Frau ist in Ausschußarbeit nur in ihrem Bereich (Caritas) ‚volljährig‘."

---

[42] Woher kommt solcher Mut? Eine Frau gibt diese Antwort: „Sie gewinnen den Mut dazu in Frauengesprächskreisen, durch die Beschäftigung mit biblischen Frauengestalten und auch feministischer Theologie". In Frauengruppen wuchs für viele Frauen auch die Erkenntnis der eigenen Situation: „Erst seit ich in der Frauenbewegung aktiv bin, sind mir die patriarchalischen Strukturen der Kirche bewußt geworden, manches sehe ich erst in der Rückschau kritisch, begreife jetzt erst, was mich früher unbewußt gestört hat." Als positive Erfahrung beschreiben viele der befragten Ehrenamtlichen unter anderem Momente einer persönlichen Entwicklung, die häufig sehr deutlich erkennen läßt, daß es viel Mut und Überlegung gekostet haben muß, sich gegen den „Strom" ,beispielsweise in einer kirchlichen Frauengruppe zu engagieren, die sich mit Feministischer Theologie oder mit anderen Frauenfragen beschäftigt. Positiv beschrieben wird dann i.d.R. das Gefühl von Solidarität und Unterstützung gegen einen offiziellen Widerstand seitens der Kirchenleitung (Pastoren/Pastorinnen). Der Schritt, den Frauen diesbezüglich „wagten" und den sie jetzt als positive Erfahrung schildern, ist demnach einer in Richtung, einem empfundenen Mangel entgegenzuwirken: Dafür brauchten sie, wie schon gesagt, Mut und Selbstvertrauen, um sich gegen Widerstände durchzusetzen.

Die erlebte Zweitrangigkeit des weiblichen Ehrenamtes und die Erfahrung, als Frau in der Kirche nicht vorzukommen, werden häufig als doppelte Diskriminierung erlebt, zum einen als Frau und zum anderen als ehrenamtliche Mitarbeiterin:

- „Männer dominieren in ländlichen Kirchenkreisen die Gremien und sind immer noch der Ansicht, daß Frauen mehr zum Kaffeekochen geeignet sind. Außerdem ist man als Ehrenamtliche zweitrangig, oft auch besonders von Geschlechtsgenossinnen so eingestuft."
- „Für mich nicht scharf zu trennen von der Problematik Ehrenamtliche / Hauptamtliche. Widerspruch, eigene Meinung, Selbstbewußtsein verunsichert die männlichen KV-Kollegen, besonders den Pastor."

Aber auch beruflich in der Kirche tätige Frauen erfahren vielfach Benachteiligung:

- „Massive Vorbehalte von männlichen Amtskollegen (*nicht* Gemeindegliedern!) Konkurrenz- und Machtkonflikte, starke, kluge, intellektuelle Frauen werden gefürchtet."
- „Bei meiner ersten Anstellung wurde ich gefragt, wie ich mich in meinem Beruf engagieren kann und gleichzeitig meine Kinder versorge. Diese Frage wird einem Mann nie gestellt."
- „Frauen haben es immer noch schwerer als Männer, besonders als *Pfarrerin*."[43]

Von in doppelter Hinsicht negativen Erfahrungen berichten *Pastorinnen*, die zugleich ihrer Rolle als *Ehefrau eines Pastors* zu entsprechen haben. Dies wird z.B. in der folgenden Antwort auf die Frage nach negativen Erfahrungen in der Kirche deutlich:

- „Die anfänglichen Vorbehalte in der Gemeinde; Sexismus im Kollegenkreis; Doppelerwartungen an mich als Pastorin und Pfarrfrau zugleich; im übergemeindlichen Bereich: Angst der Männer vor ‚starken Frauen'/ abgedrängt werden."

Ein Teil der Frauen, die sich in Kirche und Gemeinde engagieren, berichtet von Enttäuschungen, Rückschlägen - davon, immer wieder Abstriche und Kompromisse machen zu müssen. Diese Befragten möchten nicht selten aus ihren Erfahrungen Konsequenzen ziehen, d.h. sich aus der kirchlichen Arbeit zurückziehen; teilweise sind sie bereits dabei, sich anderen Institutionen und Bereichen zuzuwenden, wo sie für sich und ihr Engagement mehr Chancen und Ermutigung erhoffen.

Kritische Hinweise solcher Art zum Themenbereich „Gleichberechtigung" werden von Frauen, die in der Kirche einen Beruf ausüben, und von Frauen, die sich zum Erhebungszeitpunkt in einer kirchlichen Ausbildung befinden, etwas häufiger formuliert als von ausschließlich ehrenamtlich in der Kirche aktiven Frauen (vgl. Tabelle 6 a).

Tabelle 6 a: Negativ-Erfahrung: Mangelnde Gleichberechtigung, nach Stellung in der Kirche (i.v.H. der Frauen, die die Frage beantwortet haben)

	Frauen ausschließlich im Ehrenamt (n=1514)	Frauen in kirchlichen Berufen (n=640)	Frauen in kirchlicher Ausbildung (n=123)	Frauen ohne besonderes Amt in der Kirche (n=579)	antwortende Frauen insgesamt (n=2856)
mangelnde Gleichberechtigung	24	34	33	14	25

---

[43] Antwort einer ehrenamtlichen Mitarbeiterin.

Innerhalb der Teilgruppe derjenigen, die einen Beruf in der Kirche ausüben, fällt auf, daß die befragten *Pastorinnen* in herausragend hoher Anzahl solche Negativerfahrungen benannt haben.
Ein Vergleich zwischen verschiedenen Teilgruppen der „nur" Ehrenamtlichen läßt erkennen, daß *außerkirchlich berufstätige* Frauen sich diesbezüglich ebenfalls etwas kritischer äußern als jene Ehrenamtlichen, die keiner außerhäuslichen beruflichen Tätigkeit nachgehen.

Besonders selten sprechen Frauen ohne besonderes Amt in der Kirche im Zusammenhang ihrer Negativ-Erfahrungen von mangelnder Gleichberechtigung.

Im *Altersvergleich* zeigt sich: Frauen im Alter zwischen 31 und 40 Jahren beschreiben deutlich häufiger als andere solche negativen Erfahrung auf Grund fehlender Gleichberechtigung. Insbesondere bei ehrenamtlich in der Kirche tätigen Frauen äußern die älteren Befragten erheblich seltener solche Kritik, und auch unter den jüngsten Befragten sind hier Antworten dieser Art spürbar seltener anzutreffen. Dagegen stimmen die beruflich in der Kirche tätigen Frauen im Alter zwischen 21 und 30 Jahren in diesem Punkt mit ihren etwas älteren Kolleginnen überein.

Eine zweite Kategorie von Negativ-Erfahrungen steht unter dem Stichwort *Mangel an Anerkennung / Dank / Akzeptanz.* 10 % der die Frage beantwortenden Frauen nennen solche Erfahrungen. Am häufigsten üben solche Kritik wieder die in einer kirchlichen Ausbildung stehenden Frauen (vgl. Tabelle 6 b); Frauen ohne besonderes Amt in der Kirche machen hierzu erwartungsgemäß kaum Angaben. Frauen, die in der Kirche einen Beruf ausüben, und Frauen, die dort (ausschließlich) ehrenamtlich tätig sind, formulieren in annähernd gleichem Umfang Erfahrungen mangelnder Anerkennung.

Eine Differenzierung innerhalb der Teilgruppe der in der Kirche ausschließlich ehrenamtlich Tätigen ergibt, daß die *außerhalb der Kirche beruflich tätigen Frauen* in dieser Hinsicht offensichtlich etwas weniger Probleme haben als jene Frauen, die keinen außerhäuslichen Beruf ausüben. Ehrenamtliche Mitarbeiterinnen, die *mit ihrem (Ehe-)Partner zusammenleben*, weisen etwas häufiger als andere Frauen auf mangelnde Anerkennung ihrer Arbeit in der Kirche hin.
Zwischen dem *Lebensalter* und der Häufigkeit, mit der solche Kritik geäußert wird, ist kein klarer Zusammenhang erkennbar, und es gibt auch keine *Berufsgruppe*, in der sich entsprechende Antworten in auffälliger Weise häufen.

Tabelle 6 b: Negativ-Erfahrung: Mangel an Anerkennung, nach Stellung in der Kirche (i.v.H. der Frauen, die die Frage beantwortet haben)

	Frauen ausschließlich im Ehrenamt (n=1514)	Frauen in kirchlichen Berufen (n=640)	Frauen in kirchlicher Ausbildung (n=123)	Frauen ohne besonderes Amt in der Kirche (n=579)	antwortende Frauen insgesamt (n=2856)
Mangel an Anerkennung / Dank / Akzeptanz	10	11	26	4	10

Ebenso wie Hausarbeit, die auch erst auffällt, wenn sie nicht geschieht, erleben Frauen ihre Arbeit in der Kirche nicht selten als unbedeutend, von niemandem wahrgenommen oder anerkannt. Frauen, die *ehrenamtlich* in der Kirche tätig sind, weisen vor allem darauf hin, daß die ehrenamtliche Mitarbeit oft als Selbstverständlichkeit vorausgesetzt, daß sie sowohl *„erwartet, wie gleichzeitig belächelt"*, ja

sogar lächerlich gemacht wird. Sie fühlen sich häufig *„als billige Arbeitskraft ausgenutzt"* und gleichzeitig *„übersehen":*
- „Die Mitarbeit der Frauen ist erwünscht, wird aber nicht für voll genommen, wird ‚ausgenutzt'."
- „Sie (Kirche, Gemeinde) nimmt zu selbstverständlich Dienste an, vereinnahmt die Person, fordert immer mehr und gibt wenig."
- „Als Nur-Hausfrau belächelt, als billige Arbeitskraft ausgenutzt; ehrenamtliche Tätigkeit wird zwar erwartet, aber gleichzeitig belächelt."
- „Das Gefühl, ...schmückendes Beiwerk zu sein - das letztlich überflüssig war - dabei wurde Einsatz von Kraft und Zeit selbstverständlich verlangt und angenommen."
- „Viel ehrenamtliche Mitarbeit, die oft erst auffällt, wenn sie nicht mehr gemacht wird."

Dieses Gefühl, ausgenutzt, nicht mehr losgelassen zu werden, über den eigenen Einsatz nicht selbst entscheiden zu können, macht einen wichtigen Aspekt dieses Empfindens aus, als Frau in der Kirche, und ganz besonders als ehrenamtliche Mitarbeiterin, nur unzureichend anerkannt und ernstgenommen zu werden:
- „Bei *sämtlichen* anfallenden Aufgaben erwartet man von mir, dabei zu sein."
- „Daß meine Arbeitskraft eingeplant und ausgenutzt wurde."

Einige Frauen benennen hier ambivalente Gefühle, in denen sich Ärger und Freude verbinden:
- „Da man als Frau mit freier Zeit in der Gemeinde benötigt wird, gibt es positive und negative Seiten. Einerseits kann man es als positiv ansehen, gebraucht zu werden, oder negativ, wenn man ausgenutzt wird."

Manche Frauen, die so von ihren negativen Erfahrungen sprechen, haben Begegnungen mit hauptamtlich in der Gemeinde Tätigen im Blick, und nicht selten ist dabei ausdrücklich von den Pfarramtsinhabern die Rede. Andere berichten von mangelnder Anerkennung ihrer Arbeit durch „die Gemeinde" oder davon, als Frau in einem kirchlichen Gremium nicht ernstgenommen zu werden:
- „Nicht ernst genommen werden von erwachsenen männlichen Mitarbeitern (Kirchenvorsteher, Pastoren)."
- „Schwierigkeiten in Gremien, dort ernstgenommen zu werden ..."
- „Nicht ernst genommen - vor allem auch als Jugendliche, teilweise zu große Bedeutung des Pastors / Ausrichtung auf die Person und Stellung des Pastors."
- „Hausbesuche werden wohl anerkannt und begrüßt, sind aber nicht vollwertig. Wenn der Pastor oder der Diakon kommt, dann ist ein Vertreter der Kirche zugegen - wird anerkannt."
- „Ich habe 15 Jahre den Kindergottesdienst geleitet, Konfirmandenunterricht erteilt u.v.a. mehr, die Anerkennung ist fast ausschließlich dem Pastor der Gemeinde zuteil geworden."
- „Die ehrenamtliche Tätigkeit wird von Hauptamtlichen als selbstverständlich hingenommen, gleichzeitig oft nicht ernstgenommen."

Minderbewertung eigenen Engagements manifestiert sich für nicht wenige Frauen auf der Ebene kirchlicher Mit-Arbeitsbeziehungen in dem Widerspruch, einerseits eine unverzichtbare und notwendige Arbeit zu leisten, die andererseits gleichwohl wenig gilt bzw. nicht einmal *„...von den Leitungsgremien ernst genommen wird ..."*.

Vor allem ehrenamtliche Arbeit von Frauen, aber auch ihr beruflicher Einsatz in der Kirche bleiben oft, so empfinden manche Befragte, weitgehend „unsichtbar":
- „... als Frau werde ich leicht übersehen."
- „Mein Einsatz wird gern angenommen, jedoch nur im Verborgenen."

Nicht immer haben Frauen den Eindruck, daß ihrem Anliegen, auch persönlich aus ihrem Engagement in Kirche und Gemeinde Nutzen ziehen zu können, hinreichend Rechnung getragen wird:

- „Ich wünsche mir oft, daß ich von Aktivitäten in der Kirche persönlich mehr profitieren könnte, als immer nur Mitarbeiter zu sein."

Die Abwertung ehrenamtlicher Arbeit manifestiert sich beispielsweise auch darin, daß sie, wie dies von einer Frau zum Ausdruck gebracht wird, *„als Spielwiese der Frauen toleriert, oft beargwöhnt, selten unterstützt"* wird. Damit korrespondiert dann auch häufig das Gefühl, als ehrenamtlich tätige Frauen *„... wenig Rechte in der Kirche (zu haben) und ... viel Engagement und Kraftaufwand (zu brauchen), allmählich ein eigenes Profil zu gewinnen"*.

Obgleich Ehrenamtlichkeit ein konstitutives Merkmal kirchlicher Arbeit ist, sind sowohl die formellen wie die informellen Arbeits- und Kompetenzstrukturen im organisatorischen Aufbau doch weitgehend auf die hauptberuflichen Mitarbeiter und Mitarbeiterinnen zugeschnitten. Für ehrenamtlich engagierte Frauen sind diese Strukturen und die daraus resultierenden Zuständigkeiten häufig nicht durchschaubar. Sie wissen oft nicht, an wen sie sich z.B in Konfliktfällen wenden, wo sie sich informieren können, wenn sie Fragen haben *(„keine Möglichkeit der Rücksprache, unzulängliche Informationen")*. In diesem Kontext fühlen sie sich nicht nur allein gelassen, sondern auch von Informationen ausgeschlossen: Gerade letzteres empfinden viele Frauen als Ausdruck für die Bedeutungslosigkeit ihrer Arbeit.

Auch in einer allzu zögerlichen Bereitstellung der für die Arbeit notwendigen finanziellen Mittel spüren Frauen mangelnde Anerkennung ihres Engagements:
- „Von den Frauen wird meistens erwartet, daß sie alles umsonst ‚zaubern' - Männern gesteht man in Sachen Finanzen mehr Möglichkeiten zu."

Andere Befragte kritisieren, daß ehrenamtliche Mitarbeit sowohl von ihrem Umfang wie von den an sie gestellten inhaltlichen Anforderungen her mit beruflicher Arbeit gleichgestellt wird:
- „Daß es zuviel Arbeit in der Kirchengemeinde gibt, die längst kein ‚Ehrenamt' mehr ist, sondern bezahlt werden müßte!"

Einige ehrenamtliche Mitarbeiterinnen bringen in ihren Antworten zum Ausdruck, daß sie einen grundlegenden Mangel an Achtung vor der tatsächlichen Lebenssituation von Frauen in der Tatsache sehen, daß von ihnen unentgeltliche Arbeit - neben anderen Verpflichtungen - so selbstverständlich erwartet und gefordert wird:
- „Wenn eine Idee in die Tat umgesetzt werden soll, ziehen sich die meisten Männer hinter ihren Beruf zurück. Frauen sollen trotz Beruf und Familie die Zeit haben zuzufassen."
- „Die gerade von mir als Frau erwartete ehrenamtliche Arbeit."
- „Als Pfarrfrau wurde ich selbstverständlich als Teil des Pfarramtes eingeplant. Daß die Ehrenämter *an Frauen* verteilt werden, obwohl sie auch oft berufstätig sind."

Von ähnlichen Erfahrungen berichten in nicht geringer Zahl auch Frauen, die einen *Beruf in der Kirche* ausüben, sowie - auffallend häufig - Frauen, die sich noch in einer kirchlichen Ausbildung befinden:
- „Das Gefühl vermittelt zu bekommen, ich sei billige Arbeitskraft - während der Ausbildung."

Kritische Hinweise der berufstätigen Frauen sowie der Auszubildenden beziehen sich insbesondere auf die meist ohnehin vorhandene Mehrfachbelastung durch Beruf und Familie in Verbindung mit Erwartungen des jeweiligen kirchlichen Arbeit-

gebers, *"selbstverständlich"* nach Feierabend und oft am Wochenende für weitere Mitarbeit bereitzustehen:
- „Es wird immer erwartet, daß kirchliche Mitarbeiter auch ehrenamtlich zusätzliche Stunden leisten, möglichst ständig verfügbar sind und die eigene Familie hintenanstellen."

Jede zwanzigste der antwortenden Frauen spricht davon, daß Kirche die *Arbeit von Frauen*, in Frauengruppen und -kreisen und an Frauenthemen *nicht anerkennt* bzw. ihr nicht den erforderlichen Raum gibt (vgl. Tabelle 6 c). Frauen in einer kirchlichen Ausbildung haben auch diesen Themenkomplex überdurchschittlich häufig genannt; in der Kirche berufstätige Frauen liegen mit ihren Angaben leicht über dem Gesamtwert für alle Befragten, Frauen, die ausschließlich ehrenamtlich in der Kirche tätig sind, bleiben etwas darunter.

Tabelle 6 c: Negativ-Erfahrung: Mangelnde Anerkennung der Arbeit von Frauen gruppen, keine Aufnahme von Frauenthemen, nach Stellung in der Kirche (i.v.H. der Frauen, die die Frage beantwortet haben)

	Frauen ausschließlich im Ehrenamt (n=1514)	Frauen in kirchlichen Berufen (n=640)	Frauen in kirchlicher Ausbildung (n=123)	Frauen ohne besonderes Amt in der Kirche (n=579)	antwortende Frauen insgesamt (n=2856)
Kirche erkennt die Arbeit von Frauengruppen / in Frauenkreisen nicht an / spricht Frauenthemen nicht an	4	7	15	5	5

Unterschiede werden in diesem Punkt wieder zwischen verschiedenen Teilgruppen der Ehrenamtlichen deutlich: Während nur sehr wenige *nicht berufstätige* Ehrenamtliche dieses Thema kritisch aufgreifen, formulieren *außerhalb der Kirche beruflich tätige Frauen* relativ gesehen deutlich häufiger entsprechende Einwände.

Im einzelnen bedeutet das: Frauen fühlen sich in der Kirche (z.B. in Predigten) zu wenig angesprochen; sie kommen dort nicht explizit vor. Im Blick auf die Gemeindearbeit wird der Eindruck formuliert, daß Frauengruppen mit *„Hausfrauenklüngel"* gleichgesetzt werden, dem man *„keine anspruchsvollen Themen oder Angebote"* zubilligt. Auch von erfahrener Ablehnung feministischer Theologie ist hier die Rede sowie von verweigerten Fortbildungsmaßnahmen, wenn es um Frauenthemen geht. Zu dieser Kategorie negativer Erfahrungen wurden auch Antworten gezählt, die darauf hinweisen, daß Sprache in der Kirche Frauen nicht miteinbeziehen oder daß biblische Frauengeschichten eine zu geringe Rolle spielen, z.B.:
- „... im Grunde stört mich schon, daß die Frauen die Mehrheit der Kirchenbesucher stellen, in den Liedern, Texten und Predigten aber viel zu wenig vorkommen. Vieles müssen Frauen mit den Augen der (Kirchen-)Männer sehen."
- „Ich fühle mich als Frau zu wenig angesprochen, da in der Bibel zu wenig Frauengestalten eine Rolle spielen."
- „Daß die Frauengruppe nicht als eine eigenständige Gruppe anerkannt wird."
- „Die ‚Männerkirche' kann Arbeit, die von Frauen für Frauen gemacht wird, nur schwer akzeptieren. Seit ich mich mit feministischer Theologie befasse, fühle ich mich an den Rand ‚geschoben'."
- „Ein Frauenhaus unter Vorhut der Kirche einzurichten ist mir nicht gelungen, obgleich es gute Chancen gegeben hätte. Bei Kirchenvorstehern gab es zuviele Vorurteile!"

Beim *Alters*vergleich fällt auf, daß sich jüngere Frauen, die einen Beruf in der Kirche ausüben, hier kritischer äußern als ältere Befragte in gleicher Situation. Bei ehrenamtlichen Mitarbeiterinnen läßt sich ein solcher Zusammenhang mit dem Lebensalter dagegen nicht nachweisen.
Innerhalb der Teilgruppe der beruflich in der Kirche tätigen Frauen sind es im *Berufsgruppen*vergleich die Pastorinnen, die in vergleichsweise großer Zahl solche negativen Erfahrungen ansprechen.

Unter dem Stichwort „*mangelnde Kooperation zwischen Männern und Frauen*" wurden Erfahrungen von Frauen zusammengefaßt, die eine Zusammenarbeit als besonders problematisch erscheinen lassen. Diese Kategorie berührt folgende von Frauen benannten Erfahrungsaspekte:

- Frauen haben es schwer, sich gegenüber Männern durchzusetzen.
- Männer gehen nicht auf Anregungen von Frauen ein.
- Männer fühlen sich überlegen und ziehen deshalb Kompetenzen an sich.
- Frauen erleben in der Zusammenarbeit mit Männern Kompetenzkonflikte.
- Männer schätzen kompetente Frauen nicht, empfinden Neid.

Frauen in einer kirchlichen Ausbildung benennen diesen Themenkomplex überdurchschnittlich häufig; auch bei ehrenamtlich oder beruflich in der Kirche tätigen Frauen findet sich eine ganze Reihe entsprechender Formulierungen; Frauen ohne besonderes Amt in der Kirche thematisieren vergleichsweise selten derartige Aspekte (vgl. Tabelle 6 d).

Die in dieser Antwortkategorie schwerpunktmäßig angesprochene Geschlechtsrollenproblematik unterscheidet sich oft nur graduell von den Aussagen in Bezug auf fehlende Gleichberechtigung. Die kritischen Äußerungen sprechen hier nicht direkt solche Ausgrenzungserfahrungen an; vielmehr richten sie sich gegen das in der Zusammenarbeit nach wie vor von Frauen als gültig erlebte Bild, „Dienerin des Mannes zu sein", ein Bild, das die Beziehungen zwischen den Geschlechtern bis hinein in die verschiedenen Arbeitsbereiche tangiert. Dabei handelt es sich im wesentlichen um Erfahrungen, ungleichgewichtiger Arbeits(ver)teilung und um die Tatsache, daß Frauen, selbst dann, wenn sie in Leitungsgremien (z.B. Kirchenvorstand) gemeinsam mit Männern arbeiten, es schwer haben, sich durchzusetzen und sich Gehör zu verschaffen, und daß sie oft mühsam um die Anerkennung ihrer Kompetenz ringen müssen. Im Zusammenhang mit Konkurrenzstreitigkeiten weisen Frauen auch darauf hin, daß männliche Kollegen nicht selten versuchen, „*menschliche Stärken als feministische Schwäche auszulegen*" und damit „*die Rolle der Frau in der Kirche (zu) definieren*".

Tabelle 6 d: Negativ-Erfahrung: Mangelnde Kooperation zwischen Männern und Frauen, nach Stellung in der Kirche (i.v.H. der Frauen, die die Frage beantwortet haben)

	Frauen ausschließlich im Ehrenamt (n=1514)	Frauen in kirchlichen Berufen (n=640)	Frauen in kirchlicher Ausbildung (n=123)	Frauen ohne besonderes Amt in der Kirche (n=579)	antwortende Frauen insgesamt (n=2856)
mangelnde Kooperation zwischen Frauen und Männern	5	5	7	3	4

Für einen Teil der Frauen stellen sich diesbezügliche Probleme in Kirche und Gemeinde mit bestimmten Personen, und das heißt meist: mit Pastoren. In diesen Antworten dominieren kritische Hinweise im Blick auf die hierarchische Struktur und die Art und Weise des Umgangs, die ein kooperatives Miteinander von Frauen und Männern erheblich erschweren. Auch hierzu seien einige beispielhafte Formulierungen genannt:

- „In manchen Gremien und Kreisen komme ich als Frau kaum zu Wort gegen männliche Redebeiträge."
- „In vielen Gruppen übernehmen Männer wie selbstverständlich eine leitende Rolle und gehen auf Anregungen von Frauen nur ungenügend ein."
- „Neid und offensichtliche Ablehnung *besonders*: von *Frauen*, Vereinnahmung durch Männer, besonders ‚Kollegen', Konkurrenzstreitigkeiten, ..."
- „Pastoren sind geduldig, wenn man ihnen zustimmt, sie werden unduldsam und schulmeisterhaft, wenn ich ihnen widerspreche, weil ich anders fühle, erfahre."
- „Hierarchieverhalten - Pastor - Erzieherin wurde sehr spürbar, ich mußte sehr um Rechte kämpfen."
- „Arroganz und Überheblichkeit durch (einzelne) Pastoren, autoritäre Strukturen."
- „Keine richtige Zusammenarbeit mit dem Pastor."
- „Konstruktive Kritik wird nur bedingt vom einzelnen Pastor angenommen."
- „Viele Männer auf höheren Posten in der Gemeinde können es immer noch nicht vertragen, daß Frauen genauso Pastorin werden können oder andere Ämter innehaben und oft genauso beliebt sind wie sie."

Für berufstätige wie ehrenamtliche Mitarbeiterinnen gilt dabei: Jüngere Frauen - im *Alter* bis zu 40 Jahren - äußern solche Kritik etwas häufiger als ältere Befragte.

Und im *Berufsgruppenvergleich* wird sichtbar: Die befragten Diakoninnen geben besonders häufig Antworten, die Erfahrungen mangelnder Kooperation zum Ausdruck bringen.

Der Kategorie „*kein Neuanfang*" wurden Antworten zugeordnet, in denen Enttäuschung darüber zum Ausdruck kommt, daß dringend für erforderlich gehaltene Veränderungen noch nicht in Gang gekommen sind. Dabei werden Kirchenstrukturen häufig als hemmend erlebt und benannt. Stichworte wie „*bürokratisch*" (als Negativ-Begriff verstanden), „*unflexibel*", „*starr*", „*schwerfällig*" spielen in diesem Zusammenhang eine Rolle, und zwar im Blick auf die Gestaltung von Gottesdiensten ebenso wie auf Prozesse der Entscheidungsfindung, auf die Initiierung neuer Formen der Gemeindearbeit oder die im kirchlichen Raum geltende „Moral":

- „Viel zuwenig Emotionen, kein Raum für Andersartigkeit (Kirche ist verknöchert)."
- „Daß in manchen ländlichen Gegenden noch die reine Männerkirche herrscht, wo nicht mal der Weltgebetstag gefeiert, geschweige denn Reklame für Kirchentage gemacht wird."
- „Zuviel Tradition, wenig Suche nach Veränderungen, keine Einbeziehung von Kirchenfernen."
- „Ich bin in einer frauenamtsfeindlichen Gemeinde aufgewachsen, eine Pastorin durfte (1986) die Trauung bei mir und meinem Mann nicht durchführen."
- „Rückständigkeit und starre Haltung gegenüber Problemen in der Gemeinde, ängstliches Abblocken von Diskussionen über Fragen des Gottesdienstes."

Kritische Stimmen dieser Art werden besonders in der Gruppe der noch in Ausbildung auf einen Beruf in der Kirche befindlichen Frauen laut (vgl. Tabelle 6 e).

In den anderen Teilgruppen - bei ehrenamtlichen und in der Kirche beruflich tätigen Frauen ebenso wie bei jenen ohne Amt - sind es eher jüngere Frauen, zum Teil auch noch jene mittleren *Alters*, die in relativ größerer Zahl Antworten solcher Art zu Papier bringen.

Tabelle 6 e: Ausgewählte Negativ-Erfahrungen von Frauen in der Kirche, nach Stellung in der Kirche (i.v.H. der Frauen, die die Frage beantwortet haben)

	Frauen ausschließlich im Ehrenamt (n=1514)	Frauen in kirchlichen Berufen (n=640)	Frauen in kirchlicher Ausbildung (n=123)	Frauen ohne besonderes Amt in der Kirche (n=579)	antwortende Frauen insgesamt (n=2856)
kein „Neuanfang"	3	4	8	3	4
Frauen können sich mit ihren Erfahrungen, Fähigkeiten nicht einbringen	3	6	4	3	4
Kirche berücksichtigt die persönliche Lebenssituation von Frauen nicht	3	6	2	3	3

Viele Entscheidungen im Bereich der Kirche werden von Männern gefällt, und nicht wenige Frauen haben den Eindruck, daß dabei *wenig Rücksicht auf die Lebenssituation der Frauen* genommen wird. Als ein besonders wichtiges Element dieser Situation wird dabei immer wieder die besondere Verantwortung der Frauen für die Familie angesprochen. Sie kommt im kirchlichen Leben nach Wahrnehmung einer ganzen Reihe von Frauen zu kurz, sei es nun, daß auf diese Situation zugeschnittene Angebote fehlen oder daß Arbeitsplätze in der Kirche der jeweiligen Lebenssituation einer Frau nicht genügend gerecht werden:

- „Als Gottesdienstbesucherin mit Kind bin ich nicht gern gesehen."
- „Viele Angebote (Gesprächskreise) kann man nicht nutzen, wenn man kleine Kinder hat."
- „Zu wenig Angebote an Mutter-Kind-Gruppen und für alleinstehende, jüngere Frauen."
- „Wer kranke und alte Leute zu versorgen hat, kann nicht an Veranstaltungen teilnehmen."
- „Ich habe Theologie studiert und beide Examen gemacht, wurde aber nicht ordiniert und angestellt, weil ich verheiratet war (1968). Und später erlebte ich die Landeskirche als frauenfeindlichen, d.h. nicht auf die Lebenssituation eingehenden Arbeitgeber (z.B. die einer Mutter)."
- „Ich wurde als Frau mit Kindern ungern angestellt, obwohl die Kinder schon älter waren."
- „Kirche schafft für Frauen notwendige Dauerarbeitsplätze nicht in ausreichender Zahl."

Negative Erfahrungen dieser Art werden vor allem von Frauen genannt, die beruflich in der Kirche tätig sind (vgl. nochmals Tabelle 6 e). Die meist jüngeren Frauen, die sich zum Befragungszeitpunkt in einer Ausbildung für einen Beruf in der Kirche befinden, verfügen offenbar noch relativ selten über solche Erfahrungen.
Unter den ehrenamtlich in der Kirche tätigen Frauen benennen auffallend häufig jene, die *im außerkirchlichen Bereich beruflich* tätig sind, negative Erfahrungen im Blick auf mangelnde Berücksichtigung der eigenen Lebenssituation.
In der Teilgruppe der in der Kirche beruflich tätigen Frauen sprechen vor allem jene *mit Kindern* häufig Probleme dieser Art an.
Der *Altersvergleich* zeigt: Beruflich wie ehrenamtlich in der Kirche tätige Frauen zwischen 31 und 40 Jahren formulieren besonders häufig solche Kritik.

Die Kategorie *„Frauen können sich nicht genügend einbringen"* bezieht sich auf Behinderungen und Barrieren, die Frauen entgegenstehen, wenn sie ihre Erfahrungen und Fähigkeiten, Zeit und Kraft in das kirchliche Leben einbringen möchten:

- „Gewünschte Änderungen oder Verbesserungsvorschläge von Frauen werden nicht gerne akzeptiert (wenn überhaupt!)."
- „Die Pastoren bestimmen, was passiert. Anregungen werden nur selten berücksichtigt."
- „Daß Männer die ‚wunden Punkte' nicht sehen und ignorieren, wenn Frauen darauf hinweisen. Es wird nicht wichtig genommen, insbesondere werden Ziele junger Frauen ... mit alten Vorurteilen abgewehrt."
- „Aussagen und Anregungen haben weniger Gewicht, werden nicht ernstgenommen, neue Angebote (Fastenaktion, Friedenswoche) werden abgelehnt."
- „Eigeninitiative ist nicht gefragt, eigenwillige Gedanken auch nicht, ebenso(wenig) politisches Handeln."
- „Als Kirchgänger ist man willkommen, bei Diskussionen wird man nach seiner Meinung gefragt - aber wehe, man hat eine!"
- „Männer sitzen immer am längeren Hebel, weil sie die wichtigen Positionen innehaben. Meine Erfahrungen, Anfragen, Kritik als *Frau* spielen kaum eine / keine Rolle."

Kritische Hinweise solcher Art finden sich wieder vergleichsweise oft bei Frauen, die einen Beruf in der Kirche ausüben (vgl. noch einmal Tabelle 6 e).

Auffallend häufig sind es hier insbesondere die jungen Frauen - im Alter zwischen 21 und 30 Jahren -, die von negativen Erfahrungen dieser Art berichten. Diakoninnen sind diejenige Berufsgruppe, die offenbar häufiger als andere Anlaß zu solcher Kritik sieht.

Unter der Überschrift *„keine bzw. zu wenig Gemeinschaft"* sind Antworten zusammengefaßt, in denen Frauen Kritik am Miteinander-Leben in der Gemeinde üben. Hier ist von mangelnder Zuwendung die Rede, von Verhaltensweisen gemeindlicher Mitarbeiter (und möglicherweise auch Mitarbeiterinnen), die Frauen als Desinteresse an anderen Menschen und ihren Problemen erleben, von *„Kälte"* oder von *„Zank und Streit"*:

- „Als *Mitarbeiterin* komme ich vor - ansonsten empfinde ich: die *Privatperson* ist wenig im Blickfeld kirchlichen Denkens."
- „Würde gern mitarbeiten, ist aber in unserer Gemeinde nicht gefragt."
- „Es gibt im ganzen wenig gegenseitige Gemeinschaft."
- „Für sozial Schwache ist oft wenig Trost vorhanden."
- „In der Gemeindearbeit tritt das gehobene Bildungswesen zu sehr zu Tage, einfachere Frauen fühlen sich nicht wohl."
- „Nach Verlust des Ehepartners kaum Möglichkeit zum Gespräch mit dem Pastor."

Tabelle 6 f: Ausgewählte Negativ-Erfahrungen von Frauen in der Kirche, nach Stellung in der Kirche (i.v.H. der Frauen, die die Frage beantwortet haben)

	Frauen ausschließlich im Ehrenamt (n=1514)	Frauen in kirchlichen Berufen (n=640)	Frauen in kirchlicher Ausbildung (n=123)	Frauen ohne besonderes Amt in der Kirche (n=579)	antwortende Frauen insgesamt (n=2856)
keine Gemeinschaft	3	2	-	6	4
wenig Raum für gutes religiöses Leben, religiöse Inhalte	3	2	8	3	3

Solche Kritik am *„sozialen Klima"* in Kirche und Gemeinde wird relativ am häufigsten von Frauen geübt, die nach eigenen Angaben zur Zeit in diesem Bereich keine besondere Aufgabe übernommen haben (vgl. Tabelle 6 f). Es ist nicht auszuschließen, daß hier zum Teil schwerwiegende Enttäuschungen erlebt wurden, die - trotz weiterhin bestehenden Interesses an der Kirche - eine Mitarbeit verhindern.

Zusammenhänge mit dem *Lebensalter*, der *Familiensituation* oder der *Berufsgruppenzugehörigkeit* der befragten Frauen sind an dieser Stelle nicht erkennbar.

Antworten, die explizit mit *Glaubenserfahrungen*, mit dem geistlichen Leben in Kirche und Gemeinde zu tun haben, vereint die Kategorie *„zu wenig Raum für gutes religiöses Leben"*. Da geht es um Gottesdienst, Seelsorge und religiöse Erziehung. Atmosphärisches spielt in diesem Zusammenhang eine große Rolle. Bei genauerer Hinsicht enthalten diese Antworten eine ganze Reihe unterschiedlicher Tendenzen; teils wird ein höheres Maß an traditioneller Frömmigkeit und pastoraler Zuwendung eingeklagt, teils wünschen sich Frauen neue, „freundlichere" oder „aktivere" Formen des geistlichen Miteinander-Lebens:

- „Ich vermisse als Frau im Gottesdienst und bei kirchlichen Veranstaltungen die feierliche Atmosphäre, die Ruhe, mehr Innerliches, das Evangelium fehlt."
- „Als negativ empfinde ich die Gottesdienste: passiv dasitzen und einer langweiligen Predigt zuhören."
- „Heute meine ich, die Gemeinde fällt mehr und mehr auseinander, es wird zuwenig für die Gemeinde gebetet; für die Konfirmanden wird nicht gebetet."
- „Pastoren haben zu viele Termine. Darunter leidet die Seelsorge."

In einigen Antworten wird diese Kritik von den Befragten explizit mit dem eigenen Frau-Sein in Verbindung gebracht:

- „Ich fühle mich in der pastoralen Männerwelt wie ein Fremdkörper. Meine Art zu denken ist nicht gefragt. Glaube wird mir viel zu oft verkopft - von den Herren Pastoren (Frauen kommen bei uns kaum vor als Pastorin)."
- „Angst und Verzweiflung durch ‚christliche' Erziehung, negatives Frauenbild, keine Identifikationsmöglichkeit in den überlieferten Formen des Gottesdienstes."
- „Daß die religiöse Erziehung zu abstrakt bleibt und mehr Angst macht als Freude weckt."

Wie Tabelle 6 f zeigt, wird Kritik solcher Art insbesondere von Frauen zum Ausdruck gebracht, die sich noch in Ausbildung auf einen Beruf in der Kirche befinden. Ähnliches gilt in Bezug auf *jüngere* Frauen, die bereits einen Beruf in der Kirche ausüben.

Schließlich berichtet eine Reihe von Frauen auch von negativen Erfahrungen, die sich auf das Miteinander unter Frauen bzw. auf vermutetes oder erlebtes Verhalten anderer Frauen beziehen. Diese Frauen sprechen entweder davon, daß Frauen bestimmte Defizite (z.B. *„rhetorisch ungeübt"* seien) oder als negativ empfundene Eigenschaften (*„sich nichts zutrauen", „zu wehleidig", „finden alles schön"*) aufweisen, daß sie die gleichen Fehler machen wie Männer bzw. herrschende Rollenmuster akzeptieren, anstatt sie zu durchbrechen:

- „In allen wichtigen Gremien sitzen Männer, in erheblichem Maße von Frauen gewählt, die sich nichts zutrauen."
- „Daß ein großer Teil Frauen von sich aus ‚zurücktritt'."
- „Auch Frauen wollen sich profilieren und nutzen die bestehenden Machtstrukturen und festigen sie dadurch."
- „Alles orientiert sich am Pfarramt, Pastor*innen* dominieren nicht weniger als Pastoren."

Tabelle 6 g: Ausgewählte Negativ-Erfahrungen von Frauen in der Kirche, nach Stellung in der Kirche (i.v.H. der Frauen, die die Frage beantwortet haben)

	Frauen ausschließlich im Ehrenamt (n=1514)	Frauen in kirchlichen Berufen (n=640)	Frauen in kirchlicher Ausbildung (n=123)	Frauen ohne besonderes Amt in der Kirche (n=579)	antwortende Frauen insgesamt (n=2856)
Frauen haben Defizite bzw. machen's auch nicht besser	3	2	3	1	2
keine / zu wenig Schwesterlichkeit	2	1	2	1	2

Einige andere Befragte geben ihrer Trauer oder Enttäuschung über ein als zu gering empfundenes Maß an *Schwesterlichkeit* Ausdruck: Mangelnde Solidarität, fehlende gegenseitige Unterstützung, Neid und Konkurrenzverhalten werden hier beschrieben. Wie Tabelle 6 g zeigt, gibt es in diesem Punkt kaum Unterschiede in der Häufigkeit der Nennungen, wenn man Frauen unterschiedlicher Stellung zur Kirche vergleicht. Einige Antwortbeispiele seien auch hier genannt:

- „Daß oft Frauen untereinander nicht klarkommen, nicht reden können, nicht offen sind."
- „Frauen stehen nicht für Frau ein, wenn der Mann im Spiel ist."
- „Frauen fördern und unterstützen einander zu wenig - Konkurrenzkampf."
- „Macht- und Profilierungskämpfe *Frau* gegen *Frau*. Anhänger einzelner Gruppen werden wie Kastenwesen gesehen und verteufelt. Meistens dauert es lange, bis erkannt und gelten gelassen wird, daß meine Art als Frau auch ein Weg ist, um voranzukommen."
- „Ich bin enttäuscht darüber, daß Frauen, die besonders gegen die Männerherrschaft in Kirche und Öffentlichkeit angehen, oft selbst zur Ausbildung umgekehrter Herrschaftsstrukturen neigen und andersdenkende Frauen abqualifizieren."
- „Die ehrenamtlichen Mitarbeiterinnen wollen sich nur ‚Liebkind' beim Pastor machen."[44]
- „Frauen untereinander sind oft eifersüchtig."

Die Kategorie *„sonstige negative Erfahrungen"* enthält neben einer Reihe nicht näher erläuterter Negativ-Aussagen und nicht eindeutig interpretierbarer Aussagen auch Antworten, in denen die geringe Teilnahme am Gottesdienst beklagt oder das Fehlen bestimmter Personengruppen im gemeindlichen Leben angesprochen wird. Dabei sind die sich kaum beteiligenden Männer ebenso im Blick wie bestimmte Altersgruppen (*„Jugendliche", „junge Frauen"*).

---

[44] Votum einer ehrenamtlichen Mitarbeiterin.

4.3 Frauen und Ortsgemeinde

Die allgemein gehaltenen Fragen nach positiven und negativen Erfahrungen als Frau in der Kirche, deren Beantwortung im vorausgegangenen Kapitel dokumentiert wurde, lassen offen, welche kirchliche Bezugsebene die Befragten bei diesen Antworten in den Blick nehmen wollten. Bei der Entwicklung des Erhebungsbogens erschien es deshalb sinnvoll, diese generelle Hinsicht durch einige weitere Fragen zu ergänzen, in denen ein konkreter Bezug zur eigenen Ortsgemeinde hergestellt wird. Die bisherige Auswertung hat allerdings gezeigt, daß die meisten der antwortenden Frauen aktiv am gemeindlichen Leben beteiligt sind; es ist also davon auszugehen, daß dieses im wesentlichen den Hintergrund der bereits beschriebenen Erfahrungen darstellt.[45] Die Stellungnahmen der Befragten zu ihrer Ortsgemeinde eröffnen aber die Möglichkeit, insbesondere die emotionale Seite dieses Beziehungsverhältnisses noch eingehender in den Blick zu nehmen. Die geschilderten „Eindrücke" tragen dazu ebenso bei wie Aussagen darüber, wie die Frauen ihre Gemeinde-Erfahrungen umgesetzt und verarbeitet haben.

4.3.1 Erfahrungen mit der eigenen Ortsgemeinde

„Wie erleben Sie Ihre Ortsgemeinde?"

Auch auf diese offen formulierte Frage haben die meisten Frauen geantwortet (vgl. Tabelle 7). Der Anteil der *Nicht*-Antwortenden ist besonders hoch in der Gruppe derjenigen, die zum Befragungszeitpunkt kein Amt in der Kirche ausüben. Dieser Teilgruppe gehören, wie bereits deutlich wurde, auch einige Frauen an, die ein beträchtliches Maß an Distanz zur Kirche entwickelt haben. Die Beteiligung an der Befragung macht allerdings deutlich, daß das Interesse auch dieser Frauen an Kirche noch nicht erloschen ist.

Eine kleine Gruppe von Befragten erklärt, *keinen Kontakt zur Ortsgemeinde* zu haben. Diese Frauen weisen beispielsweise darauf hin, daß sie aufgrund ihrer Berufstätigkeit keine Zeit für ihre Ortsgemeinde finden, daß sie zur Zeit außerhalb ihres Wohnortes eine Ausbildung absolvieren, daß sie gerade erst neu zugezogen sind oder aus anderen Gründen kein Interesse an bzw. keinen Kontakt zu ihrer Ortsgemeinde haben können oder wollen. Zu solchen Gründen gehört in einer Reihe von Fällen der Eindruck, in der eigenen Ortsgemeinde bestünde wenig aktives gemeindliches Leben, teilweise auch die Erfahrung, daß eigene Anliegen und Interessen dort offenbar keinen Ort haben, z.B.:

- (Die Gemeinde ist) „so wenig aktiv, daß ich mehr Kontakte in der Nachbargemeinde habe."
- „Ich habe mir eine andere gesucht, die lebendiger ist."
- „Da ist kein Platz für mich, da komme ich nicht vor."
- „Themen (feministische Theologie), die mich interessieren, muß ich übergemeindlich wahrnehmen."
- „Ortsgemeinde findet für mich dort statt, wo feministische Andachten gehalten werden, Bibelgespräche zu erleben sind, wo Frauen gemeinsam schöpferisch tätig sein können; da dies nicht vorkommt - eventuell Kirchenaustritt."
- „Persönliche Wahlgemeinde: Sie entspricht meinen Vorstellungen im sozial-diakonischen und kirchlich-politischen Bereich."

---

[45] Wie Tabelle 7 zeigt, gibt es allerdings eine - relativ kleine - Gruppe von Befragten, die zum Befragungszeitpunkt kaum Beziehungen zur Ortsgemeinde haben.

Ein Teil der Frauen - vor allem im städtischen Umfeld - erklärt, sich einer anderen Gemeinde zugewandt zu haben; andere engagieren sich nur noch innerhalb bestimmter Gruppen und Kreise - auf gemeindlicher oder übergemeindlicher Ebene; ein kleiner Teil der Befragten trägt sich mit dem Gedanken, sich ganz aus der kirchlichen Arbeit zurückzuziehen.

Besonders häufig äußern sich in dieser Weise Frauen, die sich zum Erhebungszeitpunkt in einer Ausbildung auf einen Beruf in der Kirche befinden sowie jüngere Frauen (unter 30 Jahren), die einen Beruf in der Kirche ausüben oder kein besonderes Amt übernommen haben. Bei den (ausschließlich) ehrenamtlich tätigen Befragten ist dagegen kein solcher *Alters*zusammenhang erkennbar.

Unter dem *Berufsgruppen*aspekt betrachtet zeigt sich: Sozialarbeiterinnen / Sozialpädagoginnen, die ja ganz überwiegend im übergemeindlichen Bereich tätig sind, antworten etwas häufiger in diesem Sinn als andere in der Kirche beruflich tätige Frauen.

Tabelle 7: Äußerungen zu Eindrücken von der Ortsgemeinde, nach Stellung der Frauen in der Kirche (i.v.H. der jeweiligen Befragtengruppe)

	Frauen ausschließlich im Ehrenamt (n=2099)	Frauen in kirchlichen Berufen (n=809)	Frauen in kirchlicher Ausbildung (n=142)	Frauen ohne besonderes Amt in der Kirche (n=907)	alle Befragten (n=3957)
antwortende Frauen	93	89	92	82	89
davon: kein Kontakt zur Ortsgemeinde *	1	5	15	3	3
kein Kontakt zur Ortsgemeinde, aber zu bestimmten Gruppen (innerhalb oder außerhalb der Gemeinde)	2	6	2	1	3
keine Angabe	7	11	8	18	11
insgesamt	100	100	100	100	100

Die Mehrzahl der antwortenden Frauen benennt (mindestens teilweise) *positive* Erfahrungen mit der eigenen Gemeinde (vgl. Tabelle 8).

Der größte Teil der positiven wie negativen Eindrücke fällt in die weit gefaßte Kategorie „*allgemeine Erfahrungen mit der Gemeinde*"; sie umschließt mehrere, im Codierprozeß nicht voneinander unterschiedene Teilaspekte wie
- Wohlfühlen in der Gemeinde / Erfahrung von Gemeinschaft,
- gute Kooperation / Kommunikation mit anderen Personen, teilweise speziell: mit Pastoren,
- Offenheit und Vielfalt gemeindlicher Aktivitäten,
- für die Befragten akzeptable „Ansichten der Gemeinde" bzw. bestimmter Personen in der Gemeinde gegenüber alltagsbezogenen, sozialen oder politischen Fragen,
- Erfahrungen religiöser / geistlicher Gemeinschaft.

Gesondert ausgezählt wurden Antworten, die sich auf folgende Aspekte gemeindlicher Erfahrung beziehen:
- Benachteiligung bzw. Gleichstellung von Frauen,

- Einschätzung der Tatsache, daß ein großer Teil des gemeindlichen Lebens von Frauen gestaltet wird,
- Erfahrungen mit eigenem beruflichen oder ehrenamtlichen Engagement in der Gemeinde.

Wie Tabelle 8 zeigt, sind es zwar relativ kleine Gruppen, die in ihren frei formulierten Stellungnahmen solche Aspekte explizit genannt haben. Angesichts der sehr offenen, unspezifischen Fragestellung sind diese Antworten dennoch bemerkenswert.

Bemerkenswert ist auch, wie häufig in den vier Teilgruppen von Frauen mit unterschiedlicher Beziehung zur Kirche diese einzelnen Kategorien zur Beschreibung des eigenen Eindrucks von der Ortsgemeinde herangezogen werden:

Tabelle 8: Eindrücke von der Ortsgemeinde, nach Stellung in der Kirche (Mehrfachangaben, i.v.H., bezogen auf antwortende Frauen)

	Frauen ausschließlich im Ehrenamt (n=1944)	Frauen in kirchlichen Berufen (n=716)	Frauen in kirchlicher Ausbildung (n=130)	Frauen ohne besonderes Amt in der Kirche (n=747)	antwortende Frauen insgesamt (n=3537)
Gemeindeerfahrungen allgemein	85	72	58	85	81
davon:					
positiv	35	23	12	35	32
teils/teils	24	22	18	17	22
negativ	26	27	28	33	27
Stellung der Frau in Kirche und Gemeinde	5	13	25	4	7
davon:					
positiv	2	3	2	1	2
teils/teils	1	3	5	1	2
negativ	2	7	18	2	4
Präsenz von Frauen in der Ortsgemeinde	6	5	7	5	5
davon:					
positiv	2	2	1	3	2
teils/teils	2	2	3	1	1
negativ	2	1	3	1	2
Erfahrungen mit ehrenamtlicher und / oder beruflicher Tätigkeit in der Ortsgemeinde	6	4	-	..	4
davon:					
positiv	3	2	-	-	2
teils/teils	1	1	-	..	1
negativ	2	1	-	..	1
Sonstiges	3	1	3	4	3

- Bei Frauen ohne besonders Amt stehen die allgemeinen Gemeindeerfahrungen in besonderer Weise im Vordergrund; positive und negative Einschätzungen halten sich dabei etwa die Waage.
- Ehrenamtliche Mitarbeiterinnen nehmen - neben Gemeindeerfahrungen allgemeiner Art - in einer ganzen Reihe von Fällen auch Bezug auf ihre Erfahrungen als „Ehrenamtliche"; in beiden Fällen gibt es ein leichtes Übergewicht zugunsten positiver Urteile.
- Bei Frauen, die einen Beruf in der Kirche ausüben, finden sich aber vergleichsweise häufiger auch Voten, die dem Stichwort „Stellung der Frau in der Gemeinde" zuzuordnen sind; außerdem gibt es eine nennenswerte Zahl von Frauen, die ihren Orientierungspunkt nicht in der Ortsgemeinde als solcher gefunden haben, sondern in einer kleineren Gruppe innerhalb oder außerhalb dieser Gemeinde.
- Frauen, die eine Ausbildung für einen Beruf in der Kirche durchlaufen, beschreiben relativ seltener Gemeindeerfahrungen allgemeiner Art; ein Großteil ihrer Voten bezieht sich auf die Stellung der Frau in der Gemeinde; in beiden Antwortkategorien überwiegen eindeutig die kritischen Voten.

Der *Altersvergleich* innerhalb der Teilgruppen zeigt: Jüngere Frauen formulieren seltener als andere Gemeindeerfahrungen allgemeiner Art, und wenn, dann vergleichsweise häufiger als andere mit negativer Tendenz. Insbesondere bei den ehrenamtlich oder beruflich in der Kirche tätigen Frauen ist mit zunehmendem Lebensalter in diesem Punkt eine Verlagerung von oft kritischen zu mehr und mehr zustimmenden Voten sehr deutlich erkennbar.

Im *Berufsgruppenvergleich* zeigt sich: Unter den antwortenden Sozialpädagoginnen / Sozialarbeiterinnen war die Bezugnahme auf „allgemeine Gemeindeerfahrungen" vergleichsweise seltener als bei anderen Berufsgruppen im kirchlichen Bereich.

Im einzelnen läßt die Auswertung erkennen, daß die Ortsgemeinde für sehr viele Frauen ein wichtiger persönlicher Orientierungspunkt ist. Fast drei Viertel aller Befragten, die diese Frage beantwortet haben, beziehen sich in vielfältiger Weise auf Aspekte des Gemeindelebens. Dabei wird sichtbar, daß die Frauen den zwischenmenschlichen Beziehungen bzw. partnerschaftlichen Strukturen einen außerordentlich hohen Stellenwert beimessen. Es kommt ihnen vor allem auf die Art der Kommunikation und Kooperation an, auch auf den Austausch mit anderen, auf Erfahrungen also, die ihnen das Gefühl vermitteln können, eine *„kirchliche Heimat"* zu haben; einige Befragte sprechen hier auch von *„geistlicher Gemeinschaft"*, in der sie sich geborgen fühlen, wo sie selbst *„Unterstützung und Anteilnahme"* finden und anderen solche geben können und wo sie *„viele Möglichkeiten (haben), Glauben neu und in Gemeinschaft zu erfahren"*. Wichtig scheint in diesem Zusammenhang für viele Frauen eine *„kirchliche und weltliche Offenheit"* der Gemeinde, Verständnis für Gemeindeinitiativen und -aktivitäten, aber auch die Einstellung zu alltagsbezogenen und / oder zu politischen Fragestellungen, wie sie in der Gemeinde allgemein und speziell bei den Pastoren und Pastorinnen vorherrscht.

Etwa jede dritte Frau äußert sich in solch genereller Hinsicht zufrieden mit ihrer Kirchengemeinde. Jede vierte Frau beschreibt das entsprechende Bild dagegen mit *negativem* Vorzeichen; diese Frauen üben beispielsweise Kritik an hierarchischen Beziehungsstrukturen, an mangelndem Verständnis für Initiativien und neue Aktivitäten in der Gemeinde. Beim Stichwort *„Leitung"* denken die Frauen in der Regel an männliche Personen - wie Pastoren, Superintendenten, sowie an (zum Teil auch weibliche) Hauptamtliche überhaupt. So nimmt eine Befragte ihre Gemeinde beispielsweise als *„müde, desinteressiert und gegängelt vom Superintendenten..."* wahr und stellt weiter fest: *„...Initiativen sind da, werden aber abgeschlagen"*.

Als besonders schmerzlich wird empfunden, wenn das eigene Interesse oder das einer Gruppe an bestimmten Initiativen und Aktivitäten in der Gemeinde immer wieder auf Barrieren stößt oder nur eine Chance zu haben scheint, *„solange es in die Vorstellung des Pastors / der Pastoren paßt und Frauen nicht zu mächtig werden"*.
Eine Befragte beschreibt ihre Gemeinde beispielsweise

- *„... als Marionettentheater. Das hat nichts mehr mit Glauben zu tun. Der Pastor denkt und lenkt. Keine Zweifel, keine Kritik, keine Problembewältigung (z.B. Menschenrechte, Umwelt, soziale Fragen). Der Grad der Christlichkeit wird an der Anzahl der Kirchgänge gemessen."*

Nicht selten äußern Frauen die Hoffnung, daß ein neuer Pastor oder eine neue Pastorin *„vielleicht mehr Leben"* in die Gemeinde bringen könnte und damit bessere Möglichkeiten für eigenes Engagement geschaffen würden. Der Wunsch nach *„Lockerung"* wird in diesem Zusammenhang häufig ausgesprochen. Nicht mehr gelten sollte: *„der Pastor gegen den Rest der Welt"*.

In diesen Zusammenhang gehört auch die Kritik mancher Frauen an *theologischen* und / oder *gesellschaftlich-politischen Grundhaltungen* und den daraus resultierenden Aktivitäten und Lebensformen in der Ortsgemeinde. Daß die Vorstellungen der Befragten, die dabei als Maßstab dienen, unterschiedlich sind, zeichnet sich in den folgenden Antworten ab:

- „Wenig ökumenisch, kaum interessiert an aktuellen Themen, z.B. Sonntagsarbeit, Umweltschutz."
- „Umweltschutz hat meist Alibifunktion, kein echter Wille und Engagement."
- „In weltlichen Dingen großartig, (in) theologischen jämmerlich."
- „Zu wenig Gebetsgemeinschaft."
- „Der Glaubensmittelpunkt bleibt außer acht."
- „Als sehr offen nach allen Seiten - von meiner meiner Ortsgemeinde halte ich sehr viel, aber ich wünschte sie mir offener für *übergemeindliche* Fragen. Mehr Information zu allgemeinen kirchlichen und theologischen Fragen (z.B. Berichte über Ergebnisse von Synoden, das Forum für Frieden und Gerechtigkeit und Bewahrung der Schöpfung und über ökumenische Fragen..."

Auffallend ist aber doch, wie häufig der Wunsch nach einer *„progressiven"*, *„aufgeschlossenen"* Gemeinde laut wird, die sich alltags- und weltbezogenen Fragen wie aktuellen sozialen und politischen Problemlagen stellt. Erwartungen dieser Art korrespondieren häufig mit dem Bedauern darüber, daß Kirche und Gemeinde diesem Bild eben nicht entsprechen, oder zumindest nur *„halbherzig"* und *„wenig überzeugend"*, eben nur als *„Alibi"*. Ein Unbehagen an der Gemeinde wird in der Beantwortung dieser Frage mit teilweise sehr bitteren Stichworten zum Ausdruck gebracht wie *„obrigkeitsorientiert, pastorenfixiert, titelsüchtig, unpersönlich, anonym, berechnend"*, *„erzkonservativ, tot, traditionell, wirklichkeitsfremd"*, oder *„Doppelmoral gleich Kirche"* usw..

Etwa jede fünfte Frau, die ihre Ortsgemeinde in solcher Weise beschreibt, hat dabei zumindest „gemischte Gefühle". Ein Teil dieser Frauen formuliert Antworten, in denen sowohl positive als auch negative Aspekte angesprochen werden. Einige Frauen weisen darauf hin, daß die von ihnen gewünschte *„lebendige Gemeindearbeit"* durch strukturelle Probleme beeinträchtigt werde - durch zu häufige Pastorenwechsel, durch Vakanzen oder durch eine zu große / zu ausgedehnte Gemeinde:

- „Unpersönlich durch zu viele Pfarrbezirke."
- „Mit einem Pastor, der sich viel Mühe gibt, aber in einer riesigen Landgemeinde (3000 Gemeindeglieder, fast 20 km Radius) überfordert ist, die Verwaltungsarbeit keine ausreichende Seelsorge zuläßt. Eine bedrückende Situation auch für den Pastor."

Zum Teil wird in solchen Antworten auch unterschieden zwischen der Gemeinde als solcher und der Gemeinde- bzw. Kirchen*leitung*. So werden bespielweise in einer Antwort die *„Bemühungen der Gemeinde, mehr Nähe und Gemeinschaft herzustellen"* anerkannt, der Pastor wird aber als *„teils autoritär"* beschrieben. Eine andere Frau sagt, daß *„Aufgeschlossenheit für Neuerungen in der Gemeinde sehr vom Thema abhängig"* sei. Manchmal erleben Frauen ihre Gemeinde als *„vergleichsweise positiv"*, wie dies z.B. in folgender Antwort angedeutet wird:
- „Recht positiv, wenn ich in andere Gemeinden hineinschaue."

Eine andere Befragte kennzeichnet ihre Ortsgemeinde einerseits als *„offen nach allen Seiten"*, andererseits wird hinzugefügt, es sei *„schwierig ,neue Ideen einzubringen, wenn sie nicht von den Hauptamtlichen deutlich mitgetragen werden"*.

Kritisch-skeptische Eindrücke mischen sich nicht selten mit der Hoffnung, daß beispielsweise eine anstehende personelle Veränderung in der Besetzung der Pfarrstelle *„Bewegung"* in die Gemeinde bringen könnte:
- „(Meine Ortsgemeinde ist) traditionell; mit der neuen Pastorin scheint (hoffentlich) etwas in Bewegung zu geraten. Kontaktaufnahme findet leider nur über Taufen, Trauungen, Beerdigungen statt, da keine Gruppen bestehen, außer Kindergottesdienst."

Andere berichten von geglückten Veränderungen:
- „Seit ein Pastorenwechsel stattgefunden hat, sehr positiv."

In Antworten, die der Kategorie *„überwiegende Präsenz von Frauen in der Ortsgemeinde"* zugerechnet wurden, weisen Befragte - mit positivem oder negativem Unterton - auf die überwiegende Beteiligung von Frauen in der Kirchengemeinde hin:
- „Mir kommt sie (die Gemeinde) vor, als wenn sie nur aus dem Pastor und vielen Frauen bestünde."
- „In unserer Gemeinde läuft ohne Frauen sowieso nichts. Erstens ist bei uns eine Pastorin. Wenn etwas vorbereitet und organisiert werden muß, machen das die Frauen, von der Küsterin bis zur Kindergottesdiensthelferin, junge Mädchen aus dem Jugendkreis, bis zur Frau aus dem Kirchenvorstand."

Teilweise sind Frauen sehr verärgert darüber, daß gemeindliches Engagement fast ausschließlich ihnen überlassen wird; sie schildern ihre Ortsgemeinde dann beispielsweise als *„einseitig, weil es weder Jugend- noch Männerarbeit in der Kirche gibt, sondern nur Frauenarbeit"*. Eine andere Frau empfindet ihre Ortsgemeinde *„als Ort, in dem zur Zeit die Frauen dominant sind und die Männer aussteigen"* und schreibt weiter:
- „Ich wünsche mir sehr ein besseres Miteinander. Geschwisterlichkeit denke ich, müßte entstehen."

Selbst wenn Frauen ihre Gemeinde durchaus als *„lebendig"* schildern, als eine Gemeinschaft, *„in der die Frauen ernst genommen werden"*, so folgt dieser Aussage doch manchmal ein Zusatz, der erkennen läßt, daß die Freude darüber nicht ungetrübt ist:
- „... wahrscheinlich, weil es die Frauen sind, die Zeit haben, die freiwillige Arbeit zu leisten."

Daß die Kirche *„fest in Frauenhand"* ist, Frauen *„zusammenhalten"* und *„daher die Kirche im Mittelpunkt"* steht, diese Ansicht wird von nicht wenigen Frauen geteilt:
- „Der Gemeindekern besteht überwiegend aus Frauen, die meisten fühlen sich mitverantwortlich und sind um geistigen und geistlichen Gedankenaustausch bemüht."

Dies schließt für einige Frauen allerdings die Erfahrung ein:
- „Frauen erledigen wie selbstverständlich viele Dienste im Hintergrund...".

Daß vor allem die traditionellerweise weiblichen, familien-ähnlichen Aufgaben unterblieben, würden sich nicht die Frauen ihrer annehmen, das wird in diesem Zusammenhang von einigen Frauen kritisch angemerkt. So beschreibt z.b. eine Befragte die eigene Gemeinde als *„unbeweglich, oft unpersönlich"* und fährt fort:
- „Fast alle Projekte, die dem Kennenlernen, dem Wohlfühlen Rechnung tragen, gehen von Frauen aus und werden von Frauen getragen."

Fast tröstend klingt da die Formulierung einer anderen Frau:
- „An vielen Stellen (gibt es auch den) Versuch der Überwindung der Trennung in Frauengruppe und Bereiche, die von Männern bestritten werden."

Im Vergleich zwischen den verschiedenen Teilgruppen werden keine besonderen Unterschiede erkennbar, was die Häufigkeit der Hinweise auf die Dominanz von Frauen im Leben der Ortsgemeinde betrifft (vgl. noch einmal Tabelle 8).

Der *Altersgruppenvergleich* innerhalb der einzelnen Teilgruppen deutet an, daß das Thema „Frauen" bei der Beschreibung der eigenen Ortsgemeinde eher von älteren Befragten auf diese Weise ins Gespräch gebracht wird: Sowohl bei Frauen ohne besonderes Amt als auch bei jenen, die in der Kirche ihren Beruf ausüben, gilt: Frauen etwa ab 50 Jahren bringen solche Sachverhalte etwas häufiger zur Sprache als jüngere Befragte.

In anderen Antworten kommt das Thema „Frauen in der Ortsgemeinde" explizit unter dem Aspekt *„Gleichberechtigung"* zur Sprache. Diesem Stichwort wurden auch Aussagen zugerechnet, in denen es um *„Raum für die Anliegen von Frauen"* geht. Wo solche Kennzeichnungen der eigenen Ortsgemeinde gewählt wurden, da haben sie häufig einen kritischen Unterton. Beginnen wir aber zunächst mit den positiven Eindrücken. Gleichbeteiligung von Frauen an leitenden Aufgaben spielt hier eine große Rolle, z.B. so:
- „In unserem Kirchenvorstand sind 6 Frauen und 6 Männer, das ist gut so. Ich denke, daß damit zum Ausdruck kommt, daß die Frau dem Mann gleichgestellt ist. Auch sind in unserer Gemeinde die beiden Pfarrstellen von einem Pastor sowie von einer Pastorin besetzt."
- „Sehr frauenfreundlich. Es sind mehr Frauen im Kirchenvorstand und darum wird nicht so viel herumgelabert; es geht viel um pädagogische, soziale Fragen, was für mein Arbeitsfeld wichtig ist."
- „Seit einem Jahr positiv, da es auch möglich gemacht wurde, wichtige Themen wie z.B. Gentechnologie und Frauenhaus zu besprechen. Früher waren nur sog. Frauenthemen, wie Kinder, Küche, Stricken ... zur Sprache gekommen."

Einige Frauen, die hier ebenfalls zu einem positiven Urteil kommen, formulieren wohl eher in Abwehr gegen die hinter der Frage vermutete Kritik:
- „Frauen haben keine Nachteile den Männern gegenüber."
- „In unserer Gemeinde werden Frauen und Männer in gleicher Weise behandelt, die Hauptsache ist der lebendige Glaube an Jesus Christus."

In anderen Antworten mischen sich positive und negative Eindrücke, z.B.:
- „Meist bemüht, allen gerecht zu werden und allen ‚Raum' zu bieten; ab und zu engstirnig und verdutzt, wenn Frauen *allein* Neues beginnen."
- „In Bezug auf die Frauenfrage tolerant, aber manchmal belächelnd."
- „Teilweise aufgeschlossen (z.B. wurden mehr Frauen als Männer in den KV gewählt), insbesondere bei kirchennahen Personen; kirchenferne sind skeptisch gegenüber Frauen in leitenden Positionen (z.B. Pastorin)."

Manche Frauen machen deutlich, daß es längere Zeit gedauert hat, bis eine größere Gleichstellung erreicht wurde, z.B. *„bis man / frau sich an Pastorinnen gewöhnt hatte"*.

Ist eine annähernde Gleichbeteiligung im Leitungsbereich für Frauen ein wichtiges Indiz für Gleichstellung der Frauen in der Gemeinde, so gilt umgekehrt: Wo sie fehlt, weisen Frauen häufig nachdrücklich auf diesen Mangel hin:
- „Wir Frauen haben weder leitende Positionen, noch haben wir Mitspracherecht, sind nicht an Planungen beteiligt, gerade gut genug für zusätzliche ehrenamtliche Tätigkeiten."

Andere Frauen berichten:
- „Obwohl bei den Wahlen gleichviel Männer *und* Frauen gewählt wurden (5 zu 5), wurde dieses gesunde Verhältnis durch die anschließende sogenannte Berufung zum Kirchenältesten wieder zerstört, also, es wurden 4 *Männer* berufen. Mit den 3 männlichen Pastoren macht das 12 Männer zu 5 Frauen. Dieses Beispiel ist typisch für *sehr viele* Gemeinden nach der letzten Kirchenvorstandswahl."
- „Daß auch hier hauptsächlich Frauen zum ‚Fußvolk' gehören, also Kaffee kochend, gemeindeveranstaltungsorganisierend, seelsorgerlich betreuend und Gottesdienst gestaltend präsent sind, während die Männer im KV, im KKV und bestenfalls noch im Lektorendienst tätig sind."

Da Männer in der Kirche kaum ehrenamtlich mitarbeiten, fällt den Frauen besonders deren fast mehrheitliche Besetzung der entscheidungs- und leitungsrelevanten Gremien auf. Sie verspüren *„Zorn darüber, daß wir Frauen artig die Arbeit erledigen, während die Männer über unsere Köpfe hinweg den Etat bestimmen, repräsentieren und kommandieren"*. Selbst dann, wenn Frauen den Sprung in die Leitungsgremien geschafft haben, insbesondere in den Kirchenvorstand, müssen sie oft viel Mühe aufwenden, um gehört zu werden. Sie erleben einen ungleich höheren Leistungs- und Erwartungsdruck als Männer, müssen andererseits, wie häufig auch geäußert, aufpassen, daß sie nicht als brave *„Alibi-Frau"* mißbraucht werden:
- „Frauen werden als „Kopfnicker" für den Kirchenvorstand gesucht..."

In diesem Kontext schildern Frauen ihre Gemeinde manchmal recht harsch *„als ‚geschlossene Gesellschaft', lobbyistisch und frauenfeindlich".* Anders ausgedrückt:
- „Kirche ist ein patriarchalischer Verein, Frauen sind immer noch 2. Klasse."

Einer solchen Erfahrung entspricht auch, daß in der Ortsgemeinde für manche Anliegen von Frauen offenbar wenig Raum ist:
- „Sensibilität für Frauenfragen ist in unserer Gemeinde nicht vorhanden."
- „Z.B. gegenüber einem neuen Bewußtsein von Frauen in der Kirche: sehr mißtrauisch und traditionsgebunden - gegenüber dem Job-Sharing eines hauptamtlichen Ehepaares: aggressiv und eher abwehrend." *(Wahrnehmung einer ehrenamtlichen Mitarbeiterin)*

Oder, ganz konkret:
- „Zu wenig Frauengruppen (Alleinerziehende), fehlende Kindergartenplätze (wichtig für berufstätige Mütter)."

Daß Defizite dieser Art nicht immer nur als *„Männersache"* erlebt werden, wird in einigen Antworten deutlich, z.B.:
- „In letzter Zeit, in der ich mich persönlich entwickelte, werde ich als Emanze angesehen ... Andere Frauen haben Angst, daß ich mehr kann und weiß."
- „Von den Mitarbeiterinnen her aufgeschlossen, fortschrittlich, engagiert; die Frauen in den Kreisen vertreten aber noch sehr das alte Frauenbild (Hausfrau und Mutter) und haben noch wenig Kontakt zur Frauenbewegung und deren Problemen. § 218 ist z.B. weitgehend tabu."

Am häufigsten werden solche kritischen Hinweise von den in Ausbildung auf einen kirchlichen Beruf befindlichen, meist jungen Frauen sowie von den bereits hauptoder nebenamtlich in der Kirche beschäftigten Frauen formuliert (vgl. Tabelle 8).

Nicht ganz so häufig scheint eine derartige Wahrnehmung der eigenen Gemeinde bei ehrenamtlich tätigen Frauen und bei die Frauen ohne kirchliches Amt zu sein; jedenfalls bringen sie dies von sich aus in diesem Kontext seltener zur Sprache.

Ein Vergleich zwischen verschiedenen *Altersgruppen* führt hier zu einem sehr deutlichen Resultat: Jüngere Frauen - die Grenzen liegen allerdings in den Teilgruppen etwas unterschiedlich - nehmen sichtlich häufiger auf diesen die Situation von Frauen in der Ortsgemeinde kennzeichnenden Aspekt Bezug als ältere.

Innerhalb der Teilgruppe der beruflich in der Kirche tätigen Frauen enthalten die Antworten der befragten *Pastorinnen* ganz besonders häufig entsprechende Hinweise mit teils positiver, mehrheitlich aber kritischer Tendenz.

Ein Teil der ehrenamtlich wie der beruflich in der Kirche tätigen Frauen hat auf die Frage nach dem Erleben der eigenen Ortsgemeinde mit Bemerkungen reagiert, die sich ganz explizit auf *gute bzw. schlechte Erfahrungen im Arbeitszusammenhang* beziehen. Hier kommen Aspekte von Anerkennung und von Einbeziehung in bestehende Kommunikations- und Kooperationsstrukturen zur Sprache, wobei die Gesamttendenz dieser Antworten eher positiv als negativ ist. Solche positiven Antworten sind z.B.:

- „Es ist ein gutes Zusammenarbeiten."
- „Seit kurzem bin ich in einer neuen Gemeinde und werde um Mitarbeit gebeten. Das macht mir wieder Mut."
- „Meine ehrenamtliche Tätigkeit wird in unserer Gemeinde akzeptiert / respektiert; meistens sagen mir so etwas auch überwiegend Frauen."

Andere Frauen schränken solche positiven Eindrücke ein:

- „Vielfältige Möglichkeiten zur Mitarbeit, teilweise große Bereitschaft, Mitarbeiter einzusetzen; bei Eigeninitiative Bremsen statt Ermutigung."
- „Trotz punktueller negativer Erfahrungen bin ich mit der Anerkennung meiner Tätigkeit hier ... ganz zufrieden."
- „Als ehrenamtliche Mitarbeiterin im Frauenkreis fehlt es zuweilen an Anerkennung."

Eindeutig kritische Voten sind ebenfalls zu nennen: So weisen Frauen mit Nachdruck darauf hin, daß freiwilliges, ehrenamtliches Engagement in manchen Gemeinden nicht in dem Maße unterstützt und geschätzt wird, wie sie sich das wünschen würden. Eine Befragte schreibt z.B., ihre Ortsgemeinde sei gekennzeichnet durch

- „viele ehrenamtliche Helfer, die keine Lobby in der Gemeindearbeit haben, keinen Kontakt zu den hauptamtlichen Angestellten, kein Kontakt zu anderen Kreisen: Jeder muckelt für sich."

Manchmal stehen persönliche Probleme und strukturelle Mängel zugleich einer erfreulichen Zusammenarbeit im Wege:

- „Mitarbeiter sind unzufrieden, da wenig Kooperation und schlechtes Klima. Nur noch wenig Gottesdienstbesucher. Keine Möglichkeit (Gemeindeabend, Mitarbeiterkreis, Gemeindebeirat usw.) offen darüber zu sprechen. Die Pastoren sind kontaktarm und nehmen jede kritische Äußerung gleich persönlich."

Eine Frau beklagt

- „zu wenig Offenheit unter den Mitarbeitern (und) mangelnde Zusammenarbeit der Hauptamtlichen mit den freiwilligen Mitarbeitern."

Eine andere Befragte erlebt die eigene Ortsgemeinde ...

- „zum Teil als Verein, ... engagierte Gemeindevertreterinnen werden gebremst, ‚fortschrittlich-kritische' Aspiranten nicht zur Mitarbeit aufgefordert."

Oder, noch konkreter auf Frauen bezogen:
- „Die Möglichkeiten der Mitarbeit und die Anregungen, die von unserem Gesprächskreis für Frauen kommen, werden von den Pastoren (auch: von der Pastorin) nicht aufgegriffen."

Einige Ehrenamtliche sehen diese Schwierigkeiten im Zusammenhang mit Statusunterschieden zwischen haupt- und ehrenamtlichen Mitarbeiterinnen und Mitarbeitern:
- „Nicht scharf zu trennen von der Problematik Ehrenamtliche - Hauptamtliche. Als Dominanz der hauptberuflichen Mitarbeiter gegenüber den Ehrenamtlichen, zu pastorenzentriert."
- „Ehrenamtliche haben keine Rechte, nur Pflichten."

Beruflich in der Kirche tätige Frauen bringen ihre Enttäuschung ebenfalls zum Ausdruck, beispielsweise so:
- „Nach außen: alles in Ordnung; intern: Streitigkeiten, Machtkämpfe."
- „Von den Gemeindegliedern angenommen, von den Hauptamtlichen oft allein gelassen, ‚überhört'."

Und zum Schluß - sehr bitter - das Votum einer früheren Mitarbeiterin:
- „Solange ich fast überall mitarbeitete ..., war ich ‚gefragt'; jetzt - leer und krank - besteht nur noch wenig Kontakt."

4.3.2 Auswirkung ortsgemeindlicher Erfahrungen

„Haben sich diese Erfahrungen bei Ihnen ausgewirkt?
Hat sich Ihr Verhältnis zur Kirche verändert?"

Die Hälfte aller Befragten hat diese Fragen mit *„ja"* beantwortet (vgl. Tabelle 9), etwa ein Drittel verneint sie. Jede siebte Frau macht keine Angaben.

Tabelle 9 : Auswirkung von Erfahrungen mit der Gemeinde, nach Stellung der Frauen in der Kirche (in v.H. der jeweiligen Befragtengruppe)

	Frauen ausschließlich im Ehrenamt (n=2099)	Frauen in kirchlichen Berufen (n=809)	Frauen in kirchlicher Ausbildung (n=142)	Frauen ohne besonderes Amt in der Kirche (n=907)	alle Befragten (n=3957)
ja	51	57	71	39	50
nein	36	30	25	46	37
keine Angabe, trifft nicht zu	13	13	4	16	14
insgesamt	100	100	100	100	100

Beim Vergleich zwischen Frauen mit unterschiedlicher Beziehung zur Kirche fällt auf, daß in Ausbildung auf einen kirchlichen Beruf stehende Frauen diese Frage besonders oft bejahen, während Frauen ohne besonderes Amt in der Kirche häufiger als andere solche Auswirkungen nicht zu erkennen meinen.

Ein Zusammenhang mit dem *Lebensalter* ist in der Beantwortung der Frage bei in der Kirche ehrenamtlich oder beruflich tätigen Frauen ebenso erkennbar wie bei jenen, die zum Befragungszeitpunkt kein besonderes Amt in der Kirche ausüben: Für alle Teilgruppen gilt, daß jüngere Frauen und solche mittleren Alters häufiger auf Auswirkungen ihrer ortsgemeindlichen Erfahrungen hinweisen als ältere Befragte. Die befragten Frauen im Alter von 50 und mehr Jahren neigen dazu, eher etwas seltener von solchen „Konsequenzen" des eigenen Erlebens auszugehen. Bei den in der Kirche beruflich tätigen Frauen läßt sich das Ergebnis sogar noch etwas schärfer formulieren: Je jünger diese Befragten sind, desto häufiger benennen sie solche Auswirkungen der in der Ortsgemeinde gemachten Erfahrungen.

Welcher Art sind diese Auswirkungen? Tabelle 10 faßt die Antworten zusammen.

Tabelle 10: Art der Auswirkung ortsgemeindlicher Erfahrungen, nach Stellung in der Kirche (Mehrfachangaben, in v.H., bezogen auf antwortende Frauen)

	Frauen ausschließlich im Ehrenamt (n=1066)	Frauen in kirchlichen Berufen (n=463)	Frauen in kirchlicher Ausbildung (n=101)	Frauen ohne besonderes Amt in der Kirche (n=350)	antwortende Frauen insgesamt (n=1980)
Veränderungen im Verhältnis zu Kirche und Gemeinde	68	75	55	84	72
positiv	*41*	*21*	*10*	*42*	*35*
teils / teils	*19*	*35*	*36*	*20*	*24*
negativ	*9*	*19*	*10*	*22*	*14*
Veränderungen im Blick auf eigene Mitarbeit	27	12	22	3	19
positiv	*21*	*8*	*16*	*3*	*14*
teils / teils	*3*	*2*	*5*	*-*	*2*
negativ	*3*	*2*	*1*	*-*	*2*
Veränderungen bei sich selbst	10	8	12	6	9
positiv	*9*	*6*	*6*	*5*	*7*
teils / teils	*1*	*1*	*6*	*1*	*1*
negativ	*..*	*..*	*-*	*1*	*..*
Veränderung im Umgang mit Frauenfragen / -themen	5	11	22	9	8
positiv	*4*	*8*	*16*	*8*	*6*
teils / teils	*1*	*-*	*2*	*1*	*1*
negativ	*1*	*3*	*4*	*1*	*2*
Sonstiges	2	2	3	1	2

Besonders häufig beschreiben die Frauen im Blick auf ihre Erfahrungen in der Ortsgemeinde, daß diese das eigene *Verhältnis zu Kirche und Gemeinde* beeinflußt haben. Aufs Ganze gesehen überwiegen dabei die *„positiven"* - oder doch zumindest teilweise positiven - Veränderungen[46], wenngleich festzuhalten ist, daß etwa ein Drittel derjenigen Frauen, die überhaupt Auswirkungen beschreiben, auch bzw. ausschließlich *negative* Veränderungen solcher Art benennen.

---

46 In einigen Fällen haben Frauen auch darauf hingewiesen, daß ihr *„schon immer"* gutes Verhältnis zur Ortsgemeinde unverändert *positiv geblieben* sei.

Gesondert gezählt wurden Formulierungen, die *"Veränderungen im Blick auf die Mitarbeit in Kirche und Gemeinde"* erkennbar werden lassen. Bezogen auf die hier antwortende Befragtengesamtheit macht etwa jede fünfte Frau solche Angaben; die meisten deuten auf eine Verstärkung der Engagementbereitschaft hin.

"Veränderungen bei sich selbst" konstatiert etwa jede zehnte Frau. Auch diese Angaben lassen meist erkennen, daß sie von den Frauen positiv erlebt werden; allerdings bedeutet dies hier: positiv für die Frauen selbst, nicht unbedingt für ihr Verhältnis zu Kirche und Gemeinde. Gleiches gilt schließlich auch für die Angaben, die dem Stichwort *"Veränderung im Umgang mit Frauenfragen / -themen"* zugerechnet wurden.

Berücksichtigt man die unterschiedliche Stellung der Frauen zur Kirche, so zeigt sich (vgl. wieder Tabelle 10):

- Besonders oft werden Auswirkungen der in der Ortsgemeinde gesammelten Erfahrungen auf das eigene Verhältnis zu Kirche und Gemeinde von denjenigen Frauen benannt, die zum Befragungszeitpunkt kein besonderes Amt in der Kirche innehaben. Mehrheitlich ist dabei von positiven Veränderungen, d.h. also einer Verbesserung im Verhältnis zu Kirche und Gemeinde die Rede. Unter denjenigen, die sich negativ äußern bzw. „gemischte Gefühle" zum Ausdruck bringen, finden sich hier allerdings auch zahlreiche Frauen, die offenbar einen deutlichen Prozeß der Distanzierung durchlaufen haben. Veränderungen hinsichtlich der eigenen Mitarbeit bzw. Mitarbeitsbereitschaft werden von dieser Teilgruppe kaum genannt.
- Frauen, die einen Beruf in der Kirche ausüben, sprechen ebenfalls in recht großer Zahl Veränderungen im eigenen Kirchen- und Gemeindeverhältnis an. Dabei halten sich allerdings positive und negative Tendenzen etwa die Waage. Wo dagegen eine Veränderung in der eigenen Mitarbeit und Mitarbeitsbereitschaft konstatiert wird, da überwiegt auch bei diesen beruflich in der Kirche tätigen Frauen eine positive Tendenz.
- Ein den Berufsfrauen in diesen Punkten ähnliches Bild zeigen auch die noch in Ausbildung auf einen Beruf in der Kirche befindlichen Frauen. Allerdings sprechen sie das eigene Kirchen- und Gemeindeverhältnis deutlich seltener an. Besonders häufig gibt es bei ihnen Hinweise darauf, daß Erfahrungen in der Ortsgemeinde zu einem veränderten Umgang mit Frauenfragen geführt habe.
- Eindeutig positive Entwicklungen stehen bei denjenigen Frauen zahlenmäßig im Vordergrund, die (ausschließlich) ehrenamtlich im kirchlichen Bereich tätig sind; dies gilt für die Richtung von Veränderungen im Kirchenverhältnis und in der Engagementbereitschaft ebenso wie hinsichtlich Frauenthemen und persönlichen Veränderungen.

Für die Teilgruppe der beruflich in der Kirche tätigen Frauen zeigen sich Unterschiede in den Antworttendenzen je nach *Lebensalter* der Befragten: Frauen jüngeren und mittleren Alters sprechen häufiger als ältere Befragte von negativen Auswirkungen der in der jeweiligen Gemeinde gemachten Erfahrungen: Generelle Rückzugstendenzen werden dabei ebenso sichtbar wie eine Zurücknahme des beruflichen (und z.T. ergänzend: ehrenamtlichen) Engagements in der Kirche.

Die beiden anderen Teilgruppen der ehrenamtlich in der Kirche tätigen Frauen wie derjenigen ohne besonderes Amt lassen einen solchen Zusammenhang der Antworten mit dem Lebensalter nicht erkennen.

Welcher Art waren die hier zusammengefaßten Veränderungsprozesse im einzelnen? Im folgenden sollen die verschiedenen Kategorien wieder durch Antwortbeispiele verdeutlicht werden.

Was die Veränderungen im *Verhältnis zu Kirche und Gemeinde* betrifft, so haben sie für etwa ein Drittel derjenigen, die überhaupt von Auswirkungen der eigenen Gemeindeerfahrungen sprechen, offenbar eine positive Richtung; unter solch positivem Vorzeichen jedenfalls wurden in der Auswertung Prozesse der (Wieder-) Annäherung an die Kirche, der Integration und des neugewonnenen Vertrauens in eine christliche Gemeinde oder eines neuen Verhältnisses zum christlichen Glauben zusammengefaßt:

- „Aufgrund der positiven Erfahrungen wende ich mich der Kirche mehr zu."
- „Ich sehe Kirche nicht nur als Institution, sondern auch als Ort der Begegnung. Frauen können sich durch die Kirche neu kennenlernen / definieren / erleben."
- „Ich fühle mich in meiner Kirche geborgen."
- „Ich war draußen, jetzt bin ich drinnen (und dankbar). Ich kann mir ein Leben ohne aktive Teilnahme am Gemeindeleben nicht mehr gut vorstellen."
- „Ich bin positiv eingestellt, offener geworden für kirchliche Veranstaltungen."
- „Ich fühle mich als Teil eines Ganzen, integriert, akzeptiert mit meinen Fähigkeiten und Begabungen."
- „Ich empfinde Kirche als Ort, wo überall - auch in der Fremde - ein Platz für mich ist."
- „Intensivere Erfahrung in Glaubensfragen."

Nicht selten machen Frauen dabei in ihren Antworten zugleich deutlich, wie wichtig eigene Aktivitäten, Gruppenzugehörigkeit und gute, persönliche Beziehungen für sie in diesem Zusammenhang waren:

- „Durch die Tätigkeit in der Suchtberatung. Dort habe ich erfahren, daß die Kirche hilft."
- „Durch den Grundkurs des Glaubens bin ich wieder zum Glauben gekommen. Ich gehe jetzt in einen Hauskreis."
- „Das positive Verhältnis unserer Pastoren zu meiner Mitarbeit hat mir ermöglicht, meinen Glauben zu hinterfragen und mich in meiner Gemeinde zu Hause zu fühlen."
- „Mit dem neuen Pastor ... habe ich mich ausgesprochen und wieder Vertrauen gefaßt. Er strahlt Wärme aus, und der Gottesdienstbesuch ist wieder besser geworden. Man fühlt sich wieder geborgen in seiner ‚Gemeinde', nicht: Kirche."
- „Seitdem ich über die Grenzen der eigenen Gemeinde schaue, merke ich, wie viele Christen, besonders Frauen in einem großen Netzwerk verbunden sind, und das macht mir Mut und läßt mich hoffen."

Erfahrungen eines partnerschaftlichen Zusammenwirkens tangieren offenbar stark das Verhältnis zu Kirche und Gemeinde - in positiver ebenso wie in negativer Hinsicht. Davon werden Glaubensfragen ebenso berührt wie Aspekte der Glaubwürdigkeit christlicher Existenz.

Etwa ein Viertel der Frauen, die solche Auswirkungen ansprechen, beschreibt diesbezüglich „gemischte" Gefühle[47], d.h., sie betrachten die Veränderung ihrer Haltung zu Kirche und Gemeinde weder als uneingeschränkt positiv noch als eindeutig negativ. In den Antworten werden oft Differenzierungen vorgenommen, so zwischen der Institution Kirche und dem Evangelium bzw. dem persönlichem Glauben von Menschen oder zwischen Gemeindebasis und Amtsträgern:

- „Ich kann Menschen und gerade junge Menschen verstehen, die aus der Kirche austreten. Positiv: Kirche hat nichts mit Personen zu tun. Evangelium bleibt."
- „Ich bin vorsichtiger geworden. Auch Christen meinen nicht immer, was sie sagen."

---

[47] Relativ am häufigsten äußern die in der Kirche berufstätigen und in Ausbildung auf einen kirchlichen Beruf stehenden Frauen derartige „gemischte" Gefühle (vgl. noch einmal Tabelle 10).

- „Ich trenne zwischen dem Herrn der Kirche und seinem ‚Bodenpersonal'!"
- „Für mich steht die Basis, Gemeinde im Vordergrund, und wir vermeiden soweit wie möglich die Einbeziehung kirchlicher Amtsträger."
- „Sehe die Kirche als Institution kritischer und baue mehr auf Erfahrungen lebendigen Glaubens."
- „Die Kirche als Institution wird für mich immer weniger akzeptabel, die Basis der Kirche mag ich."
- „Ich bin freier und selbstbewußter geworden, kritischer allerdings gegen die offizielle Verwaltungs-Kirche, die Gemeinde gehört unbedingt zu meinem Leben."
- „Ich habe nicht mehr das Gefühl, ich engagiere mich *in* der Gemeinde oder *in* der Kirche. Ich benutze die Räume, arbeite an einigen Stellen auch mit der Gemeinde zusammen, aber ich tue es für eine bestimmte Sache oder für bestimmte Leute. Es könnte auch in jedem anderen Raum sein."
- „Jesus Christus und die Gemeinde sind mir wichtiger als ‚die Kirche', die wohl immer ‚Institution' mit allen Vor- und Nachteilen bleiben wird."

Nicht selten verbinden Frauen ihre Kritik mit der Bereitschaft, sich persönlich für notwendig scheinende Veränderungen einzusetzen:
- „Ich setze keine Hoffnung auf die *Institution* Kirche, ich fühle mich an der Basis wohl, dort werde ich mich weiterhin engagieren, von dort aus will ich für die Institution Kirche unbequem, auch hilfreich, sein (wo ich es für nötig halte)."
- „Ich bin kritischer geworden und kämpferischer, erwarte weniger ‚von oben'."
- „Ich bin interessiert, an allem, was in der Kirche passiert und kritisiere, bemühe mich um Veränderung, wo es in meiner Macht steht."
- „Meine Hoffnung setze ich auf Veränderungen durch Basisgruppen, nicht mehr auf Gremien."
- „Ich erlebe Kirche bewußter - differenziere genauer, weiß, daß ich selbst etwas tun muß, wenn sich etwas ändern soll."
- „Mehr Distanz, mehr Mut, Gemeinschaft mit Gleich-Betroffenen."
- „Kritischer gegen Kirche - ‚Will ich da rein?' - aber auch Lust mit Frauen zusammenzuarbeiten in Kirche - Entscheidung im Vikariat."
- „Seit 40 Jahren aktives Kirchenmitglied - Muß aber sagen, daß Gemeinschaft - Hilfe - Verständnis - Vertrauen ich nicht mehr in der Gemeinde finde, sondern außerhalb."

Gelegentlich kommt in diesen Antworten eine recht wechselvolle Geschichte von Frauen mit Kirche und Gemeinde zum Ausdruck, so z.B. in folgender Äußerung:
- „Ursprünglich ausgetreten aus Gleichgültigkeit. Eingetreten aus Überzeugung im Hinblick auf eine bestimmte Gemeinde und ihre sehr gute Arbeit. Nach größerem Einblick, auch als kirchliche Mitarbeiterin, enttäuscht und teilweise von großen Zweifeln geplagt."

Etwa jede siebte Frau, die Angaben über die Wirkung ortsgemeindlicher Erfahrung auf die eigene Beziehung zu Kirche und Gemeinde gemacht hat, beschreibt dabei ausschließlich Ärger, Enttäuschung oder wachsende Distanz:
- „Von der Institution Kirche distanziere ich mich immer mehr."
- „Nicht nur durch die Erfahrungen als Frau, sondern auch durch meine Berufserfahrungen überhaupt: Ich sehe vieles kritischer, werde aggressiver gegenüber vielem, was läuft."
- „Ich bin sehr negativ und kritisch geworden. Wenn sich ‚Kirche' nicht ändert, kann sie ‚dicht machen'."
- „Eigentlich lehne ich nun Kirche als Institution ab - zumindest, was meine örtliche Gemeinde betrifft."
- „Ich nehme immer weniger gern an den Gottesdiensten in der eigenen Gemeinde teil. Ich bin enttäuscht über das Verhalten eines Pastors gerade in sozialen Fragen und frage mich, ob man dieses Verhalten auf die Kirche überhaupt zurückführen muß."

Hingewiesen wird in diesem Zusammenhang noch einmal auf Erfahrungen, die *„hinderlich für die Entwicklung einer lebendigen Gemeinde"* waren, auf eine Gemeinde, die sich *„zuviel mit sich selbst beschäftigt"*, der *„die Phantasie und Aufmerksamkeit für aktuelle Themen fehlt"*, die *„die Aktivitäten ihrer Laien oft als bedrohlich empfindet"* und *„der Basis zu wenig Bedeutung zumißt"*. Und immer wieder wird *„Institutionskritik"* laut:

- „Noch mehr Kritik, Wachsamkeit, Wut und Enttäuschung über manche Verhaltensweisen (moralischer Zeigefinger, Obrigkeitshörigkeit)."
- „Mein Glaube hat darunter gelitten, daß das Christentum meiner Ansicht nach in der Institution Kirche sehr schlecht verwirklicht wird. Ich bin mißtrauischer geworden und habe gelernt, daß man eine Maske braucht."
- „Ich bin oft enttäuscht von der Kirche, es ärgert mich, daß im Gottesdienst Nächstenliebe gepredigt wird und diese vor der Kirchentür schon wieder vergessen wird (von denen, die sie predigen)."
- „Kirche, ‚verfaßte Kirche' ist etwas total anderes als lebendige Gemeinde. Diese Kirche kann Gemeinden verhindern oder zerstören."
- „Ich verliere mehr und mehr das Vertrauen in die Institution Kirche, keine Geborgenheit, zu große Vielfalt, oft keine Glaubwürdigkeit, weil Theorie und Praxis nicht übereinstimmen."
- „Die schon vorhandene Skepsis gegenüber dem ‚Betrieb Kirche' nimmt zu. Da läuft vieles nur, - weil es immer so war, oft fehlen Phantasie und Aufmerksamkeit für aktuelle Themen. Die Gemeinde wird zu sehr betreut, nicht aktiviert."

Einige Frauen spielen mit dem Gedanken, sich vollständig aus Kirche und Gemeinde zurückzuziehen bzw. auszutreten, oder sie verweisen darauf, daß sie sich inzwischen anderweitig engagieren:

- „Große Distanz zur verfaßten Männerkirche und Leitung, z.T. Wut! Starkes Engagement in Frauengruppen und Initiativen für und mit Frauen, Aufbau diverser Gruppen."
- „Geborgenheit fehlt. Gleichgesinnte sind nur in Nichtkirchgängern aus der Gemeinde zu finden. Zu diesen habe ich mehr Kontakt als zu Mitarbeitern. Die Frauen sind verunsichert."
- „Ich besuche in der Ortsgemeinde keine Gottesdienste mehr. Einer Kirche, deren Pastoren nicht teamfähig sind, stehe ich kritisch gegenüber."
- „Ich habe schon häufig überlegt, ob ich austreten soll, doch das würde nichts ändern."
- „Ich bin sehr frustriert, habe mich zurückgezogen, suche neue gleichgesinnte offene Menschen in der Gemeinde."
- „Ich erwarte fast nichts von der Männerkirche, ziehe aus, wo es nötig ist, und suche mir insbesondere Gleichgesinnte in und *außerhalb* der Kirche!"
- „Überlege mir ernsthaft ‚auszutreten'. Wenn Männer sich so einig im Übergehen des Gemeindewunsches sind, dann sollen sie sich auch selber finanzieren. Meine Kirchensteuer würde ich direkt an kirchliche Gruppen überweisen, wie bereits eine Kollegin von mir."
- „Die Kirche bedeutet mir nicht viel. Es ist eine Institution. Ich versuche anders zu leben. Gegen den Strom - Macht - Wohlstand."
- „Ich habe mich nicht als KV-Mitglied zur Verfügung gestellt, besuche Gottesdienste in anderen Gemeinden und gehe selten zu kirchlichen Extraveranstaltungen. Ich habe meine Arbeit als ehrenamtliche Mitarbeiterin ... aufgegeben."

Vor allem bei ehrenamtlich in der Kirche tätigen Frauen, in geringerem Maß jedoch auch bei jenen, die sich zum Erhebungszeitpunkt in einer Ausbildung für einen Beruf in der Kirche befinden oder bereits einen solchen ausüben, finden sich Antworten, die Auswirkungen im Blick auf die eigene *Mitarbeit und Mitarbeitsbereitschaft in Kirche und Gemeinde* beschreiben. Dabei ist größtenteils davon die Rede, daß gute Erfahrungen dieses Engagement befördert haben:

- „Eigene Mitarbeit bereichert, schafft tieferes Erleben. Auch in 16 Monaten Vakanzzeit war es möglich, mit Hilfe von verschiedenen Begabungen ehrenamtlicher Mitarbeiter das Gemeindeleben lebendig zu halten. Wir versuchen auch immer wieder, Außenstehende für die Mitarbeit zu gewinnen, mit unterschiedlichem Erfolg."
- „Die persönliche Mitarbeit bringt mehr Einblick, zeigt Möglichkeiten, sich einzusetzen."
- „Ich fühle mich mitverantwortlich - ich bringe Ideen und Initiativen ein."
- „Wenn ich im Kirchenvorstand usw. arbeite und Menschen anspreche, sind sie bereit, mir zu helfen. Alle sind wir Gemeinde, nicht nur der Pastor."
- „Seitdem ich in der Kirchengemeinde mitarbeite, ist mein Verhältnis zur Kirche noch enger geworden, und ich habe mehr Kontakt, besonders zu Frauen."
- „Durch meine Aktivitäten in der Gemeinde habe ich ein freundschaftliches Verhältnis zu allen Mitarbeitern gefunden. Ich gestalte das kirchliche Leben kreativ mit."

- „Gefühl von Verantwortung; manchmal / oft der starke Wille, etwas zu ändern, im Sinne von mehr Offenheit und Herzlichkeit."
- „Sie (die Ortsgemeinde) ist für mich noch lebendiger geworden; meine Tätigkeit gefällt mir und ich möchte sie intensivieren."

Diese Frauen sprechen häufig davon, daß ihnen ihre Mitarbeit großen persönlichen Gewinn bringt, daß sie auf sich und ihre erfolgreiche Arbeit stolz sind, daß sie sich im Zusammenhang ihrer Arbeit verantwortlich fühlen und ihr Verhältnis zu Kirche und Gemeinde dadurch gestärkt wurde.

Andere Frauen verknüpfen ihre Hinwendung zu kirchlichem Engagement eher mit einem *„dennoch"*, *„obwohl"* oder *„trotzdem"*:

- „Verärgerung, Ernüchterung - aber auch Ermutigung, trotz allem sich selbst zu engagieren."
- „Der Ärger gibt einem Kraft weiterzumachen, damit die jahrelange mühselige Arbeit des Aufbaus erhalten bleibt."
- „Meine Freude zur Mitarbeit ist einer lustlosen jahrelangen Gewohnheit gewichen. Da mir die Menschen sehr lieb sind, gebe ich meine Mitarbeit nicht auf und ermutige in diesem Sinn auch andere."
- „Ich setze mich da ein, wo meine Fähigkeiten liegen ... und bedaure die mangelnde Unterstützung vom Pastor."
- „Je mehr ich in der Kirche drin bin, umso mehr identifiziere ich mich auch mit ihr, leide an ihren Schwächen mit, versuche, sie verständlich zu machen, an schwachen Punkten der Ortsgemeinde zu arbeiten."
- „Initiative selber ergreifen, damit man nicht total vereinnahmt wird."
- „Es ist mir wichtig geworden, in der Kirche für meine Rechte zu kämpfen, weil mein Arbeitsalltag eben von der Kirche geprägt wird."

Aber auch Rückzugstendenzen sind zu erkennen:

- „Ich nehme mich und mein Engagement zurück."
- „Aktivitäten eingeschränkt, Ablehnung von hausfraulichen Arbeiten: Kaffee kochen, putzen usw. in der Gemeinde."
- „Ich arbeite möglichst nur noch da mit, wo ich es selbst für sinnvoll halte, mache nicht mehr etwas, nur weil *ein* Hauptamtlicher meint, da müßte eine Ehrenamtliche ran."
- „Ich lehne Aufgaben ab, die *alle* von den Frauen zugeschoben werden. Ich teile meine Kräfte ein, damit ich auch außerhalb von ‚Kirche' für Menschen Zeit habe."
- „Immer weniger Interesse an kirchlicher Mitarbeit."
- „In derzeitiger Ortsgemeinde nicht ehrenamtlich aktiv, da ich keinen Kreis gefunden habe, in dem ich mich wohlfühlen könnte, Angebote zur Mitarbeit abgelehnt, weil ich nicht alte Strukturen verstärken will."
- „Sehr zurückhaltend, was meine Bereitschaft zur Mitarbeit anbetrifft. Kein regelmäßiger Gottesdienstbesuch mehr (so wie früher!)."
- „Nachdem ich sechs Jahre im Kirchenvorstand mitgearbeitet habe, würde ich mich - so lange es so bleibt - nicht mehr zur Wahl stellen."
- „Meine Aktivitäten habe ich an einer Stelle völlig eingestellt, da ich von den Hauptamtlichen alleingelassen wurde."

In anderen Antworten ist davon die Rede, daß Erfahrungen *bei den Frauen selbst Lernprozesse* in Gang gesetzt haben; sie seien dadurch, so sagen sie, *„wacher"*, *„mündiger"*, *„freier"*, *„selbständiger und selbstbewußter"*, *„nicht mehr so autoritätshörig"* geworden, *„trauen sich mehr zu"*, *„sagen ihre Meinung"*. Auch diese Veränderungen werden meist positiv eingeschätzt, als persönlicher Gewinn an Lebenserfahrung, Sachkompetenz und auch Durchsetzungsvermögen erlebt:

- „Ich denke, ich bin bestimmter, zielstrebiger und kämpferischer geworden! Aber nicht entmutigt."
- „Ich bin kritischer geworden - suche Auseinandersetzung - möchte Kirche mitgestalten, Veränderungen bewirken".

In diesem Kontext sprechen die Befragten manchmal davon, daß sie - in einem für sie positiven Sinne - größere Distanz zu Kirche/Gemeinde aufgebaut haben und so

zu einer differenzierteren Sichtweise und Urteilsfähigkeit gelangt seien. Daß sich solche Prozesse nicht ohne Konflikte, Schwierigkeiten und Hindernisse vollziehen, auch das machen die Befragten deutlich:
- „Ja, ich bin durch die Auseinandersetzungen stärker geworden, kann meine Meinung besser an den ‚Mann' bringen."
- „Ich bin nicht mehr bereit, überall präsent zu sein, wo man mich hinhaben will. Ich kann auch nein sagen. Ich habe kein schlechtes Gewissen mehr, wenn dann auch mal etwas nicht so klappt."
- „Ich halte es inzwischen für wichtig, bewußt Schwerpunkte zu setzen, nicht überall mitzumachen und dabei auch Konfrontation einzukalkulieren."

Aus ihrer Sicht sind einige Frauen einerseits *„freier geworden, aber auch illusionsloser, weil Erwartungen und Ansprüche sich verändert haben"*, ohne *„die Notwendigkeit aufzugeben, sich in der Kirche zu engagieren"*, mitzugestalten, Einfluß zu nehmen, nicht alles hinzunehmen, sondern sich als Teil der Kirche zu empfinden, mit der Möglichkeit, an Veränderungen mitzuwirken:
- „Verärgerung, Ernüchterung - aber auch Ermutigung, trotz allem sich selbst zu engagieren."
- „Je mehr Einblick ich bekomme, desto streitbarer werde ich im Sinne einer Veränderung dessen, was mich stört. Ich schlucke nicht mehr alles!"
- „Ich bin realistischer geworden in Bezug auf die Möglichkeiten der Umsetzung in der Institution Kirche."
- „Ich erlebe, daß Kirche aus *Menschen* besteht, und habe gelernt, meine Ansprüche an Kirche zurückzuschrauben."
- „Bin wacher, vorsichtiger und selbstbewußter geworden."
- „Langsam werde ich sicherer, mich ‚einzubringen'."
- „Bin ermutigt, mein Selbstbewußtsein als Frau in der Kirche stärker zu reflektieren, um Denkmuster von Männern kritisch zu sehen und zu hinterfragen."
- „Es hat sich bei mir ein eigener Standort herauskristallisiert, der mir natürlich auch einige Schwierigkeiten macht, weil er nicht so ganz bequem ist."
- „Es ist intensiver geworden; ich habe sehr viel gelernt, nicht nur auf dem Gebiet der Kirchenstruktur, sondern auch der Menschenführung und -beurteilung."
- „Ich bin hellhöriger, oppositioneller, auch ob ‚Frau' in der Predigt vorkommt."
- „Früher habe ich viel ehrenamtlich gearbeitet, jetzt suche ich mir Menschen - auch außerhalb der Kirche. Das ist gut!"
- „Ich habe mir andere Frauengruppen gesucht, Fortbildungskurse, Gasthörerin an der Uni - ich bin kritischer geworden und selbstbewußter, spreche Kritik aus."

Einige Voten bringen zum Ausdruck, daß Befragte einen solchen Prozeß für sich noch nicht als beendet erleben; manchmal ist dies mit einem beträchtlichen Maß an Verunsicherung verbunden, vor allem dann, wenn die Arbeit in der Kirche auch im beruflichen Zusammenhang wichtig ist.[48]
- „Z.Zt. bewußt eine beobachtende / teilnehmende Distanz, um meine Position zu finden."
- „Ich weiß noch nicht. Skepsis im Blick auf die eigene Berufszukunft."
- „Ich bin unsicher geworden, ob ich überhaupt für so eine Kirche arbeiten will."
- „Ich sortiere genauer, was ich in der Gemeinde mitmachen will und was nicht. Allerdings gehe ich Konflikten (noch) aus dem Weg."
- „Ich versuche, mich durchzusetzen."
- „Ich versuche jetzt, meine persönliche Freiheit zu wahren."

Andere Frauen sprechen davon, daß sie, gerade weil sie sich verändert haben und manches nun deutlicher wahrnehmen, unter den erlebten Spannungen oder Isolationserfahrungen leiden, oder daß Angst oder Mißtrauen entstanden sind, die sie nun wiederum als bedrängend empfinden, z.B.:

---

[48] Dies gilt besonders für einige noch in Ausbildung für einen Beruf in der Kirche stehende Frauen, deren Gemeindeerfahrung sie nun mit der Frage konfrontiert, ob sie unter solchen Umständen wirklich auf einen Beruf in der Kirche zugehen möchten.

- „Ich bin vorsichtig geworden, um mich nicht zu schnell vereinnahmen zu lassen. Dadurch fühle ich mich in meiner Persönlichkeit eingeengt."

Teilweise berühren sich Äußerungen dieser Art auch mit einer in der Codierung unterschiedenen weiteren Antwortkategorie. Sie faßt die Hinweise auf ein *verändertes Bewußtsein im Blick auf die Situation von Frauen* insgesamt zusammen. Eine „Positiv"-Codierung bedeutet dabei nicht in jedem Fall ein verbessertes Verhältnis zu Kirche und Gemeinde, wohl aber die erfreute, zustimmende Einsicht der betroffenen Frauen in den eigenen Reflexions- und Bewußtwerdungsprozeß:

- „Wunsch, in Kirche zu arbeiten (wurzelnd in den frühen Heimaterfahrungen) - Anliegen, in Kirche zu verändern (ausgehend aus persönlich erlebter und strukturell vorhandener Ungerechtigkeit) und Platz für Frauen, auch Platz für mich zu schaffen - intensivere Beziehung zu Kirche in jeder Hinsicht, Liebe und Wut."
- „Ich bin wachgerüttelt worden; ich muß mir ‚Herrschaft' der Männer nicht gefallen lassen, besonders nicht in der ‚Kirche'."
- „Ich bin sehr viel kritischer und sensibler für den Umgang mit Frauen innerhalb der Kirchenstrukturen geworden und habe zeitweise überlegt, aus der Kirche auszutreten."
- „Ich konnte meine Autoritätsgläubigkeit ablegen und erkennen, daß Frauen das Evangelium anders sehen und für mich erfahrbar machen. Glauben hat für mich dadurch eine ganz neue ‚Dimension' bekommen."
- „Die Erfahrungen mit kritischen Frauen geben mir Mut, an mögliche Veränderungen zu glauben."

Das Thema „Frauen in der Kirche" kommt hier ebenso zur Sprache wie feministisch-theologische Fragen:

- „Ich versuche, meinen eigenen Weg in dieser patriarchalisch geprägten Kirche zu gehen. Ich beschäftige mich seit meinem Studium mit der Feministischen Theologie und versuche, dies in meinem Rahmen so konsequent wie möglich durchzusetzen."
- „Raum in der Kirche für Frauen muß geschaffen werden, d.h. für mich, lernen, mehr Aggressivität und Macht - also ‚Unweibliches' - zuzulassen."
- „Ich möchte mehr Frauen in der Kirche ermutigen, ihren Wert, ihre Begabungen und Möglichkeiten zu entdecken."
- „Ich werde weiterhin darum kämpfen, daß wir Frauen in der Kirche mitreden können."

Immer wieder erklären Befragte in diesem Zusammenhang ihre Absicht, sich - persönlich und oft gemeinsam mit anderen Frauen - für notwendige Veränderungen einzusetzen:

- „Ich habe mich als Kirchenvorsteherin zur Wahl gestellt, bin gewählt und hoffe, mit anderen Frauen zusammen neue Wege zu finden."
- „Ich habe den Mut, verantwortungsvolle Aufgaben zu übernehmen, damit wir Frauen vom ‚Kaffee-Koch-Klischee' wegkommen."
- „Bei der nächsten Kirchenvorstandswahl wird Propaganda für Frauen gemacht und laut protestiert, daß die alten Herren des Kirchenvorstands ohne Wahl wieder hineinkommen."
- „Ich bespreche meine Probleme mit Kirche mit anderen Frauen, gemeinsam machen wir uns Mut, nicht lockerzulassen mit Vorschlägen zur Veränderung."
- „Der Kontakt mit anderen Frauen und der feministischen Theologie macht mir Mut, innerhalb der Kirche den Gedankenaustausch zu suchen."
- „Mut, neue Wege zu gehen, durch Bibeltexte die persönliche Situation betrachten; Wunsch, mit anderen Frauen andere Gottesdienstformen auszuprobieren (mit Musik, Bewegung, Atmung usw.)."
- „Ich versuche mehr Frauen zu motivieren, etwas zu machen und sich auch in Gremien, KV's u.ä. zu engagieren."

Diese Antworten lassen erkennen, wie ernst die Frauen ihr Engagement nehmen, so daß sie bereit sind, Schwierigkeiten und Hindernissen zu trotzen und auch Konflikte nicht zu scheuen.

Einige Frauen beschreiben solche Sachverhalte mit gemischten Gefühlen, z.B.:
- „Rückzug aus der Institution, aber ich würde mich gern in einer Ortsgemeinde zu Hause fühlen, mir fehlt deutlich ein Stück Heimat. Statt dessen arbeite ich in Gruppen des ökumenischen Netzes, obwohl auch dort die Frauenfragen meist nur indirekt angegangen werden, aber dort sind Frauen ganz deutlich in der Mehrheit, so daß ein anderes Miteinander und ein anderes Herangehen an Probleme herrscht."

Als „negativ" wurden an dieser Stelle Antworten codiert, die im Blick auf den Umgang mit Anliegen von Frauen ausschließlich Bitterkeit, Enttäuschung und Resignation, manchmal auch eine zornige Verweigerungshaltung erkennen lassen:
- „Die Tatsache, daß Frauen oft eine Spielwiese angeboten wird, sie aber in der Leitung zu wenig vertreten sind (Macht, Finanzierung) hat mir ein Stück Lust weggenommen, bei dieser Institution zu arbeiten."
- „Wut und Empörung Luft machen, Erwartungen an ein bestimmtes Rollenverhalten nicht mehr erfüllen."
- „Ich habe mein gelegentliches Mitmachen und Zuhören beim Frauenkreis - der Pastor muß immer dabeisein und mindestens das erste und letzte Wort haben, zudem ausschließlich männliche Referenten - fast eingestellt, gehe nur noch selten in den Gottesdienst."
- „Ich fühle mich durch nur männliche Pastoren nicht ausreichend vertreten."
- „Ich erwarte von Kirche keine Solidarität mehr in Bezug auf Probleme, die mich als Frau betreffen."

4.4 Kirchenbilder der befragten Frauen

4.4.1 Kirche, wie die befragten Frauen sie wünschen

In den vorausgegangenen Abschnitten wurden Erfahrungen von Frauen in und mit dieser Kirche beschrieben, wie sie sich in den Antworten dieser Frauenbefragung spiegeln. Was für Menschen zu einer ihnen relevant erscheinenden Erfahrung wird, über die sie beispielsweise im Rahmen einer Umfrage berichten, das ist - unter anderem - immer auch ein Reflex von *Wunschvorstellungen*, an denen ein konkretes Geschehen gemessen wird. Ob Ereignisse überhaupt in besonderer Weise registriert und wie sie später erinnert und beurteilt werden, das hängt stark damit zusammen, wie sich diese Ereignisse zu eigenen Erwartungen, Hoffnungen und Befürchtungen verhalten. Die Erfahrungsberichte selbst lassen bereits mehr oder weniger deutlich erkennen, worauf die Befragten im Blick auf die Kirche achten, was ihnen dort wichtig erscheint, was sie als gut oder weniger gut empfinden. Die direkte Frage nach den für die Frauen wesentlichen Elementen ihrer „Wunschkirche" ergänzt und überprüft dieses Bild.

„Kirche wie ich sie mir wünsche -was gehört für Sie unbedingt dazu?"

Fast 90 % aller befragten Frauen haben diese Frage beantwortet (vgl. Tabelle 11). Unterschiede in der Antworthäufigkeit deuten darauf hin, daß sich Frauen, die zum Erhebungszeitpunkt eine Ausbildung für einen kirchlichen Beruf durchlaufen, offenbar besonders intensiv mit dieser Frage auseinandersetzen: Fast alle Befragten dieser Teilgruppe haben zu der Frage Stellung genommen. Auch beruflich wie ehrenamtlich in der Kirche tätige Frauen äußern sich in sehr großer Zahl. Etwas seltener, wenngleich immer noch in ganz überwiegender Mehrheit, geben die Frauen ohne besonderes Amt, die sich an der Umfrage beteiligt haben, eine solche Stellungnahme ab.

Tabelle 11: Antworten auf die Frage nach der „Wunschkirche", nach Stellung der Frauen in der Kirche (in v.H. der jeweiligen Befragtengruppe)

	Frauen ausschließlich im Ehrenamt (n=2099)	Frauen in kirchlichen Berufen (n=809)	Frauen in kirchlicher Ausbildung (n=142)	Frauen ohne besonderes Amt in der Kirche (n=907)	alle Befragten (n=3957)
keine Antwort	11	10	4	18	12
antwortende Frauen	89	90	96	82	88
ingesamt	100	100	100	100	100

Der *Altersvergleich* zeigt: Jüngere Frauen und solche mittleren Alters haben sich in allen Teilgruppen besonders häufig auch zu dieser Frage geäußert; im Alter bis zu 50 Jahren liegt der Anteil der Nicht-Antwortenden deutlich unter dem jeweiligen Gruppen-Mittelwert.
Was verschiedene *Berufsgruppen* innerhalb der Teilgruppe der beruflich in der Kirche tätigen Frauen anbelangt, so haben sich Sozialpädagoginnen / Sozialarbeiterinnen, Pastorinnen, Kirchenmusikerinnen und Diakoninnen besonders häufig zu ihrer „Wunschkirche" geäußert. Küsterinnen und Verwaltungsangestellte haben etwas öfter als andere auf eine Antwort verzichtet.

Viele Frauen, die ihre Vorstellungen von einer „Wunschkirche" beschrieben haben, haben in diesem Zusammenhang mehr als einen Aspekt benannt. Im Schnitt hat jede Frau 1,7 dem Kategorienschema nach unterscheidbare Angaben gemacht.

Wieder gibt es dabei Unterschiede zwischen verschiedenen Teilgruppen:
- Besonders viele Aspekte werden von Frauen angesprochen, die sich auf einen Beruf in der Kirche vorbereiten (durchschnittliche Zahl der Nennungen: 2,1).
- Relativ wenig verschiedene Aspekte - im Mittel 1,5 - nennen jene Befragten, die nach eigenen Angaben kein besonderes Amt in der Kirche übernommen haben.
- Beruflich wie ehrenamtlich in der Kirche Engagierte entsprechen mit 1,8 bzw. 1,7 Nennungen pro antwortender Frau dem Gesamtdurchschnitt.

Welche Aspekte sind es im einzelnen, die als Kennzeichen der von diesen Frauen gewünschten Kirche beschrieben werden? Tabelle 12 gibt eine Übersicht.

Besonders viele Antworten entfallen auf die mit dem Stichwort *„soziale Aspekte"* überschriebene, recht weit gefaßte Kategorie. Gemeint sind damit für viele Frauen wichtige Elemente eines *„menschlichen Miteinander"*, einer *„harmonischen christlichen Gemeinschaft"*, wie etwa *„Gespräche"*, *„Annahme und Wärme"*, *„gegenseitiges Verständnis"* und *„gegenseitige Hilfe"*, *„Nächstenliebe"*, *„Solidarität"*, *„Geborgenheit"* und *„Vertrauen"*, *„Aufrichtigkeit"* und *„Freundlichkeit"*, *„ein gewisses Heimatgefühl"*, *„persönliche Ansprache"*, *„keine Isolation"*:
- „Menschen, die sich um Mitmenschen kümmern."
- „Mehr aufeinander hören, aufeinander zugehen, den anderen / die andere mit seinen / ihren Fähigkeiten ernst nehmen, Verantwortung zumuten."
- „Lernen, offen und fair miteinander umzugehen."
- „Schwächen zeigen können bzw. bei anderen akzeptieren. Nicht ‚die Starken' spielen und sich dabei verlieren."
- „Ich wünsche mir eine Kirche, in der alle Menschen vorbehaltlos miteinander umgehen und miteinander leben können."

Tabelle 12: Vorstellungen von der „Wunschkirche", nach Stellung der Frauen in der Kirche (Mehrfachangaben, in v.H. der antwortenden Frauen)

	Frauen ausschließlich im Ehrenamt (n=1874)	Frauen in kirchlichen Berufen (n=727)	Frauen in kirchlicher Ausbildung (n=136)	Frauen ohne besonderes Amt in der Kirche (n=740)	antwortende Frauen insgesamt (n=3477)
soziale Aspekte allgemein	51	55	54	41	50
religiöse Aspekte	50	36	39	42	46
und zwar: traditionell	34	19	15	24	28
verändert, zeitgemäß	15	17	24	18	17
nicht eindeutig zuzuordnen	1	..	-	-	1
lebensweltliche Aspekte	25	31	30	29	28
Förderung von Engagement, gute Zusammenarbeit	13	14	18	10	13
frauenspezifische Aspekte	8	16	29	7	10
und zwar: Gleichberechtigung	7	15	26	5	9
Schwesterlichkeit	1	1	2	2	1
Ablehnung feministischer Ansätze	..	*	-	1	-	..
Demokratie, Mitbestimmung, Abbau von Hierarchien	5	13	15	4	7
Stellungnahme zu sozialen und politischen Themen	6	6	13	6	6
und zwar Zustimmung	5	6	13	5	5
Ablehnung	1	..	-	1	1
Sonstiges	9	6	13	12	8
darunter: Jugendarbeit	6	4	7	9	5
Kirche wie bisher	1	..	-	1	1
Ablehnung von Kirche	..	-	1	1	..

* „.." bedeutet: Entsprechende Angaben wurden von weniger als 0,5 % der Befragten gemacht.

Eine Reihe von Frauen nennt in diesem Zusammenhang die verschiedensten Formen von Gottesdiensten, Festen und anderen gemeindlichen Veranstaltungen, die aus ihrer Sicht dazu beitragen können, die kirchliche Gemeinschaft zu verstärken. Andere weisen auf die Bedeutung von Pastorinnen und Pastoren sowie von anderen Hauptamtlichen und ehrenamtlichen Mitarbeiterinnen und Mitarbeitern für das Gemeindeleben hin:

- „Ein fröhliches, nicht so anonymes Miteinander von Gemeinde und hauptamtlichen Mitarbeitern."
- „Mehr Glaubwürdigkeit der Amtsträger, mehr Fröhlichkeit und Lebensmut vermitteln."
- „Pastoren und kirchliche Mitarbeiter, die bleiben und ihre Gemeinde kennen."

- „Ein ‚Miteinander' der Pastoren, Ehrenamtlichen und der Gemeinde --> Glaubwürdigkeit der Kirche."
- „Besseren Kontakt zu den Pastoren."
- „Das persönliche Gespräch zwischen Pastor und Gemeinde."
- „Eine gute Zusammenarbeit der Pastoren, also Besuche und Gespräche in den Häusern, das ist dringend notwendig. Neuzugezogene müssen besucht werden."
- „Einen kirchlichen Ansprechpartner im Ort, der auf die Menschen zugeht."

Von zahlreichen Frauen wird betont, daß zu einer solchen Gemeinschaft wirklich „alle" dazugehören sollten, „jung und alt" ebenso wie „alle Gesellschaftsstufen", für manche auch eine Gemeinschaft, „die konfessionelle ... Schranken durchbricht". Eine Frau wünscht sich in der Kirche ein „Zusammengehörigkeitsgefühl wie eine große Familie, unabhängig von Alter, Geschlecht, Bevölkerungsstand, Rasse oder Lebenseinstellung"; und sie betont, es sei wichtig, „Außenstehende mehr einzubeziehen", möchte einen „Insider-Effekt vermeiden".

Eng mit solchen Wünschen verknüpft ist oft die Vorstellung einer „offenen" Kirche, die gekennzeichnet ist durch „Toleranz und Dialogbereitschaft" und „Konfliktfähigkeit und „Konfliktbereitschaft", und zwar „auf der Basis eines starken Zusammengehörigkeitsgefühls". Daß ein großer Teil der Frauen sich in der Kirche „eine konstruktive Streitkultur" wünschte, wird auch deutlich, wenn sie die Kirche als eine Institution beschreiben, die sich sehr schwer damit tue, sich mit der Vielfalt sehr unterschiedlicher Menschen, Meinungen bzw. Standpunkte auseinanderzusetzen:

- „Toleranz - Freiheit für die eigenen Meinung, ohne die gemeinsame christliche Basis aus den Augen zu verlieren --> lebendige *Gemeinschaft*."
- „Den ‚Andersglaubenden' annehmen und nicht umkrempeln."
- „Das Geltenlassen und Akzeptieren verschiedener Arten und Meinungen, sich ‚angenommen' fühlen können."
- „Zweifel äußern dürfen; Themen, die mich bewegen, offen ansprechen können, ohne gleich einen Bezug zu den Aussagen der Bibel suchen zu müssen; Risikobereitschaft; auch unbequeme Themen mit einzubeziehen und gemeinsam nach Lösungen zu suchen."
- „Menschen, die sich solidarisieren auf ein größeres gemeinsames Ziel hin und über ‚kleinkarierte' Unterschiede hinwegsehen können bzw. ihre Unterschiede akzeptieren."
- „Pluralität der Meinung aushalten können."
- „Mehr Konfliktbereitschaft und offene Auseinandersetzung zugunsten von Veränderungen, mehr Interesse und Aufgeschlossenheit gegenüber Gemeindegliedern, die nicht in den Gottesdienst gehen."
- „Die Kirche sollte Wärme und Offenheit ausstrahlen, sie sollte ihre ‚dogmatische Enge' in allen Bereichen ablegen."
- „Toleranz im Handeln - nicht nur im Reden (wenn überhaupt)."
- „Ich möchte meine Gedanken in viele Richtungen hin ‚spazieren' lassen dürfen ohne christliche Werte und Grundsätze als ‚Bremse'. Also: Toleranz."
- „Mein Interesse an der Kirche ist heute vorwiegend sozialer Natur. Ort der Begegnung, der Gespräche, auch philosophisch religiöser Art, aber völlig frei."

Vereinzelt finden sich auch andere Voten, z.B.:

- „Mehr Mut zu eindeutigen Bekenntnissen, weniger ‚sowohl - als auch'- Handeln, weniger Doppelmoral."

In relativ großer Zahl erwarten Frauen von der Kirche außerdem, daß diese sich an sozialen und gesellschaftlichen Realitäten orientiert, wie sie unter anderem in veränderten Formen des partnerschaftlichen Zusammenlebens sichtbar werden. Die Rolle der Kirche als Instanz traditioneller christlich moralisch ethischer Wertmaßstäbe steht ganz offensichtlich dem entgegen, was sich die Befragten unter einer „offenen Kirche" vorstellen:

- „Keine Moral, die mir übergestülpt wird, um ‚richtige' Christin zu sein. ... Ich will kritisch fragen dürfen, die Kirche, wie ich sie mir wünsche, muß aller Kritik standhalten können und eben auch flexibel und modifizierbar sein! Ich will in der Kirche lebendig sein dürfen, mich *ganz* einbringen können, auch wenn Teile von mir unbequem sind. Mehr Mut für alle Frauen, Neues zu versuchen!!"

Einige dieser Antworten enthalten auch kritische Hinweise darauf, daß in der Kirche *„zu viel verdeckt und geheuchelt"* werde:
- „Keine Lügen mehr nötig bei Einstellungsgesprächen bezüglich der Lebensführung und der politischen Betätigung."
- „*Keine* Vorschriften zur Lebensführung kirchlicher Mitarbeiterinnen. Ganzheitliche, bedürfnisorientierte Gemeindearbeit."

Der Wunsch nach einer Kirche, die *„eine Institution der Freiheit und Offenheit"* sein sollte, verbindet sich häufig mit dem nach *„Veränderungsbereitschaft"* und *„-fähigkeit"*, nach *„weniger Dogmatismus, weniger Selbstgerechtigkeit"* und dem nach *„mehr Lebendigkeit"* und *„Fröhlichkeit"*. Viele Frauen erleben die Kirche als *„zu ernst"* und wünschen sie sich *„unverkrampfter"*, *„natürlicher"*, *„mehr Lebensmut vermittelnd"* und *„weniger pastoral"*. Eine Befragte faßt die ihr wichtigen Merkmale ihrer Wunschkirche zusammen in den Stichworten *„Großzügigkeit"* und *„Souveränität, mit ‚Fremdlingen' umzugehen"*. Eine andere schlägt vor, doch *„nicht so angestrengt auf den ‚Schwund' (zu) schauen"*.
- „Echtes, lebendiges, fröhliches partnerschaftliches Umgehen der Gläubigen miteinander. Kirche heute ist mir in der Regel viel zu traurig, ernst, eng, verkopft."
- „Mehr ‚Kirche zum Anfassen'."
- „Nicht so verstaubt, engstirnig und borniert in den Ansichten und Meinungen."
- „Mehr Pep."
- „Ein Gleichgewicht zwischen ernster Arbeit und froher Feier."
- „Ein Gegenpol zu Streß und Hektik im Berufs- und Alltagsleben."
- „Offen sein für alle Gruppen oder Einzelpersonen und endlich mal ‚etwas anders machen'."
- „Offen für grundlegende Veränderungen und neue Wege..."

Zwischen Teilgruppen von Frauen mit unterschiedlicher Stellung in der Kirche gibt es, was die Häufigkeiten der Benennung solcher „sozialer Aspekte" betrifft, nur geringe Unterschiede (vgl. Tabelle 12). Frauen, die zum Erhebungszeitraum offenbar kein Amt in der Kirche ausüben, äußern sich hierzu zwar vergleichsweise seltener; dennoch stellt diese soziale Dimension ein wesentliches Kennzeichen auch der von ihnen skizzierten Wunschkirche dar.

Altersunterschiede sind an dieser Stelle sowohl innerhalb der Teilgruppe der ehrenamtlich in der Kirche tätigen Frauen zu erkennen als auch bei denjenigen, die nach eigenen Angaben kein besonderes Amt in der Kirche ausüben. In der erstgenannten Gruppe werden soziale Merkmale der *gewünschten* Kirche von den älteren Befragten (etwa ab dem 60. Lebensjahr) mit vergleichsweise geringerer Häufigkeit angesprochen; in der zweiten Teilgruppe gilt bereits für Frauen etwa ab 50 Jahren.

Eine zweite Antwortkategorie faßt Formulierungen zusammen, die im engeren Sinn *„religiöse Aspekte"* des kirchlichen Lebens ansprechen (vgl. wieder Tabelle 12). Insgesamt hat sich knapp die Hälfte der Frauen hierzu geäußert. Beruflich in der Kirche tätige Frauen sowie jene, die sich auf einen solchen Beruf vorbereiten, sprechen diese Seite ihrer Wunschkirche etwas seltener an, im kirchlichen Bereich (ausschließlich) ehrenamtlich tätige Befragte formulieren besonders häufig entsprechende Vorstellungen.

Gut ein Viertel der Befragten bringt dabei den Wunsch zum Ausdruck, in der Kirche Glaubensgespräche führen und Erfahrungen gelebten Glaubens machen zu können:[49]

- „Eine christliche Gemeinschaft, die für einander da ist und nach Christus Lehre lebt."
- „Christusverkündigung im täglichen Leben."
- „Unterschiedliche Menschen, die sich um eine Mitte versammeln und All- und Sonntag miteinander leben."
- „Menschen, mit denen ich über den Glauben reden kann."
- „Daß wir merken, daß Kirche ein Spiegelbild ihrer Glieder ist. Daß Kirche in unseren Alltag gehört, bewußt in unser Leben."
- „Die Gemeinschaft im Glauben; daß ich immer wieder Kraft und Mut finde und Gott mich stark macht für alles, was ich machen soll im praktischen Leben."
- „Daß Glaube gelebt wird und für andere erfahrbar wird."

Auch der gelegentlich formulierte Wunsch nach *„Bibeltreue"* oder *„evangelistischer Verkündigung"* - wurde hier zugeordnet:

- „Gottes Wort unverfälscht zu hören."
- „Ich wünsche mir eine Kirche, in der das Wort Gottes bibeltreu verkündigt wird."
- „Evangelistische Wortverkündigung, Möglichkeiten der Gemeinschaft und zum Gespräch, soziales Engagement."

In diesem Zusammenhang geht es auch um Vorbilder gelebten Glaubens; dieser Wunsch wird vor allem als Erwartung an Pastoren und andere Mitarbeiterinnen und Mitarbeiter gerichtet:

- „Pfarrer, deren Glaubensgewißheit sich deutlicher zu erkennen gibt."
- „Pfarrer, die eine entschiedene und lebendige Beziehung zu Jesus Christus haben."
- „Mehr Vorbilder unter den Erwachsenen, besonders den Pastoren und Diakonen für die Jugend, auch bei den Religions-Lehrern in der Schule, falls sie überhaupt da sind."
- „Daß die Verantwortlichen sich freier zum Wort Gottes bekennen, sich nicht schämen, den Herrn der Kirche, Jesus Christus, fröhlich beim Namen zu nennen."
- „Klar entschiedene Mitarbeiter, kleine, verbindliche Hauskreise."

Einige Frauen wünschen sich ein aktiveres geistliches Leben, z.B. *„nicht so leere Kirchen"*, oder *„daß mehr Jünger den Gottesdienst besuchen"*. Andere nennen bestimmte Formen gemeindlicher Arbeit, und zwar neben Gottesdiensten im allgemeinen beispielsweise auch als gemeinschaftsfördernd erlebte Familiengottesdienste, Haus- und Gebetskreise, Besuche und seelsorgerliche Gespräche.

Zielen Wunschvorstellungen dieser Art, von Ausnahmen abgesehen, eher auf eine Wiederherstellung traditioneller Formen gemeindlichen Lebens, so wünscht sich eine andere Teilgruppe, zu der etwa ein Sechstel der antwortenden Frauen gehört, eher neue, *„zeitgemäße"* und von ihnen als stärker *„lebensnah"* empfundene Inhalte und Formen religiösen Lebens:[50]

---

[49] Frauen in Ausbildung auf einen Beruf in der Kirche sowie Frauen, die bereits einen solchen Beruf ausüben, nennen religiöse Vorstellungen dieser Art eher seltener, ehrenamtlich Aktive besonders häufig. Im Altersvergleich wird deutlich: Ältere Befragte aller Teilgruppen zeigen an dieser Seite des kirchlichen Lebens ein besonders hohes Interesse. Bei Frauen, die einen Beruf in der Kirche ausüben, wie auch bei jenen ohne besonderes Amt ist dabei etwa das 50. Lebensjahr als „Grenzlinie" erkennbar; bei ausschließlich ehrenamtlich in der Kirche tätigen Frauen steigt die Zahl der Nennungen bereits bei Befragten ab dem 40. Lebensjahr an.

[50] Solche Vorstellungen werden besonders oft von den - meist jüngeren - Frauen zur Sprache gebracht, die sich zum Erhebungszeitpunkt auf einen Beruf in der Kirche vorbereiten. Für die Teilgruppen der beruflich in der Kirche tätigen Frauen sowie derjenigen, die kein besonderes Amt

- „Eine zeit- und alltagsgemäße Predigt, die die Menschen erreicht bzw. die sie verstehen, nicht so ‚abgehoben', sondern lebensnah."
- „Viel mehr gemeinsames Ausprobieren, miteinander Reden - weniger Predigt, mehr gemeinsames Entdecken der Bibeltexte - mehr echte Fröhlichkeit, weniger ‚frommes' Reden und kluge Worte."
- „Neben den festen Formen auch Raum für Spontaneität, gemeinsames Feiern von Festen."
- „Ein gut durchdachter Gottesdienst mit einer Predigt, die den Alltag bewältigen hilft."
- „Gottesdienste, die Mut machen zum Handeln und Kraft geben, ohne zu bedrücken, besonders als Frau."
- „Mehr Abwechslung in der Gestaltung der Gottesdienste."
- „Eine der heutigen Zeit angepaßte Predigt. Moderne Kirchenlieder. Von Zeit zu Zeit eine Gesprächsrunde mit der Pastorin."
- „Mehr Alltagssprache und Gleichnisse für Nähe Gottes und Gotteserleben aus unserer Zeit, mehr Freude und Fröhlichkeit im Gottesdienst. Weniger Pathos und Getragenheit. Kurz: Natürlichkeit."

Für eine Reihe von Frauen gehört dazu auch, Nicht-Theologen und -Theologinnen, Ehrenamtliche und Gemeindeglieder überhaupt, in die Gestaltung des Gottesdienstes miteinzubeziehen, sie aktiv am gottesdienstlichen Geschehen zu beteiligen:

- „Lebendigkeit. Das heißt für mich: Den Gottesdienst von Zeit zu Zeit mitzugestalten und auch die Besucher des Gottesdienstes mit einzubeziehen. Jung und alt auch einmal etwas Gemeinsames gestalten."
- „Nicht nur Pastorengottesdienste, Initiativen von Gemeindegliedern berücksichtigen."
- „Eine Aufhebung der Trennung von Verkündigung und Dienst in der Kirche, Gottesdienste, die von vielen gestaltet werden und wirkliche Gemeinschaft stiften, ..."

Ein weiteres Stichwort, das bereits im Kontext „sozialer Aspekte" anzutreffen war, begegnet uns auch unter „religiösem Aspekt", nämlich *Toleranz*:

- „Gottesdienst sollte Zentrum des Gemeindelebens sein - und zwar so, daß sich die Menschen in ihrer Verschiedenheit zusammenfinden. Predigten und Glaubensaussagen wünsche ich mir verständlich und eindeutig. Ich wünsche mir mehr Freiheit, über Glauben sprechen zu können, um dann zu erfahren, wie vielfältig Glaubensaussagen sind."
- „Respektieren, Tolerieren von anderen Frömmigkeitsformen."
- „Meinungsvielfalt, Toleranz den verschiedenen Frömmigkeitsstilen gegenüber, die Erkenntnis, daß alle im Besitz einer Teil-Wahrheit sind, ..."
- „Gottesdienste in verschiedenen Formen, Offenheit im Umgang mit der Bibel, unterschiedliche Standorte aushalten."

Zeitgemäß soll auch der Umgang mit theologischem Wissen sein, z.B.:

- „...ein theologisches Nachdenken in der Gemeinde, das Erkenntnisse der historisch-kritischen Forschung nicht ausblendet."
- „Auseinandersetzung mit und Aktualisierung der Lehre."
- „Gegenwartsbezogenes Verständnis der christlichen Botschaft, Tradition und Gegenwärtiges miteinander in Einklang zu bringen!"

Ein wichtiges Element ist in diesem Zusammenhang für nicht wenige Frauen die Einbeziehung der *Feministischen Theologie*:

- „Arbeit im Bereich feministischer Theologie - verschiedene Frauenkreise - Berücksichtigung der Frauen und Besetzung aller leitenden Positionen durch Frauen."
- „Die *allgemeine* Beschäftigung mit Inhalten der Feministischen Theologie, hinführend zu einer Kirche, in der *alle Glieder gleichberechtigt* ihre Gaben einbringen."
- „...eine ‚Ent-Patriarchalisierung' dieser (alten) Bilder (der Bibel), damit beide Geschlechter sich darin wiederfinden."

übernommen haben, gilt im *Altersvergleich* : Relativ häufig bringen solche Aspekte die jüngeren Befragten sowie diejenigen mittleren Alters (bis etwa 50 Jahre) zur Sprache. Bei ehrenamtlich in der Kirche tätigen Frauen ist an dieser Stelle kein solcher Alterszusammenhang erkennbar.

- „Kirche erfahrbar, erlebbar, erfühlbar zu ‚machen'. Erkenntnisse und Erfahrungen der feministischen Theologie aufnehmen - als *Befreiungstheologie.*"
- „Das Evangelium als Befreiung, Hoffnungsträger und Auferstehungsbotschaft durch Frauen."
- „Mehr Aufgeschlossenheit und Bereitschaft zum Miteinanderreden über aktuelle theologische Themen, z. B. Frauen in der Bibel."
- „Das ‚Frauenbild' in der Kirche zu reformieren, d. h. für mich vor allem die Theologie und Kirchengeschichte zu hinterfragen!"
- „Gerechtigkeit für Frauen: z. B. ... Lehrstühle für feministische Theologie, ..."

In diesen Kontext gehören ferner Wünsche nach Raum für *„weibliche Spiritualität",* und für den Gebrauch einer Sprache, die auch Frauen in Gottesdienst und Predigt miteinschließt, überhaupt: der Wunsch nach einer *„frauen-freundlichen"* und zugleich in ihren Strukturen und Formen *„weiblichen",* einer *„Frauen-Kirche"*[51] :

- „Daß sich die Gottesdienste verändern in Richtung weiblicher Spiritualität."
- „Stärkeres Engagement für die Frauenfragen, feministische Gottesdienste, d. h. mehr für das Gefühl, für die Sinne tun, nicht nur ‚Kopfarbeit'."
- „Frauenfreundliche Predigten, mehr Pastorinnen, ..."
- „Predigten, in denen ich meine Erfahrungen in Familie und Beruf wiederfinde. Hilfen zum Durchdenken meiner Probleme im täglichen Leben. Sprachgebrauch: nicht nur Männer."
- „Äußerlich: Ein Gemeindezentrum, in dem ich mich zu Hause fühle! Innerlich: Eine Sprache, in der ich mich als Frau zu Hause fühle!"
- „Das echte Miteinander von Mann und Frau, die ‚weibliche Seite' der Kirche leben, emotionaler, engagierter leben vom Evangelium her."
- „Gottesdienste in anderer Form und anderer Uhrzeit, frauenfreundliche Sprache, Gruppen für feministische Theologie."
- „Gottesdienstzeiten, die es auch Frauen mit Kindern leichter macht. Frauenkreise, die zur Mitarbeit einladen und nicht nur zum Kaffeekochen! Vermittlung von Wissen über ... biblische Frauengestalten."
- „Mehr Rücksicht auf das Frauen-Dasein, Frauen erleben viele Dinge anders, mehr Bibelauslegung in feministischer Sichtweise."

Ein dritter Antwortkomplex, der die soziale wie auch die religiöse Seite der Kirche ergänzt, betrifft den *„Alltagsbezug kirchlichen Redens und Handelns".* Ein Viertel bis ein Drittel der Frauen, die eigene Wunschvorstellungen beschreiben, spricht diesen Aspekt an (vgl. noch einmal Tabelle 12). Einige Kernaussagen lauten:

- „Kirche ist für die Menschen da, ich möchte als ganzer Mensch und als Mensch unserer Zeit vorkommen und angesprochen werden."
- „Eine Kirche, an die ich mich auch mit meinen persönlichen Problemen wenden kann."
- „Offene Gesprächskreise, Themen, die auch die Problematik des Alltags umfassen."
- „Gemeinde, die mich auffängt mit meinen Zweifeln und Konflikten."

In diesem Zusammenhang werden der Kirche also gezielt Aufgaben seelsorgerlicher und diakonischer Art zugewiesen, und zwar sowohl im Blick auf gesellschaftlich benachteiligte, alte und kranke Menschen als auch auf die eigenen persönlichen Probleme und Anliegen.[52] Daß bisher an dieser Stelle offenbar vorhandene Defizite auch mit mangelnder Kommunikation zu tun haben, wird z.B. deutlich in

---

[51] Vor allem Frauen, die in einer Ausbildung auf einen Beruf in der Kirche stehen, nennen häufig solche Wunschvorstellungen. Unter den ehrenamtlichen Mitarbeiterinnen sind spontane Antworten dieser Art relativ am seltensten anzutreffen. Dennoch: Ein Großteil der im folgenden zitierten Antworten stammt von Frauen, die ehrenamtlich in der Kirche tätig sind.

[52] Frauen ohne besonderes Amt in der Kirche äußern auffallend häufig den Wunsch nach (verstärkter) Besuchsarbeit - insbesondere bei alten oder kranken Menschen - und situationsbezogener seelsorgerlicher Zuwendung.

dem Vorschlag einer Befragten, doch einen *„ ‚Kummerkasten' oder ein Schwarzes Brett in der Kirche einzurichten".*

Ob in einer Gemeinde eine „lebensnahe" Gemeindearbeit geleistet wird, das erleben einige Frauen als abhängig von den zwischenmenschlichen Fähigkeiten der Pastorinnen und Pastoren bzw. „der Hauptamtlichen" überhaupt. Diese Frauen wünschen sich nicht selten eine Rückkehr zur traditionellen Pfarrerrolle (und gelegentlich auch zum herkömmlichen Bild einer Pfarrfrau):

- „Die Kirche müßte noch mehr auf die Menschen zugehen und nicht warten, bis die Gemeinde zur Kirche kommt."
- „Mehr Einsatz der Hauptamtlichen und mehr persönliches Verständnis für die Mitglieder."
- „Ein Pastor, der sich um die Gemeinde kümmert und seine Gemeindemitglieder besucht."
- „Einen eigenen Pastor, der für die Gemeinde da ist."
- „Ein Pastor mit Zeit für Alte und Kranke, weniger Politik, mehr Seelsorge und eine Pastorenfrau, die für ihre Gemeinde eintritt und dadurch Jugendliche und Frauen sich wieder näherbringt, z. B. Singkreis, Bastelabende."
- „Ein Gemeindepastor, der in der Lage ist, eine Gemeinde lebendig im Sinne des Evangeliums zu führen."

Andere Frauen haben anscheinend eher eine Veränderung herkömmlicher Kirchenbilder vor Augen, wenn sie ihre Vorstellungen einer lebensnahen Gemeindearbeit beschreiben:

- „Die Kirche müßte mehr auf die (‚meine') Lebenssituation ihrer Glieder eingehen bzw. die sozialen Realitäten des alltäglichen Lebens von Menschen zur Grundlage ihres christlichen Wirkens machen, sich z.B. mehr für Randgruppen, Aussiedler, Homosexuelle, alte und kranke Menschen u.a. (Nichtkirchgänger) einsetzen. ‚Stärkere Reflexion der Gesellschaft und ihrer Strukturen'."
- „Kirche muß eine Kirche der ‚anderen' *werden* - der Frauen, Arbeiter/innen, ‚Schwachen' und eine Kirche für andere - Asylanten, ‚outcasts': eine ökumenische, geschwisterliche, parteiliche Gemeindekirche."

Offenbar geht es diesen Befragten nicht allein um *„dienende Nächstenliebe"*, sondern auch um ein aktives, mitverantwortliches Engagement für eine gerechtere und somit christlichere Ordnung der Gesellschaft:

- „Menschen mit Utopien für eine ‚christlichere' Welt."
- „Offenheit für alle Richtungen - Orte für Gespräche und Feste von Christen und Nichtchristen zum Thema: ‚Überlebensarbeit der Menschheit'."
- „Mitgestalten, die ungerechten Ordnungen dieser Welt zu verändern."
- „Abkoppelung von Verflechtungen im Kapitalismus. Ohne Heiligen Geist keine Erneuerung der Kirche."

Auch im Blick auf Themen wie Sexualität und Ehe bzw. Ehescheidung wird in einigen Voten verstärkte Situationswahrnehmung und, daraus resultierend: größere Offenheit von der Kirche gewünscht, z.B.:

- „Aufhebung von Tabus! Die Bereitschaft, z.B. die zunehmenden Scheidungen nicht zu leugnen oder sich herausfordern zu lassen, versöhnende Schritte zu dem zu machen, was eh ist; also: eine realitätsbezogene Seelsorge, nicht Leugnung, nicht Verteufelung."
- „Mehr Toleranz auch für Pastoren (Homosexualität und Scheidung tolerieren), Gefühl des Geborgenseins."

Etwa jede achte Frau spricht bei der Beschreibung ihrer „Wunschkirche" Aspekte an, die sich den Stichworten *„Förderung von Engagement, gute Zusammenarbeit"* zuordnen lassen (vgl. wieder Tabelle 12). Auffallend häufig nennen Wünsche dieser Art diejenigen Frauen, die sich zum Erhebungszeitpunkt auf einen Beruf in der Kirche vorbereiten.

Der Teilaspekt *„Förderung von Engagement"* umfaßt Wunschvorstellungen, die zum Ziel haben, es möchten sich mehr Menschen in der Kirche engagieren:
- „Ich wünsche mir einen größeren Kreis, der das Leben in der Gemeinde mitträgt und gestaltet."
- „Mehr mitdenken, mitplanen, vor allem der mittleren Jahrgänge."
- „Jüngere aufgeschlossene Mitarbeiter."
- „Männliche Laien, die mehr mitarbeiten müßten, mehr Intellektuelle, musisch Begabte, Lehrer, Ärzte *und* Außenseiter!"
- „Frauen, die verantwortlich in der Kirche arbeiten und sie mitgestalten."

Unter dem Teilaspekt *„gute Zusammenarbeit"* geht es - neben dem Wunsch nach Kollegialität und Verbesserung der Arbeitsbedingungen in der Kirche - vor allem um die Anerkennung ehrenamtlicher Arbeit und um die Art und Weise, wie Hauptamtliche mit Ehrenamtlichen umgehen.

Berufstätige Frauen und die Frauen in Ausbildung beziehen sich häufig auf ihre Arbeitssituation und die dort geltenden Bedingungen. Sie plädieren z.B. für Teamarbeit sowie - an einigen Stellen - eine stärkere *„Aufteilung von Arbeit"*, wehren sich dagegen, daß kirchliche Mitarbeiter und Mitarbeiterinnen *„benutzt", „ausgenutzt"* oder *„ausgebeutet"* werden, *„nur weil's für's Evangelium ist"* oder weisen auf Benachteiligung bei der Beschäftigung von Pastorenehepaaren oder auf als ungerecht empfundene Einkommensunterschiede z.B. zwischen Pastorinnen / Pastoren und Diakoninnen / Diakonen hin. Sie beziehen aber auch die Situation ehrenamtlicher Mitarbeiterinnen in ihre Überlegungen ein:
- „Aufbrechen der traditionell männlichen Berufsstrukturen - Arbeitszeit, mangelnde Abgrenzungsmöglichkeit, Residenzpflicht abschaffen."
- „Von dem Machtgebaren, Konkurrenzdenken wegzukommen."
- „Mindestens *eine* Gruppe, von der ich ganz persönlich etwas habe und in der was wachsen kann."
- „Natürlich absolute Gleichberechtigung, nicht nur zwischen Mann und Frau, auch von Pastor/in zu Diakon/in."
- „Zusammenarbeit zwischen Organist, Pastor und Kirchenvorstand."
- „Veränderung des Pfarrerberufes, der haupt- und ehrenamtlichen Arbeitsstrukturen; gleichberechtigtes Schalten und Walten - nach Fähigkeiten. Volle Anerkennung des Diakons."
- „Eine gleichberechtigte Teamarbeit, die Frauen *und* Männer, Hauptamtliche *und* Ehrenamtliche, Junge *und* Alte umfaßt."
- „Delegation von Aufgaben an kompetente, einsatzbereite, experimentierfreudige Gemeindeglieder."
- „Mehr Rechte für Ehrenamtliche, egalitäre Struktur bei Hauptamtlichen."
- „Ohne schlechtes Gewissen freiere Entscheidungen bei ehrenamtlicher Tätigkeit."
- „Keine indirekte Verpflichtung zur Dauermitarbeit."
- „Verständnis und Offenheit; Pastor nicht so sehr in Führerposition, vielmehr beratend und anleitend; Gemeinde, die selbst Funktionen übernimmt, Andachten z. B.".

Die ehrenamtlichen Mitarbeiterinnen und auch die Frauen ohne Amt weisen öfter darauf hin, daß ehrenamtliche Arbeit mehr Anerkennung finden, engagementbereite Menschen aber nicht *„ausgenutzt"* und überfordert werden sollten:
- „Kirche müßte jeder auf seine Art mitgestalten dürfen. Schulungen für Frauen, die bereit sind, mitzugestalten."
- „Daß Menschen mit unterschiedlichen Gaben ermuntert werden, mitzutun, mitzudenken, mitzugestalten."
- „Meiner Meinung nach sollen die Mitglieder angesprochen und motiviert werden, mitzuarbeiten. Ich wünsche mir *kontaktfreudige* Hauptamtliche."
- „Mitarbeit von mehr Menschen in der Kirche. - Stärkere Berücksichtigung dieser Menschen in kirchlichen Entscheidungsgremien."
- „Die Stunde des Ehrenamtlichen darf nicht mehr Minuten haben als die des Hauptamtlichen."
- „Projektarbeit, d. h. Möglichkeit zum Engagement für ein Sachthema."

Sie sprechen immer wieder gezielt das Verhältnis zwischen Gemeindemitgliedern, Ehrenamtlichen und Hauptamtlichen / Theologen an:
- „Aufgeschlossene hauptamtliche Frauen und Männer, die ehrenamtliche Menschen ernst nehmen und ihre Fähigkeiten nutzen."
- „Hauptamtliche Mitarbeiter und KV, die ehrenamtliche Mitarbeiter begleiten und nicht nur kritisieren und nach der Anzahl der Gottesdienstbesuche beurteilen."
- „Hauptamtliche, die informieren und ehrliche Teamarbeit untereinander und mit Ehrenamtlichen und aktiven Gemeindegliedern leisten wollen, mehr Toleranz, gemeinsames Erarbeiten von Inhalten. Delegation von Aufgaben und Eigenverantwortlichkeit."
- „Mehr und selbstverständliches Miteinander von Laien und Theologen, weniger Hierarchie."
- „Gute Zusammenarbeit aller Kirchenmitarbeiter - gegenseitige Offenheit und Respektierung, Zusammenführung aller aktiven Gemeindeglieder - gemeinsame Planung von Veranstaltungen." - „Gleichwertigkeit der Tätigkeitsbereiche und Informationsaustausch in ausreichendem Maße."
- „Zusammenarbeit zwischen Pastoren und Gemeindemitgliedern. Gute Zusammenarbeit zwischen verschiedenen Gruppen."
- „... ein Rechnen mit der Selbständigkeit von Frauen, natürlich auch Männern, daher müßte sich die Stellung des Pastors grundlegend ändern; er sollte bescheiden Mensch unter Menschen sein, nur Aktivitäten von Gruppen in der Gemeinde koordinieren ..., Selbständigkeit der Gemeinde stärken."
- „Ehrlichkeit, angenommen werden wie ich bin, Herzlichkeit, besser Geborgenheit, mehr Unterstützung durch die Hauptamtlichen!"

Formulierungen, die explizit das Thema *„Gleichberechtigung von Frauen in der Kirche"* bzw. *„Solidarität unter Frauen"* ansprechen, finden sich insgesamt bei einem Zehntel derjenigen Frauen, die die Frage nach ihrer „Wunschkirche" beantwortet haben (vgl. Tabelle 12). Eine Frau beschreibt diese beispielsweise einfach so:
- „Frauen und Männer sind wirklich gleichberechtigt."

Wieder haben die jüngeren Frauen, die sich in einer Ausbildung für einen Beruf in der Kirche befinden, diesen Aspekt mit weit überdurchschnittlicher Häufigkeit thematisiert. Der Tendenz nach - jedoch in deutlich geringerem Umfang - gilt dies auch für Frauen, die einen Beruf in der Kirche ausüben.

Innerhalb der Teilgruppe der beruflich in der Kirche tätigen Frauen gibt es auch in diesem Punkt einen deutlichen Zusammenhang mit dem *Lebensalter*. Frauen im Alter bis zu 40 Jahren, die einem Beruf in der Kirche nachgehen, sprechen das Thema „Gleichberechtigung" im Blick auf ihre Wunschkirche erheblich häufiger an als ältere Frauen dieser Teilgruppe. Bei ehrenamtlich in der Kirche tätigen Frauen sowie Frauen, die kein besonderes Amt innehaben, ist ein solcher Unterschied dagegen nur schwach ausgeprägt.

Dem Stichwort „Gleichberechtigung" wurden zahlreiche Antworten zugeordnet, die Kritik an der geschlechtsspezifischen Arbeitsteilung zwischen Frauen und Männern üben. Dabei geht es auch darum, als Frau in der Kirche anerkannt, unterstützt und gefördert zu werden:
- „Ich will meinen Weg *als Frau* suchen können, ohne gehindert, sondern eher gefördert zu werden."
- „Weibliche Pastorinnen als Ansprechpartner, ein Bild von einer Frau, die sich nicht nur als ‚dienend und opfernd' selbst verwirklichen kann."
- „Starke Akzentuierung in bezahlter Frauenarbeit, ..."
- „Eine stärkere Auflösung der Rollenfixierungen, d.h. weibliche Landessuperintendentinnen und männliche Gemeindeschwestern."
- „Mehr Frauen in Leitungsfunktionen, intensivere Auseinandersetzung mit der Rolle der Frau in der Kirche, ..."
- „Daß Frauen nicht nur ‚dienende', sondern auch ‚leitende' Funktionen haben."
- „Daß jedem die Ebenbildlichkeit Gottes zugestanden wird, daß Frauen an leitende Stellen kommen."
- „Gleiche Beteiligung von Männern und Frauen in Entscheidungsfunktionen."
- „ ‚Oben' Männer - ‚unten' Frauen, das muß geändert werden. Werte, die von Frauen als wichtig angesehen werden, könnten dabei zum Tragen kommen, also Strukturveränderung."

- „Mehr Frauen, die auch inhaltlich mitarbeiten und Verantwortung übernehmen und mehr Männer, die auch ‚Kaffee' kochen."
- „Dazu gehören für mich unbedingt *Männer an der Basis*! (Nicht nur oben!)"

Eine *neue Gemeinschaft von Frauen und Männern in der Kirche* ist für viele Befragte gekennzeichnet durch ein *offenes, geschwisterliches, kollegiales Miteinander*:
- „Versöhnter Raum für *Frauen* und Männer."
- „Ehrliche Konfliktlösung, die auch emotionale Faktoren benennt und nicht dauernd nur einseitig der Frau unterstellt."
- „Kollegiales Denken und Handeln zwischen Männern und Frauen."

Dem Stichwort „*Schwesterlichkeit*" zugeordnete Aussagen beziehen sich auf ein gutes Zusammenwirken mit anderen Frauen und auf Wünsche, mit anderen Frauen gemeinsam etwas zu gestalten:
- „Ich würde mir eine Frauengruppe wünschen, die sich mit zukunftsorientierten Vorstellungen bzw. Änderungen beschäftigt."
- „Veranstaltungen von Frauen für Frauen."
- „Feiern mit andern Frauen."
- „Frauenkreise, die auch von Frauen selbstverantwortlich geleitet werden."
- „Solidarität der Frauen untereinander."

Der Wunsch mancher Frauen nach mehr Gleichberechtigung und schwesterlicher Gemeinschaft kollidiert gelegentlich mit der Befürchtung, durch solche Vorstellungen in eine *„feministische Ecke"* zu geraten, einen *„Kampf der Geschlechter"* zu entfachen. Dies wird beispielsweise in folgenden Voten sichtbar:
- „Mehr Frauen (Pastoren), die aber keine Feministinnen sein sollen."
- „Geschwisterliches Miteinander ohne das Geschrei nach Quotenregelung!"
- „Mir ist wichtig, daß nicht auch noch in der Kirche Männer und Frauen beginnen, *gegen*einander zu kämpfen. Wenigstens dort wäre der Ort, *mit*einander nach neuen Wegen zu suchen. Wenn nicht dort Gottes Liebe und Versöhnungsbereitschaft zum Tragen kommt - wo dann? Das muß *nicht* heißen: es bleibt alles, wie es war!!"

Die mit *„Abbau von Hierarchien, Demokratie, Mitbestimmung"* überschriebene Auswertungskategorie berührt teilweise ähnliche Aspekte wie die unter „Förderung von Engagement, gute Zusammenarbeit" zusammengefaßten Antworten. Stärker als die dort gesammelten Voten zielen die hier gebündelten Aussagen jedoch auf strukturelle Aspekte.

Im Vergleich der verschiedenen Teilgruppen fällt auf, daß Wunschvorstellungen dieser Art von beruflich in der Kirche tätigen Frauen sowie von jenen, die sich zum Erhebungszeitpunkt auf einen Beruf in der Kirche vorbereiten, etwa doppelt bis dreimal so oft ausgesprochen werden wie von den (ausschließlich) ehrenamtlich tätigen Mitarbeiterinnen und Frauen ohne besonderes Amt (vgl. Tabelle 12).

Häufig wird in diesem Zusammenhang das Stichwort *„bürokratisch"* gebraucht, für eine große Zahl von Befragten scheint es gleichbedeutend mit *„umständlich"*, *„starr"* und *„verkrustet"*. Viele Frauen haben das Gefühl, daß Seelsorge und Nächstenliebe, d.h. die „menschliche" Seite kirchlichen Lebens, zu kurz kommen, weil „bürokratische" Strukturen in der Kirche und Gemeinde dafür keinen oder doch zu wenig Raum lassen:
- „Weniger Bürokratie zugunsten der Seelsorge."
- „Daß der Pastor nicht in Verwaltungsarbeit erstickt und mehr Zeit für persönliche Probleme der Gemeindemitglieder hat."

Andere Frauen wünschen sich „durchlässige Informationskanäle" und „nachvollziehbare Entscheidungsstrukturen", den „Abbau umständlicher Instanzenwege" und eine „durchschaubare Gremienarbeit". Sie möchten mehr Mitsprache- und Mitbestimmungsrechte für alle kirchlichen Mitarbeiterinnen und Mitarbeiter - und oft auch für sich als Frauen, mehr „basisdemokratische Beteiligung" aller Mitglieder, und sie versprechen sich davon mehr Lebendigkeit und Offenheit für notwendige Veränderung:

- „Ich möchte mitdenken und mitreden können, keine Hierarchie."
- „Konfliktfähigkeit, Abbau der Hierarchie, der Instanzen."
- „Weniger Hierarchie, mehr Basisdemokratie, weniger Arroganz durch den Anspruch auf Besitz der alleinseligmachenden Wahrheit."
- „Ein größeres Mitspracherecht. Es wird zwar sehr viel (gegenüber vor ca. 20 Jahren) für Frauen getan, aber letztlich entschieden wird vieles nur von Männern."
- „Abschaffung der patriarchalen Machtstruktur, die auch z.T. von Frauen, z.B. Pastorinnen, gelebt wird."
- „Offene Kommunikation; transparente Entscheidungsabläufe; demokratisch herbeigeführte Regeln."
- „Weniger Verwaltung und Reglementierung, mehr Gespräch und Absprachen, mehr ‚Spiel-Raum' für Versuche, Fehler, Irrtümer."
- „Offenheit, Wagemut, Tatkraft, Experimentierfreude, Achtung füreinander, Wunsch, einander verstehen zu wollen, Bereitschaft zum Leben und zum Verzicht auf Macht, Lebendigkeit."
- „Mehr Mut zu neuen Strukturen in puncto: Geld- und Arbeit(sumverteilung), Dezentralisierung."
- „Kirche sollte von ‚unten' kommen, durch Überzeugung und nicht durch Bestimmungen und Paragraphen geführt werden."
- „Mehr Offenheit in Entscheidungsprozessen für die aktive Gemeinde außerhalb des KV. Die Kirchenbehörde muß mehr auf die unbequemen Entscheidungen eingehen und sich nicht länger auf Rechtspositionen zurückziehen."

Berufstätige Frauen kritisieren diese „bürokratische" Seite der Kirche auch mit Blick auf deren Arbeitgeberfunktion, z.B.:

- „Ich wünsche mir eine *christliche*, keine bürokratische Kirche als Arbeitgeber."

Ein weiterer Aspekt im Spektrum dieser Wunschvorstellungen betrifft „Stellungnahmen zu sozialen und politischen Themen" (vgl. nochmals Tabelle 12). Frauen, die ausdrücklich auf diesen Punkt eingegangen sind, wünschen sich ganz überwiegend, Kirche möge ihrer sozialen und politischen Verantwortung stärker als bisher gerecht werden, z.B. im Blick auf Frieden und Gerechtigkeit, Umweltschutz oder Leben in der Dritten Welt. Nur sehr wenige Befragte sprechen sich ausdrücklich gegen solche Stellungnahmen aus.

Eine Teilgruppe von Frauen bringt Wünsche dieser Art besonders häufig zur Sprache, nämlich diejenigen, die sich zur Zeit der Erhebung in einer kirchlichen Ausbildung befinden. Etwa jede achte von ihnen unterstreicht, daß von Seiten der Kirche zu gesellschaftlichen und speziell: zu politischen Fragen deutlicher Stellung bezogen werden müßte.

Dem entspricht, daß auch in den übrigen Teilgruppen im Altersvergleich die jüngeren Frauen - bis zum Alter von etwa 40 Jahren - häufiger darauf drängen, Kirche möge in gesellschaftlich-politischen Fragen Position beziehen, während ältere Befragte diesen Punkt seltener ansprechen.

Beispielhafte Zitate für diesen Wunsch nach sozial-politischer Einmischung sind:

- „Offen sein für *alle* Menschen und für *alle* Probleme dieser Zeit."
- „Engagierte und nicht vom politischen und gesellschaftlichen Leben abgehobene Arbeit."

- „Kirche, die sich als Gemeinschaft versteht, die mehr als den Sonntagvormittag miteinander teilt, Verbindung zwischen Geistlichkeit, Gebet, Meditation und Aktion. Sozialkritik, politische Konsequenzen."
- „Auseinandersetzung mit politischen Gegebenheiten, Engagement in Politik und Gesellschaft aus christlichem Selbstverständnis und Verantwortungsgefühl."
- „Gesellschaftspolitische Aspekte und kritische Worte, Vermittlung christlicher Werte zu Fragen unserer Zeit."

Ein Großteil der Frauen, denen gesellschaftlich-politisches Denken, Reden und Handeln der Kirche wichtig ist, benennt konkrete Themen und Anliegen:
- „Viel Platz für Engagement für Frieden, Bewahrung der Schöpfung ..."
- „Kritische Haltung und Engagement bei Themen wie: Entwicklungsländer, Umweltzerstörung, Atomenergie, Rüstung, Menschenrechte."
- „Verantwortliches und eindeutiges Mitwirken auch bei politischen Fragen (Ökologie, Frieden, Arbeit etc.)."
- „Sie soll eindeutig Stellung nehmen zu Themen wie Zerstörung der Umwelt, Ausbeutung der Dritten Welt, sich einsetzen für Minderheiten."
- „Engagement für Frieden, Abrüstung, soziale Gerechtigkeit, Minderheiten. Schutz der Umwelt. Mut, voranzugehen, statt immer 50 Jahre zu spät zu kommen. Die Kirchentage sind für mich positive Erlebnisse mit der Kirche."
- „Offenheit auch aktuellen Themen gegenüber, ggf. auch ‚politische' Bezüge nicht scheuen: Umwelt, Erziehung, Dritte Welt, Rüstung, Zukunftsangst, Alterspflege."

Daß sich nicht wenige Frauen hier ein mutiges Engagement ihrer Kirche wünschen, das nicht vor Macht-Signalen zurückschreckt und - wo möglich - auch nicht beim Reden stehenbleibt, sondern aktives Handeln einschließt, das unterstreichen einige Aussagen in besonderer Weise:
- „Angstfreier, ..., engagierter, auch in politischen Fragen."
- „Mut, kritische Instanz in dieser Gesellschaft zu sein, ‚Nachfolge', auch wenn es um Macht und Geld geht."
- „...einseitige Stellungnahmen gegen die *Geld*-Macht, aber keine Angst vor *Macht*!"
- „Taten! Aktionen! Politisches Engagement! Kein Duckmäusern."
- „Stellungnahme zu allen gesellschaftlichen Fragen, Mitarbeit vor Ort an ‚BürgerInnenbewegungen', bedingte Einseitigkeit in politischen Entscheidungen, ..."
- „Bezüge zu Entwicklungs-Ländern schaffen, nicht nur Spendenaufrufe und evtl. Dritte-Welt-Tourismus der Hauptamtlichen o. ä."
- „Wo bleiben die Anliegen des konziliaren Prozesses? ‚Kirche von unten', Netzwerke und mutige Leute wie z. B. Luise Schottroff, Dorothee Sölle, Marie Veit, Martin Stöhr u. a. sollten mehr Gehör finden."

Aber auch dieser warnende Hinweis findet sich in den Antworten:
- „Gemeinde abholen, wo sie steht, ihr nichts krampfhaft überstülpen (Politik, Ökumene, modernes Management), sie vielmehr langsam an Neuerungen heranführen."

Vereinzelt erfolgt eine explizite Anknüpfung an eine bestimmte theologische Linie:
- „Daß der Ansatz Fr. Gogartens von 1933 (und seiner Schüler/innen) konsequent aufgenommen wird, die konkrete politische /gesellschaftliche Situation des modernen Menschen zu Ende zu denken."

Und es gibt auch einige Voten, die deutlich machen, daß die gesellschaftlich-politische Verantwortung der Kirche nicht vor der Kirchentür endet, sondern auch entsprechende Probleme im innerkirchlichen Raum zu bewältigen hat:
- „Klare Stellungnahmen zu politischen Machenschaften von Regierungen und zu sozialen, ökologischen, kirchlichen Mißständen."
- „Nicht nur reden, sondern auch handeln (vom Naturschutz auf dem eigenen Friedhof bis zur Beheizung der Kirche und der Gemeinderäume etc.); Gesprächs- und Informationsabende zu wichtigen

Fragen unserer Zeit wie z.B. Landwirtschaft und Massentierhaltung, Vollwerternährung in Verbindung auch zum 3.Welt-Problem."

In geringem Umfang gibt es in dieser Hinsicht auch ablehnende Äußerungen. Vereinzelt unterscheiden Befragte zwischen *„politischen"* und *„parteipolitischen"* Stellungnahmen der Kirche, wobei sie nur erstere zulassen möchten. Darüberhinaus finden sich in der Befragungsgesamtheit auch einige Frauen, die sich eine *„Kirche ohne politische Programme"* wünschen oder dafür plädieren, Kirche möge sich *„politisch neutral"* verhalten bzw. sich generell *„aus der Politik heraushalten"*. Der Versuch einer Prioritätensetzung wird in solchen Voten ebenso spürbar wie das Bemühen um Abgrenzung, z.B.:

- „Der Auftrag der Kirche ist die Verkündigung des Evangeliums, dieses muß *im Vordergrund* stehen, sie sollte sich aber auch sozial engagieren, jedoch *nicht* politisch!"

Einige Antworten wurden der Kategorie *„Sonstige Wünsche"* zugewiesen. Die größte Gruppe bilden hier Vorstellungen, die speziell die *(Kinder-) und Jugendarbeit* betonen. Diesen Frauen geht es um eine verstärkte Bemühung um junge Menschen, um breitere, vielfältige Angebote für die genannten Zielgruppen. Daneben gibt es noch eine Reihe von Voten, die die Notwendigkeit einer *ökumenischen Orientierung* kirchlicher Arbeit unterstreichen; teils wird dieser Begriff dabei im Sinn weltweiter ökumenischer Verbundenheit verstanden, teils als ökumenisches Miteinander verschiedener christlicher Konfessionen vor Ort, insbesondere im Zusammenleben von Katholiken und Protestanten.

Schließlich ist noch eine kleine Gruppe von Frauen zu nennen, die die Frage nach der „Kirche, die sie sich wünschen" mit dem Hinweis beantworten, sie seien mit der gegenwärtigen Kirche *„zufrieden".* bzw. *„wünschen keine Veränderungen"*.

Und ganz vereinzelt nur haben sich an der Befragung Frauen beteiligt, die die Kirche generell ablehnen oder resignierend feststellen, daß sie von ihr weder Bereitschaft noch Fähigkeit zur Veränderung erwarten.

4.4.2 Schritte zur Verwirklichung der „gewünschten Kirche"

„Welche konkreten Veränderungen halten Sie in der Kirche für wichtig? Wer könnte sie in Gang bringen?"

Die Antworten der Frauen auf diese die Wunschkirchen-Skizze ergänzende Doppelfrage enthalten mehr oder weniger konkrete Veränderungsvorschläge, die dazu beitragen sollen, Defizite der derzeit erlebten Kirche zu beheben.

Die Auswertung zeigt hier zunächst: Die Antworthäufigkeiten sind deutlich geringer als bei den vorausgegangenen Fragen (vgl. Tabelle 13).[53] Dennoch hat die Mehrzahl der Befragten (71 %) auch auf diese offene Frage nach konkreten Veränderungen reagiert.

---

[53] Die Durchsicht der Fragebogen zeigt, daß in einer ganzen Reihe von Fällen der erste Frageteil nicht beantwortet wurde, weil die Frauen davon ausgingen, Kritik und daraus resultierende Änderungswünsche bereits im Zusammenhang der Beschreibung ihrer „Wunschkirche" dargestellt zu haben. Ein Teil der Befragten fügt denn auch statt einer Antwort einen Rückverweis auf diese vorgängige Frage ein.

Insbesondere die Frauen ohne Amt haben sich - wie bereits bei der Frage nach ihrer Wunschkirche, nun aber in noch größerer Zahl - einer Antwort enthalten. Und wieder sind es die Frauen in Ausbildung auf einen kirchlichen Beruf, die besonders häufig eigene Wünsche und Anliegen formuliert haben.[54]

In den Teilgruppen der beruflich bzw. (ausschließlich) ehrenamtlich in der Kirche tätigen Frauen wie auch der Frauen ohne besonderes Amt zeigt sich auch an dieser Stelle der bereits bekannte Zusammenhang mit dem Merkmal „Lebensalter": Jüngere Frauen und solche mittleren Alters - bis etwa zum 50. Lebensjahr - haben deutlich häufiger ihnen wichtige Veränderungswünsche benannt als ältere Befragte.

Innerhalb der Teilgruppe der beruflich in der Kirche Tätigen haben Frauen aus bestimmten *Berufsgruppen* - nämlich Pastorinnen, Sozialpädagoginnen / Sozialarbeiterinnen, Kirchenmusikerinnen und Diakoninnen - in besonders großer Zahl auf notwendige Veränderungen hingewiesen. Die Küsterinnen und Gemeindeschwestern, die an dieser Befragung teilgenommen haben, halten sich mit solchen Veränderungswünschen vergleichsweise am stärksten zurück.

Tabelle 13: Antworten auf die Frage nach wichtigen Veränderungen, nach Stellung der Frauen in der Kirche (in v.H. der jeweiligen Befragtengruppe)

	Frauen ausschließlich im Ehrenamt (n=2099)	Frauen in kirchlichen Berufen (n=809)	Frauen in kirchlicher Ausbildung (n=142)	Frauen ohne besonderes Amt in der Kirche (n=907)	alle Befragten (n=3957)
Keine Antwort	29	23	13	39	29
Antwortende Frauen	71	77	87	61	71
darunter: keine Veränderung nötig	4	1	1	4	3
Insgesamt	100	100	100	100	100

Welche konkreten Veränderungswünsche liegen denjenigen Frauen, die hier eine Antwort formuliert haben, besonders am Herzen? Wie Tabelle 14 zeigt, haben die Befragten die bei der Skizzierung ihrer Wunschkirche entwickelten Vorstellungen an dieser Stelle noch einmal unterstrichen; in einigen Punkten ergibt sich dabei, gemessen an der Häufigkeit der Nennungen, eine etwas andere Gewichtung.

Etwa ein Drittel der Frauen, die auf diese Frage geantwortet haben, spricht *Veränderungen im religiösen Bereich* an.[55] Damit erfährt diese Antwortkategorie im Zusammenhang der konkreten Veränderungswünsche die zahlenmäßig stärkste Besetzung. Allerdings kommt ein Interesse an *herkömmlichen* kirchlichen Lebensformen in dieser Beschreibung konkreter *Veränderungs*wünsche etwas seltener zum Ausdruck, während Wünsche in Richtung auf *veränderte, zeitgemäße* Formen und Inhalte in ähnlichem Umfang vorgetragen werden wie bei der Beschreibung der gewünschten Kirche - möglicherweise ein Hinweis darauf, daß zumindest ein

---

[54] Im Schnitt hat jede antwortende Frau 1,5 Aspekte genannt. Die in Ausbildung auf einen Beruf in der Kirche befindlichen Frauen liegen mit 1,6 Antworten leicht über, die Frauen ohne besonderes Amt in der Kirche mit 1,3 Antworten etwas unter dem Gesamtmittel.
[55] Wieder gilt: Für die (ausschließlich) ehrenamtlich in der Kirche tätigen Frauen erscheint dieser Aspekt besonders wichtig.

Teil der Frauen, die herkömmliche Formen als wünschenswert benannt haben, diese in der gegenwärtigen kirchlichen Realität durchaus verwirklicht sehen. Die Frauen, die Veränderungswünsche im religiösen Bereich zum Ausdruck bringen, machen mehrheitlich deutlich, daß sie einen nicht-traditionellen Zugang zu Religion suchen bzw. vermissen. Das heißt beispielsweise, daß sie die Gottesdienste und vor allem die Predigten verändert wissen möchten, weil sie diese oft als „zu akademisch", „zu wenig lebensnah", zu „abgehoben" erleben. Auch das Stichwort „religiöse Toleranz" beschreibt ein wichtiges Element der in diesem Zusammenhang vorgetragenen Forderungen und Wünsche.

Tabelle 14: Wichtige Veränderungen in der Kirche, nach Stellung der Frauen in der Kirche (Mehrfachangaben, in v.H. der jeweiligen Befragtengruppe)

	Frauen ausschließlich im Ehrenamt (n=1429)	Frauen in kirchlichen Berufen (n=618)	Frauen in kirchlicher Ausbildung (n=122)	Frauen ohne besonderes Amt in der Kirche (n=534)	antwortende Frauen insgesamt (n=2703)
religiöse Aspekte	35	27	25	31	32
und zwar:					
traditionell	*16*	*12*	*7*	*11*	*14*
verändert, zeitgemäß	*19*	*15*	*18*	*20*	*18*
soziale Aspekte allgemein	26	20	14	21	23
lebensweltliche Aspekte	23	24	20	22	23
Demokratie, Mitbestimmung, Abbau von Hierarchien	17	21	30	12	17
frauenspezifische Aspekte	13	23	32	12	16
und zwar:					
Gleichberechtigung	*12*	*22*	*30*	*11*	*15*
Schwesterlichkeit	*..*	*1*	*2*	*1*	*1*
Ablehnung feministischer Ansätze	*..*	*..*	*-*	*-*	*..*
Förderung von Engagement, gute Zusammenarbeit	16	15	23	8	15
Stellungnahme zu sozialen und politischen Themen	5	5	10	5	5
und zwar					
Zustimmung	*4*	*4*	*9*	*3*	*4*
Ablehnung	*1*	*1*	*1*	*2*	*1*
Sonstiges	14	12	4	19	14
darunter: Jugendarbeit	*12*	*8*	*3*	*10*	*10*

Einige Antwortbeispiele sollen diese Überlegungen verdeutlichen:
- „Mir macht vor allem die Sprache der ‚Kirche' Sorge, die meine Kinder nicht mehr erreicht. Darüber müßten Frauen und Männer nachdenken."

- „Ich möchte fragen dürfen während der Predigt. Es wird im Gottesdienst oft zu viel gesungen. ... Die Atmosphäre der Lieblosigkeit z.T. in den Gottesdiensten betrübt mich sehr."
- „Mehr Besinnung und Wissensvermittlung über die Inhalte der Bibel, weniger ‚Angstverkündigung' und Besserwisserei, in Predigten und theologischen Aussagen."
- „Mehr Offenheit und Menschenfreundlichkeit könnte entstehen, wenn unmittelbares, nicht abgesichertes Sprechen von Gott an die Stelle von ‚richtigen' Antworten träten."
- „Die christliche Lehre muß hinterfragt werden (z. B. Bibel = einzige Offenbarung Gottes), Eingang der Forschungsergebnisse in die Lehre (z. B. Bedeutung der Frauen, Relativierung von Bibelaussagen wegen historischer Bindung)."
- „Gesänge / Choräle mit neuen Texten und Melodien, öfter mal eine Predigt von einer Pastor*in*."
- „Mehr aktive Beteiligung an der Mitgestaltung des Gottesdienstes von männlichen Kirchenvorstehern, Kirche auf heute bezogen, keine Drohungen."
- „Die Mitarbeit der Gemeinde bei der Gestaltung des Gottesdienstes. Die neue Gottesdienst-Agende könnte dieser Arbeit dienlich sein, wenn sie von dem Pastor und der Gemeinde genutzt wird."
- „Isolation der einzelnen muß unbedingt aufgehoben werden, z. B. durch andere Sitzordnung, anschließendes Frühstück, sinnliche Erfahrungen durch ein ordentliches, nahrhaftes Abendmahl."
- „Im Gottesdienst: Liturgie und Predigt müssen der Erfahrungswelt der Besucher mehr entsprechen. Die Wissenschaft der Theologie ist nicht das, was ermutigt, versöhnt, entschärft, verbindet, erklärt, Lebenshoffnung erweckt. Der männliche Kopfbereich darf nicht mehr allgemeingültig bleiben."

Neben solchen Veränderungswünschen, die insgesamt darauf abzielen, mehr Offenheit, Farbigkeit und auch Sinnlichkeit in die verschiedenen Bereiche religiösen Lebens in der Kirche zu bringen, gibt es in den Antworten auf diese Frage wieder Hinweise auf *frauenspezifische* Anliegen, die in konkrete Veränderung umgesetzt werden sollen. Dazu gehören z.B. *„frauenfreundliche Predigten"* und eine Sprache, die Frauen erkennbar einbezieht. Eine Reihe von Befragten möchte feministisch-theologischem Arbeiten und der Entwicklung einer „weiblichen Spiritualität" in der Kirche gerne mehr Raum geben. Dazu gehört für sie auch eine Reflexion der historischen wie gegenwärtigen Rolle von Theologie und Kirche:

- „Frauen müssen lernen, ihre Erfahrungen, Fragen, Probleme, ihre Sicht der Dinge, der Bibel selbstbewußt ins Gespräch zu bringen - Z.B. wichtige Ergänzungen bzw. Korrekturen des traditionellen Verständnisses der Bibel."
- „Eine Aufarbeitung der von Männern bestimmten Theologie, helfen könnte der Austausch mit jungen Kirchen, die den Ballast der Jahrhunderte nicht kennen."
- „Frauengestalten der Bibel vorstellen, spezielle Frauen-Gottesdienste."
- „Auf eine frauenfreundliche Sprache achten (Gesangbuch, Liturgie, Predigtreihen), das hierarchische Denken ablegen, Offenheit für das, was Frauen sagen, Frauen zur Weiterbildung ermutigen,..."
- „In den Gemeinden: Frauen- und Männerkreise, frauengerechte Sprache im Gottesdienst. Von der Synode: Anerkennung feministischer Theologie und Quotierung, von den einzelnen Christinnen: Bereitschaft zur Auseinandersetzung zum Erreichen einer partnerschaftlichen Kirche."
- „(Frauen)-Gottesdienste mit frauenspezifischen Themen."

Und, ganz bildhaft und konkret:

- „Die männliche Präsenz in leitenden Funktionen ist oftmals schon bei einem normalen Gottesdienst, sonntags, ersichtlich und wirkt auf mich bedrückend, manchmal werde ich zornig, z. B. Der Pastor predigt - zwei Kirchenvorstände sammeln Geld ein - der Küster steht an der Tür. Geschichten aus der Bibel handeln selten von Frauen, da ein Mann predigt, leuchtet er bei der Bedeutungsebene für Frauen natürlich nicht aus. - Die Episteln sind ausgesucht worden, es kommt nie eine weibliche Form Gottes zur Sprache, und wenn, wird es in der Predigt nicht erläutert oder das Bewußtsein dafür verstärkt, daß Gott auch ebenso weibliche Attribute, Eigenschaften unterlegt werden können. Daß Gott als Mutter angeredet werden könnte - nicht daran zu denken! Statt dessen singen wir immer wieder brav: ‚Er kommt aus seines Vaters Schoß ...' Es werden selten neue (Frauen-) Kirchenlieder gesungen bzw. Lieder, die auch für Frauen akzeptabel sind, immer wieder besingen wir die Brüder, die Brüderlichkeit. Dies alles möchte ich einmal umgedreht haben: einen Gottesdienst, der auch auf mich als Frau eingeht. Aber heute muß ich dafür weit reisen und Kurse besuchen."

Insgesamt bringt etwa ein Fünftel der Antwortenden solche Wünsche nach *neuen*, *"zeitgemäßen"* religiösen Lebensformen zum Ausdruck. Zwischen Frauen mit unterschiedlicher Stellung in der Kirche lassen sich dabei kaum Unterschiede feststellen.[56]

Etwas anders sieht das Ergebnis eines solchen Vergleichs mit Blick auf die Befragten aus, die die religiöse Seite kirchlichen Lebens um *traditionelle* Elemente verstärkt wissen möchten. Entsprechende Veränderungswünsche äußert etwa ein Siebtel der antwortenden Frauen. Besonders bedeutsam scheinen diese Aspekte für die Ehrenamtlichen zu sein; dagegen finden sich einschlägige Antworten nur bei einer recht kleinen Gruppe derjenigen, die gerade eine Ausbildung für einen Beruf in der Kirche durchlaufen.

Einige dieser Frauen bringen in ihren Antworten den Wunsch zum Ausdruck, daß Kirche sich wieder auf ihren *"ursprünglichen"* Inhalt besinnen müsse, etwa:

- „Missionarischer Geist; Markus 16, 15."
- „Rechte Verwaltung der Sakramente."
- „Aufgaben, die auch Rotes Kreuz und AWO usw. machen könnten (Turnen, Kochen usw.) abstoßen, mehr an die Bibel halten."
- „Ich halte Kirche als unverbindliche Freizeitgestaltung mit christlichem Anstrich für falsch und selbstzerstörerisch. Das Schiff muß seinen Kurs ändern."

In diesem Zusammenhang wird teilweise eine Festlegung auf historisch gewachsene, christliche Traditionen vollzogen, die zum Teil *„neu belebt"* zum Einsatz kommen sollen z.B.:

- „Rückbesinnung auf die Tatsache, daß die Bibel vom Anfang bis zum Ende Gottes Wort ist, damit absoluten Wahrheitsanspruch hat, dem man sich unterordnen muß. Diese Wahrheit - und nur die - muß verkündigt werden. Dies muß durch die Pastoren geschehen."
- „Weniger äußerer Trubel, bibelgetreuere Verkündigung."
- „Daß Männer die Kirche wieder beleben, in den Gottesdienst zurückkehren. Ehefrauen sollten ihre Männer dazu anhalten."
- „Belebung der normalen Sonntagsgottesdienste."
- „Ich halte es für notwendig, daß man sich endlich wieder auf das Evangelium besinnt und daß die Pastoren eine klare Linie vertreten, ohne Furcht, sich unbeliebt zu machen. Man sollte sich endlich wieder auf ein rechtes Amts-, Kirchen- und Sakramentsverständnis besinnen!"
- „Eine kleine Gruppe von betenden Frauen möchte folgendes: Wir wollen 1989 mit Gottesdiensten in freier Form beginnen, Lobpreis Gottes lernen, offen sein für freie Beiträge der Teilnehmer, öffentlich für Kranke oder andere Anliegen beten unter Handauflegung und zugesprochenem Segen, den Gottesdienst dadurch auch persönlicher und seelsorgerlicher gestalten, den einzelnen mehr im Blick haben."
- „In den Landeskirchen muß unbedingt eine Erneuerung bzw. eine Erweckung stattfinden. Wirklich bibeltreu und erfüllt vom Heiligen Geist die Verkündigung wahrnehmen. Abend-Gottesdienst mit Zeugnisabenden und Gebetsversammlungen ausrichten."

Den zweiten Platz in der Rangreihe gewünschter Veränderungen teilen sich Antworten, die zur Kategorie *„soziale Aspekte kirchlichen Lebens"* zusammengefaßt wurden, sowie solche, die auf die Notwendigkeit *„lebensweltlicher Bezüge"* in der kirchlichen Arbeit hinweisen.

Für gut ein Fünftel der Frauen, die diese Frage beantwortet haben, gehört eine Verstärkung von Solidarität und sozialer Gemeinschaft zu den konkreten Veränderungen, die sie in der Kirche für wichtig halten. Bemerkenswert ist dabei, daß die Zahl derjenigen, die diesen Aspekt im Zusammenhang ihrer Wunschvorstellungen von

---

[56] *Altersspezifisch* unterschiedliche Muster in diesen konkreten Änderungswünschen sind ebenfalls nicht zu erkennen.

Kirche benannt hatten, etwa doppelt so hoch war. Erfüllt die Kirche solche Vorstellungen also zumindest für einen Teil der Befragten in befriedigendem Maß?[57]
Auch wenn diese Schlußfolgerung zuträfe, so bleiben doch offensichtlich Defizite: Der Wunsch nach anderen Formen des zwischenmenschlichen Umgangs, d.h. nach *„mehr Offenheit"*, *„Aufrichtigkeit"*, *„Solidarität und Toleranz"* wird hier u.a. mit Blick auf kirchenleitende Stellen und ihre Art, mit Gemeinden bzw. einzelnen Gemeindegliedern und kirchlichen Mitarbeiterinnen und Mitarbeitern umzugehen, angesprochen. Fehlende Offenheit oder Dialogbereitschaft nehmen die Befragten zum Teil als Folge eines *„autoritären Amtsverständnisses"* wahr. Aus der Sicht der Frauen bindet bzw. erschwert oder verhindert eine solche Struktur Kreativität:

- „Das ‚Amtsverständnis' ist - nach meiner Wahrnehmung - oft distanzierend und dem *Dia*log im Wege."
- „Mehr Offenheit - gelebte Kirche - Wahrmachen des ‚Vor Gott sind alle Menschen gleich' - weniger Rituale, Normen - mehr Menschlichkeit, mehr Nähe. Neue Wege suchen, um Menschen zu erreichen, mehr Begegnungen, statt Predigt. Tolerantes Denken und Handeln ..."
- „Die Kirche müßte ihren Machtanspruch gegenüber den Gläubigen aufgeben."
- „Die Kirchenleitung sollte die Glieder nicht wie dumme Kinder betrachten - ihnen mehr Freiheit lassen."

Aber nicht nur das bei der Kirchenleitung wahrgenommene Amts- und Kirchenverständnis ist für manche Frauen Gegenstand kritischer Betrachtung; auch Toleranz und Kompromißbereitschaft der Mitgliederschaft werden angesprochen:

- „Daß ältere kirchlich gebundene Menschen tolerant sind gegenüber jugendlichen Kirchgängern."
- „Jeder könnte den anderen und auch die Meinung des anderen mehr akzeptieren und ein *bißchen* kompromißbereiter sein."

Einige Frauen bringen zum Ausdruck, daß es aus ihrer Sicht an Generations- und geschlechterübergreifenden Begegnungen in der Kirchengemeinde mangelt. Sie beklagen, daß es zu wenig Kommunikationsmöglichkeiten zwischen den Altersgruppen und verschiedenen anderen sozialen Gruppierungen gebe. Kirche / Gemeinde wünschen sie sich als einen *„Ort der Begegnungen"* und konkrete Personen als *„Ansprechpartner"*:

- „Mitarbeiter der Kirche müßten für die Gemeindemitglieder mehr Ansprechpartner sein (Pastor, Kirchenvorstand)."

Und so manche Frau vermißt die bereits in der Frage nach der Wunschkirche genannte *„Fröhlichkeit"*: Kirche sollte *„weniger ernst"*, *„weniger bedrückend"*, dafür *„unverkrampfter"*, *„natürlicher"* sein.

Der konkrete Wunsch nach einer Verstärkung *„lebensweltlicher Bezüge"* wird von den Befragten[58] fast ebenso oft vorgetragen wie entsprechende Vorstellungen bezüglich der eigenen Wunschkirche. Ist die Diskrepanz zwischen gewünschter und vorfindlicher Kirche an dieser Stelle vielleicht besonders groß? Frauen, die hier

---

[57] Ein Vergleich der verschiedenen Teilgruppen zeigt, daß Frauen, die zum Erhebungszeitpunkt noch in einer kirchlichen Ausbildung stehen, deutlich seltener auf Defizite hinsichtlich der sozialen Aspekte kirchlichen Lebens hingewiesen haben als Frauen aus den drei anderen Gruppen. Finden diese meist jungen Frauen, in deren „Wunschkirche" solche sozialen Aspekte eine ebenso wichtige Rolle spielen wie bei den anderen Befragten, möglicherweise eine befriedigende Erfüllung dieser Wünsche in der Nische kirchlicher Jugend- und Studentenarbeit - oder aber in Gleichaltrigengruppen außerhalb der Kirche?

[58] Zwischen den einzelnen Teilgruppen sind keine Unterschiede in den Häufigkeiten festzustellen, mit denen solche Fragen angeschnitten werden.

Veränderungsbedarf anmelden, weisen jedenfalls oft kritisch auf mangelnde Nähe der Kirche zu den sozialen Realitäten des alltäglichen Lebens ihrer Mitglieder hin. Gut ein Fünftel derjenigen, die auf diese Frage geantwortet haben, macht entsprechende Angaben. Sie sprechen davon, daß die Kirche *„mehr Basisnähe"* praktizieren, sich (stärker) *sozial engagieren* und Begriffe wie *„Nachbarschaftshilfe"* oder *„Nächstenliebe wieder mit Leben füllen"* sollte. In diesem Zusammenhang geht es einigen Frauen auch um das Verhältnis der Kirche zur Arbeitswelt und zu den vielfältigen, sich verändernden gesellschaftlichen Wertvorstellungen. Ein großer Teil der Befragten hat offenbar den Eindruck, die Kirche müßte sich sehr viel stärker um gesellschaftliche Problemfelder und die davon betroffenen Menschen bemühen:

- „Ich wünsche mir, daß Kirche die wichtigen Themen, die jeweils relevant sind, die die Menschen bedrängen, auch bespricht, bis hin in die kleine Ortsgemeinde. Nur so fühlt sich der einzelne mit seinen Fragen ernstgenommen."
- „Die Kirche sollte ihr Verhältnis zur Arbeitswelt und zu gesellschaftlichen Umwandlungen überprüfen."
- „Kirche muß mehr in die Arbeitswelt: Gemeinde an der Basis bauen, die studierte Sprache ist zu hoch, Hingehen zu den Menschen, in Betriebe, kleinere Gemeinden."
- „Überdenken ihrer Einstellung zur sogenannten Moral, Sünde, Sexualität usw.."
- „Z.B. liegt mir das Problem von Versetzungen von Pastorinnen und Pastoren sehr im Magen, wenn die Ehe kaputt geht, und daß Homosexuelle nicht im Pfarrerberuf arbeiten können, wenn sie sich zu ihrer Sexualität bekennen."

Andere Konkretionen solcher Kritik zielen auf die Distanz kirchenleitender Organe zur gemeindlichen Basis. Manchmal haben Frauen das Gefühl, daß die Vertreter der Institution Kirche sich zu wenig für die Belange der Gemeinden interessieren und deshalb oft nicht wissen, was dort geschieht:

- „Ich halte eine lebendige Verbindung von Landeskirchenamt und Ortsgemeinde für unbedingt wichtig. Meiner Meinung nach könnte sie gefördert werden, wenn ab und zu Männer und Frauen aus der Kirchenleitung in die Gemeinden kämen. Sie könnten berichten ... und hören, was die verschiedenen Gemeinden bewegt."

Der Wunsch nach verstärktem Lebens- und Alltagsbezug kirchlicher Arbeit führt eine Reihe von Befragten zu ganz konkreten Schlußfolgerungen im Blick auf den Einsatz bestimmter Mitarbeiterinnen und Mitarbeiter bzw. auf deren Aus- und Fortbildung. So meinen Frauen in der praktischen Gemeindearbeit von Pastoren und Pastorinnen[59] nicht selten einen Mangel an kommunikativen und seelsorgerlichen Fähigkeiten zu spüren; sie fordern deshalb, daß diese Seite gemeindlicher Arbeit stärker als bisher zu einem Schwerpunkt in der Ausbildung der angehenden Theologinnen und Theologen werden sollte:

- „Intensive Jugendarbeit, (seelische) Betreuung alter und einsamer Menschen, aufmerksames Wahrnehmen unserer Mitmenschen, Hilfsbereitschaft. Da unsere Pastoren zu wenig Zeit haben für den Dienst an der Gemeinde, könnten zusätzliche ausgebildete Mitarbeiter die zu kurz kommenden Tätigkeiten übernehmen."
- „Alle Gruppenmitglieder in der Kirche müssen nach außen hin arbeiten, nicht ‚einkreisen'. Die Arbeitsangebote in den Gruppen müssen attraktiver und lebensnaher sein. ‚Die Kirche' muß vom Podest heruntersteigen, denn der Abstand zum ‚Volk' ist zu groß. ‚Die Kirche' braucht ‚Marketing-Fachleute'."
- „Eine Ausbildung der Hauptamtlichen, die die gesellschaftlichen Veränderungen mit einbezieht. Eine klarere Regelung der Arbeitszeit für Hauptamtliche, so daß dieses ‚Alles machen müssen' und für nichts mehr richtig Zeit haben, aufhört. (Ein Traum:) Ein größeres Gremium von Frauen und Männern, das versucht, herauszufinden, wo heute Veränderung stattfinden könnte und müßte. So in Form einer gut fundierten Forschungsarbeit sozialer und soziologischer Bedingungen unter der Fragestellung ‚wo braucht Mensch heute Kirche und was davon ist wie leistbar'. Ich weiß, reichlich

---

[59] Letztere werden in diesem Zusammenhang kaum genannt.

abgehoben und utopisch! Ich möchte aber das Träumen nicht verlernen und empfinde an der Basis die Versuche wie einen Kampf gegen Windmühlen."
- „Pastor/innen sollten besser für Seelsorge und Gesprächsführung aus- bzw. fortgebildet werden."
- „Die Theologieausbildung müßte unbedingt anders werden. Im Vikariat werden die angehenden Pfarrer zu sehr auf Predigt, zu wenig auf Gemeindearbeit (und wie man sie initiiert) ausgebildet."
- „In der Ausbildung der Pastoren muß noch darauf hingewirkt werden, daß sie ‚praktisch brauchbar' im Pfarramt werden, ... Pädagogik und Psychologie in der Praxis anwenden können ..."
- „Pastoren brauchen selbst Seelsorge, ..."

Von einem Sechstel der Frauen, die auf diese Frage geantwortet haben, wurden Veränderungswünsche, die auf einen *„Abbau von Hierarchie"*, auf *„mehr Demokratie und Mitbestimmung in der Kirche"* zielen, vorgetragen. Verglichen mit den Skizzen einer „gewünschten Kirche" hat sich die Zuspitzung der Fragestellung auf *konkrete Veränderungswünsche* hier verstärkend ausgewirkt. Etwa gleichgeblieben ist dagegen die Zahl der Aussagen, die eine *Förderung (ehrenamtlichen) Engagements*, angemessene, *sachgerechte Rahmenbedingungen für berufliche Arbeit* sowie *gute Zusammenarbeit* aller in Kirche und Gemeinde Tätigen betreffen. Weil sich in den konkreten Wünschen häufig Überschneidungen zwischen diesen beiden Kategorien ergeben, werden im folgenden einige Antwortbeispiele für beide Aspekte gemeinsam vorgestellt.

Für beide Antwortkategorien gilt dabei: Die meist noch jüngeren Frauen, die sich zum Erhebungszeitpunkt in einer Ausbildung für einen Beruf in der Kirche befinden, haben besonders häufig entsprechende Veränderungswünsche formuliert (vgl. noch einmal Tabelle 14). Frauen ohne besonderes Amt in der Kirche sind dagegen auch an diesem Punkt vergleichsweise zurückhaltend.

In zahlreichen Voten ist davon die Rede, daß hierarchische Muster zugunsten stärkerer „Basisbeteiligung" reduziert werden müßten. In diesem Zusammenhang stehen konkrete Forderungen nach mehr *„Mitbestimmung"*, mehr *„Basis-Demokratie"* etwa durch
- eine neue Kirchengemeindeordnung, die vorschreibt, daß Beschlüsse der gemeindeleitenden Gremien begründet werden müssen;
- eine Begrenzung der Wiederwählbarkeit von Mitgliedern des Kirchenvorstandes;
- öffentliche Kirchenvorstandsitzungen;
- eine Änderung in der Zusammensetzung des Kirchenvorstandes mit dem Ziel, daß Pastoren und Pastorinnen nicht mehr den Vorstand stellen;
- eine generelle Reduzierung der mit dem Pfarramt verbundenen Machtbefugnisse.

Unbedingt erforderlich ist für manche Befragte auf jeden Fall eine stärkere *Transparenz* der oft als *„undurchschaubar"* erlebten Entscheidungsprozesse:
- „Mehr Transparenz über das gesamte Kirchengeschehen, viel mehr Informationen."
- „Durchschaubarkeit der Machtstrukturen . ... Klarheit darüber, wer Verfügungsgewalt über die geldlichen Mittel hat."
- „Eine neue Kirchengemeindeordnung. Abschaffung der anonymen Macht des Kirchenvorstands. Ablehnungen durch den GKV müßten begründet werden. Es müßte innerhalb der Gemeinde eine Kontrollmöglichkeit der KV-Beschlüsse geben."
- „Lockerung der patriarchalischen Ordnung durch positiv-kritische Gemeindemitglieder. KV sollten nur einmal wiedergewählt werden dürfen."
- „Z.B. öffentliche KV-Sitzungen (auch angekündigt), Darlegen von Strukturen (vielen ist das ein Rätsel). Stärkere Beteiligung von mitarbeitenden Frauen an Entscheidungsgewalt."
- „Weniger Macht dem Pfarramt."
- „Verlust an Vorherrschaft der Theologen; rechtliche Gleichstellung gegenüber anderen Mitarbeitern in der Gemeinde. Keine vererbte Vorherrschaft im Kirchenvorstand."

- „Dezentralisierung kirchlicher Arbeit auf allen Ebenen. Endlich Aufwertung des diakonischen und weiblichen Elements der Kirche, bei gleichzeitiger Abwertung des Pfarramtes. Seine ‚Hoheit' verhindert vieles!"
- „Das demokratische Prinzip sollte mehr beachtet werden: Gruppen und Kreise sollten nicht nur von *einer* Person geführt, sondern von mehreren verantwortlich mitgetragen werden."

Zum großen Teil richten sich solche Veränderungswünsche auf die Ebene der Gemeinden mit ihren Entscheidungsgremien und Leitungsverantwortlichen. Hin und wieder kommt aber auch die landeskirchliche Ebene in den Blick, z.B.:

- „Mehr Freiheit für die einzelne Kirchengemeinde (in Bezug auf die Anordnungen, Weisungen des LKA)."
- „Die Landeskirche bestimmt zu viel, mehr Eigenverantwortung der Gemeinden."
- „Eine Verdünnung des Mitarbeiterstabes des Landeskirchenamtes, ... Ämter oberhalb des Pastorenamtes (Superindendent, Landessuperindent, Bischof, Kirchenräte) zeitlich begrenzen auf acht bis fünfzehn Jahre maximal."
- „Das Auseinanderklaffen von Verwaltung (LKA) und Basis. Die Verwaltung müßte sich als Verwaltung begreifen, nicht als eigentliche Kirche."

Und:
- „Stärkung der Synode als gesetzgebende Gewalt .. der Landeskirche gegenüber."
- „Es gibt viele wichtige Beschlüsse und Gedanken der Synoden usw., die ‚unten' nicht ankommen."

Auch die generelle Kritik an einer als zu *„bürokratisch"* erlebten Kirche wird noch einmal aufgenommen:

- „Ich bezweifle, ob soviel geredet werden muß (Sitzungen!). Ich schlage vor: straffere Organisation, Besinnung auf den Glauben und Orientierung an den Bedürfnissen des ‚Fußvolkes'."
- „Weniger theoretische Klimmzüge! Frauen! weniger Konferenzen! weniger Gremien! weniger Debatten! weniger Kopflastigkeit! weniger Verwaltung!"
- „Vereinfachung der Verwaltung, mehr direkte Entscheidungsmacht durch die KV-Mitglieder, wenn es um Baumaßnahmen geht."

Von der Kirche als *„Arbeitgeberin"* wird erwartet, sie möchte doch *„Arbeitnehmer auch mal in ihren Rechten unterstützen"*:

- „Novellierung des Mitarbeitervertretungsgesetzes zugunsten der Mitarbeiterinnen."
- „Besser geschulte Mitarbeitervertretungen bzw. mehr Möglichkeit zur sinnvollen Arbeit, nicht nur Unterschriften bei Dienstverträgen, die sowieso zu spät vorgelegt werden."

Von *„gerechterer Bezahlung"* ist in diesem Zusammenhang ebenso die Rede wie von der Ausgestaltung von Arbeitsplätzen /-aufträgen und von Arbeitsplatzsicherheit. Zahlreiche Antworten richten sich gegen eine Benachteiligung bestimmter Gruppen von Mitarbeitern und Mitarbeiterinnen:

- „Abbau von Bürokratie und großen Gehaltsdifferenzen ..."
- „Einheitliches Dienstrecht; Angleichung der Gehälter für kirchliche Mitarbeiterinnen (Diakon/- innen, Küster/-innen) an Pastorengehalt (bzw. Absenkung von deren Gehalt)..."
- „Gerechtere Entlohnung für die ‚kleinen' Angestellten. Keine Arbeitsverträge unter 20 Stunden wegen der besseren Versicherungsleistung (z.B. für Küster und Pfarramtssekretärin)."
- „Daß die Hierarchie abgebaut wird, Arbeit auf ‚unterster' Ebene mehr anerkannt wird, weniger Stellenstreichungen bei den untersten Gehaltsgruppen."
- „Humanere Umgangsformen am Arbeitsplatz ‚Kirche'. Mehr Aus- und Fortbildungsmöglichkeiten für Frauen in der Verwaltung / Büro, Sekretariat."
- „Abschaffung des Beamtenstatus ...; stattdessen mehr Mitarbeiter- und Pfarrstellen, mehr Teilzeitarbeitsplätze."
- „Neustrukturierung der Gemeinden (kleiner), um allen ausgebildeten Pastoren Arbeitsplätze zu schaffen, viele halbe Stellen, Gehaltseinbußen bei hoch dotierten Posten und bei ‚normalen' Pastoren, um *allen* eine Chance zum Arbeiten zu geben."[60]

---

[60] Votum einer *ehrenamtlichen* Mitarbeiterin.

- „Umverteilung von Geldern, d.h. mehr und gesicherte Arbeitsplätze in der Kirche, besonders auch, was Religionspädagogen angeht."

Der Wunsch nach *„weniger Hierarchie"* und *„mehr gleichberechtigtem Miteinander"* steht vermutlich auch hinter der Aussage *„Diakone auf landeskirchlicher Ebene anstellen"*.

Daß gleiche Anerkennung und Achtung verschiedener kirchlicher Mitarbeiterinnen und Mitarbeiter nicht nur mit der Entlohnung zu tun hat, sondern auch mit der geltenden *Sprachregelung*, das wird im folgenden Votum spürbar:
- „Verbot des Gebrauchs von Begriffen wie: Laien und *andere* Mitarbeiter, womöglich *sonstige* Mitarbeiter."

Insbesondere im Blick auf die pfarramtliche Tätigkeit geht es auch um zeitliche Belastungen, um Termin- und Erwartungsdruck:
- „In unserer Pastorenkirche geht wenig ohne die Pastoren. Unsere sind durch Routinedienste schon mehr als ausgelastet. Daher: viel kleinere Gemeinden!"
- „Arbeitszeitverkürzungen für Pastoren/Pastorinnen, damit das Rund-um-die-Uhr-da-Sein aufhören kann; damit Veränderungen des gesamten Berufsbildes Pastors / der Pastorin."

Angehende bzw. bereits im Beruf stehende Pastorinnen selbst wünschen sich die *„Abschaffung der Residenzpflicht"*, die vielfach vorwiegend als Instrument sozialer Kontrolle empfunden wird. Sie regen darüber hinaus an, daß *„Stellenteilung auch befreundeten Pastoren/innen ermöglicht werden und nicht nur für Ehepaare gelten"*, und daß die *„100%-Regelung für Pastorenehepaare auf freiwilliger Basis und nicht automatisch erfolgen sollte"* [61]. Mehrfach wird darauf hingewiesen, daß *„Teampfarrämter"* als eine Möglichkeit der Entlastung und Form solidarischer Zusammenarbeit begrüßt würden.

Einige der befragten Pastorinnen weisen auf Probleme in ihrer Berufsrolle hin, die aus allzu vielfältigen Erwartungen der Gemeindemitglieder erwachsen; sie wünschen sich eine *„selbständigere Mitverantwortung"* derselben. Dagegen sprechen Ehrenamtliche nicht selten von dem Gefühl, in ihrer Mitarbeit insbesondere seitens der Pastoren behindert zu werden. In einer Reihe von Antworten wird auch deutlich, daß sie für ihr unentgeltliches Engagement *„mehr Akzeptanz"* - oft vor allem seitens der Pastoren - erwarten:
- „Geschwisterliches Miteinander-Denken und -Handeln an Stelle der Männer-Hierarchie; mündige Gemeinde anstatt Pastorenkirche."
- „Die hauptamtlichen Männer sollten die Leistungen der ehrenamtlichen Frauen besser erkennen können und der Arbeit mehr Anerkennung zollen."

Häufig stehen strukturelle Aspekte zur Klärung und Verbesserung des Status Ehrenamtlicher im Vordergrund der Veränderungswünsche. Konkret geht es dabei um
- ein gewisses Maß an Entscheidungskompetenz, das auf Anerkennung der Urteilskraft und Sachkompetenz von Ehrenamtlichen beruht;
- Möglichkeiten der Qualifizierung durch Teilnahme an Fort- und Weiterbildungsveranstaltungen, einschließlich des Erwerbs anerkannter Qualifikationsnachweise (Zertifikate) für geleistete Arbeit;
- Formen der Beauftragung für Ehrenamtliche;
- Weitergabe von Informationen an Ehrenamtliche;
- Teamarbeit zwischen haupt- und ehrenamtlichen Mitarbeitern / Mitarbeiterinnen;
- Erstattung von Auslagen;

---

[61] Eine entsprechende Rechtsänderung hat im April 1992 stattgefunden.

- eigene Interessenvertretungen für Ehrenamtliche:
  * „Frauen - auch Ehrenamtliche - müssen gleichberechtigt mitarbeiten können und *entscheiden.*"
  * „Abbau der Strukturen, die auf den Pastor / die Pastorin als Zentralfigur der Gemeinde zielen! Stärkung des ‚Laienelements'."
  * „Stärkere Motivierung der ehren- und hauptamtlichen Mitarbeiter. Angebote zur Schulung. Mehr Information."
  * „Es müßte selbstverständlicher sein, daß anfallende Kosten wie Fahrtkosten, Telefon, Porto, Arbeitsmaterialien usw. erstattet werden, ohne daß man ein dummes Gefühl hat. Es müßte auch selbstverständlich sein, daß die Gemeinde auf Fortbildung aufmerksam macht und sie fördert."
  * „Die Disqualifizierung ehrenamtlicher Arbeit durch Frauen sollte umgewandelt werden in konkrete Einsätze, die nach Abschluß der Tätigkeit mit einem für die Ausbildung verwendbaren Zertifikat gewürdigt werden! Könnte angeregt werden sowohl von den Gemeinden wie auch von den ‚Werken'."
  * „Festschreibung der Verpflichtung zur Teamvorbereitung und -durchführung. Mitarbeit der Ehrenamtlichen durch eigenen Status mit Mitsprache in der Mitarbeiterversammlung, Formen zur Berufung bzw. Bevollmächtigung durch die Gemeinde entwickeln."

Einige Antworten lassen erkennen, daß Frauen aller Teilgruppen eine soziale Abstützung durch gesicherte Beschäftigungsverhältnisse in der Kirche für sehr wichtig halten. In diesem Kontext verweisen die Befragten darauf, daß die Berufsarbeit in den Lebensentwürfen und -perspektiven von Frauen heute eine zunehmend größere Bedeutung gewinnt:
  * „Rentenanspruch für Ehrenamtliche wie auch immer geartet, weil besonders für Frauen das Ansammeln einer Rente wichtig wird und viele deswegen in ein Arbeitsverhältnis streben."
  * „Die vielen in Gruppen und anderswo ehrenamtlich tätigen Frauen sollten mehr Anerkennung für ihre Arbeit finden u. a. durch Mitbestimmung, evtl. Rentenanspruch - nicht nur warme Dankesworte."

In einer Reihe von Aussagen wird ausdrücklich darauf hingewiesen, daß sich diese Erwartungen vor allem auf Veränderungen in der pfarramtlichen Arbeit richten:
  * „Die Pastoren sollten nicht nur ‚Verwaltungsbeamte' sein, sondern *Mitarbeiterschulungen* durchführen."
  * „Mehr Basisarbeit des Pastors. Mehr Akzeptanz neben- und ehrenamtlicher Mitarbeiter vom Pastor."
  * „Weg vom Ein-Mann-Management, hin zu verantwortlicher Mitarbeit vieler. D.h. Einsatz, Schulung und Betreuung von Mitarbeitern."
  * „Kompetenz von Laien, die in vielen ‚weltlichen' Bereichen oft größer ist als die der Pastoren, sollte anerkannt werden, dafür sollten sich Pastoren/-innen, Diakone/-innen mehr auf eigentliche Aufgaben (z.B. Verkündigung, Seelsorge) konzentrieren."

In anderen kritischen Voten vorwiegend ehrenamtlicher Mitarbeiterinnen kommt Unzufriedenheit mit der Aufgabenerfüllung der Hauptamtlichen zum Ausdruck:
  * „Die Hauptamtlichen sollten ebenso bereit sein wie die Ehrenamtlichen, ihre Freizeit für die Kirche zu opfern."
  * „Größeres Arbeitsethos der Pfarrer, das notfalls mit geeigneten Maßnahmen gefördert werden sollte; Fortbildung, stärkere Dienstaufsicht, verbindlichere berufliche Verpflichtung."
  * „(Pastoren sollten) wissen, daß sie einen arbeitsreichen Beruf (freiwillig) gewählt haben, der übrigens auch gut bezahlt wird."
  * „Der Pastor sollte sich ... mehr um die Kreise in seiner Gemeinde kümmern."
  * „Ich halte es für wichtig, daß die Kirche ihre hauptberuflichen Mitarbeiter mehr nach Überzeugungsgrundsätzen (innere Berufung) und nicht allein nach guten Zeugnissen und Examina einstellt."

Zu *frauenspezifischen* Aspekten hat sich im Zusammenhang mit Veränderungswünschen etwa ein Sechstel der antwortenden Frauen geäußert. Diese Frauen votieren ganz überwiegend für konkrete Schritte zu mehr Gleichberechtigung bzw.

Geschwisterlichkeit; eine kleine Gruppe spricht Aspekte von Schwesterlichkeit und Gemeinsamkeit unter Frauen an; Stimmen, die sich beispielsweise gegen eine Quotenregelung oder gegen *„feministische Tendenzen"* in der Kirche wenden, sind hier so gut wie nicht anzutreffen.[62]
Solche frauenspezifischen Anliegen sind in etwa jeder dritten Antwort der noch in Ausbildung auf einen Beruf in der Kirche stehenden Frauen enthalten; bei den in der Kirche beruflich Tätigen gilt dasselbe für ein Viertel der Äußerungen; ehrenamtlich engagierte Frauen sowie jene ohne Amt in der Kirche nennen entsprechende Wünsche in relativ geringerer Zahl.

Häufig richten sich die dieser Kategorie zugeordneten Aussagen auf mehr Chancengleichheit für Frauen, wo es um die Übernahme von höheren Leitungspositionen in der Kirche geht:
- „Wir brauchen Visionen von der Kirche der Zukunft, die uns Mut machen - zuerst wünsche ich mir ein paritätisch besetztes Kolleg im LKA, dann eine Landessuperintendentin (zwei wären noch toller) und dann eine Bischöfin."
- „Viel mehr Frauen in die kirchenleitenden Gremien; evtl. sogar eine Stelle - mit Mann *und* Frau besetzt - die für Konfliktlösungen angerufen werden kann (alle meine Vorgesetzten sind Männer: das ist fast widerlich!)."
- „Frauen, die einen Beruf in der Kirche haben, sollten die gleichen Aufstiegschancen wie Männer haben, ohne sich wie in anderen Berufszweigen hochboxen zu müssen."
- „Angesichts der Tatsache, daß bei weitem die meisten (auch noch unbezahlten) ehrenamtlichen Mitglieder der Kirche Frauen sind, müßte ihnen auch das höchste Amt, das Bischofsamt, zukommen."

Manche Befragte meinen, selbst einiges dafür tun zu müssen (und zu können), daß Frauen auch auf Leitungsebene angemessen vertreten sind, z.B.:
- „Frauen in die Gremien, in Vorstände, zur Vorsitzenden wählen, damit wir unsere Fähigkeiten entdecken."
- „Das Bewußtsein in den Gemeinden sollte sich in der Art ändern, daß sie sich nicht mehr nur ‚bedienen' lassen, sondern selbst aktiv und Frauen selbstbewußter werden, dann würde sich das auch in den Wahlen von ‚unten' nach ‚oben' auswirken. So würden dann auch leitende Posten mit Frauen besetzt."

Einige Befragte nennen eine ganze Reihe konkreter Schritte, die zu mehr Gleichberechtigung von Frauen in der Kirche führen könnten; hin und wieder verbinden sie selbst allerdings solche Überlegungen mit erkennbarer Skepsis:
- „Offene Auseinandersetzung über Vergangenheit und Gegenwart, Abschaffung der sexistischen Sprache, Lehrstühle für feministische Theologie, Unterstützung und Förderung (Räume und Geld!) für spezielle Frauenprojekte, Frauenbeauftragte mit Kompetenz! an den Stellen der Macht, Projekte: Mädchen im Konfirmandenunterricht und junge Frauen in der Kirche!"
- „Gleichstellungsstelle, Frauenbeauftragte, mehr Pastorinnen - die ehrenamtliche Arbeit der ‚Frau Pastor' muß reduziert werden bzw. auch auf Männer übertragen werden. Quotierung bei Kirchenvorstandswahlen und weiteren Funktionsträgerinnen."
- „Halbierung aller Pfarrstellen, Besetzung durch je eine Frau und einen Mann (evtl. Ehepartner), (nachträgliche) Schulung in feministischer Theologie und Informationsdienst über neue Gottesdienstformen. Quotenregelung, Verweigerung der Frauen über eine bestimmte Zeit? Veränderung von unten! Aber sind wir genug??? Es gibt noch soviele Frauen, die so denken und handeln, wie es die meisten Männer erwarten und/oder verlangen."

---

[62] Antwortbeispiel: *„Abschaffung der unbiblischen Frauenordination und der allgemeinen Unordnung und Zuchtlosigkeit."*

Veränderungen, die etwas damit zu tun haben, daß die Kirche zu *politischen Fragen Stellung* beziehen sollte, werden von einer kleinen Zahl von Frauen spontan genannt. Wieder sind es überwiegend die jüngeren Frauen, die zum Erhebungszeitraum noch in einer kirchlichen Ausbildung sind, die eine solche *„politische Einmischung"* der Kirche für besonders wichtig halten.

- „Politik muß für die Kirche gesellschaftsfähig werden."
- „Kirche sollte begreifen, daß sie sich in Gesellschaft und Politik immer einmischt und auch einmischen muß. Kirchenführer (Männer wie Frauen) sollten sich dieser Anforderung bewußter sein und sich ihr klarer stellen, auch auf die Gefahr hin, etwas Falsches zu tun. Besser etwas Falsches tun oder sagen und zu leben, als in der Ferne auf seinen Prinzipien zu sitzen, zu schweigen und tot zu sein."
- „1. Beitragen zur Verständigung der Völker, zur Abrüstung, zum Umweltschutz, 2. Friedensgruppen, Dritte-Welt-Gruppen."
- „Aktuelle Themen wie Umwelt - Umweltarbeit - mit Kindern und Eltern aktiv in die Wege leiten ..."
- „Größere Einbeziehung von Umweltfragen und Solidarität mit den Schwachen der ganzen Welt."
- „Daß ‚Kirche' eindeutige Stellung zu Frieden, Bewahrung der Schöpfung, Gentechnologie, Menschenrechte nimmt. Jede/r Pastor/in und jede/r kirchliche Mitarbeiter/in sollte seine Meinung auch als Amtsperson sagen (dürfen, müssen) (nicht parteipolitisch)."
- „Kirche darf keine verschleiernde Kirche sein, die die Realität billigt und Diener des Staates ist. Kirche muß unbedingt unabhängig sein, obwohl auch die politische Auseinandersetzung nötig ist, solange sie auffordert, kritisch zu sein ..."
- „Mindestens zweimal im Jahr Angebot von Seminaren zu allgemein interessierenden Themen (z. B. 50 Jahre nach der Reichskristallnacht)."
- „Gezielter ‚Aufbau' evangelischer Christen für die Übernahme von verantwortlichen Positionen in Staat, Gesellschaft und Wirtschaft ist nötig."

Daß kirchliche Mitarbeiterinnen und Mitarbeiter sich bei solchem politischen Handeln der Begrenztheit eigener Kompetenz bewußt sein und sich entsprechend verhalten sollten, macht beispielsweise folgendes Votum deutlich:

- „In der Politik oder tagespolitischen Themen sind Pfarrer genauso Laien wie andere Menschen. Zu wichtigen Fragen des Lebens sollen sie natürlich Stellung beziehen, aber nur, soweit sie aus dem Glauben Lösungen anzubieten haben."

Gegen kirchliche Stellungnahmen in politische Fragen wendet sich auch im Zusammenhang dieser Frage nur eine sehr kleine Zahl von Befragten, z.B.:

- „Ich finde, die Landeskirche müßte auf die Pastoren einwirken, sich mehr um ihre Gemeindeglieder zu kümmern. *Seelsorge* ist gefragt. Die Aufgaben vor der eigenen Tür lösen, ehe man in die Ferne schweift. Wenn häufig Politik die Hauptsache ist, hat man keine Lust mehr."
- „Die Kirche hat in den letzten Jahrzehnten ihr Wirken bis in fast alle Lebensbereiche ausgedehnt. Ich halte weitere Veränderungen nicht für sinnvoll, um sich nicht der Gefahr auszusetzen, eine kommunale oder gar politische Organisation zu werden."

In die Kategorie *„sonstige Veränderungswünsche"* fallen auch hier zu einem nicht geringen Teil Voten, in denen es darum geht, daß die Kirche bzw. die Gemeinde die *Kinder- und Jugendarbeit* doch stärker unterstützen möge oder daß der Religionsunterricht an den Schulen stärker ausgebaut werden müßte. Andere Frauen wünschten sich eine Intensivierung bestimmter Dimensionen kirchlicher Arbeit - wie etwa der Ökumene - oder einen größeren Bekanntheitsgrad für bestimmte kirchliche Einrichtungen wie beispielsweise die Evangelische Erwachsenenbildung. Und es gibt auch Befragte, die zwar offenbar von der Veränderungsbedürftigkeit der Kirche ausgehen, diese Frage aber selbst nicht oder doch *„nicht so schnell"* beantworten konnten oder wollten. Frauen ohne besonderes Amt in der Kirche sind in dieser Antwortkategorie verhältnismäßig häufig vertreten.

4.4.3 Initiativen für Veränderung

Die Frage nach notwendigen Veränderungen in der Kirche wurde ergänzt durch die Bitte, mögliche Initiatorinnen und Initiatoren solcher Wandlungsprozesse zu benennen:
"Wer könnte sie in Gang bringen?"

Offenbar hat sich ein Teil der Befragten auf die Beantwortung des ersten Frageteils, also auf die Beschreibung wichtiger Korrekturen und wünschenswerter neuer Entwicklungen konzentriert; jedenfalls liegen Äußerungen zu dieser zweiten Hälfte der Frage nur von einer vergleichsweise kleinen Zahl von Frauen vor (vgl. Tabelle 15).

Tabelle 15: Antworten auf die Frage nach möglichen Initiatorinnen / Initiatoren von Veränderung in der Kirche, nach Stellung der Frauen in der Kirche (in v.H. der jeweiligen Befragtengruppe)

	Frauen ausschließlich im Ehrenamt (n=2099)	Frauen in kirchlichen Berufen (n=809)	Frauen in kirchlicher Ausbildung (n=142)	Frauen ohne besonderes Amt in der Kirche (n=907)	alle Befragten (n=3957)
keine Antwort	59	61	51	77	63
antwortende Frauen	41	39	49	23	37
insgesamt	100	100	100	100	100

Insgesamt macht etwa jede dritte Befragte Vorschläge, wer ihrer Ansicht nach die notwendigen Veränderungen in Gang bringen könnte. Von den befragten Frauen ohne besonderes Amt in der Kirche liegen auch hier die wenigsten Antworten vor, während sich ehren- oder hauptamtlich in der Kirche Tätige und vor allem die in der Ausbildung auf einen Beruf in der Kirche stehenden Frauen wieder in besonders großer Zahl mit entsprechenden Überlegungen zu Wort gemeldet haben.[63]

Sowohl bei ausschließlich ehrenamtlich engagierten wie auch bei beruflich tätigen Frauen zeigt sich auch hier wieder der bereits bekannte Zusammenhang zwischen der Neigung, die Frage zu beantworten, und dem *Lebensalter*. Ältere Frauen beider Teilgruppen haben sich mit Vorschlägen eher zurückgehalten, jüngere Frauen und solche mittleren Alters bringen eher Ideen vor, von wem sie solche Initiativen erwarten.
Innerhalb der Teilgruppe der beruflich in der Kirche tätigen Frauen äußern sich *Pastorinnen* und *Diakoninnen* besonders oft auch zu dieser Frage.

---

[63] Ein Teil der antwortenden Frauen hat auch hier wieder mehr als einen Vorschlag entwickelt; der Durchschnittswert einschlägiger Nennungen liegt für die Befragtengesamtheit bei 1,3; in Ausbildung stehende Frauen haben mit 1,5 Vorschlägen für mögliche Initiierung besonders viele Ideen formuliert, auch Frauen, die einen Beruf in der Kirche ausüben, liegen mit 1,4 Angaben leicht über dem Mittel aller antwortenden Frauen.

Wo sehen die Befragten nun geeignete Initiatoren und Träger für die gewünschten und für wichtig gehaltenen Veränderungsprozesse?[64]

Tabelle 16: Vorstellungen von möglichen Initiatorinnen / Initiatoren von Veränderung in der Kirche, nach Stellung der Frauen in der Kirche (Mehrfachangaben, in v.H., bezogen auf antwortende Frauen)

	Frauen ausschließlich im Ehrenamt (n= 871)	Frauen in kirchlichen Berufen (n=319)	Frauen in kirchlicher Ausbildung (n= 70)	Frauen ohne besonderes Amt in der Kirche (n=211)	antwortende Frauen insgesamt (n=1471)
„die Gemeinde", „alle gemeinsam"	47	46	46	44	46
Leitungsgremien	26	28	34	21	28
Pastor	25	18	21	23	23
andere Hauptamtliche	10	12	7	9	10
Frauen	12	23	27	18	16
Ehrenamtliche, Kreise, Gruppen	5	3	6	3	5
„Männer mit Bewußtsein für Gleichberechtigung"	1	1	1	1	1
Andere Personen	4	3	6	5	4
„weiß nicht", „wahrscheinlich niemand" o.ä.	3	3	-	1	2

Etwa die Hälfte der Antwortenden betrachtet die Realisierung solcher Veränderungen generell als Sache *„der Gemeinde"* (vgl. Tabelle 16). *„Jede"* und *„jeder"*, so sagen diese Frauen, sei hier gefragt. Vom notwendigen Veränderungs*willen* ist dabei ebenso die Rede wie von *„Angstfreiheit"* und *„Mut"*, von Überwindung von *„Autoritätshörigkeit"* und von der Notwendigkeit, *„Druck von unten"* auszuüben. Diese Befragten appellieren beispielsweise an *„sachkundige, aufgeschlossene, interessierte Christen"*. *„Dialogfähige und konfliktfreudige Frauen und Männer"* werden ebenso gesucht wie *„Menschen, die in ihrem Handeln ihr Christsein zeigen"*, *„die mit ihrem Glauben hinter ihrem Wort stehen, Ausstrahlung besitzen"*[65]:

---

[64] Gelegentlich nutzen Frauen diese Antwortmöglichkeit, um ihre Kritik noch einmal zu unterstreichen oder auf Hürden hinzuweisen, die aus ihrer Sicht gewünschten Veränderungen entgegenstehen:
- „Die Basis, das LKA tut das Gegenteil."
- „Ich wünschte, daß Frauen und Männer dieses gemeinsam in Gang bringen könnten. Aber real sieht es so aus, als ob es nur die Frauen könnten."
- „Ja, wer? Hier erwartet man alles vom Pastoren. Wagt ein anderer einen Vorstoß, wird er / sie in seine / ihre Schranken gewiesen."

[65] Je nach Richtung der gewünschten Veränderung sind die Vorstellungen von ihren möglichen Trägerinnen und Trägern sehr unterschiedlich. Besonders deutlich zeigt dies das folgende, einige

- „Alle Leute, die ein offenes Auge, Ohr und Mut haben, sich ins kalte Wasser zu stürzen."
- „In Gang gesetzt werden könnten solche Veränderungen von Menschen, die die Notwendigkeit zur Veränderung unserer Gesellschaft sehen und die mutig, ausdauernd und ohne Angst vor ‚Autoritäten' ihre Positionen vertreten."
- „Sie kann nur von Menschen oder Gruppen in der Kirche gebracht werden, die sich nicht scheuen, aufgrund ihrer Information und ihres Ergriffenseins von Schuld und Versagen zu neuer Glaubwürdigkeit aufzurufen und voranzugehen."

Gemeinsames, solidarisches Handeln vieler einzelner Gemeindeglieder wird für erforderlich gehalten, um die gewünschten Wandlungsprozesse in Gang zu setzen; *„Zusammenhalt"* und *„organisiertes Vorgehen"* werden als nötig befunden.

Manche Frauen sehen zwar die „kirchliche Basis" als Motor notwendiger Veränderung, erwarten dabei aber Unterstützung durch kirchliche Institutionen, z.B.:
- „Initiative durch die Basis - Umsetzung durch kirchliche Gremien."

Andere schätzen die faktische Handlungsfähigkeit der Gemeinden als zu begrenzt ein, um wirkliche Veränderung in Gang zu bringen, z.B.:
- „Veränderungen könnten wohl nur aus den Gemeinden selbst kommen, wenn sie dazu die nötige Selbständigkeit hätten."

Den zweiten Platz in der Rangfolge geeignet erscheinender Initiatorinnen und Initiatoren nehmen dann auch *kirchliche Leitungsgremien* ein. Der Gruppenvergleich zeigt: In Ausbildung für einen Beruf in der Kirche befindliche Befragte richten ihre Erwartung relativ am häufigsten, Frauen ohne besonderes Amt in der Kirche etwas seltener als andere Befragte auf solche Leitungsgremien.

Besonders häufig genannt wird hier der *Kirchenvorstand*, ganz vereinzelt nur der Gemeindebeirat. Über Kirchenkreisgremien geht die Reihe weiter bis hin zur landeskirchlichen Ebene; hier richten sich Erwartungen insbesondere an die Adresse der *Synode*. Gelegentlich werden auch leitende Organe im Bereich der Evangelischen Kirche in Deutschland (EKD) als möglicher Ausgangspunkt für Veränderung angesprochen. Allerdings sind solche Äußerungen nicht selten mit einem zweifelnden Unterton versehen, der erkennen läßt, daß die Antwortenden dies wohl eher für eine theoretische Möglichkeit halten, z.B.:
- „Die Kirchenleitung - aber sie ist weit entfernt von den Gemeinden."
- „Eigentlich die Synodalen und Kirchenkreistage, wenn die Gewählten sich engagiert für Veränderungen einsetzen würden. Aber es bleibt wohl nur ein ständiger Druck von der Basis, wenn nötig außerhalb und neben der offiziellen Kirche."
- „Gut durchdachte Anregungen ‚von oben' wären dabei sicher hilfreich."
- „Pastor, KV, vermutlich nur mit Druck seitens der Gemeinde."

Die Hoffnung auf eine institutionalisierte Vertretung von Fraueninteressen (z.B. in einem Frauenbüro oder einer Gleichstellungsstelle), die in diesem Zusammenhang vereinzelt antizipierend aufgenommen wird, verknüpft sich teilweise mit der Angabe von Bedingungen, die die innovatorische Wirksamkeit sichern sollen:
- „Eine Gleichstellungsstelle, die *Kompetenzen* hat, könnte dies in Gang bringen."

Wenig seltener als kirchenleitende Gremien bezeichnen Frauen das *Pfarramt* als den Ort, von dem Initiativen für wichtige Veränderungen ausgehen könnten bzw. sollten. Etwa ein Viertel der Antwortenden ist offenbar der Meinung, daß Pastoren -

---

Themen dieser Frauenbefragung kritisch aufnehmende Votum. Es setzt auf „Laien, die sich nicht mit Streben nach Positionen, mit Feminismus und unbiblischem Aktivismus verzetteln."

und entsprechend wohl auch Pastorinnen - wegen ihrer besonderen Stellung in der Gemeinde einen wichtigen Beitrag leisten können:[66]
- „Wenn Änderungen durchgeführt werden sollen, müßten sie vom Gemeindepastor ausgehen. Er ist der Anlaufpunkt. Verbreitung im Gottesdienst, Gemeindeblatt und Medien, letzteres, weil eben nicht jeder zur Kirche geht."

Im Gruppenvergleich fällt auf, daß beruflich in der Kirche tätige Frauen sich in diesem Punkt etwas zurückhaltender äußern als andere; insbesondere gilt dies im Vergleich zu den ausschließlich ehrenamtlich in der Kirche tätigen Befragten.

Andere Hauptamtliche spielen als Impulsgeber und Träger von Veränderungsprozessen in der Einschätzung durch die Befragten eine eher geringe Rolle. Nur jede zehnte Antwort nennt andere haupt- oder nebenamtliche Mitarbeiterinnen / Mitarbeiter. Wieder wird zum Teil deutlich auf notwendige persönliche Voraussetzungen verwiesen, wenn es beispielsweise heißt: *„...junge Diakone mit ‚Schwung' "*.

Häufiger noch als „andere Hauptamtliche" werden von den Befragten *„die Frauen"* selbst als Initiatorinnen und Trägerinnen notwendiger Veränderung genannt, gelegentlich auch Frauengruppen und -kreise, das landeskirchliche Frauenwerk oder bestimmte Frauentage und Frauentreffen[67]. Daß Frauen sich selbst als eine in der Kirche / Gemeinde stark vertretene Gruppe erleben, spielt in diesem Zusammenhang ebenso eine Rolle wie die Hoffnung, Frauen könnten manches besser machen, beispielsweise *„mehr Mut zu Herzlichkeit"* aufbringen als die durch derzeit geltende Strukturen geprägten Männer. Einige dieser Antworten enthalten ebenfalls Hinweise auf die für notwendig gehaltenen persönlichen oder strukturellen Voraussetzungen, wie z.B. *„Mut"* / *„Courage"* oder *„eine leitende Position":*
- „Ich und viele andere Frauen. *Viele* Superintendentinnen, *viele* Dezernentinnen im LKA."
- „Unter anderem wir Frauen, indem wir unsere Wünsche an den geeigneten Stellen offener vortragen würden."

Frauen, die sich zum Erhebungszeitpunkt in einer Ausbildung für einen kirchlichen Beruf befinden, sowie jene, die bereits einen solchen Beruf ausüben, setzen besonders häufig auf Initiativen von Frauen (vgl. noch einmal Tabelle 16).

Weitere Vorschläge dazu, wer Veränderungen in Gang bringen könnte, beziehen sich auf *ehrenamtliche Mitarbeiterinnen und Mitarbeiter* bzw. auf Mitglieder bestimmter gemeindlicher oder übergemeindlicher *Kreise oder Gruppen*.
Darüberhinaus sind noch zwei weitere Personengruppen erkennbar, die jeweils von einer kleinen Zahl von Frauen als mögliche Träger wichtiger Veränderungsprozesse genannt werden:
- Männer mit *„wachem Bewußtsein für Gleichberechtigung"* oder, wie es eine andere Befragte formuliert, *„Männer, die Positionen aufgeben";* sowie
- junge Menschen - seien es nun *„jüngere Pastoren"*, *„jüngere Menschen im Kirchenvorstand"* oder *„junge Frauen voller Elan"*.

---

[66] Nicht immer sind die Befragten davon überzeugt, daß *jeder* Pastor in der Lage sei, die gewünschten Veränderungen herbeizuführen; einige Frauen richten ihre Hoffnung z.B. auf *Pastoren, die eine geistliche Erneuerung erfahren haben"* oder die *„begnadete Prediger"* sind.
[67] Z.B. wird der seit 1987 in der Ev.-luth. Landeskirche Hannovers jährlich stattfindende, von kirchlich engagierten Frauen organisierte „Frauenreformationstag" in diesem Zusammenhang mehrfach genannt.

Einige Frauen machen deutlich, daß sie aufgrund ihrer Erfahrungen die Hoffnung, daß in der Kirche Veränderungen durchsetzbar sein könnten, verloren haben. Sie geben ihrer Resignation und Ohnmacht Ausdruck:

- „Man ist ohnmächtig, machtlos! Mit 55 Jahren noch mutig kämpfen? Im kleinen Kreis schon! Aber sonst? Vieles wird schon im Ansatz erstickt!"
- „...Leider kann das, meiner Meinung nach niemand so richtig ändern, weil es keiner will."
- „Die Frage nach der Zuständigkeit für bestimmte Veränderungen ist mir immer wieder unklar. Das weiß wohl keiner so recht."
- „Ich glaube nicht mehr, daß ‚die Kirche' sich verändern kann. Ich denke, daß Kirche einem bestimmten Menschentyp entspricht und diesen immer weiter produziert. Veränderungen in der Gesellschaft sind doch bis heute gegen die Tradition und Wirklichkeit der Kirche vor sich gegangen und wären nicht möglich gewesen, wenn nicht die Kirche ihren Einfluß teilweise verloren hätte."

In diesen Antworten werden oft Ratlosigkeit oder Enttäuschung darüber zum Ausdruck gebracht, daß bestimmte Personen, Gruppen oder Gremien sich - trotz Eignung oder Zuständigkeit - (vermutlich) nicht für Veränderungen einsetzen werden. Zum Teil haben diese Frauen das Gefühl, daß Verantwortliche den Status quo im Eigeninteresse aufrechterhalten wollen oder nicht engagiert genug, zu wenig selbstbewußt, zu angepaßt und / oder desinteressiert seien.

5 Erfahrungen mit ehrenamtlicher Arbeit in der Kirche

5.1 „Ehrenamtliche Arbeit" - Begriff und Fragestellungen

Als „ehrenamtliche Arbeit" bezeichnet man heute allgemein eine Vielzahl unterschiedlicher Tätigkeiten, denen lediglich gemeinsam ist, daß sie nicht als Beruf, sondern freiwillig und unentgeltlich ausgeübt werden. Der Begriff umfaßt gegenwärtig einerseits Tätigkeiten und Aufgaben, die noch eine relativ große Nähe zur ursprünglichen Bedeutung des historischen „Ehren-Amtes" der bürgerlichen Gesellschaft des 18. und 19. Jahrhunderts wie auch der vorbürgerlichen, feudalen und absolutistischen Gesellschaft haben - Ämter also, mit denen Menschen offiziell beauftragt, betraut werden, und mit deren Übernahme ein erhebliches Maß an Ansehen verbunden ist. Andererseits - und mehrheitlich - werden heute damit jedoch ganz einfach konkrete, praktische Tätigkeiten bezeichnet, die unentgeltlich, unbezahlt, „freiwillig" übernommen werden. Diese Vorstellung von „ehrenamtlicher Tätigkeit" weist eher eine Nähe zu „Arbeit" und zum historischen Begriff des „Dienstes" als zu dem des „Ehren-Amtes" auf.

„Ehrenämter" einerseits und Formen freiwilliger, unbezahlter Mitarbeit zum anderen als zwei verschiedene, jedoch beide als dem Gemeinwohl dienend angesehene Kategorien von Tätigkeiten haben sich also historisch neben- und weitgehend unabhängig voneinander entwickelt. Zwar gibt es zwischen beiden Formen ehrenamtlicher Mitarbeit heute verschiedene Zwischenstufen. Bis in unsere Gegenwart hinein haben beide jedoch eine geschlechtsspezifische Komponente behalten, indem erstere überwiegend von Männern, letztere in der Regel von Frauen ausgeübt werden. Noch immer läßt sich unterscheiden zwischen bestimmten „ehrenvollen Ämtern" - insbesondere „Leitungsämtern", die meist von Männern eingenommen werden, und praktischen Tätigkeiten, die überwiegend - „freiwillig" und unentgeltlich - von Frauen ausgeübt werden.

Für *Frauen* hatte ehrenamtliche Arbeit als eine Form öffentlichen Engagements von Anfang an besondere Bedeutung: Im vorigen Jahrhundert war es aufgrund der zunehmenden sozialen Not in der Bevölkerung Frauen aus dem Bürgertum erstmals möglich, sich - meist im Rahmen bürgerlicher oder diakonischer Vereinstätigkeit - außerhalb der Familie gesellschaftlich anerkannt zu betätigen: Das soziale Ehrenamt als praktische Tätigkeit und damit die außerfamiliäre Betätigung bürgerlicher Frauen nahmen in dem Ausmaß zu, in dem herkömmliche Familien-, Nachbarschafts- und Fürsorgepflichten durch die gesellschaftliche Entwicklung und die zunehmende Armut zerstört wurden. Diese Situation erforderte die Aufwertung sozialer Arbeit, die Ersatz der in der Familie nicht mehr erbrachten und erbringbaren sozialen Leistungen sein mußte.

In der evangelischen Kirche gab und gibt es ein breites Spektrum von *„Ehrenämtern"* und *„ehrenamtlicher Tätigkeit"*, die hier oft auch als *„ehrenamtlicher Dienst"* bzw. *„ehrenamtliche Mitarbeit"* bezeichnet wird. Dabei ist der Anteil ehrenamtlicher Dienste - im Sinn ausführender Tätigkeiten - vermutlich wesentlich größer als der von Ehrenämtern im engeren Sinn[68].

---

[68] So erklärten beispielsweise in der dritten Kirchenmitgliedschaftsstudie der EKD 2 % der evangelischen Kirchenmitglieder in den alten Bundesländern, sie beteiligten sich am Leben ihrer Kirchengemeinde durch Mitarbeit im Gemeindedienst; ebenfalls 2 % beschrieben ein „gestaltendes" Engagement durch Aktivitäten wie „Gruppenleiter(in), Kindergottesdiensthelfer(in) oder Lektor(in)"; nur 1 % dieser evangelischen Befragten bezeichnete sich als Mitglied in einem Kirchenvorstand / Presbyterium oder in einer Synode (vgl. Studien- und Planungsgruppe der EKD: Fremde Heimat Kirche. Ansichten ihrer Mitglieder. Hannover, EKD, 1993, S. 31).

Bei der Auswertung der Frauenbefragung im Blick auf ehrenamtliche Mitarbeit interessierte uns zunächst, wer die Trägerinnen ehrenamtlicher Arbeit in der Kirche sind, die sich an dieser Erhebung beteiligt haben[69], d.h., welchen sozialen Lebenshintergrund diese Frauen haben. Die bereits dargestellten Antworten auf die Fragen nach Lebensalter, beruflicher Stellung und familiärer Lebenssituation sind in diesem Zusammenhang von Bedeutung.

Wichtig erschien uns weiterhin, in welchen Bereichen der Kirche diese Frauen tätig sind; dabei ging es - mit Blick auf die Unterscheidung zwischen „klassischem" Ehrenamt und ehrenamtlich ausgeübten Diensten - insbesondere auch darum, ob mit den übernommenen Aufgaben kirchenleitende Funktionen verbunden sind.

Gesucht haben wir ferner nach möglichen Gründen für ehrenamtliches, kirchliches Engagement. Die Frage aus dem Erhebungsbogen, die uns hier vielleicht eine Antwort geben könnte, lautet:
„Was bedeutet Ihnen persönlich Ihre Mitarbeit in der Kirche? Wo sehen Sie positive Aspekte?"

In einem nächsten Schritt werden die Erfahrungen, die diese Frauen in dem insgesamt breit gefächerten Spektrum ehrenamtlicher Tätigkeiten gemacht haben, noch genauer betrachtet; bei der Auswahl der hier im einzelnen zu untersuchenden Fragen waren folgende theoretische Überlegungen maßgeblich:
- Ehrenamtliche Mitarbeit in der Kirche vollzieht sich in einem Handlungsfeld, in dem andere, z.T. für die Kirche und ihr Selbstverständnis zentrale, Aufgaben Gegenstand professionell ausgeübter, d.h. beruflicher Tätigkeit sind. (In diesem Zusammenhang ist nicht nur, aber doch in ganz besonderer Weise, an den pfarramtlichen Dienst zu denken.) Mit strukturell bedingten Widersprüchen und Konflikten zwischen zwei unterschiedlichen Arbeitsprinzipien, nämlich beruflicher und ehrenamtlicher Tätigkeit, muß deshalb gerechnet werden: Werden ehrenamtlich tätige Mitarbeiterinnen beispielsweise an Informationen und Entscheidungen in einem Umfang beteiligt, der ihnen selbst ausreichend und ihrer Aufgabe angemessen erscheint? Welche Erfahrungen machen sie in der Zusammenarbeit mit Hauptamtlichen?
- Die Vielfalt der Aufgaben, denen die Kirche und diejenigen, die in ihr Verantwortung tragen, in der gegenwärtigen volkskirchlichen Situation gerecht werden möchten, ist mit beruflicher Tätigkeit - und d.h. „bezahlt" - überhaupt nicht zu leisten. Schon aus diesem Grund erscheint ehrenamtliche Mitarbeit in der Kirche allen Beteiligten wichtig. Zugleich ist die Zahl derer, die bereit sind, ehrenamtlich tätig zu werden, offenbar begrenzt.[70] Daraus erwächst die Gefahr, daß diejenigen,

---

[69] Die „Frauenbefragung" war, wie einleitend beschrieben, von ihrem Ansatz her nicht als repräsentative Erhebung angelegt; es läßt sich also nichts darüber sagen, ob und inwieweit die Gesamtheit derjenigen Frauen, die sich beteiligt haben, ein verkleinertes Abbild einer beschreibbaren größeren Gesamtheit von Frauen in der Landeskirche darstellt. Alle am Thema „Frauen in der Kirche" interessierten Frauen sollten zu Wort kommen können. Die Ergebnisse geben also zunächst einmal die Meinungen und Erfahrungen derjenigen Frauen wieder, die das Thema wichtig genug fanden, sich durch Beantwortung der gestellten Fragen dazu zu äußern. Wie die Auswertungen zeigen, handelt es sich hierbei ganz überwiegend um Frauen, die in der Kirche - oft in verschiedenen Bereichen zugleich - aktiv beteiligt sind. Ihre Voten genau zur Kenntnis zu nehmen erscheint uns in jedem Fall wichtig und lohnend.

[70] Aus kirchensoziologischen Untersuchungen ist zwar bekannt, daß es möglicherweise ein Potential mitarbeitsbereiter Frauen und Männer gibt, das wesentlich größer ist als der Kreis der derzeit im kirchlichen Dienst ehrenamtlich Tätigen (vgl. z.B. Johannes Hanselmann u.a. [Hrsg.], Was wird aus

die sich einmal zur Mitarbeit bereiterklärt haben, immer wieder - und möglicherweise über die in ihrem sonstigen Lebenszusammenhang verfügbaren Spielräume hinaus - gefordert werden. Welche Rolle spielen solche Probleme in der Wahrnehmung der ehrenamtlich tätigen Frauen?
- Mit den Strukturen ehrenamtlicher Tätigkeit in einer Organisation wie der Kirche, deren Regelungen im Verwaltungsbereich weitgehend durch berufliche Arbeit bestimmt sind, hängt auch die Frage zusammen, ob und inwieweit die aus ehrenamtlicher Aktivität entstehenden Kosten von den beteiligten Frauen selbst getragen werden (müssen) und - falls dies der Fall sein sollte - wie dies von ihnen selbst beurteilt wird.
- Und schließlich geben die Antworten der befragten Frauen - die Erfahrungen, die sie in der ehrenamtlichen Arbeit gemacht haben, reflektierend - Hinweise darauf, welche Veränderungen sie sich wünschen, im engeren Zusammenhang ihres ehrenamtlichen Tuns wie auch für die Gestaltung kirchlichen Lebens insgesamt.

5.2. Die ehrenamtlichen Mitarbeiterinnen in der Frauenbefragung

Als „ehrenamtliche kirchliche Mitarbeiterinnen", deren Erfahrungen im folgenden beschrieben werden sollen, werden all jene Frauen betrachtet, die sich selbst als solche bezeichnet haben, indem sie bei der Beantwortung des Fragebogens dem Satz zugestimmt haben:
„*Ich bin ehrenamtliche (freiwillige, unbezahlte) Mitarbeiterin.*"[71]
Dieser Satz trifft für insgesamt 2432 der 3957 beteiligten Frauen zu, also für 61 % aller Frauen, die den Erhebungsbogen ausgefüllt und zurückgesandt haben.
- Die meisten dieser Frauen - nämlich 2099 (= 86 %) - sind „*ausschließlich ehrenamtlich*" in der Kirche engagiert.
- Ein kleinerer Teil dieser ehrenamtlich tätigen Frauen - 279 (= 12 %) - ist *zugleich als neben- oder hauptberufliche Mitarbeiterin* im kirchlichen Bereich beschäftigt.[72]
- Daneben gibt es unter den ehrenamtlichen Mitarbeiterinnen noch 54 Frauen (= 2 %), die sich zum Erhebungszeitpunkt *in einer Ausbildung für einen kirchlichen Beruf* befinden. [73]

Es ist durchaus bemerkenswert, daß mehr als die Hälfte der insgesamt fast 4000 Frauen, die sich an der Erhebung beteiligt haben, ehrenamtlich in der Kirche tätig ist. Offenbar bildeten Aktivitäten dieser

---

der Kirche? Gütersloh, 1984, S. 223 ff.) Die kürzlich veröffentlichten Ergebnisse der dritten Kirchenmitgliedschaftsstudie der EKD deuten allerdings an, daß dieses bisher unausgeschöpfte Mitarbeitspotential im Schwinden begriffen sein könnte (vgl. Studien- und Planungsgruppe der EKD, a.a.O., S.31). Darüberhinaus ist die Frage noch offen, wie es gelingen könnte, wenigstens einen Teil dieser nach eigener Erklärung prinzipiell mitarbeitsbereiten Kirchenmitglieder zu tatsächlichem Engagement zu motivieren. Die Erfahrungsberichte der befragten Frauen sind möglicherweise geeignet, hier Antworten zu finden.

[71] Eine kleine Zahl von Frauen (5 % der Befragten) hatte es versäumt, diese Aussage explizit zu bejahen, obwohl aus den nachfolgenden Ausführungen eindeutig hervorgeht, daß auch diese Frauen ehrenamtlich in der Kirche arbeiten. Sie sind in der folgenden Darstellung eingeschlossen.

[72] Insgesamt haben sich 809 Frauen, die neben- oder hauptberuflich im kirchlichen Bereich beschäftigt sind, an der Erhebung beteiligt. Jede Dritte davon (34 %) ist also nach eigenen Angaben auch ehrenamtlich in der Kirche tätig.

[73] 142 der 3957 an der Erhebung beteiligten Frauen haben angegeben, daß sie sich derzeit auf einen Beruf in der Kirche vorbereiten. 38 % von ihnen bezeichnen sich zugleich als ehrenamtliche Mitarbeiterin.

Art eine gute Voraussetzung dafür, sich in diesem Projekt zu Wort zu melden.[74] Ein Grund dafür könnte sein, daß beispielsweise die Pfarrämter, über die ja ein großer Teil der Fragebogen verteilt wurde, vor allem solche Frauen angesprochen haben, die ehrenamtliche Aufgaben übernommen haben. Nicht auszuschließen ist aber auch, daß Frauen selbst , die in teilweise erheblichem Umfang Zeit und Kraft in ehrenamtliche kirchliche Arbeit investieren, ihrerseits in besonderer Weise interessiert und bereit waren, zu den im Erhebungsbogen angeschnittenen Fragen Stellung zu nehmen.

Es läßt sich vermuten, daß die Erfahrungen, die Frauen im Zusammenhang ihres ehrenamtlichen Engagements machen, für sie von erheblicher Bedeutung sind und daß sie ihre Wahrnehmung von und ihr Verhältnis zu Kirche und Gemeinde wesentlich mitbestimmen. Dies dürfte besonders für diejenigen Frauen zutreffen, deren Tätigkeit in der Kirche sich *ausschließlich* auf ehrenamtlicher Basis vollzieht. Es könnte sein, daß Frauen, die - auch - beruflich, und d.h. gegen Bezahlung, im kirchlichen Bereich tätig sind, ebenso wie diejenigen, die in Zukunft eine berufliche Position in der Kirche anstreben, das eigene ehrenamtliche Engagement auf einem anderen Erfahrungshintergrund und somit auch unter etwas anderer Perspektive betrachten. Eine separate Auswertung der drei Teilgruppen erscheint deshalb auch in diesem Kapitel sinnvoll und notwendig.

Ein zweites Merkmal, das bei der nachfolgenden Analyse der von ehrenamtlich tätigen Frauen benannten Erfahrungen ebenfalls berücksichtigt werden soll, ist deren *Lebensalter*. Tabelle 17 gibt eine Übersicht über das Alter der ehrenamtlichen Mitarbeiterinnen, die sich an der Befragung beteiligt haben.[75]

Mehr als die Hälfte der ehrenamtlich tätigen Frauen, die sich an der Befragung beteiligt haben, sind demnach im Alter zwischen 41 und 60 Jahren; Frauen der Altersgruppen „61 - 70 Jahre" bzw. „31 - 40 Jahre" sind unter diesen ehrenamtlichen Mitarbeiterinnen mit 16 % bzw. 13 % seltener vertreten. Besonders gering aber ist mit 7 % der Anteil der Frauen im Alter zwischen 21 und 30 Jahren.[76] Daß Frauen der jüngsten Altersgruppe (20 Jahre und jünger) unter den antwortenden Ehrenamtlichen ebenfalls nur in so geringer Zahl anzutreffen sind, obwohl gerade unter weiblichen Jugendlichen die aktive Beteiligung am kirchengemeindlichen Leben noch relativ hoch ist[77] , könnte möglicherweise auch daran liegen, daß diese jungen Frauen als Adressatinnen einer „Frauenbefragung" bei denjenigen, denen die Weitergabe der Erhebungsbogen oblag, vergleichsweise selten in den Blick kamen.

---

[74] Der Anteil der Befragten, die weder als ehrenamtliche Mitarbeiterin noch beruflich Aufgaben im kirchlichen Bereich übernommen haben und die sich auch nicht auf einen kirchlichen Beruf vorbereiten, ist demgegenüber mit nur 907 Frauen - das entspricht 23 % dieser Befragtengesamtheit - vergleichsweise gering.

[75] Zum Vergleich mit den Altersverteilungen der anderen an dieser Befragung beteiligten Gruppen siehe Schaubild 3, S. 20.

[76] Daß Frauen in dieser Lebensphase unter den ehrenamtlichen kirchlichen Mitarbeiterinnen anteilsmäßig besonders gering vertreten sind, haben bereits frühere Untersuchungen ergeben (vgl. z.B. Ingrid Lukatis / Anna-Barbara Naß: Phantasie für sich und andere. Gelnhausen-Berlin-Stein, 1981, S. 34 und S. 223). Dort konnte auch gezeigt werden, daß solche Altersunterschiede bezüglich eines ehrenamtlichen Engagements von Frauen nicht nur im kirchlichen Bereich anzutreffen sind, sondern für unterschiedliche Formen einer „Partizipation am öffentlichen Leben" Gültigkeit haben.

[77] Diese Aussage wird durch eigene Auswertungen am Datenmaterial der 1992 durchgeführten dritten Kirchenmitgliedschaftsstudie der EKD erneut bestätigt.

Tabelle 17: Ehrenamtliche Mitarbeiterinnen nach Lebensalter und Stellung in der Kirche (in v.H. *)

Lebensalter	Frauen ausschließlich im Ehrenamt (n=2099)	Frauen im Ehrenamt und Beruf in der Kirche (n=279)	in v.H. aller in kirchl. Berufen tätigen Befragten der jeweiligen Altersgruppe	Frauen im Ehrenamt und in Ausbildung auf einen Beruf in der Kirche (n=54)	in v.H. aller in Ausbildung für einen kirchl. Beruf stehenden Befragten der jeweiligen Altersgruppe	Ehrenamtliche Mitarbeiterinnen insgesamt (n=2432)
15 - 20 Jahre	3	1	(57)	(9)	(25)	3
21 - 30 Jahre	5	9	19	(61)	(35)	7
31 - 40 Jahre	13	15	22	(6)	(33)	13
41 - 50 Jahre	27	36	41	(13)	(64)	28
51 - 60 Jahre	25	27	45	(6)	(100)	25
61 - 70 Jahre	18	8	(56)	-	-	16
71 Jahre und älter	6	2	(83)	-	-	5
keine Angabe	3	2	(19)	(5)	(60)	3
insgesamt	100	100	34	(100)	38	100

* Prozentangaben auf der Basis von weniger als 100 Befragten werden in ( ) wiedergegeben.

Was die Altersverteilung derjenigen ehrenamtlichen Mitarbeiterinnen anbelangt, die zugleich neben- oder hauptamtlich in der Kirche tätig sind, so bestätigt sich das besonders starke Engagement der „Frauen ab 40" sogar in doppelter Weise: Nicht nur stellen die 41- bis 60jährigen fast zwei Drittel dieser Teilgruppe; es wird außerdem deutlich, daß der Anteil der auch ehrenamtlich engagierten Frauen unter den in der Kirche beruflich Tätigen in der mittleren Lebensphase offenbar spürbar höher liegt als bei jüngeren Frauen, die ebenfalls einen Beruf in der Kirche ausüben.

Ein ähnlicher Befund ergibt sich - wenngleich angesichts geringerer Fallzahlen nur begrenzt aussagefähig - für die Befragten, die sich zum Erhebungszeitpunkt in Ausbildung für einen kirchlichen Beruf befanden. Zwar stellen die 21- bis 30jährigen unter diesen ehrenamtlichen Mitarbeiterinnen die zahlenmäßig größte Gruppe; unter den wenigen Frauen, die in einer späteren Lebensphase noch eine kirchliche Berufsausbildung absolvieren, ist aber der Anteil der zugleich ehrenamtlich in Kirche und Gemeinde Tätigen besonders hoch.

Bei der Unterscheidung von Teilgruppen ging es bisher ausschließlich darum, ob ehrenamtliche Mitarbeiterinnen in der Kirche zugleich auch beruflich tätig sind oder werden wollen. Im Blick auf diejenigen ehrenamtlichen Mitarbeiterinnen, die im kirchlichen Bereich ausschließlich ehrenamtlich engagiert sind, ist aber auch zu fragen, ob sie *im außerkirchlichen Bereich* einen Beruf ausüben oder eine Ausbildung absolvieren. Wie die Auswertung zeigt, handelt es sich bei 27 % dieser in der Kirche ausschließlich ehrenamtlich tätigen Befragten um berufstätige Frauen.[78]

In den verschiedenen *Altersgruppen* sind diese Berufstätigen-Anteile dabei erwartungsgemäß recht unterschiedlich (vgl. Tabelle 18). Ehrenamtlich in der Kirche engagierte Frauen zwischen 21 und 50 Jahren, die sich an der Befragung beteiligt haben, sind zu etwa 40 % in anderen Bereichen beruflich tätig; bei den 51- bis 60jährigen ist die entsprechende Quote mit 28 % deutlich niedriger. Der Anteil der ehrenamtlichen Mitarbeiterinnen, die sich zum Erhebungszeitpunkt in einer Ausbildung für einen nichtkirchlichen Beruf befanden, lag in der Teilgruppe der in der Kirche ausschließlich ehrenamtlich aktiven Frauen bei 4 %. Wie die Altersdifferenzierung zeigt, gehören diese Befragten ganz überwiegend der jüngsten Altersgruppe an: Bei den 15- bis 20jährigen handelt es sich in der Regel um Schülerinnen, Studentinnen und andere Auszubildende; bei den 21- bis 30jährigen trifft dies noch auf jede fünfte Befragte zu.[79]

Tabelle 18: Berufstätige und Auszubildende unterschiedlichen Lebensalters, die in der Kirche ausschließlich ehrenamtlich mitarbeiten (in v.H. der jeweiligen Altersgruppe)

	Lebensalter							Frauen ausschließlich im Ehrenamt insgesamt (n=2099)
	15-20 J. (n=55)	21-30 J. (n=110)	31-40 J. (n=279)	41-50 J. (n=575)	51-60 J. (n=527)	61-70 J. (n=374)	71 J. und älter (n=127)	
berufstätig im außerkirchlichen Bereich	7	42	39	42	28	7	1	27
in nichtkirchlicher Ausbildung	75	19	3	2	1	..	-	4
weder berufstätig noch in Ausbildung	18	39	58	56	71	93	99	71
insgesamt	100	100	100	100	100	100	100	100

Als drittes Merkmal, das der Beschreibung der Lebensumstände dieser ehrenamtlichen Mitarbeiterinnen dient, wurden Angaben zu ihrer *Familiensituation* herangezogen. Leben diese Frauen allein, mit einem Partner, Kindern oder anderen Personen in gemeinsamem Haushalt?
Übersicht 1 nennt für in der Kirche ausschließlich ehrenamtlich tätige Frauen unterschiedlichen Lebensalters die jeweils am häufigsten zutreffenden Situationsbeschreibungen.

---

[78] Auf die Gesamtheit der ehrenamtlichen Mitarbeiterinnen, die sich an dieser Befragung beteiligt haben, bezogen, heißt dies: Etwa ein Drittel von ihnen (35 %) gehen auch - innerhalb der Kirche oder an anderer Stelle - einer beruflichen Tätigkeit nach.
[79] Damit befanden insgesamt 6 % aller ehrenamtlichen Mitarbeiterinnen dieser Studie zum Erhebungszeitpunkt „in Ausbildung".

Übersicht 1: Frauen, die in der Kirche ausschließlich ehrenamtlich arbeiten, nach Lebensalter und überwiegend genannter Familiensituation (in v.H. der jeweiligen Altersgruppe)

Lebensalter	überwiegend genannte Familiensituation(en)	
15 - 20 Jahre (n = 55)	„mit anderen Personen", hier überwiegend: mit der elterlichen Familie	(76)
21 - 30 Jahre (n = 110)	„mit (Ehe-)Partner und Kind(ern)"	49
	„mit anderen Personen"	18
	„allein"	13
	„mit (Ehe-)Partner"	10
31 - 40 Jahre (n= 279)	„mit (Ehe-)Partner und Kind(ern)"	86
41 - 50 Jahre (n = 575)	„mit (Ehe-)Partner und Kind(ern)"	77
	„mit (Ehe-)Partner"	10
51 - 60 Jahre (n = 527)	„mit (Ehe-)Partner und Kind(ern)"	40
	„mit (Ehe-)Partner"	40
	„allein"	9
61 - 70 Jahre (n = 374)	„mit (Ehe-)Partner"	43
	„allein"	39
	„mit (Ehe-)Partner und Kind(ern)"	8
71 Jahre und älter (n = 127)	„allein"	61
	„mit (Ehe-)Partner"	21

Die ganz überwiegende Mehrzahl dieser ehrenamtlich tätigen Frauen lebt also in häuslicher Gemeinschaft mit Mann und Kind(ern). Frauen, die als alleinerziehende Mütter mit ihren Kindern zusammenleben, sind in den verschiedenen Altersgruppen (ab 21 Jahren) lediglich mit 3 bis 5 % vertreten. In den mittleren Altersgruppen (zwischen 31 und 50 Jahren) ist auch der Anteil alleinlebender Frauen mit jeweils nur 3 % sehr gering.[80]

Wenden wir uns zum Schluß dieser Vorstellung noch einmal denjenigen ehrenamtlichen Mitarbeiterinnen zu, die in der Kirche zugleich haupt- oder nebenamtlich tätig sind. Welchen *kirchlichen Berufsgruppen* gehören sie an?
Tabelle 19 gibt Antwort auf diese Frage.

---

[80] Ein unmittelbarer Vergleich dieser Befunde mit Daten der amtlichen Statistik oder anderen empirischen Untersuchungen ist nicht möglich, weil die im Frauenfragebogen gewählten Kategorien weder direkt den Familienstand noch die Haushaltsgröße messen. (Ziel der im Frauenprojekt gebrauchten Frageformulierung war es, das Ausmaß familiärer Einbindung und familiärer Verpflichtungen der angesprochenen Frauen möglichst direkt zu erfassen.) Dennoch geben beispielsweise die Angaben in einer Veröffentlichung des Statistischen Bundesamtes („Frauen in Familie, Beruf und Gesellschaft", Mainz, 1987, S. 13 und S. 51) Anlaß zu der Vermutung, daß sowohl alleinlebende als auch alleinerziehende Frauen unter den ehrenamtlichen kirchlichen Mitarbeiterinnen deutlich unterrepräsentiert sind.

Tabelle 19: Frauen, die beruflich *und* ehrenamtlich in der Kirche arbeiten, nach Berufsgruppen (in v.H.)

	Frauen im Ehrenamt und Beruf in der Kirche (n = 279)	in v.H. aller im jeweiligen kirchl. Beruf tätigen Befragten	
Verwaltungsangestellte	17	*41*	*(n=116)*
Pfarrsekretärin	13	*(46)*	*(n=81)*
Kirchenmusikerin	13	*(55)*	*(n=64)*
Erzieherin	11	*(31)*	*(n=99)*
Küsterin	9	*(51)*	*(n=51)*
Mitarbeiterin in der Erwachsenenbildung	6	*(50)*	*(n=30)*
Gemeindeschwester	5	*(28)*	*(n=50)*
Diakonin	5	*(17)*	*(n=84)*
Religionspädagogin	4	*(79)*	*(n=14)*
Sozialarbeiterin, Sozialpädagogin	3	*(16)*	*(n=51)*
Beraterin, Krankenhausseelsorgerin	2	*(30)*	*(n=20)*
Pastorin	1	*(6)*	*(n=66)*
Diakonisse	1	*(38)*	*(n=8)*
anderes *	9	*(32)*	*(n=69)*
keine Angabe	1	*(50)*	*(n=6)*
insgesamt	100	34	*(n=809)*

* Dazu zählen z.B. Bibliothekarinnen, wissenschaftliche Mitarbeiterinnen, Journalistinnen, Hauswirtschafterinnen.

Mehr als die Hälfte der in der Kirche beruflich tätigen Frauen, die sich an dieser Befragung beteiligt haben und sich selbst als ehrenamtliche Mitarbeiterinnen bezeichnen, sind Verwaltungsangestellte, Pfarrsekretärin, Kirchenmusikerin oder Küsterin. Dabei machen diese vier Berufsgruppen in unserer Studie insgesamt nur 39 % der haupt- oder nebenamtlich im kirchlichen Bereich tätigen Frauen aus. Mit anderen Worten: Die Quote derjenigen, die zugleich „ehrenamtliche Mitarbeit" bejaht haben, ist unter Frauen dieser Berufsgruppen überdurchschnittlich hoch, verglichen z.B. mit Sozialpädagoginnen und Sozialarbeiterinnen, die im Durchschnitt der gesamten Teilgruppe liegen, oder gar mit Diakoninnen oder Pastorinnen, die sich nur vergleichsweise selten auch als ehrenamtlich tätig beschreiben. Sind Frauen der erstgenannten Berufsgruppen also besonders aktiv? Oder ist bei ihnen die Grenze zwischen beruflichem und ehrenamtlichem Tun klarer erkennbar als bei den anderen haupt- oder nebenamtlich Tätigen? Die Frage läßt sich auf der Grundlage unserer Ergebnisse nicht abschließend beantworten.

Was die *Ausbildungs- und Berufsziele* derjenigen ehrenamtlichen Mitarbeiterinnen betrifft, die sich zum Erhebungszeitpunkt in einer Ausbildung für einen kirchlichen Beruf befinden, so stellt Tabelle 20 einerseits die Teilgruppe als solche vor, benennt zum anderen die Anteile ehrenamtlicher Mitarbeiterinnen an der Gesamtzahl der Studierenden für bestimmte Berufe.

Tabelle 20: Frauen, die sich auf einen kirchlichen Beruf vorbereiten *und* ehrenamtlich in der Kirche arbeiten, nach Art ihrer Ausbildung (in v.H.)

	Frauen im Ehrenamt und in Ausbildung für einen Beruf in der Kirche (n = 54)	in v.H. aller Befragten mit jeweiligem Berufsziel in der Kirche	
Berufsziel: Pastorin	(35)	*(27)*	*(n=70)*
Berufsziel: Diakonin	(20)	*(50)*	*(n=22)*
Berufsziel: andere Berufe im kirchlichen Bereich*	(45)	*(48)*	*(n=50)*
insgesamt	(100)	*(38)*	*(n=142)*

* u.a. Erzieherin, Kirchenmusikerin, Religionslehrerin, Verwaltungsangestellte, Erwachsenenbildnerin; einige junge Frauen, die zum Befragungszeitpunkt ein freiwilliges soziales Jahr absolvierten, haben sich selbst ebenfalls der Kategorie „in Ausbildung für einen kirchlichen Beruf" zugeordnet; auch wenn damit keine echte Ausbildungssituation beschrieben ist, konnte eine entsprechende Zukunftsplanung dieser Befragten nicht ausgeschlossen werden, daher wurde diese Zuordnung in der Auswertung beibehalten.

Die Hälfte der an der Erhebung beteiligten Frauen, die sich in einer Ausbildung für einen kirchlichen Beruf befinden, will Pastorin werden; diese Frauen studieren zum Befragungszeitpunkt Theologie oder leisten ihr Vikariat ab; in dieser Teilgruppe befindet sich ein Drittel der in Ausbildung befindlichen ehrenamtlichen Mitarbeiterinnen mit einem Berufsziel in der Kirche.

Die andere Hälfte dieser Frauen will entweder Diakonin werden oder absolviert gerade eine Ausbildung oder ein Praktikum für einen anderen religions- oder sozialpädagogischen, pflegerischen oder Verwaltungsberuf. Sowohl die angehenden Diakoninnen als auch die der „Restgruppe" zugerechneten Befragten weisen ein auffallend hohes Maß an ehrenamtlichem Engagement auf. Sie stellen zwei Drittel dieser Teilgruppe von meist jungen ehrenamtlichen Mitarbeiterinnen.

5.3 Arbeitsfelder und zeitlicher Umfang ehrenamtlichen Engagements

Nach dieser persönlichen Vorstellung der ehrenamtlichen Mitarbeiterinnen sollen nun die *Bereiche kirchlichen Lebens* beschrieben werden, in denen sich diese Frauen engagieren. Tabelle 21 stellt die entsprechenden Antworten zusammen.

Besonders viele Angaben entfallen auf „Leitungsämter" und „Frauenarbeit". Jeweils ein Viertel der Mitarbeiterinnen ordnet sich diesen Kategorien zu. Auch „Besuchsdienst" (Vertrauensfrauen eingeschlossen) wird oft - nämlich von einem Fünftel dieser Mitarbeiterinnen - als Feld ihres Engagements genannt.

Tabelle 21: Bereiche ehrenamtlichen Engagements in der Kirche, nach Stellung der Frauen in der Kirche (Mehrfachangaben, in v. H. der jeweiligen Befragtengruppe)

Bereiche ehrenamtlichen Engagements	Frauen ausschließlich im Ehrenamt (n=2099)	Frauen in kirchlichen Berufen (n=279)	Frauen in kirchlicher Ausbildung (n=54)	ehrenamtliche Mitarbeiterinnen insgesamt (n=2432)
Leitungsämter (Kirchenvorstand, Gemeindebeirat, Kindergartenbeirat, Kirchenkreistag, Synode usw.)	28	23	(6)	27
Frauenarbeit (Frauenkreis, Mutter-Kind-Kreis, Kreisbeauftragte des Frauenwerks, usw.)	24	18	(11)	23
Besuchsdienste (Alte, Kranke, Neuzugezogene, Bezirksfrau usw.)	19	13	(4)	18
Kinderarbeit (Kindergottesdienst, Kinderspielkreis, Jungschar, Kinder-Bibelwoche, Kindertage usw.)	15	13	(26)	15
Erwachsenenarbeit (Hauskreis, Bibelstunde, Seminararbeit, Bibelwoche, Teekreis, Freizeiten usw.)/ Themenzentrierte Kreise und Gruppen (Friedensgruppe, Konziliarer Prozeß, Dritte-Welt-Gruppe, Weltgebetstag, Arbeitsgruppe Arbeitslosigkeit und Kirche, Missionskreis usw.)	13	15	(13)	13
Musik (Kantorei, Chor, Orgel, Flötenunterricht, Posaune, Kinderchor, usw.)	10	13	(11)	11
Altenarbeit (Seniorenkreise, Altennachmittage usw.)	10	8	(4)	9
Mädchen für alles (Kaffee/Tee kochen, Haus- und Gartenarbeit, Büroarbeit, Gemeindebrief-Verteilung, Sammlungen, Blumenschmuck, usw.)	9	9	(2)	9
Gottesdienst (Lesungen, Vorbereitungskreis, Familiengottesdienst, Andachten usw.)	6	9	(13)	6
Jugendarbeit (Konfirmandenarbeit, Jugendgruppe, Freizeiten, Jugendgottesdienst usw.)	5	7	(30)	5
diakonische Arbeitsbereiche (Behindertenarbeit, Ausländerarbeit, Nachbarschaftshilfe, Suchtberatung, Selbsthilfegruppe usw.)	5	7	(7)	5
kreatives Arbeiten (Bastelkreis, Basar, Tanzgruppe, Hobbykreis, Gemeindefest, Gymnastik usw.)	4	3	(2)	4
Öffentlichkeitsarbeit (Gemeindebrief, Schaukasten, Presse usw.)	2	6	(6)	3
Pfarrfrau *	1	1	-	1
sonstige Formen/Bereiche ehrenamtlicher Arbeit (Bücherei, Chronik, Archivpflege, Kirchenbuchführung, Telefonseelsorge, Studentengemeinde usw.)	8	5	(13)	8
keine Angabe	-	3	(1)	..
Nennungen insgesamt	3338	425	79	3842
Nennungen pro Person	1,6	1,6	1,5	1,6

* Diese Angaben entsprechen nicht dem tatsächlichen Anteil der Pfarrfrauen an der jeweiligen Befragtengruppe (vgl. dazu Kapitel 7). Sie geben lediglich wieder, wieviele Frauen die Frage nach ehrenamtlichem Engagement durch Hinweis auf ihren Status als Pfarrfrau beantwortet haben.

In der Arbeit mit Kindern ist jede siebte dieser Befragten tätig; etwa ebenso groß ist die Zahl derjenigen, die sich auf verschiedenen Feldern der Erwachsenenarbeit engagieren. Jeweils ein Zehntel der Frauen weist auf eine Betätigung im musikalischen Bereich hin; eine ähnlich hohe Quote entfällt auf Beiträge im Rahmen der Altenarbeit. 9 % der ehrenamtlichen Mitarbeiterinnen nennen (auch) Dienstleistungen, die sie zum Teil selbst unter die Kategorie *„Mädchen für alles"* rubrizieren oder die doch ihrem Inhalt nach hier einzuordnen sind. „Gottesdienst", „Jugendarbeit" sowie verschiedene „diakonische Aktivitäten" werden zwar relativ seltener erwähnt; absolut betrachtet sind es aber dennoch jeweils mehr als 100 Frauen, die von einem solchen ehrenamtlichen Tun berichten.

Ein großer Teil dieser Befragten hat gleichzeitig mehrere Bereiche ehrenamtlicher Arbeit genannt: Das arithmetisches Mittel liegt bei 1,6 Nennungen pro Person.

Nicht exakt überprüft werden kann an dieser Stelle, inwieweit einzelne Bereiche ehrenamtlichen Engagements durch die Frauen in dieser Erhebung über- bzw. unterrepräsentiert sind. Allerdings spricht vieles dafür, daß sich Frauen mit Leitungsverantwortung (Kirchenvorsteherinnen, Frauen in Leitungsgremien der Kirchenkreise usw.) überdurchschnittlich häufig an dieser Erhebung beteiligt haben. Beinahe jede vierte ehrenamtliche Mitarbeiterin, die an der Befragung mitgewirkt hat, hat (auch) ein solches Leitungsamt inne![81]

Vergleiche zwischen Frauen, die *ausschließlich* ehrenamtlich Aufgaben in der Kirche übernommen haben, und anderen, die dort auch beruflich tätig sind, lassen kaum Unterschiede in den Schwerpunkten dieses Engagements erkennen (vgl. noch einmal Tabelle 21). Immerhin fällt auf, daß neben- und hauptamtliche Mitarbeiterinnen, die zugleich ehrenamtlich aktiv sind, bei insgesamt gleicher Anzahl der Nennungen etwas seltener als andere von Leitungsämtern, Frauenarbeit und Besuchsdienstmitarbeit berichten; dagegen wirken größere Anteile von ihnen im musikalischen oder gottesdienstlichen Bereich sowie in der kirchlichen Öffentlichkeitsarbeit mit.

Eine Kreuzauswertung zur Beantwortung der Frage, ob Frauen in *bestimmten* kirchlichen Berufen möglicherweise auch ehrenamtlich in spezifischer Weise tätig sind, wird - trotz der insgesamt hohen Befragtenanzahl - durch geringe Zellbesetzungen in ihrer Aussagefähigkeit begrenzt. Ergebnistendenzen, die sich dennoch abzeichnen, betreffen zum einen ein auffallend stark berufsbezogenes ehrenamtliches Engagement von Kirchenmusikerinnen (im musikalischen Bereich) und Erzieherinnen (in der Kinderarbeit); zum anderen wird sichtbar, daß die Gruppen der Pfarrsekretärinnen und Küsterinnen jeweils beträchtliche Anteile derjenigen stellen, die - als in der Kirche auch beruflich tätige Frauen - ehrenamtlich in der Altenarbeit oder im Besuchsdienst mitwirken bzw. als „Mädchen für alles" für vielfältige Dienste in der Gemeinde zur Verfügung stehen.

Vergleicht man innerhalb der Gruppe der ausschließlich ehrenamtlich in der Kirche tätigen Frauen diejenigen, die *außerhalb der Kirche* einen Beruf ausüben, mit jenen, die zum Erhebungszeitpunkt nicht berufstätig sind (und auch nicht in Ausbildung stehen), so zeigt sich: Die außerkirchlich berufstätigen Frauen in unserer Befragung haben besonders häufig kirchliche Leitungsämter inne. Frauen, die zum Befragungspunkt selbst nicht im Berufsleben stehen - und dabei handelt es sich zum größeren Teil um die älteren Frauen - sind dagegen besonders häufig in der kirchlichen Frauenarbeit, im Besuchsdienst und in der Seniorenarbeit engagiert.

Frauen unterschiedlichen *Lebensalters*[82] weisen in ihrem ehrenamtlichen Engagement unterschiedliche Schwerpunkte auf:

---

[81] Vgl. hierzu noch einmal Fußnote 26, S. 28.
[82] Diese Kreuzauswertung wurde nur für Frauen durchgeführt, die ausschließlich ehrenamtlich in der Kirche tätig sind. Auf eine Wiedergabe der Tabelle wird aus Platzgründen verzichtet.

- Die jüngeren - d.h. Frauen der Altersgruppen „15 - 20 Jahre" und „21 - 30 Jahre" - sind ganz überwiegend in der Kinder- bzw. Jugendarbeit tätig[83].
- Auch bei den Frauen zwischen 31 und 40 Jahren spielt Arbeit mit Kindern noch eine große Rolle. Der Anteil derjenigen, die ein kirchliches Leitungsamt innehaben, ist in dieser Altersgruppe deutlich höher als unter den jüngeren Frauen.[84] 20 % dieser Dreißigjährigen sind in der kirchlichen Frauenarbeit aktiv.
- Zwischen 41 und 60 Jahren engagieren sich die ehrenamtlichen Mitarbeiterinnen vor allem in den Bereichen „Leitung" und „Frauenarbeit"[85].
- Bei den 51- bis 60jährigen ist außerdem das Aufgabenfeld „Besuchsdienst" relativ häufiger anzutreffen, und es gibt unter ihnen auch eine größere Zahl in der Seniorenarbeit tätiger Frauen.
- Schwerpunkte des Engagements bei 61 - 70 Jahre alten Frauen schließlich sind der Besuchsdienst, Leitungsaufgaben, sowie die Frauen- und die Seniorenarbeit.
- Ein ähnliches Bild ergibt sich auch für die Über-70jährigen Frauen; allerdings ist der Anteil derjenigen, die kirchliche Leitungsaufgaben wahrnehmen, hier - mit nur 13 % der Teilgruppe - deutlich geringer.

Ein spezifisches Profil ehrenamtlichen Engagements ergibt sich für die meist jungen Frauen, die sich in einer *Ausbildung* - für einen kirchlichen oder anderen Beruf - befinden: Übereinstimmend mit dem unter dem Aspekt „Lebensalter" beschriebenen Befund steht bei ihnen die Arbeit mit Kindern und Jugendlichen ganz eindeutig im Vordergrund; auch ein Engagement im Gottesdienst ist hier verhältnismäßig häufiger anzutreffen als bei Frauen der beiden anderen Teilgruppen.

Die Kreuzauswertung nach *unterschiedlichen Ausbildungsgängen* ergibt auch hier tendenzielle Unterschiede: Während angehende Pastorinnen sowohl in der Arbeit mit Kindern bzw. Jugendlichen als auch im Gottesdienst schwerpunktmäßig ehrenamtlich aktiv sind, entfällt der ganz überwiegende Teil ehrenamtlicher Mitarbeit der angehenden Diakoninnen auf die Jugendarbeit. In der Gruppe „sonstige Ausbildungsgänge" findet sich - neben Kinder- und Jugendarbeit - auch eine Reihe von Antworten, die auf ein Engagement in der kirchlichen Frauenarbeit verweisen. In dieser Teilgruppe kommen vor allem die Frauen im mittleren Lebensalter zu Wort.

Auch Angaben darüber, *wieviel Zeit* Frauen in ihr ehrenamtliches Engagement in der Kirche einbringen, dienen der Beschreibung dieser kirchlichen Aktivitäten (vgl. Tabelle 22). Die Antworten geben die Selbsteinschätzung der ehrenamtlichen Mitarbeiterinnen wieder. Solche Zeitangaben sind wahrscheinlich eher ein Hinweis darauf, welchen Umfang eine bestimmte Tätigkeit im Bewußtsein der Betroffenen einnimmt, denn eine exakte „Messung" des realen Zeitaufwandes; dieser kann sowohl höher als auch niedriger sein. Aber auch diese subjektiven Einschätzungen der Befragten stellen eine wichtige Information dar.

Zwei Drittel der ehrenamtlichen Mitarbeiterinnen, die sich an der Befragung beteiligt haben, machen Angaben über den zeitlichen Umfang dieses Engagements. Die übrigen verweisen größtenteils darauf, daß sich diese Mitarbeit nicht in Zahlen ausdrücken lasse, entweder, weil sie sich nicht in regelmäßigen Abständen vollziehe bzw. weil ihr Umfang ständig wechsle oder weil sie nicht als abgegrenzte Zeit berechenbar sei. (Letzteres gilt offenbar in besonderer Weise für das Engagement derjenigen Frauen, die mit einem Pfarrer verheiratet sind).

---

[83] Im Bereich „Kinderarbeit" sind 53 % der ehrenamtlichen Mitarbeiterinnen im Alter von 15 bis 20 Jahren aktiv, 44 % derjenigen in der Altersgruppe „21 - 30 Jahre"; Jugendarbeit: in der Altersgruppe „15 - 20 Jahre": 47 %, in der Altersgruppe „21 - 30 Jahre": 20 %.
[84] „Leitungsamt": Ehrenamtliche Mitarbeiterinnen in der Altersgruppe „15 - 20 Jahre": 15 %, in der Altersgruppe „21 - 30 Jahre": 22%, in der Altersgruppe „31 - 40 Jahre": 32 %.
[85] Je ein Viertel bis ein Drittel dieser Altersgruppen findet sich in diesen beiden Arbeitsfeldern vor.

Tabelle 22: Geschätzter wöchentlicher Zeitaufwand für ehrenamtliche Arbeit, nach Stellung der Frauen in der Kirche (in v.H. der jeweiligen Befragtengruppe)

	Frauen ausschließlich im Ehrenamt (n=2099)	Frauen in kirchlichen Berufen (n=279)	Frauen in kirchlicher Ausbildung (n=54)	ehrenamtliche Mitarbeiterinnen insgesamt (n=2432)
bis zu 2 Stunden	28	31	(31)	28
3 bis 4 Stunden	19	15	(20)	19
5 bis unter 10 Stunden	12	13	(19)	12
10 bis unter 20 Stunden	4	5	(4)	2
20 bis unter 30 Stunden	1	2	(-)	1
30 bis 40 Stunden	..	1	(2)	..
keine Angabe*)	36	33	(24)	36
insgesamt	100	100	(100)	100

* In dieser Kategorie sind z.B. auch die folgenden Antworten enthalten: „unregelmäßig", „je nach Bedarf", „Mitarbeit bei Seminaren, Projekten, nicht in Wochenstunden auszudrücken", „sehr viel" usw.

Etwa ein Viertel der Frauen, die versucht haben, den Umfang ihrer ehrenamtlichen Tätigkeit in der Kirche zu schätzen, sind der Meinung, daß dieser maximal zwei Stunden in der Woche betrage. Ein weiteres Fünftel spricht von drei oder vier Stunden. Einen Zeitaufwand von fünf bis unter zehn Stunden sieht jede achte Frau als gegeben an. Von zehn oder mehr Stunden sprechen 5 % der Ehrenamtlichen.
Dabei gibt es, was diese Selbsteinschätzung der für ehrenamtliches Tun aufgewandten Zeit anbelangt, nur geringfügige Unterschiede zwischen ausschließlich ehrenamtlich in der Kirche tätigen Frauen und solchen, die neben dem Ehrenamt auch ihren Beruf in der Kirche ausüben bzw. sich auf einen solchen vorbereiten.

Auch wenn man innerhalb der erstgenannten Gruppe noch weiter nach *außerkirchlicher* Berufstätigkeit oder Ausbildung - neben einer ehrenamtlichen Tätigkeit im kirchlichen Bereich - fragt, sind die Unterschiede in den Zeitangaben relativ gering: Immerhin nennt - erwartungsgemäß - ein etwas größerer Teil der Frauen, die zum Erhebungszeitpunkt keinen solchen Beruf ausüben, höhere Stundenzahlen (fünf und mehr Stunden: 18 %, verglichen mit 13 % jener Frauen, die im außerkirchlichen Bereich beruflich tätig sind). Und: Frauen, die nicht berufstätig sind, sehen sich häufiger als andere nicht in der Lage, den zeitlichen Umfang ihres ehrenamtlichen Engagements zu schätzen.
Insbesondere Frauen, die sich noch *in Ausbildung* - auf einen kirchlichen oder anderen Beruf - befinden, haben damit sichtlich weniger Probleme: Der Anteil fehlender Angaben ist in diesen Teilgruppen um ein Drittel geringer als bei den übrigen Befragten.

Was den Zusammenhang zwischen *Lebensalter* und Zeitaufwand für ehrenamtliche Arbeit in der Kirche angeht, so betrifft der auffallendste Befund hier die Quoten derjenigen, die sich zu dieser Frage nicht äußern konnten oder wollten. Ihr Anteil steigt von 16 % in der jüngsten Altersgruppe (15 - 20 Jahre) über 25 bis 29 % bei Frauen zwischen 21 und 50 Jahren auf 38 % bzw. 40 % bei den 51- bis 70jährigen und erreicht 53 % bei den ältesten Befragten (71 Jahre und älter).
Altersunterschiede gibt es auch bei den vorhandenen Zeitangaben: Der Anteil der Frauen, deren ehrenamtliches Engagement bei „nur" ein bis zwei Stunden in der Woche liegt, ist unter den 21 - 40 Jahre alten Befragten mit 41 % bzw. 37 % vergleichs weise hoch. Mit steigendem Lebensalter sinkt dieser Anteil bis auf 12 % in der höchsten Altersgruppe.

5.4 Bedeutung ehrenamtlicher Arbeit für die Frauen selbst

Alle ehrenamtlich in der Kirche tätigen Frauen, die sich an dieser Frauenbefragung beteiligt haben, waren in einem gesonderten Fragebogenteil um Angaben darüber gebeten worden, welche Bedeutung dieser Arbeit für sie persönlich zukommt und welche Erfahrungen sie mit ihrem ehrenamtlichen Engagement machen.[86]

5.4.1 Positive Aspekte ehrenamtlicher Arbeit

„Was bedeutet Ihnen persönlich Ihre Mitarbeit in der Kirche? Wo sehen Sie positive Aspekte?"

Zwei Drittel der in der Kirche ehrenamtlich tätigen Frauen haben diese Frage beantwortet (vgl. Tabelle 23). Sie benennen größtenteils, wie in der Frage angelegt, *positive* Erfahrungen; bei etwa jeder zehnten Frau, die hier Angaben gemacht hat, klingen aber (auch) negative Aspekte an.[87]

Tabelle 23: Persönliche Bedeutung ehrenamtlicher Arbeit, nach Stellung der Frauen in der Kirche (in v.H. der jeweiligen Befragtengruppe)

	Frauen ausschließlich im Ehrenamt (n=2099)	Frauen in kirchlichen Berufen (n=279)	Frauen in kirchlicher Ausbildung (n=54)	ehrenamtliche Mitarbeiterinnen insgesamt (n=2432)
positiv	57	55	(56)	57
positiv, mit Einschränkungen *	5	4	(7)	5
negativ **	1	1	(4)	1
(noch) nicht zu beurteilen	..	..	(-)	..
keine Angabe	37	39	(33)	37
insgesamt	100	100	(100)	100

* Beispiel: „Könnte mir leichter gemacht werden."
** Beispiel: „Nicht viel, nur Zeitaufwand, nichts Positives."

Die detaillierte Auswertung läßt erkennen, daß das angesprochene ehrenamtliche Engagement für sehr viele Frauen einen für sie persönlich wichtigen Lebensinhalt darstellt, daß sie damit Vorstellungen von *„Lebenssinn"* und *„Lebenshilfe"* (für sich selbst und andere) verbinden. Etwa jede zweite Antwort weist (auch) in diese Richtung (vgl. Tabelle 24). Solche Lebenshilfe umschließt die Befriedigung eigener emotionaler Bedürfnisse nach sozialen Kontakten, Solidarität und Freundschaft, nach Anerkennung und nach *„Gemeinschaft auch im persönlichen Bereich, z.B. bei Krankheit, Kindererziehung, Eheberatung"*, ebenso wie die Einbindung in Kommu-

---

[86] Nicht alle ehrenamtlich in der Kirche tätigen Frauen haben diesen Teil des Erhebungsbogen beantwortet. In einer Reihe von Fällen wurden Fragebogen zurückgesandt, bei denen die entsprechende Seite fehlte.
[87] Tabellenanalysen nach Lebensalter und beruflicher Tätigkeit ergeben keine Hinweise auf aussagefähige Unterschiede in der Beantwortung der Fragen zu diesem Themenbereich.

nikations- und Kooperationsbeziehungen über begrenzte, private / familienbezogene Lebenszusammenhänge hinaus:
- „Die Mitarbeit in der Kirchengemeinde bedeutet für mich sinnvolle Tätigkeit, Kontaktmöglichkeiten, Freude."
- „Ich bin nicht nur mit mir und meiner Familie befaßt: Weiterbildung, Bibelstudium, Feministische Theologie."
- „Die Mitarbeit konfrontiert mich mit Problemen aus allen Bereichen. Ich erlebe das als sinnvoll und bereichernd."
- „Ich tue etwas, womit ich mich auch inhaltlich stark identifiziere. Ich finde soziale Anerkennung (mehr Öffentlichkeitscharakter als in der Familie)."
- „Persönliche Mitarbeit bedeutet mir sehr viel. Die Dankbarkeit der Frauen gibt mir immer wieder neuen Mut."
- „Neben der Befriedigung durch den Dienst am Nächsten profitiere ich persönlich durch den ständigen Erfahrungsaustausch mit anderen Mitarbeiterinnen und Mitarbeitern. Außerdem hat mir die vorbereitende Ausbildung sehr viel gegeben."
- „Mir macht die Mitarbeit Spaß - fordert mich heraus, aber bringt mir auch Erfolgserlebnisse. Was ich tue, tue ich freiwillig, ohne daß ich muß."
- „Bestätigung und Hoffnung, menschliches Leben sinnvoll zu gestalten."
- „Ich finde einen Ort, an dem ich mich der Verantwortung als Mensch gegenüber anderen stellen kann."
- „Für mich ist Seniorenarbeit wichtig, um ältere Menschen aus ihrer Einsamkeit herauszuholen."

Tabelle 24: Persönliche Bedeutung ehrenamtlicher Arbeit, nach Stellung der Frauen in der Kirche (Mehrfachangaben, in v.H. , bezogen auf antwortende Frauen)

Ehrenamtliche Arbeit ...	Frauen ausschließlich im Ehrenamt (n=1330)	Frauen in kirchlichen Berufen (n=171)	Frauen in kirchlicher Ausbildung (n=36)	antwortende ehrenamtliche Mitarbeiterinnen insgesamt (n=1537)
- gibt Lebenssinn, Lebenshilfe	48	36	(31)	46
- gibt Lebenssinn, Lebenshilfe, trotz Schwierigkeiten	1	2	(3)	1
- Sinnhaftigkeit ist fraglich	..	1	(-)	..
- gibt Gemeinschaft	29	35	(31)	29
- gibt die Möglichkeit, Gemeinschaft zu fördern	6	4	(6)	5
- gibt keine Gemeinschaft	..	2	(-)	1
- gibt die Möglichkeit, im Glauben zu wachsen, Glauben weiterzugeben	20	24	(22)	20
- gibt die Möglichkeit, aus dem Glauben heraus für Veränderung einzutreten	1	1	(-)	1
- gibt die Möglichkeit, an Frauenthemen, -fragen zu arbeiten	3	6	(3)	3

Nicht wenige Frauen sehen in ihrem ehrenamtlichen Engagement eine „Möglichkeit, der Isolierung zu entfliehen und Kontakte zu Menschen, die wie ich Lebenshilfe im Glauben suchen" zu knüpfen. Daß Enttäuschungen, die in einem als so wichtig empfundenen Bereich des eigenen Lebens entstehen, als besonders schmerzhaft erlebt werden, liegt auf der Hand.

Gelegentlich verweisen Frauen bei der Beschreibung solcher ihnen selbst wichtigen Aspekte ihrer ehrenamtlichen Tätigkeit auf Schwierigkeiten und Widerstände, die die Zielerreichung insgesamt oder den eigenen Beitrag erschweren, z.B.:
- „Mir macht die Arbeit in der Gruppe Freude. Im KV sehe ich mich allerdings oft als konservativ, traditionsgebundener Hemmschuh; dennoch kann ich, dank meiner Erfahrungen, überzeugend wirken und mich einer zunehmenden Wertschätzung erfreuen."
- „Sie ist mein Beitrag, christliches Leben zu üben, nicht nur zuhause, zu bekennen und hoffentlich zu ändern, was mich bedrückt, wie z.B. Sprachlosigkeit, *Anerkennen* der unterschiedlichen Art der Mitarbeit."

Nur ganz vereinzelt sind Antworten von Frauen zu finden, denen die Sinnhaftigkeit eigenen ehrenamtlichen Tuns generell fragwürdig erscheint. Ein Beispiel:
- „Im Moment sehe ich nur negative (Aspekte): Erstens ist die Situation derartig, daß ich meine ehrenamtliche Arbeit als Ausnutzung ansehen muß. Zweitens gibt es keine Möglichkeit bzw. Bereitschaft, so etwas wie feministisch-theologische Vorstellungen einzubringen."

Ein Drittel der Aussagen bezüglich der persönlichen Bedeutung des eigenen Engagements läßt sich schwerpunktmäßig dem Stichwort *„(christliche) Gemeinschaft"* zuordnen; sie zeigen ebenfalls - wenn auch nicht uneingeschränkt, so doch ganz überwiegend - eine positive Tendenz:
- „Leben und Erleben in einer guten Gemeinschaft, Zusammengehörigkeitsgefühl, das Hinführen der Kinder in diese Gemeinschaft, friedliches Nebeneinander verschiedener Generationen und Interessen."
- „Möglichkeit, intensiv zu leben, Einblick in viele Lebensstufen (Baby über Schulkind zu jungen Müttern, Mittelalter) und gute, familienähnliche Kontakte. Ich lebe als Vizemutter, Vizegroßmutter, ältere Schwester ..."
- „Ich erlebe Gemeinschaft, erlebe, was Glauben bedeuten kann, (wie er) gelebt wird. Das bringt mich selber weiter. Ich erlebe, daß meine Mitarbeit auch anderen wichtig ist. Ich bin gefordert, aber auch gestärkt durch die Gemeinschaft. Ich hoffe, daß noch so kleine, aber stetige Schritte etwas in Bewegung bringen."
- „Mit Gleichgesinnten zusammenzukommen, zu sprechen und Programme und Aufgaben durchzuführen, Heimat gefunden zu haben."
- „Für mich ist der Kontakt mit den Gemeindegliedern sehr wichtig, ebenso für diese. Umgekehrt bin ich nicht so fest an ein Arbeitsverhältnis gebunden und kann so auch gut meinen familiären Pflichten nachkommen."

Einige andere Frauen verweisen im Zusammenhang ihres ehrenamtlichen Engagements ebenfalls auf den Aspekt „Gemeinschaft", betonen dabei aber, daß sie ihr Tun selbst als Beitrag zur *Förderung* einer solchen Gemeinschaft empfinden, z.B.:
- „Ich kann an dieser Stelle etwas für die Gemeinschaft tun. Ich kann durch Zwischenfragen und Rückfragen deutlich machen, daß nicht alles in Ordnung ist, was angeordnet wird, und dadurch eventuell Diskussionen beginnen."
- „Der Versuch, die oft als unglaubwürdig empfundene Institution etwas konkreter werden zu lassen. Ohne eine Leitidee geht, so glaube ich, das Leben nicht. In der Gotteskindschaft aller Menschen sehe ich die einzige / tragfähigste Begründung der Forderungen, mit seinen Mitmenschen pfleglich umzugehen."
- „Die Kirche ist für mich ‚Stein des Anstoßes' und auch ‚Ernährerin', darum arbeite ich gerne in der Kirche. Mich interessieren Menschen. Ich gebe die Hoffnung nicht auf, daß die Kirche Raum bieten kann für viele verschiedene Menschen."

Nur vereinzelt geben Antworten Hinweise darauf, daß Gemeinschaftserlebnisse in der ehrenamtlichen Arbeit fehlen.

Ein Viertel der Antworten bezeichnet *„Glaubensfragen"* als wesentliches Element des ehrenamtlichen Tuns:
- „Es ist für mich die Chance, Menschen zu treffen, mit denen ich über den Sinn des Lebens und Glaubensfragen sprechen kann."
- „Ich fühle mich als Christ aufgerufen, meine Gaben in den Dienst am Reich Gottes einzubringen, deshalb biete ich mich an. Ich finde Menschen, mit denen ich über Gott reden kann und über Glaube."

Häufig wird dabei die christliche Verantwortung im Blick auch auf die *„Weitergabe von Glaubensinhalten an die eigene und die nächste Generation"* angesprochen:
- „Wir kommen in jedes Haus hinein und können von unserem Glauben offen weitersagen."
- „Weil ich glaube, kann ich diese Arbeit tun. Glauben weitergeben, damit auch die nachfolgende Generation den Kontakt zur Kirche nicht verliert."

Für viele Frauen ist ihr Glaube der Motor, der sie dazu antreibt, sich trotz enttäuschender Erfahrungen nicht aus ihrer kirchlichen Mitarbeit zurückzuziehen. Sie möchten *„aktiv Christ sein"* und hoffen auf die
- „Möglichkeit, Glauben zu leben, zu gestalten und eventuell auf die Chance, Dinge zu ändern, die mir fragwürdig erscheinen, auch wenn man immer wieder an Erstarrtes, Festgefahrenes stößt, sich öffnen innerhalb der Gemeinde, den Nächsten besser kennenzulernen."

Gelegentlich allerdings klingt deutlich Resignation durch, beispielsweise, wenn auf die Frage nach positiven Aspekten der eigenen Mitarbeit geantwortet wird:
- „Wenig. Ich tue die Arbeit um der Sache und des Glaubens willen. Ich gebe mehr, als ich bekomme."

Für andere ist der eigene *„Glaubensgewinn"* deutlich erkennbar:
- „Mein Glaube wird dadurch lebendiger. Ich erfahre von anderen Glaubensproblemen, lerne andere Ansichten kennen, Vorurteile abbauen. Mit Menschen sprechen, die einen verstehen, mit ihnen zusammen über bisher Fremdes oder Unbekanntes sprechen und darüber mehr lernen."
- „Ich kann mich und meine Glaubenshaltung hinterfragen und so immer wieder zu neuen Denkanstößen kommen. Das ist mir wichtig. Ich möchte in Bewegung bleiben."

Ein kleiner Teil der ehrenamtlichen Mitarbeiterinnen spricht in den Antworten zu dieser Frage nach der persönlichen Bedeutung des eigenen Tuns davon, daß hier *Anliegen von Frauen* aufgenommen, Veränderungen in Gang gesetzt werden können, die Frauen mehr Raum geben, ihre Erfahrungen in ein schwesterliches Gespräch einzubringen und (feministisch-) theologisch miteinander zu arbeiten:
- „Ich kann intensiv mit Frauen über ganz persönliche Dinge sprechen."
- „Ansätze zu mehr Schwesterlichkeit, ohne Partnerschaft mit Männern abzulehnen. Mehr Mensch sein."
- „Ich kann gut zusammen mit anderen Frauen ‚die Kirche' auf die Frauen aufmerksam machen, ich kann Frauen auf die Kirche neugierig machen."
- „Die Chance, eigene Vorstellungen vom Christsein und der Rolle der Frau zu vermitteln, mit anderen zu diskutieren und erlebbar zu machen."
- „Besondere Freude bereitet mir die Arbeit im Leitungsteam der Kreis-AG, weil es darum geht, sich mit Veranstaltungen zu aktuellen Fragen für Frauen zu befassen."
- „Z.Zt. sehe ich die positiven Chancen in Arbeitsgruppen der feministischen Theologie und in Basisgruppen zum konziliaren Prozeß."
- „Einiges wandelt sich, das macht Mut - Feministische Theologie. Mir liegt an der gleichberechtigten Zusammenarbeit von Frauen und Männern / für meine Mitarbeit ein Beweggrund."
- „Brückenschlag zu den *Frauen der Dritten Welt*, die noch viel mehr als wir unter Benachteiligung der Frau in der Kirche leiden. (Teilweise wird dort diese Benachteiligung theologisch, biblisch, fundamentalistisch untermauert.) Frauendekade dort besonders wichtig. - Mitarbeit in der Kirche heißt daher für mich auch, Erfahrungen dieser Frauen mit uns hier teilen ..."

Nicht in jedem Fall allerdings wird uneingeschränkt positiv von solchen Erfahrungen berichtet. Einige Antworten enthalten Hinweise darauf, daß sie eher „am Rande" der Kirche möglich sei oder daß ein Engagement für Fraueninteressen nur unter erschwerten Bedingungen zum Erfolg führt:

- „Für mich persönlich ist es gespalten: Ich sehe, daß ich fraueneigene Interessen durchsetzen kann, *aber* nur bei sehr guter Vorbereitung (muß mir Verbündete suchen etc.); daß ich feministische Theologie kennengelernt habe."
- „Ich habe Frauen gefunden, die ähnlich denken und fühlen wie ich. Aber wir sind eine ‚seltsame' Randgruppe, nicht ‚die Kirche'."
- „In der Frauengruppe wächst schneller die Einsicht zu neuen Wegen. Besonders im übergemeindlichen Bereich, bei Frauentagen, Frauenforen (Kirchentag) finde ich Gleichgesinnte und bin gern mit ihnen zusammen."

5.4.2 Chance und Ermutigung zum Gespräch

Die ehrenamtlichen Mitarbeiterinnen waren in dieser Befragung auch explizit um Stellungnahmen zu der Frage gebeten worden, inwieweit sie im kirchlichen Raum selbst Gelegenheit zum persönlichen Gespräch finden:

„Finden Sie in der Kirche Chance und Ermutigung, über Ihren Glauben zu sprechen?"

Schaubild 10: Erfahrungen ehrenamtlicher Mitarbeiterinnen von Chance und Ermutigung, über den eigenen Glauben zu sprechen, nach Stellung in der Kirche (in v.H. der jeweiligen Befragtengruppe)

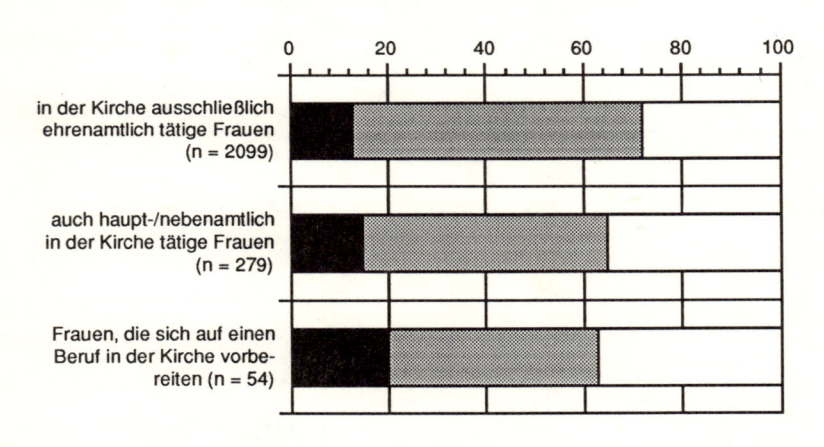

"Finden Sie in der Kirche Chance und Ermutigung, über Ihren Glauben zu sprechen?"

■ nein, vereinzelt auch: mit Einschränkungen   ▨ ja   □ keine Angabe

Ein großer Teil derjenigen Frauen, die ausschließlich ehrenamtlich in der Kirche tätig sind, bejaht diese Frage (vgl. Schaubild 10). In etwas geringerem Umfang stimmen diejenigen Frauen zu, die ihr ehrenamtliches Engagement in der Kirche neben einer beruflichen Tätigkeit im kirchlichen Bereich praktizieren. Und noch etwas zurückhaltender äußern sich auch in diesem Punkt diejenigen Frauen, die sich erst auf einen Beruf in der Kirche vorbereiten; ein explizites „Ja" wird in dieser Teilgruppe nicht einmal von jeder zweiten Frau formuliert. Übereinstimmend gilt dennoch: Nur wenige Frauen in allen drei Teilgruppen verneinen ausdrücklich, in der Kirche solche Chance und Ermutigung zum Gespräch über den eigenen Glauben zu finden. Häufig allerdings fehlen entsprechende Angaben.

Tendenziell ähnlich fallen die Antworten auch dort aus, wo die ehrenamtlichen Mitarbeiterinnen über erfahrene *„Chance und Ermutigung zum Gespräch über sie bedrängende Fragen"* berichten (vgl. Schaubild 11). Im Vergleich zur Vorfrage ist hier allerdings der Anteil derjenigen, die die Frage verneinen, insbesondere bei den ausschließlich ehrenamtlich in der Kirche tätigen Frauen etwas höher.

Schaubild 11: Erfahrungen ehrenamtlicher Mitarbeiterinnen von Chance und Ermutigung, über bedrängende Fragen zu sprechen, nach Stellung in der Kirche (in v.H. der jeweiligen Befragtengruppe)

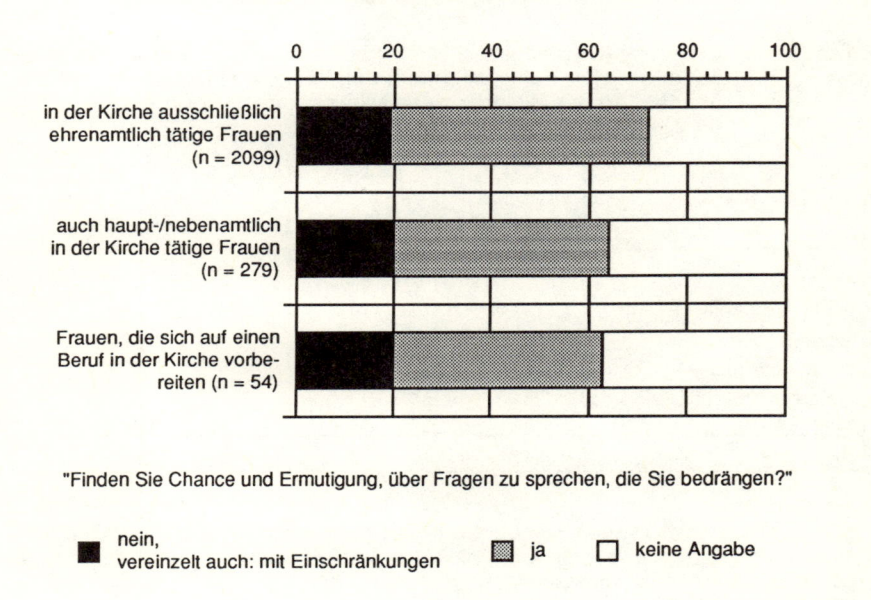

"Finden Sie Chance und Ermutigung, über Fragen zu sprechen, die Sie bedrängen?"

■ nein, vereinzelt auch: mit Einschränkungen   ▨ ja   □ keine Angabe

Für die Beantwortung beider Fragen gilt: In der Altersgruppe der 21- bis 30jährigen ist der Anteil der solche Chancen verneinenden Voten höher als in allen übrigen Altersgruppen: Etwa jede vierte dieser jungen Befragten erlebt offenbar im Rahmen ihrer ehrenamtlichen Arbeit allenfalls eingeschränkt die Gelegenheit zu Glaubensgesprächen bzw. zu Gesprächen über persönlich bedrängende Fragen.

5.5 Erfahrungen mit ehrenamtlicher Arbeit

Bei der Beantwortung des Frauen-Fragebogens gab es eine Fülle von Möglichkeiten, Erfahrungen mit Kirche zur Sprache zu bringen. Denjenigen Frauen, die ehrenamtlich Aufgaben in der Kirche übernommen haben, wurden unter anderem auch *gezielte Fragen* nach bestimmten Aspekten dieses ehrenamtlichen Engagements gestellt, und zwar
- nach der Möglichkeit, eigene Fähigkeiten und Begabungen einzubringen,
- selbst über den Umfang der Mitarbeit zu bestimmen,
- nach Zusammenarbeit mit anderen, insbesondere Hauptamtlichen,
- nach Beteiligung an Information, Diskussion und Entscheidung.

Diese Fragen wurden von jeweils etwa zwei Dritteln dieser Befragtengruppe beantwortet. Je nach Fragestellung äußerten die Ehrenamtlichen dabei in unterschiedlichem Maß Zufriedenheit bzw. Kritik.

5.5.1 Möglichkeit, eigene Fähigkeiten einzubringen

Die meisten positiven Voten gab es im Blick auf *„die Möglichkeit, eigene Fähigkeiten und Begabungen einzubringen bzw. selbst über die Art der Mitarbeit zu entscheiden"* (vgl. Tabelle 25).

Tabelle 25: Erfahrungen ehrenamtlicher Mitarbeiterinnen in bezug auf die Möglichkeit, eigene Fähigkeiten und Begabungen einzubringen / selbst über die Art der Mitarbeit zu entscheiden, nach Stellung in der Kirche (in v.H. der jeweiligen Befragtengruppe)

	Frauen ausschließlich im Ehrenamt (n=2099)	Frauen in kirchlichen Berufen (n=279)	Frauen in kirchlicher Ausbildung (n=54)	ehrenamtliche Mitarbeiterinnen insgesamt (n=2432)
positiv	56	50	(41)	55
positiv, mit Einschränkungen	9	10	(31)	10
negativ	4	4	(-)	4
(noch) nicht zu beurteilen / sonstige Antworten	1	-	(-)	..
keine Angabe	30	36	(28)	31
insgesamt	100	100	(100)	100

Die Aussagen der Frauen signalisieren hier ganz überwiegend - nämlich in etwa vier Fünftel der Fälle, bezogen auf die vorliegenden Antworten -, diese Möglichkeit sei *„uneingeschränkt vorhanden"*:
- „Ich habe vor einigen Jahren einen Frauenkreis begonnen, erlebte keinerlei Einmischung von ‚oben', alle sind froh, daß es ‚läuft'."
- „Ich mache meine Arbeit eigenverantwortlich, und weder der Ortspastor noch der KV (zwei Drittel Männer) mischt sich ein."
- „Unser Frauenteam ist selbständig, teilt sich alle Arbeit selbst ein und ist allein verantwortlich für seinen Gesprächskreis."

- „Verschiedene Arbeitsformen ermöglichen jeder / jedem, die eigenen Fähigkeiten in die Gesamtkonzeption einzubringen."
- „Ich setze auf mein Durchsetzungsvermögen und Beharrlichkeit - damit bringe ich viel ein!!"

Ein Teil der Frauen, die zur Zeit nicht berufstätig sind, weist dabei ausdrücklich darauf hin, daß sie auch die Qualifikationen ihres erlernten Berufs für ihre ehrenamtliche Tätigkeit nutzen können, z.B.:
- „Ich tue etwas, was ich gern mache. Daher kann ich Begabungen und Fähigkeiten voll einbringen. Allerdings auch meine Berufserfahrungen und Qualifikationen."

Soweit in diesem Punkt Kritik laut wird, bezieht sie sich am ehesten auf Einschränkungen im Blick darauf, inwieweit von ehrenamtlich Tätigen *„selbst über die Art der Mitarbeit entschieden werden kann":*
- „Ja, das kann ich: meine Gaben einbringen. Ich kann mich aber aus einmal angenommenen Aufgaben schwer zurückziehen. *Mein* Problem?
- „Eigene Fähigkeiten und Begabungen kann man gut verwirklichen, aber nicht immer selbst über die Mitarbeit entscheiden."
- „Ich kann im Rahmen des Angebots die Dinge tun, die ich gerne mache. Ich fühle mich aber dadurch verpflichtet, auch Dinge zu tun, die ich ungern mache."

Manchmal haben Frauen den Eindruck, daß sie *„zur Anpassung gezwungen"* werden,[88] z.B. zur Anpassung an Ideen oder Themen, die meist von Pastoren oder anderen Hauptamtlichen vorgegeben werden:
- „Fähigkeiten und Begabungen sind solange gefragt, wie sie die Entscheidungen der Pfarrer nicht beeinträchtigen."
- „Die Möglichkeit besteht theoretisch, aber z.B. Themenvorschläge werden immer in eine bestimmte Richtung abgebogen, Mitarbeit besteht meist in *Ausführung* von hauptamtlichen Ideen und Projekten."
- „Habe .. meine Bibliotheks-Assistentenprüfung im kirchlichen Dienst abgelegt. Habe danach aber erfahren müssen, daß man diese Selbständigkeit gar nicht wollte, das wird dann unbequem."
- „Solange dem traditionellen Bewußtsein entsprechen, ist alles erlaubt, aber wehe, wenn nicht!"
- „Nur im Frauenkreis entscheiden wir gleichberechtigt, im KV werden Informationen öfter verschwiegen, weil ‚es sonst ja kompliziert wird'."

Schritte zu einer konstruktiven Austragung von Meinungsunterschieden scheinen dabei zum Teil zu unterbleiben:
- „Da in verschiedenen *inhaltlichen* Punkten die Meinung zwischen dem Pastor und mir auseinandergeht, habe ich mich zurückgezogen."
- „(Möglichkeit, eigene Fähigkeiten und Begabungen einzubringen / selbst über die Art der Mitarbeit zu entscheiden) ist nicht mehr gegeben, weil ich gegen den Weg der geistlichen Gemeindeerneuerung Bedenken geäußert habe."

Und auch „atmosphärische Störungen" können ein Engagement verhindern, z.B.:
- „Die Atmosphäre ist so, daß sich keiner recht mitzumachen traut (z.B. beim Familiengottesdienst), aus Angst vor Kritik, Spott."

In anderen Voten wird deutlich, daß auch *„Freiräume"* ihre Schattenseiten haben können:

---

[88] Fünf bis sieben Prozent der in der Kirche ausschließlich ehrenamtlich bzw. auch beruflich tätigen Frauen sprechen Begrenzungserfahrungen solcher Art an. Befragte, die zum Erhebungszeitpunkt eine Ausbildung für einen Beruf in der Kirche durchlaufen, geben mit 15 % häufiger als andere solche Hinweise; allerdings ist die Zahl der überhaupt Antwortenden hier in dieser Teilgruppe sehr klein.

- „Da sich unser Pastor noch nie um den Kindergottesdienst gekümmert hat, haben wir freie Gestaltungsmöglichkeit, fühlen uns aber verlassen."

Zum Teil werden kritische Äußerungen ausdrücklich mit dem eigenen Frau-Sein in Zusammenhang gebracht, so z.B. in der folgenden Formulierung:
- „Gewöhnlich werden Frauen gezielt gebraucht für bestimmte ‚nötige' Aufgaben. Eigene Ideen umzusetzen, wird mißtrauisch beäugt und unter Umständen als Kritik verstanden."
- „Solange es sich um dienende Mitarbeit handelt, ist man als Frau gern gesehen."
- „Ist im Anfang der ehrenamtlichen Tätigkeit möglich. Später ist man - sprich frau - Mädchen für alles!"
- „Ist schwierig, da klare Vorstellungen bestehen, wofür Frau gut sei; versuche ich es doch, bedarf es eines langen Atems."

Andere Frauen äußern sich (scheinbar) geschlechtsunspezifisch:
- „Es gibt bestimmte Bereiche in unserer Gemeinde, die ehrenamtlichen Mitarbeitern zustehen: Frauenarbeit, Besuchsdienst, Bezirkshelfer."
- „Was ich aus meinen Lebens- und Berufserfahrungen an Vorschlägen einbringe, wird oft lächerlich gemacht, statt als Denkanstoß benutzt zu werden."
- „Wenig, auf Grund meiner Jugend wurden meine Vorschläge auch oft belächelt."
- „Z.Zt. arbeite ich entsprechend meiner Ausbildung (zwar etwas unterfordert), doch ist die Arbeit nur gefragt, solange kein Pastor bzw. Diakon (die ja schon durch Entgelt aufgewertet werden) in Sicht ist."

Der Vergleich zwischen Frauen, die einen *Beruf* innerhalb oder außerhalb der Kirche ausüben, und jenen, die zum Erhebungszeitpunkt ausschließlich ehrenamtlich in der Kirche tätig sind, läßt in der Beantwortung dieser Frage praktisch übereinstimmende Voten erkennen.

5.5.2 Selbstbestimmung über den Umfang der Mitarbeit

Insgesamt zahlreicher als bei der Frage nach der Möglichkeit, eigene Fähigkeiten und Begabungen einzubringen und selbst über die Art der Mitarbeit zu entscheiden, sind kritische Äußerungen dort, wo *„Selbstbestimmung über den Umfang der Mitarbeit bzw. ‚Vereinnahmung' "* angesprochen ist (vgl. Tabelle 26).

Tabelle 26: Erfahrungen ehrenamtlicher Mitarbeiterinnen in bezug auf Selbstbestimmung über den Umfang der Mitarbeit, nach Stellung in der Kirche (in v.H. der jeweiligen Befragtengruppe)

	Frauen ausschließlich im Ehrenamt (n=2099)	Frauen in kirchlichen Berufen (n=279)	Frauen in kirchlicher Ausbildung (n=54)	ehrenamtliche Mitarbeiterinnen insgesamt (n=2432)
positiv	34	26	(19)	33
positiv, mit Einschränkungen	21	28	(39)	22
negativ	10	10	(11)	10
(noch) nicht zu beurteilen / sonstige Antworten	..	-	(-)	..
keine Angabe	34	36	(31)	35
insgesamt	100	100	(100)	100

Uneingeschränkt positive Antworten gibt es hier nur in etwa jedem zweiten Fall. Die folgenden Aussagen sind einschlägige Beispiele:
- „Ich habe jederzeit den Mut und die Freiheit, auch mal ‚nein' zu sagen."
- „Ich bestimme selbst und lasse mich nicht vereinnahmen, weil ich Freude an meiner Arbeit für wichtig halte."
- „Keine Vereinnahmung, ich muß mich selbst manchmal bremsen; froh, daß ich (nicht berufstätig) meine Zeit und Kräfte selbst einteilen kann."
- „Vereinnahmung muß nicht sein, ich kann in einer lebendigen Gemeinde viele Dinge abgeben / weitergeben."
- „Die Mitarbeit bedeutet für mich Selbstverwirklichung. Ich kann den Umfang selbst bestimmen und fühle mich frei in der Arbeit."
- „Da ich viel Zeit habe, fühle ich mich befriedigt und nicht vereinnahmt."

Andere Antworten machen deutlich, daß sich ein Teil der befragten Frauen so stark mit Kirche und Gemeinde bzw. mit dem eigenen ehrenamtlichen Tun identifiziert, daß ‚Vereinnahmung' gar nicht als relevante Kategorie erscheint:
- „Ich fühle mich nicht vereinnahmt. Die kirchliche Arbeit ist mein Leben und mir Bedürfnis."
- „Ist abhängig von der eigenen Haltung, vom Verantwortungsgefühl; jemand muß es doch machen, sonst geschieht es gar nicht. Ich hänge an der Aufgabe, lasse mich gern vereinnahmen, das liegt an der Grundeinstellung meiner Generation."
- „Auch eine ehrenamtliche Arbeit ist eine Verpflichtung und verlangt Treue und Verläßlichkeit, sonst kann es nicht funktionieren."
- „Selbst wenn es meiner Familie und mir Zeit raubt, lasse ich mich ‚vereinnahmen', da ich den KV freiwillig übernahm und als wichtig ansehe."

Gemischte Gefühle und Wahrnehmungen kennzeichnen ein Drittel der Antworten auf diese Frage. Vielfach wird dabei anschaulich sichtbar, wie subtil sich Prozesse der *„Vereinnahmung"* vollziehen. Da ist z.B. von *„moralischem Druck"* die Rede, den die Frauen verspüren. Aber auch bestimmte mit „Vereinnahmung" verbundene Gratifikationen spielen eine Rolle:
- „Selbstbestimmung ja, aber oft macht ‚man' sich oder ‚man' macht mir ein schlechtes Gewissen, wenn ich nein sage!"
- „Gefahr der Vereinnahmung ist groß, besonders, da sie auch den Charakter einer Anerkennung haben kann."
- „‚Vereinnahmung' ist selbstverschuldet. Klagen über ‚Vereinnahmung' erlebe ich häufig als verlogen. Dahinter steht oft der nicht eingestandene Wunsch, sich unentbehrlich zu machen!"
- „Das ist eher *mein* Problem, ein deutliches ‚nein' meinerseits wird (wurde) akzeptiert, ich leiste es mir nur zu selten. - Vielleicht aus Eitelkeit."

Bei jeder sechsten Frau *überwiegen* an dieser Stelle recht eindeutig die *Probleme*:
- „Vereinnahmung ist ganz groß geschrieben. Ich muß mich schützen."
- „Ehrenamtlich darf ich alles tun: 24 Stunden im Stück!"
- „Das ist die Sache mit dem kleinen Finger, den man hinhält ... Man trifft überall in der Arbeit die gleichen Leute an mehreren Stellen."
- „Wenn man sich nicht ganz klar abgrenzt, wird man, *auch finanziell*, vereinnahmt."
- „Wenn ich nicht immer wieder die Bremsen anzöge, hätte ich kein Familienleben mehr."

Die Antworten verbalisieren einerseits die Erfahrung, daß ehrenamtlich übernommene Aufgaben wachsen und zunehmend als Pflicht empfunden werden:
- „Leider werden die Aufgaben schnell so vielfältig, daß sie zu Pflichten werden, die schnell über den Kopf wachsen können."
- „Angefangenes wird oft zum Selbstgänger und umfänglicher als gedacht, Vereinnahmung ist leider oft nur durch konsequentes ‚Nein-Sagen' zu verhindern."

Zum anderen können sich die Frauen auch in einer solchen Situation den Mechanismen von Vereinnahmung nur schwer entziehen. Sie beschreiben, wie sie *„sich selbst wehren müssen"*, um Selbstbestimmung zu üben - und eben dies fällt offenbar nicht wenigen von ihnen schwer:
- „Es ist manchmal nicht einfach, sich weiteren Aufgaben zu entziehen."
- „Wer einmal ja gesagt hat, muß lernen, auch nein zu sagen. Natürlich gibt es gewisse Sachzwänge."
- „...verlangt oft sehr viel Selbstbewußtsein zum Nein-Sagen. ‚Nein' wird oft nur akzeptiert, wenn Begründung geliefert wird."
- „Mein Problem ist, mich für zuviel verantwortlich zu fühlen, insofern ‚vereinnahme' ich mich selbst. Gewünscht hätte ich mir, daß von Hauptamtlichen meine Situation einmal wahrgenommen worden wäre."
- „Ich muß mich schon gewaltig wehren, um mir meine Grenzen selbst stecken zu können."

Und nicht zuletzt sprechen Frauen auch hier Probleme an, die sie als Abhängigkeit der ehrenamtlich Tätigen von Pastorinnen bzw. Pastoren und anderen Hauptamtlichen deuten:
- „Zum Kaffeekochen, Abwaschen und Putzen ist man immer gut genug, aber die kreativen Arbeiten machen immer nur Leute, die dem Pastor sympathisch sind oder mit ihm befreundet sind. Und vor allem die, die ‚radfahren' können."
- „Die Gefahr der ‚Vereinnahmung' ist deshalb sehr groß, weil die Kirche zu viele bezahlte Mitarbeiter hat, die alle etwas veranstalten wollen und sollen."

Dabei werden solche Begrenzungen und Zwänge unterschiedlich erlebt, je nachdem, ob die Antwortenden ausschließlich ehrenamtlich in der Kirche tätig sind, ob sie hier zugleich einen Beruf ausüben oder sich erst auf einen solchen Beruf vorbereiten (vgl. noch einmal Tabelle 26): Frauen im ausschließlichen Ehrenamt berichten besonders oft von positiven Erfahrungen, während Frauen in kirchlichen Berufen oder in Vorbereitung auf einen Beruf in der Kirche hier häufiger auch negative Aspekte zur Sprache bringen, indem sie auf Schwierigkeiten und nur begrenzt vorhandene - oder doch mühsam zu wahrende - Selbstbestimmung über den Umfang eigener Mitarbeit hinweisen.

Ebenso votieren Frauen, die - bei ehrenamtlichem Engagement im kirchlichen Bereich - außerhalb der Kirche ihrem *Beruf* nachgehen, in der Tendenz etwas kritischer als diejenigen ehrenamtlichen Mitarbeiterinnen, die zum Erhebungszeitpunkt nicht berufstätig sind. Allerdings sind die Unterschiede zwischen diesen Teilgruppen nicht besonders groß.

Unterschiede in diesen Situationsbeschreibungen gibt es auch je nach *Lebensalter* der Befragten: Ältere Frauen (etwa ab 60 Jahren) äußern sich weniger kritisch als jüngere Befragte.

Die gezielte Auswertung all jener Hinweise, in denen von der durch solche *„Vereinnahmung"* erzeugten *„Belastung"* die Rede ist, unterstreicht die Tatsache, daß solche Erfahrungen recht weit verbreitet sind: 22 % der ausschließlich ehrenamtlich in der Kirche tätigen Frauen, 30 % derjenigen, die hier auch einen Beruf ausüben, sowie 43 % der in einer Ausbildung auf einen Beruf in der Kirche stehenden, äußern - teilweise zusammen mit anderen, positiven Aspekten - auch derartige Belastungserfahrungen.

5.5.3 Zusammenarbeit

Was die *„Zusammenarbeit mit anderen, insbesondere mit Pastorinnen / Pastoren und anderen hauptamtlichen Mitarbeiterinnen und Mitarbeitern"* anbelangt, so berichten deutlich mehr als die Hälfte der hier antwortenden ehrenamtlichen Mitarbeiterinnen von ausschließlich *positiven* Erfahrungen (vgl. Tabelle 27).

Tabelle 27: Erfahrungen ehrenamtlicher Mitarbeiterinnen in bezug auf Zusammenarbeit mit anderen, insbesondere mit Pastorinnen / Pastoren und anderen hauptamtlichen Mitarbeiterinnen und Mitarbeitern, nach Stellung in der Kirche (in v.H. der jeweiligen Befragtengruppe)

	Frauen ausschließlich im Ehrenamt (n=2099)	Frauen in kirchlichen Berufen (n=279)	Frauen in kirchlicher Ausbildung (n=54)	ehrenamtliche Mitarbeiterinnen insgesamt (n=2432)
positiv	41	35	(28)	40
positiv, mit Einschränkungen	19	21	(29)	20
negativ	9	8	(13)	9
(noch) nicht zu beurteilen / sonstige Antworten	1	-	(-)	..
keine Angabe	30	36	(30)	31
insgesamt	100	100	(100)	100

Sie beschreiben diese Kooperation beispielsweise als *„kollegial und ungezwungen"* oder erklären:
- „Grundsätzlich volle Unterstützung jeder Aktivität. Meinungsverschiedenheiten werden (meist) ausdiskutiert."

Manche Frauen weisen freilich auf ihnen selbst besonders günstig erscheinende Bedingungen ihres Engagements hin, die sie offenbar nicht unbedingt für verallgemeinerungsfähig halten, so z.B. die folgende:
- „Da ich nur mit dem hauptamtlichen Krankenhausseelsorger zu tun habe, gibt es keine Negativerfahrungen."
- „Das ist nun, seit wir junge Pastoren haben, sehr gut."

Immerhin mehr als 40 % derjenigen, die diese Frage beantwortet haben, geben allerdings auch, zum kleineren Teil sogar ausschließlich, kritische Hinweise.
Überwiegend mischen sich dabei negative mit positiven Erfahrungen, so beispielsweise in dieser Formulierung:
- „Ich habe das Gefühl, daß diese Zusammenarbeit langsam besser wird; ich weiß nur nicht, ob dies unserer Standhaftigkeit oder besseren Einsicht zu verdanken ist."

Etwa jede achte Frau, die die Frage nach der Zusammenarbeit beantwortet, verweist dabei nur auf Defizite und Schwierigkeiten, bezeichnet die Zusammenarbeit als *„nicht gut"* oder *„kaum vorhanden"*. Eine Befragte konstatiert als Antwort auf die Frage nach solcher Kooperation:
- „Beschränkt sich auf Gespräche, die wir Ehrenamtlichen initiieren."

Wie ein Vergleich der verschiedenen Teilgruppen zeigt, äußern sich auch hier wieder diejenigen Befragten besonders kritisch, die zum Erhebungszeitpunkt eine Ausbildung für einen Beruf in der Kirche durchlaufen. Am häufigsten positiv erlebt wird die Zusammenarbeit mit anderen, insbesondere mit Pastorinnen / Pastoren und anderen hauptamtlichen Mitarbeiterinnen und Mitarbeitern von denjenigen Frauen, die ausschließlich ehrenamtlich in der Kirche tätig sind.

Ähnlich wie bei den Aussagen zum Thema „Selbstbestimmung über das Ausmaß der Mitarbeit" ergibt auch hier die differenzierende Auswertung eine leichte Tendenz zu kritischeren Äußerungen einerseits bei jüngeren Frauen, zum anderen bei jenen ehrenamtlichen Mitarbeiterinnen, die - in der Kirche oder außerhalb - zugleich beruflich tätig sind.

Verschiedene Aspekte spielen bei dieser kritischen Wahrnehmung der Zusammenarbeit eine Rolle:
Nicht wenige Frauen erleben bei Pastorinnen / Pastoren und anderen hauptamtlichen Mitarbeiterinnen / Mitarbeitern *Grenzen der Kooperationsfähigkeit und -bereitschaft*; teilweise haben sie den Eindruck, man lasse sie ihre Abhängigkeit von den Amtsträgern allzu sehr spüren:
- „Pastor(in) sieht Mitarbeit oft sehr kritisch und hat häufig Alleinvertretungsanspruch."
- „Die Zusammenarbeit mit den ‚Hauptamtlichen' ist schwieriger als mit anderen Laien."
- „Zusammenarbeit besteht nur zum Teil, selten kommt der Pastor, ohne daß Schwierigkeiten zu bewältigen wären, auf Mitarbeiter zu."
- „Schwierig mit Hauptamtlichen, oft Neid oder Konkurrenzgefühle, sich nicht gegenseitig gelten lassen."
- „Die kirchlichen Mitarbeiter sind kein Vorbild, wenig Leistung, viel Gerede."
- „Ist mit Schwierigkeiten verbunden, da häufiger Mitarbeiterwechsel die Kontinuität der Arbeit erschwert."

In einer Reihe von Fällen begegnen wir auch der Erfahrung ehrenamtlicher Mitarbeiterinnen, *„nicht ernstgenommen zu werden"*:
- „Meine Erfahrungen sind zum größten Teil schlecht. Ehrenamtliche Mitarbeiter werden gebraucht, aber nicht voll akzeptiert."
- „Für (männliche) Pastoren sind Ehrenamtliche oft ‚Klappstühle', wer nicht mehr taugt, wird weggeklappt."
- „Deutlich eine Zweitrangigkeit der Ehrenamtlichen spürbar, sie werden manchmal schlichtweg vergessen, weil sie weniger präsent als Hauptamtliche sind."
- „Arbeit ist gefragt - die Lorbeeren bekommen die Hauptamtlichen."

Gelegentlich ist auch von Kooperationshindernissen die Rede, die mit unterschiedlichen Arbeitsstrukturen und mit der Arbeitsbelastung hauptamtlicher Mitarbeiterinnen und Mitarbeiter zu tun haben; in einigen dieser Antworten äußern ehrenamtliche Mitarbeiterinnen Verständnis, bei anderen steht offenbar eher ein Gefühl von Enttäuschung im Vordergrund:
- „Unterschiedlich gut. Hauptamtliche haben besonders wenig Zeit!"
- „Zusammenarbeit ist besonders gut mit anderen Mitarbeitern. Der Pastor müßte mehr Zeit haben."
- „Gut, wenn von vornherein Zusammenarbeit geplant ist, nicht gut, wenn ungeplante Absprachen nötig sind (zeitliche Schwierigkeiten)."
- „Durch terminliche Überbelastung des Pastors erschwert. Wichtiges fällt unter den Tisch, daher Unzufriedenheit."

5.5.4 Beteiligung an Information, Diskussion, Entscheidungen

Der Tendenz nach ähnlich wie im Blick auf die Zusammenarbeit fallen die Erfahrungsberichte der ehrenamtlich tätigen Frauen auch aus, wo es um die *„Beteiligung an Information und Diskussion, an Entscheidungsprozessen, die den eigenen Arbeitsbereich betreffen"* geht. Soweit Antworten vorliegen, ist auch hier überwiegend von guten Erfahrungen die Rede (vgl. auch Tabelle 28):
- „Informationen werden weitergegeben und diskutiert, Entscheidungen werden gut überlegt und erst dann getroffen."
- „Werde als gleichberechtigte Partnerin angesehen."

- „In meiner Ortsgemeinde wird zum Glück nichts über die Köpfe der Ehrenamtlichen hinweg entschieden. Wir wurden einmal extra zum KV eingeladen, als es speziell um unseren Arbeitsbereich ging."
- „Die Information ist in unserem Kirchenvorstand sehr gut, und wir sind alle gleichwertig an Entscheidungsprozessen beteiligt."
- „Ich nehme an regelmäßigen Informationstagungen teil, Arbeitsgemeinschaften für Frauenarbeit und Kindergottesdienst."
- „Viel Selbstentscheidung, Besprechung mit dem Diakonischen Werk."

Tabelle 28: Erfahrungen ehrenamtlicher Mitarbeiterinnen in bezug auf Beteiligung an Information und Diskussion, an Entscheidungsprozessen, die den eigenen Arbeitsbereich betreffen, nach Stellung in der Kirche (in v.H. der jeweiligen Befragtengruppe)

	Frauen ausschließlich im Ehrenamt (n=2099)	Frauen in kirchlichen Berufen (n=279)	Frauen in kirchlicher Ausbildung (n=54)	ehrenamtliche Mitarbeiterinnen insgesamt (n=2432)
positiv	41	35	(32)	40
positiv, mit Einschränkungen	14	14	(20)	14
negativ	7	11	(9)	8
(noch) nicht zu beurteilen / sonstige Antworten	1	1	(-)	1
keine Angabe	37	39	(39)	37
insgesamt	100	100	(100)	100

Die übrigen Befragten sprechen zwar zum größeren Teil ebenfalls von solch positiven Eindrücken, schränken diese jedoch ein (*„mäßig"*, *„könnte manchmal besser sein"*).

Und es gibt auch eine ganze Reihe von Frauen, die hier *ausschließlich negative* Erfahrungen formulieren. Solche Probleme im Zusammenhang mit Informations- und Entscheidungsbeteiligung lassen sich häufig mit Stichworten wie *„fühle mich übergangen"* beschreiben:
- „Information ist nur sehr dürftig, und Entscheidungen sind oft schon gefallen."
- „Oft wird etwas für mich Wichtiges im Pfarramt entschieden / abgewürgt, und ich erfahre es nur so nebenbei."
- „Die ‚alten Hasen' überstimmen mich manchmal bei neuen Ideen und verstehen mich nicht."
- „Daß man Vorschläge macht, sie auch begrüßt werden, daß aber dann doch überraschend etwas anderes gemacht wurde."

Auch von Konflikten mit Hauptamtlichen sowie von der Notwendigkeit, für die eigene Beteiligung *„kämpfen"* zu müssen, ist hier häufiger die Rede:
- „Dafür wird Raum gegeben, aber oft erst nach harten Diskussionen."
- „Beteiligung an Diskussionen ist möglich, bei Entscheidungsprozessen geht oft mein Frauenstandpunkt unter. Es kostet schon Überwindung, ihn zu nennen."
- „Pastor übt dominierende Rolle aus, den Jugendlichen fällt es schwer, Stellung zu beziehen, und so ist es schwierig, die eigene Meinung, eigene Entscheidungen, Vorstellungen durchzusetzen."

Bemerkenswert ist, daß, wie bereits im Zusammenhang mit dem Stichwort „Selbstbestimmung", nun auch im Kontext der Frage nach Entscheidungsbeteiligung von

einigen Frauen Erfahrungen des Nichtbeachtet- und Alleingelassen-Werdens genannt werden, z.B.:
- „Gut, sofern sie stattfindet. Entscheidungen muß ich alleine treffen, da sich für die Arbeit niemand interessiert."
- „Wenn man vollkommen freie Hand hat bezüglich des Ablaufs und der Gestaltung, kann man sich auch sehr alleine fühlen. Es gibt keine Leitbilder (Vorbilder) mehr."
- „Da sich niemand sonderlich für den Kindergottesdienst interessiert, haben wir viel freie Hand, zumindest inhaltlich, gerade da wäre aber Fachkenntnis der Hauptamtlichen wichtig!"
- „Ich hatte viel Entscheidungsfreiheit bei Arbeiten, die sonst keiner machen wollte. In schwierigen Fällen fand ich mich alleingelassen. Es fehlte das kontinuierliche Gespräch."

Einige Frauen sprechen im Zusammenhang der Frage nach Information und Entscheidungsbeteiligung auch von ihren Schwierigkeiten, sich gegenüber einer Männer-Mehrheit durchzusetzen, die die Entscheidungspositionen besetzt:
- „Entscheidungen treffen meist Männer, beachten meine Information kaum, ich darf zwar etwas sagen, doch das zählt dann fast nie."
- „Außer im Frauenkreis haben die Männer das Sagen."

Unterschiede zwischen verschiedenen Teilgruppen - ausschließlich ehrenamtlich tätigen Frauen, Frauen, die einen Beruf in der Kirche ausüben sowie Frauen, die sich auf einen solchen Beruf vorbereiten - sind, wie Tabelle 28 zeigt, in dieser Einschätzung der Informations- und Entscheidungsbeteiligung nicht stark ausgeprägt. Der Tendenz nach wiederholt sich allerdings das bereits mehrfach beschriebene Muster: Häufiger als andere beschreiben diejenigen Frauen eindeutig positive Erfahrungen, deren Engagement in der Kirche *ausschließlich* ehrenamtlicher Art ist.

5.5.5 Kostenerstattung

Frauen, die in der Kirche ehrenamtlich arbeiten, investieren nicht nur einen oft beträchtlichen Teil an Zeit und Kraft in die Erfüllung der übernommenen Aufgaben. Sehr oft sind damit auch mehr oder weniger hohe finanzielle Aufwendungen verbunden. Die Frage nach ihren Erfahrungen mit der *Erstattung anfallender Kosten* beantworten fast zwei Drittel aller ehrenamtlich in der Kirche tätigen Befragten (vgl. Tabelle 29).

- Ein Drittel der Antwortenden erklärt, daß ihnen anfallende Kosten nach entsprechender Rück- oder Absprache erstattet werden. Hier begegnen uns Stichworte wie *„problemlos", „keine Schwierigkeiten", „reibungslos"* oder *„umgehend"*.
- Ein weiteres Drittel berichtet, eine solche Erstattung fände *„teilweise"* statt. Viele Frauen müssen einen z.T. erheblichen Kostenanteil selbst übernehmen, z.B.:
  - „Arbeitsmaterial ja, Telefon, Autofahrt nein."

  Darüber hinaus berichten manche dieser Frauen über Schwierigkeiten bei der Erstattung aufgrund von *„undurchsichtigen", „zu zeitraubenden"* oder *„komplizierten"* Verwaltungswegen und zum Teil über Erschwernisse seitens bestimmter Personen bzw. *„der Gemeinde"*. Oder es heißt:
  - „Kosten werden erstattet, wenn ich darum bitte."
- Jede fünfte Antwort besagt, daß die Kosten nicht erstattet werden. In der Hälfte dieser Fälle war diese Frage bisher kein Thema. Kostenerstattung wurde den Befragten nicht angeboten; sie selbst haben dieses Problem auch nicht - oder nicht allzu deutlich angesprochen:
  - „Wird grundsätzlich ‚vergessen' und von mir nicht dringend genug angemahnt."

Letzteres unterbleibt nicht selten, weil es den Frauen unangenehm ist, als *„Bittstellerin"* zu erscheinen:
- *„Es ist nervend, wenn man als Schüler um jeden Pfennig ‚betteln' muß und das Gefühl hat, schon wieder zu viel Geld im Namen der Kirche ausgegeben zu haben."*
- Weitere 10 % der Antworten stammen von Frauen, die *„kein Geld wollen"*, *„freiwillig aus eigener Tasche bezahlen"* und die Auslagen *„als Spende"* betrachten.
- 5 % der Antwortenden *„haben mit dem Thema Kostenerstattung keine Erfahrung"*.

Tabelle 29: Erfahrungen ehrenamtlicher Mitarbeiterinnen in bezug auf die Erstattung von Kosten, nach Stellung in der Kirche (in v.H. der jeweiligen Befragtengruppe)

Kostenerstattung	Frauen ausschließlich im Ehrenamt (n=2099)	Frauen in kirchlichen Berufen (n=279)	Frauen in kirchlicher Ausbildung (n=54)	ehrenamtliche Mitarbeiterinnen insgesamt (n=2432)
Erstattung klar geregelt	19	22	(28)	20
nur teilweise Erstattung, sehr unklar, kompliziert	18	22	(22)	19
Erstattung gibt es nicht	6	9	(4)	6
keine Erstattung, bisher kein Thema	7	1	(4)	6
freiwilliger Verzicht	6	6	(-)	6
Verzicht wird gern gesehen	2	1	(5)	2
keine Erfahrungen	3	..	(4)	2
keine Angabe	39	39	(33)	39
insgesamt	100	100	(100)	100

Vergleicht man die Antworten auf diese Frage, wie sie von Frauen gegeben wurden, die in der Kirche ausschließlich ehrenamtlich tätig sind, mit jenen der im kirchlichen Bereich auch beruflich tätigen Frauen, so hat es den Anschein, als ob die in der Kirche ausschließlich ehrenamtlich Aktiven etwas häufiger auf eine Erstattung von Kosten verzichten müßten. Seltener als Frauen, die in der Kirche auch ihrem Beruf nachgehen, erklären sie, ihre Auslagen würden ihnen erstattet oder dies sei doch zumindest prinzipiell möglich (wenn auch im konkreten Fall nicht immer ohne Probleme). Entsprechend häufiger sind hier Antworten anzutreffen, die darauf hinweisen, daß das Thema bisher von keiner Seite angesprochen wurde. Relativ am höchsten ist der Anteil derjenigen, die von einer klaren Erstattungsregelung berichten, unter den meist noch jungen Frauen, die eine Ausbildung für einen Beruf in der Kirche durchlaufen. Allerdings kann auch hier von einer durchgängig klar gehandhabten Lösung bei weitem nicht die Rede sein.

Wie die Kreuzauswertung nach dem *Lebensalter* der befragten Frauen zeigt, erklären ehrenamtliche Mitarbeiterinnen mittleren Alters (zwischen 30 und 60 Jahren) und, insbesondere, ältere Frauen (im Alter zwischen 61 und 70 Jahren) etwas öfter als die jüngeren, „kein Geld zu wollen". Voten, die auf eine eindeutige Klärung dieser Frage im Sinn einer Kostenerstattung hinweisen, finden sich am häufigsten bei Frauen zwischen 21 und 40 Jahren. Die jüngsten Befragten (15 - 20 Jahre) haben dagegen verhältnismäßig oft noch keine Klärung dieser Frage erlebt (16 % dieser Teilgruppe); die Ant-

worten der Älteren deuten häufiger darauf hin, daß eine Erstattung zwar im Prinzip vorgesehen sei, aus verschiedenen Gründen aber oft wohl doch nicht zustandekomme.
Gibt es Unterschiede in der Beantwortung dieser Frage, je nachdem, in welchem *Aufgabenbereich* eine Frau ehrenamtlich tätig ist? Einige Tendenzen zeichnen sich ab: Relativ häufig finden sich klare Regelungen bezüglich der Kostenerstattung bei Aktivitäten unter den Rubriken „Kreatives Arbeiten" und „Arbeit mit Erwachsenen". Vergleichsweise selten scheinen solche Regelungen nach den Berichten der Frauen für kirchliche Leitungsämter zu existieren. Bei Altenarbeit und verschiedenen diakonischen Aufgaben ist relativ häufig von grundsätzlich vorhandenen Regelungen die Rede, die aber offenbar nicht ohne weiteres greifen bzw. von denen die Frauen doch nur eingeschränkt Gebrauch machen (wollen oder können). Bei diakonischen Aktivitäten ebenso wie beim Besuchsdienst und bei Tätigkeiten im musikalischen Bereich signalisieren Frauen allerdings auch besonders oft, sie „wollten gar kein Geld". Im Zusammenhang mit Jugendarbeit scheint die Frage besonders oft einfach ungeklärt, das Problem wurde nicht angesprochen.

5.5.6 Gremienarbeit

Die Frage nach den *Erfahrungen mit Gremienarbeit* nimmt in dieser Befragung ehrenamtlich tätiger Frauen eine gewisse Sonderstellung ein. Sie wurde nur von einer Minderheit dieser Befragten beantwortet (vgl. Tabelle 30). Ein Großteil der Frauen erklärt explizit, nicht über Gremienerfahrung zu verfügen, andere haben möglicherweise aus anderen Gründen auf eine Beantwortung verzichtet.

Tabelle 30: Erfahrungen ehrenamtlicher Mitarbeiterinnen mit Gremienarbeit, nach Stellung in der Kirche (in v.H. der jeweiligen Befragtengruppe)

	Frauen ausschließlich im Ehrenamt (n=2099)	Frauen in kirchlichen Berufen (n=279)	Frauen in kirchlicher Ausbildung (n=54)	ehrenamtliche Mitarbeiterinnen insgesamt (n=2432)
positiv	17	17	(17)	17
positiv, mit Einschränkungen	6	10	(11)	7
negativ	14	13	(17)	14
(noch) nicht zu beurteilen / sonstige Antworten	2	..	(3)	2
keine Angabe	29	35	(28)	29
keine Gremienarbeit	32	25	(24)	31
insgesamt	100	100	(100)	100

Soweit Antworten vorliegen, halten sich Berichte über positive und negative Erfahrungen mit Gremienarbeit fast die Waage. Die Beurteilungsunterschiede zwischen Frauen mit unterschiedlicher Stellung zur Kirche sind hier sehr gering.

Deutlicher ausgeprägt ist die Differenz zwischen den überhaupt nicht beruflich tätigen Frauen und jenen, die ihrem *Beruf im außerkirchlichen Bereich* nachgehen. Letztere sehen auch hier wieder sichtlich mehr Anlaß zu Kritik und Skepsis.

Ein großer Teil der Berichte über positive Erfahrungen mit Gremienarbeit konstatiert einfach, diese *„laufe gut"* bzw. sei *„sehr gut"*. Einige Frauen beschreiben an dieser

Stelle aber auch gezielt Situationen, in denen sie sich - bzw. die Frauen in den jeweiligen Gremien überhaupt - als gleichberechtigt erleben, z.B.:
- „Positive, gute Zusammenarbeit, bei der letzten KV-Wahl kamen mehr Frauen in den KV."
- „Ich bin im 5. Jahr im KV. Noch nie bin ich (oder eine der anderen Frauen) behindert worden aus dem Grunde, weil wir Frauen sind."
- „Da im KV die Frauen überwiegen, gibt es wirkliche Gleichberechtigung."
- „Im Kirchenvorstand: Wir arbeiten sehr harmonisch miteinander. Wir sind seit den Wahlen zur Hälfte Frauen, und wir finden dies sehr erfreulich."
- „Meinungen und Anträge sind nicht immer durchsetzbar, aber Frauen können etwas bewegen."

In einer Reihe von Antworten wird darauf hingewiesen, wie wichtig *„die spezifischen Fähigkeiten von Frauen"* für diese Gremienarbeit sind:
- „Die Mitarbeit der Frauen ist dringend erforderlich, bringt zusätzliche Gesichtspunkte ein bei Diskussionen und Entscheidungen, praxisnäher."
- „Frauen äußern sich früher und spontaner zu Themen und erläutern ihre Meinung, Männer sagen nichts und stimmen ab, ohne daß ersichtlich wird, wie sie zu ihrem Votum kommen."
- „Manchmal ganz schön hart, sich als Frau durchzusetzen, und doch komme ich mir gegenüber all den Männern mit ihren starren Meinungen mit weniger Gefühl manchmal ganz schön überlegen vor."
- „Die Frauen sind häufig wesentlich sachlicher und bringen die Sache schneller auf den Punkt, während die Männer sehr publikumswirksam reden, ohne eine konkrete Aussage zu treffen."

Andere Frauen schränken ihr positives Votum ein oder skizzieren *„gemischte Erfahrungen"*, z.B.:
- „Dies *war* sehr personenabhängig und reicht von gleichberechtigter Gesprächspartnerin (KV) bis zum Gefühl, für minderwertig gehalten zu werden."
- „Die Arbeit im KV ist augenblicklich befriedigend bis gut. Männer meinen öfter, es besser zu wissen. Dies trifft besonders im KKT zu."
- „Die Arbeit ist mühsam! Frauen gelingt es meist nur, Entscheidungen in ihrem Sinn zu beeinflussen, wenn sie sich mit anderen Frauen zusammentun!"
- „Gute Zusammenarbeit möglich, Frage der Vorbildung oder vielmehr: des *Trainings*! Wichtig für Frauen, die verbal überrannt werden! (‚Pfarrherrlichkeit')"
- „In Frauengremien macht es Spaß, in gemischten Gremien die üblichen Minderwertigkeitskomplexe."

Eine Frau beschreibt die folgende, unter dem Aspekt gleichberechtigter Teilhabe von Frauen durchaus als ambivalent zu bezeichnende Wahrnehmung:
- „Langsam, aber sicher gute: Je höher das Gremium, je weniger Frauen, dadurch entsteht dann ein Sonderstatus."

Mehrfach kommt aber auch *fehlende Gleichbehandlung* von Frauen als explizit benannte Negativerfahrung zur Sprache:
- „Von mir wird erst einmal nichts erwartet, nur Nicken, muß Kompetenz jedes Mal neu unter Beweis stellen."
- „Da wir immer mehr Männer haben, stehen Frauen bei Abstimmungen auf verlorenem Posten."
- „Die Aussagen der ‚alten' KV-Mitglieder (männlich) werden stärker gewichtet als die der weiblichen (neuen) Mitglieder."
- „Männerwort zählt mehr, ich fühle mich oft nicht verstanden."

Andere Äußerungen enthalten kritische Hinweise darauf, daß Frauen sich in Gremien nicht genügend stark durchsetzen können oder sich (zu) zurückhaltend verhalten:
- „Frauen sagen zu selten laut ihre Meinung und lassen sich von der angeblichen Fachkompetenz der Männer einschüchtern."
- „Daß Frauen den Männern die Entscheidungen oft überlassen."

- „KV ist zur Hälfte durch Frauen besetzt. Nur die jüngeren Frauen (20 - 45 Jahre) wagen es, den Männern etwas entgegenzusetzen."

Und auch das folgende Votum ist anscheinend als Negativ-Aussage gemeint:
- „Ich fürchte, Frauen können nicht immer sachlich bleiben, vielleicht fehlt ihnen auch oft der richtige Blickwinkel."

Häufiger noch als auf unmittelbar frauenspezifische Erfahrungen beziehen sich kritische Äußerungen hinsichtlich Gremienarbeit auf den dort erlebten Umgang mit *Macht*, auf die Austragung von Konflikten und die Art der Zusammenarbeit:
- „Hier wird der ganze KV nicht ernst genommen, es werden immer wieder ohne ihn Entscheidungen getroffen."
- „Es ist oft schwer, die Meinung der Ehrenamtlichen gegen den Autoritätsanspruch der Hauptamtlichen durchzusetzen."
- „Im KV hört sich jeder gern reden. Wenn es um Arbeit geht, wird sie getrost anderen überlassen."
- „Sehr viel Scheindemokratie - wirklich wichtige Entscheidungen werden allein oder zu zweit vorab getroffen."
- „Bin aus dem KV ausgetreten, weil Pastoren immer noch meinen, dominieren zu müssen."
- „Es ist leider sauschwer, die Hauptamtlichen halten ihre Macht fest."
- „Machtkämpfe, erinnert mich an viele Bundestagsdebatten."

Kritisch hingewiesen wird auch auf eine als allzu stark empfundene *„Bürokratisierung":*
- „Es wird viel geredet, beschlossen und wenig in die Tat umgesetzt, Ineffektivität, Unzuverlässigkeit, wenig Talente zur Teamarbeit; Verwaltungsmaßnahmen statt Arbeit mit und an Menschen machen ehrenamtliche Arbeit mühsam."
- „Unsere Arbeit im Kapellenvorstand bringt manche Probleme, der Instanzenweg ist oft zu lang, es dauert."
- „Ich war ... 18 Jahre im Kirchenvorstand, es ging leider hauptsächlich um finanzielle Fragen und Probleme."
- „Ich habe den Eindruck, daß der größte Teil der Sitzungen von Verwaltungsmaßnahmen eingenommen wird."
- „Meine Mitarbeit im KKT hat mich überzeugt, daß dieses Gremium in seiner jetzigen Form überflüssig ist. Zeit, Arbeit, Papier könnten sinnvoller genutzt werden. Der KKT ist ein demokratisches Feigenblatt."

Eine ganze Reihe dieser kritischen Voten läßt dabei deutlich erkennen, welche Wünsche Frauen mit ihrem Engagement in kirchlichen Gremien verbinden:
- „Ich nehme Bereitschaft wahr, mit dem neuen KV auch neue Ziele zu setzen und z.B. die Gottesdienstgestaltung zu bedenken etc., aber die Arbeit geht sehr zäh vonstatten. Formale Sachen brauchen viel Platz, leider."[89]
- „Sachliche und fachliche Fragen werden gern erörtert und behandelt. Christliche Themen oder Bibelarbeit leider nicht. Ich frage mich: ‚Warum nennen wir uns ‚Kirchenvorstand?' "
- „Viel Leerlauf und Formalismus, Selbstzweck, oft nur notwendiges Übel, wenig oder kaum Zeit für konzeptionelle Fragen."
- „Es besteht leicht die Gefahr, daß die Verwaltungsaufgaben in den Sitzungen mehr Zeit beanspruchen als die Gestaltung des kirchlichen Lebens."
- „Die meiste Zeit geht mit Verwaltungsfragen drauf. Persönliche Anliegen kommen oft zu kurz."

---

[89] Codiert als „positiv, mit Einschränkungen".

5.5.7 „Frauen dienen - Männer leiten"

Frauen, die ehrenamtlich in der Kirche tätig sind, wurden in der Befragung auch mit dem Satz konfrontiert:
„Frauen dienen - Männer leiten."
Die an diese Behauptung anschließende Frage lautete:
„Trifft dieser Satz auf Ihre Erfahrungen als ehrenamtliche Mitarbeiterin in der Kirche zu?"
Die Antworten der Befragten, getrennt nach Stellung der Frauen in der Kirche, sind in Schaubild 12 dargestellt.

Schaubild 12: Stellungnahmen ehrenamtlich in der Kirche tätiger Frauen zu dem Satz „Frauen dienen - Männer leiten", nach Stellung der Frauen in der Kirche (in v.H. der jeweiligen Befragtengruppe)

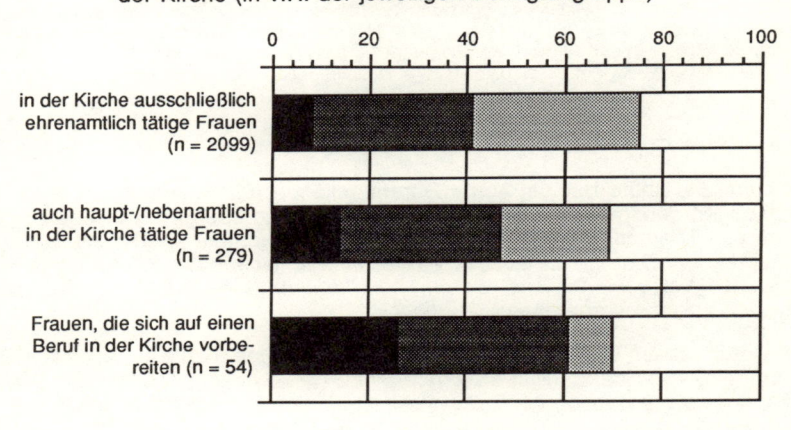

"Frauen dienen - Männer leiten": Trifft dieser Satz auf Ihre Erfahrungen als ehrenamtliche Mitarbeiterin in der Kirche zu?

■ ja   ■ zum Teil   ▨ nein   □ keine Angabe

Ein Drittel derjenigen Frauen, die in der Kirche ausschließlich ehrenamtlich tätig sind, widerspricht dieser Aussage. Ein zweites Drittel findet sie „teilweise" richtig. Uneingeschränkte Zustimmung äußert nur eine Minderheit von weniger als 10 %. Von den übrigen Befragten dieser Teilgruppe liegen keine Stellungnahmen vor.
Eine etwas abweichende Antwortverteilung ergibt sich bei denjenigen ehrenamtlichen Mitarbeiterinnen, die zugleich beruflich in der Kirche tätig sind: Nur etwa jede fünfte dieser Frauen formuliert ein klares „Nein" als Antwort auf den genannten Satz; eindeutig zustimmend äußert sich zwar wiederum nur eine verhältnismäßig

kleine Teilgruppe, doch ist diese Überzeugung hier etwas weiter verbreitet als bei den ausschließlich ehrenamtlich in der Kirche tätigen Frauen.
Was die - meist jungen - Frauen betrifft, die sich während ihrer Ausbildung auf einen Beruf in der Kirche zugleich ehrenamtlich engagieren, so sind hier besonders viele der Ansicht, daß in der Kirche die Aussage „Frauen dienen - Männer leiten" zutrifft. Allerdings basiert diese Feststellung auf einer sehr kleinen Anzahl von Befragten.

Eine *Altersdifferenzierung* innerhalb der Teilgruppe der (ausschließlich) ehrenamtlich in der Kirche tätigen Frauen fördert folgenden Zusammenhang zutage: Jüngere Frauen - bis etwa zum 40. Lebensjahr - stimmen diesem Satz mehrheitlich (d.h. zu 53 %) ganz oder doch zumindest teilweise zu. In den höheren Altersgruppen sinkt der Anteil der Zustimmung auf etwa 40 %, bei den ältesten Befragten (über 70 Jahre) sogar auf 30 %; aber nicht die Ablehnung wächst in gleichem Umfang, sondern ältere Frauen haben weit häufiger als jüngere auf eine Stellungnahme zu diesen Fragen verzichtet.

Eine gesonderte Auswertung derjenigen ehrenamtlich in der Kirche tätigen Frauen, die dort (unter anderem) eine *Leitungsfunktion* (im Kirchenvorstand, Kirchenkreistag, Kirchenkreisvorstand, in der Synode oder einem anderen Leitungsgremium) innehaben, ergibt in dieser Frage keine von der Gesamtheit der ausschließlich ehrenamtlich aktiven Mitarbeiterinnen abweichende Einschätzung. Der einzige Unterschied in den Antwortverteilungen besteht darin, daß diese mit Leitungsämtern betrauten Frauen fast ohne Ausnahme zu dieser Frage Stellung genommen haben.[90]

5.5.8 Andere Erfahrungen

Mehr als die Hälfte der befragten Ehrenamtlichen (55 %) hat von der im Erhebungsbogen gebotenen Möglichkeit Gebrauch gemacht, ergänzend zu den bereits genannten Themen *„andere wichtige Erfahrungen als ehrenamtliche Mitarbeiterin"* anzusprechen. Dies gilt für ausschließlich ehrenamtlich in der Kirche tätige Frauen in gleicher Weise wie für jene, die dort bereits einen Beruf ausüben oder aber sich auf einen solchen vorbereiten.

Das Gefühl, *„alles aufgebürdet zu bekommen"* und dabei zugleich ziemlich abhängig zu sein, von Hauptamtlichen *„eingesetzt"*, vielleicht sogar *„benutzt"* zu werden, spielt in diesen ergänzenden Problemanzeigen eine beträchtliche Rolle:
- „Ich fühle mich manchmal nicht als *Mitarbeiterin*, sondern hauptberuflich eingesetzt: Mehr Engagement des Pastors wäre schön."
- „Ich muß mir bewußt machen, daß ich in meiner Freizeit tätig bin, während andere ihre Arbeitszeit ableisten. Das erklärt mancherlei ungleiches Engagement und verschiedene Grade der Begeisterung."

Andere Frauen umschreiben ihren Eindruck, als *„billige Arbeitskraft, ohne die die Kirche nicht mehr existieren kann"*, ausgenutzt zu werden, wobei *„die Hauptamtlichen (dazu) neigen ..., sich auf Kosten der Ehrenamtlichen Freiraum zu verschaffen"*, oder aber ihre Schwierigkeiten damit, *„von der Kaffee kochenden Hilfe zur ernst zu nehmenden Partnerin im Gespräch zu kommen"*. Und:
- „Ich fühlte mich lediglich als ‚verlängerter Arm des Pastors', der so sein Betätigungsfeld erweitern konnte."
- „Ich darf viel zu sehr in Eigenverantwortung arbeiten, muß mein Arbeitsmaterial selbst mitbringen. Es ist Basisarbeit ohne Rückhalt der Kirchenleitung (Pastor). Fühle mich alleingelassen."

---

[90] 11 % dieser Frauen haben dem Satz „Frauen dienen - Männer leiten" uneingeschränkt zugestimmt, 41 % halten ihn für „zum Teil" richtig, 45 % widersprechen; nur von 3 % dieser Befragten fehlen entsprechende Angaben.

- „Ich hätte gerne manchmal ein ermutigendes Wort - überhaupt eine Reaktion von offizieller Seite. Und gelegentlich verbalisiertes Verständnis dafür, daß meine Mitarbeit, bei allem Engagement, freiwillig ist = sprich: Anerkennung."
- „Auf Dauer befriedigt es nicht, nur für die Ehre zu arbeiten."

Tabelle 31: *„Weitere wichtige Erfahrungen"* der befragten ehrenamtlichen Mitarbeiterinnen (in v.H.)

	ehrenamtliche Mitarbeiterinnen insgesamt (n = 2432)
Erfahrung, anerkannt, akzeptiert vs. ausgenutzt, überfordert werden	
positive Erfahrung	4
eingeschränkt positive Erfahrung	4
negative Erfahrung	6
Kontakte, Freude am sozialen Engagement	
positive Erfahrung	8
eingeschränkt positive Erfahrung	2
negative Erfahrung	..
Zusammenarbeit, Unterstützung	
positive Erfahrung	2
eingeschränkt positive Erfahrung	3
negative Erfahrung	4
persönlicher Gewinn (Wissenszuwachs, Selbstwertgefühl usw.)	
positive Erfahrung	3
eingeschränkt positive Erfahrung	1
negative Erfahrung	1
Gleichberechtigung, Schwesterlichkeit	
positive Erfahrung	..
eingeschränkt positive Erfahrung	1
negative Erfahrung	1
Glauben, christliches Leben	
positive Erfahrung	1
eingeschränkt positive Erfahrung	..
negative Erfahrung	..
sonstige bzw. nicht näher benannte Erfahrungen	
positive Erfahrung	20
eingeschränkt positive Erfahrung	11
negative Erfahrung	12

Jede zehnte ehrenamtlich tätige Frau, die den Impuls, zusätzlich zu den im Fragebogen genannten Themen weitere Erfahrungen zu benennen, aufgenommen hat, äußert sich in dieser Hinsicht ausschließlich oder eingeschränkt[91] kritisch. Daneben gibt es zwar auch eindeutig positive Aussagen, in denen von *„Anerkennung"* und *„spürbarem Dank"* die Rede ist; solche Ergänzungen sind jedoch vergleichsweise seltener.[92]

---

[91] Antwortbeispiel: *„Anerkennung erfahre ich erst, seit ich im KV, im Kirchenkreistag und KK-Beauftragte bin."*
[92] Beispiel: „Das Vertrauen vieler Gemeindeglieder ist eine wichtige Grundlage für die Arbeit."

Auch Probleme im Zusammenhang mit *Kooperation* oder Abgrenzung sowie Erfahrungen mangelnder Spielräume werden von nicht wenigen Frauen an dieser Stelle (noch einmal) beschrieben, z.B. mit Formulierungen wie dieser:

- „Berufliche Kräfte der Kirche spielen ihren höheren Informationsstand über kirchliche und gesellschaftliche Probleme oft aus gegen den andersartigen Erfahrungsschatz der Ehrenamtlichen. Eine innerkirchliche Wertschätzungsskala entsteht, die vielen Menschen nicht gerecht wird."
- „Bei örtlichen Schwierigkeiten mit Hauptamtlichen ist Hilfe in übergeordneten Stellen kaum zu bekommen außer Aufforderungen zu ‚christlicher Nächstenliebe' (seid nett zueinander). Konfliktbearbeitung ist selten!"
- „Anders als in meinem Beruf wird Engagement bei mir als ‚Ehrenamtlicher' nicht ‚belohnt' durch Vertrauen und gute Zusammenarbeit, sondern fordert eher Konkurrenzverhalten heraus."
- „Ich bin überrascht, wie schnell sinnvolle ehrenamtliche Arbeit ... durch den Wechsel des zuständigen Hauptamtlichen abgewürgt werden kann."
- „Wer nicht im KV ist, hat es schwer, über die Gemeindearbeit etwas zu erfahren. Man ist sehr auf seinen Kreis beschränkt."
- „Die Hauptamtlichen vergessen oft, daß sie für gleiche Arbeit bezahlt werden bzw. wir nebenher noch mal 40 Stunden arbeiten müssen - im Gegenteil: es wurde mir schon vorgeworfen, ich würde beruflich zu viel arbeiten und habe nun nicht mehr soviel Zeit für die Gemeinde wie zur Zeit des Studiums."
- „Angepaßt sein müssen ohne Bezahlung."
- „Man darf nicht unbequem für andere sein, muß ins ‚Schema' passen!"

Eine andere, allerdings noch etwas kleinere Gruppe von Ehrenamtlichen sieht das anders und weist in diesem Punkt auf positive Aspekte des ehrenamtlichen Tuns hin, z.B.:

- „Viel mehr Freiheit als bei bezahlter Arbeit, nicht durch Hierarchiedenken oder Arbeitsplatzfurcht beeinträchtigt."
- „Ehrenamtliche Arbeit ist für mich befriedigender als bezahlte, abhängige Arbeit, wo ich Vorgesetzte habe."
- „Wir haben Freiräume, von denen ich in der Arbeitswelt nur träume, und die Arbeit macht mich reicher."

Überwiegend *positive Seiten* der ehrenamtlichen Arbeit, die zahlreiche ehrenamtlich Mitarbeitende an dieser Stelle gerne unterstreichen wollten, sind ferner: Daß diese Arbeit *„viel Freude macht"* und *„Chancen eröffnet"*, die Frauen an anderer Stelle nicht finden, darauf wird auch an dieser Stelle spontan immer wieder einmal hingewiesen:

- „Die Arbeit in der Gemeinde ist eine große Herausforderung und bringt viel Freude."
- „Die Zugehörigkeit zu einer Gruppe mit gemeinsamem Ziel ist ein schönes Erlebnis, das man im übrigen Dasein kaum hat."
- „Ich bin Rentnerin und habe hier eine Aufgabe gefunden, mich nützlich zu machen."
- „Ich lerne Menschen kennen und schätzen."

Manchmal gilt freilich auch dies nur mit Einschränkungen:

- „Man muß schon so ehrlich sein und sagen, daß trotz mancher Unbilligkeiten immer noch sehr viel für einen selbst abfällt, z.B. Freude und Zufriedenheit."
- „Manchmal macht die Arbeit großen Spaß, aber es gibt auch Momente, wo ich alles hinschmeißen möchte, wenn trotz guter Vorbereitung so wenige kommen."

Einige ehrenamtliche Mitarbeiterinnen stellen fest, daß sie ihrerseits im Vollzug ihres Engagements eine *persönlich positive Entwicklung* durchgemacht haben, beispielsweise *„freier und selbstsicherer geworden"* sind.

- „Mir hat ehrenamtliche Arbeit schon sehr geholfen, freier zu werden im Reden, und ich möchte die Gesprächserfahrungen besonders mit den Frauen nicht missen."
- „Ich entdecke an mir Fähigkeiten, die ich mir früher nicht zugetraut hätte."

- „...Allerdings möchte ich auch betonen, daß ich trotz alledem die Erfahrungen aus der Zeit (insgesamt vier Jahre) nicht missen möchte, wie z.b. das ‚Sich-in-Frage-Stellen' während der Gruppenabende oder Gespräche bei Besuchen usw."
- „Stärkung meines Selbstbewußtseins, was sich auch in meinem Beruf positiv auswirkt."
- „Ich habe als Ehefrau und Mutter auch ohne Berufstätigkeit viele Erfahrungen sammeln, mich selbst fortbilden können und Einblicke außerhalb meines Lebenskreises bekommen. Das hat mich ausgefüllt und tut es noch."
- „Die eigenen Probleme werden manchmal lösbarer, oft wenigstens leichter."

Eine andere Frau spricht von der (positiv erlebten) Erfahrung, *„von den Mitarbeitern, haupt- oder ehrenamtlich, angenommen (zu) werden, Verantwortung übernehmen (zu) müssen."*

Im gleichen Zusammenhang finden sich aber auch - eingeschränkt oder uneingeschränkt - Problemanzeigen:
- „Fachliche Zurüstungen ... geben Rückhalt und Motivation, aber Problem der *Nicht-Finanzierung* .."
- „Für mich selbst auch eine Bereicherung durch Erfahrungszuwachs, wenn auch die Anerkennung minimal ist."
- „Man ist froh, daß ich die Arbeit mache, aber es ist keine weitere Unterstützung, z.B. Fortbildung o.ä. vorhanden."

Vereinzelt gibt es auch hier Antworten, in denen davon die Rede ist, daß *frau* als *„gleichberechtigt angesehen"* wird bzw. sich *„nicht benachteiligt fühlt"*, aber auch, daß Frauen etwas einzubringen haben, z.B.:
- „Frauen haben bei vielen Entscheidungen eine ganz andere Perspektive als Männer. Darum halte ich uns Frauen auch für sehr wichtig in der Kirchenarbeit."

In einigen Äußerungen appellieren Frauen an sich und andere, sich selbst um die Schaffung der für einflußreiche Positionen notwendigen Voraussetzungen zu bemühen:
- „Frauen müssen ihre Sache selbst in die Hand nehmen. Wenn ich mitarbeiten will, muß ich es sagen. Im Stübchen herumnörgeln bringt nichts!"
- „Frau muß selbstbewußt, wortgewandt sein und ab und zu auch ‚Kampfgeist' besitzen, um Anerkennung zu erlangen oder überhaupt bemerkt zu werden."
- „Wir Frauen müssen uns bemühen, über alle Aufgaben gut informiert zu sein, auch in Bau- und Finanzfragen, und den Mut zur Kritik aufbringen, ganz besonders auch im KKT."

Andere Befragte weisen hier (noch einmal) darauf hin, daß es für Frauen oft nicht leicht ist, sich durchzusetzen bzw. sich von Rollenfestlegungen freizumachen, die ja nicht selten auch von Frauen gestützt und mitgetragen werden.

Bleibt schließlich hinzuweisen auf einige *„andere Erfahrungen"*, die *„Glauben und christliches Leben"* betreffen. Von der Chance, durch ehrenamtliche Arbeit in der Kirche selbst im Glauben zu wachsen, ist dabei ebenso die Rede wie davon, daß anderen so die christliche Botschaft weitergesagt werden kann:
- „Möglichkeiten zu Gesprächen über den Glauben, Gottesdienstreform, Bibelarbeit, soziale Probleme und Glaube und Politik."
- „Ich bin durch meine Arbeit im Glauben gereift und möchte auch die schwierigen Stunden nicht missen."
- „Durch den Frauen- oder Bastelkreis konnten auch Fernstehende wieder mit der Kirche Kontakt bekommen."
- „Freude beim Weitergeben des Glaubens."

Vereinzelt wird mehr Beachtung von Glaubensfragen gefordert:

- „Eine Anregung, den Glauben weiterzutragen, andere anzustecken, habe ich in der Landeskirche *nie!* erlebt. (Wie macht man das? Ist das erlaubt? Sollte man über Glauben reden oder lieber handeln? etc.)"

Auch der Glaube als Grund des eigenen Engagements und als Basis gemeinsamen Tuns wird angesprochen:
- „Ich sehe es als biblische Aufforderung und fühle mich aufgrund dessen am rechten Platz."
- „Die Zusammenarbeit mit anderen und solchen unterschiedlicher Herkunft ist nur dann möglich und fruchtbar, wenn sie immer wieder im gemeinsamen Gebet unter das Wort gestellt wird."

Andere Frauen sprechen von der Notwendigkeit, mit (unbezahlter) ehrenamtlicher Tätigkeit ein Zeichen christlichen Lebens zu setzen:
- „In einer Gesellschaft, in der das Verdienen einen sehr hohen Stellenwert hat, kann man ein Zeichen setzen, daß Geld nicht die Motivation für Einsatz ist."
- „Das Verständnis von ehrenamtlicher Mitarbeit als Ausdruck christlichen Lebens muß wieder klargemacht werden, angesichts des ständigen Forderns nach Bezahlung für all und jedes auch in der Kirche."

5.6 Veränderungswünsche

„Welche Veränderungen in der Kirche halten Sie im Zusammenhang Ihrer Tätigkeit als ehrenamtliche Mitarbeiterin für notwendig? (z.B. Fortbildungsangebote und ihre Finanzierung, soziale Anerkennung und Aufwertung, Gewährung von Rentenansprüchen usw.?)"

Mehr als die Hälfte der ehrenamtlich in der Kirche tätigen Frauen, die den Fragebogen beantwortet haben, ist auf diese Frage eingegangen (vgl. Tabelle 32). Die ganz überwiegende Mehrzahl dieser Antwortenden hält Veränderungen für notwendig. Die übrigen sehen dafür - persönlich oder grundsätzlich - keinen Bedarf[93] oder aber halten die ihnen wesentlichen Punkte im eigenen Bereich bereits für erreicht. Eine kleine Zahl von Befragten reagiert zwar prinzipiell zustimmend, sieht aber offenbar sofort Probleme, wenn es um die *„Realisierung"* geht: Hier begegnen uns Stichworte wie *„utopisch"*, *„unbezahlbar"* oder: *„Da müßte erst die rechtliche Seite geklärt werden."* Andere Frauen weisen darauf hin, daß sie durch Familie und Kinder an einer Nutzung neuer Möglichkeiten gehindert seien oder erklären, sie seien durch ihren Beruf oder ihre Rente ausreichend versorgt, weitergehende Unterstützung daher überflüssig.

Die meist jungen Ehrenamtlichen, die zum Befragungszeitpunkt einen Beruf in der Kirche ausüben, unterstreichen in besonders großer Zahl die Notwendigkeit der hier angesprochenen Veränderungen.

---

[93] Beispiele:
- „Die ... angegebenen Punkte sind absolut *unsinnig*, ich will nicht verändern, ich will *dienen!*"
- „Ehrenamtliche Mitarbeit leistet man auch besonders für sich selbst, sonst würde sie nicht getan. Es tut gut, für alte Menschen etwas zu machen, denn die Dankbarkeit und Anerkennung ist groß, meistens größer als der Einsatz. So ist es auch in anderen Bereichen, das sollten wir uns klarmachen. Ich will das nicht so stark verallgemeinern, aber wirklich selbstlos ist kaum ein Einsatz."
- „Würde auch nur ein Drittel der Zeit, die u.a. für das hier Aufgelistete benötigt wird, für Bibelarbeit freibleiben, so würde Gott von sich aus Veränderungen schaffen."
- „Ich lebe in einer Gemeinde, in der mir nur der Wunsch bleibt, hier noch lange dabeisein zu dürfen! Überregional ist das, was Verbesserungen angeht, eventuell schon eher nötig."

Tabelle 32: Von ehrenamtlichen Mitarbeiterinnen im Zusammenhang ihres ehrenamtlichen Engagements geforderte Veränderungen, nach Stellung in der Kirche (in v.H. der jeweiligen Befragtengruppe)

	Frauen ausschließlich im Ehrenamt (n=2099)	Frauen in kirchlichen Berufen (n=279)	Frauen in kirchlicher Ausbildung (n=54)	ehrenamtliche Mitarbeiterinnen insgesamt (n=2432)
Veränderung ist notwendig	40	40	(50)	40
Veränderung wäre schön, aber ...	2	1	(2)	2
keine Veränderung notwendig	7	8	(-)	7
(noch) nicht zu beurteilen	2	..	(-)	1
sonstige Antworten	2	2	(2)	2
keine Angabe	47	49	(46)	48
insgesamt	100	100	(100)	100

Welche der in der Frage genannten Veränderungen werden von den Frauen nun im einzelnen unterstützt? Tabelle 33 gibt eine Übersicht.[94]

Tabelle 33: Von ehrenamtlichen Mitarbeiterinnen im Zusammenhang ihres ehrenamtlichen Engagements geforderte Veränderungen, nach Stellung in der Kirche (Mehrfachangaben, in v.H. der antwortenden Frauen)

	Frauen ausschließlich im Ehrenamt (n=2099)	Frauen in kirchlichen Berufen (n=279)	ehrenamtliche Mitarbeiterinnen insgesamt (n=2432)
Fortbildung	51	50	51
Anerkennung	23	30	25
Zusammenarbeit, Beteiligung	13	12	13
Kostenerstattung, Finanzierung	9	12	10
soziale Absicherung, Rentenanspruch	9	12	10
Glaubensfragen, Kirchenbild	3	2	3

Die meisten Veränderungswünsche beziehen sich auf das Stichwort „Fortbildung". Die Hälfte der Antwortenden - und d.h. zwei Drittel der an Veränderung interessierten Frauen - unterstreichen die Notwendigkeit einer (bezahlten) Fortbildung:

---

[94] Auf die gesonderte Wiedergabe der Vorstellungen, die hier von den in kirchlicher Ausbildung stehenden Befragten formuliert wurden, wird verzichtet, da aus dieser sehr kleinen Teilgruppe nur 29 Antworten vorliegen. In den Angaben der insgesamt antwortenden Frauen sind jedoch auch diese Äußerungen berücksichtigt.

- „Eine bessere Fortbildung im Hinblick auf Qualifizierung der speziellen Tätigkeiten."
- „Weiterbildung sollte von der Kirche finanziert werden, wie in der Lehrerfortbildung."
- „Es müßte mehr Fortbildungsmöglichkeiten mit Finanzierung durch die Gemeinde geben, damit das schlechte Gewissen gegenüber der Familie wegfallen kann."
- „Einsatz für Verständigung mit dem Arbeitgeber, eventuell Anspruch auf Dienstbefreiung für kirchliches Engagement, um an Fortbildungen teilnehmen zu können."
- „Mehr Fortbildungen, auch zu Zeiten, zu denen Berufstätige (Beruf auch Hausfrau) teilnehmen können, stärker regionale Arbeit, die aber das Ganze nicht aus den Augen verliert."

Dieser Wunsch ist bei Frauen unterschiedlichen *Alters* in ähnlichem Umfang vorhanden, nur von den ältesten Frauen (71 Jahre und älter) wird er in etwas geringerem Maß unterstützt.

Relativ selten nur kommt es vor, daß Frauen ausdrücklich die Notwendigkeit von (mehr) Fortbildungsangeboten in Frage stellen.[95] Diese Befragten sind in der Regel der Meinung, das entsprechende Angebot sei bereits groß genug, könne allerdings aus Zeit- oder Finanzgründen nicht von allen Frauen genutzt werden.

Eine ebenfalls recht große Zahl von Antwortenden plädiert für mehr *soziale Anerkennung* und für die *Aufwertung des Ehrenamts*. So wünscht sich eine ehrenamtliche Mitarbeiterin z.B. „*Achtung und Anerkennung meiner Qualifikation, mehr partnerschaftliche Zusammenarbeit zwischen Theologen und anderen kirchlichen Mitarbeitern.*" Andere bringen ihre Erfahrungen mit ganz konkreten Vorschlägen auf den Punkt:
- „Der Begriff ehrenamtliche Mitarbeiterin sollte in Mitarbeiterin ohne Dienstbezüge geändert werden. Ehrenämter sind in der Gesellschaft oft schmückendes Beiwerk, ehrenamtliche Mitarbeit ist dagegen ein harter Job."
- „Mehr Anerkennung in der Gemeinde, speziell im KV, eigener Etat zur selbständigen Finanzierung kleiner Ausgaben, ohne immer jede einzelne Kleinigkeit vorlegen und ‚erbetteln' zu müssen."

Frauen im *Alter* zwischen 21 und 50 Jahren sprechen sich häufiger als andere für solche Veränderungen aus; und beim Vergleich zwischen Frauen, die in der Kirche ausschließlich ehrenamtlich tätig sind, und anderen, die hier auch ihrem Beruf nachgehen, wird deutlich, daß letztere offenbar Probleme mangelnder Anerkennung ehrenamtlichen Engagements noch etwas schärfer wahrnehmen als die übrigen Befragten.

Der Notwendigkeit von Veränderungen, die auf mehr Anerkennung ehrenamtlicher Arbeit zielen, wird nur ganz vereinzelt - nämlich von ca. 1 % der Antwortenden - explizit widersprochen. Beispiel:
- „Das Gerede von der ‚Aufwertung' halte ich für überflüssig. Schließlich wissen wir uns alle gleichmäßig von Gott geliebt, das genügt vollständig."

Auch hinsichtlich der *Zusammenarbeit* formulieren zahlreiche Frauen Veränderungswünsche: Von notwendigen Bemühungen um ein „*besseres Miteinander*" ist in jeder achten Antwort die Rede. Frauen, die solche Wünsche äußern, nehmen dabei die unterschiedlichen Themen noch einmal auf, die oben bereits als Negativ-Erfahrungen ehrenamtlicher Mitarbeiterinnen zur Sprache gekommen sind: „*Mehr Unterstützung*" und „*Kommunikation*", „*partnerschaftliche Zusammenarbeit*", „*stärkere Entscheidungsbeteiligung*", aber auch „*persönliche Hilfe*", „*Zeit für menschliche Probleme*" und „*seelsorgerliche Zuwendung*" werden hier für wichtig gehalten.

Die *jüngeren* Mitarbeiterinnen machen hier offenbar besonders häufig für sie unbefriedigende Erfahrungen; jedenfalls votieren sie noch häufiger als andere für entsprechende Veränderungen.

---

[95] 6 % derjenigen, die diese Frage nach notwendiger Veränderung beantworten, nehmen in dieser Weise Stellung.

Diese Wünsche reichen von besserer Zusammenarbeit mit Pastoren und anderen Hauptamtlichen über Mitbestimmungs- und Demokratisierungsvorstellungen bis zu besseren zwischenmenschlichen Beziehungen im Zusammenhang der kirchlichen Arbeit überhaupt. Das folgende Beispiele steht für diese Anliegen:

- „Die Pastoren sollten sich der ehrenamtlichen Mitarbeiter annehmen und nicht denken: Die macht das schon. Auch Ehrenamtliche brauchen Seelsorge."

Eine andere ehrenamtliche Mitarbeiterin wünscht sich mehr „*direkte Demokratie, d. h., daß der Kirchenvorstand nicht alles allein entscheidet*", eine weitere beschreibt die Notwendigkeit einer Veränderung in Richtung auf „*Enthierarchisierung von Gottesdienst und Gemeindearbeit, Abbau des ‚Pastor/inn/en-Zentralismus'.*"

Der Wunsch nach besseren *finanziellen Regelungen* klang bereits an. Etwa jede achte Mitarbeiterin, die an Veränderung in den Arbeitsbedingungen der Ehrenamtlichen interessiert ist, bringt dieses Anliegen zur Sprache. Beispiel:

- „Es ist nicht immer ganz einfach zu sehen, daß mein Mann für seine Vorstandszugehörigkeit und als Ratsmitglied ‚kassiert' und ich immer (mein Geld) ‚mitnehme'."

Jüngere Frauen - etwa bis zum 30. Lebensjahr - äußern solche Wünsche nach verbesserten finanziellen Regelungen etwas seltener als ältere ehrenamtliche Mitarbeiterinnen.

Dabei geht es vor allem um die Erstattung von Materialauslagen, von Fahrt- und Reisekosten, aber beispielsweise auch um eine „*Honorarforderung bei regelmäßig verantwortlichem Einsatz*" oder um die Absicherung eines im Rahmen ehrenamtlicher Arbeit entstehenden Risikos durch eine Unfallversicherung, oder um die Gewährung einer Aufwandspauschale.

- „Die Kirche hat sich selbst teilweise zu einem Dienstleistungsbetrieb gemacht, aber sie greift auf einen enormen Stab von ehrenamtlichen Mitarbeitern (vor allem Frauen) zurück, ohne die sie nicht existieren könnte(!), die in keiner Weise honoriert werden für ihre wichtige Tätigkeit. Ich denke, die Kirche muß da umdenken, wenn sie weiterhin Mitarbeiter erhalten möchte. Eine gewisse Entschädigung, soziale Anerkennung und Aufwertung und eine Gewähr von Rentenansprüchen halte ich für das wenigste, was sie tun kann. Ich sehe nach wie vor die Arbeit an der Basis (in den Kirchengemeinden) als die wichtigste an."
- „Wichtig ist, daß während des Einsatzes ein Versicherungsschutz besteht (bei Autofahrten auch für den eigenen Wagen)."

Vermutlich eingedenk manch schlechter Erfahrungen mit der bisherigen Praxis unterstreichen einige Frauen dabei ihren Wunsch nach einer „*Finanzierung der Unkosten, die man leichten Herzens in Anspruch nehmen mag*". Eine andere Frau schreibt, man sollte doch „*Bedürftige diskret unterstützen, damit sie sich das Ehrenamt auch leisten können*". Auch der Wunsch nach einem „*eigenen Etat*" für den Arbeitsbereich wird in diesem Zusammenhang formuliert.

Der Anteil derjenigen Antwortenden, die solche finanzielle Besserstellung ehrenamtlicher Mitarbeiterinnen explizit ablehnen, ist mit 2 % sehr klein. Hier werden z.B. die folgenden Argumente vorgetragen:

- „Bezahlung und Rente ist utopisch, darunter würde die ehrenamtliche Arbeit zerbrechen. Was ich freiwillig und ‚umsonst' tue, macht mir mehr Spaß."
- „Wenn ich ehrenamtlich tätig bin, tue ich, was ich kann und feilsche nicht um den Groschen. Wenn ich außer Zeit nicht mal ein paar Groschen zusetzen kann, dann lasse ich die ganze Sache sein."

Die Gewährung von *Rentenansprüchen*, in obigem Zitat bereits aufgenommen, spielt ebenfalls für etwa jede achte Frau, die Veränderung möchte, eine Rolle.[96]
Die Antworten lassen erkennen, daß ehrenamtliche Mitarbeiterinnen in der Kirche häufig erleben, daß ihnen ihr Engagement einerseits viel bedeutet, daß es ihnen andererseits aber inhaltlich wie vom zeitlichen Aufwand her schon mehr als Beruf denn als Ehrenamt erscheint. Diese Spannung ist häufig angesprochen, wo die Forderung nach einer Rente begründet wird, z.B.:

- „Rentenansprüche wären tatsächlich berechtigt. Oft arbeiten Ehrenamtliche ähnlich viel wie Hauptamtliche!"
- „Ich habe mir in der Gemeinde einen eigenen Arbeitsbereich aufgebaut ..., der fast die Form eines Halbtags-Berufes angenommen hat."

Und eine andere ehrenamtliche Mitarbeiterin schreibt:

- „Wenn die Frau eines kirchlichen Mitarbeiters nachweisbar als Arbeitskraft mit in den Beruf des Mannes einbezogen ist, sollte sie im Rahmen der 420,- DM-Regelung entschädigt werden, sowie auch Rentenansprüche erhalten. Die eigene Bewertung und Entlohnung meiner Tätigkeit finde ich für mich sehr wichtig. Ich arbeite für mich, nicht für meinen Mann."

Auch hier gibt es nur gelegentlich ausdrücklich formulierte Gegenargumente, mit denen solche Überlegungen als - meist für die Befragten persönlich - *„nicht notwendig"* zurückgewiesen werden:

- „Bei mir kaum Notwendigkeit, da hauptberuflich außerhalb der Kirche gut versorgt. Könnte in anderen Fällen jedoch Bedeutung gewinnen."

Ähnlich selten formulieren Frauen grundsätzliche Ablehnung, z.B.:

- „Rentenansprüche? Ich glaube, ein *Ehren*amt ist eben ein Ehrenamt, mit allen Konsequenzen. Das ist eben doch etwas ganz anderes, und sobald sich eine Arbeitnehmerhaltung ausbreitet, verfliegt, denke ich, ganz Wichtiges vom Geist und der Ausstrahlung dieser Arbeit."
- „Die Kirche ist nicht der Staat. Wir müssen vom übertriebenen Versorgungsdenken wegkommen."

Die hier angesprochenen Veränderungen betreffen die Situation der ehrenamtlichen Mitarbeiterinnen und ihre Stellung im sozialen Gefüge der Kirche. Vereinzelt kommen in den Antworten dennoch auch Anliegen zur Sprache, die auf *Glaubensinhalte* oder auf die *Gestalt der Kirche* insgesamt Bezug nehmen:

- „Ich halte inhaltliche Veränderungen für nötig, die das Evangelium betreffen. Die hier angegebenen Faktoren interessieren mich nicht."
- „Sind das *Veränderungen*? Ich wünsche mir mehr als nur Veränderung in der Kirche - ich wünsche Veränderung der Kirche. Etwa: Aus Volkskirche Freiwilligkeitskirche."
- „Man müßte die ganze Kirche auf den Kopf stellen."

---

[96] Dabei nehmen ehrenamtliche Mitarbeiterinnen etwa ab dem 60. Lebensjahr, die sich also selbst zum größten Teil schon im Rentenalter befinden, diesen Gedanken etwas seltener auf als jüngere Befragte.

6 Erfahrungen mit beruflicher Arbeit in der Kirche

Im folgenden Kapitel geht es um die speziellen Erfahrungen derjenigen Befragten, die nicht nur als Kirchenmitglieder am gemeindlichen Leben teilnehmen, sondern als beruflich in der Kirche tätige Frauen zugleich den eigenen Lebensunterhalt - ganz oder teilweise - durch ihre Arbeit in kirchlichen Aufgabenfeldern verdienen. Ein solches Arbeitsverhältnis ist ohne Zweifel Grundlage einer *„besonderen"* Beziehung dieser Frauen zur Kirche: Die meisten von ihnen sind durch die einmal getroffene Berufsentscheidung und eine damit verbundene spezifische Berufsausbildung der Kirche in einer Weise verbunden, die neben religiösen und sozialen Dimensionen auch einen ökonomischen Aspekt umschließt: Kirche stellt für eine Reihe von „Frauenberufen" - in sozialen, pflegerischen, pädagogischen Bereichen - einen der wenigen großen Arbeitgeber in unserer Gesellschaft dar. Nicht selten ist es ein Arbeitsplatz in der Kirche, der sich für in solchen Berufen tätige Frauen vor anderen potentiellen Tätigkeitsfeldern anbietet.[97] Andere Berufe - wie Pastor / Pastorin, Diakon / Diakonin, Kirchenmusiker / Kirchenmusikerin - sind von vorneherein auf kirchliche Arbeitsfelder hin konzipiert. Die Freiheit der Arbeitsplatzwahl ist somit faktisch für viele dieser Frauen deutlich eingeschränkt; sie sehen sich aus äußeren Gründen veranlaßt, sich mit den Arbeitsbedingungen zu arrangieren, die ihnen die Kirche bietet, auch wenn sie damit möglicherweise nur teilweise einverstanden sind.

Freilich bilden solche Rahmenbedingungen nur *eine* Seite der beruflichen Tätigkeit von Frauen in der Kirche. Von vermutlich weit größerer Bedeutung ist, daß die Identität dieser in kirchlichen Berufen tätigen Frauen oft in sehr tiefgehender Weise mit dem christlichen Glauben, der Kirche und den dort gegebenen Handlungsmöglichkeiten verknüpft ist. Sie möchten anderen Menschen helfen, für andere dasein, gute seelsorgerliche, pädagogische oder pflegerische Arbeit leisten, und sie erwarten in kirchlichen Arbeitsfeldern hierfür gute Voraussetzungen. Viele von ihnen haben ihren jetzigen Beruf auf dem Hintergrund eines früheren Engagements in der Kirche gewählt.[98] Diese Motivationsaspekte sind bei den Erfahrungsberichten und kritischen Stellungnahmen dieser Befragten in besonderer Weise zu bedenken.

6.1 Berufsgruppenzugehörigkeit und Arbeitszeit

Beginnen wir dieses Kapitel über in der Kirche beruflich tätige Frauen mit einem Überblick über die verschiedenen Berufe, die die an der Befragung Beteiligten ausüben. Eine Auflistung nach *Berufsgruppen* enthält Tabelle 34. [99]

---

[97] Vgl. dazu die Befunde der von Heinrich Beyer und Hans G. Nutzinger veröffentlichten Studie: Erwerbsarbeit und Dienstgemeinschaft. Arbeitsbeziehungen in kirchlichen Einrichtungen. Bochum, SWI-Verlag, 1991, insbesondere S. 302 ff.

[98] Vgl. dazu für im kirchlichen und diakonischen Dienst beruflich tätige Frauen Beyer / Nutzinger, a.a. O., S. 303; für Diakoninnen die von der Projektgruppe „Diakone" durchgeführte Studie „Diakone im gemeindlichen und übergemeindlichen Dienst". Hannover, Evang. Fachhochschule, 1985, S. 197 ff.; für angehende Theologinnen: Brigitte Probst: Studien- und Berufsmotivation von Theologiestudentinnen. In: Theologia Practica, 1985 (20), Heft 1, S. 41 ff.

[99] Die Klassifikation erfolgte aufgrund der von den Frauen auf die Frage nach ihrer beruflichen Arbeit in der Kirche genannten Stichworte. Nicht in jedem Fall war die Zuordnung eindeutig. Einige Befragte wurden deshalb der Kategorie „sonstige Berufe" zugeordnet. Darüberhinaus finden sich in dieser Gruppe mehrere Frauen, deren Berufe nur ganz vereinzelt in der Befragtengesamtheit vertreten waren, beispielsweise „Journalistin", „Mitarbeiterin in der Bahnhofsmission".

Tabelle 34: Beruflich in der Kirche tätige Befragte nach Berufsgruppen (absolut und in v.H.)

	absolut	in v.H.
Verwaltungsangestellte, Büroangestellte, Kirchenbeamtin	116	14
Erzieherin, Kinderpflegerin, Spielkreisleiterin	99	12
Diakonin, Gemeindehelferin, Jugendwartin	84	10
Pfarrsekretärin, Ephoralsekretärin, Pfarramtshelferin	81	10
Pastorin	66	8
Kirchenmusikerin, Organistin, Kantorin	64	8
Sozialpädagogin, Sozialarbeiterin	51	6
Küsterin, Hausmeisterin, Reinigungskraft	51	6
Gemeindeschwester, Haus- und Familienpflegerin	50	6
Erwachsenenbildnerin, pädagogische Referentin	30	4
Beraterin (z.B. Suchtberatung, Ehe- und Lebensberatung)	17	2
Religionspädagogin, Katechetin	14	2
Diakonisse	8	1
Wissenschaftliche Mitarbeiterin, Dozentin, Professorin	6	1
Wirtschafterin, Hauswirtschaftsleiterin	4	..
Bibliothekarin, Büchereiassistentin	3	..
Krankenhausseelsorgerin	3	..
anderes	56	7
keine Angabe	6	1
insgesamt	809	100

Sie zeigt eine breite Beteiligung von Angehörigen der verschiedensten Berufe. Zahlenmäßig am häufigsten haben sich Mitarbeiterinnen aus dem Bereich der Kirchenverwaltung beteiligt. Es folgen Frauen, die im Kindergartenbereich bzw. in Spielkreisen tätig sind. Auch Diakoninnen / Jugendwartinnen und Mitarbeiterinnen in Gemeinde- bzw. Ephoralbüros sind in großer Zahl vertreten. Geantwortet haben ferner jeweils mehr als 50 Pastorinnen, Kirchenmusikerinnen, Sozialpädagoginnen / Sozialarbeiterinnen, Küsterinnen / Hausmeisterinnen / Reinigungsfrauen sowie Frauen, die in Diakonie- und Sozialstationen z.B. als Gemeindekrankenschwestern oder Haus- und Familienpflegerinnen tätig sind. Pädagogische Mitarbeiterinnen, Beraterinnen und Frauen, die an vielen anderen Stellen in der Kirche ihren Beruf ausüben, haben sich ebenfalls an der Befragung beteiligt.

Setzt man die Zahlen der Befragten aus den besonders stark in der Umfrage vertretenen Berufsgruppen zur Gesamtzahl derjenigen ins Verhältnis, die in der Landeskirche im entsprechenden Bereich haupt- oder nebenberuflich tätig sind[100], so

---

[100] Angaben hierzu finden sich in folgenden Quellen: Evangelische Kirche in Deutschland: Statistischer Bericht TIII 88/90: Kirchengemeinden, Kirchenkreise, Theologiestudierende, Ausbildung

zeigt sich: Die einzelnen Gruppen haben sehr unterschiedliche Beteiligungsquoten zu verzeichnen:
- Am höchsten sind die entsprechenden Anteile bei Sozialpädagoginnen / Sozialarbeiterinnen, Diakoninnen und Pastorinnen.[101]: Mit Quoten von 31, 29 und 27 % hat jeweils jede dritte bis vierte dieser Frauen einen Fragebogen ausgefüllt zurückgesandt.
- Für Frauen in der kirchlichen Verwaltung sowie für Pfarrsekretärinnen und Kirchenmusikerinnen ergeben sich Beteiligungsraten von etwa einem Zehntel[102].
- Anteilsmäßig am schwächsten vertreten sind Erzieherinnen, Gemeindeschwestern und Küsterinnen. Nur je 2 bis 3 % der Mitarbeiterinnen aus diesen Berufsgruppen haben Fragebogen eingesandt.

Diese Zahlenwerte machen noch einmal deutlich: Die Befragung spiegelt nicht das Meinungsbild *der* kirchlichen Mitarbeiterinnen in ihrer Gesamtheit. Zu Wort gemeldet haben sich Frauen, die vermutlich eine Reihe von Voraussetzungen erfüllen:
- Sie wurden über das als Methode der Fragebogenverteilung gewählte Schneeballverfahren erreicht
- also von Pfarramtsinhaberinnen bzw. -inhabern, Mitarbeiterinnen in der kirchlichen Frauenarbeit und / oder Vertreterinnen ihrer Berufsgruppe angesprochen.
- Sie fanden - aus welchen Gründen auch immer - die Fragestellung interessant und wichtig genug, um sich der Mühe der Beantwortung und Rücksendung zu unterziehen.

Die Ergebnisse lassen keine gesicherten Rückschlüsse darauf zu, welche dieser beiden Voraussetzungen in den einzelnen Berufsgruppen besser bzw. schlechter erfüllt waren.

Als zweites Merkmal zur Vorstellung der in der Kirche beruflich tätigen Frauen dienen Angaben über den *Umfang ihrer wöchentlichen Arbeitszeit* (vgl. Tabelle 36).
Die Aufstellung zeigt: Etwa die Hälfte dieser beruflich in der Kirche tätigen Frauen nennt Arbeitszeiten von weniger als 40 Stunden; bei einem Großteil dieser zeitlich reduzierten Arbeitsverhältnisse handelt es sich um solche mit weniger als 20 Wochenstunden (27 %). Ein knappes Drittel dieser berufstätigen Frauen erklärt, wöchentlich 40 Stunden zu arbeiten, also vollzeitlich beschäftigt zu sein.[103] Soweit Angaben über längere Arbeitszeiten vorliegen, sind diese wohl als Schätzung des tatsächlich geleisteten Arbeitsumfangs zu verstehen. Ein Teil derjenigen Frauen, die hier keine Angaben gemacht haben, ist in Arbeitsverhältnissen tätig, deren Umfang nicht einheitlich geregelt ist.

---

zum Pfarrdienst, Pfarrstellen, Theologinnen und Theologen in den Gliedkirchen der EKD in den Jahren 1988, 1989 und 1990. Statistische Beilage Nr. 87 zum Amtsblatt der EKD, Heft 2 vom 15. Februar 1993, S. 33 (für die Pastorinnen); Erhebung über alle am 31. 8. 1987 gegen Vergütung o.ä. in den Kirchlichen Körperschaften tätigen Mitarbeiter (außer Pastoren, Pfarrverwalter), unveröffentlichte Statistik der Ev.-luth. Landeskirche Hannovers.

[101] Eine gesonderte Auswertung für diese Teilgruppe liegt bereits vor (vgl. Johanna Friedlein / Ingrid Lukatis: Pastorin - ein neuer Beruf? In: Theologia Practica, 1990 (25), Heft 1, S. 26 - 40.

[102] Für Verwaltungsangestellte liegt diese Quote bei 13 %, für Pfarrsekretärinnen bei 9 %, für Kirchenmusikerinnen bei 8 %.

[103] Zum Vergleich: Erwerbstätige Frauen in Niedersachsen wiesen 1985 folgenden Stundenzahlen auf: unter 21 Stunden: 22 %, 21 - 39 Stunden: 21 %, 40 und mehr Stunden: 57 % (vgl. noch einmal den Bericht über „Lebens- und Arbeitssituation von Frauen in Niedersachsen", a.a.O., S. 18). Die Zahl der Frauen, die 20 Stunden und weniger erwerbstätig sind, ist also unter den beruflich in der Kirche tätigen Frauen besonders hoch. Die Antworten geben allerdings keinen Aufschluß darüber, ob ein Teil dieser in der Kirche nur mit sehr geringen Stundenzahlen beschäftigten Frauen möglicherweise im außerkirchlichen Bereich einer weiteren beruflichen Tätigkeit nachgeht.

Tabelle 35: Wöchentliche Arbeitszeit der beruflich in der Kirche tätigen Befragten (absolut und in v.H.)

	absolut	in v.H. (n= 809)
weniger als 5 Stunden	57	7
5 bis unter 10 Stunden	72	9
10 bis unter 20 Stunden	93	11
20 Stunden	93	11
21 bis unter 30 Stunden	43	5
30 bis unter 40 Stunden	61	8
40 Stunden	247	31
mehr als 40 Stunden	34	4
keine Angabe	109	14
insgesamt	809	100

Es überrascht nicht, daß diese Angaben über die wöchentlichen Arbeitszeiten stark variieren, wenn man sie getrennt nach verschiedenen *Berufsgruppen* betrachtet (vgl. Tabelle 36):
Während nur 14 bzw. 15 % der antwortenden Küsterinnen bzw. Pfarramtssekretärinnen eine *volle Stelle* innehaben, sind es unter Diakoninnen wie Sozialpädagoginnen / Sozialarbeiterinnen 66 %. Unter den antwortenden Pastorinnen haben Vollzeitbeschäftigte sogar einen Anteil von 82 %.

Tabelle 36: Wöchentliche Arbeitszeit bei Frauen ausgewählter Berufsgruppen[104] (in v.H. der jeweiligen Befragtengruppe)

wöchentliche Arbeitszeit	Kirchenmusikerin (n=64)	Pfarrsekretärin (n=81)	Verwaltungsangestellte (n=116)	Diakonin (n=84)	Erzieherin (n=99)
unter 5 Stunden	36	5	5	2	2
5 bis unter 10 Stunden	19	17	8	-	8
10 bis unter 20 Stunden	9	40	14	1	3
20 bis unter 30 Stunden	5	22	20	23	24
30 bis unter 40 Stunden	-	1	9	8	18
40 Stunden	8	9	40	55	43
mehr als 40 Stunden	-	2	2	6	-
keine Angabe	23	4	2	5	2
insgesamt	100	100	100	100	100

---

[104] Bei Tabellenanalysen, die nach Zugehörigkeit zu verschiedenen Berufsgruppen unterscheiden, wird um der besseren Lesbarkeit willen auf Klammersetzung bei den Prozentangaben verzichtet, obwohl nahezu alle Teilgruppen weniger als 100 Antwortende enthalten.

Fortsetzung von Tabelle 36:

wöchentliche Arbeitszeit	Pastorin (n=66)	Gemeindeschwester (n=50)	Küsterin (n=51)	Sozialpädagogin (n=51)	Erwachsenenbildnerin (n = 30)
unter 5 Stunden	-	2	14	-	10
5 bis unter 10 Stunden	-	8	21	2	17
10 bis unter 20 Stunden	-	6	33	-	13
20 bis unter 30 Stunden	10	20	12	16	10
30 bis unter 40 Stunden	8	10	6	16	7
40 Stunden	12	46	4	62	26
mehr als 40 Stunden	32	-	-	-	-
keine Angabe	38	8	10	4	17
insgesamt	100	100	100	100	100

Gemeindeschwestern (54 %), Erzieherinnen (45 %), Verwaltungsmitarbeiterinnen (44 %) und Kirchenmusikerinnen (31 %) nehmen in einer solchen Rangreihe mittlere Plätze ein.

Ein - zumindest grober - Vergleich mit den Zahlen der landeskirchlichen Statistik[105] läßt erkennen, daß sich in einigen Berufsgruppen Frauen mit Vollzeitstellen offenbar etwas häufiger als andere an der Umfrage beteiligt haben: Insbesondere gilt dies für Gemeindeschwestern, Erzieherinnen und Mitarbeiterinnen in der kirchlichen Verwaltung. Bei Pastorinnen und Kirchenmusikerinnen ist eine solche Überprüfung nur schwer möglich; hier haben jeweils größere Gruppen von Befragten auf Angaben zur eigenen Wochenarbeitszeit verzichtet. Dabei sind die Gründe für solche fehlenden Antworten in beiden Gruppen möglicherweise unterschiedlich: Für eine Reihe von Pastorinnen war es vielleicht schwierig, die eigene Arbeitszeit realistisch zu kalkulieren. Unter Kirchenmusikerinnen ist die Quote der „nebenberuflich" tätigen Organistinnen sehr hoch; ihr zeitlicher Einsatz wechselt häufig so stark, daß sie die Frage nach der wöchentlichen Arbeitszeit einfach nicht beantworten können.

Tabelle 37: Wöchentliche Arbeitszeit der beruflich in der Kirche tätigen Frauen, nach Lebensalter (in v.H. der jeweiligen Befragtengruppe)

	21-30 J. (n=135)	31-40 J. (n=184)	41-50 J. (n=244)	51-60 J. (n=168)	61 J. und älter (n=45)
weniger als 5 Stunden	2	6	8	7	(20)
5 bis unter 10 Stunden	5	8	7	14	(18)
10 bis unter 20 Stunden	1	9	16	15	(18)
20 bis unter 30 Stunden	18	16	22	15	(-)
30 bis unter 40 Stunden	12	9	9	4	(-)
40 Stunden	52	32	26	29	(4)
mehr als 40 Stunden	3	8	2	5	(4)
keine Angabe	7	12	10	11	(36)
insgesamt	100	100	100	100	(100)

---

[105] Zu den diesem Vergleich zugrundeliegenden Quellen vgl. noch einmal Fußnote 100. Die einschlägigen Zahlenwerte für voll- und teilzeitbeschäftigte Pastorinnen finden sich a.a.O., S. 35.

Eine für die Beschreibung der Lebenssituation der Befragten wichtige zusätzliche Information ergibt sich aus der Analyse der wöchentlichen Arbeitszeiten für Frauen unterschiedlichen *Lebensalters* (vgl. Tabelle 37). Die in der Kirche beruflich tätigen Frauen zwischen 21 und 30 Jahren sind meist vollzeitbeschäftigt. Bei Frauen mittleren und höheren Alters ist dies deutlich seltener der Fall.[106] In der höchsten Altersgruppe - also bei Befragten ab dem 60. Lebensjahr - finden sich nur noch wenig vollzeitbeschäftigte Frauen. Allerdings ist hier der Anteil derjenigen, die diese Frage nicht mit einer Zahlenangabe beantworten, herausragend hoch. Wieviel Stunden wöchentlicher Arbeit von diesen Frauen tatsächlich geleistet werden, muß offen bleiben.

6.2 Lebenssituation der beruflich in der Kirche tätigen Frauen

Ein Hinweis auf die Lebenssituation dieser beruflich in der Kirche tätigen Frauen ergibt sich aus den Angaben zum *Lebensalter* (vgl. Tabelle 38). Hier zeigt sich: Insgesamt 91 % dieser Berufstätigen sind zwischen 20 und 60 Jahre alt. Die Altersgruppe „41 bis 50 Jahre" ist in dieser Befragtengesamtheit am stärksten vertreten.

Tabelle 38: Lebensalter beruflich in der Kirche tätiger Frauen, in ausgewählten Berufsgruppen (in v.H. der jeweiligen Befragtengruppe)

Beruf	bis 20 Jahre	21 bis 30 Jahre	31 bis 40 Jahre	41 bis 50 Jahre	51 bis 60 Jahre	61 Jahre und älter	keine Angabe	insgesamt
Kirchenmusikerin	8	13	12	25	25	17	-	100
Pfarrsekretärin	1	1	16	45	33	4	-	100
Verwaltungsangestellte	-	10	17	43	26	3	1	100
Diakonin	-	35	26	22	14	1	2	100
Erzieherin	1	39	19	29	11	-	1	100
Pastorin	-	15	50	18	15	2	-	100
Gemeindeschwester	-	6	26	44	20	4	-	100
Küsterin	-	2	12	31	29	22	4	100
Sozialpädagogin	-	33	35	12	20	-	-	100
Beruflich in der Kirche tätige Frauen insgesamt	1	17	23	30	21	5	3	100

Besonders viele jüngere Frauen finden sich unter den Diakoninnen, Erzieherinnen und Sozialpädagoginnen / Sozialarbeiterinnen; jeweils ein Drittel dieser Befragtengruppen ist noch nicht älter als 30 Jahre. Relativ jung sind aber auch noch die mei-

---

[106] Diese Befunde stimmen mit Tendenzen überein, die in einer 1988 von der Landesbeauftragten für Frauenfragen bei der Niedersächsischen Landesregierung herausgegebenen Studie zur „Lebens- und Arbeitssituation von Frauen in Niedersachsen" beschrieben werden (vgl.dort S. 40).

sten Pastorinnen, die sich an der Befragung beteiligt haben: Zwei Drittel von ihnen sind 40 Jahre oder jünger. Bei Pfarrsekretärinnen, Verwaltungsangestellten und Gemeindeschwestern liegt das am häufigsten genannte Alter zwischen 41 und 50 Jahren. Die höchsten Anteile älterer Frauen finden sich unter den befragten Kirchenmusikerinnen und Küsterinnen.

Auch die Angaben zur familiären Situation geben Hinweise auf den Lebensalltag dieser beruflich in der Kirche tätigen Befragten. Wie bereits in der einleitenden Vorstellung der antwortenden Frauen sichtbar wurde[107], lebt die Mehrzahl von ihnen mit dem (Ehe-) Partner (21 %) bzw. mit dem (Ehe-) Partner und Kind(ern) zusammen; 1 % der Befragten teilt den Haushalt mit dem (Ehe-) Partner, Kindern und weiteren Personen. Weitere 21 % leben allein. Außerdem gibt es jeweils zahlenmäßig kleine Gruppen von Frauen, die mit einem oder mehreren Kindern zusammen in einem Haushalt leben (7 %) oder mit verschiedenen anderen Personen einen gemeinsamen Haushalt führen (7 %). Angaben zur häuslichen Situation fehlen in 4 % dieser Fragebogen.

Zwischen den Befragten verschiedener *Berufsgruppen* gibt es deutliche Unterschiede in den *familiären Lebenssituationen* : Während die Gesamtquote Alleinlebender unter den in der Kirche beruflich tätigen Frauen insgesamt bei 21 % liegt, beträgt er bei Pastorinnen 42 %, bei Diakoninnen 36 % und bei Sozialpädagoginnen / Sozialarbeiterinnen 37 %. In der letztgenannten Gruppe finden sich zugleich überdurchschnittlich viele Befragte, die ohne Kinder mit einem (Ehe-) Partner zusammenleben. Die Anteile derjenigen, die mit Partner und Kind(ern) leben, ist bei den befragten Pfarrsekretärinnen und Gemeindeschwestern besonders hoch (57 bzw. 56 %, verglichen mit durchschnittlich 39 %). Alleinerziehende Frauen sind vergleichsweise am häufigsten vertreten unter den Küsterinnen (20 %, verglichen mit 7 % in der gesamten Befragtengruppe).

Auch zwischen *Familiensituation* und *wöchentlicher Arbeitszeit* gibt es deutliche Zusammenhänge (vgl. Tabelle 39).[108]

Tabelle 39: Wöchentliche Arbeitszeit der beruflich in der Kirche tätigen Frauen, nach familiärer Situation (in v.H. der jeweiligen Befragtengruppe)

	unter 20 Stunden/ Woche	20 bis unter 40 Stunden/ Woche	40 Stunden und mehr/ Woche	keine Angabe	insgesamt
alleinlebend	10	10	65	15	100
mit (Ehe-) Partner	24	24	39	13	100
mit Kind(ern)	24	43	28	5	100
mit (Ehe-) Partner und Kind(ern)	42	30	17	11	100

Zwei Drittel der alleinlebenden Frauen sind vollzeitlich beruflich in der Kirche tätig. Unter jenen, die mit ihrem (Ehe-) Partner zusammenleben und keine Kinder zu versorgen haben, hat etwa die Hälfte einen Teilzeitarbeitsplatz inne. Bei Befragten, die allein mit ihren Kindern zusammenleben, überwiegt Teilzeitbeschäftigung (67 %). Noch häufiger sind solche zeitlich eingeschränkten Arbeitsverhältnisse aber bei jenen Frauen anzutreffen, die mit (Ehe-) Partner und Kind bzw. Kindern gemeinsam im Haushalt leben (72 %).

---

[107] Vgl. Schaubild 6, S. 23.
[108] Vgl. auch die mit diesen Befunden übereinstimmenden Tendenzen in der Studie über die „Lebens- und Arbeitssituation von Frauen in Niedersachsen" (a.a.O., S. 40 ff.).

6.3 Erfahrungen mit beruflicher Arbeit in der Kirche

Die Fragen, mit denen die Erfahrungen dieser „Berufsfrauen" gezielt erhoben wurden,[109] betreffen
- ihre Wahrnehmung von „Kirche als Arbeitgeberin",
- ihre Einschätzung von Möglichkeiten, als Frau eigene Fähigkeiten in den Beruf einzubringen,
- Erfahrungen von Zusammenarbeit mit Männern und anderen Frauen,
- Erfahrungen im Umgang mit Information, Diskussion und Entscheidung,
- Erfahrungen mit Gremienarbeit,
- Einschätzung von Aufstiegschancen für Frauen in der Kirche,
- Erfahrungen von Diskriminierung.

Bei der Auswertung werden zunächst jeweils die die Befragtengesamtheit kennzeichnenden Antworttendenzen und die verschiedenen inhaltlichen Aspekte der Beantwortung beschrieben. Im Anschluß daran wird jeweils untersucht, ob sich unter bestimmten Arbeits- und Lebensbedingungen Berufserfahrungen in der Kirche möglicherweise in besonderer Weise ausgestalten. Dabei wird überprüft, inwieweit bestimmte Erfahrungen und Situationseinschätzungen zwischen verschiedenen Berufsgruppen variieren, ob der zeitliche Umfang der geleisteten Arbeit einen diese Erfahrung beeinflussenden Faktor darstellt, und welche Bedeutung persönliche Lebensumstände - wie Alter und Familiensituation in diesem Zusammenhang haben. Um die Lesbarkeit des Berichts nicht zu gefährden, benennen wir dabei nur solche Befunde, die tatsächlich Unterschiede vermuten lassen.

6.3.1 Kirche als Arbeitgeberin

„Wie erleben Sie die Kirche als Arbeitgeberin?"

Die Kirche als Großorganisation bildet - arbeitsrechtlich gesehen - ein Gegenüber für alle Frauen, die in einer beruflichen Arbeitsbeziehung zu ihr stehen. Wie Frauen dieses Gegenüber wahrnehmen, welche Erfahrungen sie mit der Art und Weise machen, in der Kirche von sich aus diese Arbeitsbeziehungen gestaltet, das sollte mit diesem Stichwort ermittelt werden. Besonderes Interesse galt dabei der Frage, ob sich in den Erfahrungen der Frauen eher Aspekte einer *„männlich"* geprägten Organisationskultur spiegeln oder ob sie die Assoziation von *„Kirche"* mit *„weiblich"* als angemessen empfinden. Da nicht damit zu rechnen war, daß sich die antwortenden Frauen in ihrer Gesamtheit mit diesem Thema schon einmal explizit befaßt hatten, starteten wir mit der Formulierung der Frage einfach eine Art „Versuchsballon". Den Befragten stand es frei, ihn aufzunehmen und darauf zu reagieren oder aber ihn einfach zu „übersehen".

Wie die Antworten zeigen, wird das in der Frage gebrauchte Stichwort „Arbeitgeberin" von einigen Frauen in ihren Antworten anscheinend kommentarlos akzeptiert

---

[109] Nicht alle beruflich in der Kirche tätigen Frauen haben diesen Teil des Erhebungsbogen beantwortet. In einer Reihe von Fällen wurden Fragebogen zurückgesandt, bei denen die entsprechende Seite fehlte. Andererseits liegen zu diesen berufsbezogenen Fragen Antworten von etwa einem Drittel der Befragten vor, die zum Befragungszeitpunkt gerade eine Ausbildung auf einen Beruf in der Kirche durchlaufen, dabei aber - als Vikarinnen, Berufspraktikantinnen oder Absolventinnen einer berufsbegleitenden Ausbildung - auch schon Arbeitserfahrungen sammeln.

und aufgenommen; dabei ist nicht erkennbar, ob diese Frauen den Begriff ihrerseits bewußt gebrauchen. Dasselbe gilt für eine Reihe anderer Antworten, in denen anstelle von *„Arbeitgeberin Kirche"* die männliche Form *„Arbeitgeber"* benutzt wird.

Nur sehr wenige Frauen haben *ausdrücklich* zum Stichwort „Arbeitgeber*in*" Stellung genommen. Wo dies geschieht, da wird dem arbeitsrechtlichen Gegenüber Kirche ein spezifisch „weiblicher" Charakter in der Regel bestritten, teilweise verbunden mit explizit kritischen Äußerungen:

- „Erlebe sie (ihn) als Arbeit*geber*!"
- „Als kühlen Arbeit*geber*, anonym, sachlich, ...bis undurchschaubar."
- „Ich erlebe sie nicht als Arbeitgeberin: bei Stellenvergaben werden m.E. Männer noch immer Frauen vorgezogen, Frauen haben es zumeist schwer, ihre ‚Mutterdaseinspflicht' und Beruf zu vereinbaren."
- „Ich erlebe sie als Arbeitgeber!, nicht besser als weltliche Behörden und Unternehmer, aber repressiver in Fragen der ‚Lebensführung'!"
- „Arbeitgeberin??? Das ist ja Spott! Denn bis auf wenige ‚ungefährliche' ‚Alibifrauen' besteht ja die Kirche vorwiegend aus Männern, jedenfalls da, wo die Macht ist und wo Kirche als Arbeitgeber entscheidet."
- „Eben nicht als Arbeitgeber*in*, sondern als einseitig männlich organisiertes und strukturiertes Unternehmen, das in wesentlichen gesellschaftlichen und politischen Fragen unterentwickelt ist."
- „Als *Arbeitgeber* erlebe ich sie *männlich*. Ausbeuterisch. Der Fürsorgepflicht nicht Genüge tun, ruft bei mir die härtesten Aggressionen hervor."
- „In diesem Fall muß es leider wirklich ‚Arbeitgeber' heißen. Die Verlängerung der Koll-Zeit auf drei Jahre ist frauenfeindlich!"
- „Sie ist ein Arbeitgeber!! Despotisch, ihre Vertreter wie Firmeninhaber, Manager! Subtile Formen von Unterdrückung, Gewalt! Nicht fähig zu Demokratie! Auch nicht bereit dazu!"
- „Mehr als Arbeitgeb*er*. Sehr ‚einnehmend', vor allem, was Zeit und Privatleben betrifft."

Insgesamt zeigen die Antworten auf die Frage nach der Kirche als Arbeitgeberin durch Befragte, die einen Beruf in der Kirche ausüben[110], das in Tabelle 40 dargestellte Bild.

Tabelle 40: Erfahrungen beruflich in der Kirche tätiger Frauen mit „Kirche als Arbeitgeberin" (in v.H.)

	Frauen in kirchlichen Berufen insgesamt (n=809)	antwortende Frauen (n=605)
positive Äußerungen	19	26
wie andere Arbeitgeber, „normal"	8	11
teils/teils, befriedigend, „könnte besser sein"	13	18
negative Äußerungen	30	40
Äußerungen, die keine direkte Bewertung erkennen lassen	4	5
keine Angabe	25	-
insgesamt	100	100

---

[110] Für die noch in Ausbildung auf einen kirchlichen Beruf stehenden Befragten ergibt sich eine Antwortverteilung, die mit dem für die Berufstätigen ermittelten Befund weitgehend übereinstimmt.

„*Positive Äußerungen*" im Zusammenhang dieser Frage finden sich demnach bei knapp einem Fünftel der in der Kirche beruflich tätigen Frauen. Diese Kategorie faßt alle Antworten zusammen, die zumindest *überwiegend* eine positive Wahrnehmung zum Ausdruck bringen; d.h. sie umschließt auch Aussagen von Frauen, die „im großen und ganzen" einen positiven Eindruck haben oder diesen - ohne explizit negative Zusätze - bewußt auf den eigenen Erfahrungsbereich eingegrenzt sehen möchten.

Frauen, die sich *ausschließlich* positiv äußern, verbinden dieses Votum gelegentlich mit qualifizierenden Kommentaren wie *„angenehm", „aufgeschlossen", „gute Zusammenarbeit", „gerecht", „zuvorkommend", „zuverlässig", „liberal", „sozial", „christlich handelnd", „sehr kulant", „großzügig", „kann sehr selbständig arbeiten", „loyal", „tolerant", „läßt mir viele Freiheiten", „humaner als die ‚freie Wirtschaft' "*.

In Einzelfällen beziehen Frauen ihre positive Antwort ausdrücklich auf verständnisvolles Verhalten der Kirche in Fragen, die mit der eigenen familiären Situation und den daraus resultierenden Problemen und Anforderungen zusammenhängen:
- „Bisher meist unterstützend, was meine Interessen betrifft, z.B. in Mutterschutzangelegenheiten."
- „Ich habe einen Teilzeitplatz - unter Frauen - der auf jede familiäre Situation (mit Kindern z. B.) eingehen kann - z.B. hinsichtlich der Arbeitszeit."
- „Sehr gut, volles Verständnis, wenn Problemsituationen in der Familie auftreten (Krankheit der Kinder usw.)."

Noch vereinzelter finden sich auch Antworten,
- in denen Freude darüber zum Ausdruck gebracht wird, mit dem Arbeitsverhältnis in der Kirche überhaupt eine Chance zu beruflicher Tätigkeit bekommen zu haben, und / oder
- hier eine Arbeit gefunden zu haben, die Identifikation ermöglicht bzw. mit dem christlichenGlauben in Verbindung steht, z.B.:
- „Positiv, da ich sonst arbeitslos wäre!"
- „Als Küsterin bin ich mit meiner Arbeit zufrieden, die sich mit meinem Glauben verbindet."
- „Zum einen freue ich mich, nach längerer Arbeitslosigkeit überhaupt wieder Arbeit zu haben, zum anderen bekomme ich - zu meiner Überraschung - sehr viele gute neue Impulse von Vorgesetzten und Kolleg/inn/en, mich mit dem christlichen Glauben auseinanderzusetzen und überhaupt an mir zu arbeiten."

Andere Frauen formulieren kleinere Einschränkungen, die für sie jedoch das *„im großen und ganzen"* positive Urteil nicht aufheben.

Antworten der Kategorie *„Kirche ist wie andere Arbeitgeber"* finden sich in ca. 9 % dieser Fragebogen. Mehrfach konstatieren Frauen lapidar, die Kirche *„unterscheidet sich nicht von anderen Arbeitgebern"*. Zum Teil wirken diese Antworten so, als wollten die Befragten ihr Erstaunen darüber zum Ausdruck bringen, daß eine solche Frage überhaupt gestellt wurde:
- „Mein Gehalt ist pünktlich auf dem Konto. Keine Erwartungshaltung!"
- „Ich erlebe sie als positive Arbeitgeberin, doch wie jede Verwaltung sehr in Verordnungen eingepaßt."

Zum Teil kommt in solchen Antworten aber auch ein Bedauern zum Ausdruck, das auf enttäuschte Erwartungen schließen läßt. Sie werden gelegentlich mit dem Beiwort *„leider"* kommentiert. Diese Frauen erleben Kirche ...
- „wie jeden anderen Arbeitgeber, der knallhart kalkuliert. Mit Arbeiterinnen im Weinberg ist da nix."

- „eisenhart, Kirche geht mit ihren Mitarbeitern/innen nicht anders um als der Staat. - Erwarten wir - ich - zuviel?"
- „nicht besser als andere Arbeitgeber (von christlichem Handeln keine Spur)."
- „Ich denke, sie unterscheidet sich nicht von anderen Arbeitgebern. Da jedoch christliches Engagement gefordert wird, das sich jedoch im eigenen Verhalten gegenüber Mitarbeitern häufig nicht widerspiegelt, führt das manchmal zu Frustrationen."

Zu einer dritten Antwortkategorie wurden Äußerungen zusammengefaßt, in denen sich positive Wahrnehmungen im Blick auf Kirche als Arbeitgeberin mit kritischen Hinweisen verbinden. Einige dieser Formulierungen machen deutlich, daß manche Frauen in dieser Frage große Unterschiede zwischen ihrem - häufiger als positiv erlebten - unmittelbaren Arbeitsfeld und „der Kirche" insgesamt empfinden - beispielsweise zwischen dem eigenen Kirchenvorstand als örtlichem Anstellungsträger und gesamtkirchlichen Leitungsgremien.

Negative Aspekte, die in diesen Antworten immerhin noch anderen, positiven Eindrücken entgegengesetzt werden, begegnen uns noch stärker in den Aussagen, die zur vierten Kategorie *„ausschließlich negativer"* Voten zusammengefaßt wurden. Hier wird das Profil solcher Kritik an der Kirche als Arbeitgeberin in besonderer Schärfe sichtbar. Bis hinein in die Wortwahl gibt es dabei Hinweise auf tiefreichende Enttäuschungen und Verletzungen. Diese Antwortkategorie ist zahlenmäßig am stärksten besetzt (vgl.Tabelle 40).

Diese kritischen Voten beziehen sich auf *„ungerechte Bezahlung"*
- „Ungerecht, da die Entlohnung nicht der Arbeitssituation entsprechend ist (Wochenenddienste)."
- „Als ausgesprochen knausrig Frauen in sogenannten ‚helfenden Berufen' gegenüber."
- „Schlechte Bezahlung und viel Arbeit. Hohes Engagement wird selbstverständlich erwartet."
- „Man ist bereit, sich fortzubilden und für die Belange der Kirche einzusetzen, aber bei der Bezahlung wird gespart, wo es nur geht. In der Wirtschaft würde man mit den Fähigkeiten besser bezahlt."

... und auf Arbeitsbedingungen, die als schlecht und unsozial empfunden werden,
- „Ich fühle mich oft ausgenutzt. Wenn eine Gemeindearbeit gut funktionieren soll, muß man auch genügend Stunden im Pfarramt zur Verfügung haben."
- „In der starren Stundenberechnung als ungerecht."
- „Viel Arbeit für wenig Bezahlung! Schlechte Arbeitsverträge, z. B. mit Zusatzklauseln (der Arbeitsplatz wird abhängig gemacht von öffentlichen Zuschüssen) oder statt einer Halbtagsstelle werden zwei 10-Stunden-Verträge gemacht."
- „Keine Arbeitsvertragsregelung und keine soziale Absicherung."
- „Ich arbeite seit 17 Jahren ohne Vertrag. Z. Zt. ca. 6 Std. wöchentlich - Vergütung 10,50 DM."
- „Kirche ist schlecht in bezug auf Zuschläge etc. Was im öffentlichen Dienst normal ist, muß in Kirche erkämpft werden."
- „Unbeweglicher als in der freien Wirtschaft in bezug auf ‚Aufstieg'."

Immer wieder bringen Befragte solche Probleme mit ihrer Stellung im System Kirche in Verbindung, die sie als untergeordnet oder randständig erleben:
- „Unsozial, gerade die Arbeiten, die hauptsächlich von Frauen ausgeführt werden, werden in der Stundenzahl so reduziert, daß die Frauen nebenamtlich tätig sind und dadurch benachteiligt sind (Rente, Urlaub etc.)."
- „In den unteren Besoldungsgruppen nicht gerecht, schon fast unsozial."
- „Die Schwächsten in der Hierarchie der Arbeitnehmer, also Küster, Erzieher, Sekretärinnen sind immer die ersten bei *Kürzungsmaßmahmen*."
- „Mein Arbeitsbereich Haus- und Familienpflegehelferin wird im Ausbildungsbereich und in finanzieller Hinsicht stiefmütterlich behandelt."
- „Honorarkräfte werden nicht ernst genug genommen, was sich vor allem in der Bezahlung zeigt."
- „Ich bin sauer, weil ich als ‚Nebenberufliche' überhaupt keine Möglichkeiten der Förderung habe, alle Sonderregelungen laufen an mir vorbei."

- „Behandelt die Mitarbeiter ungerecht, mißt mit verschiedenen Maßstäben, wenn es um die Mitarbeiter geht, beachtet Nebenamtliche und Ehrenamtliche viel zu wenig."
- „Ungerecht. Es gibt zwei Arten von Menschen: die Pastoren und die anderen Mitarbeiter, ich gehöre zu den anderen."

Nicht wenige Frauen fühlen sich in ihren Rechten als Arbeitnehmerinnen nicht ernstgenommen; sie vermissen eine zureichende Wahrnehmung der Fürsorgepflicht seitens der Kirche
- „Ich muß für meine Rechte sehr kämpfen, z. B. Urlaub, Freizeit usw. Von daher sehr negativ."
- „In vielen Punkten Unfähigkeit / *Unwissenheit* des KVs über Arbeitnehmerrechte, bzw. sie werden übergangen (z. B. Arbeitszeit)."
- „Weniger Rechte, keine gute Vertretung (Gewerkschaft)."
- „Hat wenig Interesse an Mitbestimmung und Mitverantwortung der Angestellten."

... oder sprechen von *„Ausbeutung"*, die durch Appelle an *„Nächstenliebe"* verdeckt wird:
- „In den Rechten, die sie ihren Arbeitnehmern/innen zubilligt, nicht anders als andere Arbeitgeber, nur die Pflichten versucht sie mit Berufung auf christliche Nächstenliebe aufzustocken."
- „Unter dem großen Dach der ‚Dienstgemeinschaft' oft genug ausbeuterisch, aussaugend."
- „Ich fühle mich ausgenutzt - es ist wohl alles für einen Gotteslohn."

Immer wieder ist von Forderungen nach unentgeltlicher Mehrarbeit die Rede, von „ehrenamtlicher" Arbeit über den Beruf hinaus[111] und von einem Einsatz, der die eigenen Kräfte überfordert:
- „Kirche nutzt Mitarbeiter*innen* mit halben Stellen aus, rechnet von vornherein mit deren Gutmütigkeit."
- „Es wird mehr verlangt (z. B. Überstunden), weil es ja für die Kirche ist."
- „Auf der einen Seite anonym, auf der anderen Seite viel ehrenamtlichen Einsatz fordernd."
- „Unchristlich, die indirekten Erwartungen an die Arbeitsbereitschaft (7 Tage möglichst 24 h) zu hoch."
- „*Unsozial*. Ich bin wütend darüber, daß die Kirche meine Arbeitsstunden so knapp bemißt, daß ‚freiwillige', unbezahlte Überstunden einkalkuliert werden."
- „Es wird sehr viel privates Engagement gefordert, das nicht honoriert wird, weder in Anerkennung noch in Geld."
- „Ausbeuterisch, weil ständig erwartet wird, unentgeltlich *mehr* zu arbeiten."
- „Als einen Arbeitgeber, der die Berufsbilder auch so gestaltet, daß sie den vollen Einsatz erfordern; das steht dann aber im Widerspruch zu einer christlichen Vorstellung vom Familienleben."
- „Selbstausbeutung ist angesagt, wenn frau nicht stark genug ist, nein zu sagen."
- „Sie saugt mich vollkommen aus!"

Andere kritische Äußerungen beschreiben die Kirche als einen *„bürokratischen Apparat"*, *„umständlich"* und *„wenig flexibel"*. Für einige Befragte resultiert aus solchen als *„einengend und rückschrittlich"* erlebten Strukturen ein hohes Maß an *„Anpassungsdruck"*:
- „Übergewicht der Bürokratie über konkrete Abläufe."
- „Wie Beamtentum, für alles ein viel zu langer Dienstweg mit hohem Kostenaufwand, der besser für Notleidende ausgegeben werden sollte."
- „Bei Veränderungen oft reichlich langsam und schwerfällig."
- „Als sehr unflexibel und schreckhaft, was neue Ideen betrifft."
- „Schleppend, wenn es um Entscheidungen geht."
- „Als kompliziert, es wird zu sehr von Bestimmungen ausgegangen und wenig an der Gemeinde orientiert."
- „Sehr wenig lebendig und menschlich, sondern sehr eingefahren in bestehende Dogmen, Regeln und Anschauungen."

---

[111] Daß auch beruflich in der Kirche tätige Frauen in erheblichem Umfang ehrenamtlich in Kirche und Gemeinde tätig sind, wurde bereits im 5. Kapitel ausführlich beschrieben.

- „Von Vorgesetzten wird jede Arbeit in das übliche Schema gepreßt."
- „Starre Institution, Schreibtischtäter, die der Gemeinde vor Ort zuviel zumuten und zusehen, wie Menschen dabei draufgehen."

Diesen kritischen Hinweisen durchaus verwandt ist eine andere Gruppe von Voten, mit denen Frauen ihre Kritik an einem erlebten Übermaß an hierarchischer Ordnung bzw. an zu viel offener oder versteckter Machtausübung zum Ausdruck bringen, z.B.:

- „Unzeitgemäß und rigide, keine Spur von Demokratie."
- „Hierarchisch, anordnend, undemokratisch."
- „Die Kirche erwartet von ihren Arbeitnehmern auch ehrenamtlichen Einsatz und kritikloses Akzeptieren von Entscheidungen. Sie selbst verhält sich aber oft sehr kompromißlos und hart, gerade in Personalentscheidungen."
- „Probleme werden sehr autoritär gelöst, z.B.: ‚Wenn Sie dazu nicht bereit sind, gehören Sie nicht hierher'."
- „Hierarchisch, werde zum Chef zitiert, habe Auflagen zu erfüllen, die meinen Arbeitsbereich nicht voranbringen."
- „Mächtig. - Mitarbeitervertretung ersetzt keine Gewerkschaft."
- „Sie will die Symbiose ihrer Mitglieder, nicht deren Autonomie."

Ein anderer Kritikpunkt läßt sich überschreiben mit dem Stichwort *„Einmischung in private Lebensbereiche":*

- „In Privatangelegenheiten intolerant (Lebensführung)."
- „In Krisen- oder Konfliktsituationen manchmal ausgesprochen unmenschlich gegen die Menschlichkeit ihrer Amtsträger."
- „Als schizophren. Das Evangelium kommt darin nicht vor. Beispiel (Lebensführung)."
- „Im Themenbereich ‚Lebenswandel' als moralisch einengend, tonangebend, anmaßend."
- „Anfragen habe ich wegen des Umgangs der Kirche mit ‚Geschiedenen' und anderen, die aus der kirchlichen Sexualmoral herausfallen."
- „Kontrolle des Privatlebens bei Unverheirateten bzw. Scheidung."
- „Sie bedroht meine freie Entfaltung (Lesbe)."
- „Persönlichkeitseinengung durch Arbeitsvertrag."
- „Bevormundend (Dienstvertrag § 2)."
- „Möchte alle Äußerungen, auch die politischen, selbst verantworten und nicht mit dem Wort ‚maßvoll' gegängelt werden."
- „Was mich stört, ist die starke Gewichtung auf die Glaubensüberprüfung bei der Einstellung. Da ist so viel Angst zu spüren, es könnte jemand mit einer anderen Einstellung sich einschmuggeln."
- „Ich fühle mich unter Druck gesetzt, in die Kirche zu gehen."

Manche Frauen erleben die Kirche als Arbeitgeberin als *„gleichgültig", „sehr unpersönlich", „anonym und kalt";* von Mängeln im Blick auf *„Unterstützung"* bzw. *„Verständnis"* ist hier u.a. die Rede:

- „Alleingelassen bei Problemen."
- „Wenig Interesse, was ich tue und wie ich mit dadurch entstehenden Problemen fertig werde."
- „Arbeitgeber, der seinen Mitarbeitern gegenüber nicht den richtigen Ton und Verständnis findet."
- „Es fehlt das menschliche Umgehen miteinander."
- „Häufig unmenschlicher als die freie Wirtschaft; ‚auf Ellenbogenmenschen' wird Rücksicht genommen."
- „Ich finde die Institution zu groß, man hat keinen vertrauten, fest zuständigen Ansprechpartner."
- „Acht Stunden per Woche geben mir keine Position, in der ich als Mitarbeiterin wirklich wahrgenommen werde."
- „Als ‚kleine' Angestellte ist man kaum anerkannt und bekommt als kleines Glied in der Kette das Gefühl der Minderwertigkeit."

Andere Antworten machen Kritik von Frauen sichtbar, die Kirche in ihrem Berufsalltag als *„unchristlich"* erleben; zum Teil wird solch *„mangelndes Kirche-Sein"* heftig kritisiert als *„unehrlich",* ja *„verlogen":*

- „Ich hatte immer Erwartungen an die Kirche, weil ich meinte, sie versteht sich vom Evangelium her, und konnte die Geschäftsmäßigkeit, die hemmenden Gesetze und Verordnungen nie verstehen."
- „Als Kirche des Glaubens und der Liebe ist sie zu lasch."
- „Doppelbödig, vordergründig viel nette christliche Worte; Entscheidungen sehen dann anders aus."
- „Als absolut männlich/hierarchisch und technokratisch mit großen Diskrepanzen zwischen Lehre und Realität."
- „Es gelten wie woanders in erster Linie ökonomische Gesichtspunkte."
- „Wo bleibt für die eigenen Mitarbeiter das Wort ‚Nächstenliebe'??"
- „Die Kirche ‚arbeitet' bei bestimmten Problemen mit moralischem Druck, unter dem Deckmäntelchen der ‚Nächstenliebe'. Damit wird alles zugekleistert. Das ist schlimmer als in manchen Industriebetrieben."

Von anderen Befragten wird der *„Arbeitgeber Kirche"* als *„männlich-beherrschend"* beschrieben; von einem als unfreundlich bzw. ungerecht empfundenen Umgang mit Frauen ist mehrfach die Rede, von *„Frauenfeindlichkeit"* und - gelegentlich - von *„Ehe- und Familienfeindlichkeit"*:

- „Ich habe oft nicht gleiche Chancen wie Männer gehabt."
- „Frauen werden in ihrer Fachlichkeit nicht ernst genommen."
- „Schlimm - wir leben im finsteren Mittelalter, Frauen dienen - Männer entscheiden!"
- „Bei Stundenkürzungen wurden verheiratete Frauen moralisch unter Druck gesetzt (freiwilliger Verzicht erwünscht, weil Ehemann auch verdient)."
- „Am Anfang meiner Berufstätigkeit konnte ich mich des Gefühls nicht erwehren, man hätte es doch lieber gehabt, wenn an meiner Stelle mein Mann (inzwischen auch Pastor) angefangen hätte."
- „Arbeitnehmerinnen haben kaum Rechte. Sie fordert von Arbeitnehmerinnen eine demütige Haltung, zur bezahlten Arbeit noch zusätzlich ehrenamtliche Arbeit auf der einen Seite, auf der anderen Seite vermittelt sie aber das Bild, daß die Frau ja eigentlich ins Haus gehöre."
- „Solange frau ‚pariert' (sich an die alten Ordnungen hält), ist alles in ‚Ordnung'."
- „Stark männlich geprägte Leitung. Unverständnis für ‚Frauenprobleme'."
- „Die Verlängerung der Koll-Zeit auf drei Jahre ist frauenfeindlich."
- „In Vorteilen für die Kirche sehr am Beamtenrecht orientiert, aber in Bezug auf spezielle Frauenrechte, z.B. Schwangerschaftsvertretung, *ignorant!"*
- „Familienfeindlichkeit. Geburt eines Kindes = Berufseinstieg nicht wieder möglich."

Neben solchen wertenden Antworten gibt es in geringer Zahl auch Aussagen, in denen ebenfalls von hohen Erwartungen der Kirche an ihre Mitarbeiterinnen und Mitarbeiter die Rede ist, ohne daß sich an diesen Formulierungen eine eindeutige Beurteilung dieses Sachverhalts ablesen ließe, z.B.:

- „Sie verlangt ein hohes Maß an Einsatz."
- „... als grenzenlos gebefreudig, d. h. man ist eigentlich nie fertig."
- „Überstunden werden nicht bezahlt, aber gern gesehen."

Außerdem finden sich in einigen Fragebogen Bemerkungen, mit denen Frauen begründen, warum sie diese Frage nicht beantwortet haben (*„keine Vergleichsmöglichkeiten"*, *„habe mit ‚der Kirche' wenig zu tun"*).

Auffallende Unterschiede in der Beantwortung dieser Frage gibt es zwischen den *Berufsgruppen*: Diakoninnen, Pastorinnen und Sozialpädagoginnen / Sozialarbeiterinnen sehen die Kirche unter dem Aspekt „Arbeitgeberin" besonders kritisch. Kirchenmusikerinnen wie auch Küsterinnen haben überdurchschnittlich häufig auf eine Stellungnahme verzichtet (vgl. Tabelle 41).

Eine differenzierende Auswertung im Blick auf den *zeitlichen Umfang* der von den Frauen in der Kirche geleisteten beruflichen Tätigkeit ergab keinen eindeutigen Zusammenhang. Zu konstatieren ist lediglich, daß Frauen, deren wöchentliche Arbeitszeit unter zehn Stunden liegt, etwas seltener als andere kritisch zum Stichwort „Kirche als Arbeitgeberin" geäußert haben. Dies wird allerdings nicht durch mehr positive Voten ausgeglichen; vielmehr ist die Quote derjenigen, die zu dieser Frage überhaupt nicht Stellung nehmen, unter den geringfügig Beschäftigen erheblich höher.

Tabelle 41: Erfahrungen beruflich in der Kirche tätiger Frauen mit Kirche als Arbeitgeberin, in ausgewählten Berufsgruppen (in v.H. der jeweiligen Befragtengruppe)

	Kirchenmusikerin (n=64)	Pfarramtssekretärin (n=81)	Verwaltungsangestellte (n=116)	Diakonin (n=84)	Erzieherin (n=99)	Pastorin (n=66)	Gemeindeschwester (n=50)	Küsterin (n=51)	Sozialpädagogin (n=51)
positive Äußerungen	19	20	20	13	14	26	30	35	20
wie andere Arbeitgeber, „normal"	5	6	15	5	9	9	8	4	16
teils/teils, befriedigend, „könnte besser sein"	9	10	11	12	13	27	10	4	25
negative Äußerungen	13	37	28	54	31	32	26	10	31
Äußerungen, die keine direkte Bewertung erkennen lassen	6	7	5	4	6	-	-	6	-
keine Angabe	48	20	21	12	25	6	26	41	8
insgesamt	100	100	100	100	100	100	100	100	100

Unterschiede in der Beantwortung der Frage nach der Kirche als Arbeitgeberin werden sichtbar, wenn man das *Lebensalter* [112] der in der Kirche beruflich tätigen Befragten berücksichtigt (vgl. Tabelle 42).

Tabelle 42: Erfahrungen beruflich in der Kirche tätiger Frauen mit Kirche als Arbeitgeberin, nach Lebensalter (in v.H. der jeweiligen Befragtengruppe)

	21-40 Jahre		41-50 Jahre		51-70 Jahre	
	Frauen in kirchl. Berufen insges. (n=319)	antwortende Frauen (n=260)	Frauen in kirchl. Berufen insges. (n=243)	antwortende Frauen (n=187)	Frauen in kirchl. Berufen insges. (n=207)	antwortende Frauen (n=134)
positive Äußerungen	15	18	20	26	24	36
wie andere Arbeitgeber, „normal"	9	11	8	11	7	11
teils/teils, befriedigend, „könnte besser sein"	18	23	11	14	10	15
negative Äußerungen	37	45	33	43	20	31
Äußerungen, die keine direkte Bewertung erkennen lassen	3	3	5	6	4	7
keine Angabe	18	-	23	-	35	-
insgesamt	100	100	100	100	100	100

---

[112] Um der besseren Übersicht willen werden bei den Kreuztabellierungen nach dem Lebensalter der beruflich in der Kirche tätigen Frauen in diesem Kapitel nur drei Altersgruppen gebildet.

Die Zahl der *ausschließlich positiven* Antworten ist umso höher, je älter die Frauen sind, entsprechend seltener finden sich kritische Äußerungen. Und: Ein größerer Teil der Älteren hat auf eine Beantwortung dieser Frage nach „Kirche als Arbeitgeberin" verzichtet.

Berücksichtigt man die *familiäre Situation* dieser beruflich in der Kirche tätigen Frauen, so fällt ebenfalls ein Zusammenhang auf: Diejenigen Befragten, die als Alleinerziehende mit ihrem Kind bzw. ihren Kindern zusammenleben, reagieren auf das Stichwort „Arbeitgeberin Kirche" deutlich häufiger mit negativen Äußerungen als Befragte in anderen Lebenssituationen: 60 % der Befragten dieser Teilgruppe formulieren ausschließlich negative Voten, verglichen mit durchschnittlich 41 %.

6.3.2 Möglichkeiten, eigene Fähigkeiten in den Beruf einzubringen

Benachteiligung von Frauen kann unterschiedliche Formen annehmen. Dort, wo es darum geht, im Rahmen vorgegebener Strukturen Arbeit zu leisten, ist zu fragen, ob die ihnen übertragenen Aufgaben und die Bedingungen, unter denen sie diese zu erfüllen haben, hinreichend Gelegenheit geben, die eigenen Fähigkeiten einzubringen.

„Sehen Sie genügend Möglichkeiten, als Frau Ihre Fähigkeiten in den Beruf einzubringen? Worin bestehen eventuell Probleme?"

Die Antworten auf diese Frage wurden nach den Kategorien *„genügend Möglichkeiten vorhanden / keine Probleme"*, *„Möglichkeiten vorhanden, aber auch Probleme"* und *„nur Probleme benannt"* klassifiziert (vgl. Tabelle 43). Es fällt auf: Kirche bietet offenbar Arbeitsfelder, in denen viele Frauen gute Möglichkeiten entdecken, eigene Fähigkeiten einzubringen: 41 % der Befragten, die einen Beruf in der Kirche ausüben[113], bejahen die entsprechende Frage, weitere 18 % sehen immerhin auch Möglichkeiten, trotz mancher Probleme. (Bezogen auf die Gesamtheit derer, die diese Frage überhaupt beantwortet haben, sind das zusammen 77 %.) Ausschließlich mit Problemhinweisen reagiert ein Fünftel derjenigen, die sich zu diesem Punkt geäußert haben. Daneben gibt es vereinzelt Antworten, die sich diesen Kategorien nicht zuordnen ließen; hier werden Einschätzungen von Bedingungen abhängig gemacht, die je nach Situation in unterschiedlicher Weise gegeben sind (*„kommt darauf an"*). Eine sehr kleine Gruppe von Befragten erklärt, mit dieser Frage nichts anfangen zu können; aus ihrer Sicht haben Frauen keine spezifischen Fähigkeiten.

Ein Teil der Frauen, die diese Frage in *positiver* Weise beantworten, gibt dazu noch erklärende Hinweise; so bringen einige die für sie günstigen Bedingungen mit ihrem speziellen Beruf in Verbindung, den einige von ihnen explizit als *„frauengemäß"* bezeichnen - im pädagogischen oder pflegerischen Bereich - oder von dem sie meinen, daß er in besonderer Weise geeignet sei, eigene Fähigkeiten in die Kirche einzubringen (Pastorin, Kirchenmusikerin). Andere verweisen auf eine als besonders günstig empfundene Arbeitssituation.

---

[113] Ein anderes Bild ergibt sich aus den Antworten derjenigen Befragten, die sich erst auf einen Beruf in der Kirche vorbereiten: Jede Dritte von ihnen hat zu dieser Frage Stellung genommen. Dabei finden sich in größerem Umfang (auch) Problemanzeigen: Bezogen auf die überhaupt Antwortenden liegt der Anteil derer, die mit uneingeschränkter Zustimmung reagiert haben, bei nur knapp einem Viertel; 40 % nannten auch, weitere 29 % ausschließlich Probleme. Jüngere Frauen, die später einmal beruflich in der Kirche tätig sein möchten, gehen also anscheinend mit einem relativ höheren Maß an Skepsis auf diese berufliche Zukunft zu, während diejenigen, die bereits einen Beruf in der Kirche ausüben, in diesem Punkt häufiger auch positive Eindrücke gewonnen haben.

Tabelle 43: Erfahrungen beruflich in der Kirche tätiger Frauen in bezug auf die Möglichkeit, eigene Fähigkeiten in die Arbeit einzubringen (in v.H.)

	Frauen in kirchlichen Berufen insgesamt (n=809)	antwortende Frauen (n=605)
ja, gut, keine Probleme	41	53
unter anderem auch Probleme genannt	18	24
nur Probleme genannt	15	20
kommt darauf an, hängt von bestimmten Bedingungen ab	2	2
„Frauen haben keine besonderen Fähigkeiten"	1	1
keine Angabe	23	-
insgesamt	100	100

Ein knappes Fünftel der befragten Berufstätigen sieht *grundsätzlich* gute Möglichkeiten, als Frau die eigenen Fähigkeiten in die kirchliche Arbeit einzubringen, benennt im Zusammenhang mit der derzeitigen Situation aber *auch Probleme*.
Etwa ein Sechstel der Frauen, die einen Beruf in der Kirche ausüben, spricht hier *nur Probleme und Hindernisse* an. Ein nicht geringer Teil dieser Befragten erklärt, daß eine in wesentlichen Punkten *männlich geprägte Kirche* das Einbringen weiblicher Fähigkeiten (und Anliegen) erschwert oder unmöglich macht:

- „Ich sehe nicht genügend Möglichkeiten, weil die Kirche in meinen Augen ebenso ‚männerorientiert' ist wie die übrige Gesellschaft."
- „Verwaltung etc. frißt auf; männliche Struktur des Pfarramtes; ‚Vermännlichung' durch Studium und Pfarramt."
- „Mein Eindruck: ich soll meinen ‚Mann' stehen. In den starren festen Formen und Strukturen unserer Kirche ist kaum Platz für feminine Glaubens-, Handels- und Lebensweise."
- „Besondere Fähigkeiten werden ‚kaltgestellt', unterdrückt oder sogar bekämpft."
- „Meine Fähigkeiten (z.B. zuhören können, auf Menschen eingehen; theologische Probleme bearbeiten) sind im KV oder anderen Gremien nicht gefragt; da geht es um Verwaltung und Bausachen, ‚große' Reden schwingen."

Andere Frauen äußern sich zu den von ihnen wahrgenommenen Hintergründen solcher Probleme:

- „Das Kleben an der Tradition hindert an der Gleichberechtigung."
- „Es geht nur um ‚effektives' Arbeiten, Persönliches interessiert kaum."
- „Bei den etwas älteren Pastoren die Hierarchie (Chef!) Und die Bequemlichkeit der männlichen Mitarbeiter, ‚frauliche' Arbeiten automatisch diese machen zu lassen."
- „Ich habe das Gefühl, ich kann nicht, weil der Pastor Angst hat, mich etwas machen zu lassen, was Anerkennung finden könnte."
- „Nein! Die Ängste der Männer vor kreativen, impulsiven und zielgerichteten Frauen sind zu intensiv. Sie blockieren damit innovativ-berufliches Wachstum. = Ständiges Rechtfertigen ist die Folge."

Häufig angesprochen werden auch Probleme, die sich aus der *hierarchischen Struktur* ergeben, sei es, daß die Frauen ihre Abhängigkeit von Leitungsgremien oder von einzelnen Vorgesetzten - oft: Pastoren - als Begrenzung ihrer Möglichkei-

ten, eigene Fähigkeiten zu nutzen, empfinden, sei es, daß frau in der Hierarchie „unten" gehalten wird:
- „Ich darf nicht selbständig handeln oder denken."
- „Starre Strukturen und Hierarchien behindern oft mein Engagement im Beruf."
- „Durch die Hierarchie im kirchlichen Betrieb (Mann = Pastor) ist es schwierig, eigene Ideen umzusetzen."
- „Der ‚Chef' hält nicht viel von Frauen."
- „Z. B. KV hat immer den ‚längeren Arm'."
- „Manchmal fehlt Unterstützung der Leitung (Männer) für neue Ideen."
- „Das Bedürfnis der Männer, Konzepte zu beeinflussen, ist sehr groß und hemmt."
- „Prioritäten in der Arbeit werden von Frauen und Männern oft unterschiedlich gewichtet - die Entscheidung über solche ‚Schwerpunktsetzung' lag jedoch nicht bei mir."
- „Ich diene nur, wo ich *auch* führen könnte, doch das ist oftmals unerwünscht."
- „Alle Führungspositionen (Macht: Leiter an Schulen, Vorstand, Leiter der Verwaltung) sind besetzt von Männern."
- „Die Frauen üben meist untergeordnete Tätigkeiten aus nach Anweisung. Fähigkeiten sich einzubringen gleich null."
- „Ich habe überhaupt keine Möglichkeit und würde auch keine Unterstützung finden. Ich würde - auch mit einem akademischen Abschluß - noch hinter der Schreibmaschine sitzen!!"

Mehrere Befragte erklären, daß ihnen ein Einbringen eigener Fähigkeiten in bestimmtem Umfang durchaus möglich sei; sie ergänzen diese Wahrnehmung jedoch durch Hinweise auf für sie sehr schmerzhafte Einschränkungen:
- „Innerhalb meines Arbeitsgebietes - ja. Schwierig, wenn fachliche Fragen in Gremien, die hauptsächlich mit Männern besetzt sind, erörtert werden müssen."
- „Viele Möglichkeiten, wo es bei Seelsorge und Gemeindearbeit um das Herstellen von Verständigung, Vertrauen und gemeinsame Arbeit geht. Probleme aber überall, wo es um Einflußnahme geht."
- „Meine Fähigkeiten soll und kann ich gern einbringen, gerade meine ‚Fähigkeiten als Frau' werden sogar deutlich abgefragt, bei der Mitsprache von Entscheidungen die wirklich ‚wichtig' sind, sind sie jedoch nicht angebracht."
- „Grundsätzlich ja. Manchmal ist es schwierig, Verbesserungsvorschläge, die über den eigenen Arbeitsbereich hinausgehen, durchzusetzen."
- „Möglichkeiten ja, jedoch bestehen die Probleme in den Hierarchien (Problem Pastor / Diakonin)."
- „Ich arbeite im sozialen Bereich, d.h. in einem weiblichen Arbeitsfeld. In der Vertretung der Arbeit nach außen (Gremien etc.) wird es problematisch."

Ein zweiter, teilweise mit dem erstgenannten verwandter Problemkomplex liegt offenbar darin, *„sich durchzusetzen, gehört, verstanden zu werden"*. Nicht selten haben Frauen den Eindruck, daß sie ihre guten Ideen gegen Widerstand durchbringen müssen, daß dies Hartnäckigkeit, Durchhaltevermögen, vielleicht auch *„Diplomatie"* erfordert. Daß dies manche Frauen Überwindung kostet, wird in einigen Aussagen ebenfalls deutlich:
- „Ja - ich muß aber - finde ich - oft mehr Anstrengungen dafür machen."
- „Möglichkeiten schon, nur die werden - auch in der Gemeinde - von Männern oft nicht zugelassen. Nach dem Motto: Einer jungen Frau müssen wir erst mal zeigen, wie *wir's* wollen."
- „Sowohl bei Vorgesetzten und in Gremien (fast ausschließlich Männer) ist es schwer, als Frau ernst genommen zu werden."
- „Nein, ich erlebe, mit meinen weiblichen Fähigkeiten nicht ernst genommen zu werden, zu wenig Einfluß z.B. auf finanzielle Dinge, mangelnde Information über Hintergründe."
- „Ich habe keine bestimmten ‚Frauenfähigkeiten'. Ich habe Fähigkeiten, die Männer auch haben. Bringe ich diese als Frau ein, wird meistens im negativen Sinne darauf reagiert. Jedenfalls anders als bei den Männern."
- „Manchmal scheint es mir, daß ich als Frau doppelt so gut sein muß und doppelt so viel leisten muß wie ein Mann, um gesehen und gehört zu werden."
- „Die Stimme und Meinung männlicher Mitarbeiter wird meist höher bewertet."

Einige Befragte bringen solche Durchsetzungsschwierigkeiten mit eigener Zurückhaltung in Verbindung bzw. möchten an ihrer Kompetenz arbeiten:
- „Wo mir Raum gelassen wird, ‚ich' zu sein, ja - wo mir der Raum bestritten wird, habe ich Schwierigkeiten, darum zu kämpfen - ich fühle mich manchmal von Dummheit und Arroganz erschlagen."
- „Mir fällt es schwer, meine Meinung ganz deutlich zu sagen, da ich mit meinem Pastor ja auch gut zusammenarbeiten will und muß."
- „Ja! Ich merke, daß ich mich oft zu schnell unterordne und zu wenig darum kämpfe, was ich eigentlich möchte."
- „Ich lasse mich noch zu schnell in die zweite Reihe verweisen, probiere / schöpfe gar nicht alle Möglichkeiten aus."
- „Man gibt bei den auf Predigen geschulten Männern oft zu schnell auf in der Diskussion."
- „Das hängt an persönlicher Kompetenz - für den Aufbau dieser Kompetenz ist für mich eine Frauengruppe ... wichtig."

Eine Befragte illustriert ihre Erfahrung mangelnden Verstanden-Werdens an folgendem Beispiel:
- „Z. B.: Ich hab mal einer ‚kaputten' Frau das Frauenzentrum in der nächst größeren Stadt empfohlen für ihre Probleme mit sich, dem Mann und den Kindern, ‚mein' Superintendent: ‚Wir haben doch den Gesprächskreis für junge Frauen' (wo Themen wie: Wie rede ich mit Kindern über Gott, Tod usw. behandelt werden) - ergo: völliges Unverständnis."

Auf *mangelnde Anerkennung bzw. Wertschätzung* verweisen einige Frauen mit Problemanzeigen z.B. folgender Art:
- „Ja, die Möglichkeiten bestehen. Mich ärgert, daß gerade von vielen Männern diese Arbeit nicht als Arbeit gewertet wird."
- „Einbringen ja, aber Anerkennung und Verständnis sehe ich nicht immer."
- „Voll und ganz!! Je mehr desto besser, es darf aber nichts kosten."
- „Ich kann als Frau meine Fähigkeiten einbringen, sie werden jedoch finanziell nicht honoriert."
- „Probleme bestehen in der Anerkennung: Ich fühle mich neben den Theologen unterbezahlt und geringer bewertet."

Gelegentlich ergeben sich aus solchen Erfahrungen auch Rückwirkungen bei den Frauen selbst, z.B.:
- „Ich *kann* und könnte noch mehr, wenn mich das Gefühl, ‚ausgenutzt zu werden', nicht daran hindern würde."

Einige Frauen stellen einen Zusammenhang mit den verfügbaren finanziellen Mitteln, insbesondere den zu besetzenden Stellen, her und konstatieren eine aus ihrer Sicht problematische Stellenknappheit. Soweit tatsächlich Stellen vorhanden sind, wird für einzelne Frauen angesichts geltender Eingangsvoraussetzungen die fehlende formale Qualifikation zum Problem:
- „Da bin ich mir nicht sicher. Es fehlt die finanzielle Unterstützung."
- „Es besteht bei der Kirche wie in der freien Wirtschaft zu wenig Bedarf für qualifizierte Jobs. Halbtagskräften bleibt nur eine minderqualifizierte Tätigkeit."
- „Es gibt für meine Fähigkeiten nicht genug *Stellen*. Ich arbeite als Honorarkraft mit begrenztem Rahmen."
- „Probleme entstehen durch die befristeten Arbeitsverträge (ABM)."
- (Einsatz eigener Fähigkeiten:) „Ja, aber nur ehrenamtlich."
- „In der Verwaltung kaum möglich, da nur Prüfungen etwas bedeuten."
- „Für meine Weiterbildung mußte ich selber sorgen, erst dann konnte ich meine Fähigkeiten einbringen: Es zählte die Ausbildung."

Strukturelle Probleme, die einer Realisierung prinzipiell bestehender Möglichkeiten, eigene Fähigkeiten in die kirchliche Arbeit einzubringen, entgegenstehen, liegen oft in einem durch *Vorschriften und Aufgabenfestlegungen* bereits (über-)belegten Arbeitsfeld, in dem zudem die verfügbaren *Arbeitskapazitäten* zeitlich allzu *begrenzt* erscheinen. Dies kommt z.B. in folgenden Formulierungen zum Ausdruck:

- „Ja! Aber oft ist das Arbeitsgebiet zu groß."
- „Arbeitszeit zu knapp bemessen, Überstunden (unbezahlt) die Regel, um die Arbeit aufzufangen."
- „Ich kann meine Fähigkeiten einbringen, bin jedoch oft überlastet und bekomme von der Gemeinde zu wenig Unterstützung: Zeitmangel, zuwenig Personal."
- „Ja! Die Probleme bestehen darin, daß Arbeiten, die nicht bewältigt werden können, nach- und aufgearbeitet werden von sogenannten ‚Ehrenamtlichen', die dann *total* überlastet sind!"
- „Zu viel Kleinkram, Tätigkeiten, die Männer nie machen mußten, hindern mich, noch mehr einzubringen."
- „Ich meine ‚nein'; es mangelt an Möglichkeiten, alle Fähigkeiten zu entdecken, da vieles sehr festgelegt ist."
- „Starre Strukturen engen ein, Fähigkeiten und Kreativität brauchen Raum, Energieverschleiß auf Überzeugungsebene."
- „Überlastung mit Papierkram und ‚Labersitzungen', die niemanden weiterbringen und nichts bewirken."

Nicht selten stehen Frauen vor der für sie schwierigen Aufgabe, dem eigenen Engagement selbst Grenzen zu setzen:

- „Ja. Probleme: Zuviel einzubringen, ständige Abgrenzungsarbeit ist vonnöten."
- „Viel zu viele, Kirche hat ein einnehmendes Wesen."
- „Möglichkeiten - ja! Problem der Ausnutzung."
- „Ich sehe viel zu viele Möglichkeiten."
- „Die Frauen bringen sich stärker ein als die Männer. Problem der Abgrenzung."

In einer ganzen Reihe von Antworten bringen Frauen ihre Schwierigkeiten, die eigenen Fähigkeiten einzusetzen, mit den konkreten Bedingungen ihres Berufs bzw. Aufgabenfeldes in Verbindung:

- „Als Küsterin habe ich nur begrenzte Möglichkeiten."
- „Als Sekretärin bin ich ausführendes Organ ohne Entscheidungsbefugnis und Eigenverantwortlichkeit für Inhaltliches, manchmal habe ich Schwierigkeiten, mich unterzuordnen."
- „Sekretärin sein ist nicht unbedingt ein weiblicher Beruf. Ich bin sozusagen Mädchen für alles. Das könnte letztlich jede(r) andere auch. Von meinen Begabungen kommt nur die Fähigkeit, ganzheitlich zu sehen, zum Tragen."
- „Nach eigener Erfahrung werden Frauen im Verwaltungsbereich möglichst nur in den unteren Gehaltsklassen belassen, solange die ‚Gefahr' besteht, daß sie wegen einer eventuellen Schwangerschaft für einige Zeit ausfallen könnten."
- „Ja, Probleme habe ich z. B. in der Chorarbeit: Ich werde wohl anerkannt, habe aber nicht so eine ‚Fankultur' wie fast alle männlichen Chorleiter."
- „Problem ist das meist enge Berufsbild für Diakone/innen (Kinder-, Jugendarbeit), betrifft aber auch Männer."

Andere Befragte sprechen Defizite an, die sich aus der von ihnen eingenommenen oder für sie erreichbaren beruflichen Position ergeben:

- „Bei Halbtagsarbeit weniger Möglichkeiten."
- „Da meine Mitarbeit bei der Kirche eine Nebenbeschäftigung ist, liegt das Hauptinteresse beim Erledigen der anfallenden Arbeiten."
- „Möglichkeiten: ja, Probleme: Ich hätte mich gern mehr engagiert, aber als Ehefrau eines Amtsträgers habe ich weniger Rechte und Chancen als andere Frauen."
- „Grundsätzlich ja; nur wünsche ich mir bessere Bedingungen für die Arbeitsteilung bei Pastoren-Ehepaaren."

Auch Fortbildungs- und Aufstiegsmöglichkeiten, die den eigenen Fähigkeiten entsprechen, werden vermißt:

- „In meiner Position verfüge ich über ausreichende Möglichkeiten, meine Fähigkeiten einzubringen, vermisse jedoch die meinem Arbeitsplatz angemessenen Fortbildungsmöglichkeiten und Perspektiven des beruflichen Weiterkommens."

- „Geldmangel im Kindergarten, zu wenig Fachbücher."
- „Nein, wenig Fortbildungsangebote für Frauen im Verwaltungsbereich (Büros)."
- „Die Gefahr von Überforderung ist stets gegeben, Fortbildung in Ermangelung von Vertretungskräften erschwert."

Aus der notwendigen Zusammenarbeit mit anderen - insbesondere männlichen Kollegen - und deren *Arbeitsstil* bzw. der Art und Weise des Umgangs miteinander erwachsen ebenfalls Probleme, die den Einsatz eigener Fähigkeiten begrenzen:
- „Im Großen und Ganzen ja. Probleme bestehen, wenn Männer um ihre Macht fürchten und sich nicht auf andere Kommunikationsformen und Konfliktlösungsverhalten einlassen wollen."
- „Ich sehe genügend Möglichkeiten, wenn die Männer endlich lernten, im Team zu arbeiten."
- „In meiner Position ja - wenngleich oft ‚verkleidet' oder durch die ‚Hintertür', da ich Männer oft abweisend erlebe, wenn Ideen oder Lösungen nicht von ihnen - sondern eben von einer Frau kommen."
- „Es gibt genügend Möglichkeiten, meine Fähigkeiten in den Beruf einzubringen. Probleme gibt es, wenn der Kompetenzbereich eines männlichen Stelleninhabers berührt wird."
- „Eigentlich ja, aber der Pfarrer hat manchmal sehr eigenwillige Vorstellungen, aber zu Dienstbesprechungen selten Zeit."
- „Probleme bestehen in der Zusammenarbeit mit dem KV, der aus überwiegend männlichen Mitgliedern besteht."
- „Ich werde geduldet, werde nicht gelobt, Mann freut sich nicht über Erfolge - aber auch keine Kritik zum Auseinandersetzen - allein gelassen."
- „Ungenügende Unterstützung - Man fühlt sich alleingelassen."
- „Ich sehe überhaupt keine Möglichkeiten, da ich die Zeit, die ich arbeite, allein ‚vor mich hinarbeite'."
- „Ja / der Umgang miteinander dürfte oft ‚christlicher' sein."

Häufig verweisen Frauen auch darauf, daß ihre Probleme, die eigenen Fähigkeiten in die kirchliche Arbeit einzubringen, mit *Erwartungen / Vorurteilen* zu tun haben, die nicht selten in einem bestimmten *Frauenbild* wurzeln:
- „Gemeindeglieder trauen Männern mehr zu."
- „Im Prinzip ja, doch es besteht die Gefahr ‚Handlangerin' des Pastors und KV zu sein!"
- „Berufsbild männlich geprägt; Frau nur als liebevoll-verständnisvoll etc. gewünscht, aber nicht als eigenständig und eigenwillig; positiv: Frauen machen weniger Angst, weil sie keine so große Konkurrenz darstellen."
- „Schon, oft wird frau zu sehr auf die ‚Kleine' reduziert."
- „Ja, allerdings muß ich mich manchmal den patriarchalen Strukturen anpassen und die ‚artige' Frau spielen."
- „Es gibt noch Vorurteile gegenüber berufstätigen Frauen."
- „Ja, als Frau kann ich versuchen, ein gutes Vorbild in Bezug auf Emanzipation zu sein, z. B. in Krabbelgruppen und bei den vielen ehrenamtlichen Frauen und Mädchen. Problematisch ist immer wieder die alte Rollenaufteilung, z. B. sind in der Eltern-/Kind-Gruppe nur Mütter."
- „Ich werde noch mehr als Männer auf Kinder- und Jugendarbeit festgelegt, die meisten KV-Vorsitzenden (mein Arbeitgeber) sind Männer."
- „Ja. Probleme sind in Rollenerwartungen, die mich festlegen, z. B. ‚Basteln' muß man können."
- „Ja, erlebe aber Skepsis, wenn es um technische oder handwerkliche Dinge geht. Vorführung - Beweis des Könnens."
- „Nein. Es wird mir als Frau nicht zugetraut, daß ich mit den technischen Problemen einer EDV-Anlage zurechtkomme."
- „Sozialarbeit ist noch durch Frauen und ihre angebliche Bestimmung geprägt."
- „Die Frauenfrage im Sinne der ‚feministischen Theologie' zu bearbeiten kann nur sehr begrenzt und versteckt passieren - ich bin bereits in der ‚Schublade'!"

Dabei gibt es aber nicht nur Probleme mit Männern: Auch mangelndes Frauenbewußtsein und *zu wenig Solidarität unter Frauen* wirken sich hinderlich aus:
- „In kleinen Arbeitsgebieten ist das manchmal möglich, aber es fehlt auch an der Solidarität der Frauen untereinander."
- „Ich sehe genügend Möglichkeiten! Probleme bestehen in erster Linie bei der Akzeptanz durch Frauen."

- „Patriarchale Muster und Strukturen sitzen sehr fest - nicht zuletzt in mir und anderen Frauen selbst."
- „Ja. Probleme bestehen in den Ängsten der Amtsbrüder und konservativen Frauen, frauenbewußten Pastorinnen gegenüber."

Ein anderer Problemkomplex, der ebenfalls sehr häufig angesprochen wird, betrifft die von vielen Frauen erlebte *Doppelbelastung* durch Familie *und* Beruf:
- „Probleme: Arbeitsorganisation ist nicht an Bedürfnissen von Familienfrauen orientiert."
- „Ja. Das Problem besteht für mich darin, daß viele kirchliche Aktivitäten sehr zeitaufwendig sind und ich mir das als Mutter von kleinen Kindern nicht erlauben kann. z.B. auch fast alle Gremienarbeit."
- „Probleme gibt es nur, wenn man sich nebenbei ehrenamtlich einsetzt, mit der Familie."
- „Problem, als Frau mit zwei Kindern und einer ‚halben Stelle' eine vernünftige Jugendarbeit aufzubauen. Problem bei längeren Freizeiten: Wo bleiben die Kinder?"
- „Ich halte den Pfarrerberuf für einen guten Frauenberuf. Probleme: Vereinbarung von Kindern / Familie und Beruf."
- „Als Frau eines Pfarrers mit zwei Kindern wird mir nur ausgesprochen selten und mit großen Problemen verbunden die Möglichkeit gegeben, meine Fähigkeiten *im Beruf* zu zeigen (zu wenig Teilzeitplätze, Gemeinde- und Kollegenerwartungen)."

Berufstätige Frauen bekommen diese Doppelbelastung ganz persönlich zu spüren:
- „Probleme sind, Arbeit im Haushalt und Beruf in Einklang zu bringen. Das Persönliche bleibt auf der Strecke."
- „Ja, aber nur mit mehr Einsatz, als es die Männer bringen (Männer bekommen in der Regel den Rücken freigehalten - Frauen haben die ‚häuslichen Anteile' zusätzlich)."
- „Probleme: Frauen haben Doppelbelastung (Beruf und Haushalt, evtl. auch Familie), während bei (älteren) Pastoren die Frau oft hilft. Diese Erwartung wird bei vielen Gemeindegliedern deutlich."

Eine nebenamtliche Mitarbeiterin macht ihrem Ärger über mangelnde Anerkennung der mit Familienarbeit verbundenen Belastung beispielsweise so deutlich:
- „Ich habe Familie und bin daher anders belastet. Übrigens: ‚Hausfrau' ist keine Berufsbezeichnung. Bei Dienstbesprechungen muß man als Hausfrau anwesend sein. Nur wer einen Hauptberuf hat, braucht nicht teilzunehmen. Kranke Kinder sind kein Grund."

Auch frauentypische *Berufskarrieren*, in denen Familienarbeit einen breiten Raum einnimmt, werden problematisiert:
- „Nein - ich habe durch familiäre Situationen zu spät wieder den Einstieg ins Berufsleben bekommen - dadurch begrenzte Möglichkeiten."
- „In manchen Branchen gehen die Fortschritte so rapid, daß Frauen nach der Babypause den Anschluß verpaßt haben (z. B. EDV)."

Manchmal erleben Frauen ihre berufliche Situation im Blick auf die anstehende Frage als in sich differenziert und erklären z.B., das *„kommt darauf an", „hängt von der jeweiligen Situation, den beteiligten Personen ab"*:
- „Gibt genug Möglichkeiten - entscheidet sich in der Zusammenarbeit mit Pastoren, ob Fähigkeiten eingebracht werden können."
- „Das kommt darauf an: Frauen als Vorgesetzte habe ich positiv erlebt. Männer als Patriarchen."
- „Da wo ich mit Ehrenamtlichen, Kindern und Jugendlichen arbeite, kann ich meine Fähigkeiten gut einbringen. Da wo ich mich mit Institution, Pastoren, Männern auseinandersetzen muß, merke ich eine Abqualifizierung von Werten, die mir als Frau wichtig sind."

Einzelne Frauen schließlich erklären, Probleme, die bei dem Versuch auftreten, die eigenen Fähigkeiten einzubringen, seien *„ganz persönlich begründet"*, z.B.:
- „Ja, ich kann meine Fähigkeiten einbringen. Probleme haben weniger mit meinem Frausein als mit dem Allein-Leben zu tun."

Differenziert man die Antworten auf diese Frage nach den Möglichkeiten, eigene Fähigkeiten in die berufliche Arbeit einzubringen, nach der Zugehörigkeit der Befragten zu verschiedenen *Berufsgruppen*, so werden Unterschiede deutlich (vgl. Tabelle 44): Herausragend positiv fallen die Antworten der Erzieherinnen aus. Sie sehen in besonders großer Zahl gute Chancen, eigene Fähigkeiten in ihre Arbeit in der Kirche einzubringen. Auch Sozialpädagoginnen, Gemeindeschwestern, Kirchenmusikerinnen und Küsterinnen sprechen hier auffallend häufig von guten Chancen. Bei Diakoninnen, Pastorinnen, Pfarramtssekretärinnen und Verwaltungsangestellten dagegen ergibt sich ein höheres Maß an Problemanzeigen.

Tabelle 44: Erfahrungen beruflich in der Kirche tätiger Frauen in bezug auf die Möglichkeit, eigene Fähigkeiten in die Arbeit einzubringen, in ausgewählten Berufsgruppen (in v.H. der jeweiligen Befragtengruppe)

	Kirchenmusikerin (n=64)	Pfarramtssekretärin (n=81)	Verwaltungsangestellte (n=116)	Diakonin (n=84)	Erzieherin (n=99)	Pastorin (n=66)	Gemeindeschwester (n=50)	Küsterin (n=51)	Sozialpädagogin (n=51)
ja, gut, keine Probleme	41	38	38	27	59	33	46	45	49
unter anderem auch Probleme genannt	9	14	9	30	17	38	14	12	29
nur Probleme genannt	8	20	26	22	7	21	16	6	12
kommt darauf an, hängt von bestimmten Bedingungen ab	1	4	2	4	2	2	-	-	-
„Frauen haben keine ‚besonderen Fähigkeiten'"	-	1	3	2	-	2	-	-	-
keine Angabe	41	23	22	15	15	4	24	37	10
insgesamt	100	100	100	100	100	100	100	100	100

Hängt die Beantwortung dieser Frage auch mit dem *zeitlichen Umfang* der von Frauen beruflich in der Kirche geleisteten Arbeit zusammen? Diejenigen, deren wöchentliche Arbeitszeit unter zehn Stunden liegt, haben sich seltener als andere zu ihren Möglichkeiten geäußert, eigene Fähigkeiten in den Beruf einzubringen. Darüberhinaus deutet sich in der entsprechenden Kreuzauswertung folgender Befund an: Der Anteil derer, die sich in diesem Punkt uneingeschränkt positiv äußern, geht mit zunehmender Stundenzahl leicht zurück, die Quote der „gemischten" Voten, die gute wie schlechte Erfahrungen zum Ausdruck bringen, steigt dagegen leicht an. Längere Arbeitszeiten tragen offenbar nicht dazu bei, die entsprechenden Chancen zu verbessern; vielmehr nehmen Frauen, die einen größeren Teil ihrer Zeit dem Beruf widmen, Begrenzungen anscheinend stärker wahr.

Eine Differenzierung dieser Antworten nach dem *Lebensalter* der Befragten zeigt auch hier wieder, daß ältere Frauen die Frage seltener beantwortet haben (vgl. Tabelle 45). Zugleich wird als Tendenz sichtbar, daß ältere Frauen in geringerem Umfang auf Probleme hinweisen als jüngere Befragte.

Auch in Verbindung mit der *Familiensituation* der Frauen werden Antwortunterschiede erkennbar: Alleinlebende Frauen äußern etwas häufiger als andere (auch) Probleme: 31 % dieser Frauen sehen nur begrenzte Möglichkeiten, die eigenen Fähigkeiten in den Beruf einzubringen, verglichen mit 18 bis 23 % derjenigen, die mit ihrem (Ehe-)Partner und / oder Kind(ern) zusammenleben). Entsprechend niedriger fällt die Quote bei den Alleinlebenden aus, was die uneingeschränkt positiven Antworten auf die entsprechende Frage betrifft (42 %, verglichen mit 55 bis 59 % bei den in familiären Zusammenhängen lebenden Frauen).

Tabelle 45: Erfahrungen beruflich in der Kirche tätiger Frauen in bezug auf die Möglichkeit, eigene Fähigkeiten in die Arbeit einzubringen, nach Lebensalter (in v.H. der jeweiligen Befragtengruppe)

	21-40 Jahre		41-50 Jahre		51-70 Jahre	
	Frauen in kirchl. Berufen insges. (n=319)	antwortende Frauen (n=264)	Frauen in kirchl. Berufen insges. (n=243)	antwortende Frauen (n=194)	Frauen in kirchl. Berufen insges. (n=207)	antwortende Frauen (n=140)
ja, gut, keine Probleme	35	43	45	57	44	64
unter anderem auch Probleme genannt	24	29	16	20	14	21
nur Probleme genannt	19	23	18	22	9	14
kommt darauf an, hängt von bestimmten Bedingungen ab	3	3	1	1	1	1
„Frauen haben keine ‚besonderen Fähigkeiten' "	2	2	..	..	-	-
keine Angabe	17	-	20	-	32	-
insgesamt	100	100	100	100	100	100

6.3.3 Zusammenarbeit

Das Thema „Kooperations-Erfahrungen" von beruflich in der Kirche tätigen Frauen stellt einen dritten Teil dieses Auswertungsabschnittes dar. In der Umfrage wurde unterschieden zwischen „Zusammenarbeit mit Männern" und „Zusammenarbeit mit anderen Frauen". Beginnen wir mit den auf Männer bezogenen Erfahrungen.

6.3.3.1 Zusammenarbeit mit Männern

„Wie erleben Sie die Zusammenarbeit mit Männern?"

Etwa drei Viertel der in der Kirche beruflich tätigen Frauen[114] haben diese Frage beantwortet (vgl. Tabelle 46); ein kleiner Teil derjenigen, die sich hierzu nicht geäußert haben, begründet dies mit mangelnder Gelegenheit, im eigenen Arbeitsbereich mit Männern zu kooperieren.

Für mehr als ein Drittel der befragten Frauen - das entspricht 48 % derjenigen, die die Frage beantwortet haben - stehen positive Erfahrungen im Vordergrund, wenn sie an die Zusammenarbeit mit Männern denken. Von Erfahrungen unterschiedlicher Art ist in 12 % der Fragebogen die Rede. Deutliche Probleme signalisieren 26 % der Frauen, also ein Drittel derjenigen, die die Frage beantworten.

---

[114] Bei einem Drittel der Frauen, die sich erst auf einen Beruf in der Kirche vorbereiten, liegen ebenfalls Antworten auf diese Frage vor. Hier ist der Anteil derjenigen, die (noch?) kein in der Tendenz deutliches Urteil fällen, höher als unter den bereits beruflich in der Kirche Tätigen: Jede dritte Antwort verweist auf ein Nebeneinander positiver und negativer Erfahrungen. Anteilsmäßig entsprechend geringer fallen sowohl rein positive Voten wie ausschließliche Problemanzeigen aus.

Tabelle 46: Erfahrungen beruflich in der Kirche tätiger Frauen in der Zusammenarbeit mit Männern (in v.H.)

	Frauen in kirchlichen Berufen insgesamt (n=809)	antwortende Frauen (n=637)
(sehr) gut	28	36
gut mit Einschränkungen	10	12
gibt - auch - größere Probleme	13	16
nur Probleme genannt	13	17
unterschiedlich, kommt darauf an	12	15
keine Erfahrungen, wenig Gelegenheit	3	4
keine Angabe	21	-
insgesamt	100	100

Die *positiven Voten* werden von einigen Frauen mit Erklärungen bzw. mit einer besonderen Tendenz versehen:
- „Mein ‚Chef' ist gesellschaftskritisch und für feministische Forderungen recht aufgeschlossen."
- „Insgesamt positiv, da wir junge, emanzipierte Mitarbeiter haben."
- „Da unser Beruf ‚Frauengebiet' von früher her war, gibt es mit Kollegen keine Probleme."

Ein Teil der Frauen, die dieses in der Tendenz eindeutig positive Urteil über ihre Zusammenarbeit mit Männern *mit (leichten) Einschränkungen* versehen, verknüpft diese Beurteilung mit dem Hinweis auf einen (notwendigen) eigenen Beitrag:
- „Gut, ich lasse mich nicht vereinnahmen, sondern wehre mich bei gewissen Dingen."
- „Im allgemeinen komme ich gut zurecht, weil ich mich mit Worten, Werken und Taten messen kann!"
- „Gut, wenn ‚man' sich nicht alles gefallen läßt, kompetent und selbst aktiv und kommunikationsfreudig ist (und gelegentlich ein freches Mundwerk hat)."
- „Relativ einfach, wenn ich meinen Charme einsetze."
- „Sie sind ganz angetan davon, daß sie auch eine Frau in ihrer ‚Mitte' haben und erwarten ‚Emotionen' und neue Ideen. Sie sind eigentlich ganz aufgeschlossen."

Andere sprechen davon, daß sich in dieser Hinsicht im Vergleich zu früher einiges *verbessert* habe oder daß diese Zusammenarbeit - *„bei nicht zu hoch geschraubten Erwartungen"* - *„entwicklungsfähig"* erscheint:
- „Nach ‚Eingewöhnungszeit' gut."
- „Zur Zeit gut. Vorher katastrophal."
- „Am Anfang mußte ich sehr um Eigenständigkeit kämpfen. Jetzt werde ich respektiert und kann selbständig arbeiten."
- „Nach Jahren eigener, erziehungsbedingter Zurückhaltung im Kollegenkreis meine ich nun, meinen festen und auch anerkannten Platz erobert zu haben."

Hin und wieder werden positive Voten auch *relativiert*, indem die Frauen sie mit Zusätzen wie *„in der Regel"* oder *„überwiegend"* versehen.

Konkret beschriebene *Einschränkungen* beziehen sich auf in der Zusammenarbeit an Männern wahrgenommene *Haltungen und Verhaltensweisen*, die von Frauen als belastend oder die prinzipiell denkbare Breite einer solchen Arbeitsbeziehung begrenzend erlebt werden, z.B.:
- „Soweit es sich um Fachfragen handelt, meistens gut."

- „Kollegial-solidarisch, es bleiben Schranken im persönlichen Bereich."
- „Im Großen und Ganzen positiv. Erfahrung, daß Männer und Frauen sich gegenseitig brauchen. Probleme: Männer, gerade Pastoren verstecken ihre Person, ihre Gefühle oftmals hinter der ‚Rolle'."
- „Fast problemlos, jedoch manchmal etwas ironisch."
- „Eher unproblematisch; oft haben sie starre Ansichten, nicht so aufgeschlossen wie Frauen."
- „Überwiegend gut. Schwierig wird´s, wenn der Mann nicht ‚emanzipiert' genug ist."
- „In der Regel gut - manche Männer haben Angst vor kompetenten Frauen."
- „Eigentlich sehr positiv, zum Teil Ansätze von Unverständnis für berufstätige Mutter."

Eine dritte Kategorie faßt Antworten zusammen, die neben positiven Feststellungen *auch deutliche Problemanzeigen* einschließen. Antworten der vierten Kategorie, die *sehr nachdrücklich* (und in der Regel *ausschließlich*) auf Probleme hinweisen, enthalten ähnliche Kritikpunkte, sind jedoch oft wesentlich harscher formuliert. Hier werden vielfach Enttäuschung, Ärger, Zorn oder Resignation spürbar. Im einzelnen beschreiben Frauen folgende die Zusammenarbeit mit Männern beeinträchtigende Sachverhalte:

- Männer beanspruchen oft Vorrang für ihre Ideen, lassen sich nicht gern in Frage stellen:
  - „Werde verwöhnt und gelobt, wenn ich immer lächle, den Mund halte (außer wenn sie nicht mehr weiter wissen), aufopfernd arbeite und unproblematisch bin."
  - „Solange man als Frau die Entscheidungen den Männern überläßt und nur versucht, Verbesserungsvorschläge zu machen, recht gut."
  - „Meistens keine Zu*sammen*arbeit, sondern nur Zu-Arbeit. Es wird aber auch das Bemühen der Männer deutlich, mehr Anerkennung und Akzeptanz zu zeigen."
  - „Ich erlebe Kollegen oft als Einzelkämpfer, wenig gesprächs- und konfliktbereit. Es kostet mich viel Energie, diesem ‚Platzhirschverhalten' entgegenzuwirken."
  - „Sie können schlecht hinnehmen, daß man als Frau schon mal ‚vorgedacht' hat."
  - „Wenn ich mich als Claqueurin betätige, werde ich anerkannt. Dies ist vorwiegend die einzige Schiene, um überhaupt wahrgenommen zu werden. Das ist auch die Furcht des Mannes vor der berufstätigen Frau: sie als Publikum zu verlieren."
  - „Ich erlebe Männer oft abweisend, wenn Ideen oder Lösungen nicht von ihnen - sondern eben von einer Frau kommen."
  - „Schwierig, da ich zu viel nachfrage und informiert werden möchte, Entscheidungen nicht ungeprüft hinnehme."
  - „Sehr, sehr engstirnig. Sie lassen sich ungern was sagen, auch wenn man hundertmal Recht hat und es zum Wohle der Gemeinde dient."
  - „Es geht nur gut, wenn ich mich auf ihre Art einstelle (Arbeitsformen, Sprache, Methoden, Auftreten)."

- Frauen werden in der Zusammenarbeit mit Männern oft nicht ernstgenommen und müssen sich nachdrücklich ums Gehört-Werden bemühen:
  - „Ich kann mich des Eindrucks nicht erwehren, daß Männer dienstliche Absprachen mit weiblichen Kollegen für weniger verbindlich halten, daß es offensichtlich festgelegte Vorstellungen über Rollen- bzw. Aufgabenverteilungen in der Gemeindearbeit gibt und daß ich als Frau schon sehr energisch auftreten muß, um ernstgenommen zu werden..."
  - „Die Zusammenarbeit mit Männern erfordert oft Durchsetzungsvermögen und Diplomatie."
  - „Befriedigend, wenn ich mich inhaltlich-sachlich einbringe, stark auftrete, sonst negativ."
  - „Ich muß meine Arbeitsinhalte und -ziele mit großer Fachkompetenz und Selbstbewußtsein darstellen."
  - „Unterschiedlich, teils kooperativ, teils muß frau auf der Hut sein, daß sie nicht untergebuttert wird."
  - „Männer erlebe ich rhetorisch geschickter. Sie verstehen es mehr, für sich den Rede-Platz zu behaupten, es als selbstverständlich zu nehmen, daß sie Wichtiges zu sagen haben und daß man ihnen zuhört. Dadurch und durch mein eigenes Rollenbild (daß Männer ‚führen') ist es mir selbst oft schwergefallen, Männern gegenüber zu leiten."
  - „Verschieden, oft gut und auf gleichberechtigter Ebene. Doch manchmal auch schwierig, mir begegnen Überheblichkeit, Nicht-Zuhören, das Gesagte wird überhört."
  - „Mit dem Pastor erlebe ich sie schrecklich, weil er Frauen meist grundsätzlich nicht ernst nimmt."

- Männer haben Schwierigkeiten, die Leistung und Fachkompetenz von Frauen anzuerkennen:
  - „Z.Zt. überwiegend positiv, teilweise fühle ich mich in meiner Sachkompetenz nicht genügend ernstgenommen, weil ich eine Frau bin."
  - „Ich muß aufpassen, daß ich meiner Qualifikation gemäß eingesetzt werde, und nicht für ‚erzieherische' oder ‚dienende' Tätigkeiten."
  - „Gut, wenn´s um das Inhaltliche geht, schlecht, wenn´s um Respektierung der Berufsqualifikation geht oder um wesentliche Posten."
  - „Sehr unterschiedlich, wenn eine Frau tüchtig ist, nennen die Kollegen es ehrgeizig."
  - „Als defizitär, besonders schlimm ist es mit bestimmten Pastoren, da gilt Theologisches mehr als jede Fachkompetenz von Mitarbeiterinnen."
  - „Ein starker Arbeitseinsatz wird als selbstverständlich hingenommen."

Vereinzelt können Frauen trotz solcher „Behandlung" in der Zusammenarbeit mit Männern Positives entdecken:
  - „Mal schwierig - da ich weniger ernst genommen werde, mal angenehm - durch mein ‚Frau Sein' läßt sich manches auch nonverbal ausdrücken, und eine eindeutige Konkurrenzbeziehung besteht nicht."

- Frauen haben das Gefühl, Männer zu verunsichern, ihnen Angst zu machen:
  - „Nicht immer gut, Männer sind meist zuerst skeptisch und haben Angst vor mir!"
  - „Z.T. gut, offen und angstfrei, zu einem größeren Teil: sehr distanziert, sehr angstbeladen, in bestimmten Bereichen: ablehnend (von seiten der Männer)."
  - „Z.T. als sehr gut / z.T. reagieren Männer herablassend oder panisch (Angst, daß ich in ihr ‚Revier' einbrechen könnte!)."
  - „Gut, allerdings haben sie oft Angst, daß man ‚als Frau' zuviel redet und ihnen die Zeit stiehlt (die Pastoren nämlich)."
  - „Unterschiedlich, teilweise werde ich nicht ernstgenommen, teilweise gefürchtet, teilweise tiefe Verbundenheit."
  - „Männer sind manchmal verunsichert (Frau macht ihnen Angst), deshalb schwierig; keine Sensibilität für frauenspezifische Fragen; manchmal angstmachend, herablassend, aggressiv, ..."
  - „Wenn es um Macht geht, sehr schwierig. Starke Frauen machen Angst."

- Männer haben Schwierigkeiten mit Gefühlen und mit Kreativität; manchmal aber fehlt es ihnen auch an der nötigen Sachlichkeit. Sie sind *„distanziert"* und *„hierarchisch"*, *„schwerfällig"* oder *„zu wenig praxisnah"*, haben *„zu festgefügte Denk- und Argumentationsmuster"* und *„achten wenig auf die Bedürfnisse anderer"*:
  - „Schlecht, Gefühle spielen keine Rolle, damit darf nicht argumentiert werden, werden nicht ernst und wichtig genommen, ein Mann motzt sich vor dem anderen auf, Scheinsachlichkeit."
  - „Eher reduziert auf Sachlichkeit und Konventionen, vereinzelt auch persönliche Gespräche möglich."
  - „Manchmal ist es schwierig, Männern eigene Anliegen verständlich zu machen (Gefühlsebene / Sachebene)."
  - „Wenig Einfühlungsvermögen, oft auf eigene Vorteile bedacht, unpersönlich von oben herab."
  - „Sie geben gern Arbeit ab, äußern selten persönliche Anerkennung, Pastoren sind durch ihr Amt oft sehr selbstbezogen."
  - „In allen Nuancen - pauschal akzentuiert: wenig kreativ, mehr formal."
  - „Sie scheinen sich nur in eingefahrenen Bahnen und Strukturen (Hierarchiebewußtsein) wohl zu fühlen."
  - „Teilweise wenig sachlich - stattdessen werden vorhandene hierarchische und / oder bürokratische Strukturen sowie (kirchen-)moralische Argumente vorgebracht."

- Frauen erleben in der Zusammenarbeit mit Männern Rollenfestlegungen:
  - „Verschieden / zum Teil kooperativ, zum Teil sehr vom alten Rollenmodell geprägt."
  - „Negativ und positiv: anerkannt, aber oft werden mir auch typisch weibliche Aufgaben zugeschrieben (besonders von Kirchenvorstehern) --> oft auch als Frau ‚angemacht'."
  - „In Zusammenarbeit mit Männern spielt die Frau eine untergeordnete Rolle."

- „Größtenteils negativ, da die Männer die wichtigen Positionen haben und somit sowieso das letzte Wort."
- „Frauen dürfen nur ‚dienende Funktionen' ausüben."
- „Männer lassen gern für sich arbeiten."
- „Männer sprechen sich immer nur als ‚Brüder' an, Frauen sind wohl eher zierendes Beiwerk."
- „Sehr unterschiedlich; offen, partnerschaftlich mit einigen wenigen, schwierig dann, wenn Männer sich auf Leitungsrolle zurückziehen und / oder ich die mir ‚zugewiesene' Frauen-Rolle (brav, sanft, nett, ‚Tochter', ‚Fräulein', ‚Frauchen') nicht annehmen will."
- „Wenn ich bestimmte Zugeständnisse mache, geht viel. Ich will einfach keinen Preis mehr zahlen - weder in Freundlichkeit, Zurückhaltung, usw. um meine Dinge tun zu können, ohne daß Männer sich gefährdet fühlen."
- „Häufig große Distanz, Unsicherheit auf beiden Seiten. Überheblichkeit, gespielte Beschützerrolle der Männer."
- „Als in der Mehrzahl schwierig. Die Männer erwarten gerade von der Frau, daß sie auf sie eingeht und sich auf sie einstellt - ohne ihrerseits zu solchem Verhalten bereit zu sein. Ich erlebe viele Männer als auf Selbstdarstellung ausgehend - aber wer sich nur profilieren will, mit dem ist wahre Zusammenarbeit unmöglich."

Einige Befragte bringen in ihren Antworten zum Ausdruck, daß Frauen nicht selten solche Rollen mehr oder weniger bereitwillig akzeptieren:
- „Die mühsame Kleinarbeit wird oft von Frauen übernommen."
- „Im Prinzip erlebe ich, daß Männer viele neue Ideen entwickeln, die dann von Frauen umgesetzt werden, sie fühlen sich für die Praxis und Realisierung eher zuständig und versäumen es, einer männlichen Überproduktion von Ideen entgegenzuhalten."
- „Die mir bekannten Männer (Pastoren) neigen alle dazu, mir ihnen unbequeme Arbeiten zu übertragen. Wenn etwas kompliziert wird, ist bestimmt eine Frau zur Stelle."

- Die Stichworte *„Macht"* und *„Konkurrenz"* spielen in einigen Voten, die kritisch über die berufliche Zusammenarbeit mit Männern berichten, eine große Rolle:
- „Zum großen Teil schwierig, Konkurrenzdenken, andere nicht zu Wort kommen lassen."
- „Männer im kirchlichen Dienst sind oft sehr unkollegial und arrogant. Intrigieren gegen die Frauen, behandeln sie wohlwollend herablassend. Versuchen, die Frauen auszunutzen."
- „Kämpferisch, nicht offen."
- „Die Beziehungen sind unklar, und fast alle sind Alleinherrscher."
- „Mit wenigen oberflächlich gesehen gut, aber bei den meisten Männern vermisse ich eine partnerschaftliche Haltung."
- „Meistens ritterlich, aber nicht immer partnerschaftlich."
- „Bis auf ganz wenige Ausnahmen habe ich Männer als nicht teamfähig erlebt."
- „Oft als Konkurrenten. Männer möchten gern in unserem Arbeitsbereich Leitende sein."
- „Sie müssen zum großen Teil immer noch zeigen, daß ‚sie' das Sagen haben."
- „Wenn es um die Diskussion in Sachfragen geht, ist die Zusammenarbeit oft leichter als mit Frauen. Geht es aber um Entscheidungen, die natürlich mit Macht zusammenhängen, werde ich als Frau kaum gehört und kaum ernstgenommen. Ich werde oft übergangen."
- „Oft schwierig; passen auf, daß sie mehr Macht, bessere Bezahlung erhalten."
- „Männer in der Kirche sind genauso irrational wie Männer in anderen Arbeitsbereichen, darum ist eine rein sachliche Arbeit mit ihnen schwierig, da sich doch vieles darum dreht, Pfründe zu wahren."

- Auch in der Art und Weise, wie manche Männer *mit Anliegen von Frauen umgehen*, sehen einige Befragten Hindernisse, die einer Zusammenarbeit im Weg stehen:
- „Keine offene Ablehnung frauenpolitischer Forderungen, jedoch oft subtiles Boykottieren (Programme werden ‚vergessen' zu verschicken ..."
- „Männer tun nur so, als wenn sie Frauen einbeziehen, leider wird man sehr oft enttäuscht."
- „Unangenehm bis ablehnend, da wenig oder überhaupt kein Entgegenkommen, wenn es um frauenspezifische Fragen geht."
- „Oft peinlich bemüht, nicht in Fettnäpfchen zu treten (siehe Sprache!) oder die gewachsene weibliche Empfindlichkeit ignorierend, bzw. belächelnd!"

- Hin und wieder werden auch Probleme auf seiten der Frauen angesprochen, wenn Befragte sich zur Zusammenarbeit mit Männern äußern, z.B.:
  - „Immer schwieriger, weil ich mehr und mehr merke, welche gesellschaftliche Vorrangstellung sie haben und wie selbstverständlich sie damit umgehen, ohne zu merken, daß sie das auf Kosten der Frauen tun."
  - „Unterschiedlich, auch sehr positiv; schwierig, da frau sich mit Familie *und* Beruf auseinandersetzen muß, mann *nur* ‚im Beruf' denkt."
  - „Ich fühle mich schnell verunsichert und werde dann vermutlich unangemessen aggressiv, was ich eigentlich nicht möchte - das ist aber mein Problem."

Tabelle 47: Erfahrungen beruflich in der Kirche tätiger Frauen in der Zusammenarbeit mit Männern, in ausgewählten Berufsgruppen (in v.H. der jeweiligen Befragtengruppe)

	Kirchenmusikerin (n=64)	Pfarramtssekretärin (n=81)	Verwaltungsangestellte (n=116)	Diakonin (n=84)	Erzieherin (n=99)	Pastorin (n=66)	Gemeindeschwester (n=50)	Küsterin (n=51)	Sozialpädagogin (n=51)
(sehr) gut	24	37	43	12	24	17	58	43	10
gut mit Einschränkungen	9	6	9	11	10	17	8	8	16
gibt - auch - größere Probleme	9	11	14	19	10	32	2	2	18
nur Probleme genannt	6	14	7	26	12	13	12	6	25
unterschiedlich, kommt darauf an	8	10	9	24	12	18	2	2	23
keine Erfahrungen, wenig Gelegenheit	-	-	1	-	16	-	4	2	-
keine Angabe	44	22	17	8	16	3	14	37	8
insgesamt	100	100	100	100	100	100	100	100	100

Wo Frauen die Frage nach der Zusammenarbeit mit Männern kritisch, aber differenzierend beantwortet haben, finden sich häufig Hinweise darauf, daß die beteiligten Männer eben auch *verschieden* seien: Manche, so schreiben diese Frauen beispielsweise, benähmen sich ihnen gegenüber kooperativ und kollegial, andere *„herablassend"* oder *„besserwisserisch"*. Nicht selten verteilen Befragte positive bzw. negative Erfahrungen in charakteristischer Weise auf verschiedene Strukturebenen: Sie sprechen dabei öfter von positiven Erfahrungen auf kollegialer Ebene,[115] nennen Probleme in der Zusammenarbeit eher mit Vorgesetzten[116] bzw.

---

[115] Auch auf der Kollegenebene erweist sich die Situation jedoch nicht immer als unproblematisch:
  - „Gerade unter Kollegen entweder manchmal etwas belächelt zu werden oder als Vorzeigefrau benutzt zu werden."
  - „Mit Kollegen: gemischt - teils wunderschön, teils schwierig, am schlimmsten die subtile, hinter Charme versteckte, liebenswürdige Art, mich nicht ernstzunehmen."

[116] - „Je höher in der Hierarchie, desto mehr fühle ich mich als Frau belächelt - oder - als Feministin verkannt."
  - „Gelegentlich - bei höherem Rang - Herablassung bis zur Unhöflichkeit."
  Oder, differenzierend:

übergeordneten Gremien. Andere Befragte sehen Unterschiede z.B. zwischen jüngeren und älteren Pastoren oder zwischen einem kooperationsbereiten - überwiegend mit Männern besetzten - Kirchenvorstand und wenig an Zusammenarbeit interessierten Männern in der übrigen Gemeinde. („*Hier gibt's noch welche, die sich von einer Pastorin nicht das Abendmahl geben lassen.*")

Machen Frauen unterschiedliche Erfahrungen in der Zusammenarbeit mit Männern, je nachdem, welcher *Berufsgruppe* sie zugehören? Wie Tabelle 47 zeigt, trifft dies offenbar zu. Es gibt in der Befragtengesamtheit einige Berufsgruppen, die ihre Kooperations-Erfahrungen besonders häufig als positiv beschreiben, und andere, die erheblich öfter auf Probleme hinweisen. Zu ersteren gehören Gemeindeschwestern, Küsterinnen und Verwaltungsangestellte; besonders kritisch dagegen äußern sich Diakoninnen, Sozialpädagoginnen / Sozialarbeiterinnen und Pastorinnen.

Was die Beantwortung dieser Frage durch Frauen mit unterschiedlichem Maß an *wöchentlicher Arbeitszeit* anbelangt, so zeigt sich erneut eine Tendenz, die bereits im vorigen Abschnitt sichtbar geworden ist: Der Anteil der uneingeschränkt positiven Voten ist vergleichsweise etwas geringer bei größerem Arbeitsumfang; mehr Frauen mit höherer Stundenzahl äußern sich (auch) kritisch, was die Erfahrungen in der Zusammenarbeit mit Männern anbelangt.

Im Blick auf das Unterscheidungsmerkmal *Lebensalter* gilt auch hier (vgl. Tabelle 48): Ältere Befragte haben die Frage seltener beantwortet. Und wieder zeigt sich, daß die Älteren in geringerem Umfang auf Probleme hinweisen.

Tabelle 48: Erfahrungen beruflich in der Kirche tätiger Frauen in der Zusammenarbeit mit Männern, nach Lebensalter (in v.H. der jeweiligen Befragtengruppe)

	21-40 Jahre		41-50 Jahre		51-70 Jahre	
	Frauen in kirchl. Berufen insges. (n=319)	antwortende Frauen (n=269)	Frauen in kirchl. Berufen insges. (n=243)	antwortende Frauen (n=201)	Frauen in kirchl. Berufen insges. (n=207)	antwortende Frauen (n=144)
(sehr) gut	21	25	36	44	30	43
gut mit Einschränkungen	10	11	8	10	11	16
gibt - auch - größere Probleme	18	21	12	14	8	11
nur Probleme genannt	18	21	13	15	9	12
unterschiedlich, kommt darauf an	14	17	11	13	11	17
keine Erfahrung, wenig Gelegenheit	4	5	3	4	1	1
keine Angabe	15	-	17	-	30	-
insgesamt	100	100	100	100	100	100

Berücksichtigt man die *familiäre Situation* der beruflich in der Kirche tätigen Frauen, so ergibt sich in einem Punkt ein deutliches Resultat: Frauen, die allein leben, berichten öfter als andere von Problemerfahrungen im beruflichen Umgang mit Männern: 45 % dieser Teilgruppe geben entsprechende Hinweise, verglichen mit 33 % der in der Kirche beruflich tätigen Befragten insgesamt.

- „Es gibt solche und solche, mit dem Superintendenten: partnerschaftlich. Sie - die Männer - sind ‚positionshörig' - nur wenige können mit mir, der Ephoralsekretärin, offen und frei umgehen."

6.3.3.2 Zusammenarbeit mit anderen Frauen

Welcher Art sind die Erfahrungen, die die befragten Frauen machen, wenn es um *berufliche Zusammenarbeit mit anderen Frauen* geht? Gibt es Unterschiede zu den Antworten im Blick auf Kooperation mit Männern?

Tabelle 49: Erfahrungen beruflich in der Kirche tätiger Frauen in der Zusammenarbeit mit anderen Frauen (in v.H.)

	Frauen in kirchlichen Berufen insgesamt (n=809)	antwortende Frauen (n=635)
(sehr) gut	34	43
gut mit Einschränkungen	14	18
gibt - auch - größere Probleme	15	19
nur Probleme genannt	5	6
unterschiedlich, kommt darauf an	9	12
keine Erfahrungen, wenig Gelegenheit	2	2
keine Angabe	21	-
insgesamt	100	100

Ein erster Vergleich der Tabellen 46 und 49 zeigt: Die Berichte der beruflich in der Kirche tätigen Befragten[117] über die Zusammenarbeit mit anderen Frauen fallen in der Tendenz etwas positiver aus als jene, die sich auf eine Zusammenarbeit mit Männern beziehen. Wo es um die Kooperation mit anderen Frauen geht, stehen gute Erfahrungen immerhin bei mehr als 60 % der Antwortenden im Vordergrund.

In einigen Fällen erläutern Frauen, die sich ausgesprochen positiv über die Zusammenarbeit mit anderen Frauen äußern, ihr Urteil noch etwas näher. Sie benutzen dazu Stichworte wie *„schwesterlich", „kreativ", „phantasievoll", „produktiv", „unkomplizierter", „direkter", „konkurrenzloser", „ideenreicher", „sensibler", „fröhlicher", „mich als ganzen Menschen sehend und nicht abgespalten: hier Beruf - dort ‚Leben'!"*

Die Art und Weise des Miteinander-Umgehens, wie sie in der Zusammenarbeit mit anderen Frauen erlebt wird, spielt in diesem Zusammenhang offenbar eine große Rolle. Eine Frau erlebt diese Kooperation beispielsweise *„als durchweg sehr viel einfacher und angenehmer: Frauen bringen Ideen mit, äußern sie - und suchen dann aus allen Ideen das Bestmögliche. Sie wollen nicht unbedingt ihre Ideen auch verwirklichen - nicht mit dem Kopf durch die Wand. So ist es kooperativer."*

Dabei kommt es durchaus vor, daß Frauen bei der positiven Darstellung dieser Zusammenarbeit zugleich darauf hinweisen, daß sie dies nicht für selbstverständlich

---

[117] In Ausbildung auf einen kirchlichen Beruf stehende Frauen nehmen auch zu dieser Frage nur selten Stellung. Auffallend ist jedoch, daß unter denjenigen, die sich hier zu einem Votum in der Lage sahen, positive Eindrücke ganz besonders eindeutig im Vordergrund stehen.

halten, sich vielmehr im konkreten Fall besonders guter Bedingungen durchaus bewußt sind, z.B.:
- „Wir sind allerdings auch ein gutes Team, gleichaltrig und gleichartig, kein Konkurrenzdenken."

Gelegentlich machen Frauen aber auch *Einschränkungen* im Blick auf die Qualität der Zusammenarbeit mit anderen Frauen. Zusammenarbeit gelingt demnach nicht so gut, ...

- wenn doch Konkurrenz oder Neid aufkommen:
  - „Mit Frauen kann ich gut zusammenarbeiten, sofern nicht die Frage nach Macht / Status ungeklärt bleibt."
  - „Bei Überschneidung von Kompetenzbereichen allerdings häufig humorlose Kleinlichkeit."
  - „Gut, solange man nicht in Konkurrenz tritt nach dem Motto: Wer ist schicker, braungebrannter, schlanker als ..."

- wenn es an Solidarität und gegenseitiger Toleranz fehlt:
  - „Manchmal wenig Geduld, Empathie bei ‚neuen' Kirchenfrauen spürbar!"
  - „*Sehr* positiv, soweit sie nicht zum konservativen Flügel gehören, wo alles seine Ordnung haben muß."
  - „Wird besser, je weniger frauenfeindlich ich selbst bin."

- wenn es Frauen an Selbstbewußtsein, Entscheidungs- und Durchsetzungsfreude mangelt:
  - „Manchmal hemmend im Durchsetzen von Schwerpunkten."
  - „Leider trauen sich ältere Frauen oft selbst weniger zu als ich ihnen (Angst vor Verantwortung)."
  - „Manchmal stört die Unselbständigkeit und fehlende Entscheidungsbereitschaft. Frauen müssen sich auch noch kompetenter machen."

- wenn äußere Bedingungen Zusammenarbeit erschwerend hinzukommen:
  - „Überwiegend solidarisch, kreativ, entwicklungsfördernd (meine eigene und die der anderen), gesprächsbereit, immer wieder jedoch an Grenzen stoßend, die die herkömmliche Rollenverteilung setzt: Im Zweifelsfall kommt meistens zuerst die Familie, die Termine der Männer und Kinder gehen vor!"
  - „Gut, konstruktiv, solidarisch, wenn genug Zeit vorhanden."
  - „Der Wille zur guten Zusammenarbeit ist gegeben, die Verwirklichung durch Überlastung, Überforderung, unterschiedliche Arbeitszeiten erschwert."

- wenn Konflikte zugedeckt werden:
  - „Manchmal zu harmonisch, weil die Konflikte nicht auf den Tisch kommen."

- wenn anwesende Männer die Zusammenarbeit stören:
  - „Zum Teil sehr harmonisch - wenn keine Männer dabei sind."

- wenn Temperamente oder Ansprüche unterschiedlich sind:
  - „Ein bißchen langweilig."
  - „Manche verschwätzen ihre kostbare Arbeitszeit."

In den - eingeschränkt oder uneingeschränkt - *kritischen Voten*, die von Frauen im Blick auf die Zusammenarbeit mit anderen Frauen formuliert wurden, werden diese Problemanzeigen noch deutlicher. Nicht selten scheinen hier Spannungen auf, die aus einem unterschiedlichen Umgang der einzelnen Frauen mit vorgegebenen hierarchischen Strukturen und erfahrenen Festlegungen auf bestimmte Aspekte einer „Frauenrolle" erwachsen.

Ein wichtiges Stichwort, um das sich eine große Zahl der von den Befragten formulierten Problemanzeigen rankt, ist das der *„Macht"*, genauer gesagt, ein bei ande-

ren Frauen wahrgenommenes *„Machtinteresse"*, und daraus resultierende *„Machtkämpfe"*. So schreiben Befragte beispielsweise im Blick auf die Zusammenarbeit mit anderen Frauen:
- „Zum Teil sehr dicht, kooperativ, gegenseitig stützend, verläßlich und vertrauensvoll, aber auch voller Konkurrenz und Machtkampf."
- „Ich empfinde unterschwellige Versuche anderer Frauen, mich zu beherrschen oder / und zu bemuttern, dies vor allem bei wesentlich älteren Kolleginnen."
- „Manche Frau mit ungebremster Dominanz ist schwierig."
- „Pastorinnen haben ähnliche Machtansprüche wie ihre männlichen Kollegen."

Umgekehrt erleben manche Frauen in Leitungsfunktionen, daß andere Frauen Schwierigkeiten haben, ihre Positionsmacht zu akzeptieren:
- „Frauen fühlen sich durch ‚Vorgesetzte' bedroht, fordern meine Autorität heraus, suchen nach Schwächen."

Aus der Sicht einer „nachgeordneten" Frau mag dieser Sachverhalt sich z.B. so darstellen:
- „Vorgesetzte Frauen zeigen oft männliche Verhaltensweisen: arrogant und überheblich."

Das Thema *„Konkurrenz"* ist mit der Machtfrage eng verknüpft. Es kommt in einer großen Zahl dieser überwiegend oder ausschließlich kritischen Voten zum Tragen. Teilweise werden Ärger oder Enttäuschung über erlebtes *„Konkurrenzverhalten"* zum Ausdruck gebracht. Auffallend ist dabei, daß Schwester- bzw. Mutter-Tochter-Bilder in diesem Zusammenhang eine erhebliche Rolle spielen:
- „Eher schwieriger als mit Männern: Konkurrenz, Mutter-Tochter-Konflikt."
- „Zum Teil schwesterlich unterstützend, z.T. als Konkurrenz bzw. es schleicht sich schnell Rivalität zwischen Kolleginnen ein."
- „Ich gerate leicht in Rivalität zu ‚älteren Schwestern' (ich bin die jüngste von mehreren Geschwistern)."

Dabei wird Konkurrenz oft als *„verdeckt"* erlebt; „frau" neigt nach Wahrnehmung dieser Befragten dazu, sie nicht offen auszutragen.
- „Manchmal mehr subtile Rivalität."
- „Schwierig ist´s mit Kritik unter Frauen! Konkurrenz bleibt unterschwellig."

Teilweise wird ein solches Verhalten mit den als besonders stark erlebten *„Konkurrenzängsten"* von Frauen in Verbindung gebracht.

Nicht immer allerdings wird der Umgang mit Macht und Konkurrenz in der Zusammenarbeit von Frauen ausschließlich negativ erlebt:
- „Da gibt es genauso (wie in der Zusammenarbeit mit Männern) die Machtfrage: Nur ist hier die Situation offener und ich habe es oft erlebt, daß dadurch die Zusammenarbeit lebendiger, dynamischer und auch persönlicher gewesen ist."
- „Auch konkurrenzbelastet -- jedoch mit viel Engagement um Auseinandersetzung, ideenreich bei inhaltlichen Fragen."

Die in den kritischen Voten ebenfalls recht häufig anzutreffende Klage über fehlende *Solidarität* unter Frauen steht möglicherweise im Zusammenhang mit einer ausgeprägten Erwartungshaltung, Frauen *sollten* doch eigentlich solidarisch, schwesterlich miteinander umgehen, sich gegenseitig unterstützen:
- „Mit den meisten Frauen ist kaum Solidarität möglich. Oftmals kämpfen sie mit noch härteren Bandagen als Männer."
- „Könnte solidarischer sein. Sie haben meistens Angst und hängen das Mäntelchen nach dem Wind."

- „Frauen fallen sich oft gegenseitig in den Rücken. Männer bleiben sachlichere Gesprächspartner."
- „Schwierigkeit, daß Frauen jederzeit *ohne* Bezahlung arbeiten und Frauen, die ihren Lebensunterhalt per Beruf verdienen müssen, Chancen stehlen."
- „Ich erlebe viele Frauen, die unter großem Profilierungsdrang stehen, darunter leidet die ‚Schwesterlichkeit'."

Manche Befragte führen Kooperationsprobleme unter Frauen auf grundlegende Schwierigkeiten und - teilweise - Ambivalenzen im Umgang von Frauen untereinander zurück:
- „Man stößt auf ‚Bewunderung', daß man den ‚Aufstieg' zur Hauptamtlichen ‚gewagt' hat, aber auch auf Skepsis."
- „Leider öfter schwierig, da manche Kolleginnen lieber allein arbeiten bzw. im Team mit Männern und keine andere Frau neben sich ertragen."
- „Gut. Bisweilen habe ich den Eindruck, daß es Frauen schwer fällt, Frauen in übergeordneten Positionen als Arbeitgeberin zu akzeptieren. Einigen Frauen scheinen da die Männer lieber zu sein."
- „Daß ich eine Arbeit habe, die Arbeit an andere Frauen delegiert, war für beide Seiten zunächst sehr schwer. Über gegenseitige Wertschätzung Verbesserung der Situation."
- „1) Frauen reagieren sehr oft skeptisch, trauen einer Frau weniger zu als einem Mann (Frauen kann man nicht ‚verehren') - 2) Frauen sind dankbar für ‚Aufwertung' durch eine andere Frau."
- „Zum einen mit ‚traditionellen' Frauen: gute Zusammenarbeit, Kollegialität, aber Unverständnis, wenn ich über Arbeitszeit, tarifliche Rechte spreche, andererseits mit jungen (gleichaltrigen) Frauen: kameradschaftliche Zusammenarbeit, ähnliche Standpunkte."
- „Zwiespältig: manche sind bewußte ‚Feministinnen', daher manchmal problematisch. Wittern oft in mir eine, die die Männer verteidigt, obwohl ich dies nicht tue."

Dabei verweisen einige Befragte auch auf traditionelle Rollenfestlegungen und Herausforderungen durch andere Lebensentwürfe von Frauen:
- „Weniger gut, da ich nicht das erwartete Rollenverhalten an den Tag lege."
- „Sehr unterschiedlich: es gibt auch unterschwelligen Neid / Angst vor der alleinstehenden / berufstätigen Frau. Das führt hin und wieder zu Machtkämpfen."

Schließlich gibt es auch noch eine Reihe kritischer Voten, die Probleme eher auf der Empfindungs- und Gefühlsebene verorten. Da ist z.B. von (allzu) persönlichen Reaktionen die Rede, von *„Neid"* und *„Eifersucht"*, von *„Launen"*, *„Lästerei"* und *„Hinterlist"* und *„nachtragendem Verhalten"*, aber auch von *„Ängstlichkeit"* und *„mangelndem Selbstbewußtsein"* :
- „Manchmal negativ, da wir Frauen zu gefühlvoll sind; wir vergessen oft das Thema und nehmen alles sehr persönlich."
- „Manchmal schwierig, da man nicht immer sachlich mit ihnen reden kann, sie sind mehr emotional."
- „Oft gut. Leider gibt es noch viel Kleinkrieg unter Frauen, m. E. begründet durch Neid, beruhend auf den ewigen Minderwertigkeitskomplexen der Frauen."
- „Wesentlich schwieriger, weil die Frauen meinen, ihre Positionen behaupten zu müssen. Dadurch wird ein reibungsloses Miteinander sehr gestört."
- „Oft mühsam (habe Schwierigkeiten mit Klagen, die sich nicht in die Konfrontation wagen)."
- „Mit selbstbewußten Frauen gut, mit ‚hilflosen' nervig."
- „Nicht immer gut, schablonenhaft-kleinkariertes und z.T. konservatives bis devotes Denken und Verhalten verstellt den Blick auf die zentralen kirchlichen Anliegen."
- „Meistens sehr gut, vertraut, verständnisvoll, oft zu ängstlich, sich zusammenzuschließen."

Vereinzelt weisen Frauen schließlich auch im Zusammenhang dieser kritischen Aussagen über die Kooperation unter Frauen darauf hin, daß äußere Bedingungen als Erschwernis wirken können:
- „Zur Zeit zu wenig solidarisch, da die Situation als Arbeitnehmerin schwierig geworden ist --> Arbeitsüberlastung."
- „Besser, wenn wir uns nicht unter Druck setzen lassen."

Tabelle 50: Erfahrungen beruflich in der Kirche tätiger Frauen in der Zusammenarbeit mit anderen Frauen, in ausgewählten Berufsgruppen (in v.H. der jeweiligen Befragtengruppe)

	Kirchenmusikerin (n=64)	Pfarramtssekretärin (n=81)	Verwaltungsangestellte (n=116)	Diakonin (n=84)	Erzieherin (n=99)	Pastorin (n=66)	Gemeindeschwester (n=50)	Küsterin (n=51)	Sozialpädagogin (n=51)
(sehr) gut	28	54	28	30	40	26	42	37	39
gut mit Einschränkungen	6	12	14	21	8	32	6	18	19
gibt - auch - größere Probleme	11	3	20	21	15	16	24	4	12
nur Probleme genannt	2	3	9	5	5	5	2	-	8
unterschiedlich, kommt darauf an	5	7	8	13	13	15	8	6	14
keine Erfahrungen, wenig Gelegenheit	1	2	3	-	1	3	-	2	-
keine Angabe	47	19	18	10	18	3	18	33	8
insgesamt	100	100	100	100	100	100	100	100	100

Auch in der Beurteilung der Zusammenarbeit mit anderen Frauen gibt es Unterschiede zwischen den *Berufsgruppen* (vgl. Tabelle 50). Pfarramtssekretärinnen und Küsterinnen bringen besonders selten Problemerfahrungen zum Ausdruck; Pastorinnen und Diakoninnen neigen etwas eher als andere dazu, ihren in der Tendenz oft positiven Eindruck zumindest einzuschränken. Dennoch gilt für alle ausgewählten Teilgruppen: Die Befragten haben offenbar mit anderen Frauen relativ gute Kooperationserfahrungen gemacht; verglichen mit den auf Männer bezogenen Antworten äußern sie sich jedenfalls in größerer Zahl positiv im Blick auf die erlebte Zusammenarbeit.

Tabelle 51: Erfahrungen beruflich in der Kirche tätiger Frauen in der Zusammenarbeit mit anderen Frauen, nach Lebensalter (in v.H. der jeweiligen Befragtengruppe)

	21-40 Jahre		41-50 Jahre		51-70 Jahre	
	Frauen in kirchl. Berufen insges. (n=319)	antwortende Frauen (n=270)	Frauen in kirchl. Berufen insges. (n=243)	antwortende Frauen (n=199)	Frauen in kirchl. Berufen insges. (n=207)	antwortende Frauen (n=142)
(sehr) gut	33	40	39	47	29	42
gut mit Einschränkungen	17	20	13	16	13	18
gibt - auch - größere Probleme	17	20	16	20	12	18
nur Probleme genannt	5	5	5	6	4	6
unterschiedlich, kommt darauf an	12	14	8	9	9	13
keine Erfahrungen, wenig Gelegenheit	1	1	1	2	2	3
keine Angabe	15	-	18	-	31	-
insgesamt	100	100	100	100	100	100

Wieder wurde untersucht, ob solche Erfahrungen unterschiedlich wahrgenommen werden, je nachdem, ob Frauen - gemessen an ihrer wöchentlichen *Arbeitszeit* - ein höheres oder geringeres Maß an beruflicher Arbeit in der Kirche leisten. Wie schon hinsichtlich der Kooperation mit Männern zeigt sich auch hier: Die Anzahl der differenzierenden Voten, die auch kritische Aspekte zur Sprache bringen, steigt mit der Höhe der wöchentlichen Stundenzahl. (So liegt beispielsweise der Anteil der Frauen, die sich uneingeschränkt positiv über die Zusammenarbeit mit anderen Frauen äußern, in der Teilgruppe derjenigen mit 10 bis unter 20 Wochenstunden bei 46 %; dagegen bringen nur 28 % der Frauen mit 40 oder mehr Stunden ihre Erfahrungen in solcher Weise zum Ausdruck.)

Was die Differenzierung nach dem *Lebensalter* der befragten Frauen betrifft, so gilt auch hier wieder, daß ältere Befragte die Frage seltener beantwortet haben (vgl. Tabelle 51). Dagegen lassen die Häufigkeiten, mit denen auf Problemerfahrungen hingewiesen wird, hier keinen so klaren Alterszusammenhang erkennen wie bei den vorausgegangenen Fragen.

Im Blick auf die *familiäre Situation* der Befragten wird deutlich: Frauen, die alleine leben, berichten etwas häufiger als andere von Problemerfahrungen im beruflichen Umgang mit anderen Frauen; ein knappes Drittel dieser Teilgruppe gibt entsprechende Hinweise, verglichen mit einem Fünftel bis Viertel der mit dem (Ehe-) Partner und / oder Kind(ern) zusammenlebenden Frauen.

6.3.4 Beteiligung an Information, Diskussion, Entscheidung

Wenn Frauen in der Kirche - wie auch andernorts in der Gesellschaft - im Gegenüber zu Männern vielfältige Ungleichbehandlung erfahren, dann kann dies beispielsweise bedeuten, daß sie an wichtigen sozialen Prozessen nicht (oder nicht hinreichend) beteiligt werden. Wo es um die Arbeit in einem konkreten Aufgabenbereich geht, ist beispielsweise zu fragen, wie Frauen an Informationsverläufen, Diskussions- und Entscheidungsprozessen beteiligt sind. In der Frauenbefragung wurden die beruflich in der Kirche tätigen Frauen[118] auch nach ihren diesbezüglichen Erfahrungen gefragt.

„Welche Erfahrungen machen Sie, wenn es um Information, Diskussion und Entscheidungsprozesse geht, die Ihren Arbeitsbereich betreffen?"

Tabelle 52 zeigt: Zwei Fünftel der Befragten benennen im Blick auf diesen Themenkomplex (auch) Schwierigkeiten und Probleme; bei etwa einem Drittel überwiegen die guten Erfahrungen.

Wo Frauen in diesem Zusammenhang von *positiven* Erfahrungen berichten, da fügen sie nicht selten einen Hinweis auf bestimmte Voraussetzungen oder auf spezifische Situationsmerkmale an. In einigen dieser Antworten wird Abwehr der mit der Fragestellung verbundenen Vermutung spürbar, in diesem Bereich könnte es Defizite geben; Frauen formulieren hier „Voraussetzungen" im Blick auf das eigene Engagement, die eigentlich eher wie Selbstverständlichkeiten erscheinen:
- „Positive (Erfahrungen), wenn die Argumente vernünftig, sinnvoll, überzeugend, glaubwürdig sind."
- „Wenn ich mich engagiere, bin ich gut beteiligt."
- „Fachlich und sachlich vorgetragen - keine Probleme."
- „Wer an angebotenen Treffen und an den regelmäßigen Dienstbesprechungen teilnimmt, bekommt die ihm wichtigen Informationen, kann sich weitere Information holen und sich in Diskussionen einbringen. Ständiger Kontakt mit der Dienststelle ist wichtig."
- „Wenn ich weiß, was ich will, gute."

---

[118] Nur etwa jede vierte Frau, die sich zum Befragungszeitpunkt auf einen Beruf in der Kirche vorbereitet, hat diese Frage beantwortet. Auch wenn damit die Zahlenbasis sehr gering ist, so ist doch zu bemerken, daß der Anteil derjenigen, die hier nachdrücklich oder doch der Tendenz nach von Problemerfahrungen berichten, den der positiven Eindrücke um mehr als das Doppelte übertrifft.

Tabelle 52: Erfahrungen beruflich in der Kirche tätiger Frauen in bezug auf Information, Diskussion und Entscheidungsprozesse (in v.H.)

	Frauen in kirchlichen Berufen insgesamt (n=809)	antwortende Frauen (n=577)
gute Erfahrungen, keine Probleme genannt	24	33
überwiegend gute Erfahrungen	7	10
teils/teils, kommt darauf an	14	20
nur/schwerwiegende Probleme benannt	26	37
keine Angabe	29	-
insgesamt	100	100

Andere Aussagen lassen nicht so klar erkennen, ob Frauen sich hier zu *„ganz normalen"* Leistungen aufgefordert fühlen oder ob sie den Eindruck haben, sich *„ganz besonders"* einsetzen zu müssen, um angemessen beteiligt zu werden:
- „Ich muß klare Aussagen machen, niemals auf emotionaler Basis dabei argumentieren, dann erreiche ich viel."
- „Auseinandersetzung wagen, dann komme ich meist an mein Ziel."
- „Kämpfend und zäh, sachlich, auch ausdauernd, überlegen argumentieren kann Erfolg bringen, ebenso Selbstbewußtsein zeigen."
- „Ich bin den ‚Brüdern' ein starkes Gegenüber und kann meinen Bereich gut vertreten."

Gelegentlich sehen Frauen auch Zusammenhänge mit besonderen *strukturellen* Gegebenheiten, sei es hinsichtlich der eigenen Position oder im Blick auf die Zusammenarbeit mit anderen:
- „Aufgrund der Zusammenarbeit mit einer Pastorin ist der Informations- und Meinungsaustausch sehr gut."
- „Seit ich Vorsitzende in der MAV bin, habe ich Einfluß - werde ich gehört (mehr als vorher)."
- „Der ‚heiße Draht' zum Ehepartner ist von Vorteil, das ist unübersehbar."

Und schließlich spielt auch die Dauer der Berufsausübung eine wichtige Rolle:
- „Als Berufsanfängerin wurden mir häufiger Entscheidungen ‚abgenommen', mittlerweile habe ich mir da eine deutliche Position geschaffen, so daß ich mich in meiner jetzigen Gemeinde wohlfühle."
- „Am Anfang mußte ich sehr um Eigenständigkeit kämpfen. Jetzt werde ich respektiert und kann selbständig arbeiten."
- „Da ich schon lange im ‚Amt' bin, habe ich keine Probleme, meine Ansichten durchzusetzen."

Bei den Voten, die *Problemerfahrungen* in den Vordergrund rücken, spielen Hinweise auf die Mühen und Anstrengungen eine erhebliche Rolle, welche die Frauen aufbringen müssen, um eine hinreichende Beteiligung zu erreichen:
- „Durch viel Kraftaufwand kann man in einigen Fällen Weichen stellen."
- „Nach langen Jahren des Kampfes: relativ gute."
- „Man muß sich immer aufreiben, um daran beteiligt zu sein. Durch ‚Kampf' habe ich mittlerweile aber schon einiges erreicht."
- „Ich muß massiv aber umgänglich auftreten (Eiertanz); an letzter Entscheidungskompetenz habe ich keinen Anteil."
- „Ich muß immer wieder laut ‚hier' schreien, sonst läuft vieles leicht über den männlichen Kollegen."
- „Um ernst genommen zu werden, muß ich auch auf Profilierung aus sein. Ich erlebe es mehr als Schlagabtausch denn als Gedankenaustausch. Äußere ich mich unfertig, ist meine Meinung sofort vom Tisch. Um gehört zu werden, muß ich Streit suchen..."

In größerer Zahl unterstreichen auch hier Frauen die Notwendigkeit eines eigenen Beitrags - und damit die eigenen Veränderungsmöglichkeiten:
- „Habe oft noch wenig Durchblick und bringe mich nicht so viel ein, wie ich gern wollte."
- „Seitdem ich mich und meine Ansichten besser wertschätze, werde ich auch eher gehört."
- „Frauen zeigen sich nicht immer kompetent in Entscheidungsprozessen, sondern verlassen sich auf Vorgesetzte, die es dann schon entscheiden werden."
- „Einerseits ist es sicher nicht von der Hand zu weisen, daß gerade weibliche Stelleninhaberinnen bei Informationen übergangen, vergessen, bei Diskussionen nicht gehört und bei Entscheidungen nicht gefragt werden - andererseits verhalten wir Frauen uns oft entsprechend und tragen zur Verfestigung solcher Rollen bei."

Vereinzelt weisen Frauen ausdrücklich darauf hin, daß vorhandene Probleme nach ihrer Einschätzung nichts mit ihrem Frau-Sein zu tun haben,
- „Ich werde oft übergangen, das hängt aber nicht mit meinem Frausein zusammen."

... sondern eher mit bestimmten Personen,
- „Absolut positive Erfahrungen mit Pastor und Kirchenvorstand, leider sehr negative Erfahrungen mit anderem Pastor."
- „Bei dem einen Pastor wird es meistens so gemacht, wie er es will; aber der andere ist flexibler und geht mehr auf andere Personen ein."

... mit der eigenen beruflichen Position,
- „Daß die Leute, die an der Basis arbeiten, oft übergangen werden."
- „Da ich lediglich nebenberuflich tätig bin, wirke ich kaum an Entscheidungsprozessen mit, ansonsten habe ich gute Erfahrungen gemacht."

... oder mit bestimmten Merkmalen der jeweiligen Arbeitssituation:
- „Es ist alles nicht transparent genug, es geht immer noch um Wahrung von Hierarchien und nicht um projektorientierte Zusammenarbeit."
- „Aus Zeitmangel müssen Änderungen ohne große Diskussionen hingenommen werden."

Tabelle 53: Erfahrungen beruflich in der Kirche tätiger Frauen in bezug auf Probleme mit Information, Diskussion und Entscheidungsprozessen (in v.H., Mehrfachangaben)

	Frauen in kirchlichen Berufen insgesamt (n=809)	antwortende Frauen (n=577)
Probleme im Blick auf Information	10	14
Probleme im Blick auf Entscheidungsbeteiligung	17	23
sonstige Probleme	10	14

Um Schwerpunkte der hier angesprochenen Probleme herauszuarbeiten, haben wir zwischen ungenügender Beteiligung am *Informationsgeschehen* und an *Entscheidungsprozessen* unterschieden. *Sonstige Probleme* wurden - wegen der Vielfalt der Nennungen - ohne weitere Differenzierung zusammengefaßt. Diese Bündelung der Antworten läßt erkennen: Besonders häufig werden Defizite bei der Entscheidungsbeteiligung beschrieben (vgl. Tabelle 53).

Der Kategorie „Probleme bei der Entscheidungsbeteiligung" wurden beispielsweise folgende Äußerungen zugerechnet:
- „Meine Meinung ist leider nicht immer gefragt."
- „Ich habe nichts zu entscheiden. ‚Bei BAT VIII wird man fürs Denken nicht bezahlt' (Zitat des Chefs)."
- „Bei Entscheidungen werden die Richtlinien o.ä. von ‚oben' vorgeschrieben und als unabänderlich deklariert."
- „Es wird nicht diskutiert, sondern bestimmt, wenn ich Widerstand zeige, mit Gewalt und Intrigen."
- „Entscheidungen werden i.a. autoritär getroffen. Wo es um Kompromisse geht, wird unbequeme Anpassung vor allem von den Frauen erwartet oder auch verlangt."
- „Pseudoverantwortung wird dem Team übertragen, obwohl Entscheidungen schon vorher gefallen sind."
- „Es entscheiden Männer, während ich alles mundgerecht zuliefere."
- „Meistens treffen die Leute Entscheidungen, die von meinem Arbeitsbereich keine Ahnung haben! (Kirchenvorstand)."
- „Ständiges Legitimieren meines Arbeitsgebietes, meines Arbeitsstils. So, als wenn Männer besser um meinen Bereich Bescheid wüßten als ich. *Sie* erachten mich nicht für entscheidungskompetent."
- „Oft gehen Männer über meine Entscheidungen ‚lächelnd' hinweg; Männer trauen mir weniger zu als ihren Kollegen!"
- „Ich muß mich immer wieder in Erinnerung bringen, sonst nehmen mir Männer ‚hilfreich' Entscheidungen ab."
- „Daß ich sehr viel selbstbewußtes Auftreten haben muß, um eine Chance zu haben, an Entscheidungen usw. beteiligt zu werden."
- „Je mehr ich mich engagiere und einbringe, desto stärkeren Anteil habe ich an Entscheidungen. Ich stehe aber oft (anders als Pastoren) erst einmal unter ‚Beweiszwang'. Mein Eindruck ist, daß ich erst einmal nicht gehört werde. Außerdem fehlt mir die Selbstsicherheit, mich darzustellen, wenn ich mir nicht sehr sicher bin in dem, was ich will, was richtig bzw. falsch ist."

Probleme bei der Informationsbeteiligung klingen z.B. in diesen Äußerungen an:
- „Wenn ich Informationen haben will, muß ich mich selbst kümmern (Tagung, Seminare)."
- „An Informationen kommt man nur, wenn man immer wieder nachhakt."
- „Ich bekomme nur das Nötigste gesagt. Wenn ich etwas wissen will, muß ich fragen."
- „Mit der Kirche als Institution (habe ich) sehr schlechte Erfahrungen. Informationen werden zurückgehalten, manchmal erfahre ich aus der Zeitung von Entscheidungen, die meinen Arbeitsbereich ganz direkt betreffen."
- „Informationen zu geben oder zurückzuhalten, ist ein Mittel männlicher Machtausübung."

Andere Probleme, wie sie von den befragten Frauen in diesem Zusammenhang ebenfalls genannt werden, betreffen unter anderem den im beruflichen Umfeld vorherrschenden Diskussions- und Arbeitsstil, Erfahrungen von Desinteresse und mangelnder Anerkennung des eigenen Arbeitsbereichs und die Abhängigkeit von - meist männlichen - Amtsträgern bzw. Gremien.
- „Für Diskussionen fehlt häufig die Zeit."
- „Leider sind ‚Ellenbogen' oft nötig und nicht ‚sachliche Diskussion'."
- „Zu wenig Möglichkeit, um miteinander zu reden. Keine Dienstbesprechung. Alles geht zwischen Tür und Angel. Nur schriftliche Anträge ..."
- „Beiträge von Frauen werden häufig von Männern nicht aufgenommen oder gehört."
- „Daß Menschen in der Gemeinde mit einem nichtautoritären Führungsstil einer Frau nicht umgehen können, oft nicht selbstbestimmt und eigenverantwortlich arbeiten können."
- „Fachlich qualifizierte Leistung und Kompetenz werden nicht genügend akzeptiert und unterstützt. Männer stellen in Frage, werten ab, zeigen ihre formale Macht."
- „Sehr schlimm! Rhetorisch geschulte ‚Manager' töten mit Sprache, verletzen Frauen / Mitarbeiter, Behinderte, Abhängige!"
- „Ich habe Schwierigkeiten, mein Anliegen bei vorwiegend männlich besetzten Ausschüssen als wichtig genug darzustellen."
- „Es ist zum Kotzen mühsam, die Diskussionen der Herren auf ‚das Lebenswichtige' zu lenken und das ‚Gesetzmäßige' zurückzustellen."

Tabelle 54: Erfahrungen beruflich in der Kirche tätiger Frauen in bezug auf Information, Diskussion und Entscheidungsprozesse, in ausgewählten Berufsgruppen (in v.H. der jeweiligen Befragtengruppe)

	Kirchenmusikerin (n=64)	Pfarramtssekretärin (n=81)	Verwaltungsangestellte (n=116)	Diakonin (n=84)	Erzieherin (n=99)	Pastorin (n=66)	Gemeindeschwester (n=50)	Küsterin (n=51)	Sozialpädagogin (n=51)
gute Erfahrungen, keine Probleme genannt	24	31	22	13	23	29	24	31	17
überwiegend gute Erfahrungen	6	9	6	14	5	6	2	8	14
teils/teils, kommt darauf an	9	15	14	16	13	17	18	8	20
nur/schwerwiegende Probleme benannt	9	22	29	39	40	30	28	14	29
keine Angabe	52	23	29	18	19	18	28	39	20
insgesamt	100	100	100	100	100	100	100	100	100

Eine Differenzierung nach der *Berufsgruppenzugehörigkeit* der Befragten ergibt (vgl. Tabelle 54): Diakoninnen und Erzieherinnen benennen besonders häufig Beteiligungsdefizite. Pfarramtssekretärinnen und Küsterinnen äußern sich etwas öfter als andere zufrieden. Kirchenmusikerinnen verzichten in besonders großer Zahl auf eine Beantwortung dieser Frage. Bei den von Pastorinnen, Diakoninnen und Verwaltungsangestellten benannten Problemen handelt es sich besonders häufig um solche mangelhafter *Entscheidungsbeteiligung*. Kirchenmusikerinnen, Gemeindeschwestern und Küsterinnen äußern sich relativ selten in dieser Hinsicht (vgl. Tabelle 55).

Tabelle 55: Erfahrungen beruflich in der Kirche tätiger Frauen in bezug auf Probleme mit Information, Diskussion und Entscheidungsprozessen, in ausgewählten Berufsgruppen (Mehrfachangaben, in v.H. der jeweiligen Befragtengruppe)

	Kirchenmusikerin (n=64)	Pfarramtssekretärin (n=81)	Verwaltungsangestellte (n=116)	Diakonin (n=84)	Erzieherin (n=99)	Pastorin (n=66)	Gemeindeschwester (n=50)	Küsterin (n=51)	Sozialpädagogin (n=51)
Probleme im Blick auf Information	5	11	15	15	12	9	6	8	6
Probleme im Blick auf Entscheidungsbeteiligung	6	15	24	24	19	24	6	4	18
sonstige Probleme	5	4	3	17	15	14	12	6	22

Bei Berücksichtigung des *zeitlichen Umfangs* der geleisteten Arbeit bestätigt sich das bereits bekannte Bild: Bei Frauen mit höherem Arbeitsumfang überwiegen die (auch) kritischen Voten, jene mit niedrigeren Stundenzahlen bringen tendenziell mehr Zufriedenheit zum Ausdruck. Dies gilt sowohl im Blick auf die als besonders mangelhaft empfundene Entscheidungsbeteiligung als auch hinsichtlich unzureichender Einbindung in innerkirchliche Informationsabläufe.[119] Da kaum damit zu rechnen ist, daß Frauen mit geringerem Kontingent an Arbeitszeit hier tatsächlich *besser* beteiligt werden, dürfte die Erklärung in unterschiedlichen Erwartungshaltungen zu suchen sein, die ihrerseits mit dem subjektiv unterschiedlich empfundenen Gewicht einer zeitlich mehr oder weniger umfassenden beruflichen Tätigkeit korrespondieren. Die Integration von Frauen in Informations- und Entscheidungsprozesse wird primär offenbar nicht dort als ungenügend empfunden, wo Frauen „nur" als Teilzeitmitarbeiterinnen zur Verfügung stehen. Gerade Frauen mit hohem Arbeitsumfang machen häufig Erfahrungen mangelnder Beteiligung.

Tabelle 56: Erfahrungen beruflich in der Kirche tätiger Frauen in bezug auf Information, Diskussion und Entscheidungsprozesse, nach Lebensalter (in v.H.der jeweiligen Befragtengruppe)

	21-40 Jahre		41-50 Jahre		51-70 Jahre	
	Frauen in kirchl. Berufen insges. (n=319)	antwortende Frauen (n=242)	Frauen in kirchl. Berufen insges. (n=243)	antwortende Frauen (n=179)	Frauen in kirchl. Berufen insges. (n=207)	antwortende Frauen (n=134)
gute Erfahrungen, keine Probleme genannt	21	27	27	36	24	37
überwiegend gute Erfahrungen	8	10	6	8	7	10
teils/teils, kommt darauf an	14	19	15	20	15	23
nur/schwerwiegende Probleme benannt	33	44	26	36	19	30
keine Angabe	24	-	26	-	35	-
insgesamt	100	100	100	100	100	100

Was das *Lebensalter* der Befragten anbelangt, so gilt wieder, daß ältere Befragte seltener geantwortet haben (vgl. Tabelle 56). Schwerwiegende Probleme werden häufiger von jüngeren Frauen beschrieben. Dies gilt insbesondere für Probleme im Blick auf *Entscheidungsbeteiligung*.
Ein Zusammenhang zwischen diesen Antworten und der *familiären Lebenssituation* der Frauen ist nicht erkennbar.

Tabelle 57: Erfahrungen beruflich in der Kirche tätiger Frauen in bezug auf Probleme mit Information, Diskussion und Entscheidungsprozessen, nach Lebensalter (Mehrfachangaben, in v.H. der jeweiligen Befragtengruppe)

	21-40 Jahre (n=319)	41-50 Jahre (n=243)	51-70 Jahre (n=207)
Probleme im Blick auf Information	11	10	8
Probleme im Blick auf Entscheidungsbeteiligung	21	16	12
sonstige Probleme	14	9	4

---

[119] Ein Fünftel bis ein Viertel der Frauen, deren wöchentlicher Arbeitsumfang 20 Stunden und mehr beträgt - bis hin zu jenen, die vollzeitlich tätig sind - benennt Defizite in der Entscheidungsbeteiligung, verglichen mit 14 % derjenigen, die 10 bis unter 20 Stunden in der Woche beruflich in der Kirche arbeiten sowie 7 % der nur geringfügig beschäftigten Frauen.

6.3.5 Erfahrungen mit Gremienarbeit

Gremien wurden von einigen beruflich in der Kirche tätigen Frauen schon in mehreren Zusammenhängen angesprochen, beispielsweise dort, wo diese der Ort sind, an dem Entscheidungen fallen, die den Arbeitsbereich der Befragten unmittelbar betreffen. Gremienarbeit ist im Kontext dieser Frauenbefragung aber auch ein wichtiges Thema, weil die Beteiligung von Frauen an Leitungsgremien in der Kirche (wie andernorts in der Gesellschaft) bisher ungenügend ist; die wenigen Frauen, die in solchen Gremien mitwirken, bewegen sich daher meist in überwiegend von Männern geprägten sozialen Feldern. Eine Frage an beruflich in der Kirche tätige Frauen[120] lautete deshalb:

„Welche Erfahrungen machen Sie bei der Arbeit in Gremien?"

Tabelle 58: Erfahrungen beruflich in der Kirche tätiger Frauen bei der Arbeit mit Gremien (in v.H.)

	Frauen in kirchlichen Berufen insgesamt (n=809)	antwortende Frauen (n=364)
(ganz überwiegend) gute Erfahrungen	13	28
gute Erfahrungen mit Einschränkungen	7	15
ambivalente Erfahrungen	1	2
schlechte Erfahrungen	11	25
generell: Ärger über / Kritik an Gremienarbeit	6	13
Erfahrung: „(zu) wenig Frauen in Gremien"	1	2
Erfahrung: „Frauen tun sich in Gremien schwer"	4	9
Erfahrung: „Frauen verändern die Gremienarbeit"	1	3
sonstige Erfahrungen	1	3
keine Angabe	23	-
keine Erfahrung mit Gremienarbeit	32	-
insgesamt	100	100

Ein Drittel der beruflich in der Kirche tätigen Frauen erklärt explizit, nicht über eigene Gremienerfahrung zu verfügen (vgl. Tabelle 58); ein weiteres Viertel macht zu dieser Frage keine Angaben. Damit liegen Antworten auf die Frage nach Gremienerfahrungen von knapp der Hälfte dieser in kirchlichen Berufen tätigen Frauen vor.

---

[120] Was Frauen betrifft, die sich zum Befragungszeitpunkt gerade auf einen Beruf in der Kirche vorbereiten, so liegt der Anteil derjenigen, die noch nicht über entsprechende Erfahrungen verfügen, bei mehr als vier Fünfteln. Soweit die Frage beantwortet werden konnte, berichten diese Befragten teils von guten, teils auch von schlechten Erfahrungen; ein anderer Teil der Antwortenden erklärt, sich *„als Frau in Gremien manchmal schwer zu tun"*.

Ein Teil dieser Frauen berichtet von überwiegend *guten Erfahrungen.* Dabei findet sich immer wieder der zufriedene Hinweis auf *„erlebte Gleichberechtigung", „Anerkannt-"* und *„Gehört-Werden":*
- „Ich komme zu Wort und man läßt mich aussprechen."

Offenbar ist eine solche Erfahrung für Frauen eben wohl doch (noch) nicht selbstverständlich.

Daß Anerkennung und Gehörtwerden unter Umständen von der Art der anstehenden Probleme abhängig sein kann, wird in folgender Antwort deutlich:
- „Unterschiedliche Erfahrungen: Wenn mein Vorgesetzter dabei ist, bin ich (in manchen Gremien) untergeordnet, wenn´s um konkrete Arbeit geht (wer macht was), bin ich ganz schön gefragt."

Einige Frauen weisen in ihren Antworten auf die Bedeutsamkeit eigener Sachkompetenz hin; auch *„Sicherheit"* und *„starkes Auftreten"* werden als wichtig und hilfreich erlebt; eine Befragte formuliert ihr „Erfolgsrezept" so:
- „Ich habe gute Positionen - aufgrund von Achtsamkeit, Verstand, Rationalität. Ich verhalte mich sehr führend und männlich. Ich demonstriere Stärke (erfolgreich)."

Freilich funktioniert auch dies nicht immer:
- „Kirchen-Männer haben Probleme mit selbständigen Frauen, Rollenwiderstreit zwischen Behüten und Bekämpfen."

Und manchmal hat „frau" in Gremien auch noch einen anderen Eindruck:
- „Unterschiedliche Erfahrungen. Ab und an muß die Anerkennung von Frausein und Intelligenz ‚erkämpft' werden. So blödsinnig es sein mag: Sind vorwiegend Männer da, zählt zweifelsfrei gutes Aussehen."

Einige Frauen haben den Eindruck gewonnen, daß frauenspezifische Probleme eher dort liegen, wo es darum geht, überhaupt in ein Gremium gewählt bzw. entsandt zu werden:
- „Die Wahl ins Gremium ist immer ein Kampf. Wenn ich drin bin, gute zuvorkommende Atmosphäre."

Daß Frauen nicht unbedingt von Anfang an gute Erfahrungen mit Gremienarbeit machen, wird aber auch bei grundsätzlich positiven Erfahrungen hin und wieder deutlich:
- „Zunächst abwartende Zurückhaltung gegenüber einer Frau, dann aber entscheidet die Persönlichkeit bzw. Sachkenntnis und nicht das Geschlecht."
- „Es lag sicher (auch) daran, daß ich eine Frau bin, daß ich zu Beginn meiner Tätigkeit nicht sofort KV-Vorsitzende wurde (einem Mann wäre das sicher nicht passiert). Aber man hat im KV doch gemerkt, daß Frauen auch so etwas können."

Eine kleine Gruppe von Befragten formuliert z.T. recht spitz Erfahrungen, die zumindest als ambivalent beschrieben werden müssen. Sie klingen bei oberflächlichem Hören vielleicht positiv, zeigen aber bei genauerer Hinsicht ihre Schattenseite:
- „Als Frau wird man hochgelobt und motiviert, sich mehr zu engagieren, - aber im Rahmen des Gewünschten."
- „Bei mehreren Männern wird eine Frau, die sich bereiterklärte mitzuarbeiten, lobend hervorgehoben, daß sie sich interessiert, obwohl sie doch (nur) eine Frau ist. Sie kriegt auch kleine Trostpreisaufgaben und dient als Maskottchen."
- „Wenn ich die Spielregeln und Interessen der Personen kenne und charmant bin, geht es gut."
- „Überwiegend gute Zusammenarbeit, mitunter ‚höfliches, etwas mitleidiges Zuhören' oder besser ‚mal stille sein', dann zur Tagesordnung in männlicher Manier übergehend."

- „Alle sind sehr freundlich zu der jungen Pastorin, aber ernstnehmen tun sie mich nicht. Manchmal fühl´ ich mich als Alibifrau."
- „Ich werde toleriert als Vorsitzende, aber auch manchmal für etwas naiv gehalten. (Einbildung?)"
- „Ambivalenz - genieße häufig Exotinnenstatus, kann mir einiges leisten, kann aber auch isoliert werden."
- „Häufig bin ich in Gremien als einzige Frau, was äußerlich zu einer bevorzugten Behandlung führt, intern aber auch oft ein Kämpfen auf einsamem Posten ist."

Andere Befragte weisen noch gezielter auf *schlechte Erfahrungen* hin. Eine große Rolle spielt dabei der Eindruck, mit eigenen Beiträgen oft nicht gehört zu werden:
- „Im Kirchenvorstand kommen wir drei Frauen mit unseren Meinungen nie durch."
- „Erst gilt die Meinung des Superintendenten, dann die der Pastoren, dann die der Männer, und ganz zum Schluß heißt es meist (mit einem Grinsen): Und wie denken die Frauen darüber?"
- „Diskussionsbeiträge von Männern haben mehr Gewicht; oft müssen Informationen, die in eine Sitzung gegeben werden, erst von einem Mann bestätigt werden, damit sie geglaubt werden."
- „Ich fühle mich nicht ernst genommen. Entscheidungen etc. werden erst dann relevant, wenn auch der Pastor, Vorsitzender des KV, an einer Veränderung Interesse hat. Anregungen meinerseits bleiben solange im Hintergrund."
- „Zunehmend mehr positive Erfahrungen - allerdings erlebe ich oft noch, daß ein Beitrag von mir erst richtig akzeptiert wird, nachdem ein Mann ‚meinen' Gedanken als ‚seinen' ins Gespräch bringt."

Auch unterschiedliches Diskussionsverhalten von Männern und Frauen und Unterschiede im Umgang miteinander werden noch einmal kritisch benannt. Dabei werden immer wieder auch unterschiedliche Rollenzuweisungen beschrieben:
- „Männer sind stärker vertreten, reden häufiger und länger als Frauen."
- „Männer nehmen häufig lange Redezeiten in Anspruch, erwarten aber von Frauen, sich kurz und präzise zu fassen."
- „Ich werde nicht gehört. Zum größten Teil völlige Negation meiner Anwesenheit. ‚Mann' fällt mir ins Wort, unterbricht mich, behandelt mich wie ein Schulmädchen, das noch viel zu lernen hat."
- „Auf Frauen wird nicht gehört. Frauen schweigen zu viel."
- „Männer reden viel, Frauen machen am Ende die konkreten Aufgaben."
- „Man erwartet von mir die ‚dienende Frau', die ich nicht sein will. Man ist manchmal überrascht über meine Fähigkeiten."

Daß die ungleiche Aufgabenverteilung zwischen Männern und Frauen sich bis in die äußeren Rahmenbedingungen der Gremienarbeit hinein auswirken, zeigt sich z.B. in folgender Feststellung:
- „Männer dominieren - Sitzungen sind zu Zeiten, wo Frauen Kinder zu versorgen haben (könnten wohl auch Männer machen!)"

Eine ganze Reihe von Frauen verweist auf die besonderen „Kosten", die Gremienarbeit von ihnen fordert:
- „Um als Frau gehört zu werden, muß man eine gehörige Portion Durchsetzungsvermögen haben."
- „Die Arbeit empfinde ich manchmal als unangenehm, weil ich mich meist erst recht lautstark durchsetzen muß, um ernstgenommen zu werden."
- „Ich muß oftmals viel Vorarbeit (Tischvorlagen, Statistiken etc.) leisten, um Interesse bei Entscheidungsträgern (Gremien) zu wecken."
- „Sie (die Sitzungen) sind sehr ermüdend, erfordern ein stetes Sich-Durchboxen und -Einbringen, damit man selber - und vor allem mein Votum - nicht untergeht."
- „Ich fühle mich oft ausgesogen - meine Phantasie wird gebraucht, aber wenig wird umgesetzt, wenig Erfolg, viel Kraftlassen."
- „Ich brauche die doppelte Zeit, um anerkannt zu werden, kann mir jedoch nur die Hälfte der Fehler leisten."

Andere formulieren grundsätzliche Kritik an der erlebten Gremienarbeit ...
- „Es wird bei zu vielen Zusammenkünften zu wenig bewegt, nur diskutiert."
- „In manchen Gremien vermisse ich die unkomplizierte Art, vieles ist reiner Bürokratismus."

- „Oft zu schwerfällig und - weil man sich selten sieht - nicht vertraut und offen genug."
- „Viel zu häufig langweilig, schlecht vorbereitet und ineffektiv."
- „Manchmal ist die Information sehr schleppend, oder Anweisungen, Verfügungen kommen zu spät."
- „Negative Erfahrungen - wichtige Dinge werden stets vorher in Leitungsgremien beschlossen."
- „Im allgemeinen setzen sich hier Pastoren durch."
- „Es wird viel durch Verwaltungsmeinung geprägt. Auch Fachberater versuchen, Macht auszuüben."
- „Schlechte Zusammenarbeit, viele Konflikte - das liegt aber an einer schwierigen Situation in der Gemeinde mit völlig verhärteten Fronten."

... oder aber an der Tatsache, daß so wenig Frauen in Gremien anzutreffen sind:
- „Viel zu wenig Frauen sitzen in Gremien; wenn Frau mitredet, sind Männer oft erstaunt über die unvermutete Kompetenz."
- „Da ständig in der Minderheit, erlebe ich teilweise Chancen, die genutzt werden können, aber auch Grenzen."
- „Bin häufig die einzige Frau, muß dreifach arbeiten: inhaltlich, organisatorisch, demokratischen Stil einführend."

Hin und wieder ist die Rede davon, daß Frauen sich ihrerseits mit Gremienarbeit - insbesondere mit dem dort geübten Rede- und Arbeitsstil - manchmal schwertun:
- „Ich werde gehört - bin selbst nicht mutig genug."
- „Mühsam habe ich es gelernt, kann mich einbringen, überlege aber lange, ehe ich etwas sage."
- „Frauengruppe (im Gremium) bereitet sich gut vor, könnte sich fast immer durchsetzen - manchmal zu schüchtern, möchte sich nicht unbeliebt machen, nicht als zickig gelten."
- „Da fühle ich mich oft unterlegen, vor allem rhetorisch."
- „Oft negative Erfahrungen, da eine Sprache gesprochen wird, die ich nicht beherrsche. Meine Beiträge kommen zu kurz."
- „Ich habe Schwierigkeiten, mich an den formalen Umgang miteinander anzupassen. Ich suche dann die Menschen ‚hinter' den Sachgründen und bin damit so beschäftigt, daß ich die Debatte kurios erlebe und eigene Sachanliegen vergesse."
- „Frauen diskutieren emotionaler, Männer mögen keine gereizten, schrillen Frauenstimmen!"
- „(In der Gremienarbeit) habe ich eher Schwierigkeiten, weil mir die Fähigkeit zum ‚Taktieren' abgeht."
- „Leider: Ich arbeite ungern in Gremien, obwohl ich weiß, daß es wichtig wäre! (Vielleicht aus Bequemlichkeit, vielleicht, weil ich dort geblähte Wortbeiträge höre und die nicht ertragen kann!)"

Für einige Befragte ergibt sich daraus die Notwendigkeit, sich fortzubilden:
- „Arbeit in Gremien ist für mich ohne gezielte Fortbildung nicht denkbar!"
- „Männer scheinen oft besser geschult zu sein, Kompetenz durch ihren Beruf (Finanzen), habe den Eindruck, daß ich viel Information und Wissen aufarbeiten muß."

Andere Frauen machen sich und anderen Mut, *ihre eigene Sprache zu sprechen*, plädieren für mehr weibliches Selbstbewußtsein oder ein höheres Maß an gegenseitiger Aufmerksamkeit unter Frauen:
- „Manchmal meine ich, mir fehle die nötige ‚Sprachfähigkeit', mitzureden, und mache mich mit dieser Selbsteinschätzung selbst stumm, mittlerweile vertraue ich auch häufiger auf *meine* Sprache und merke, daß ich gehört und beachtet werde."
- „Die Voten der Männer werden von manchen Frauen sehr viel ernster genommen."
- „Männer setzen sich häufiger durch. Frauen lassen ihnen oft den ‚Vortritt'."
- „Ob Fähigkeiten anerkannt werden, ‚frau' in Entscheidungsprozesse und Diskussionen eingreifen kann, hängt größtenteils von ihr selbst ab. Natürlich wird eine Zusammenarbeit mit Männern schwierig und Aufstiegschancen verpaßt, wenn ‚frau' sich selbst nicht in Gespräche einbringt und durchsetzt. Das sind jedoch Probleme, die nicht durch Anordnungen oder Dienstanweisungen von oben gelöst werden können. Die Erziehung und das Problembewußtsein in den einzelnen Menschen, Mann und Frau, muß sich ändern. Vieles kann die Frau auch selbst dazu beitragen, wenn sie sich nämlich nicht mehr selbst ständig in die ‚dienende' Rolle drängen läßt. Wir müssen meiner Meinung nach lernen, situativ zu arbeiten und nicht auf Positionen zu beharren. Mal Kaffee kochen, weil ‚frau'

gerade Zeit hat, ist okay, wenn der Mann in gleicher Situation diese Rolle ebenfalls ausfüllt. Bei vielen Männer, mit denen ich zusammengearbeitet habe, vor allem aber bei Jüngeren, hat dieser Denkprozeß schon eingesetzt, und ich meine, er trägt auch die ersten Früchte."

Schließlich ist in einigen Voten von Veränderungen die Rede ist, die Frauen in Gremien herbeigeführt haben:
- „Da, wo Frauen nicht mehr in der Minderheit sind, werden sie mehr gehört (im KV), gute Gemeinschaft."
- „Ich freue mich, wie bei größerem Frauenanteil in Gremien das Gesprächsklima zunehmend herzlicher wird; ansonsten stinkt mir die ‚sachbezogene' Arbeitsweise von Männern."
- „Wenn Frauen solidarisch für Frauen (und Männer) eintreten, erreichen sie etwas. Frauen verändern das Klima positiv."

Große Differenzen in der Beantwortung dieser Frage gibt es zwischen Frauen in unterschiedlichen *kirchlichen Berufen* (vgl. Tabelle 59). Nur bei drei der hier untersuchten Gruppen liegen in größerem Umfang Gremienerfahrungen vor, nämlich bei Pastorinnen, Diakoninnen und Sozialpädagoginnen / Sozialarbeiterinnen. In allen drei Gruppen überwiegen eher die Problemanzeigen.

Tabelle 59: Erfahrungen beruflich in der Kirche tätiger Frauen mit Gremienarbeit, in ausgewählten Berufsgruppen (in v.H. der jeweiligen Befragtengruppe)

	Kirchenmusikerin (n=64)	Pfarramtssekretärin (n=81)	Verwaltungsangestellte (n=116)	Diakonin (n=84)	Erzieherin (n=99)	Pastorin (n=66)	Gemeindeschwester (n=50)	Küsterin (n=51)	Sozialpädagogin (n=51)
(ganz überwiegend) gute Erfahrungen	15	17	9	13	18	14	10	6	10
gute Erfahrungen mit Einschränkungen	3	2	6	10	7	20	4	2	10
ambivalente Erfahrungen	-	1	1	4	-	1	-	-	2
schlechte Erfahrungen	3	6	3	26	7	32	6	2	25
generell: Ärger über / Kritik an Gremienerfahrung	-	6	5	2	8	9	8	4	14
Erfahrung: „Frauen verändern die Gremienarbeit"	2	1	-	2	-	1	-	-	-
Erfahrung: „Frauen tun sich in Gremien schwer"	2	1	-	13	3	9	2	-	10
Erfahrung: „(zu) wenig Frauen in Gremien"	2	-	1	1	-	1	-	-	2
sonstige Erfahrungen	-	2	-	3	1	2	2	-	-
keine Erfahrung mit Gremienarbeit / keine Angabe	73	64	74	26	56	11	68	86	27
insgesamt	100	100	100	100	100	100	100	100	100

Unterschiede zeichnen sich auch ab, wenn der Umfang der *wöchentlichen Arbeitszeit* berücksichtigt wird: Frauen mit weniger als zehn Wochenstunden verfügen zum großen Teil nicht über Erfahrung mit Gremienarbeit. Bei Frauen mit höherer Stundenzahl liegt die Antwortquote zwischen 40 und 60 %. Wieder ist eine leichte Tendenz zu eher kritischen Voten unter den Frauen mit höheren Arbeitszeiten erkennbar.

Auch Erfahrungen mit Gremienarbeit sind tendenziell verschieden je nach dem *Lebensalter* der Befragten (vgl. Tabelle 60). Wieder gilt, daß ältere Frauen die Frage seltener beantwortet haben. Schwerwiegende Probleme werden häufiger von jüngeren Frauen beschrieben.

Tabelle 60: Erfahrungen beruflich in der Kirche tätiger Frauen mit Gremienarbeit, nach Lebensalter (in v.H. der jeweiligen Befragtengruppe)

	21-40 Jahre		41-50 Jahre		51-70 Jahre	
	Frauen in kirchl. Berufen insges. (n=319)	antwortende Frauen (n=157)	Frauen in kirchl. Berufen insges. (n=243)	antwortende Frauen (n=110)	Frauen in kirchl. Berufen insges. (n=207)	antwortende Frauen (n=87)
(ganz überwiegend) gute Erfahrungen	7	15	17	37	15	36
gute Erfahrungen mit Einschränkungen	7	15	6	14	8	18
ambivalente Erfahrungen	2	4	-	-	1	2
schlechte Erfahrungen	18	37	7	16	7	16
generell: Ärger über / Kritik an Gremienerfahrung	5	10	8	18	5	13
Erfahrung: „Frauen verändern die Gremienarbeit"	1	2	1	2	2	5
Erfahrung: „Frauen tun sich in Gremien schwer"	7	14	2	4	3	7
Erfahrung: „(zu) wenig Frauen in Gremien"	1	2	1	3	-	-
sonstige Erfahrungen	1	1	3	6	1	3
keine Erfahrung mit Gremienarbeit / keine Angabe	51	-	55	-	58	-
insgesamt	100	100	100	100	100	100

Was die *familiäre Situation* dieser Befragten betrifft, so fällt auf, daß Frauen, die mit ihrem (Ehe-)Partner und Kind(ern) zusammenleben, besonders häufig zumindest überwiegend positive Erfahrungen in der Gremienarbeit machen (50 %); in den anderen Teilgruppen erreichen entsprechende Antworten nur Quoten von 33 bis 42 %.

6.3.6 Beruflicher Aufstieg

6.3.6.1 Beurteilung von Aufstiegschancen

Im Hintergrund der Frage nach den Möglichkeiten beruflichen Aufstiegs, die Frauen in kirchlichen Berufen offenstehen, steht das Wissen darum, daß berufliche „Karriere" in dieser Gesellschaft in den meisten Arbeitsfeldern eher „Männersache" ist; Frauen eröffnet sich auch heute der Zugang zu höheren beruflichen Positionen in der Regel nur unter größeren Schwierigkeiten und bei Vorliegen besonders günstiger Bedingungen; insofern berührt die Aufstiegsfrage ein wichtiges Thema, an dem sich für viele Frauen erkennen läßt, ob Gleichberechtigung und Gleichbehandlung für sie wirklich realisiert sind.

„Sehen Sie Aufstiegschancen für Frauen in der Kirche?" - so wurden die Frauen gefragt, die einen Beruf in der Kirche ausüben.[121]

Tabelle 61: Einschätzung der beruflichen Aufstiegsschancen von Frauen durch beruflich in der Kirche tätige Frauen (in v.H.)

Aufstieg für Frauen in der Kirche ...	alle befragten Frauen in kirchlichen Berufen (n=809)	antwortende Frauen (n=612)
... ist möglich	13	18
... ist möglich, liegt an den Frauen	6	8
... wird in Zukunft eher möglich sein	5	7
... ist manchmal / teilweise möglich, ist mühsam	7	9
... ist kaum/selten möglich, ist sehr schwierig	16	22
... ist schwierig, da von Männern abhängig	4	5
... ist schwierig, da sehr belastend / besondere Anforderungen	8	11
... nicht möglich	7	9
... ist in meinem Beruf / meiner Situation nicht möglich	4	5
... ist nicht wichtig / wünschenswert	3	3
sonstige Antwort	..	..
weiß nicht	3	3
keine Angabe	24	-
insgesamt	100	100

---

[121] Auch die in Ausbildung auf einen kirchlichen Beruf befindlichen Frauen haben z.T. auf diese Frage geantwortet. In ihrer Wahrnehmung beruflicher Aufstiegschancen in der Kirche halten sich Hoffnung und Skepsis anteilig etwa die Waage. Hinweise auf erschwerende Bedingungen, die einen beruflichen Aufstieg von Frauen behindern, sind auffallend häufig anzutreffen.

Drei Viertel der Frauen haben auf die Frage geantwortet. Eine eindeutig positive Perspektive ergibt sich lediglich aus dem kleineren Teil dieser Voten; er wird durch einige weitere Aussagen ergänzt, die Hoffnung auf zukünftige Verbesserung und vereinzelt auch Hinweise auf diesbezüglich erkennbare Ansätze enthalten; etwa jede zweite Frau jedoch spricht von größeren, manchmal anscheinend beinahe unüberwindlich erscheinenden Schwierigkeiten.

Manche Befragte sehen zwar Aufstiegschancen, aber nur in bestimmten Bereichen, und häufig eben gerade nicht im eigenen Beruf bzw. auf der hierarchischen Ebene, auf der die eigene Position angesiedelt ist. Diese Vorstellungen darüber, wo in der Kirche eventuell Aufstiegschancen für Frauen bestehen, sind unterschiedlich, teilweise widersprüchlich. Insgesamt allerdings werden sie, wenn überhaupt, wohl doch in erster Linie für Theologinnen erkennbar. Wiederholt wird darauf hingewiesen, daß Aufstieg für Frauen - und hier sind dann wohl eher die Nicht-Theologinnen gemeint - doch nur in *„unteren Bereichen der Hierarchie"* möglich sei.

Ganz vereinzelt stellen Frauen das Ziel, verbesserte Aufstiegschancen für Frauen zu schaffen, anscheinend generell in Frage, z.B.:

- (Aufstieg ist) „kaum wahrscheinlich, weil ich nicht ‚meine Seele verkaufen' will - und andere Frauen auch nicht."

Nicht wenige Frauen aber sehen Grenzen für einen beruflichen Aufstieg in der derzeitigen Ausgestaltung kirchlicher Leitungspositionen, die ja „Ziele" beruflichen Aufstiegs sind: Entweder möchten sie unter den derzeitigen Strukturbedingungen nicht leitend tätig werden, oder sie sehen in diesen Bedingungen Ursachen, die ihnen einen Aufstieg unmöglich machen; teilweise waren solche Voten explizit im Sinn von *„Aufstieg (unter den gegebenen Umständen) nicht wünschenswert"* formuliert, teilweise lesen sie sich eher als Hinweis auf *„erschwerte Bedingungen"* :

- „Schlecht, weil die bisherigen Arbeitsstrukturen einem freundlich - menschlichen Lebensstil widersprechen."
- „Zur Zeit werden die Frauen in höheren Positionen zu sehr verschlissen, besser an der Basis arbeiten."
- „Wozu? Lohnt es sich, in dieser Struktur aufzusteigen? Dazu müssen erst mal Arbeitsbedingungen geändert werden."
- „Bei unserer momentanen Hierarchie in der Pastorenkirche kann ich wenig Motivation finden, bei Kolleginnen ebenso wie bei mir. Wir haben Angst, selbst so zu werden, wie einige fürchterliche Gestalten."
- „Ich denke, wir müssen *umdenken*, neue Formen schaffen, weg von Hierarchien - hin zu Solidargruppen."

Vereinzelt wird das verhaltene Karrierebemühen von Frauen als Aufstiegshindernis benannt:

- „Ja (Aufstieg ist möglich), aber nur langsam. Ich glaube, wir stehen uns da auch selber ‚im Weg', weil wir gar nicht so dringend selber aufsteigen müssen wie die Brüder."

Auch die Tatsache, daß Leitungspositionen derzeit weitgehend Männersache sind, wird von Befragten als Aufstiegshindernis beschrieben: Kirchenstrukturen erscheinen diesen Frauen *„männlich geprägt"* :

- „Ja, wenn die ‚ersten' Frauen bereit sind, die Zumutungen durchzuhalten (z. B. starr geregelte Arbeitszeit, das Ideal des Vielarbeitens). Für Frauen mit Kindern, aber auch für andere wäre Flexibilität auch wichtig, um dann andere Frauen nachzuholen."
- „Ja, begrenzte Chancen gibt es - weil die ‚Konjunktur' für Frauen gerade gut ist. Aber: Nur bei Anpassung an männlich festgesetzte Standards und Verhaltensweisen."

- „Derzeit nur begrenzt, weil Aufstieg oft Machtkampf heißt und eine 80-Stunden-Woche oder berufliche Qualifikationen verlangt, die z. B. ‚Mütter' gar nicht erwerben konnten."

... und nicht wenige Befragte haben den Eindruck, daß ein Aufrücken von Frauen in kirchliche Leitungspositionen „*nicht gewollt*" sei:
- „Da Spitzenstellen von Pastoren besetzt werden, die z.Zt. doch noch Männer sind und die Kompetenzbereiche auch männlich-patriarchalisch definiert sind, nicht so gut."
- „Nur bedingt - da es von der Kirchenleitung und anderen nicht gewollt wird!!"
- „Ja, aber nur geringe: Kompetente, selbstbewußte Frauen sind für viele Männer in leitenden Positionen unbequem und daher nicht besonders gern gesehen."
- „So gut wie keine Aufstiegsmöglichkeiten! Die Männer haben viel zu viel Angst vor den Frauen."

Veränderung halten einige Befragte für denkbar,
- „wenn Männer Arbeitsteilung lernen und von ihrem Einfluß abgeben."

Eine große Zahl der Befragten aber sieht große Aufstiegshemmnisse in noch gültigen Rollenfixierungen und in mangelnder Unterstützung durch männliche Partner:
- „Da die Kirche an einem überlieferten Familienbild orientiert ist, nicht. In allen höheren Funktionen stehen die Frauen dienend und wartend im Hintergrund."
- „Theoretisch ja; praktisch scheitert wohl manches an familiärer Doppelbelastung und der Angst der Männer, Frauen könnten ‚oben' zu viel verändern."
- „Durchaus. Wenn männliche Mitarbeiter mehr in den Familien mitarbeiten, könnte ein Teil ihrer Pflichten von Frauen ausgeübt werden."
- „Wenn Männer Platz *und* entsprechend den Haushalt machen, ja."
- „Wenn man sich im Einverständnis mit dem Ehepartner darum bemüht, ja!"

Auch die für Frauen besonders hohen „Kosten", die durch beruflichen Aufstieg erzeugt werden, hängen mit traditionellen Rollenmustern und - damit verbunden - einseitig an Frauen gerichteten Erwartungen im familiären Bereich zusammen:
- (Beruflicher Aufstieg für Frauen) „wird durch Familienarbeit erschwert."
- „Ja, wenn man sich zu 100 % für den Beruf entscheidet, wie es die meisten Männer tun."
- „Ja; wahrscheinlich aber vor allem für ... Frauen, die Familie haben, aber bereit sind, ihr Leben *nur* noch nach dem Beruf auszurichten, was aber natürlich nicht offen gezeigt werden darf."
- „Wenn Frauen bereit sind, auf Kinder zu verzichten, ja. Mit Kindern haben sie es sehr schwer, anerkannt zu werden."
- „Für Nichtverheiratete ohne Kinder: ja. Für Frauen mit Familie: schlecht. Grund: Haben oft nur eine 1/2 Stelle *und* Männer sind nicht bereit, ihren gleichen Beitrag zur Familienarbeit zu leisten."
- „Ja, wenn die Frauen ungebunden sind oder wenn die wirtschaftliche Situation der Familie so gesichert ist, daß bei Ausfall der Hausfrau eine Haushaltshilfe, Putz-, Kinderfrau angestellt werden kann."
- „Kaum. Alle Leitungspositionen verlangen nach der jetzigen Struktur einen solchen Einsatz, daß Frauen zu Hause in der Familie sich alles abnehmen lassen müßten. Dazu aber sind Ehemänner nicht bereit. Um der Familie willen sind Frauen also gezwungen, auf Aufstieg zu verzichten. Nur die wenigen ledigen Frauen haben unter den gegenwärtigen Bedingungen eine Chance, und die ist zu wenig."

„*Kosten*" verursacht nach Meinung zahlreicher Befragter auch, daß Frauen sich, wenn es um beruflichen Aufstieg geht, erst einmal in besonderer Weise „*beweisen*", besondere (Vor-) Leistungen erbringen müssen:
- „Ja, aber nur wenn Frauen bereit sind, sich noch mehr Arbeit aufzuladen - leider."
- „Kaum! Eine Frau muß sich dann schon sehr durchsetzen können."
- „Ja, wenn Frauen selber *viel* dafür tun. Die Gefahr des Zurückdrängens und Übergehens von Frauen ist groß."
- „Schlechte ‚Aufstiegschancen', Frauen müssen mehr kämpfen, um Anerkennung zu finden, Aufstieg fordert gewisse Anpassung an männliches Leistungs-, Konkurrenz- und Machtstreben."

- „Frauen in höheren Positionen werden hart beurteilt, auch von anderen Frauen, mehr als die Männer und vielleicht, weil sie eine Anfrage an das eigene Selbstverständnis der Frauen sind. Ich sehe wenige Aufstiegschancen und habe auch Angst dabei, daß Frauen ‚verheizt' werden."
- „Ja - allerdings müssen Frauen weit mehr Geduld aufbringen und Frustrationen ertragen als Männer beim ‚Aufstieg', außerdem müssen sie mehr vorgeleistet haben als Männer und nach Möglichkeit ihre Kinder bereits großgezogen haben."

Tabelle 62: Einschätzung der beruflichen Aufstiegschancen von Frauen in der Kirche, in ausgewählten Berufsgruppen (in v.H. der jeweiligen Befragtengruppe)

Aufstieg in der Kirche für Frauen ...	Kirchenmusikerin (n=64)	Pfarramtssekretärin (n=81)	Verwaltungsangestellte (n=116)	Diakonin (n=84)	Erzieherin (n=99)	Pastorin (n=66)	Gemeindeschwester (n=50)	Küsterin (n=51)	Sozialpädagogin (n=51)
... ist möglich	14	20	12	8	22	11	20	19	8
... ist möglich, liegt an den Frauen	3	7	10	3	6	7	10	6	8
... wird in Zukunft eher möglich sein	3	2	8	11	4	5	6	2	6
... ist manchmal / teilweise möglich, ist mühsam	3	7	7	5	9	9	6	4	14
... ist kaum / selten möglich, ist sehr schwierig	9	21	16	26	19	18	12	10	19
... ist schwierig, da von Männern abhängig	6	4	4	-	2	5	6	4	4
... ist schwierig, da sehr belastend / besondere Anforderungen	5	5	5	12	4	26	2	-	14
... nicht möglich	3	4	8	13	10	7	6	6	-
... ist in meinem Beruf / meiner Situation nicht möglich	8	4	4	5	4	-	2	2	8
... ist nicht wichtig / wünschenswert	-	2	4	6	-	7	-	-	-
sonstige Antwort	-	-	-	-	-	2	-	-	2
weiß nicht	2	-	4	-	2	-	4	4	2
keine Angabe	44	24	18	11	18	3	26	43	15
insgesamt	100	100	100	100	100	100	100	100	100

Einige Frauen entwerfen eine Art „Profil aufstiegsgeeigneter Frauen":
- „Wenn sie gut sind, keine Angst machen und sich anpassen, ist manchmal ‚was drin', sofern kein Mann da ist."
- „Wenn sie ausdauernd, klug, geschickt und charmant sind."

- „Nur für ‚liebe' Frauen mit Beziehungen, nicht für couragierte und profilierte, die sind eher bedrohlich."
- (Aufstiegschancen gibt es) „kaum und wenn, dann nur unter Aufgabe von privatem Leben, privaten Interessen und *lebensnotwendiger* Freizeit."

Etwas weniger einschränkend klingen einige andere Voten, in denen unterstrichen wird, Aufstieg sei möglich, wenn die betreffenden Frauen über die notwendigen Voraussetzungen verfügen:
- „Ja, wenn ausreichende Erfahrungen da sind."
- „Bei entsprechender Befähigung und Einsatz ja!"
- „Warum nicht, wenn sie studiert und Profil hat?"
- „Bei guter Ausbildung - fundiertem Wissen und Durchsetzungsvermögen."
- „Ja, mit Selbstbewußtsein und Zähigkeit."
- „Frauen, die ehrgeizig genug sind, schaffen es auch ohne Quotenregelung."
- „Ja, aber nur wenn frau die Kirche nicht als Berufsfeld sieht, sondern als Leidenschaft."
- „Ja, wenn wir am Ball bleiben und den Mut haben, Führungsposten zu übernehmen."

Tabelle 63: Einschätzung der beruflichen Aufstiegschancen von Frauen durch beruflich in der Kirche tätige Frauen, nach Lebensalter, (in v.H. der jeweiligen Befragtengruppe)

	21-40 Jahre		41-50 Jahre		51-70 Jahre	
	Frauen in kirchl. Berufen insges. (n=319)	antwortende Frauen (n=260)	Frauen in kirchl. Berufen insges. (n=243)	antwortende Frauen (n=196)	Frauen in kirchl. Berufen insges. (n=207)	antwortende Frauen (n=133)
... ist möglich	12	15	15	18	13	21
... ist möglich, liegt an den Frauen	5	6	8	10	5	8
... wird in Zukunft eher möglich sein	5	6	5	6	6	10
... ist manchmal / teilweise möglich, mühsam	8	10	6	8	7	10
... ist kaum / selten möglich, sehr schwierig	17	21	21	26	12	18
... ist schwierig, da von Männern abhängig	3	4	5	6	4	6
... ist schwierig, da sehr belastend/ besondere Anforderungen	13	15	5	6	6	9
... nicht möglich	10	13	6	8	2	3
... ist in meinem Beruf / meiner Situation nicht möglich	4	5	4	5	4	6
... ist nicht wichtig / wünschenswert	3	3	1	2	3	5
sonstige Antwort	1	1	-	-	-	-
weiß nicht	1	1	4	5	2	4
keine Angabe	18	-	20	-	36	-
insgesamt	100	100	100	100	100	100

Vereinzelt geben Frauen schon im Zusammenhang dieser Frage nach dem Vorhandensein von Aufstiegsmöglichkeiten Hinweise ganz unterschiedlicher Art, in welcher Richtung sie Veränderungschancen sehen, z.B.:
- „Ja, durch Weiterbildung, Kurse, Fortbildung."
- „Ja, bei genügend Förderung."
- „Nur durch verstärkten Zusammenschluß aller Frauen, die hauptberuflich in der Kirche arbeiten."
- „Noch wenig. Es ist auch sinnlos, solange nicht viele Frauen gleichzeitig ‚aufsteigen'. Einzelkämpferinnen sind verloren."
- „Unter der Voraussetzung, daß Frauen aufstehen und handeln, nicht neben oder gegen den Mann, sondern gemeinsam und nur gemeinsam!"

Differenziert man die Antworten auf diese Aufstiegs-Frage nach der Zugehörigkeit zu verschiedenen *Berufsgruppen*, so werden folgende Unterschiede erkennbar (vgl. Tabelle 62): Kirchenmusikerinnen und Küsterinnen haben besonders häufig auf eine Beantwortung verzichtet. Dagegen haben fast alle Pastorinnen, die sich an der Umfrage beteiligt haben, zu diesem Punkt Stellung genommen; auch Diakoninnen und Sozialpädagoginnen / Sozialarbeiterinnen haben sich in großer Zahl geäußert. Diakoninnen bringen ein besonders hohes Maß an Skepsis zum Ausdruck, was die derzeit vorhandenen Aufstiegschancen für Frauen betrifft. Pastorinnen verweisen häufiger als Angehörige anderer Berufsgruppen auf die besonderen Belastungen, die für Frauen unter den derzeitigen Bedingungen mit einem beruflichen Aufstieg in der Kirche verbunden sind.

Die Differenzierung der Antworten nach dem *Lebensalter* zeigt auch hier: Ältere Befragte haben die Frage seltener beantwortet. Schwerwiegende Probleme werden häufiger von jüngeren Frauen beschrieben (vgl. Tabelle 63).

Dagegen gibt es keinen Hinweis darauf, daß die Problemwahrnehmung im Blick auf Aufstiegschancen mit unterschiedlichem Umfang der *Arbeitszeit* oder mit der *familiären Lebenssituation* der befragten Frauen verknüpft ist.

6.3.6.2 Verbesserung von Aufstiegschancen

Die anschließende Frage, ob *Veränderungen* in diesem Punkt für erforderlich gehalten werden, wurde von mehr als der Hälfte (56 %) der beruflich in der Kirche tätigen Befragten ausdrücklich bejaht und größtenteils mit Hinweisen auf wünschenswerte Veränderungen versehen.[122] Dabei bezogen sich die meisten Befragten auf die erläuternd angefügten Veränderungsmöglichkeiten *„Fortbildung", „andere Fördermaßnahmen"* und *„Veränderung der Arbeitsbedingungen".*

„Veränderung von *Arbeitsbedingungen"* - dieses Stichwort bezeichnet die von Frauen, die ihren Beruf in der Kirche ausüben, am häufigsten gewünschte Perspektive. Ein großer Teil der in diesem Zusammenhang geäußerten Wünsche betrifft
- eine größere Flexibilität der Arbeitszeit (mehr Gleitzeit)
- mehr Möglichkeiten für Teilzeitarbeit
- mehr Möglichkeiten, Arbeitsplätze zwischen mehreren Personen aufzuteilen.

Besonders wichtig scheint es einer ganzen Reihe von Befragten, solche Möglichkeiten auch für Mitarbeiterinnen (und Mitarbeiter) mit höheren Qualifikationen sowie im Leitungsbereich zu schaffen.

Ziel solcher Wünsche ist es in der Regel, eine bessere Vereinbarkeit von Berufs- und Familienarbeit zu ermöglichen:

---

[122] Bei denjenigen, die in Zukunft einen Beruf in der Kirche ausüben möchten, ist hier die Gesamtzahl der Antworten wieder besonders gering; nur jede vierte in Ausbildung auf einen kirchlichen Beruf befindliche Frau hat explizit auf Veränderungsnotwendigkeiten zur Verbesserung von Aufstiegschancen hingewiesen. Die Wünsche und Forderung, die von diesen Frauen vorgetragen werden, stimmen weitgehend mit jenen der bereits beruflich in der Kirche tätigen Frauen überein.

- „Wichtig wären die Veränderungen der Arbeitsbedingungen, denn wie soll es eine Frau mit Kindern schaffen - Fulltime-Job und zusätzlich viele Sitzungen bzw. Reisen?"
- „Mehr Teilzeitarbeit / familienfreundliche Arbeitszeiten."
- „Mehr flexible Arbeitszeiten speziell für hauptberufliche Mütter und Väter."
- „Mehr ‚halbe Stellen' gerade für Männer."
- „Flexible Arbeitszeiten; Akzeptanz eines Privatlebens (für Männer und Frauen)."
- „Natürlich!! Zu allererst müßten Arbeitsplätze die Lebensbedingungen von Frauen berücksichtigen: Mütter, Alleinerziehende."
- „Fortbildung und Frauenförderung sind wichtig, aber nichts ohne drastische Arbeitszeitverkürzung (30 Stunden oder weniger) und Umverteilung der *Arbeit* selbst."

Tabelle 64: Vorstellungen beruflich in der Kirche tätiger Frauen in bezug auf notwendige Veränderungen zur Verbesserung der Aufstiegschancen von Frauen (in v.H.; Mehrfachangaben)

	Frauen in kirchlichen Berufen insgesamt (n=809)	Frauen mit Veränderungswünschen (n=455)
Veränderungen sind notwendig	56	100
und zwar:		
Veränderung von Arbeitsbedingungen	24	42
Fortbildungsmaßnahmen	23	41
andere Fördermaßnahmen	9	16
Umdenken, neue Verhaltensweisen bei Männern	10	17
Veränderung bei den Frauen selbst	4	7
anderes	4	6

Auch die Bereitstellung von Möglichkeiten des Erziehungsurlaubs und der Kinderbetreuung wird von nicht wenigen beruflich in der Kirche tätigen Frauen unter das Stichwort „Verbesserung der Arbeitsbedingungen" subsumiert, z.B.:
- „Arbeitsbedingungen stark verbesserungswürdig (Stichworte: ungeregelte Zeiten, Überstunden, unbezahlter Urlaub zur Kindererziehung)."
- „Vernünftige Vertretungsregelung während des Erziehungsurlaubs von Pastorinnen."
- „Z. B. flexible Stundenzahl / Teilung von Leitungsaufgaben / Möglichkeiten von wechselnder Leitung (Auf- und ‚Ab'stieg) / bessere Möglichkeiten der Kinderbetreuung - Delegation - Verteilung von Verantwortung - auch finanziell!"
- „Mehr geteilte Stellen, mehr frauenfreundliche Kindergartenöffnungszeiten."

Was den Wunsch nach kürzerer bzw. flexiblerer Arbeitszeit anbelangt, so machen einige Frauen zugleich deutlich, daß sie damit keinesfalls eine Schlechterstellung derjenigen verbunden sehen möchten, die nur einen Teil ihrer Arbeitskraft in den Beruf einbringen wollen oder können. Sie halten es deshalb für erforderlich, *„daß auch Frauen mit Teilzeitbeschäftigung (z. B. 20 Stunden) leitende Positionen einnehmen können"*. Und sie wünschen sich:
- „Halbtagskräfte nicht schlechter stellen (z. B. erst nach 6 Jahren Höherstufung)."
- „Veränderung von Arbeitsbedingungen, z.B. andere Bewertung der Teilzeit."

Nicht nur die wöchentliche Arbeitszeit ist es, die Frauen unter dem Stichwort „verbesserte Arbeitsbedingungen" verändert sehen möchten, damit sich ihnen eher Aufstiegsmöglichkeiten in der Kirche eröffnen. Im weiteren Sinn geht es um eine Verminderung von Drucksituationen, die von nicht wenigen Frauen gewünscht und für wichtig gehalten wird:

- „Andere Zuteilung von Ämtern, so daß die Aufgaben nicht zu umfangreich sind."
- „Weniger Leistungsdruck, weniger Gremien."
- „Veränderung der Arbeitsbedingungen (bitte kein Einzelkämpferinnentum). Delegieren und Aufteilen von Arbeit."
- „Wichtig: Veränderung von Arbeitsbedingungen (frauengerecht). Kirchenleitende Ämter sollten unbedingt zeitlich *begrenzt werden*! (nicht nur durch Pensionierungsgrenzen)."
- „Bessere Arbeitsbedingungen (1 freier Tag pro Woche auch für Superintendenten vorgeschrieben z.B.)!"
- „Menschenfreundliche Arbeitszeiten (40 Std. ohne den Anspruch auf zusätzliches ehrenamtliches Engagement)."

Änderungswünsche von Frauen, die in Richtung auf eine als *„menschlicher"* empfundene Gestaltung von Arbeitsbedingungen zielen, sind zwar meist an den Familienpflichten orientiert, die ja tatsächlich auch heute noch in erster Linie „Frauensache" sind. Einzelne Frauen weisen in ihren Antworten aber darauf hin, daß auch die persönlichen (und beruflichen) Belange von Frauen dadurch unterstützt und verbessert würden.

- „Veränderungen von Arbeitsbedingungen sind für Frauen besonders wichtig, um mehr Energien für Förderung der beruflichen und persönlichen Kompetenz der Frauen frei zu haben."

Andere Befragte deuten an, was es aus ihrer Sicht heißen könnte, Aufstiegsmöglichkeiten auch entsprechend den Lebensumständen vieler Frauen zu gestalten:

- „Veränderung der Arbeitsbedingungen, die auch Erfahrung berücksichtigen sollten und nicht nur aufgrund von Fortbildungen usw. gewährt werden."
- „Erfahrungen aus der Familienarbeit müßten als wertvoll für diese Arbeit angesehen werden und nicht als Hinderungsgrund für die Arbeit."
- „Das Wichtigste scheint mir, daß Pastorinnen, die Mütter sind, für gleichwertig und ebenso kompetent gehalten werden wie ihre männlichen Kollegen - Veränderung des Bewußtseins ist nötig."

Für andere Befragte, die sich ebenfalls verbesserte Arbeitsbedingungen wünschen und diese als Voraussetzung für mehr Chancen für beruflichen Aufstieg betrachten, stehen Wünsche nach Transparenz und nach demokratischen Strukturen im Arbeitsalltag und bei der Stellenbesetzung im Vordergrund:

- „Veränderung der Wahlprozesse."
- „Demokratisierung z. B. von Besetzungsverfahren verantwortlicher Stellen."
- „Ausschreibung von interessanten Stellen."
- „Informationen über Möglichkeiten (für Aufstieg) wären notwendig. Durchlässigkeit."
- „Ja, unbedingt mehr Mitspracherecht am Arbeitsplatz (auch für Frauen in ‚unteren' Berufsgruppen)."
- „Untergebene in der Kirche? Es sollte ein Miteinander sein!"
- „Mehr Selbstverwaltung, Abbau der Bürokratie! Mehr Menschlichkeit, was bei ‚Kirchens' selbstverständlich sein sollte!"

Auch Gedanken an eine Ungleichbehandlung von Frauen in der Ausgestaltung von Arbeitsverträgen oder in der Konfrontation mit bestimmten Erwartungen kommen Frauen hier (noch einmal) in den Sinn, wenn sie über die Veränderung von Arbeitsbedingungen nachdenken:

- „Man sollte nicht immer versuchen, weibliche Mitarbeiter unter der Steuergrenze einzusetzen."
- „Keine Verträge ohne Versicherung."
- „Gleiche Chancen bei der Einstellung."
- „Es ist nicht akzeptabel, wenn KVs keine Frauen auf Pfarrstellen wollen."

- „Man darf im Amt verheirateten Pastorinnen nicht mehr zumuten als entsprechenden Pastoren."
- „Diakoninnen sollten nicht nur für ‚Kinder- und Jugendarbeit' gesucht und angestellt werden. Mehr Arbeitsstellen in der Erwachsenenarbeit etc. sollten eröffnet werden."

Daß zur Durchsetzung solcher Verbesserungen eine eigene Interessenvertretung wichtig sein könnte, kommt nur selten zur Sprache, z.B.:
- „Wirkliche Interessenvertretung der Mitarbeiterinnen (gewerkschaftliche Formen)."

Eine zweite, fast ebenso oft wie Arbeitsbedingungen erwähnte Kategorie von Veränderungen betrifft die *Fortbildung*.
Zunächst einmal gibt es da mehrere Voten, in denen der Wunsch zum Ausdruck kommt, die Möglichkeit zur Teilnahme an Fortbildungsmaßnahmen möchte doch für Frauen *„selbstverständlich"* werden, in den Angeboten *„transparent"* und *„für alle zugänglich"* :
- „Fortbildung sollte nicht wohlwollend erlaubt werden, sie sollte Selbstverständlichkeit sein und ernstgenommen werden."
- „Offenes Anbieten von Fortbildungsmöglichkeiten (so daß nicht nur die MAV Bescheid weiß)."
- „Fortbildung nicht nur für Vorgesetzte."
- „Ja, Fortbildung für jede Altersgruppe."

Ein großer Teil der vorliegenden Antworten bringt nicht einfach nur den Wunsch nach mehr Fortbildung für Frauen zum Ausdruck, sondern beinhaltet darüberhinaus Angaben über gewünschte Fortbildungs*inhalte* (seltener: -methoden); Trainingsangebote im Bereich von Kommunikation und Leitung werden dabei oft genannt, und ebenso Fragen weiblicher Identität und weiblichen Selbstbewußtseins:
- „Verstärkung der Seminare für Frauen (Feministische Theologie, ‚Rhetorik für Frauen')."
- „Z.B. Leadership-Training, Theologie für Nichttheologinnen."
- „Fortbildung für Frauen, die Leitungsfunktionen anstreben."
- „Seminare, in denen an frauen- und kirchenpolitischen Fragen gearbeitet wird, kirchenpolitisches Engagement."
- „Fortbildung: Übernahme von Verantwortung, z. B.: Gruppen selbständig leiten."
- „Frauenseminare: Rollenspiele – Übung, männliche Denkstrukturen in Ausschüssen, Verwaltung usw. zu erkennen, zu verändern. Stärkung von Selbstbewußtsein von Frauen."
- „Ja; z.B. müßten an der Ausbildung des weiblichen Nachwuchses mehr Frauen beteiligt sein; Hilfe und Ermutigung zur Entdeckung und zum Einbringen weiblicher Fähigkeiten."

Rahmenbedingungen von Fortbildungsangeboten, die nach der Meinung von Befragten verbessert werden müßten, um Frauen auf diese Weise eine Qualifizierung zu ermöglichen, die ihnen Zugänge zu einem beruflichen Aufstieg in der Kirche eröffnet, beziehen sich häufig auf Möglichkeiten, Familie und Beruf auch im Kontext von Fortbildung besser zu verbinden; vor allem die Betreuung von Kindern wird vielfach genannt:
- „Fortbildungen gibt es viele, die Arten der Fortbildung in Bezug auf Termine, Zeitplan usw. sind häufig frauen- und familienfeindlich."
- „Ich mußte zwei Seminare platzen lassen, da meine beiden Kinder nicht untergebracht werden konnten. Dies wäre ein Punkt, ob aber durchführbar???"
- „Für alleinerziehende Mütter gibt es Probleme bei Fortbildungen, also mutter-freundliche Fortbildungen."
- „Familienfreundliche Fortbildungen (z. B. mit Kinderbetreuung)."
- „Möglichkeiten, eigene Kinder gut unterzubringen (Vater-Urlaub)."

In diesen Zusammenhang gehört mit großer Wahrscheinlichkeit auch der immer wieder geäußerte Wunsch nach *„Wohnortnähe"* von Fortbildungsmaßnahmen. Einige andere Frauen fänden es wichtig, daß Fortbildung *„keine zusätzliche zeitliche und finanzielle Belastung"* darstellte. Andere unterstreichen ihren Wunsch, die eigenen Fortbildungsanstrengungen möchten vom Arbeitgeber wirklich anerkannt werden.

Auch Probleme frauentypischer Karrierewege kommen im den Blick:
- „Möglichkeiten der Fortbildung, auch während der Familienpause, um drin zu bleiben (wird zur Zeit finanziell nicht unterstützt)."
- „Mehr Fortbildung wäre gut sowie Weiterbildung auf dem 2. *Bildungsweg.*"

Aber nicht nur Rahmenbedingungen, die den Frauen *persönlich* eher eine Teilnahme an Fortbildungsveranstaltungen ermöglichen, kommen zur Sprache. Nicht wenige Befragte sehen eine Teilnahmevoraussetzung auch in einer angemessenen Vertretungsregelung, damit die Erfüllung ihrer *beruflichen* Aufgaben während ihrer fortbildungsbedingten Abwesenheit geregelt ist, z.B.:
- „Die Versorgung der Patienten steht so sehr im Vordergrund (und ist mir auch sehr wichtig), daß kaum Zeit für Fortbildungen bleibt. Eine Planstelle mehr für Entlastungen in dieser Hinsicht wäre gut."
- „Fortbildungen werden genügend angeboten. Allerdings läßt es sich nicht immer einrichten, teilzunehmen (Vertretung!!!)???"

Andere Fördermaßnahmen, die von Frauen in Beantwortung der Frage nach beruflichen Aufstiegsmöglichkeiten genannt wurden, sind allgemeiner formuliert. Es geht aber prinzipiell um die gleichen, bereits im Kontext der Veränderung von Arbeitsbedingungen und von Fortbildungsangeboten angesprochenen Probleme: Einer zeitlichen und kräftemäßigen Überlastung muß begegnet werden, sei es im Zusammenhang einer Vorbereitung auf beruflichen Aufstieg oder aber im Kontext der Ausfüllung höherqualifizierter / leitender Positionen; für Frauen mit Kindern - während der Zeit der Kinderbetreuung wie auch im Blick auf beruflichen Wiedereinstieg in der Nachkinderphase - sollten unterstützende Angebote entwickelt werden. Und schließlich werden noch einmal Maßnahmen genannt, die auf eine Gleichstellung von Frauen überhaupt hinwirken können, so beispielsweise die Einrichtung einer Frauenbeauftragten oder die Schaffung eines Quotensystems.

Daß wirksame Veränderungen, die Frauen bessere berufliche Aufstiegschancen eröffnen, nicht ohne Mitwirkung von Männern - und das heißt dann eben auch: nicht ohne Veränderungen im Leben und Denken von Männern - geschehen kann, das machen zahlreiche Antworten deutlich. Von der Notwendigkeit eines *„Bewußtseinswandels"* bei den jeweiligen Partnern ist dabei ebenso die Rede wie von dem Wunsch bzw. der Forderung, kirchenleitende Personen und Gremien möchten in diesen Fragen eine veränderte Haltung einnehmen, Kirche möchte darüberhinaus ihrerseits ihren Einfluß auf entsprechende Veränderung hin in der Gesellschaft geltend machen. Im einzelnen geht es auch hier noch einmal um die Auflösung von männlich-weiblichen Rollenfixierungen, um eine neue Teilung von Arbeit in Familie und Beruf, und um die Anerkennung und Wertschätzung weiblicher Leistung in allen Lebensbereichen. Hierzu sei noch eine Reihe von Beispielen genannt:
- „Notwendige Veränderungen sind nicht durch Fortbildung, sondern durch Änderung der kirchlichen und gesellschaftlichen Einstellung möglich."
- „Vor allem muß eine neue Haltung Raum gewinnen: Achtung der Männer vor Frauen."
- „Vor allem Veränderung im Denken, in der Auslegung betreffender biblischer Texte."
- „Bewußtmachung auch der inneren und äußeren Stolpersteine auf dem Weg zur Gleichberechtigung - und Gleich-Wertschätzung!"

Oder, arbeitsfeldbezogen:

- „Vielleicht müßten sich Gemeinden und Kirchenvorsteher mehr an hauptamtliche weibliche Kräfte gewöhnen (mehr Pastorinnen)."
- „Es müßten auch Frauen an A-Stellen angestellt werden oder zu Kreiskantorinnen berufen werden / Umdenken ist wichtig."

Viele Frauen beschreiben sehr konkret, welche Aspekte der derzeitigen Rollenbilder von Frau und Mann sie als veränderungsbedürftig betrachten:
- „Ehe-(Frauen) werden oft eingeordnet als Familienfrau, nicht als Arbeitnehmerin."
- „Das selbstverständliche Recht für Frauen zu arbeiten, und nicht mitzuarbeiten (neben dem Mann)."
- „Entscheidungsgremien (meist Männer) müßten offener für Frauen sein."
- „Haushaltsführung für Männer, Männer sollten lernen, Frauen zu unterstützen, Jobsharing."
- „Potentielle Kinder sind oft ein Ablehnungsgrund für einen Ausbildungs- oder Arbeitsplatz."
- „Die Kirche müßte die Gemeinschaft von Mann und Frau, insbesondere bei der Kindererziehung viel mehr fördern."
- „Alle Kinder müssen von berufstätigen Eltern großgezogen werden, so daß das alte Rollenbild von Frauen und Männern verschwindet - ein für allemal!"
- „Förderung eines veränderten Bewußtseins, z.B. daß Mutterschaft / Erziehungsurlaub keine ‚Fehlzeiten' sind."

Aber verstärkter beruflicher Aufstieg gelingt, so scheint es vielen Befragten, auch nicht ohne *Veränderungen bei den Frauen* selbst. Dabei geht es Frauen vor allem um eine *„Stärkung weiblichen Selbstbewußtseins"*, verbunden mit einer Erhöhung der Konfliktbereitschaft. Eine Frau drückt das ganz handfest so aus:
- „Frauen müssen Lust haben/ entwickeln, sich mit Männern anzulegen (Ellenbogen)."

Andere betonen die Notwendigkeit, einen *„eigenen Standort"* zu finden bzw. sich als Frauen *„treu zu bleiben"*; und in einigen Voten wird in diesem Zusammenhang auf die Notwendigkeit von Kooperation und Solidarisierung unter Frauen verwiesen. In diesem „Maßnahmen-Katalog" begegnet uns die Aufforderung an Frauen zu verstärktem Lernen ...
- „Die Frauen sollten an ihrer Qualifikation arbeiten, sie werden noch lange besser sein müssen als die Männer."

... ebenso wie die Einsicht, daß der im Rahmen der Kindererziehung von Frauen geleistete Beitrag einen wichtigen Faktor zukünftiger Veränderung darstellt, z.B.:
- „Ich denke, der Umdenkungs- und Lernprozeß muß von unten herkommen, Erziehung Mutter - Sohn."

Wie wird die Notwendigkeit von Veränderungen zur Verbesserung der beruflichen Aufstiegsmöglichkeiten von Frauen in der Kirche in unterschiedlichen *Berufsgruppen* wahrgenommen?
Die entsprechende Kreuzauswertung (vgl. Tabelle 65) zeigt, daß vor allem Pastorinnen, Diakoninnen und Sozialpädagoginnen / Sozialarbeiterinnen solche Veränderungen nachhaltig befürworten.
Pastorinnen und Sozialpädagoginnen / Sozialarbeiterinnen sind es auch, die sich in besonders großer Zahl für eine Veränderung von Arbeitsbedingungen aussprechen. Es fällt auf, daß die befragten Küsterinnen sich in diesem Zusammenhang besonders zurückhaltend äußern. Auf Fortbildung setzen Befragte aus mehreren Berufsgruppen: Diakoninnen, Gemeindeschwestern, Verwaltungsangestellte und Sozialpädagoginnen / Sozialarbeiterinnen. Letztere haben außerdem auch noch in relativ großer Zahl auf andere mögliche und nötige Fördermaßnahmen hingewiesen. Erwartungen an einen Beitrag von seiten der Männer, der Kirche bzw. kirchenleitender Personen und Gremien formulieren vor allem Diakoninnen, Pastorinnen und Erzieherinnen.

Tabelle 65: Vorstellungen beruflich in der Kirche tätiger Frauen in bezug auf notwendige Veränderungen zur Verbesserung der Aufstiegsschancen von Frauen, in ausgewählten Berufsgruppen (Mehrfachangaben, in v.H. der jeweiligen Befragtengruppe)

	Kirchenmusikerin (n=64)	Pfarramtssekretärin (n=81)	Verwaltungsangestellte (n=116)	Diakonin (n=84)	Erzieherin (n=99)	Pastorin (n=66)	Gemeindeschwester (n=50)	Küsterin (n=51)	Sozialpädagogin (n=51)
Veränderungen sind notwendig	34	49	61	73	58	77	56	25	78
und zwar: Veränderung von Arbeitsbedingungen	16	20	23	24	20	42	16	8	43
Fortbildungsmaßnahmen	9	23	31	32	22	14	32	16	31
andere Fördermaßnahmen	5	6	8	11	5	8	14	4	22
Umdenken, neue Verhaltensweisen bei Männern	2	9	11	17	15	15	6	-	6
Veränderung bei den Frauen selbst	3	2	-	10	2	11	2	-	4
anderes	3	1	3	11	1	8	2	2	4

Zwar gibt es, wie weiter oben beschrieben, keinen erkennbaren Zusammenhang zwischen der Einschätzung beruflicher Aufstiegschancen für Frauen in der Kirche mit dem Umfang der Arbeitszeit der Befragten; wohl aber zeigt sich, daß die Forderung nach geeigneten Maßnahmen zur Veränderung dieser Situation umso häufiger zum Ausdruck gebracht wird, je stärker das berufliche Engagement in der Kirche, gemessen an der wöchentlichen Arbeitszeit, ist. Konkret: Während nur ein Drittel der weniger als zehn Stunden Beschäftigten einer solchen Forderung zustimmt, steigt diese Quote bis zu den vollzeitlich beschäftigten Frauen auf drei Viertel an. Dabei ist der Wunsch nach verstärkten Fortbildungsangeboten in den einzelnen Untergruppen etwa gleichstark ausgeprägt; der Wunsch nach veränderten Arbeitsbedingungen wird dagegen von Frauen mit höherem zeitlichen Arbeitsumfang wesentlich häufiger formuliert als von jenen, deren Arbeitsauftrag geringere Stundenzahlen beinhaltet. Tendenziell gilt eine entsprechende Beziehung auch für die Feststellung, wirksame Veränderungen müßten sich im Blick auf die Männer vollziehen.

Was das *Lebensalter* der Befragten anbelangt, so sind erneut unterschiedliche Tendenzen in der Beurteilung notwendiger Veränderungen erkennbar (vgl. Tabelle 66). Jüngere Frauen unterstreichen häufiger ihren Wunsch nach entsprechenden Maßnahmen; diese Tendenz wird im Blick auf veränderte Arbeitsbedingungen ebenso sichtbar wie hinsichtlich verstärkter / verbesserter Fortbildungsangebote für Frauen und ebenso in Bezug auf Veränderungen auf der ‚Männerseite'. Wieder gilt, daß ältere Befragte die Frage insgesamt seltener beantwortet haben.

Zusammenhänge zwischen solchen Veränderungswünschen und der *familiären Lebenssituation* der befragten Frauen sind ebenfalls erkennbar: Alleinlebende Frauen sind besonders stark an Veränderungen interessiert; Frauen, die mit Partner und Kind(ern) in einem gemeinsamen Haushalt leben, formulieren etwas seltener als andere entsprechende Vorstellungen (65 bzw. 52 %). Dieses besondere Veränderungsinteresse der alleinlebenden, in der Kirche beruflich tätigen Frauen kommt - was konkrete Vorstellungen betrifft - der Tendenz nach sowohl im Blick auf Arbeitsbedingungen wie auf Fortbildungsangebote zum Tragen. Berichtenswert erscheint aber auch, daß ein nicht kleiner Teil derjenigen Frauen, die als Alleinerziehende mit einem oder mehreren Kinder gemeinsam in einem Haushalt leben, Wünsche und Vorstellungen im Blick auf die Ausgestaltung von Fortbildungsangeboten sowie hinsichtlich anderer Fördermaßnahmen formuliert.

Tabelle 66: Vorstellungen beruflich in der Kirche tätiger Frauen in bezug auf notwendige Veränderungen zur Verbesserung der Aufstiegschancen von Frauen, nach Lebensalter (Mehrfachangaben, in v.H. der jeweiligen Befragtengruppe)

	21-40 Jahre (n=319)	41-50 Jahre (n=243)	51-70 Jahre (n=207)
Veränderungen sind notwendig	64	56	47
und zwar: Veränderung von Arbeitsbedingungen	*28*	*23*	*20*
Fortbildungsmaßnahmen	*25*	*23*	*20*
andere Fördermaßnahmen	*11*	*7*	*8*
Umdenken, neue Verhaltensweisen bei Männern	*13*	*6*	*8*
Veränderung bei den Frauen selbst	*4*	*3*	*3*
anderes	*5*	*3*	*2*

6.3.7 Erfahrungen von Benachteiligung bzw. Diskriminierung

Am Ende dieses gezielt an die in der Kirche beruflich tätigen Frauen gerichteten Fragebogenteils wurde direkt nach Benachteiligungs- bzw. Diskriminierungserfahrungen von Frauen gefragt. Zwar boten auch die Fragen nach verschiedenen Aspekten der beruflichen Arbeitssituation bereits Gelegenheit zu Stellungnahmen zu Schwierigkeiten und Nachteilen, die Frauen in der kirchlichen Arbeit erfahren. Die unmittelbare Konfrontation mit diesem Thema „Benachteiligung / Diskriminierung" läßt aber noch deutlicher erkennen, inwieweit die an der Umfrage beteiligten Frauen selbst eine solche Deutung erlebter Sachverhalte vornehmen.

„Haben Sie selbst oder bei anderen Frauen im kirchlichen Bereich offene oder versteckte Benachteiligung / Diskriminierung erlebt?"

Ein gutes Drittel der beruflich in der Kirche tätigen Frauen bejaht diese Frage; das ist die Hälfte derjenigen, die zu dieser Frage überhaupt Stellung nehmen (vgl. Tabelle 67).

Einige Antworten lassen erkennen, daß es nicht allen Frauen leicht fällt, sich so offen und kritisch über ihre Erfahrungen in der Kirche zu äußern, z.B.:

- „Ich war schon sehr offen! Sonst (muß ich) - um der ‚Sache willen' - vieles im Herzen tief verschließen!"
- „Darüber möchte ich nicht sprechen, dieses vertraue ich Gott an."
- „Das fällt leider in die Schweigepflicht."

Bei der Lektüre der Berichte wird deutlich, daß Frauen hier zum Teil Erfahrungen wiedergeben, die sie persönlich gemacht haben, manchmal aber auch Situationen und Vorfälle beschreiben, von denen andere Frauen betroffen waren. Die Liste der beschriebenen Diskriminierungserfahrungen ist lang und enthält unterschiedliche Sachverhalte. Die folgenden Schwerpunkte sind dabei erkennbar:

Tabelle 67: Diskriminierungserfahrungen in der Kirche beruflich tätiger Frauen (in v.H.)

	Frauen in kirchlichen Berufen insgesamt (n=809)	antwortende Frauen (n=608)
nein	37	50
ja	38	50
keine Angabe	25	-
insgesamt	100	100

Immer wieder ist davon die Rede, daß Frauen besonders schlechte Arbeitsverträge bekommen ...
- „Feste Anstellungsverträge haben die Männer, Frauen sind ehrenamtlich, Honorarkräfte."
- „Wenn Pfarramtshelferinnen für 19 Stunden/Woche eingestellt werden."
- „Ich bin seit 1973 als Pfarrsekretärin mit erst 12 Stunden, später 10 Stunden wöchentlich beschäftigt, aber erst ab Februar 1987 sozialversichert und rentenberechtigt. ... Außerdem ärgert es mich, daß Überstunden nicht bezahlt werden und zum Abbummeln kaum Gelegenheit ist, da die paar Stunden nicht ausreichen für die anfallende Arbeit."

... und daß ihre Stellen schlecht ausgestattet seien - insbesondere im Blick auf Bezahlung, ...
- „Unterbezahlung, nicht nach Staatsexamen und Tarifgruppe."
- „Ein Kollege mit vergleichbarer (eher schlechterer Ausbildung) erhält bis zu 100 % mehr Honorarforderungen ohne ein weiteres, bei mir erstauntes Aufblicken: ‚Was, so unverschämt fordern Sie?'"
- „Trotz jahrelanger selbständiger Tätigkeit (Übernahme der Tätigkeiten des Sozialarbeiters) keine höhere Gehaltseinstufung."
- „Eine Diakonin betreut drei Gemeinden auf dem Lande, verrichtet die Arbeit eines Pastors, wird aber nicht entsprechend bezahlt."
- „Ich habe in 20 Jahren zweimal Verzögerungen von mir anstehenden Gehaltserhöhungen erlebt, einmal um zwei Jahre, das zweite Mal um drei Jahre und das nur nach Drohung mit meinem Anwalt, mit einem Mann hätte man es nicht gewagt."

... das verfügbare Zeitkontingent ...
- „Meine Stelle wurde durch kirchliche Sparmaßnahmen von 40 Stunden pro Woche auf 15 Stunden herabgesetzt, die Arbeit wurde aber mehr und ist nur durch unbezahlte Überstunden zu schaffen."
- „Z.B. im Kindergartenbereich (= klassischer Frauenarbeitsbereich): schleichende verordnete (!) Arbeitszeitreduzierung bei stets steigenden beruflichen Anforderungen! ... Gleichzeitig erleben die Erzieherinnen von Seiten der Kindergartenträger (vertreten durch Pfarrer) Anforderungen und Erwartungen, die über den bezahlten Rahmen weit hinausgehen: bis dahin, daß die Erzieherin nur dann eingestellt wird, wenn sie ehrenamtlich in der Gemeinde mitarbeitet (sie hat ja eine Teilzeitbeschäftigung und viel Zeit ‚übrig'!) Mir sind keine vergleichbaren Kürzungsmaßnahmen bekannt, die sich im Bereich der hannoverschen Landeskirche auf die Beschäftigung von Männern in ähnlichem Umfang ausgewirkt haben."

... und den flexiblen Umgang mit Arbeitszeit:
- „Versteckte Benachteiligung, wenn teilbare Planstellen nicht geteilt werden und somit teilzeitarbeitsorientierten Frauen die Ausübung der Arbeit unmöglich wird."
- „Bei der Stellenerweiterung von halbzeit auf ganztags mußte eine Kollegin lange kämpfen. Ein männlicher Kollege wurde zur selben Zeit ‚aufgestockt', ohne daß darüber ein Wort verloren wurde."
- „Kollegen sind vom Abenddienst befreit, alleinstehende Frauen mit zwei Kindern nicht."

Andere Befragte berichten davon, daß Frauen in bestimmten Stellen nicht - oder nur unwillig - akzeptiert würden. Ein besonderes Problem ergibt sich hier offenbar für Frauen im Pfarramt[123] , aber auch in anderen Zusammenhängen ist von einer Bevorzugung von Männern bei der Stellenvergabe die Rede:
- „Wenn Beförderungen im Zweifelsfall den Mann treffen."
- „Nach Höherqualifikation keine Aufstiegschancen."
- „Männer haben manchmal trotz geringerer Vorbildung mehr Aufstiegschancen."
- „Es wird direkt angesprochen, daß Frauen für hohe leitende Funktionen nicht in Frage kommen."
- „Bei meiner ersten Stellensuche sagte der Kollege dort, sie seien eine gute Gemeinde und hätten etwas zu bieten, und sie hätten es deshalb nicht nötig, eine Frau zu nehmen. Ich sollte deshalb auf die vorgesehene Ernennung durch das LKA verzichten."
- „Pastorin: nicht gewünscht bei Kasualien; keine zwei Frauen im Zweierpfarramt; Kompetenz im KV abgesprochen."
- „Einige (Pastoren-)Kollegen würden höchstens im äußersten Notfall eine Frau auf ‚ihre' Kanzel lassen und geben dies auch deutlich zu."

Andere Fälle von Diskriminierung liegen in der Festlegung von Frauen auf - von Männern oft ungeliebte - „Dienste" und ihre Ausgrenzung, wenn es um Leitung und Entscheidung geht:
- „Frauen müssen immer die Zuarbeit leisten."
- „Pastor läßt aufräumen, kochen und abwaschen, ich als Frau muß das tun."
- „Frauen können in ihrem 40-Stunden-Job wie selbstverständlich Putztätigkeiten mit übernehmen."
- „Pastor schiebt unliebsame Arbeit auf Sekretärin oder Diakonin ab."
- „Es gibt Männer, aber auch Frauen, die Frauen für weniger fähig in führenden Positionen als Männer halten. Sie muten Frauen Arbeiten zu, die sie Männern nicht anbieten würden."

Einzelne Befragte drücken dort, wo es um den Ausschluß von Frauen aus Entscheidungsprozessen geht, ihre Erfahrungen mit sehr harten Worten aus; sie sprechen beispielsweise von einem *„Kungeln"* der Männer, beschreiben ein *„völliges Ausbooten bei Entscheidungen durch vorherige Absprachen zwischen Männern"*.

Als diskriminierend wird häufig beschrieben, daß Frauen als Person oder mit ihrer Arbeit, ihren Leistungen nicht anerkannt werden oder daß man ihnen nichts zutraut:
- „In der Gemeinde sind ein Pastor und eine Pastorin - sowohl das Verhalten der *meisten* Gemeindeglieder als auch der Kirchenobrigkeit läßt eine deutlich geringere Anerkennung der Frau spüren."
- „Positionen am unteren Ende der beruflichen Hierarchie (technische Abteilung, Sekretärinnen, die mit der Essenausgabe betrauten Frauen) werden z. T. ... geringschätzig erwähnt oder schlicht nicht wahrgenommen."
- „Dienstbesprechung der Pastoren etc. in meiner Arbeitsgemeinde, ich bin ein Nichts, meine Arbeit ist nicht wichtig."[124]
- „Wenig Anerkennung und seltene Einbeziehung von Altenpflegern/-innen in die kirchengemeindliche Arbeit."
- „Leistungen werden nicht anerkannt, z.B. bei der Visitation, Meinungsäußerungen unterdrückt, selbständige Tätigkeiten verhindert."
- „Kein Lob, nur Rügen."
- „Was gemacht wird, sieht man nicht - nur was noch gemacht werden muß."
- „Ich mußte zum Teil mehr leisten, um genauso anerkannt zu werden wie ein Mann. Fehler wiegen schwerer."
- „Arbeitsweisen werden viel kritischer beurteilt als bei Männern."
- „Frauen wird oft nichts zugetraut (weil sie sich selbst nichts zutrauen?)"
- „Frauen werden überhört und übersehen in Diskussionen / Gesprächen - Frauen wird in den Mantel geholfen und die Tür aufgehalten, d.h. ihnen wird nichts zugetraut außer K(inder)K(üche)K(irche) -

---

[123] Vgl. dazu ausführlicher: Johanna Friedlein / Ingrid Lukatis, a.a.O.
[124] Antwort einer Gemeindeschwester.

z. B. nicht, wenn´s um´s Geld geht, Technik, Bau, Auftreten in der Öffentlichkeit, Durchsetzen von Entscheidungen."
- „Nach schlechten Erfahrungen mit einer Pastorin wurden in der Gemeinde Stimmen laut: Keine Frauen mehr / in die MAV muß noch ein Mann, der kann sich besser durchsetzen!"
- „Fachlichkeit wird angezweifelt. Wenn Frauen und Männer zusammen auftreten, wird mit Frauen oft Konversation betrieben, mit Männern Fachlichkeit."

In den gleichen Zusammenhang von Frauendiskriminierung gehören auch, wie eine Befragte es nennt, *„vielfache Formen des Übergangen-Werdens"*, z.B.:
- „Männer hören sich besser zu. Frauen werden öfter unterbrochen oder angehört, aber Mann geht nicht auf das Gesagte ein."
- „Frauen werden oft nicht ernst genommen oder gehört, wenn sie sich äußern. Sagt das gleiche ein Mann, so wird natürlich gern darüber geredet (immer wieder erlebt in Kirchenvorständen, Mitarbeiterbesprechungen)."
- „Es wird einfach nicht zugehört, wenn Frauen reden (besonders wenn Frauen emotional reden)."
- „Meinungen von Frauen, die eher unsicher, nicht bestimmt, zögernd vorgetragen werden, werden nicht genügend beachtet bzw. übergangen."
- „Bei einem Fürbittengebet wurde für die Männer in den verantwortungsvollen Positionen gebetet. Frauen gab es nicht."

Noch kränkender sind vermutlich Erfahrungen, die bei Frauen den Eindruck hinterlassen, sie würden überhaupt *nicht ernstgenommen*, z.B.:
- „Die Arbeit der Küsterin oder des Bastelkreises wird oft nur mit wohlwollendem Grinsen zur Kenntnis genommen. Die Mitarbeit der Ehefrau des Pastors ist selbstverständlich."
- „Frauen, die untere Positionen einnehmen (z. B. Putzfrauen), haben keine Möglichkeit der Interessenvertretung, weil sie nicht ernst genommen werden."
- „Mir wird als ‚Putzfrau' zuviel hinterlassen. Ich bin der Mülleimer der Gruppen."[125]
- „Von einem Pastor ... wurde meine Arbeit des öfteren als lächerlich angesehen und daß ich es wage, nach Urlaub zu fragen, wo ich doch nicht voll arbeite! Zu der Zeit wurde der Raum, in dem ich drei Stunden vormittags arbeitete, nur auf +14 Grad aufgeheizt. ... Wenn ich ihn daraufhin ansprach, bekam ich zur Antwort, daß er sparen müsse! ... Aber ich frage mich natürlich, hätte dieser Pastor sich einem Mann gegenüber genauso verhalten?"
- „Initiativen von Frauen werden ins Lächerliche gezogen oder disqualifiziert, besonders wenn sie über den traditionell vorgesteckten Rahmen hinausgehen."
- „Frauen, die sich emotional einbringen, werden belächelt oder ärgerlich beiseite geschoben."
- „Frauen werden oft nicht ernstgenommen, nehmen sich selbst nicht ernst, machen viele Arbeiten ohne groß mitzuplanen oder zu gestalten, Ausführende."
- „Das, was Männer tun und sagen, ist wichtiger."
- „Bei Kompromissen wird Anpassung eher von den Frauen verlangt."

Andere Befragte beschreiben, wie Frauen *„klein gemacht"* werden:
- „Äußerungen wie ‚die Kleine' drücken ein nicht Ernstnehmen aus."
- „Ich habe bei mir und bei anderen Frauen erlebt, daß männliche Vorgesetzte versucht haben, mich und andere wie ‚Kinder' zu behandeln."
- „KV-Mitglied: Sie sind doch nur eine kleine Erzieherin, und der Pastor steht weit über Ihnen. Deshalb sollten Sie mehr Respekt vor ihm zeigen."
- „Ich bin fast 35, und Mann hat mich mehrmals in der Kirche ‚Mädchen' genannt."
- „ ‚Fräulein'-Anrede von Jugendlichen -- Frauen waschen ab!"
- „Die Art, wie der Pastor - im Beisein anderer - mit mir umgeht, ist ungezogen."
- „Unser einer Pastor hat mich mal vor einer ganzen Horde Männer rundgemacht, zu Unrecht. Bei meinem Mann hat er's zugegeben, daß es mies war. Bei mir hat er sich nicht entschuldigt."
- (Diskriminierung wird erfahren) „im Unterschlagen, nicht Erwähnen, lächerlich Machen, Ironisieren, Verschweigen, Übergehen, Ablehnen."

Diskriminierung erfahren Frauen auch, wo im Zusammenhang weiblicher Berufstätigkeit die Möglichkeit einer Schwangerschaft und die aus der Betreuung von Kin-

---

[125] Antwort einer Küsterin.

dern resultierenden Pflichten zur Sprache gebracht werden; Hinweise dieser Art finden sich auffallend häufig in den Antworten der befragten Pastorinnen, aber auch bei anderen beruflich in der Kirche tätigen Frauen:
- „In Bezug auf die Frage oder Feststellung: ‚zu jung, könnte Kinder bekommen und dann?!‘ "
- „Bei Einstellung von Bewerberinnen wurde nicht zuerst nach Qualifikation gesehen, sondern danach, ob die Bewerberin verheiratet ist und eventuell durch kleine Kinder ausfallen könnte. Außerdem stand sofort der Begriff ‚Doppelverdiener' im Raum. Kolleginnen, die nach Geburt eines Kindes mit verminderter Stundenzahl wieder arbeiten wollten, wurde dieser Wunsch strikt abgelehnt."
- „Mir wurde im Landeskirchenamt gesagt: "Machen sie sich keine Gedanken, was in 1-2 Jahren (beruflich) sein wird, vielleicht haben sie dann sowieso ein Kind."
- „Als meine Einführung anstand, war ich schwanger, der Superintendent wolte sie deshalb verschieben, bis ich ‚meine alte Figur' wieder hätte."
- „Mehrere Bemerkungen, die meine Mitvikarinnen betrafen: Daß deren Schwangerschaft wohl mit ernstgenommenen Amtspflichten nicht vereinbar wäre."
- „Ist sie verheiratet - hat sie Kinder? Dann kann sie diesen Posten ja gar nicht bewältigen!"

Einzelne Frauen weisen im Zusammenhang mit Schwangerschaft und Kindererziehung auf Diskriminierungserfahrungen hin, die weit über den beruflichen Bereich hinausgehen, z.B.:
- „Die Stellungnahme der Kirche zu Fragen wie § 218 beinhaltet eine Diskriminierung von Frauen. Auch im sprachlichen Bereich empfinde ich eine Benachteiligung."
- „Die größte Diskriminierung der Frauen (und der Kirche) ist der allgegenwärtige Satz: ‚Religion ist Frauensache' - Konfession der Frau bestimmt (meist) Konfession der Kinder. Denn ‚christliche Erziehung ist Sache der Mütter / Frauen.‘ "

Aber auch im Berufsbereich erleben Frauen sich häufig auf eine „Familienrolle" festgelegt:
- „Als Frau muß man rechtfertigen, daß man berufstätig ist, erklären, was mit den Kindern ist, dies braucht ein Mann nicht."
- „Direkte Diskriminierung wie Aussagen: ‚Kümmern Sie sich doch um Ihr Kind!‘ "
- „Als Mutter und Ehefrau bekomme ich direkt oder versteckt mitgeteilt, daß mein Platz im Haushalt sei und nicht im Beruf."
- „Äußerungen eines Pfarrers: die Frauen sollten daheim bleiben, sie nähmen den Männern den Arbeitsplatz weg."
- „Bei gleicher Qualifikation wird oft der Mann vorgezogen, ‚weil er eine Familie unterhalten muß'."
- „Der Beurteilungsmaßstab wird von Männern abgeleitet, die zu Hause mehr oder weniger versorgt werden."

Andere Diskriminierungserfahrungen haben mit dem Partner bzw. der Art der Beziehung zu tun, in der Frauen leben:
- „Meine lesbische Lebensform wird nicht anerkannt."
- „Als meine Kollegin schwanger wurde, ohne verheiratet zu sein."
- „Eine befreundete Pastorin bekommt keine Stelle, weil ihr Mann im öffentlichen Dienst ist."
- „Pfarrer mit berufstätigen Ehefrauen werden bei Gemeindewahl eher abgelehnt als andere - man will die mit-engagierte Nur-Pfarrfrau."
- „Pfarrfrauen, die in der Kirche arbeiten wollen, werden kritisiert (Doppelverdiener)."
- „Geschiedene Pfarrfrauen haben viele Nachteile."

Auch offene „Frauenfeindlichkeit" wird erlebt, als „Gerede in frauenfeindlicher Art" wie als Frauen diskriminierende Verhaltens- und Reaktionsweisen:
- „Frauen werden, besonders wenn sie aus der feministischen Ecke kommen, entweder nicht ernst genommen oder abgestempelt."
- „Auf Pfarrkonferenzen ganz häufig spitze Kommentare seitens der Männer über inclusive Sprache, über attraktive Frauen im Amt, über feministische Theologie."
- „Wenn ich acht Jahre als „Herr Vorsitzender" der MAV angeschrieben werde, trotz wiederholter Bitten, es zu ändern."
- „Anspielungen in KV und KKT nach dem Motto: Lange Haare, kurzer Verstand."

- „Wenn ich mich nicht in die Rolle der ‚schutzbedürftigen kleinen Frau' einfüge, dann gelte ich als ‚aggressiv'."
- „In einem Kirchenkreis ... gibt es Amtsbrüder, die das Abendmahl nicht mit ordinierten Frauen gemeinsam feiern wollen. Also wird in der Pfarrkonferenz nur Agape-Mahl gefeiert, um diese Brüder nicht auszuschließen."
- „Eine .. Sekretärin, die öfter mal Fehler machte, wurde solange toleriert, wie sie mit dem Pastor ins Bett ging! (Kein blödes Gerücht, ich wurde Zeuge einer Auseinandersetzung. Aus Scham hat sich die Dame nicht gewehrt und mich gebeten, den Mund zu halten.)"

In der Beantwortung dieser Frage gibt es wieder einen - sehr deutlichen - Zusammenhang mit der Zugehörigkeit zu *unterschiedlichen Berufsgruppen* (vgl. Tabelle 68).[126] Die meisten Hinweise auf Diskriminierungserfahrungen kommen von Pastorinnen, Sozialpädagoginnen / Sozialarbeiterinnen und Diakoninnen. Andere Gruppen - allen voran die Kirchenmusikerinnen - haben sich auch in diesem Punkt mit kritischen Äußerungen eher zurückgehalten.

Bemerkenswert ist auch der Zusammenhang zwischen Berichten über Diskriminierungserfahrungen und dem *zeitlichen Umfang* der von den einzelnen Frauen geleisteten beruflichen Arbeit: Weniger als ein Fünftel der Frauen mit sehr geringen Stundenzahlen (weniger als zehn Wochenstunden) gibt solche Hinweise; in Teilgruppen mit höherem Stundendeputat steigt diese Quote immer weiter an; mindestens jede zweite Frau, deren wöchentliche Arbeitszeit in Kategorien von 30 und mehr Stunden liegt, berichtet von Erfahrungen von Benachteiligung und Diskriminierung.

Tabelle 68: Diskriminierungserfahrungen in der Kirche beruflich tätiger Frauen, in ausgewählten Berufsgruppen (in v.H. derjeweiligen Berufsgruppe)

	Kirchenmusikerin (n=64)	Pfarramtssekretärin (n=81)	Verwaltungsangestellte (n=116)	Diakonin (n=84)	Erzieherin (n=99)	Pastorin (n=66)	Gemeindeschwester (n=50)	Küsterin (n=51)	Sozialpädagogin (n=51)
nein	39	46	38	26	53	30	50	41	30
ja	17	33	41	56	22	64	26	24	59
keine Angabe	60	21	21	18	25	6	24	35	31
insgesamt	100	100	100	100	100	100	100	100	100

Was das *Lebensalter* der Befragten anbelangt, so gilt auch hier wieder, daß ältere Befragte die Frage seltener beantwortet haben. Diskrimierungserfahrungen werden häufiger von jüngeren Frauen beschrieben (vgl. Tabelle 69).

Auch ein Zusammenhang zwischen der Häufigkeit von Berichten über Diskriminierungserfahrungen und der *Familiensituation* der befragten Frauen ist in Ansätzen erkennbar: Frauen, die allein leben, machen spürbar häufiger entsprechende Angaben als jene, die mit Partner und Kind(ern) gemeinsam im Haushalt leben; im ersteren Fall äußert sich jede zweite Frau in entsprechender Weise, im zweiten jede dritte. Die Quoten der anderen Teilgruppen liegen zwischen diesen Eckwerten.

---

[126] Das heißt nicht unbedingt, daß Angehörige derjenigen Gruppen, aus denen besonders häufig entsprechende Antworten kommen, auch persönlich besonders stark von Diskriminierung betroffen sind. Frauen unterschiedlicher Berufsgruppen haben möglicherweise ein unterschiedliches Maß an Aufmerksamkeit für solche Vorgänge entwickelt. Gelegentlich weisen Frauen in der Beantwortung dieser Frage explizit darauf hin, wie *„versteckt"*, *„subtil"*, gewissermaßen *„nebenbei"* solche Benachteiligung / Diskriminierung gelegentlich vonstatten geht.

Tabelle 69: Diskriminierungserfahrungen in der Kirche beruflich tätiger Frauen, nach Lebensalter, (in v.H. der jeweiligen Befragtengruppe)

	21-40 Jahre		41-50 Jahre		51-70 Jahre	
	Frauen in kirchl. Berufen insges. (n=319)	antwortende Frauen (n=250)	Frauen in kirchl. Berufen insges. (n=243)	antwortende Frauen (n=193)	Frauen in kirchl. Berufen insges. (n=207)	antwortende Frauen (n=142)
nein	33	42	39	50	41	59
ja	45	58	40	50	28	41
keine Angabe	22	-	21	-	31	-
insgesamt	100	100	100	100	100	100

7 Erfahrungen als Ehefrauen von Pastoren oder anderen kirchlichen Mitarbeitern

Bei der Zusammenstellung der Fragen, um deren Beantwortung in der Frauenbefragung gebeten wurde, galt es als Leitprinzip, möglichst alle Aspekte zu berücksichtigen, die geeignet sind, das Leben von Frauen in der Kirche zu beeinflussen, ihre Erfahrungen mit der Kirche zu prägen. Frauen, die mit Pastoren verheiratet sind, sind im „Pfarrhaus", als „Pfarrfamilie" besonderen Lebensumständen ausgesetzt; diese sind u.a. gekennzeichnet von einer ungewöhnlichen starken Verzahnung zwischen dem Berufsalltag eines Pastors und dem Leben seiner Familie sowie von Normen und Leitbildern eines „christlichen Familienlebens". Seit Jahrhunderten werden in der evangelischen Kirche Ehefrauen von Pastoren als *„Pfarrfrauen"* mit spezifischen Rollenerwartungen konfrontiert, zu denen insbesondere ein hohes Maß an persönlichem Engagement in der Kirchengemeinde zählt.

Ehefrauen anderer kirchlicher Mitarbeiter unterliegen zwar nicht in gleicher Weise wie Pastorenfrauen spezifischen Lebensumständen; dennoch ist zu vermuten, daß auch ihr Alltag von Bedingungen und Anforderungen der beruflichen Tätigkeit des Ehepartners beeinflußt wird.

Angesichts solcher „besonderer Lebensumstände" war es naheliegend, die Fragen und Probleme, die sich für Frauen aus einer Ehe mit einem Pastor oder einem anderen kirchlichen Mitarbeiter ergeben, in dieser Befragung ebenfalls - wenngleich nur in recht kurzer Form - zum Thema zu machen. Ergänzend zu der Adressierung der Fragebogen an die Pfarrämter wurden die Kanäle der Pfarrfrauenvereinigungen genutzt, um zumindest die Ehefrauen von Pastoren der Ev.-luth. Landeskirche gezielt zu erreichen.

Tatsächlich haben sich an der Befragung zahlreiche Frauen beteiligt, die mit Pastoren verheiratet sind[127] (vgl. Tabelle 70). Ehefrauen anderer kirchlicher Mitarbeiter sind unter den Antwortenden anscheinend deutlich seltener vertreten. Ihre genaue Anzahl ist allerdings aus methodischen Gründen nicht zu ermitteln: Die entsprechende Frage war in jenen Teil des Erhebungsbogens eingefügt worden, der sich explizit an *ehrenamtliche* Mitarbeiterinnen wandte.[128]

Es ist nicht auszuschließen, daß einzelne Ehefrauen von Pastoren oder anderen kirchlichen Mitarbeitern diesen Teil des Fragebogens nicht ausgefüllt haben, weil sie sich z.B. in erster Linie über eine eigene berufliche Tätigkeit in der Kirche definieren oder weil sie sich aus anderen Gründen nicht als „ehrenamtliche Mitarbeiterin" verstehen. Bei der Auswertung wurde aber darauf geachtet, ob an anderen Stellen des Erhebungsbogens Hinweise auf eine solche über den Ehepartner vermittelte Beziehung zur Kirche zu finden waren. Wo dies zutraf, wurde die betreffende Befragte in der folgenden Übersicht berücksichtigt. Insofern sind diese Ergebnisse als weitgehend zuverlässig zu betrachten.

---

[127] Die Rückfrage einer Befragten hierzu lautet: *„Was ist mit Freundin / Lebensgefährtin?"* Tatsächlich wurden solche Beziehungskonstellationen im Fragebogen nicht explizit angesprochen.
[128] Einzelne Befragte haben diesen Standort der Fragen problematisiert und die Autorinnen des Fragebogens freundlich gebeten, doch einmal das dieser Plazierung zugrundeliegende Motiv zu überprüfen - in der, wie wir zugeben müssen, richtigen Annahme, daß hier ein Ehrenamtlichen-Status dieser „Pastoren- und Mitarbeiter-Ehefrauen" weitgehend unreflektiert zugrundegelegt wurde.

Tabelle 70: Befragte Frauen, die mit Pastoren, Diakonen oder anderen kirchlichen Mitarbeitern verheiratet sind, nach Stellung in der Kirche[129] (absolut und in v.H. der jeweiligen Befragtengruppe)

Befragte ist ...	ehrenamtliche Mitarbeiterin		beruflich in der Kirche tätig		in Ausbildung für einen Beruf in der Kirche		Befragte insgesamt	
Ehemann ist ...	abs.	in v.H. (n=2099)	abs.	in v.H. (n=809)	abs.	in v.H. (n=142)	abs.	in v.H. (n=3956)
Pastor	202	10	36	5	5	4	243	6
Diakon	14	1	4	..	1	..	19	..
anderer kirchlicher Mitarbeiter	52	2	14	2	1	..	67	2
insgesamt	268	13	54	7	7	5	329	8

Frauen, die als Ehefrauen von Pastoren, Diakonen oder anderen kirchlichen Mitarbeitern selbst einen Beruf in der Kirche ausüben, gehören ihrerseits folgenden Berufsgruppen an: Die insgesamt 36 beruflich in der Kirche tätigen Ehefrauen von Pastoren, die sich an der Umfrage beteiligt haben, sind in der Evangelischen Erwachsenenbildung tätig (7), Kirchenmusikerin (6), Pastorin (3), Diakonin (3), Religionslehrerin (3), Gemeindeschwester (2), Sozialpädagogin (2), Küsterin (2), Angestellte in der kirchlichen Verwaltung (2), wissenschaftliche Mitarbeiterin (2), Beraterin oder kirchliche Mitarbeiterin in einem sonstigen Arbeitsfeld (3). Vier mit Diakonen verheiratete Frauen haben selbst Stellen als Pfarrsekretärin oder Mitarbeiterin in anderen Bereichen der kirchlichen Verwaltung inne. Ehefrauen anderer kirchlicher Mitarbeiter sind Kirchenmusikerin (4), Angestellte in der kirchlichen Verwaltung (3), Diakonin (2), Sozialpädagogin, Gemeindeschwester, Küsterin, Mitarbeiterin in der Erwachsenenbildung sowie in einem sonstigen kirchlichen Arbeitsfeld.

Pastoren-Ehefrauen, die sich zum Befragungszeitpunkt in einer Ausbildung für einen Beruf in der Kirche befinden, wollen selbst Pastorin werden (3) oder eine Tätigkeit im Bereich der Erwachsenenbildung übernehmen (2); eine Ehefrau eines Diakons durchläuft gerade ebenfalls Diakonenausbildung, eine Ehefrau eines anderen kirchlichen Mitarbeiters bereitet sich darauf vor, Pastorin zu werden.

Soweit sich Frauen als Ehefrauen von Pastoren oder anderen kirchlichen Mitarbeitern zu erkennen gegeben haben, waren sie gebeten, auch die folgende Frage zu beantworten:

„Gibt es Fragen oder Probleme, die aus Ihrer Sicht im Zusammenhang der Thematik 'Frau in der Kirche' besonders berücksichtigt werden müssen?"

Mehr als die Hälfte (59 % = 193 von 329) dieser insgesamt antwortenden Ehefrauen beantworteten diese Frage mit *„ja"*.[130]

---

[129] Die Kategorie "Frauen ohne besonderes kirchliches Amt" fehlt in dieser Tabelle. Keine der dort zugeordneten Frauen war als Ehefrau eines Pastors, Diakons oder anderen kirchlichen Mitarbeiters zu identifizieren.

[130] Außerdem haben hier noch einige andere Frauen (insgesamt 38) zugestimmt, ohne jedoch über ihren Status als Ehefrau eines Pastors oder kirchlichen Mitarbeiters Angaben zu machen.

Ein großer Teil von ihnen nennt mehrere Aspekte. Zu Themenkomplexen gebündelt ergibt sich der nachfolgend beschriebene „Problemkatalog".

Am häufigsten[131] sprechen die befragten Ehefrauen von Pastoren und anderen kirchlichen Mitarbeitern von dem *Druck der Erwartungen*, denen sie sich in dieser Rolle ausgesetzt fühlen und von denen sie sich befreit sehen möchten:

- „Daß ich nicht gleich in den Beruf des Partners mit ‚vereinnahmt' werde."
- „Müßte den Gemeinden deutlich gemacht werden, daß eine Pfarrfrau mitarbeiten kann, aber nicht muß."
- „Meine Mitarbeit in der Kirche darf nicht vorausgesetzt werden."
- „Viele Pfarrfrauen leiden unter der Erwartungshaltung, fühlen sich unter Druck gesetzt."
- „Rollenverständnis besonders in der ländlichen Gemeinde führt noch immer zu Überforderungen."

Oder, noch drastischer:

- „Die Frau des Pfarrers ist der Dackel, der / die auf Kommando hört, nur manchmal nicht ..."
- „Ich fühle mich als Manövriermasse der Kirche und Gemeinde, überall selbstverständlich einzusetzen."
- „Nichtberufstätige Pfarrfrauen werden von der Kirche mit ihren Männern mit aufgefressen. Sie munden ihr gut, man kann sie aber leider auch wieder ausspeien."
- „Als Pfarrfrau gehörte ich zum selbstverständlichen ‚Inventar' der Kirche. Die Arbeit der Pfarrfrau wird von allen als Pflicht angesehen."
- „Mich ärgert es, mit welcher Selbstverständlichkeit Pastorenfrauen für Gemeindearbeit oder ‚Hausmeistertätigkeiten' herangezogen werden und ständig ‚zuständig' sein müssen. Da bleibt oftmals nur die Flucht in einen Beruf."

Größere Gruppen dieser Befragten beklagen auch die mangelnde Anerkennung, die ihr ehrenamtliches Engagement in Kirche und Gemeinde erfährt, fordern eine rechtliche Besserstellung und/oder strukturelle Verbesserungen.[132] Äußerungen zum Thema *„mangelnde Anerkennung"* lauten beispielsweise so:

- „Früher war mit meinem großen Arbeitseinsatz wenigstens eine gesellschaftliche Anerkennung vorhanden. Heute wird von vielen ... meine Mitarbeit gefürchtet, aber gewünscht, erwartet, wenn sonst keiner diese Aufgabe übernehmen will oder kann."
- „Auch, wenn man sich um viel Fortbildung bemüht hat und Erfahrungen gesammelt hat, bleibt man ein Lückenbüßer und kann wieder gehen, wenn ein Profi kommt."
- „Oft habe ich mich noch 'unterhalb' der Ehrenamtlichen gefühlt, einfach als 'Inventar', das so mitläuft und selbstverständlich alles mitmacht, und das noch als 'Einmischung' bezeichnet bekommt."
- „Wir haben teilweise ein Studium oder anerkannte Berufsausbildungen, geben unsere Berufserfahrungen ein und sind qualifizierte Kräfte und arbeiten selbstverständlich ehrenamtlich; das empfinde ich als Ausbeuten im höchsten Maß."
- „Wenn eine Pfarrfrau gleichzeitig Diakonin ist, ergibt sich so eine billige Arbeitskraft."

Als Wunsch wird unter anderem formuliert:

- „Als Pfarrfrau wünsche ich mir, daß die Mitarbeit in der Gemeinde nicht als Selbstverständlichkeit angesehen wird, sondern z.B. auch von der Kirchenleitung honoriert wird. Als Pfarrfrau mit Berufstätigkeit ist der Arbeitsaufwand beträchtlich. Nicht immer fühle ich mich den Anforderungen gewachsen, was für Außenstehende manchmal unverständlich zu sein scheint."
- „Anerkennung und Aufwertung der Mitarbeit, auch aus finanzieller Sicht!"
- „Vor allem finanzierte Fortbildung und dann gezielte Aufgaben mit sozialer Anerkennung, denn auch bei Kirche wird leider nur das gewertet, was Geld kostet."

Immer wieder beklagen Frauen, die mit Pastoren oder anderen kirchlichen Mitarbeitern verheiratet sind, ihre *„Rechtlosigkeit"* bzw. bringen den Wunsch nach *„mehr Rechten"* zum Ausdruck:

---

[131] Jede fünfte Nennung läßt sich diesem Themenkreis zuordnen (entspricht 61 Angaben).
[132] Auf jede dieser drei Antwortkategorien entfallen 22 bzw. 23 Nennungen.

- „Ich habe offiziell kein Mitspracherecht, nur über meinen Mann."[133]
- „Die Rechtlosigkeit der Ehefrau in der Gemeinde - Mitwirkung z.B. im Kirchenvorstand unmöglich."
- „... immer noch: Gremien, in denen mein Mann arbeitet, sind für mich gesperrt."
- „Ich habe meinen Beruf aufgegeben, weil wir uns als Ehepaar gemeinsam in die Gemeinde einbringen wollten. Ich wollte meine Zeit, meine Kraft und meine *Gaben* einbringen. Ich stelle fest: Zeit und Kraft kann ich einbringen. Alles schöpferische, gestaltende Denken, alles verantwortliche Mittragen ist nicht gefragt. Weil das *Amt* gilt, nicht die *Person*."
- „Die Kirchenleitung sieht nur den Amtsinhaber; seine Frau, die als Pfarrfrau mit Engagement arbeitet (Telefon, Sekretärinnen-Ersatz, Hausbesuche, Leiterin von Kreisen, Ansprechperson für alle) kann sich bei der Kirchen-Hierarchie kein Gehör verschaffen. Sie ist eine Person ohne Rechte, einfach nur Anhängsel und hat selbstverständlich alles mitzumachen, was die Personalabteilung für den Amtsinhaber vorschlägt."
- „Als Frau, die ihren Beruf aufgegeben hat, als sie einen Pfarrer geheiratet hat, möchte ich irgendwo Rechte haben, nicht nur Pflichten."
- „Die Frau eines Pastors müßte sich nur aktiv zur Wahl für den Kirchenvorstand stellen können."
- „Ehefrauen von Pastoren sollten - *wenn sie es wünschen* - ähnlich wie Kirchenvorsteher in ein Amt eingeführt werden, damit sie nicht immer sich nur über ihren Mann legitimieren müssen und immer nur die ‚graue Eminenz' im Hintergrund spielen."

Strukturelle Aspekte der Situation und der Handelungsmöglichkeiten von Pastoren- bzw. Mitarbeiterfrauen werden beispielsweise auch in folgenden Formulierungen angesprochen:[134]

- „Der Frau eines Pastors sollte die gleiche Freiheit zur Mitarbeit eingeräumt werden, wie jeder anderen Frau. Sie darf nicht wegen des Berufes ihres Mannes zur ehrenamtlichen Mitarbeit verpflichtet sein."
- „Es würde manchen Pfarrfrauen leichter fallen, auf den Beruf zu verzichten, wenn stundenweise nebenberufliche Tätigkeit in der Gemeinde möglich wäre."
- „Wenn die Frau eines kirchl. Mitarbeiters nachweisbar als Arbeitskraft mit in den Beruf des Mannes miteinbezogen ist, sollte sie im Rahmen der 420,- DM-Regelung entschädigt werden, sowie auch Rentenansprüche erhalten."
- „Ich *darf* (!) nicht KVin werden, ich *darf* (!) nicht angestellt werden, z. B. Büro, Kindergarten, Putzfrau. Ich *darf* nur ehrenamtlich!"
- „Kirche läßt uns gerne mitarbeiten, hat aber bei der Beihilfe kein Geld für eine Kur der ehrenamtlich mitarbeitenden Pastorenfrau!!"
- „Der jetzige Status der Pfarrfrau bedarf weiterer Klärung."

Ein anderer Problempunkt wird teilweise für sich allein, teilweise auch zusammen mit dem Hinweis auf als bedrängend erfahrene Rollenerwartungen benannt: Nicht wenige dieser befragten Ehefrauen[135] haben Schwierigkeiten, eine eigene Identität zu entwickeln bzw. erleben diese als bedroht, teils, weil sie den Eindruck haben, von anderen Menschen mit dem Amt des Ehemannes identifiziert zu werden, teils, weil auch sie selbst die mit diesem Amt verbundenen Aufgaben internalisiert haben und deshalb eigene Wünsche nach Distanz und Selbstentfaltung zumindest ambivalent erleben. Stichworte hierzu sind z.B.:

- „Als Pastorenfrau möchte ich nicht Anhängsel meines Mannes sein."

---

[133] An diese Feststellung schließt die Befragte gleich noch einige Anregungen an, die sie - wenn sie könnte - vermutlich gerne umsetzen würde: *„Bei den Gottesdiensten: mehr an Kinder denken, mehr Gestaltung für die Sinne: Liturgie, Kreativität, Ideen, Musik, warme Sitzkissen, bequemere Sitze, die Küsterin, Helfer-Arbeiter einbeziehen, Beleuchtung besser ..."*

[134] Ein Sonderproblem ergab sich zum Befragungszeitpunkt in diesem Zusammenhang im Blick auf die Pastorinnen, die als Ehefrauen von Pastoren zugleich Pfarrfrauen waren. Wenngleich die mehrfach problematisierte sog. 100 %-Regelung, die beiden Partnern verpflichtend nur eine Pfarrstelle zuweisen ließ, mittlerweile aufgehoben ist, so sind doch damit noch längst nicht alle Probleme gelöst, z.B.: *„Gleiche Beförderungschancen auch bei halbtags berufstätigen Frauen."*

[135] Dieser Kategorie wurde etwa jede siebte Nennung zugeordnet (42 Angaben).

- „Von der Allgemeinheit wird oft erwartet, daß man sich mit dem Beruf des Mannes identifiziert, eine Selbstverwirklichung ist schwer."
- „Pfarrfrau: starker Rückschritt für mich als eigenständige Person in eigener Verantwortung, auch als Frau und Mutter."
- „Zu starke Identifikation mit Stellung und Funktion meines Mannes."
- „Kostet viel Kraft, einen eigenen Standort zu finden."
- „Schuldgefühle und schlechtes Gewissen einer ‚modernen' Pfarrfrau, die eigene Interessen oder gar einen Beruf hat."

Fast ebenso häufig[136] wie auf Probleme der Identitätsgewinnung bzw. des Identitätsverlusts verweisen Ehefrauen von Pastoren und anderen kirchlichen Mitarbeitern auch auf Schwierigkeiten im privaten, familiären Miteinander, die sie als Folge männlicher Amtsverpflichtungen und mit diesem Amt verbundener Erwartungen beschreiben:
- „ ‚Die Kirche' darf die Zeit für Partner und Kinder nicht völlig wegfressen."
- „Wir sind beide mit der Institution Kirche verheiratet und brauchen mehr Zeit für uns, ohne gleich ein schlechtes Gewissen zu haben."
- „Es sollte für Pastoren einen freien Tag in der Woche geben, damit die Familie nicht zu kurz kommt. ... Schwierig ist auch das Urlaubsproblem. Da das Pfarrhaus praktisch keinen ‚Urlaubswert' besitzt und ein auswärtiger Aufenthalt bei nur einem Verdiener zu teuer ist, kann der Urlaub selten in zustehender Länge genommen werden."
- „Kirche sollte darauf achten, daß Pfarrmann sich nicht überfordert, z.B. freie Tage oder Stunden einhalten kann und *muß*. Gesetze gibt es, doch keine Regelung, wie sie einzuhalten sind, keine Hilfen dazu. Souverän entscheidet ‚er' selber über seine Zeiteinteilung. Viele lassen sich von der Gemeinde (jederzeit) fordern, überfordern. Kinder merken das früh. Pfarrfrau versucht (krampfhaft), Familienleben zu inszenieren, wendet sich bald anderen Gruppen zu. Verbitterung gegenüber der kirchlichen Dienststruktur. Leben macht keinen Spaß mehr. In der Gemeinde sich nichts davon anmerken lassen, bei Verwandten auch nicht. Unmöglichkeit, sich darüber auszusprechen. Nirgends Verständnis dafür. Selbstbezichtigung: Undankbarkeit gegen Gott. Es geht mir doch gut!"

Manche Frauen kleiden diese Problemerfahrung in Frageform, z.B.:
- „Wo bleibt die Familie eines Pastors?"
- „Das ‚System Volkskirche' prägt, belastet und ‚frißt' die ganze Pastorenfamilie. Wo haben wir als Familie ein Mitspracherecht? Haben wir überhaupt irgendwelche Rechte? Privatleben?"

Einige Ehefrauen machen darauf aufmerksam, daß sie als Partnerin ihres Mannes auch dessen Sorgen, Ängste und Probleme im Zusammenhang mit seiner kirchlichen Arbeit mittragen und damit einer zusätzlichen Belastung ausgesetzt sind, z.B.:
- „Ich habe in Konfliktsituationen häufig das Gefühl, hilflos zwischen den Fronten zu stehen (Pastor - Kirchenvorstand - Gemeinde)."
- „Glaubwürdigkeitskrise der verfaßten Kirche ... mein Mann leidet darunter und stellt vieles in Frage, was auch mir dann Zweifel bringt."

Vor allem von ehrenamtlich in der Kirche tätigen Ehefrauen von Pastoren werden unter dem Stichwort *„Stellung nach einer Trennung"* Probleme benannt, die auf eine ungesicherte Zukunft für den Fall des Scheiterns der Ehe hinweisen:[137]
- „Die finanzielle Versorgung von geschiedenen Pfarrfrauen, wenn der Ehemann aus dem Dienst geht."
- „Rentenanspruch für Mitarbeit in der Gemeinde, besonders im Hinblick auf Scheidung oder frühen Tod."
- „Eigenständige Altersversorgung der Pfarrfrau. "
- „Gleichgültigkeit gegenüber der Frau, wenn Pfarrerehen schiefgehen. Frau als angenehme Zugabe, für die rechtlich gesorgt werden müßte. "

---
[136] Auf diese Kategorie entfallen 39 Nennungen.
[137] Insgesamt 16 Antworten berühren (u.a.) dieses Problem.

- „Versorgung der Pastorenfamilie, wenn ein Pastor aus bestimmten Gründen in den Ruhestand versetzt wird. - Betreuung von Frauen, deren Männer pensioniert werden oder gestorben sind (plötzliche ‚Nutzlosigkeit' der Frauen neben anderen Problemen)."

Auch das Bedürfnis nach mehr Kommunikation und Solidarität unter in ähnlicher Weise betroffenen Frauen begegnet uns in der Beantwortung dieser Frage:
- „‚Alleingelassensein' im Alltag und mitmenschlichem Bereich."
- „Man sitzt auf dem Land zu sehr im Glashaus! Vereinsamung ist die Folge."
- „Austausch mit anderen Betroffenen."
- „Ich hätte gern mehr Möglichkeiten zum Austausch über Gemeindegrenzen hinaus."
- „Pfarrfrauendienst - als Solidargemeinschaft der Pfarrfrauen gelebt!"
- „Probleme der Ehefrauen mehr reflektieren, sie besonders in den ersten Amtsjahren nicht so allein lassen. Tagungen und Seminare reichen nicht aus. *In den Kirchenkreisen müßte mehr und sensibler aufeinander eingegangen werden.*"
- „So wie es eine Pfarrkonferenz gibt, sollte es auch Treffen von Ehefrauen der o. g. Gruppen geben, wo sicher verschiedene Fragen auftreten könnten."[138]
- „Rolle der Pfarrfrau - z.Zt. sehr im Umbruch, wenig Schwesterlichkeit untereinander."
- „Es gibt junge Kollegenfrauen mit akademischer Ausbildung, die sich für eine ehrenamtliche Tätigkeit zu schade finden und andere belächeln, die dies tun."

Andere Befragte formulieren im Zusammenhang dieser Frage eher Themen, die Frauen in der Kirche allgemein betreffen bzw. Themen, die sonstige Aspekte kirchlicher Arbeit berühren (vor allem ehrenamtliche Mitarbeiterinnen, 26 von insgesamt 28 Angaben der erstgenannten Art, alle 16 Nennungen des zweiten Typs).

Und schließlich gibt es auch einige Antworten, die die in dieser Nachfrage nach besonderen Themen angedeutete grundsätzliche Problemvermutung - oder allgemeiner: kritische Anfragen zum Thema "Frauen und Kirche" - zurückweisen (insgesamt 19 Nennungen), z.B.:
- „Wichtig ist Zusammenarbeit. Frauen können sich freuen, die Zeit haben, ihre Kraft freiwillig der Gemeinde zu widmen."
- „Den Frauen sollte die Kirche wichtiger sein als ihr Frau-Sein. Kluge leise Frauen hat es schon immer gegeben in der Geschichte der Kirche, daß es *mehr* werden, ist des Betens drum wert! "
- „Es ist nicht zu fassen, daß dieses Thema einen solch hohen Stellenwert bekommen konnte."
- „Daß die Probleme in der Kirche nicht auf das Verhältnis Mann - Frau reduziert werden."

Von zwei Differenzierungen in der Auswertung dieser Angaben soll noch kurz berichtet werden. Die erste betrifft Unterscheidung zwischen *Pastorenfrauen* und *Ehefrauen von Diakonen bzw. anderen kirchlichen Mitarbeitern*: Es fällt auf, daß Pastorenfrauen etwas mehr Themen als „besonders bearbeitungsbedürftig" benennen als andere Mitarbeiterfrauen: Bei ersteren liegt die Zahl genannter Themen im Durchschnitt bei 1,5, bei letzteren bei 1,3. Vergleiche zwischen diesen beiden Teilgruppen, was die im einzelnen erwähnten Themen anbelangt, sind allerdings nur sehr beschränkt möglich, da sich Ehefrauen anderer Mitarbeiter nur in vergleichsweise geringer Zahl an der Befragung beteiligt haben. Dennoch sollen zwei Unterschiede genannt werden, da sie auf dem Hintergrund unterschiedlicher struktureller Gegebenheiten gut begründet erscheinen:
- Pastorenfrauen nennen am häufigsten Probleme mit Erwartungen, die an sie selbst als Pfarrfrauen gerichtet werden; der nächsthäufig erwähnte Themenbereich betrifft Schwierigkeiten im Zusammenhang der eigenen Identitätsgewinnung und -sicherung; Auswirkungen des Amtes des Ehemanns auf den privaten Bereich der Familie folgen an dritter Stelle. Bei Ehefrauen anderer kirchlicher Mitarbeiter entfallen die meisten Themenangaben auf diesen letztgenannten Bereich.
- Alle Angaben über Schwierigkeiten im Blick auf die Zukunftssicherung insbesondere im Scheidungsfall wurden von Pastorenfrauen gemacht.

Eine andere Differenzierung betrifft die Unterscheidung von Ehefrauen von Pastoren bzw. anderen kirchlichen Mitarbeitern, die selbst auch einen *Beruf in der Kirche* ausüben, und von jenen, die ihren

---

[138] Antwort der Ehefrau eines Diakons.

Beitrag (ausschließlich) als ehrenamtliche kirchliche Mitarbeiterin leisten. Hier zeichnet sich ab: Selbst beruflich in der Kirche tätige Ehefrauen signalisieren in etwas größerer Zahl bearbeitungsbedürftige Themen (nämlich durchschnittlich 1,5) als die Ehrenamtlichen (Schnitt: 1,3).

Ehefrauen, die selbst beruflich in der Kirche tätig sind, setzen sich etwas stärker mit Möglichkeiten und Problemen der Gewinnung einer eigenständigen Identität auseinander; sie verweisen relativ häufiger als andere auf mangelnde Anerkennung ihres Engagements als Pfarr- oder Mitarbeiterfrau, auf fehlende Rechte oder mit dieser Position verbundene strukturelle Mängel. Ehefrauen, die ausschließlich als ehrenamtliche Mitarbeiterinnen in der Kirche tätig sind, thematisieren dagegen etwas häufiger den als Pfarr- oder Mitarbeiterfrau empfundenen Erwartungsdruck. Sie sprechen in besonders großer Zahl von Einwirkungen, die vom Beruf des Ehegatten auf das Familienleben ausgehen; und sie problematisieren häufiger als selbst beruflich in der Kirche tätige Frauen Fragen der eigenen Zukunftssicherung vor allem im Scheidungsfall.

8 „Frau und Kirche"

Mit dem Thema „Frau und Kirche" ist das Grundanliegen dieser Frauenbefragung benannt. Erfahrungen von Frauen mit Kirche und Gemeinde wurden bereits in den vorausgehenden Kapiteln in vielfältiger Weise beschrieben. Ein letzter Schritt dieser Auswertung soll dennoch besonders unter dieser Überschrift stehen. Hier geht es um Aussagen der Befragten, die teils direkte Reaktionen auf dieses Stichwort darstellen, teils in eindeutiger Weise Unterstützung oder Widerspruch im Blick auf eine Reihe frauenpolitischer Forderungen zum Ausdruck bringen. Das breite Spektrum des individuell sehr unterschiedlich ausgeprägten „Frauenbewußtseins" der an dieser Erhebung Beteiligten wird in diesen Ergebnissen noch einmal sehr deutlich sichtbar.

8.1 Assoziationen zum Thema „Frau und Kirche"

„Bitte ergänzen Sie: Die Beschäftigung mit dem Thema „Frau und Kirche" weckt bei mir....."

Die Bitte, in freier Weise Assoziationen zu äußern, stellt den Versuch dar, das Umfeld dieser Thematik nicht nur in kognitiver, sondern auch in emotionaler Hinsicht zu erfassen.
Zwei Drittel aller Befragten haben diese Vorgabe genutzt, um eigene Betroffenheit - Freude und Hoffnung, aber auch Mißtrauen, Ärger, Zorn - zu formulieren (vgl. Tabelle 71). Die Frauen, die sich hier zu Wort gemeldet haben, beschreiben ihre Anliegen und Einschätzungen mit zum Teil sehr großem emotionalem Engagement. Thematisiert wird überwiegend die Stellung der Frau in der Kirche, und dieses Thema ruft bei einem großen Teil starke Gefühle der Betroffenheit wie auch der Ablehnung bzw. des Unbehagens hervor.

Tabelle 71: Assoziationen der befragten Frauen zum Thema *„Frau und Kirche"*, nach Stellung in der Kirche (i.v.H. der jeweiligen Befragtengruppe)

	Frauen ausschließlich im Ehrenamt (n=2099)	Frauen in kirchlichen Berufen (n=809)	Frauen in kirchlicher Ausbildung (n=142)	Frauen ohne besonderes Amt in der Kirche (n=907)	alle Befragten (n=3957)
keine Antwort	30	28	12	44	32
antwortende Frauen	70	72	88	56	68
Insgesamt	100	100	100	100	100

Frauen, die sich zum Erhebungszeitpunkt noch in einer Ausbildung für einen Beruf in der Kirche befinden, sind besonders häufig bereit, diese Vorgabe aufzugreifen. Aber auch Frauen, die in der Kirche ausschließlich ehrenamtlich tätig sind und Frauen, die einen Beruf in der Kirche ausüben, haben sich offenbar in ganz erheblichem Umfang zu Äußerungen herausgefordert gefühlt. Etwas seltener geantwortet haben Frauen, die kein besonderes Amt in der Kirche innehaben.

Tabelle 72: Assoziationen der befragten Frauen zum Thema „Frau und Kirche" (i.v.H.)

	alle befragten Frauen (n = 3957)	antwortende Frauen (n = 2681)
Antworten, die das Thema „Frau und Kirche" *positiv* aufnehmen / unterstützen	36	53
darunter:		
Hoffnung auf Veränderung	*14*	*21*
Interesse am Thema	*7*	*10*
Aggression, Wut, tiefe Enttäuschung	*5*	*7*
Milder Ärger	*4*	*6*
Keine Hoffnung, große Skepsis	*4*	*5*
„Gemischte" Gefühle: Resignation und Aufbruchshoffnung	*2*	*4*
Antworten, die *zwiespältige* Gefühle im Blick auf das Thema „Frau und Kirche" zum Ausdruck bringen	5	8
Antworten, die das Thema „Frau und Kirche" *negativ* aufnehmen / nicht unterstützen	26	37
darunter:		
Unbehagen in Verbindung mit dem Thema, Ablehnung	*10*	*15*
Starke Ablehnung, Aggression	*7*	*10*
kein Interesse, mit dem Thema noch nicht beschäftigt	*6*	*8*
Keine Probleme als Frau in der Kirche	*3*	*4*
Aussagen ohne erkennbare Tendenz	1	2
insgesamt	68	100

Tabelle 72 gibt eine inhaltliche Übersicht über das Spektrum der Antworten. Etwas mehr als die Hälfte der Frauen, die geantwortet haben, unterstützen die mit der Befragungsaktion verknüpfte und offenbar auch von den Frauen ganz überwiegend so verstandene Intention, das Thema „Frau und Kirche" im Interesse einer Verbesserung der Situation und Stellung von Frauen aufzunehmen und Problemerfahrungen kritisch zu sichten. Gut ein Drittel weist das Thema zurück. Etwa jede 12. Frau erlebt diese Thematik offenbar als ambivalent, beschreibt zwiespältige Empfindungen, äußert explizit Desinteresse oder erklärt, sich mit diesem Thema noch nicht befaßt zu haben.

Vergleiche zwischen den Teilgruppen von Frauen mit unterschiedlicher Stellung zur Kirche zeigen deutlich, daß Frauen, die sich zum Erhebungszeitpunkt in einer Ausbildung auf einen Beruf in der Kirche befinden, sowie Frauen, die dort bereits beruflich tätig sind, bedeutend häufiger als die übrigen Befragten Antworten formulieren, in denen sie das Thema „Frau und Kirche" positiv aufnehmen und Bemühungen um eine Veränderung benachteiligender Strukturen unterstützen (vgl. Tabelle 73). Umgekehrt finden sich unter den ausschließlich ehrenamtlich in der Kirche tätigen Frauen sowie unter denjenigen ohne besonderes Amt überdurchschnittlich häufig Befragte, die mit Ablehnung auf dieses Anliegen reagieren (vgl. die nachfolgende Tabelle 75).

Vergleicht man Frauen unterschiedlichen *Lebensalters*, so ergibt sich in jeder der drei Teilgruppen der bereits an vielen anderen Stellen dieser Auswertung erkannte Zusammenhang: Jüngere Frauen - und in nur leicht abgeschwächter Form auch Frauen mittleren Alters - nehmen das Thema „Frau und Kirche" besonders positiv auf und unterstützen damit stärker noch als ältere Frauen die Intention dieser Befragungsaktion.

Das Ausmaß an persönlicher Betroffenheit und entsprechend emotional deutlicher Reaktion ist, soweit die Antworten dies erkennen lassen, sehr unterschiedlich.
Gut ein Fünftel der Frauen bringt bei aller Skepsis gegenüber der Veränderbarkeit kirchlicher Strukturen und der Durchsetzbarkeit von Frauenrechten und -anliegen ihre *„Hoffnung auf eine (für Frauen) bessere Zukunft"* in der Kirche - und zum Teil auch in der Gesellschaft - zum Ausdruck.
Dabei fällt auf, daß Frauen, die einen Beruf in der Kirche ausüben, besonders häufig in dieser Weise antworten (vgl. Tabelle 73).
Im *Altersgruppenvergleich* sind es die jüngeren Frauen, die sich etwas häufiger als andere in dieser Weise zu Wort melden.

Tabelle 73: Assoziationen zum Stichwort „Frau und Kirche", die das Thema *positiv* aufnehmen, nach Stellung der Frauen in der Kirche (i.v.H. der Antwortenden der jeweiligen Befragtengruppe)

	Frauen ausschließlich im Ehrenamt (n=1464)	Frauen in kirchlichen Berufen (n=582)	Frauen in kirchlicher Ausbildung (n=125)	Frauen ohne besonderes Amt in der Kirche (n=510)	antwortende Frauen insgesamt (n=2681)
Hoffnung auf Veränderung	19	26	22	21	21
Interesse am Thema	12	10	7	9	10
Aggression, Wut, tiefe Enttäuschung	7	10	16	5	7
Milder Ärger	5	7	4	7	6
Keine Hoffnung, große Skepsis	4	7	9	6	5
Resignation *und* Aufbruchshoffnung	2	8	14	2	4
Antworten, die das Thema „Frau und Kirche" *positiv* aufnehmen / unterstützen, insgesamt	49	68	72	50	53

Einige Antworten, die solche Hoffnung ausdrücken, machen das Denken und Empfinden dieser Frauen deutlich:

- „Hoffnung, weil es erst der Anfang ist, was da inzwischen an neuen Gedanken und Möglichkeiten erschlossen wurde."
- „Die Assoziation, daß in Frauen noch viel kreative Kraft ruht, die dem, was Kirche sein kann, nutzen wird. Kirche hat u.a. im Punkte Gleichberechtigung ein gutes Beispiel zu geben, hat schon ein Stück Reich Gottes zu sein."
- „Die Hoffnung darauf, daß Frauen in der Kirche endlich die Rechte erhalten, die ihnen zustehen; daß die Frauen diese Rechte auch wahrnehmen und sich nicht bequem darauf ausruhen."
- „Hoffnung, denn allein die Beschäftigung mit diesem Thema ist ein Schritt, der uns dem Ziel ‚Gleichstellung der Frau' in Kirche und Gesellschaft näherbringt."
- „Hoffnung, daß wir Frauen es sind, die die Kirche wesentlich mittragen durch unsere Arbeit in den Gemeinden. Hoffnung, daß das den Männern einmal deutlich wird und wir als gleichberechtigte Partner von der Institution Kirche behandelt und angesehen werden."
- „Engagement und den Gedanken, daß ich dabei nicht nur etwas für mich und die Frauen tue, sondern auch für die Entwicklung der Kirche."
- „Die Gewißheit, daß man das Problem nicht losgelöst von gesellschaftlichen Strukturen sehen kann - die Hoffnung, daß Kirche mit mehr Frauen in leitenden Positionen Gesellschaft verändern kann."

Einige der so Antwortenden merken (selbst-)kritisch an, mit welchen Schwierigkeiten diese erhofften Veränderungen voraussichtlich zu tun haben werden, z.B.:

- „Hoffnung auf Veränderung; - Freude und Ermutigung, weil wir viele sind; - Angst vor den Strukturen, die uns korrumpieren - Können wir anders mit Macht umgehen, wenn wir dereinst Leitungspositionen innehaben?"

Ein Zehntel der Frauen, die diese Vorgabe aufgegriffen haben, meldet *Interesse* an der Themenstellung *„Frau und Kirche"* an. Diese Frauen wünschen sich häufig nähere Informationen, Fortbildungsveranstaltungen oder eine regelmäßig erscheinende *„Zeitschrift mit dem oben genanntem Titel"*, andere äußern konkrete Änderungswünsche anderer Art; dabei fällt deren Gewichtung durchaus unterschiedlich aus, wie beispielsweise die beiden folgenden Zitate, die das Thema *„frauengerechte Sprache"* aufnehmen, erkennen lassen:

- „Sehr großes Interesse, möchte mehr darüber erfahren! *Sprache*!!! Frauengerechte Sprache in *Gebeten*!"
- „Interesse. Allerdings dürfen wir Frauen uns nicht in Formalien, z. B. Sprache, Schwester, man - frau etc. verrennen. Fähige Frauen müßten von der Gesellschaft besser entlastet werden, z.B. mehr Kindergarten-Plätze mit Mittagstisch, Schulen, die bis mindestens 16.00 Uhr für Kinder da sind; Hausmänner dürften nicht mehr belächelt werden, konkret: ein Rollentausch müßte gesellschaftlich akzeptiert werden!"
- „Den Gedanken, in den Gemeinden Seminare über Frauen, die Frauen in der Kirche betreffen, abzuhalten."
- „Das Interesse daran, genauer zu beobachten, wie Frauen innerhalb der Kirche behandelt werden."
- „Interesse, die Bibel auf darin enthaltene Frauengeschichten zu durchforschen und Seminare über dieses Thema zu besuchen."

Etwa 7 % der Antwortenden lassen intensive Gefühle von *„Wut und Sprachlosigkeit"*, *„Zorn"* und *„Aggression"* oder aber *„tiefer Enttäuschung"* gegenüber einer an männlichen Werten und Normen orientierten Gestalt von Kirche und Gemeinde erkennen. Diese Frauen fühlen sich *„diskriminiert"*, *„ausgenutzt"*, *„nicht ernst genommen"*. Solche stark emotional gefärbten Reaktionen sind beispielsweise in folgenden Äußerungen erkennbar:

- „Der Blutdruck steigt - egal wie, auch wenn sich die Synode der Randgruppe Frauen stellt (als wären sie ein paar Aussätzige), ich glaube nicht daran, daß die Strukturen geändert werden."
- *„Zorn"* über die jahrhundertelange Diskriminierung von Frauen, die perverserweise noch von Gott / Jesus her legitimiert wurde."
- „Ärger und Aggressionen gegen die Amtskirche, ihre Hierarchie und Unbeweglichkeit; die lange Geschichte der Frauenunterdrückung scheint mir sehr mächtig gegenüber den verändernden Versuchen von Frauen."

- „Trauer, Verlassen-Sein, Ausgrenzung, Gefühl des Unterdrücktseins, Schuldbewußtsein, als ‚Sündenziege' herhalten sollen (sündige Eva, sogenannter Sündenfall), Wut, Widerspruch *gegen* männliche Hierarchie, Alleinherrschaftsanspruch („..er aber soll dein Herr sein'), Lauheit (Jein-Politik), ‚Verkopftsein' und rituelle Erstarrung, statt Handeln nur Reden - über mir essentiell Wichtiges, z.B.: Frieden, Gerechtigkeit, Schöpfungsbewahrung."
- „Aggression gegen die Verantwortlichen unserer Kirche, weil sie Frauen immer noch benachteiligen, das ‚Andersdenken' von Frauen in Glaubenssachen nicht akzeptieren wollen, sondern belächeln, verurteilen und fürchten."
- „Zorn darüber, daß wir Frauen artig die Arbeit erledigen, während die Männer über unsere Köpfe hinweg den Etat bestimmen, repräsentieren und kommandieren."
- „Verärgerung darüber, daß die Frau in der Kirche häufig unterbewertet wird, obwohl es Frauen sind, die einen hohen Prozentsatz der ehrenamtlichen Arbeit in der Kirche tun."
- „Zorn - Ich sehe kilometerlange Schlangen von kleinen, grauen, unscheinbaren, dienenden, demütigen, sich selbstverleugnenden, unsichtbaren, abhängigen Mäusen! - Ich bin´s heute nicht mehr!!!"
- „Traurigkeit, wenn ich mir überlege, daß überhaupt so ein Fragebogen wichtig ist. Vor Gott sind alle Menschen gleich, müßte es doch folglich in der Kirche selbstverständlich sein."
- „Löst Betroffenheit aus, denn es müßte selbstverständlich sein, daß Frauen überall gleichberechtigt sind, aber in der Kirche muß dafür noch viel getan werden, deshalb ist es sehr gut, daß hierüber nachgedacht wird."

In einigen Antworten finden sich kritische Hinweise darauf, daß die eigenen Geschlechtsgenossinnen in leitenden Positionen anderen Frauen häufig ebenfalls weniger zutrauen als den Männern, daß Frauen *„sich ausnutzen lassen"* oder aber *„sich selbst nichts zutrauen"*:

- „Ärger auf Frauen in der Kirche, die sich selbst und anderen Frauen weniger Positives zutrauen als Männern oder kirchlichen Amtsträgern (auch Frauen)."
- „Auch Ärger auf uns Frauen: wir lassen uns oft ausnutzen (siehe ‚dienende Arbeit'), stellen uns selten für Gremienarbeit zur Verfügung, trauen uns leitende Funktionen oft nicht zu, lassen uns auf bestimmte Tätigkeiten festlegen."
- „Pastorinnen suchen sich vielfach andere Frauen für dienende Funktionen, sie selbst wollen nicht dienen. Sollten Männer doch dienende Funktionen ausüben, steht es sogar in der Zeitung, bei Frauen nicht. Was soll das?"

Frauen, die zum Zeitpunkt der Erhebung noch eine Berufsausbildung in der Kirche durchlaufen, haben besonders oft ihrer Verärgerung und ihrem Zorn über die Benachteiligung von Frauen in der Kirche Ausdruck verliehen (vgl. Tabelle 73). Aber auch die in der Kirche berufstätigen Frauen haben sich relativ häufig mit ihrem Ärger zu Wort gemeldet. Dagegen antworten ausschließlich ehrenamtlich in der Kirche Tätige und Frauen ohne besonderes Amt deutlich seltener zornig über die Benachteiligungen von Frauen in der Kirche.

Im *Altersgruppenvergleich* sind es besonders häufig die jüngeren und mittleren Jahrgänge, die starke Gefühle von Zorn, Ärger und Enttäuschung über eine Frauen diskriminierende Praxis in der Kirche zum Ausdruck bringen.

Andere Antworten, die ebenfalls auf die Benachteiligung von Frauen in der Kirche, auf bestehende Rollenfixierungen und daraus resultierende Unzufriedenheit hinweisen, wurden unter der Kategorie *„milder Ärger"* zusammengefaßt. Im Unterschied zu den soeben beschriebenen Äußerungen beschreiben sie die derzeitige Benachteiligung von Frauen in der Kirche eher zurückhaltend, dem Anschein nach mit geringerer emotionaler Beteiligung.[139] Nichtsdestoweniger lassen auch diese

---

[139] Unterschiede zwischen den Teilgruppen - nach Stellung der Befragten in der Kirche - sowie zwischen verschiedenen Altersgruppen sind, was die Häufigkeit solch *„milden Ärgers"* anbelangt, relativ schwach ausgeprägt.

Aussagen Rückschlüsse darauf zu, was Frauen von Kirche und Gemeinde im Blick auf frauenspezifische Anliegen erwarten:
- „Die Erinnerung daran, daß die Frau in der Kirche in vielen Gemeinden immer noch nichts zu sagen hat."
- „Den Gedanken, daß die Basiskirche bis zu 90 % aus Frauen besteht und sich von einer Minderheit majorisieren läßt."
- „Gedanken, daß die Kirche bei der Gleichstellung der Frau beispielhaft für andere gesellschaftliche Bereiche sein müßte."

Etwa 5 % der antwortenden Frauen äußern spürbare Resignation und Skepsis, sprechen von *„Defizitgefühlen"* :
- „Oft Resignation, denn eine wirklich christliche - weil partnerschaftliche - Kirche ist noch so fern."
- „Oft die Frage, ob wir Frauen von der Kirche, wenn sie sich nicht von uns verändern läßt, noch etwas erwarten dürfen / können."
- „Traurigkeit. Nach allem, was ich erlebt habe, ist meine Hoffnung nur noch so groß wie ein Senfkorn."
- „Thema Frauen wird auf dem ‚Lande' schnell in eine Kiste gepackt, fest verschlossen, hoch frankiert und in die Großstadt geschickt, leider!"
- „Resignation, denn die meisten Kirchenmänner haben nicht die leiseste Ahnung davon, was in Frauen vorgeht, es interessiert sie auch nicht, wenn es um eigene Interessensverteidigung geht".
- „Frust und Resignation, leider wenig Aggression. Vielleicht liegt das z. T. an meiner momentanen Situation: relativ kurz vor dem 2. Examen, wenig konkrete Perspektiven wegen persönlicher Umstände (nur persönlich?)."

Diese Befragten sehen kaum oder wenig Ansätze einer für Frauen positiven Veränderung. Bei haupt- und nebenamtlich Tätigen wie Frauen in Ausbildung auf einen Beruf in der Kirche stellen sich resignative Gefühle offensichtlich häufiger ein als bei Ehrenamtlichen (vgl. Tabelle 73).

Die Differenzierung nach dem *Lebensalter* zeigt: Befragte unter 20 Jahren haben sich in keiner Teilgruppe in so ausschließlich resignativer Weise geäußert. Enttäuschung bzw. Resignation signalisieren insbesondere bei den in der Kirche Berufstätigen vor allem Frauen zwischen 31 und 60 Jahren.

Bei anderen Befragten mischen sich *„Resignation mit Aufbruchsstimmung"*, *„Zorn mit Hilflosigkeit"* und *„Hoffnung"* oder *„Kampfgeist mit Frustration"*. Solche Antworten lassen erkennen, daß Frauen trotz bzw. gerade wegen ihrer vielfach schlechten Erfahrungen darauf hoffen, daß sie zukünftig angemessen am kirchlichen Leben partizipieren können:
- „Ärger, Wut, Ohnmacht, Verzweiflung, Hoffnung, Traurigkeit."
- „Viele Gefühle und Ideen, die von Wut und Angst bis zu konkreten Träumen reichen."
- „Engagement, Freude und Aggressionen, manchmal auch Resignation."
- „Viel Frust und Gedanken an Niederlagen, aber auch Wut, Zorn und Lust zum Kämpfen, Wut auch auf die trägen und manchmal feindlichen ‚Schwestern'!!!"
- „Erstmal Zorn über die bestehenden Verhältnisse, dann Hoffnung durch diesen Fragebogen z.B."
- „Mischung aus Resignation (letztlich ist's bei uns Protestant/innen kaum besser als bei den Römisch-Katholischen und wird sich auch nicht schneller als dort ändern) und Aufbruchstimmung. (In letzter Zeit waren es fast nur Frauen, die mir ein Gefühl von Lebendigkeit geben.) Kämpfen gegen das Patriarchat oder sterben!"
- „Aggression gegen die ‚verbohrte' Institution Kirche, die Frauen in ihrem Wesen nicht gleichwertig ernst nimmt, - Freude, da ich mich in Literatur feministischer Theologinnen wiedererkenne und gestärkt werde, - Mut, weiterzukämpfen, - Resignation, daß Machthaber doch ‚am längeren Hebel sitzen'."
- „Wut, weil ich erlebe, daß Frauen-Probleme zwar gesehen werden, aber nur so, daß das bestehende Machtgefüge nicht ins Wanken kommt. - Hoffnung, wenn ich an die vielen Frauen denke, die sich auf den Weg gemacht haben, etwas zu verändern."
- „Starke Gefühle! viel Wut, aber auch die Erfahrung eigener Kraft / neuer Zugang zu Begriffen wie ‚Reich Gottes', wenn ich (Einsicht in) eigene Ungerechtigkeitserfahrungen in sexistischer Gesellschaft und sexistischer Kirche (bei mir) zulasse und zum Ausdruck bringe."

- „Ärger, aber auch Dankbarkeit für das, was sich schon geändert hat (Frauen in Kirchenvorständen z.B.)."

Haltungen dieser Art finden sich vor allem bei den meist jüngeren Frauen, die sich noch in einer kirchlichen Ausbildung befinden, in etwas geringerem Ausmaß auch bei den in der Kirche berufstätigen Frauen (vgl. wieder Tabelle 74).
Wesentliche Unterschiede zwischen verschiedenen *Altersgruppen* zeigen sich in diesem Punkt lediglich bei den in der Kirche berufstätigen Frauen; Befragte zwischen 21 bis 40 Jahren formulieren hier häufiger solche Antworten als Frauen der älteren Jahrgänge.

Allein, ohne solidarische Unterstützung sehen sich Frauen, insbesondere wenn sie zwischen Hoffnung und Resignation / Enttäuschung schwanken, doch eher auf der Verliererseite bzw. fühlen sich unsicher. Dies wird beispielsweise in folgenden Antworten erkennbar:
- „Hoffnung, weil sich viele im Vergleich zu früher damit beschäftigen, manchmal Frust und oft Aggressionen, aber allein hab ich Angst ! was zu tun, zu sagen."
- „Hoffnung auf mehr Menschlichkeit und Beklommenheit, weil ich vielleicht nicht ernstgenommen werde und ich nicht gut genug argumentieren könnte! Angst vor Ablehnung!"
- „Ärger. Ich merke, daß meine Worte nicht soviel Gewicht haben wie die eines männlichen Kollegen. Ich merke aber auch, wie ich unsicherer und leiser auftrete."

Manche Frauen, die in der Kirche einen Beruf ausüben, befürchten auch *„Nachteile am Arbeitsplatz"*, wenn sie sich aktiv für bessere Arbeits- und Lebensbedingungen von Frauen einsetzen.

Daß Solidarität unter Frauen ein stabilisierender Faktor ist, der sie in ihrem Engagement trägt und bestärkt, wird in den folgenden Antwort exemplarisch deutlich:
- „Wut, weil die Kirche zur Unterdrückung der Frau beigetragen hat und auch heute noch der gesellschaftlichen Entwicklung hinterherhinkt. Andererseits will ich auch zeigen, daß Frauen in der Kirche einen wichtigen Platz haben und Strukturen verändern können, wenn sie solidarisch sind und sich gegenseitig stärken."

Unter der Überschrift *„zwiespältige Gefühle"* wurden Äußerungen verrechnet, die das Thema „Frau und Kirche" einerseits für wichtig und notwendig halten, andererseits aber Vorbehalte gegenüber Zielen und Inhalten der in diesem Zusammenhang vorgetragenen Forderungen anmelden. Etwa ein Zwölftel der antwortenden Frauen beschreibt die eigene Position in solcher Weise (vgl. Tabelle 74).
Ein großer Teil der so votierenden Frauen befürchtet, daß das *„Reizthema ‚Frau und Kirche' "* zu *„Konfrontationen"* bzw. *„Provokationen"* führen und den Belangen von Frauen in der Kirche mehr schaden als nützen könnte. Auch von der Gefahr einer *„zunehmenden Polarisierung zwischen Frauen und Männern"* sowie einer *„Polarisierung unter Frauen"* ist in diesem Zusammenhang die Rede. Andere Befragte können nur schwer ertragen, daß in der Kirche eine streitige Auseinandersetzung um die von ihnen durchaus für wichtig erachtete Gleichstellung von Frauen notwendig sein sollte; manche von ihnen haben Sorge, Kirche könnte darüber andere wichtige Fragen vergessen:
- „Zwiespältige Gefühle a) die Auseinandersetzung mit dem Thema muß sein, weil an manchen Stellen wenig Gleichberechtigung herrscht. b) Erzeugt eine solche Diskussion nicht u.U. neue Ängste in der ‚kirchlichen Männerwelt' mit negativen Reaktionen? c) Ist das Ergebnis: Thema ‚Mann und Kirche'? in der Synode oder später ‚Kinder und Kirche'?"
- „Leichtes Unbehagen. Ich *wünsche* mir, daß ein ‚Frauenbüro' überflüssig ist. Aber ich *will* Gleichberechtigung (das ist in *meiner* Gemeinde selbstverständlich)."
- „Angst vor übertriebenem Feminismus, auch wenn ich es unbedingt nötig finde, daß die Arbeit und Stellung der Frauen in der Gemeinde sich ändern muß."

- „Sehr unterschiedliche Eindrücke, weil mir das Thema sehr wichtig ist, ich aber auch schon oft negative Erfahrung mit Frauengruppen oder -aktionen gemacht habe, die nach meinem Empfinden mehr verderben als nutzen."
- „Besorgnis, weil die berechtigten Forderungen der Frauen zu schrill und der Sache schadend vorgebracht werden."
- „Zwiespältige Gefühle: *Hoffnung*, aber auch Angst, daß hier etwas totgeredet, definiert und verwaltet werden könnte."
- „Die Frage, ob nicht dieses Thema (sicherlich wichtig) wieder weiter wegführt von dem, was die Kirche und die Christen in dieser Zeit zu überdenken haben. (Sind wir mit unserer Institution und ihren Zielen noch auf dem richtigen (= gottgewollten) Weg?)."
- „Zwiespältige Gefühle. Das Thema ist aus meiner Sicht sehr wichtig, andererseits ist dieses Thema nicht das Hauptthema in meinem Leben und Glauben. Es gibt Fragen, die Männer und Frauen in gleicher Weise bedrängen und betreffen, z. B. der Frieden in der Welt."

Wie Tabelle 74 zeigt, gibt es solche ambivalenten Reaktionen relativ am seltensten bei Frauen ohne besonderes Amt in der Kirche. Dagegen entfällt immerhin ein Zehntel der Antworten der meist jungen Frauen, die sich auf einen Beruf in der Kirche vorbereiten, auf diese Kategorie.

Tabelle 74: Assoziationen zum Stichwort „Frau und Kirche", die *ambivalent* auf das Thema reagieren, nach Stellung der Frauen in der Kirche (i.v.H. der Antwortenden der jeweiligen Befragtengruppe)

	Frauen ausschließlich im Ehrenamt (n=1464)	Frauen in kirchlichen Berufen (n=582)	Frauen in kirchlicher Ausbildung (n=125)	Frauen ohne besonderes Amt in der Kirche (n=510)	antwortende Frauen insgesamt (n=2681)
Antworten, die *zwiespältige* Gefühle im Blick auf das Thema „Frau und Kirche" zum Ausdruck bringen	9	6	10	5	8

Unter den Assoziationen zu „Frau und Kirche" finden sich aber auch Antworten, die dem Thema *ablehnend* gegenüberstehen oder es zumindest nicht unterstützen (vgl. noch einmal Tabelle 72).

Etwa jede sechste bis siebte der antwortenden Frauen äußert *Unbehagen* gegenüber dem Thema „Frau und Kirche" oder lehnt es explizit ab. Frauen ohne besonderes Amt in der Kirche äußern sich vergleichsweise am häufigsten, Frauen in Ausbildung auf einen Beruf in der Kirche besonders selten in dieser Weise (vgl. Tabelle 75).

Diese Frauen erklären zum Teil ausdrücklich, sie wünschten keine Gleichstellung von Frauen und Männern in der Kirche; andere halten solche Anliegen von Frauen für *„eine Flucht in Scheinprobleme"*, für den *„Übereifer von unglücklich verheirateten Frauen"* oder für eine *„falsche Emanzipation, die sich gegen die Männer richtet"*, dem Leben in der Familie und seinen Bedürfnissen nicht gerecht wird und *„den Ehen und Kindern schadet"*. Vom *„Verdacht, daß das Thema zu hochgespielt wird"*, von *„Nabelschau"* und *„Überbewertung"* ist da ebenso die Rede wie von einem *„Modetrend"*:

- „Ein Unbehagen, es klingt so ‚feministisch'."

- „Leises Unbehagen in Bezug auf Emanzipation! Frauen haben schon immer einen Platz in der Kirche gehabt, wenn sie dafür qualifiziert waren!"
- „Mehr Ablehnung, weil Gleichberechtigung selbstverständlich sein sollte, die Frauenfrage wird mir zu falsch betont behandelt."
- „Die *oft zu starke* Beschäftigung mit dem Thema ‚Frau und Kirche' weckt bei mir oft ungute Gefühle. Die oft falsch verstandene ‚Selbstbestätigung' führt oft zu Egoismus bei den Müttern und Großmüttern (Leidtragende sind oft die *Kinder* und die *Ehen*)."
- „Das Gefühl, daß die Frauen in Gefahr sind, sich zu übernehmen. Die Rolle als Mutter wird, zum Schaden der Kinder, vernachlässigt."
- „Frauen sollten *mehr* Vorträge halten, dann aber auch mehr Lebenserfahrung mit *Familie und* Beruf haben. Oft sind sie nur einseitig gebildet und reden dann auch nur von ‚oben' herab."

Andere Befragte äußern die Sorge, daß der eingeschlagene Weg zu einer *„Zersplitterung"* führen könnte, *„die Frauen und Männer trennt"*:
- „Ambivalente Gefühle, manchmal wird mir die ‚Frau' zu stark betont. Der ‚Mensch' sollte gesehen werden, sonst geraten wir in neuen Sexismus mit umgekehrtem Vorzeichen."
- „Daß es eigentlich heißen müßte: Frau zusammen mit Mann und Kirche."
- „Irgendwie unangenehme Gefühle. Ich mag die Trennung hier Frau - dort Mann nicht, und ich denke, die Kirche sollte sich dem ‚Menschen' zuwenden, wie auch immer er sei."
- „Unbehagen. Das kann doch nur durch Bemühen der Frauen besser werden. Aber Quotenregelung - ich weiß nicht. Schließen wir dann nicht vielleicht wirklich fähige Männer aus?"

Tabelle 75: Assoziationen zum Stichwort „Frau und Kirche", die das Thema *negativ* aufnehmen, nach Stellung der Frauen in der Kirche (i.v.H. der Antwortenden der jeweiligen Befragtengruppe)

	Frauen ausschließlich im Ehrenamt (n=1464)	Frauen in kirchlichen Berufen (n=582)	Frauen in kirchlicher Ausbildung (n=125)	Frauen ohne besonderes Amt in der Kirche (n=510)	antwortende Frauen insgesamt (n=2681)
Unbehagen in Verbindung mit dem Thema, Ablehnung	16	13	7	18	15
Starke Ablehnung, Aggression	15	5	6	3	10
Kein Interesse, mit dem Thema noch nicht beschäftigt	7	4	1	18	8
Keine Probleme als Frau in der Kirche	5	3	-	5	4
Antworten, die das Thema „Frau und Kirche" negativ aufnehmen / nicht unterstützen, insgesamt	43	25	14	44	37

Andere Frauen verweisen auf aus ihrer Sicht *„wichtigere Themen"*, auf *„Aufgaben, die wirklich lebensnotwendig sind"*, z.B.:
- „Unbehagen: Ist das die größte Frage unserer Zeit?"
- „Es gibt viel wichtigere Dinge im Dienst Gottes, die Frauen aufgrund ihrer besonderen Fähigkeiten (Einfühlsamkeit usw.) bei weitem besser erledigen können als Männer und auch je nach Begabung tun sollten. Ich halte es für überflüssig, wenn Frauen versuchen, sich in den Vordergrund zu stellen und nur noch den Kampf um die Gleichberechtigung betreiben, dabei aber vergessen, daß das

Wort Gottes und Jesus Christus im Mittelpunkt unseres Glaubens stehen sollten. Jesus hat niemals gesagt, daß Frauen schlechter sind als Männer, er hat aber auch nie zu einem derartigen Kampf aufgerufen. Wir sollten vielmehr dankbar sein, daß Frauen in der Bibel doch ab und an eine wichtige Rolle spielen (Frauen am Grab, Lydia usw.)."

Ein Engagement für die Durchsetzung von Frauenrechten *in der Kirche* wird in einigen Antworten - aus ganz unterschiedlichen Gründen - verneint:
- „Wenn alle Christen wie Christen leben würden, wäre dies alles kein Thema."
- „Ungute Gefühle. Sie wollen mir unterstellen, daß ich mich als Frau in der Kirche eigentlich nicht wohlfühlen kann. Dagegen wehre ich mich."
- „Unbehagen. Stellung bzw. Gleichberechtigung von Frauen ist ein wichtiges gesellschaftlich-politisches Thema und nicht speziell oder ausschließlich Sache der Kirche."

In einigen eher ablehnenden Antworten wird freilich deutlich, daß diese Frauen - trotz ihres beim Stichwort „Frau und Kirche" empfundenen Unbehagens - durchaus an einer auf Gleichberechtigung zielenden Situationsveränderung interessiert sind:
- „Unmut. Ich möchte gleichberechtigt sein, aber keine Emanze."
- „Mehr abstoßende Gedanken, wie viele feministische Gedanken. Ich bin zwar für Gleichberechtigung; von Diskussionen, ob *die Frau* oder *der Mann* dies oder das besser könnte, halte ich gar nichts, da sie meiner Meinung nach nicht zur Gleichberechtigung beitragen kann. Ich finde es vor allem wichtig, den Frauen, die die Voraussetzungen für solche Arbeit erfüllen, auch die Möglichkeit zu geben, Tätigkeiten in leitender Stellung zu bekommen. Ich finde, es ist dabei allerdings unsinnig, einen Mann einzustellen, weil er Mann ist oder eine Frau, weil sie Frau ist."
- „Die Assoziation ‚Küche, Kinder, Kirche', also das Gegenteil dessen, was Sie intendieren. Eine Überbewertung der weiblichen Aspekte könnte die Männer, die prozentual den geringeren Besucheranteil ausmachen (zumindest im Gottesdienst) abschrecken. Sprachliche und inhaltliche Veränderungen im Gottesdienst sollten behutsam vonstatten gehen."

Insgesamt ein Zehntel der Antworten läßt erkennen, daß Befragte auf das Thema mit starken *Aversionen und Aggression* reagieren. Unter den ausschließlich ehrenamtlich in der Kirche tätigen Frauen ist solche Abwehr heftiger als in den anderen Teilgruppen (vgl. Tabelle 75).

Diese Frauen wehren sich beispielsweise dagegen, daß ihnen, wie sie vermuten, etwas *„aufgezwungen"* werden solle; teilweise befürchten sie, daß ihr Selbstverständnis als fürsorgliche Ehefrau und Mutter infrage gestellt werden könnte:
- „Ich ärgere mich über Gleichmacherei und finde es blöd, wenn die Mütter deswegen nicht mehr Mütter sein können, weil sie unbedingt wie Männer arbeiten müssen. Ich werde Hausfrau und Mutter, warum soll ich in der Gemeinde nicht ehrenamtlich mitarbeiten auch als Dienerin."[140]

Hin und wieder werden Argumente gegen die mit der Frauenthematik verbundenen Anliegen aus einer christlich begründeten Sicht des Geschlechterverhältnisses heraus formuliert:
- „Aggressionen, der Glaube vereint beide Geschlechter."
- „Ärger über die Unfähigkeit vieler Frauen, sich Gott unterzuordnen und in ihre Rolle als Frau einzufügen, die sehr schön und gesegnet ist. Männer in ihrer gottgegebenen Führungsrolle annehmen!"
- „Abneigung, da ich mir meines Platzes im Reich Gottes und in der Kirche durchaus gewiß bin und aggressive Pionierinnen in Sachen ‚Frau und Kirche' oft nicht den jesuanischen Lebensstil der Liebe und Sanftmut zeigen. Sie gehen mir meistens deshalb auf die Nerven, ärgern mich, dann winke ich ab."
- „Ich beschäftige mich nicht mit diesem Thema, weil es kein Thema für mich ist. Deswegen werde ich an dieser Stelle auch aufhören, den Fragebogen zu beantworten, den auszufüllen ich nur begann, damit der eine oder andere, der ihn liest, vielleicht merkt, daß es auch Frauen gibt, die es nicht für

---

[140] Antwort einer zum Erhebungszeitpunkt beruflich in der Kirche tätigen Frau.

nötig halten, dem Mann in allem gleichgestellt zu sein und die eine Gleichstellung der Frau in der Kirche als nicht von Gott gewollt ansehen. Meine Würde als Frau erleidet keinen Abbruch, wenn ich nicht das Recht habe, verschiedene Dinge zu tun oder ein Amt in der Kirche zu bekleiden, das mir nach der Heiligen Schrift verwehrt ist. Meine Zeit ist mir aber nun doch zu kostbar, als daß ich diesen Bogen, der für mich doch eine Unverschämtheit gegenüber denen, die sich noch an die rechte Lehre halten, darstellt, zu Ende ausfülle. Gott möge Seine Kirche in alle Wahrheit leiten und allen Irrlehren wehren! Gelobt sei Jesus Christus!"

In anderen Antworten kommt eine generelle Ablehnung emanzipatorischer Bemühungen von Frauen zum Ausdruck, die, wie eine Befragte meint, *„die Frauen damit eher lächerlich machen"*:
- „Meine ablehnende Einstellung zur Emanzipation."
- „Aversionen, weil ich das sofort mit übertriebener Emanzipation in Verbindung bringe. Ich habe mich weder privat noch in der Gemeinde jemals als Frau ‚diskriminiert' gefühlt und halte viel von dem Thema ‚Frau und Gesellschaft' usw. für eine Charakterfrage. Es gibt auch sehr viele schwache und ‚diskriminierte' Männer."
- „In diesem Rahmen Unmut, da ich die Fragen tendenziös finde und denke, Frauen sollten sich nicht notorisch schlechter behandelt fühlen - mehr Selbstbewußtsein als Frau, die nicht dem Mann gleichgestellt sein muß."

Kritik zielt auch auf diejenigen Frauen, die sich besonders für eine Veränderung der Situation von Frauen in der Kirche (und in der Gesellschaft) einsetzen:
- „Manchmal starke Aggressionen, da viele Frauen die Emanzipation bis zum Extrem betreiben und jeden so notwendigen Dialog mit Männern verweigern, dabei selbst männlich-herrschaftliche, aggressive Methoden anwenden. Das so sehr geforderte Neue einer *weiblichen* Struktur wird gerade in solchem Verhalten *nicht* sichtbar!!"
- „Aggressionen, weil es sehr ‚starke' Frauen gibt, die die Menschlichkeit vergessen."
- „Z.T. Aggressionen gegen erzwungene Veränderungen, z.B. Quotenregelung. Ich habe den Eindruck, daß wieder nur eine Oberschicht davon betroffen ist. Die Veränderungen werden von Frauen gemacht, die selbst gar nicht so betroffen sind und sich selbst ganz gut durchsetzen."
- „Das Gefühl, daß hier eine kleine Gruppe von Frauen versucht, sich eine Lobby für ihre Karriere zu schaffen."

Vereinzelt werden diese Frauen in den Vorstellungen der Antwortenden zu regelrechten Zerrbildern:
- „Die Assoziation der ‚Emanze', die meist ungepflegt und ohne Chic herumläuft, nur schlau redet und häßlich anzusehen ist. Gibt sie wirklich Intelligentes von sich, ist das äußerst selten und selten in Verbindung mit einem angenehmen Äußeren."

Neben sachlichem Widerspruch werden in solch kritisch-ablehnenden Antworten auch mehr oder weniger starke emotionale Widerstände spürbar. Daneben gibt es aber auch Befragte, die sich - ohne erkennbar emotionale Betroffenheit zu zeigen - als am Thema nicht interessiert erklären[141] oder feststellen, sie hätten sich damit noch nicht beschäftigt. Im Schnitt all derjenigen, die diese Frage überhaupt beantwortet haben, bringt etwa jede zwölfte Frau eine solche Haltung zum Ausdruck (vgl. wieder Tabelle 75).
Die Unterschiede zwischen den Teilgruppen sind dabei beträchtlich: Bei Frauen ohne besonderes Amt in der Kirche ist die Zahl einschlägiger Formulierungen überdurchschnittlich hoch, während Frauen, die beruflich in der Kirche tätig sind, und besonders jene, die sich erst auf einen solchen Beruf vorbereiten, nur ganz vereinzelt in entsprechender Weise reagiert haben.

---

[141] Hierzu zählen beispielsweise auch Antworten wie die folgende: *„Kein besonderes Interesse, weil es meiner Meinung nach - wie überall - eine Frage der Zeit ist, daß Frauen wichtige gesellschaftliche Positionen einnehmen."*

Keine unmittelbare Bereitschaft, Bemühungen um eine verbesserte Situation von Frauen in der Kirche zu unterstützen, war ferner bei jener relativ kleinen Gruppe[142] von Befragten zu erkennen, die - unter dem Stichwort *"keine Probleme als Frau in der Kirche"* zusammengefaßt - in ihren Assoziationen beispielsweise *"Zufriedenheit"*, *"Freude"* und *"Dankbarkeit"* im Blick auf ihr Leben und ihre Arbeit in der Kirche äußerten oder erklärten, daß sie sich noch mehr Beteiligung von (jüngeren) Frauen am kirchlichen Leben wünschten, z.B.:

- „Dankbarkeit Gott gegenüber, daß ich zu einer Gemeinde gehören darf, wo es mir *Freude* macht, *als Frau* in der Gemeinde zu arbeiten. Ich habe daher *keine* Unzufriedenheit kundzutun."
- „Den Wunsch, daß sich noch viel mehr Frauen - besonders auch junge - am freiwilligen Helfen beteiligen. Auf ‚mehr' gibt man auch *mehr* acht."

Ein sehr kleiner Teil der von den Befragten geäußerten Assoziationen (2 %) ließ sich keiner der hier entwickelten Antwortkategorien zuordnen. Diese Antworten enthalten Beobachtungen, Gedanken oder Fragen zum Thema ohne eindeutig erkennbare positive bzw. negative Bewertung, so z.B.:

- „Die Assoziation, daß ein Heer von Frauen ehrenamtlich in der Kirche tätig ist."
- „Die Gedanken daran, daß fast alle Ehrenämter von Frauen ausgeübt werden."
- „Assoziationen an: Frau und Mutter, die Zeit hat sich um Kirche zu kümmern - Mann, der mitten im Beruf steht und somit keine Zeit hat, sich um kirchliche Angelegenheiten zu kümmern."
- „Die Frage, warum halten sich soviel mehr Frauen an die Kirche und suchen dort Quellen für ihr Leben als Männer?"

8.2 Notwendige Veränderungen

Ein weiterer wichtiger Teil der Frauenbefragung betraf die Unterstützung einiger Forderungen zur Gleichstellung von Frauen in der Kirche, die von Frauen in verschiedenen evangelischen Landeskirchen entwickelt und vorgetragen wurden.[143]

Fünf solcher Forderungen wurden als Liste vorgelegt, mit der Bitte, zu jeder einzelnen Stellung zu nehmen. Die genannten Anliegen bezogen sich auf

- die Verwendung einer „frauengerechten" Sprache:

    „Sprache in der Kirche muß Frauen und Männer einbeziehen (z.B. nicht nur: ‚Brüder')."

- die „Sichtbarmachung" der Frauen in der biblischen Überlieferung:

    „Biblische Frauengeschichten müssen viel stärker berücksichtigt werden."

- die gleichberechtigte und gleichgewichtige Beteiligung von Frauen an kirchlichen Leitungsämtern:

    „Frauen müssen an kirchenleitenden Positionen gleichberechtigt beteiligt sein."

- die Gleichverteilung der „Lasten":

    „Frauen dürfen den Männern die ‚dienenden Arbeiten' in der Kirche nicht mehr so selbstverständlich abnehmen."

- das Bemühen um ein Verhältnis von Frauen untereinander, das nicht von Konkurrenz, sondern von Verständnis und gegenseitiger Unterstützung geprägt ist:

---

[142] In der Teilgruppe derjenigen, die sich zum Erhebungszeitpunkt auf einen Beruf in der Kirche vorbereiten, gab es keine einzige entsprechende Antwort.
[143] Vgl. dazu Fußnote 2, S. 9.

"Wir Frauen in der Kirche müssen uns untereinander um mehr Schwesterlichkeit bemühen."

Als Antwortmöglichkeiten wurden angeboten:
- *"Das ist mir sehr wichtig."*
- *"Das wäre auch schön."*
- *"Das ist nicht nötig."*

Zwei weitere Forderungen wurden jeweils in Einzelfragen zur Diskussion gestellt:
• die *Einführung einer Quotenregelung für Frauen in der Kirche*, um eine stärkere Leitungsbeteiligung zu gewährleisten, und
• die *Einrichtung einer Gleichstellungsstelle / Frauenbüro*, die sich *"dafür einsetzt, daß Lebenssituationen und Bedürfnisse von Frauen in Kirche und Gesellschaft besser wahrgenommen werden und Frauen Gerechtigkeit erfahren"*.

Im folgenden wird das Maß an Zustimmung bzw. Ablehnung, das die Frauen in ihren Stellungnahmen zu diesen Forderungen zum Ausdruck gebracht haben, beschrieben. Dabei ist - neben den Gesamtvoten - wieder auf Unterschiede in den Antworten aus den verschiedenen Teilgruppen zu achten.

8.2.1 Stellungnahmen zum Forderungskatalog

Aus Schaubild 13 ergibt sich eine erste Übersicht über die Stellungnahmen, die die antwortenden Frauen zu den fünf im Forderungskatalog enthaltenen Sätzen abgegeben haben. Es zeigt sich:

- Keine dieser fünf Forderungen stößt bei einer größeren Zahl von Frauen auf ausdrückliche Ablehnung (*"nicht nötig"*).[144]
- Breite Unterstützung findet vor allem der Wunsch nach *"gleichberechtigter Beteiligung von Frauen an kirchenleitenden Positionen"*; fast zwei Drittel der Antwortenden bezeichnen dies als *"sehr wichtig"*.[145] Von der Mehrheit der Befragten mit großem Nachdruck unterstützt wird aber auch der als Komplement interpretierbare Gedanke, *"Frauen dürfen den Männern die ‚dienenden Arbeiten' in der Kirche nicht mehr so selbstverständlich abnehmen"*.[146]

---

[144] Einzelne Frauen haben allerdings durch Zusatzbemerkungen darauf hingewiesen, daß sie diesem Fragenkomplex insgesamt skeptisch bzw. ablehnend gegenüberstehen, z.B.:
- „Ich habe mit diesen Fragen Probleme, da bei mir nicht eine rollenspezifische, sondern eine bibelgerechte Interpretation meines Glaubens im Vordergrund steht. Ich sehe mich unabhängig von meiner ‚Frauenrolle' primär als Kind vor Gott."
- „Ich glaube kaum, daß die Kirche in ihrer heutigen Situation derartige Experimente verkraften könnte. Die Emanzipationsbestrebungen der Frauen verstellen den Blick für das wirklich Wichtige an unserer Kirche und unserem Glauben."

[145] Frauen, die diese Forderung nicht oder nur eingeschränkt unterstützen mochten, unterstreichen teilweise als Voraussetzung die Notwendigkeit hinreichender Qualifikation oder aber den Wunsch bzw. die Bereitschaft potentieller Bewerberinnen, eine solche Aufgabe zu übernehmen; andere erklären die Frage der Geschlechtszugehörigkeit in diesem Zusammenhang für unwichtig oder sehen eine Benachteiligung von Frauen nicht als gegeben an. Und es gibt auch Frauen, die einer solchen Forderung zwar grundsätzlich zustimmen, jedoch zur Geduld mahnen: *„Das kommt mit der Zeit, aber nichts erzwingen!"*

[146] Vereinzelt wurden Gegenargumente erläuternd hinzugefügt, so z.B.:
- „Warum nicht, das tun doch Frauen, denen es Spaß macht?"

Schaubild 13: Stellungnahmen der befragten Frauen zu Forderungen im Zusammenhang mit dem Thema „Frauen in der Kirche" (in v.H., n = 3957)

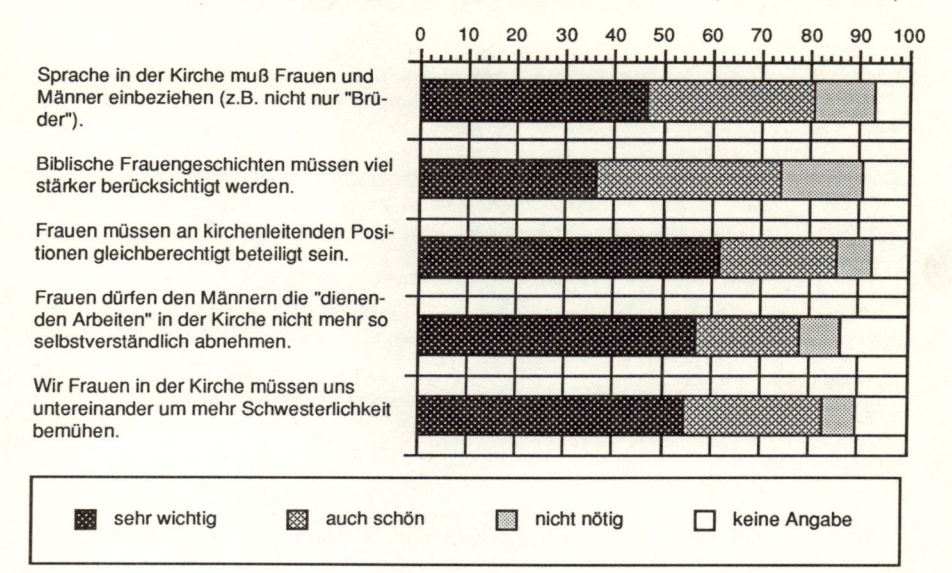

Forderung	sehr wichtig	auch schön	nicht nötig	keine Angabe
Sprache in der Kirche muß Frauen und Männer einbeziehen (z.B. nicht nur "Brüder").				
Biblische Frauengeschichten müssen viel stärker berücksichtigt werden.				
Frauen müssen an kirchenleitenden Positionen gleichberechtigt beteiligt sein.				
Frauen dürfen den Männern die "dienenden Arbeiten" in der Kirche nicht mehr so selbstverständlich abnehmen.				
Wir Frauen in der Kirche müssen uns untereinander um mehr Schwesterlichkeit bemühen.				

- Die von Frauen an sich selbst gerichtete Aufforderung, sich doch untereinander um mehr Schwesterlichkeit zu bemühen, hält ebenfalls die Mehrheit der Antwortenden für *„sehr wichtig"*; rechnet man diejenigen hinzu, die eine solche Veränderung zumindest *„auch schön"* fänden, so liegt die Zustimmungsquote zu diesem Satz über 80 %.[147]
- Eine kirchliche Sprache, die Frauen ebenso explizit vorkommen läßt wie Männer, wird von knapp der Hälfte der Befragten sehr nachdrücklich eingeklagt; ein weiteres Drittel würde sich offenbar freuen, wenn dies geschähe.[148]

- „Es sollte uns eine Ehre und ein Vorrecht sein zu dienen."
- „Jede Arbeit in der Kirche sollte eine dienende Arbeit sein und zur Ehre Gottes geschehen."
- „Frauen sollten sich das Dienen aber auch nicht abgewöhnen; Christus hat nun mal auch gedient, das wäre auch für Männer eine Chance."
- „Nach meiner Meinung ‚dienen' Männer in ihren Ämtern auch."
- „Was ist unchristlich am Dienen? Wir sollten weniger eigen- und ichsüchtig (machtsüchtig) sein. Besser ist, für mehr Nächstenliebe zu werben."

[147] Anmerkungen, die hier Skepsis oder Ablehnung zum Ausdruck bringen, betreffen überwiegend die Vermutung, daß Schwesterlichkeit *„die Männer ausschließen würde"*. Frauen, die solche Einwendungen machen, möchten in der Regel lieber von *„Geschwisterlichkeit"* bzw. *„Mitmenschlichkeit"* sprechen.

[148] Ablehnungen dieser Forderung werden durch einige ergänzende Anmerkungen so begründet:
- „Ich habe mich nie ausgeschlossen gefühlt."
Oder, mit spürbarem Selbstbewußtsein:
- „Frauen fühlen sich eh' angesprochen, weil sie viel flexibler sind."
Daneben gibt es noch eher pragmatische Überlegungen, wenn Frauen darauf hinweisen, daß *„die Sprache durch Nennung sowohl der männlichen als auch der weiblichen Form verkompliziert*

- Relativ am stärksten ist die Zurückhaltung im Blick auf die Forderung nach verstärkter Berücksichtigung biblischer Frauengeschichten. Immerhin fast drei Viertel der Befragten würden aber auch eine solche Entwicklung jedenfalls begrüßen.[149]

Ergänzend zu den vorformulierten „Veränderungsnotwendigkeiten" bot der Fragebogen den Frauen die Möglichkeit, gegebenenfalls (noch) andere Veränderungswünsche zu notieren. Diese offenen Angaben beziehen sich vor allem auf folgende Aspekte (vgl. Tabelle 76):

Die größte Gruppe von Antworten läßt sich mit dem Satz überschreiben: „Frauen müssen selbstbewußter werden." In der Kirche beruflich tätige Befragte haben besonders oft solche Aussagen formuliert.

- „Wir Frauen müssen mehr Selbstvertrauen haben."
- „Wir selbst müssen zu unserem Selbstverständnis stehen."
- „Frauen müssen ihre Bedürfnisse stärker anmelden."
- „Frauen sollten sich *selbst* in der Gemeinde und in der Landeskirche stärker engagieren."
- „Frauen sollten sich der Wichtigkeit ihrer oft so geringgeschätzten Aufgaben viel mehr bewußt sein."
- „Frauen müssen lernen, selbstbewußt aufzutreten, um auch traditionell eher männlich besetzte Aufgabengebiete zu übernehmen."
- „Frauen brauchen mehr Mut zum Neinsagen!"

Oft verbinden sich Wünsche dieser Art mit dem Appell an verstärkte gegenseitige Unterstützung und Solidarität der Frauen untereinander:

- „Frauen sollten sich gegenseitig mehr zutrauen und sich gegenseitig mehr Mut machen."
- „Wir Frauen müssen uns um ein höheres Selbstwertgefühl bemühen, uns untereinander mehr unterstützen."

Andere Antworten weisen darauf hin, daß dieses Bemühen um größeres Selbstbewußtsein Anforderungen an jede einzelne Frau stellt und von ihr möglicherweise die Aufgabe liebgewordener Gewohnheiten verlangt:

- „Sehr viele Frauen sollten ihre Gaben besser wahrnehmen - sollten Gesprächsfähigkeit und sicheres Auftreten lernen."
- „Frauen müssen an sich selber arbeiten, sich fortbilden und selbstbewußter an Aufgaben herangehen, um herrschende Strukturen in der Kirche zu ändern."
- „Frauen müssen lernen, aus der oft bequemen Position, „geleitet" zu werden, herauszukommen."
- „Frauen müssen aktiver werden und nicht den passiven Weg bevorzugen, der ja für viele bequemer ist."

Eine andere, in den offenen Angaben ähnlich häufig vertretene Forderung nimmt auf den im Fragebogen vorausgegangenen Wunsch nach mehr „Schwesterlichkeit" Bezug. Nicht (nur) verstärkte Offenheit und Solidarität unter Frauen sei wichtig, sondern das Miteinander von Frauen *und* Männern. Frauen dürften keine isolierten Anstrengungen unternehmen, wird hier gesagt, erstrebenswert sei vor allem die *„Entwicklung geschwisterlicher Formen der Zusammenarbeit", „ein Miteinander-*

---

wird". In einer Reihe von Fällen wird eine Ablehnung auch mit der Feststellung begründet: *„Das geschieht schon."*

[149] Soweit Ablehnungen dieser Forderung durch Anmerkungen begründet werden, begegnet uns hier meist das Argument, solche Geschichten würden doch schon jetzt hinreichend berücksichtigt. Vereinzelt stellen Frauen aber auch fest, sie fühlten sich *„bei anderen Geschichten ebenso angesprochen"* oder es dürfe bei der Einbeziehung solcher Geschichten nicht darum gehen, *„dem Feminismus das Wort zu reden".*

Christsein-Leben bei Mann und Frau", „Nächstenliebe für Brüder und Schwestern gleichermaßen".
- „Die oben genannte ‚Schwesterlichkeit' als eine andere Form der Kommunikation unter Menschen möchte ich auch mit meinen ‚Brüdern' einüben."

Tabelle 76: Von den befragten Frauen ergänzend formulierte Wünsche und Forderungen, nach Stellung der Frauen in der Kirche (Mehrfachangaben, absolute Zahl der Nennungen[150])

	Frauen ausschließlich im Ehrenamt (n=2099)	Frauen in kirchlichen Berufen (n=809)	Frauen in kirchlicher Ausbildung (n=142)	Frauen ohne besonderes Amt in der Kirche (n=907)	alle Befragten (n=3957)
Frauen müssen selbstbewußter werden.	66	41	8	19	134
Erstrebenswert ist mehr „Geschwisterlichkeit", es geht um Frauen *und* Männer.	78	29	7	13	127
Der Arbeitsstil in Kirche / Gemeinde muß sich verändern.	64	20	3	18	105
Leben, speziell kirchliches Leben, sollte frauen- (familien-, menschen-) freundlicher gestaltet werden.	33	17	14	11	75
Gleichberechtigung, Gleichbeachtung müssen angestrebt und erreicht werden.	34	18	4	12	68
Frauen müssen einen eigenen / besonderen Beitrag leisten.	26	15	6	4	51
An „männlicher" Theologie und ihren Folgen muß gearbeitet werden.	15	14	8	3	40
Die Männer müssen umdenken.	12	7	2	5	33
Bemerkungen, die Skepsis bzw. Kritik im Blick auf die genannten Forderungen zum Ausdruck bringen	33	5	1	7	46
Wünsche und Forderungen, die nicht speziell auf die Situation von Frauen bezogen sind	56	10	3	5	74
Nennungen insgesamt	417	176	56	97	746

---

[150] Die Zahl solcher frei formulierter Ergänzungen ist - wie in anderen Befragungen auch - vergleichsweise gering. In den meisten Kategorien liegen die Anteile derjenigen, die bestimmte Aspekte angemerkt haben, weit unter 10 % der Befragten der jeweiligen Teilgruppe. Dennoch ist es uns wichtig, solche Äußerungen zu berücksichtigen, weil sie erkennen lassen, wo einzelnen Frauen bestimmte Akzente im Umgang mit der anstehenden Thematik zu fehlen oder ungenügend aufgenommen zu sein scheinen. Um einen unmittelbaren Eindruck von der Häufigkeit solcher Äußerungen zu erleichtern, verzichten wir jedoch auf eine Prozentuierung und geben stattdessen die absolute Zahl der jeweiligen Nennungen wieder.

Der Tenor der unter diesem Stichwort versammelten Antworten ist nicht einheitlich: Manche Frauen möchten wohl vor allem deutlich machen - wie etwa durch das letzte Zitat belegt -, daß ihre Veränderungswünsche und Forderungen auch den Umgang mit Männern in der Kirche betreffen. Andere bringen durch ihre Formulierung zum Ausdruck, daß ihnen eine explizite *„Frauenperspektive"* problematisch erscheint, weil sie damit Vorstellungen von *„Männerfeindlichkeit"* verbinden, z.B.:
- „Ich persönlich habe keine negativen Erfahrungen!!! Mich stört das Gegeneinander von Frau und Mann in der Kirche, wie ich es aus den Fragen heraushöre."

An dieser Stelle gibt es einen fließenden Übergang zu einer dritten Gruppe von Antworten, die unter dem Stichwort *„Veränderungen im Arbeitsstil, in der Arbeitsweise"* zusammengefaßt wurden:
- „Körperlichkeit, Lust, Phantasie, Mehrstimmigkeit müssen in der Kirche Einzug halten."
- „Alle sollten wir uns um mehr Sorgfalt untereinander bemühen."
- „Es ist nötig, ein demokratisches Verständnis des Miteinander zu bekommen ..."
- „Wichtig ist, daß wir offener zueinander sind, uns gegenseitig helfen."
- „Es müssen auch Konflikte offen ausgetragen werden können - unter Frauen und unter Frauen und Männern."

Manche Antworten beziehen diese Stil-Aspekte auch auf die Art und Weise des Vorgehens bei der Realisierung von Frauenanliegen:
- „Frauen könnten manchmal ihre Forderungen mit mehr Liebenswürdigkeit durchsetzen."
- „Ich wünsche mir trotz aller notwendiger Veränderung in Bezug auf die Rolle der Frau keine Engstirnigkeit oder Scheuklappengehabe oder gar Fanatismus."
- „Viel wichtiger ist, daß man(n) oder frau höflich und aufmerksam miteinander umgehen und untereinander hilfreich sind."
- „Wir sollten auch versuchen, mütterlich zu sein, d.h., wir sollten auch mal ein Auge zudrücken und uns nicht wie radikale Emanzen aufführen."

Auch das Miteinander unter Frauen haben einige Befragte hier besonders im Blick, wenn etwa formuliert wird:
- „Wichtig ist mir, daß eine die andere so akzeptiert, wie sie ist, und sie so leben läßt und nicht versucht, sie in das von ihr aus ‚richtig' aussehende Schema zu pressen, denn das gibt es nicht."

Weitere Wünsche und Forderungen begegnen uns in diesen ergänzenden Formulierungen in jeweils deutlich geringerer Zahl. Dennoch seien auch sie hier wenigstens ansatzweise umschrieben:
- Leben, speziell kirchliches Leben, sollte frauen- (familien-, menschen-) freundlicher gestaltet werden.

Der Themenkreis „Lebensformen" / „Lebensführung" - Ehe /Familie / Kinder/ Sexualität - ist hier ebenso angesprochen wie die Frage einer frauen- / familien- / menschenfreundlichen Ausgestaltung kirchlicher Aufgaben- und Arbeitsfelder und die Verbesserung von Möglichkeiten, eine je situationsangemessene Verbindung von Beruf und Familienarbeit für Frauen (und Männer) herzustellen. Auch der Wunsch, sich in der Kirche von starren Rollenzuschreibungen zu lösen, die Frauen (wie Männern) die „ihnen gemäßen" Aufgaben zudiktieren, ist diesem Forderungskatalog mehrfach angefügt. Außerdem zählt hierzu auch der nicht selten vorgebrachte Hinweis auf die Notwendigkeit, in der Kirche geeignete Rahmenbedingungen für die Bearbeitung der von Frauen benannten Anliegen zu schaffen.

- Gleichberechtigung, Gleich(be)achtung müssen angestrebt und erreicht werden.

Hinter diesem Stichwort verbergen sich Wünsche und Forderungen sehr unterschiedlicher Art: von der (auch finanziellen) Anerkennung weiblicher Arbeit, insbesondere der von ehrenamtlichen Mitarbeiterinnen im allgemeinen wie von Pfarrfrauen im besonderen geleisteten Arbeit, bis zur gleichberechtigten Beteiligung an kirchlichen Entscheidungsgremien. Einigen Frauen ist in diesem Zusammenhang auch wichtig, in der Kirche Frauen als Ansprechpartnerinnen für die eigenen Fragen zu finden, und - auch aus diesem Grund - die verschiedenen kirchlichen Arbeitsbereiche jeweils mit Männern *und* Frauen gleichermaßen besetzt zu sehen.

- Frauen müssen einen *eigenen* Beitrag leisten.

Dieser Kategorie haben wir solche Wünsche und Forderungen zugerechnet, hinter denen die Vorstellung (und Hoffnung) steht, daß Frauen in der Kirche Veränderung in Gang setzen können, wenn sie die eigenen Interessen und Möglichkeiten einbringen: neue Gottesdienstformen, ein veränderter Umgang mit Macht, mehr Raum für Emotionalität im kirchlichen Leben, aber auch: *„sich für Christinnen in anderen, bedrohten und armen Ländern einsetzen"*.

- An ‚männlicher' Theologie und ihren Folgen muß gearbeitet werden.

Der Wunsch, in Kirche und Gemeinde Raum für feministisch-theologisches Arbeiten zu geben, kommt in den unter diesem Stichwort zusammengefaßten Voten explizit zum Ausdruck und wird z.T. auf bestimmte Fragestellungen und theologische Diszipliinen hin konkretisiert - z.B. im Blick auf feministische Exegese, auf die feministische Analyse systematisch-theologischer Topoi (z.B. *„Kreuzestheologie"*) oder kirchengeschichtlicher Prozesse und ihrer „Resultate", im Blick auf bestimmte Ansätze christlicher Ethik oder praktisch-theologischer Aspekte gegenwärtiger Kirchenstruktur. In diesem Zusammenhang geht es auch darum, für solch feministisch-theologisches Arbeiten in der Kirche personell und strukturell die erforderlichen Voraussetzungen zu schaffen bzw. vorhandene Ansätze stärker als bisher zu unterstützen.

- Männer müssen umdenken.

Von einer Reihe von Frauen wird an dieser Stelle noch einmal darauf hingewiesen, daß Veränderungen in den angesprochenen Punkten nicht einfach „angeordnet" werden können, sondern auch eine Neuorientierung bei den beteiligten Männern voraussetzen: Männer, so wird hier gesagt, sollten Religion und Kirche in Zukunft nicht mehr in erster Linie als „Frauensache" betrachten; sie sollten mehr Bereitschaft zum „Mittun", auch außerhalb von Leitungsämtern, entwickeln sowie mehr Anerkennung für die von Frauen geleistete Arbeit und einen angstfreien Umgang mit starken, engagierten Frauen.

In einer Kategorie *„sonstige Wünsche und Forderungen"* wurden solche ergänzenden Antworten von Frauen zusammengefaßt, die in ihrer Zielrichtung nicht als spezifische „Frauenanliegen" erkennbar waren, sondern generell im Sinn der Verstärkung oder Neu-Setzung von Akzenten in Kirche und Gemeinde verstanden werden konnten. Einige dieser Stichworte seien beispielhaft genannt: verstärkte Unterstützung von sozial Schwachen, mehr seelsorgerliches Engagement in der Gemeinde, mehr Ökumene, Wahrnehmung von politischer / ökologischer / globaler Verantwortung, neue Gottesdienstformen.

Unterschiedliche Reaktionen auf den „Forderungskatalog" werden sichtbar, wenn man die Beziehung der Befragten zur Kirche berücksichtigt (vgl. Schaubild 14).

Frauen, die in einer *beruflichen* Beziehung zu Kirche stehen, unterstützen diese Forderungen meist mit besonderem Nachdruck; noch stärker gilt dies in einigen Punkten für die (überwiegend jungen) Frauen *in Ausbildung* auf einen kirchlichen Beruf. Die übrigen Frauen, die ja größtenteils *ehrenamtlich* in der Kirche arbeiten, äußern sich im Schnitt etwas zurückhaltender. Aber auch hier signalisieren die Mittelwerte mehrheitlich ganz klar Zustimmung. Kaum Unterschiede zwischen den vier Teilgruppen gibt es im Blick auf die letztgenannte Forderung, das gemeinsame Bemühen um mehr Schwesterlichkeit untereinander.

Vergleicht man auf der Grundlage dieser Mittelwertanalyse die *relative* Bedeutsamkeit der genannten Forderungen innerhalb dieser vier Teilgruppen, so zeigt sich:
- Für die noch in Ausbildung für einen kirchlichen Beruf befindlichen Frauen stehen die Wünsche nach gleichberechtigter Beteiligung von Frauen an der Kirchenleitung, nach besserer Aufteilung der „dienenden Aufgaben" zwischen Männern und Frauen sowie nach einer Frauen einbeziehenden Sprache fast gleichgewichtig an vorderster Stelle.
- Für Frauen, die ihren Beruf in der Kirche ausüben, ist die Gleichberechtigung von Frauen und Männern in Bezug auf Leitung und Dienst besonders.

- Ehrenamtlich in der Kirche aktive Frauen geben der Forderung nach Schwesterlichkeit untereinander das größte Gewicht, dichtauf allerdings gefolgt von dem Wunsch nach Gleichberechtigung in Leitung und Dienst.
- Frauen, die kein besonderes Amt in der Kirche innehaben, empfinden ebenfalls vor allem die mangelnde Beteiligung von Frauen an kirchlichen Leitungsämtern und die ungenügende Beteiligung von Männern an „dienenden Aufgaben" als veränderungsbedürftige Defizite.

Schaubild 14: Stellungnahmen der befragten Frauen zu Forderungen im Zusammenhang mit dem Thema „Frauen in der Kirche", nach Stellung in der Kirche (arithmetische Mittelwerte)

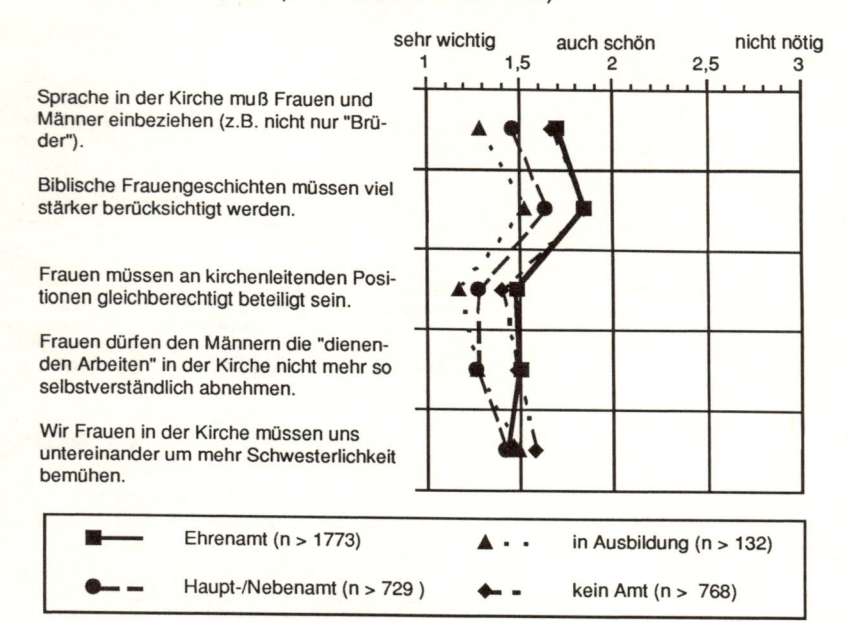

Weitere Differenzen werden sichtbar, wenn man das *Lebensalter* der Befragten berücksichtigt (vgl. Schaubilder 15 a bis e).[151]
- Auch innerhalb der einzelnen Altersgruppen gilt demnach in der Regel, daß in der Kirche beruflich tätige Frauen die genannten Forderungen mit besonders großem Nachdruck vertreten.

---

[151] Die Teilgruppe der noch in Ausbildung auf einen kirchlichen Beruf stehenden Frauen wurde hier nicht berücksichtigt; sie umfaßt ganz überwiegend junge Frauen im Alter zwischen 21 und 30 Jahren. Weil die Alterskategorien „bis 20 Jahre" sowie „71 Jahre und älter" unter den in einem kirchlichen Beruf stehenden Frauen kaum vertreten sind, wurden diese Altersgruppen hier ebenfalls unberücksichtigt gelassen.

Schaubild 15: Stellungnahmen der befragten Frauen zu Forderungen im Zusammenhang mit dem Thema „Frauen in der Kirche", nach Lebensalter und Stellung in der Kirche (arithmetische Mittelwerte)

a) "Sprache in der Kirche muß Frauen und Männer einbeziehen."

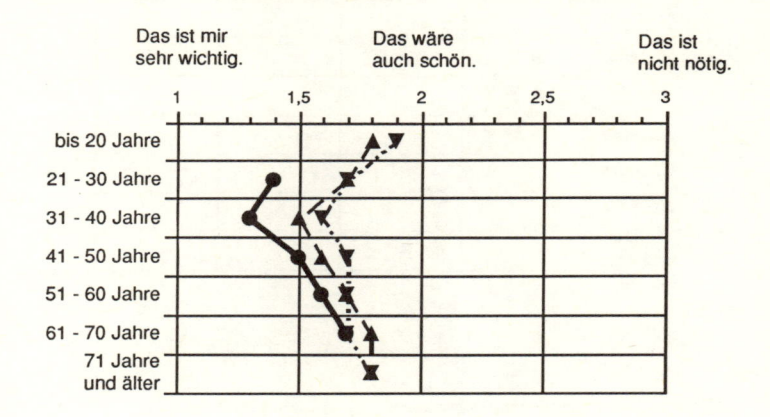

	Das ist mir sehr wichtig.	Das wäre auch schön.	Das ist nicht nötig.
	1 1,5 2	2,5	3
bis 20 Jahre			
21 - 30 Jahre			
31 - 40 Jahre			
41 - 50 Jahre			
51 - 60 Jahre			
61 - 70 Jahre			
71 Jahre und älter			

b) "Biblische Frauengeschichten müssen viel stärker berücksichtigt werden."

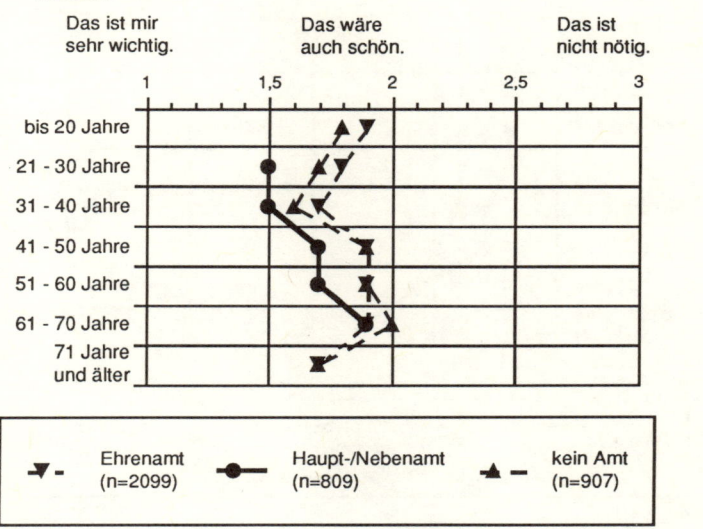

	Das ist mir sehr wichtig.	Das wäre auch schön.	Das ist nicht nötig.
	1 1,5 2	2,5	3
bis 20 Jahre			
21 - 30 Jahre			
31 - 40 Jahre			
41 - 50 Jahre			
51 - 60 Jahre			
61 - 70 Jahre			
71 Jahre und älter			

▼ - Ehrenamt (n=2099) ● - Haupt-/Nebenamt (n=809) ▲ - kein Amt (n=907)

c) "Frauen müssen an kirchenleitenden Positionen gleichberechtigt beteiligt sein."

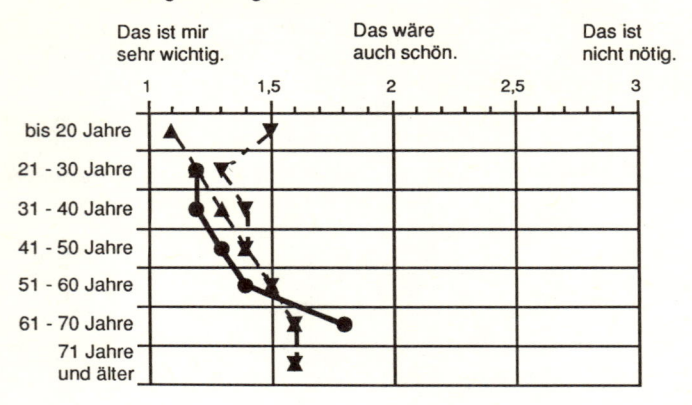

	Das ist mir sehr wichtig.		Das wäre auch schön.		Das ist nicht nötig.
	1	1,5	2	2,5	3
bis 20 Jahre					
21 - 30 Jahre					
31 - 40 Jahre					
41 - 50 Jahre					
51 - 60 Jahre					
61 - 70 Jahre					
71 Jahre und älter					

d) "Frauen dürfen den Männern die ‚dienenden' Arbeiten in der Kirche nicht mehr so selbstverständlich abnehmen."

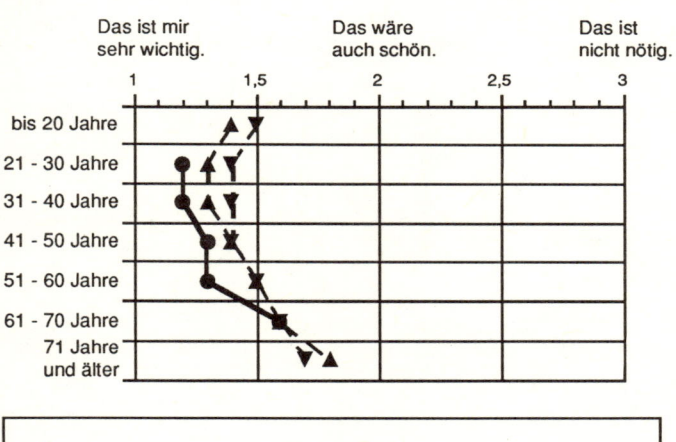

	Das ist mir sehr wichtig.		Das wäre auch schön.		Das ist nicht nötig.
	1	1,5	2	2,5	3
bis 20 Jahre					
21 - 30 Jahre					
31 - 40 Jahre					
41 - 50 Jahre					
51 - 60 Jahre					
61 - 70 Jahre					
71 Jahre und älter					

▼ - Ehrenamt (n=2099)   ●— Haupt-/Nebenamt (n=809)   ▲ - kein Amt (n=907)

e) "Wir Frauen in der Kirche müssen uns untereinander um mehr Schwesterlichkeit bemühen."

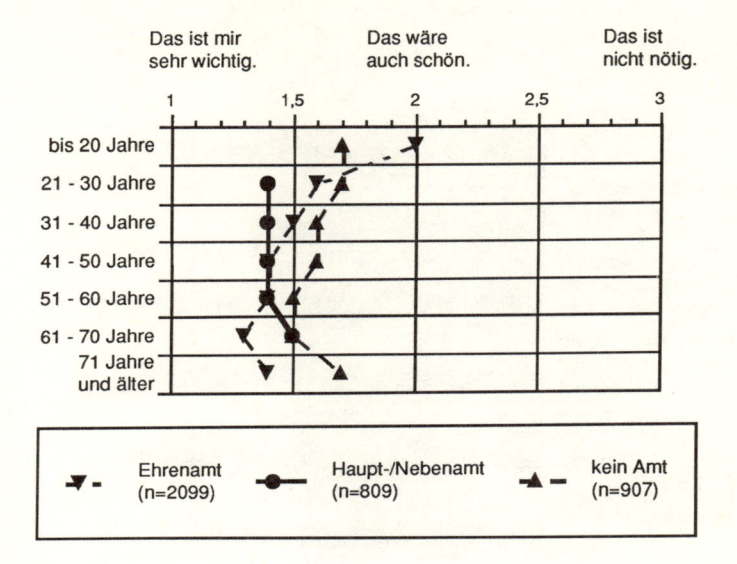

	Das ist mir sehr wichtig.	Das wäre auch schön.	Das ist nicht nötig.
	1 1,5	2 2,5	3

bis 20 Jahre
21 - 30 Jahre
31 - 40 Jahre
41 - 50 Jahre
51 - 60 Jahre
61 - 70 Jahre
71 Jahre und älter

▼ – Ehrenamt (n=2099)   ● – Haupt-/Nebenamt (n=809)   ▲ – kein Amt (n=907)

- Bei einigen Forderungen wiederholt sich die folgende Tendenz: Sie werden von jüngeren Frauen (21 bis 30 Jahre) und - manchmal noch deutlicher - von Frauen im Alter zwischen 31 und 40 Jahren besonders nachdrücklich vorgetragen. Die jüngsten Befragten (bis 20 Jahre) votieren häufig eher etwas zurückhaltender, und dasselbe gilt für viele ältere Frauen.
- Eine besonders auffallende Abweichungen von diesem generellen Trend gibt es an folgender Stelle: Das Stichwort „Schwesterlichkeit" löst bei älteren Befragten die größte Zustimmung aus; für ehrenamtlich in der Kirche tätige Frauen gilt dies in besonderer Weise.

Insgesamt wurde bei diesen Stellungnahmen der Befragten zu möglichen Veränderungen in der Kirche deutlich, daß die Forderung nach verstärkter Beteiligung von Frauen an kirchenleitenden Ämtern und Aufgaben das größte Maß an Zustimmung findet. Dieser Befund legt zusätzliche Auswertungsfragen nahe:

Gibt es in diesem Punkt Unterschiede in den Voten der Frauen, je nachdem, ob diese selbst ein *kirchenleitendes Amt* - als Kirchenvorsteherin, Mitglied eines Kirchenkreistages oder Kirchenkreisvorstandes, einer Synode oder eines anderen Leitungsgremiums - innehaben, oder ob sie zum Befragungszeitpunkt keine derartige Position bekleiden?

Eine entsprechende Kreuzauswertung ergab nur vergleichsweise schwach ausgeprägte Differenzen:
- Frauen, die selbst ehrenamtliche Leitungspositionen in der Kirche innehaben, geben ihrem Wunsch nach sprachlicher Berücksichtigung und nach Gleich-Beteiligung von Männern an „dienenden Aufgaben" etwas deutlicher Ausdruck als die übrigen ehrenamtlichen Mitarbeiterinnen: 48 bzw. 56 % der kirchenleitend tätigen Frauen bezeichnen derartige Veränderungen als *„sehr wichtig"*, verglichen mit 40 bzw. 51 % der anderen ehrenamtlich tätigen Befragten.
- Eine verstärkte Leitungsbeteiligung von Frauen fordern Befragte mit Leitungsfunktion geringfügig seltener als die anderen ehrenamtlichen Mitarbeiterinnen (*„sehr wichtig"*: 52 % bzw. 56 %).

Schaubild 16: Zustimmung ehrenamtlich in der Kirche tätiger Frauen zu verschiedenen Forderungen nach Verbesserung der Situation von Frauen, nach Stellungnahme zu dem Satz „Frauen dienen - Männer leiten" (in v.H. der jeweiligen Befragtengruppe)

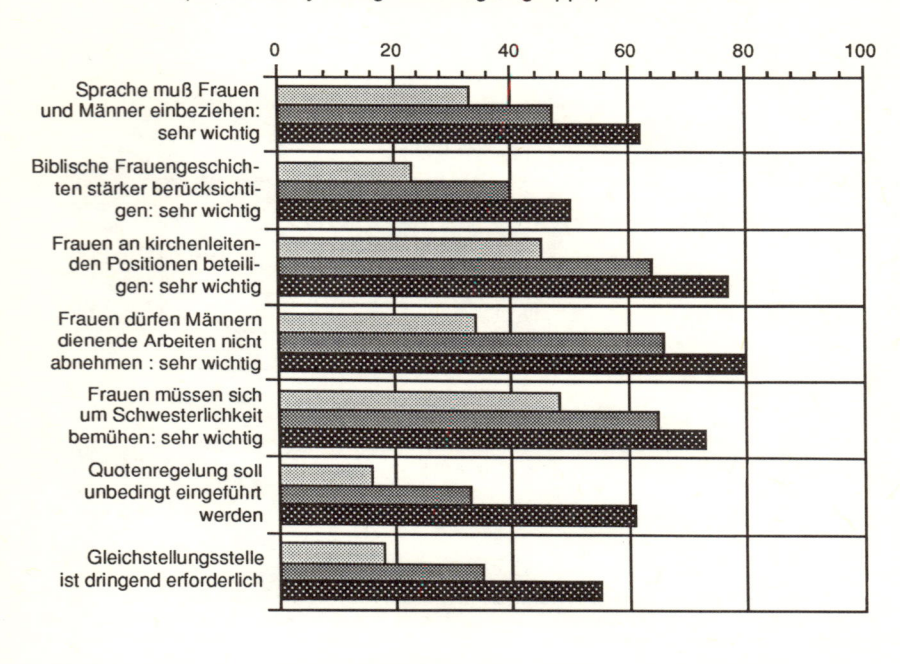

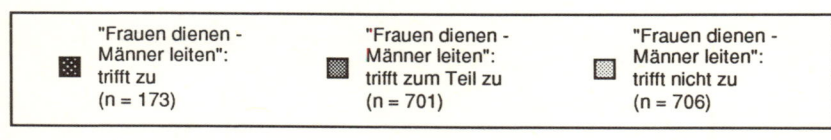

	"Frauen dienen - Männer leiten": trifft zu (n = 173)	"Frauen dienen - Männer leiten": trifft zum Teil zu (n = 701)	"Frauen dienen - Männer leiten": trifft nicht zu (n = 706)

Auffallend deutliche Zusammenhänge werden sichtbar zwischen der Unterstützung dieser Forderungen und den Stellungnahmen ehrenamtlicher Mitarbeiterinnen zu dem Satz *„Frauen dienen - Männer leiten"* (vgl. Abschnitt 5.5.7. und Schaubild 16):
Je stärker ehrenamtliche Mitarbeiterinnen eine solche, Frauen aus wichtigen Bereichen ausgrenzende „Arbeitsteilung" in der Kirche wahrnehmen, desto nachdrücklicher fordern sie Veränderungsmaßnahmen, die ihnen verbesserte Möglichkeiten der Teilhabe eröffnen.
Zu ähnlichen, wenngleich weniger deutlich ausgeprägten Unterschieden führt auch eine weitere Differenzierung: Ehrenamtlich in der Kirche tätige Frauen, die die Frage nach erfahrener *Chance und Ermutigung zu Glaubensgesprächen* oder *Gesprächen über bedrängende Fragen* verneinen, unterstreichen häufiger als andere die Notwendigkeit von Maßnahmen, die die Situation von Frauen in der Kirche verbessern. [152]

---

[152] Vgl. zu dieser Frage Abschnitt 5.4.2., S. 128 ff.. Die Differenzen zwischen den jeweiligen Anteilswerten liegen - von wenigen Ausnahmen abgesehen - bei mehr als 10 %.

8.2.2 Stellungnahmen zur Einführung einer Quotenregelung

Die Frage nach der Einführung einer Quotenregelung für Frauen in der Kirche wurde mit dem Hinweis auf die gegenwärtige Diskussion über dieses Thema eingeleitet:

"Heute wird an vielen Stellen über eine Quotenregelung für Frauen diskutiert, d.h. darüber, daß Frauen ein gerechter Anteil an wichtigen gesellschaftlichen Positionen garantiert werden soll."

Die Zuspitzung erfolgte dann im Blick auf eine Beteiligung an kirchlichen Leitungsaufgaben:

"Was meinen Sie: Sollte eine solche Quotenregelung in der Kirche eingeführt werden, damit mehr Frauen als bisher an der Leitung der Kirche beteiligt werden?"

Als Antwortmöglichkeiten standen zur Verfügung:
- *"ja, unbedingt"*
- *"ich bin mir nicht sicher"*
- *"nein, fähige Frauen setzen sich auch ohne eine solche Regelung durch"*
- *"nein, aus anderen Gründen, nämlich ..."*.

Die Verteilung der Antworthäufigkeiten zeigt Schaubild 17.

Schaubild 17: Stellungnahmen der befragten Frauen zur Forderung einer Quotenregelung in der Kirche (in v.H., n = 3957)

- keine Angabe (4 %)
- ja, unbedingt (35 %)
- ich bin mir nicht sicher (11 %)
- nein (50 %)

Demnach wünscht gut ein Drittel der antwortenden Frauen die Einführung einer solchen Quotenregelung in der Kirche.

In einigen Fällen ist diese Antwort mit Zusatzbemerkungen versehen worden, die in der Regel darauf hindeuten, daß diese Befragten eine solche Maßnahme nicht besonders schön finden, sich angesichts der derzeitigen Situation aber keine bessere Lösung denken können und einer Quotenregelung deshalb zumindest *"vorübergehend"* zustimmen, z.B.:

- „Ja, unser jetziges System braucht solche ‚Krücken'."
- „Ja, aber nur als Übergangslösung."
- „Ja, als Notlösung, solange Männern unbewußt immer noch der Vorzug gegeben wird, ansonsten halte ich echte Gleichberechtigung per Quote für eine fragliche Sache."
- „Ja, vorübergehend, bis sich die Allgemeinheit an Frauen in Führungspositionen gewöhnt hat, dann wieder freies Spiel der Kräfte."
- „Ja, jedoch immer im Zusammenhang mit ihrer *Qualifikation* gesehen, die sie für die jeweilige Aufgabe mitbringt. Nur per ‚Quote' Verantwortung zu übernehmen würde zu einer erneuten Diskriminierung der Frau führen. Als *Einstieg* für eine neue Gerechtigkeit halte ich die Quotenregelung für unbedingt erforderlich, damit nicht schon immer im Vorfeld verschlissen wird, was ‚frau' dann an Kräften braucht."

Etwa jede achte Frau hat Schwierigkeiten, sich in dieser Frage zu entscheiden. Gelegentlich gibt es auch hier erläuternde Kommentare, die zeigen, warum das Nachdenken dieser Frauen noch nicht zum Abschluß gekommen ist:
- „Ich bin mir nicht sicher, weil ich es überall ohne (Quotenregelung) besser fände, aber kaum andere Wege gehbar erscheinen."
- „Ich bin mir nicht sicher, denn so lange eine Quotenregelung nötig ist, ist die Sache noch nicht in Ordnung. Das ist wie ein gegipster Bruch, eben noch nicht heil und oft ein Juckepunkt."
- „Ich bin mir nicht sicher, aber ich würde versuchen, eine Quotenregelung bei KV-Wahlen einzuführen, weil hier in den kleinen Dörfern die Frauen einfach keine Chance haben."

Die Hälfte der Befragten verneint die Notwendigkeit einer derartigen Regelung. Der Anteil derjenigen, die meinen, darauf könne verzichtet werden, weil *„fähige Frauen sich auch so durchsetzen"*, liegt bei 43 %; jede zehnte Befragte sieht (außerdem noch) andere Gründe, die gegen eine solche Quotenregelung sprechen.

Tabelle 77 stellt diese „sonstigen Gründe" zusammen.

Der zahlenmäßig größte Teil der - in Ergänzung zur vorgegebenen Begründung - frei formulierten Ablehnungen einer Quotenregelung in der Kirche wird von Frauen vorgetragen, die eine derartige Regelung für *„falsch"* halten. Die Gründe hierfür sind sehr unterschiedlicher Art.

Einige Befragte befürchten negative Auswirkungen für die betroffenen Frauen, z.B.:
- „Dann könnte jede ‚leitende' Frau als ‚Quotenfrau' abqualifiziert werden."
- „Das Bewußtsein, nur eine Quotenfrau zu sein, muß das Selbstbewußtsein drücken. Es muß andere Möglichkeiten geben, Frauen in kirchenleitende Ämter zu bringen."

Andere sehen durch eine solche Maßnahme die Qualität der Arbeit gefährdet, weil sie offenbar nicht davon überzeugt sind, daß sich im konkreten Fall wirklich hinreichend qualifizierte Frauen finden lassen:
- „So manche Stellen müßten mit weniger fähigen Frauen besetzt werden, um der Quote gerecht zu werden, obwohl es vielleicht qualifizierte Männer für diese Stelle gäbe."

Vorstellungen von Starrheit und Gesetzlichkeit einer Quotenregelung tragen ebenfalls zur Ablehnung bei:
- „Man sollte keine starren Regeln aufstellen."
- „Ein ‚Muß' finde ich immer schlecht, obwohl es ohne ‚Druck', genau wie in der Politik, wohl kaum je etwas werden wird."

Andere Antworten beziehen sich auf die vermuteten Auswirkungen auf Männer bzw. auf die Zusammenarbeit zwischen Männern und Frauen.

Tabelle 77: Von den befragten Frauen ergänzend formulierte Begründungen für die Ablehnung einer Quotenregelung, nach Stellung in der Kirche (absolute Zahl der Nennungen)[153]

	Frauen ausschließlich im Ehrenamt (n=2099)	Frauen in kirchlichen Berufen (n=809)	Frauen in kirchlicher Ausbildung (n=142)	Frauen ohne besonderes Amt in der Kirche (n=907)	alle Befragten (n=3957)
Quotenregelung als solche ist *falsch*,					
... sie schadet den Frauen, diskriminiert	14	7	2	7	30
... sie gefährdet die Qualität der Arbeit	17	3	3	6	29
... sie ist zu starr und gesetzlich	16	4	-	5	25
... sie drängt die Männer in der Kirche (noch weiter) zurück	11	3	-	-	14
... sie benachteiligt die Männer	5	-	2	-	7
... sie behindert das Miteinander	12	1	-	-	13
... sie ist nicht Gottes Wille, nicht kirchlicher Auftrag	8	1	2	4	15
... es ist Gott, der die Menschen beruft	5	1	-	-	6
... Macht wird dadurch zu sehr betont	13	4	1	-	18
Quotenregelung als solche *hilft nicht*,					
... Bewußtseinsänderung ist nötig	27	7	3	9	46
... die Frauen selbst müssen sich ändern	21	8	1	2	32
... Strukturänderung ist nötig	15	7	2	2	26
... ohne nähere Begründung	11	2	1	1	15
Die Forderung, mehr Frauen an der Leitung zu beteiligen, ist unbegründet; auf das Geschlecht kommt es nicht an:					
... sondern auf die Fähigkeiten	18	3	1	6	28
... allerdings ist Gleichberechtigung wichtig	14	3	2	4	23
... Frauen machen es auch nicht besser	3	2	-	1	6
... vor Gott / in der Kirche geht es nicht um Mann oder Frau	6	2	-	-	8
... entscheidend ist der Glaube	4	-	-	2	6
Die gegenwärtige Situation (=d.h., Leitung ist überwiegend Männersache) ist gut ...					
... aus biblisch-theologischen Gründen	10	-	-	-	10
... aus sozialen Gründen	4	5	1	2	12

---

[153] Auch hier wird wegen der geringen Zahl der Nennungen auf eine Prozentuierung verzichtet.

Fortsetzung von Tabelle 77:

	Frauen ausschließlich im Ehrenamt (n=2099)	Frauen in kirchlichen Berufen (n=809)	Frauen in kirchlicher Ausbildung (n=142)	Frauen ohne besonderes Amt in der Kirche (n=907)	alle Befragten (n=3957)
Quotenregelung ist *unnötig*, die Frauen schaffen es (bald) auch so / haben es schon geschafft	6	3	1	1	11
Ablehnung einer Quotenregelung aus sonstigen Gründen / keine Angabe	7	1	1	1	10
Nennungen insgesamt	247	67	23	53	390

So wird mehrfach befürchtet, daß durch eine Quotenregelung, die Frauen im Leitungsbereich mehr Raum gibt, die ohnehin schon geringe Beteiligung von Männern am kirchlichen Leben noch weiter verringert werden könnte:
- „Bei Schaffung einer Quotenregelung würden die Männer aus dem kirchlichen Leben noch mehr verschwinden!"
- „Wo blieben die Männer, wenn sie auch in der Leitung weniger würden, wo sie an der Basis schon so dünn gesät sind!"

Einige Frauen betrachten eine Quotenregelung als Benachteiligung der Männer:
- „Frauen sollten nicht mehr Rechte bekommen als die Männer."

Und es gibt auch die Sorge, eine Quotenregelung könnte das Arbeitsklima beeinträchtigen:
- „Das ist zu gewaltsam und führt zu neuem Kampf."
- „Ich meine, daß diese ‚Geschlechterregelung' zu einer unguten gegenseitigen Provokation führt. Es sollte das Ziel der Kirche sein, ‚Geschlechter' und ‚Generationen' zu einem harmonischen *Mit*einander zu führen."

In einigen anderen Antworten kommt die Überzeugung zum Ausdruck, daß es in der Kirche keine Quotenregelung geben sollte, weil sie als Widerspruch zum kirchlichen Auftrag und zur christlichen Überlieferung empfunden wird:
- „Ich fände es zu beschämend, wenn das in der Kirche nötig wäre!"
- „Stellen Sie sich eine Quotenregelung in der Bibel vor - und was Jesus wohl dazu sagen würde!"

Diesen Überlegungen verwandt sind Hinweise darauf, daß es Sache Gottes sei, Männer wie Frauen für die jeweils richtige Aufgabe zu berufen:
- „Ich denke, Gott stellt jeden an die richtige Stelle!"

Von der Überzeugung, daß es in der Kirche anders zugehen sollte als in säkularen Lebensbereichen, gehen auch jene Voten aus, in denen eine Quotenregelung mit der Begründung abgelehnt wird, dadurch werde *der Machtaspekt zu stark betont"* :
- „In der Kirche sollte weniger geleitet und mehr gedient werden, dann würden Frauen sich nach dem höheren Amt nicht drängen müssen."
- „Menschliche Herrschaft vermeiden!"
- „Matthäus 23, 5-7[154]: Sollen wir *so* werden?"

---

[154] „Alle ihre Werke aber tun sie, damit sie von den Leuten gesehen werden. Sie machen ihre Gebetsriemen breit und die Quasten an ihren Kleidern groß. Sie sitzen gerne obenan bei Tisch und

Neben Begründungen, die eine Quotenregelung ablehnen, weil sie sie aus verschiedenen Gründen für *falsch* halten, gibt es in relativ großer Zahl auch solche, die eher von ihrer *Wirkungslosigkeit* ausgehen. Ein großer Teil dieser Aussagen basiert auf der Überzeugung, zu einer wirklichen Situationsverbesserung für Frauen bedürfe es einer grundlegenden Bewußtseinsveränderung:
- „Die Einstellung zur Frau muß sich ändern. Jedes Geschlecht hat seine Fähigkeiten, man muß sie nur richtig einsetzen."
- „Die Männer in der Leitung sollten einsehen, daß fähige Frauen durchaus einiges leisten können und wollen."
- „Ich lehne eine Quotenregelung ab, weil man so etwas nicht verordnen kann, wenn es gut werden soll. Es muß doch eine Einstellungsänderung von der Theologenausbildung her und gleichzeitig von der Gemeindebasis her kommen."
- „Ich bin dagegen, weil nicht Quoten geregelt, sondern in christlicher Liebe und Vernunft das Bewußtsein der Verantwortlichen geschärft und verändert werden sollte."

Veränderungsprozesse bei den Frauen selbst werden in anderen Antworten als weiterführend beschrieben:
- „Frauen müssen es lernen, sich durchzusetzen."
- „Fähige Frauen müssen bereit sein, eine entsprechende Position auszufüllen."
- „Frauen dürfen nicht den Männern den Vortritt lassen und müssen ihre Artgenossinnen als gleichwertig anerkennen."

Und schließlich gibt es auch Frauen, die grundlegende Strukturveränderungen fordern, Quotenregelungen dagegen für nicht hilfreich halten:
- „Befähigte Frauen sollten in die Lage versetzt werden, gleichberechtigt mit Männern zu konkurrieren, d.h. wenn man (frau) ihre Fähigkeiten nutzen will, muß im Einzelfall konkrete Entlastung geboten werden, z.B. in der Familien- oder Hausarbeit."
- „Wenn unsere Gesellschaft die Hierarchie Männer - Frauen - Kinder beibehält, nützt die Quotenregelung nichts. Die Frauen würden ohnehin das tun, was die Männer wollen."
- „Ich halte die bestehenden Leitungsstrukturen der Kirche für ungut. Ich finde, Frauen sollten sich dort nicht vereinnahmen lassen."

Als *unbegründet* wird die Forderung nach einer Quotenregelung von Frauen zurückgewiesen, die die Frage nach der Geschlechtszugehörigkeit eines Menschen im Zusammenhang von Leben und Arbeit in der Kirche für unwesentlich erklären. Die meisten dieser Antworten basieren offenbar auf der Überzeugung (oder Befürchtung), Orientierung an der Geschlechtszugehörigkeit und Beachtung der jeweiligen persönlichen Fähigkeiten stellten zwei sich ausschließende Prinzipien dar; in der Folge wird dann die vordringliche Wichtigkeit der für die Erfüllung einer Aufgabe erforderlichen Fähigkeiten betont:
- „Es kommt auf die Qualifikation an, nicht auf das Geschlecht."
- „Jeder, der leitende Positionen übernimmt, besonders in der Kirche, sollte nicht aufgrund einer Quote, die erfüllt werden *muß*, diese Stellung einnehmen, sondern aufgrund der Fähigkeiten und des persönlichen ‚Auftrags'."

In anderen ablehnenden Antworten verbinden sich nichtsdestoweniger die Forderungen nach Beachtung der notwendigen Qualifikation *und* nach gleichberechtigter Teilhabe von Frauen und Männern:
- „Bei Wahlen muß die Qualifikation entscheiden. Frauen müssen die *gleichen Chancen* wie Männer haben."

---

in den Synagogen und haben's gerne, daß sie gegrüßt werden auf dem Markt und von den Menschen Rabbi genannt werden."

- „In der Kirche sollte es doch möglich sein, daß die Gleichstellung von Mann und Frau vor Gott als selbstverständlich gilt, so daß ohne Diskussionen natürlich fähige Frauen eingesetzt werden. (Oder sollte das nur Wunschdenken sein?)"

Auch mit theologischen Begründungen wird die Frage nach der Geschlechtszugehörigkeit vereinzelt als unwesentlich zurückgewiesen:
- „In Christus ist nicht Mann noch Frau."
- „Menschen mit brennendem Herzen für die Sache Jesu Christi sollten die Kirche leiten, gleich ob Mann oder Frau."

Und schließlich erklären einige Befragte die Frage nach dem Geschlecht derjenigen, die Leitungsaufgaben ausfüllen, deshalb für unwichtig, weil sie davon ausgehen, daß Frauen in leitenden Positionen ähnliche Fehler machen wie Männer:
- „Frauen machen's auch nicht besser!"
- „Viele ‚führende' Frauen gebärden sich genauso diktatorisch wie Männer."
- „Frauen werden dann die Rolle des Mannes - auch mit der negativen Seite - übernehmen. Es bleibt meines Erachtens alles so, wie es ist."

Schaubild 18: Stellungnahmen der befragten Frauen zur Forderung einer Quotenregelung in der Kirche, nach Stellung in der Kirche (in v.H. der jeweiligen Befragtengruppe)

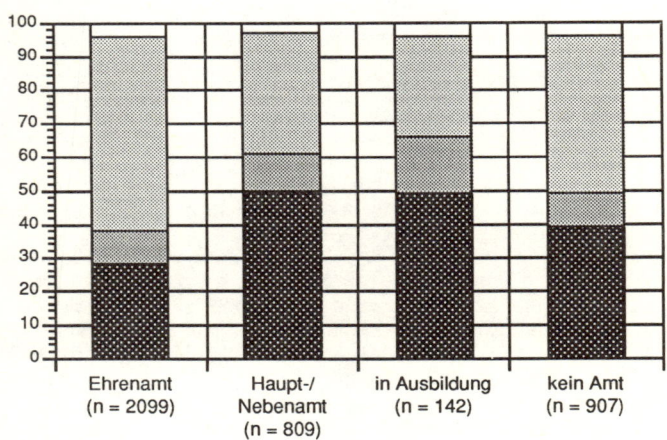

Ehrenamt (n = 2099)
Haupt-/Nebenamt (n = 809)
in Ausbildung (n = 142)
kein Amt (n = 907)

Quotenregelung:
- ☐ keine Angabe
- ☐ nein (überwiegende Begründung: "fähige Frauen setzen sich auch ohne eine solche Regelung durch")
- ☐ ich bin mir nicht sicher
- ▓ ja, unbedingt

Prinzipielle Ablehnung einer Quotenregelung findet sich - in dieser Umfrage allerdings nur sehr selten - bei Frauen, die die bestehende Situation mit ihrer unterschiedlichen Leitungs- und Entscheidungsbeteiligung von Männern und Frauen bejahen. Zum einen werden in diesen Antworten theologische Begründungen genannt, zum anderen wird auf Unterschiede in der sozialen Lage verwiesen:

- „Die Bibel sieht nur Männer in leitender Funktion vor. Wir Frauen sind zu anderem berufen."
- „Ich lehne eine Quotenregelung ab, weil die leitenden Kräfte der Kirche Männer sein müssen. Vor allen Dingen können verheiratete Frauen sich aus familiären Gründen gar nicht den zeitlichen Aufwand (abends und an Wochenenden) erlauben."
- „Als Mutter und Hausfrau bin ich so ausgelastet, daß ich nicht aktiv etwas neu gestalten kann. Zeitbedingt tue ich das, was nötig ist. Neue Ideen entwickeln kann man in einem persönlichen Freiraum, den ich in meinem Lebensabschnitt so nicht habe."

Eine kleine Zahl von Frauen schließlich formuliert ausdrücklich noch einmal, eine Quotenregelung, die eine angemessene Entscheidungsbeteiligung von Frauen in der Kirche sicherstellen sollte, sei einfach *unnötig*, Frauen seien auch ohne eine solche Maßnahme in der Lage, dieses Ziel zu erreichen bzw. hätten es zum großen Teil bereits erreicht.

Die getrennte Auswertung für Teilgruppen von Frauen mit unterschiedlicher *Beziehung zur Kirche* ergibt auch in diesem Punkt, ähnlich wie bei den Stellungnahmen zum Forderungskatalog, für Frauen, die in einer beruflichen Beziehung zu Kirche stehen bzw. sich auf einen späteren Beruf in der Kirche vorbereiten, ein von der Befragtengesamtheit abweichendes Meinungsbild (vgl. Schaubild 18): Jede zweite Frau aus diesen beiden Teilgruppen votiert klar für eine Quotenregelung in der Kirche. Antworten, die Gründe gegen eine solche Regelung anführen, finden bei ihnen weniger Zustimmung. Den geringsten Nachdruck hinter die Forderung nach Einführung einer Quotenregelung setzen Frauen, die (ausschließlich) ehrenamtlich in der Kirche tätig sind. Hier gibt es eine klare Mehrheit für die Aussage, fähige Frauen setzten sich schon von alleine durch, auch ohne eine solche Regelung.

Ein mit bisherigen Befunden übereinstimmendes Bild ergibt sich, wenn man die Antworten auf diese Frage nach *Altersgruppen* getrennt betrachtet (vgl. dazu die Schaubilder 19 a bis c):
- In allen Teilgruppen unterstützen Frauen im Alter zwischen 21 und 40 Jahren besonders häufig den Wunsch nach Einführung einer Quotenregelung. Ältere Frauen zeigen ein - teilweise beträchtlich - höheres Maß an Zurückhaltung.
- Auch im Vergleich der einzelnen Altersgruppen sind es weiterhin die in der Kirche beruflich tätigen Frauen, die diese Forderung am stärksten vertreten; die ehrenamtlich Aktiven üben auch hier durchgängig ein relativ hohes Maß an Zurückhaltung.

Die Gruppe der beruflich in der Kirche tätigen Frauen ist, was die Antworten auf diese Frage betreffen, in sich alles andere als homogen (vgl. Schaubild 20). In manchen *Berufsgruppen* wird - vermutlich aus dem eigenen Erfahrungs- und Reflexionszusammenhang heraus - eine Veränderung der Frauenbeteiligung an Leitungsaufgaben in der Kirche durch die Einführung einer Quotenregelung für besonders wichtig gehalten; deutlich sichtbar wird dies an den Antworten der befragten Diakoninnen, Pastorinnen und Sozialarbeiterinnen. Frauen aus anderen Berufsgruppen sehen die Notwendigkeit einer solchen Maßnahme seltener gegeben: Dies gilt vor allem für Küsterinnen, Pfarrsekretärinnen und Kirchenmusikerinnen. Während nur wenige Vertreterinnen der erstgenannten Gruppen darauf vertrauen, daß „fähige Frauen sich auch ohne eine solche Regelung durchsetzen", sind Frauen aus letzteren Gruppen davon häufiger überzeugt. Es könnte sein, daß die eigene Aufstiegsaspiration, die unter anderem sowohl mit der Ausbildung als auch mit der Position innerhalb der kirchlichen Hierarchie zusammenhängt, in diesen Gruppen unterschiedlich ausgeprägt ist. Frauen, die sich selbst - bzw. andere Frauen in vergleichbarer beruflicher Position - als potentiell an der Leitung Beteiligte wahrnehmen, empfinden Zugangshindernisse stärker als diejenigen, die keine solche Aspirationen entwickelt haben.

Schaubild 19: Stellungnahmen der befragten Frauen zur Forderung einer Quotenregelung in der Kirche, nach Stellung in der Kirche und Lebensalter (in v.H. der jeweiligen Befragtengruppe)

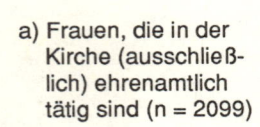

a) Frauen, die in der Kirche (ausschließlich) ehrenamtlich tätig sind (n = 2099)

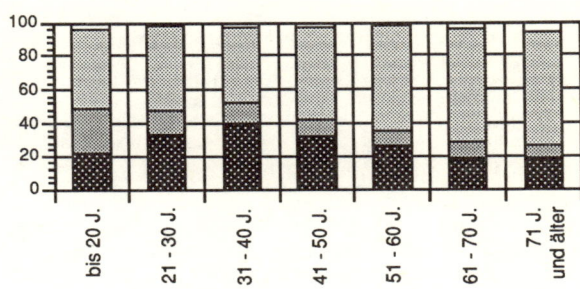

b) Frauen, die in der Kirche beruflich tätig sind (n = 809)

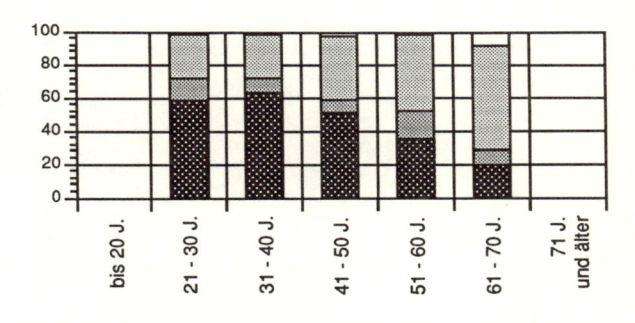

c) Frauen, die kein Amt übernommen haben (n = 907)

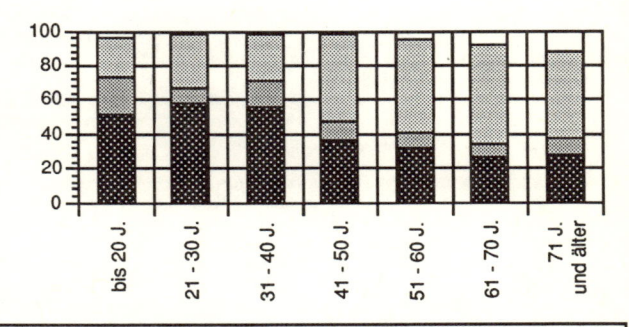

☐ nein, aus anderen Gründen

▨ nein, fähige Frauen setzen sich auch ohne eine solche Regelung durch

▦ ich bin mir nicht sicher

▓ Quotenregelung: ja, unbedingt

258

Schaubild 20: Stellungnahmen beruflich in der Kirche tätiger Frauen zur Forderung einer Quotenregelung, in ausgewählten Berufsgruppen (in v.H. der jeweiligen Befragtengruppe)

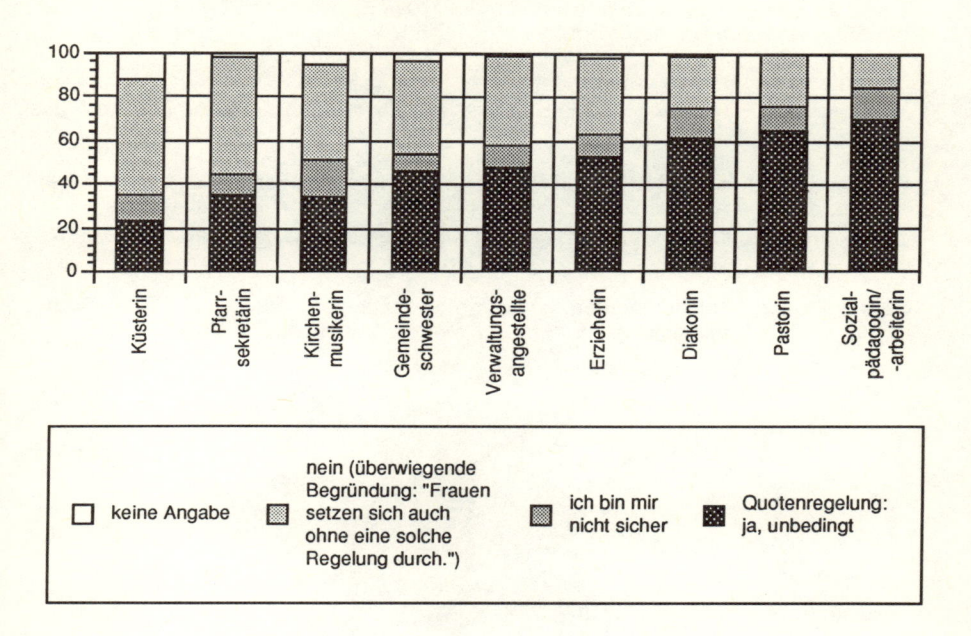

[Balkendiagramm mit Berufsgruppen: Küsterin, Pfarrsekretärin, Kirchenmusikerin, Gemeindeschwester, Verwaltungsangestellte, Erzieherin, Diakonin, Pastorin, Sozialpädagogin/-arbeiterin]

Legende:
- ☐ keine Angabe
- nein (überwiegende Begründung: "Frauen setzen sich auch ohne eine solche Regelung durch.")
- ich bin mir nicht sicher
- Quotenregelung: ja, unbedingt

In der Beantwortung dieser Frage werden auch Unterschiede sichtbar zwischen denjenigen Frauen, die als Ehrenamtliche selbst *Leitungsämter* innehaben, und den übrigen ehrenamtlichen Mitarbeiterinnen: Bei ersteren liegt der Anteil derjenigen, die eine Quotenregelung für *„unbedingt erforderlich"* halten, mit 25 % besonders niedrig, bei letzteren mit 31 % etwas höher.

Hinzuweisen ist ferner auf den bereits oben im Schaubild 16 dargestellten Befund: Ehrenamtlich in der Kirche tätige Frauen, die der Aussage zustimmen: *„Frauen dienen - Männer leiten"*, treten deutlich häufiger für die Einführung einer Quotenregelung ein als andere, die einen solchen Satz nur eingeschränkt oder gar nicht für richtig halten.

8.2.3 Stellungnahmen zur Einrichtung einer Gleichstellungsstelle

Kommen wir schließlich zu einer letzten Forderung, die in dieser Befragung zur Diskussion gestellt wurde; sie zielt auf eine Maßnahme, die die kontinuierliche Arbeit für mehr Gleichberechtigung und Gleichbeteiligung von Frauen sichern soll - die Einrichtung einer Gleichstellungsstelle / Frauenbüro. Diese Forderung war mehrfach nachdrücklich in die kirchliche Diskussion eingebracht worden. In der Frageformulierung wurde auf diese innerkirchlichen Diskussionsprozesse explizit Bezug genommen:

„In der Landeskirche wurde ein Antrag auf Einrichtung einer Gleichstellungsstelle / Frauenbüro eingebracht. Aufgabe einer solchen Stelle soll sein, sich dafür einzusetzen, daß Lebenssituationen und Bedürfnisse von Frauen in Kirche und Gesellschaft besser wahrgenommen werden und Frauen Gerechtigkeit erfahren. Was halten Sie von einem solchen Vorhaben?"

Die Antwortvorgaben lauteten:
„Ich halte die Einrichtung einer solchen Stelle für dringend erforderlich" bzw. für *„überflüssig".*

Frauen, die sich in dieser Frage nicht auf eine so ausschließliche Position festlegen wollten, hatten ebenfalls die Möglichkeit, dies zu äußern:
„Das kommt darauf an, welche konkreten Aufgaben eine solche Stelle übernimmt."

Schaubild 21: Stellungnahmen der befragten Frauen zur Forderung einer Gleichstellungsstelle für Frauen in der Kirche (in v.H., n = 3957)

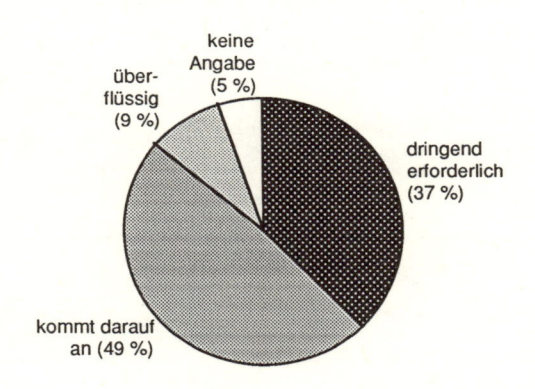

- überflüssig (9 %)
- keine Angabe (5 %)
- dringend erforderlich (37 %)
- kommt darauf an (49 %)

Schaubild 21 zeigt, daß fast jede zweite Frau ihre Entscheidung in dieser Frage von einer inhaltlichen Klärung der zu bewältigenden Aufgaben abhängig sehen will.[155] Die übrigen votieren mehrheitlich *für* die Einführung einer Gleichstellungsstelle.[156] Das Votum *„überflüssig"* wird nur von einer Minderheit (9 %) der Befragten unterstützt.[157]

---

[155] In einigen Fällen haben Frauen auch diese Antwort durch Randnotizen erläutert. Einige Beispiele zeigen, daß die Vorstellungen der so Antwortenden durchaus unterschiedlich sind:
- „(*Das kommt darauf an,*)... welche Kompetenzen vergeben werden!"
- „Wenn die Mitarbeiterinnen einer solchen Stelle das Vetorecht, Akteneinsichtsrecht, das Mitspracherecht und das Anhörungsrecht in allen Gremien der Landeskirche erhielten, und wenn sie über einen Etat verfügen, dann ist diese Einrichtung sinnvoll."
- „Z.B. konkrete Hilfe anstatt Protest etc. und Politik."

[156] Vereinzelt gibt es auch hierzu ergänzende Anmerkungen wiederum recht unterschiedlicher Art, z.B.:
- „Wenn dadurch die partnerschaftliche Zusammenarbeit von Frau und Mann in der Kirche unterstützt und gefördert wird. Aber nicht Durchsetzung von Rechten gegen die Männer."

Wie die Auswertung nach Teilgruppen mit unterschiedlicher Art der *Beziehung zu Kirche* deutlich macht (vgl. Schaubild 22), plädieren in der Kirche beruflich tätige Frauen und, noch stärker, jene, die sich auf einen Beruf in der Kirche vorbereiten, in besonders großer Zahl für die Errichtung einer solchen Stelle; die anderen Frauen, insbesondere diejenigen, die als ehrenamtliche Mitarbeiterinnen tätig sind, äußern sich zurückhaltender. In diesem Fall heißt das allerdings nicht, daß sie grundsätzlich auf eine solche Einrichtung verzichten möchten; sie betonen aber, daß eine Entscheidung in dieser Frage für sie stark von den konkreten Aufgaben abhängig sei, die übernommen werden sollten.

Schaubild 22: Stellungnahmen der befragten Frauen zur Forderung einer Gleichstellungsstelle für Frauen in der Kirche, nach Stellung in der Kirche (in v.H. der jeweiligen Befragtengruppe)

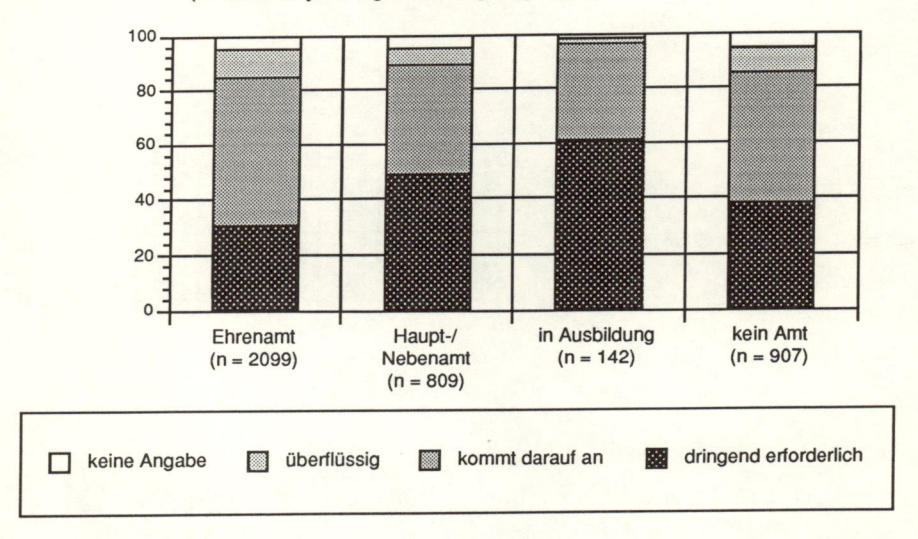

Ehrenamt (n = 2099)   Haupt-/Nebenamt (n = 809)   in Ausbildung (n = 142)   kein Amt (n = 907)

☐ keine Angabe   ▨ überflüssig   ▨ kommt darauf an   ▨ dringend erforderlich

Auch eine innerhalb der Teilgruppen vorgenommene *Altersdifferenzierung* bestätigt das bereits in den beiden vorangegangenen Abschnitten berichtete Ergebnis (vgl. Schaubild 23):

---

[157] - „Weil Frauen eher bereit sind, über Abrüstung, Umstellung im Haushalt usw. nachzudenken, ein Miteinander zu verwirklichen - aber *nicht,* damit Frauen die gleichen Machtstrukturen verfolgen!" Eine so antwortende Frau erläutert ihre Meinung folgendermaßen: „Liebe deinen Nächsten wie dich selbst, das ist für mich die deutlichste Gleichstellung, das sollten wir leben und predigen. Ein Büro würde sich schnell zu einer Richt- und Forderungsstelle entwickeln."
Andere Frauen wünschen sich anstelle einer Gleichstellungsstelle, mit der sie offenbar Vorstellungen von „Abgehobenheit" und „Gemeindeferne" verbinden, lieber eine *„Ansprechstelle",* oder, wie eine Frau es formuliert:
- „Es ist, nach meiner Meinung, etwas übertrieben, ein ‚Frauen-Forum' oder Frauen-Büro zu gründen, von dem ich in meiner Gemeinde sehr wenig oder gar nichts habe. Besser fände ich es, wenn in einer Gemeinde ein weibliche Mitglied des KV für Frauen als Ansprechpartner bekannt gemacht würde."

Schaubild 23: Stellungnahmen der befragten Frauen zur Forderung einer Gleichstellungsstelle, nach Stellung in der Kirche und Lebensalter (in v.H. der jeweiligen Befragtengruppe)

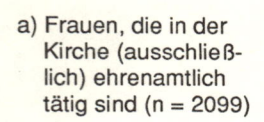

a) Frauen, die in der Kirche (ausschließlich) ehrenamtlich tätig sind (n = 2099)

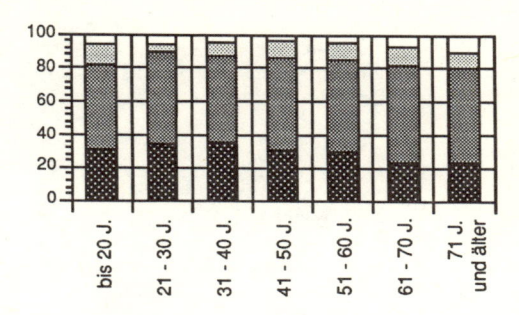

b) Frauen, die in der Kirche beruflich tätig sind (n = 809)

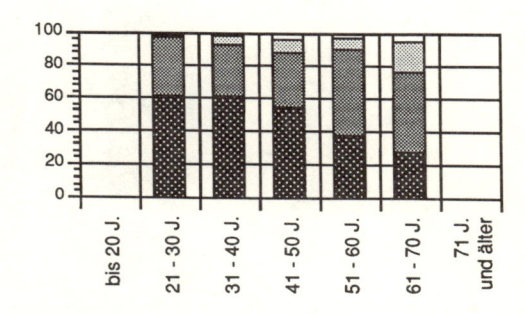

c) Frauen, die kein Amt in der Kirche übernommen haben (n = 907)

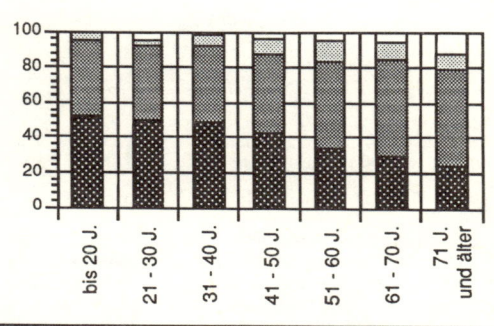

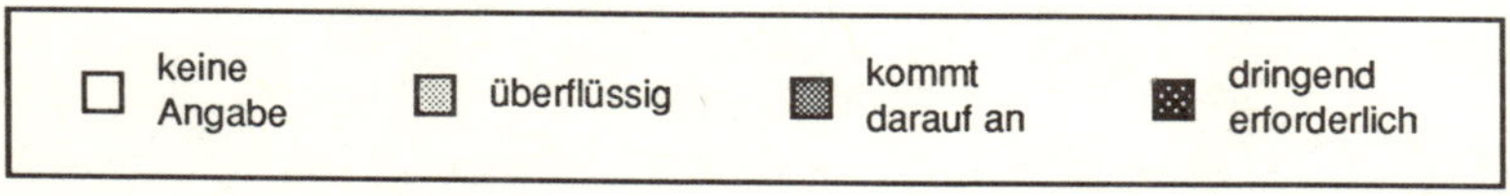

☐ keine Angabe ▨ überflüssig ▨ kommt darauf an ▨ dringend erforderlich

Frauen jüngeren oder mittleren Alters wünschen sich in besonders großer Zahl die Schaffung einer solchen Einrichtung, die dazu beiträgt, der Lebenssituation von Frauen in der Kirche besser gerecht zu werden. Insbesondere von den in einem kirchlichen Beruf tätigen Frauen dieser Altersgruppe wird diese Forderung sehr nachdrücklich vertreten. Aber auch unter den Frauen, die in der Kirche kein besonderes Amt übernommen haben, sind vor allem diejenigen im Alter bis 40 Jahren in großer Zahl an einer Gleichstellungsstelle interessiert.

Hingewiesen sei schließlich auch wieder auf Unterschiede in den Voten von in der Kirche beruflich tätigen Frauen aus unterschiedlichen *Berufsgruppen* (vgl. dazu Schaubild 24):
Wie bei den Stellungnahmen zur Quotenregelung sind es erneut vor allem Pastorinnen, Sozialpädagoginnen/Sozialarbeiterinnen und Diakoninnen, die die Notwendigkeit einer Gleichstellungsstelle in besonderer Weise als gegeben betrachten, während Küsterinnen, Gemeindeschwestern und Pfarrsekretärinnen seltener für eine solche Einrichtung plädieren.

Schaubild 24: Stellungnahmen zur Forderung einer Gleichstellungsstelle für Frauen in der Kirche bei in der Kirche beruflich tätigen Frauen verschiedener Berufsgruppen (in v.H. der jeweiligen Befragtengruppe)

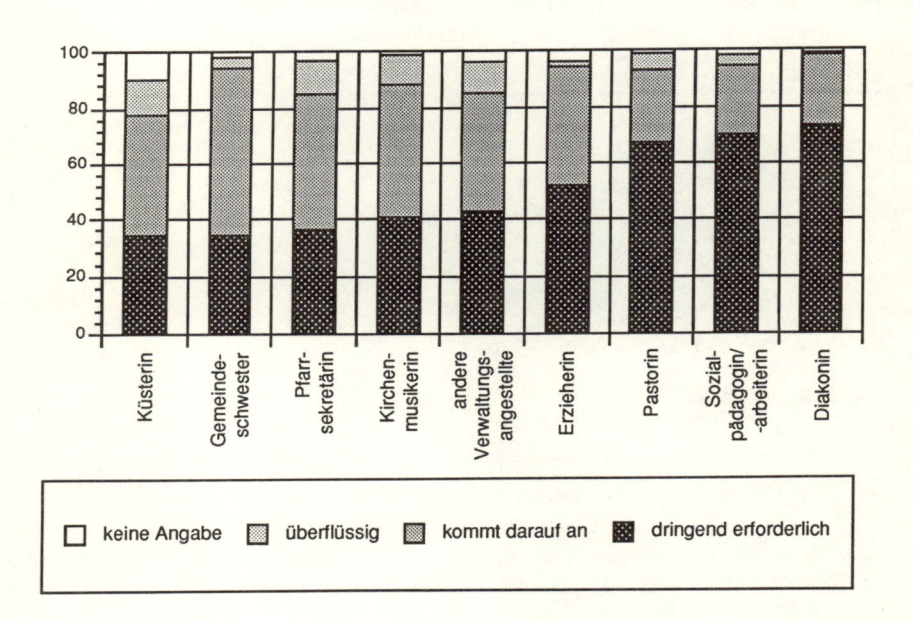

Zwischen ehrenamtlichen Mitarbeiterinnen mit und solchen ohne *gemeinde- bzw. kirchenleitender Funktion* ist in der Beantwortung dieser Frage keinerlei Unterschied zu verzeichnen.

Dagegen plädieren ehrenamtliche Mitarbeiterinnen, die derzeit eine die Frauen von Leitungsämtern weitgehend ausschließende Aufgabenteilung in der Kirche als gegeben *wahrnehmen*, mit besonderem Nachdruck für die Einrichtung einer Gleichstellungsstelle (vgl. noch einmal Schaubild 16, S. 250).

8.3 „Frauen und Kirche" – was dazu noch zu sagen wäre

Am Fragebogen-Ende sollte den an der Erhebung Beteiligten noch einmal die Möglichkeit gegeben werden, aus ihrer ganz persönlichen Sicht oder Erfahrung heraus die angeschnittenen Themen zu ergänzen, zu vertiefen oder zu relativieren:
„Zum Thema ‚Frauen und Kirche' möchte ich außerdem noch sagen..."

Während Aufforderungen oder Bitten dieser Art, die ja nicht selten am Ende eines Fragebogens angefügt werden, um den Befragten Gelegenheit zu einem „Nachtrag" zu geben, in der Regel nur auf geringe Resonanz stoßen, wurde dieser Impuls in der Frauenbefragung überraschend häufig aufgenommen (vgl. Tabelle 78) und zum Teil sehr ausführlich beantwortet. Allein die hier notierten Bemerkungen würden ausreichen, um damit eine eigene Publikation zu erstellen. Diese ungewöhnlich hohe Antwortbereitschaft der befragten Frauen bringt erneut deren ausgeprägtes Interesse an den angesprochenen Themen zum Ausdruck.

Tabelle 78: Von den befragten Frauen ergänzend hinzugefügte Hinweise zum Thema „Frauen in der Kirche", nach Stellung in der Kirche (i.v.H. der jeweiligen Befragtengruppe)

	Frauen ausschließlich im Ehrenamt (n=2099)	Frauen in kirchlichen Berufen (n=809)	Frauen in kirchlicher Ausbildung (n=142)	Frauen ohne besonderes Amt in der Kirche (n=907)	alle Befragten (n=3957)
Antworten, die das Befragungsthema „Frauen und Kirche" positiv aufnehmen und unterstützen	31	36	48	22	29
Antworten, die dem Befragungsthema „Frauen und Kirche" (in der hier behandelten Weise) eher ablehnend gegenüberstehen	20	15	19	11	16
Antworten, die eine grundlegende Kirchenkritik zum Ausdruck bringen	1	1	2	2	1
Sonstige Antworten	2	3	2	4	3
Antworten insgesamt	54	55	71	39	49

Noch einmal wird hier ein breites Spektrum dessen angesprochen, was Frauen in der Kirche sich wünschen und erhoffen, wo sie eher ärgerlich, wütend, skeptisch oder mißtrauisch sind, was sie befürworten oder ablehnen.

Frauen, die zum Zeitpunkt der Erhebung noch eine Ausbildung in der Kirche durchlaufen, haben auch diese Vorgabe besonders intensiv für Stellungnahmen genutzt. Aber auch sehr viele Frauen, die in der Kirche ausschließlich ehrenamtlich tätig sind, sowie Frauen, die dort einen Beruf ausüben, haben sich noch einmal abschließend geäußert. Frauen ohne besonderes Amt in der Kirche haben, wie in den meisten anderen Teilen dieser Erhebung, vergleichsweise seltener geantwortet.

Ohne alle bereits beschriebenen Erfahrungen und daraus resultierenden Wünsche und Forderungen zu wiederholen, seien an dieser Stelle - ohne Anspruch auf Vollständigkeit - die wichtigsten Aussagen aus diesen Schlußbemerkungen aufgenommen. Sie machen die wichtigsten Argumentationen und Überlegungen der hier antwortenden Frauen sichtbar.

Besonders oft ist in diesen Ergänzungen nochmals von geschlechtsspezifischer Benachteiligung oder fehlender Anerkennung von Frauen in verschiedenen Bereichen kirchlichen Lebens die Rede. Dabei wird auch über *"wirkliche Gleichberechtigung"*, *"Gleichstellung"* oder *"Gleichbehandlung"* von Frauen und Männern sowie deren Voraussetzungen und Möglichkeiten nachgedacht. Die unterschiedlichen Erfahrungshintergründe und Sichtweisen der an der Erhebung Beteiligten kommen in diesen Antworten ebenso zum Ausdruck wie unterschiedliche Grade emotionaler Betroffenheit:

- „Da könnte ich Seiten füllen - mit Bildern, Erlebnissen, Schrecken, Visionen: vielfältige Gefühle: Ärger - Stolz - Depression - Kampfeslust - Langeweile - Hoffnung."
- „Die Zukunft der Kirchen ist weiblich - oder es explodieren Tausende von unter Druck stehenden Frauen!"
- „Es wird höchste Zeit, daß Kirche in ihren eigenen Reihen offiziell die Frauenfrage stellt. Nach meiner Einschätzung werden jüngere Frauen immer kritischer und ärgerlicher über die Arroganz und Ignoranz, mit der sich Männer in der Kirche gegenüber Frauen verhalten und handeln. Ich persönlich empfinde den Hochmut der Männer oft körperlich. Die wenigsten Männer merken überhaupt, was Frauen in dieser Kirche tun und wer sie sind!"
- „Es ist bedauerlich, daß es *verhältnismäßig* wenig Frauen in den Kirchenvorständen gibt, womit ich meine: im Verhältnis zum Kirchenbesuch und zur aktiven Mitarbeit in den Kreisen und Projekten. Ich denke, es liegt nicht an mangelnder Einsatzfreude oder fehlender Lust an Verantwortung, sondern an zu geringem Informationsfluß zwischen Kirchenleitung und Gemeinden! *Wenn* Frauen im KV sind, setzen sie erfahrungsgemäß *einige* Energien frei."
- „Für mich ist immer wieder schmerzlich, wie wenig sich die Botschaft Jesu und sein Umgang mit, seine Aussagen über Frauen im Alltag der Kirche spiegeln, abgesehen von allfälligen Lippenbekenntnissen."
- „Wenn sich die Kirche ganz unter Jesu Lehre stellen würde, die die Gleichberechtigung der Frau beinhaltet, wäre das Problem gelöst. Man ersparte sich viel Zeit für Umfragen und wäre frei für wirklich wichtige Dinge."
- „Es ist nicht meine Meinung, daß aus der Gleich*stellung* von Mann und Frau in der Kirche auch eine bessere Kirchenpraxis folgt. Es geht mir um die Gleich*behandlung* von Mann und Frau und somit um mehr Gerechtigkeit in der Kirche."

Einige Antwortende merken kritisch an, die Durchsetzung von Frauenrechten in der Kirche dürfe nicht Sache der *"besonderen Befähigung besonderer Frauen"* sein:

- „Gleichberechtigung wird erst sein, wenn neben den vielen mittelmäßigen Männern auch mittelmäßige Frauen ganz normal am Alltag kirchlichen Lebens beteiligt werden, nicht nur besonders befähigte."

Andere Frauen zeigen bei all ihrem Ärger und bei aller Skepsis sehr konkrete Ansätze und Wege auf, die sich im Blick auf die Durchsetzung von Frauenrechten in der Kirche aus ihrer Sicht anbieten:

- „Die Frauenarbeit innerhalb der Kirche sollte nur von Frauen wahrgenommen werden. Leider sind auch hier viele Männer, sprich Pastoren, zu sehr engagiert. Wir sind als Frauen durchaus fähig, unsere Kreise allein zu leiten, auch im Punkt Bibelarbeit."
- „Unsere sog. Amtskirche ist nun einmal in allen wichtigen Gremien eine Angelegenheit der Männer. Und wir haben dies zugelassen, ebenso wie den männlichen Ansatz in der gesamten Theologie. Daher ist eine Standortbestimmung der Frauen unerläßlich, wenn es denn eine Weiterentwicklung geben soll. ... Die Strukturen innerhalb der jetzigen Amtskirche scheinen mir so verfestigt, die Verfügungsmacht der Männer so stark, daß ich nicht glaube, daß es uns Frauen gelingen wird, über kurz oder lang Veränderungen zu bewirken. Wahrscheinlich geht dies nur in Form von Basis- und

Netzwerkgruppen nebenher, sprich an ‚der Amtskirche' vorbei. Wobei ich sehr wohl auch die Gefahr der Spaltung sehe. Eine Männerkirche und eine Frauenkirche wären jedoch für alle schlecht. Wie auch immer, Ihr Ansatz ist gut und richtig, und es lohnt sich allemal, auf diesem Weg weiterzugehen."
- „Unerträglich finde ich es, wenn von Männern die Frauen hochgelobt werden und sie sich dadurch ein reines Gewissen schaffen wollen. Das Selbstbewußtsein der Frauen muß von den Frauen gestärkt werden, sie dürfen nicht warten, bis ihnen netterweise oder gezwungenermaßen mehr Platz eingeräumt wird - in den christlichen Kirchen muß das Streiten geübt werden, das Aushalten entgegengesetzter Positionen, Türen schlagen, - und die Ideale falscher Einheit und Harmonie genauer unter die Lupe genommen werden."
- „Bei den Überlegungen, ob und wie Frauen in die Männer-Amtskirche *integriert* werden können, bleibe ich skeptisch. Es geht m.E. eher darum, Strategien zu entwickeln, wie wir eine lebendige und offensive Frauen-Theologie und Frauen-Kirchenpolitik danebenstellen können. ‚Frauen in die Männermacht' kann doch nicht gemeint sein. Als organisatorische Perspektive stelle ich mir dezentrale Arbeitsgruppen zu ‚Frauen und Kirche' vor, evtl. auf KK-Ebene, die auch arbeitsteilig zu spezifischen Fragestellungen/Problemen/Themen arbeiten könnten. Dazu jährliche Frauen-Foren mit kirchlichen Mandats-Träger/innen. Kirchlich organisierte Basis-Demokratie."
- „Ich bin sehr skeptisch, ob wir auf das Wohlwollen von Männern warten sollen oder wollen. Natürlich habe ich Freunde in dieser Sache. Aber ich bin ungeduldig geworden, denn die meisten bewegen sich *kein* Stück!! Es geht nicht an, alle Frauen zu motivieren und abzuwarten, sondern darum, Wege zu eröffnen und ‚vorzumachen', damit andere Frauen die Angst verlieren und folgen mögen. Die Institution Kirche hat kein Interesse an Veränderung. Also brauchen wir mehr Basis-Bewegung. Eine feministische ‚Erweckung'? Sie würde alle Dogmatik umkrempeln. Mut zur Häresie!"

Mehrfach begründen Frauen ihren Wunsch, Frauen stärker in kirchenleitenden Positionen vertreten zu sehen:
- „Mehr Frauen in leitenden Positionen würden vielleicht der Kirche zu mehr Bezug zum konkreten Leben und weg von abgehobenen theologischen Spitzfindigkeiten verhelfen, das fände ich wichtig!"
- „Frauen können die Probleme der Frauen in vielen unterschiedlichen Situationen, wie z.B. Abtreibung, Kinderlosigkeit, Scheidung, Ehebruch, Kindstod und den Streß, eine Familie zu haben, halt Hausfrau, Mutter und Arbeiterin zu sein, viel besser verstehen. Deshalb finde ich es unheimlich wichtig, daß Frauen in Führungspositionen einsteigen. Nimmt man nur das Thema Abtreibung. Ich bin nicht für Abtreibung, würde es auch nie machen, aber man muß sich in die Frauen hineinversetzen können, um zu verstehen, was dann in ihnen vorgeht. Es ist ein sehr heikles Thema. Aber vielleicht hätten Frauen da mehr Fingerspitzengefühl."
- „Die Kirche muß Frauen auch in familiären Notsituationen sehr viel mehr unterstützen und nicht nur urteilen, z.B. Scheidung, Abtreibung, Berufstätigkeit mit Familie, Kindern. Hier müßten aber auch wirklich Taten folgen, z.B. Kindergärten, Frauenhäuser, Kindertagesstätten, und deshalb müssen mehr Frauen an Entscheidungen in der Kirche beteiligt werden, da Männer nicht so gut für Frauen denken können. (Das können wir selber!)"
- „Ohne uns Frauen wären die Kirchen leer, und unsere Kinder wüßten nichts vom kirchlichen Leben. Da sollten Frauen mit gleicher theologischer o. ä. Ausbildung wie die Männer auch stärker an der Kirchenleitung beteiligt werden."

Andere Frauen plädieren dafür, „die Kirche" - und das heißt für sie dann auch: Männer in kirchenleitenden Positionen - möchte doch Sorgen und Belastungen, denen Frauen ausgesetzt sind, in ihrem umfassenderen Kontext erkennen, z.B.:
- „Kirche sollte sich weltweit für die Frauen einsetzen. Frauen sind die, die am meisten von Armut und Unterdrückung betroffen sind (z. B. Sextourismus, Doppelbelastung). Kirchenleitende Männer sollten nicht dauernd an Frauen appellieren, wenn es sich um Schwangerschaftskonflikte handelt, sondern sich an die *Männer* wenden und deren *Verantwortung* fordern. Im übrigen interessiert es die Männer nicht, ob Leben durch Risiken in der Technik (Kernkraft usw.) gefährdet ist. All´ diese Fragen gehören für mich auch zum Thema ‚Frauen und Kirche' !!!"

Immer wieder auch weisen Befragte darauf hin, wie eng die Benachteiligung von Frauen in der Kirche mit ihrer gesellschaftlichen Benachteiligung verflochten ist:

- „Ich finde es wichtig, das Thema nicht losgelöst von der gesellschaftlichen Situation der Frauen heute zu behandeln. So können wir Frauen in der Kirche viel von den Frauen, die bereits im gesellschaftlichen Bereich ‚kämpfen', lernen. Ohne einen Dialog mit ihnen und auch Auseinandersetzung mit ihrer Kritik an Kirche erscheint mir das Bemühen der Frauen in der Kirche zu eingeschränkt."
- „Bitte betrachten Sie nicht nur die Situation Frau - Kirche, sondern berücksichtigen Sie auch die Stellung der Frau in der Gesellschaft. Eine einseitige Betrachtungsweise Frau - Kirche würde dem Rahmen, in dem sich Frauen bewegen, d.h. in der Gesellschaft, nicht Rechnung tragen."
- „Es ist die Situation der Frau in der Gesellschaft. Wir müssen besser als Männer sein, um gleichberechtigt anerkannt zun werden. ‚Besser' wird dabei an maskulinen Maßstäben gemessen."
- „Für mich ist das Thema nicht von der gesamtgesellschaftlichen Situation zu lösen. Es ist wichtig, daß Frauen und die Probleme von Frauen überall wichtig werden. Die Kirche sollte mit ihrem sozialen Anspruch gerade auch berufstätige Frauen mit Kindern (auch Alleinerziehende) stärker unterstützen."

Mitunter kommen Frauen an diesem Punkt zu sehr grundsätzlichen Anfragen an die Situation von Religion und Christentum heute:
- „Ein wichtiger Aspekt wäre, das gesellschaftliche Umfeld zu beachten: wenn ‚Religion' eher als Frauensache betrachtet wird (auch als Abqualifizierung), wie sieht es mit der Akzeptanz der Kirche in der (nach-) industriellen Gesellschaft aus?"
- „Das Thema Gleichberechtigung ist ein gesamtgesellschaftliches und kein spezifisch kirchliches; die Kirche kann im übrigen in ihrer Entwicklung nicht wesentlich weiter sein als das Bewußtsein der Mehrheit ihrer Aktiven. Die eher fortschrittlich-emanzipierten Frauen engagieren sich doch nicht deshalb selten in der Kirche, weil sie ein Männerverein ist, sondern weil für sie das Thema ‚Religion - Christentum' abgehakt ist. Vielleicht ist das wichtiger als das ewige Frauenthema, so nett das alles auch ist."

In einigen Antworten ist davon die Rede, daß Frauen selbst diese gesellschaftliche Situation in ihrem Bewußtsein und Verhalten spiegeln und so verfestigen; hier, so betonen diese Befragten, könnte ein wichtiger Ansatzpunkt für Veränderung liegen:
- „In der Kirche läuft genau das, was auch sonst in der Gesellschaft läuft: Ehrenamtliches Engagement wird fast als selbstverständlich vorausgesetzt - ‚die haben ja sonst nichts zu tun'. Hausarbeit wird nicht anerkannt: Entsprechend ist das Selbstbewußtsein von uns Frauen und wird auch noch an die Töchter weitergegeben. Die mitunter größere Emotionalität und menschliche Wärme von Frauen wird von Männern mitunter als beängstigend erlebt und abgewertet - ‚bloß keine Gefühle'!"
- „Ich begrüße es durchaus, daß Sie dieses Thema aufgegriffen haben, denn die Frauen spielen in der Kirche doch eine besondere Rolle. Ich meine damit die ganze ehrenamtlich anfallende soziale Arbeit, die meist klaglos von Frauen verrichtet wird. Diese Arbeit ist die Fortsetzung der Arbeit, die Frauen von ihrem Rollenverständnis her in der Familie, der Partnerschaft, im gesellschaftlichen Leben ausüben. Die Kirche hat es von jeher verstanden, dieses Rollenverständnis für sich auszunutzen. Inzwischen haben viele Frauen dazugelernt und hinterfragen kritisch ihr Tun. Ich meine, daß Arbeit, die den Mitmenschen zugute kommt, nicht mehr als selbstverständlich angesehen werden darf. Ein warmer Händedruck allein ist zu wenig. Arbeitskraft ist nur da, wo es auch ein Honorar gibt."
- „Ich sehe ein starkes Stadt-Land-Gefälle. Auf dem Land sind die traditionellen Rollen sowohl im kirchlichen als auch im gesellschaftlichen Bereich verbreiteter als in der Stadt. Das würde bedeuten, daß im ländlichen Bereich die Arbeit mehr darin bestehen müßte, bei Frauen im Bewußtsein zu schaffen für ihre Frauenrolle, d.h. das kritische Sehen dieser Rolle. Frauen haben hier größtenteils überhaupt keine anderen Probleme als kirchliche Frauen, weil meiner Meinung nach auch ein Frauen-Bewußtsein fehlt, und das ist wieder auch ein gesellschaftlicher Faktor."
- „Sicher haben die Frauen in der Kirche es mit dem gleichen Defizit zu tun, wie sie es im übrigen öffentlichen Leben antreffen. Es müßten allgemein gesellschaftliche Veränderungen herbeigeführt werden, damit die Frau *sich selbst* in der Lage sieht, ihre ‚dienende' Funktion an der Basis aufzugeben zugunsten leitender Tätigkeiten."
- „Daß eine Gleichstellung der Frau nur durch Bewußtseinsveränderung in der gesamten Bevölkerung geschehen kann. Auch Frauen sollten ihren Anteil sehen, besonders auch Mütter hinsichtlich der Kindererziehung."

Und noch einmal votieren Frauen an sich und andere Frauen, Vereinzelung zu überwinden, um gemeinsam neue Wege zu finden:
- „Ich finde, zu wenig Frauen wissen um die Macht der Gemeinschaft, weil sie immerzu vereinzelt werden von (Ehe-)Partnern, Arbeitgebern und Strukturen. ‚Frauen und Kirche' zeigt schön, was viele Frauen nicht sehen. Probleme von Frauen wollen zuviele Frauen als ihre persönlichen ansehen, bewerten und lösen. Das finde ich derart frappant, daß mir manchmal nix mehr dazu einfällt. Ich leide sehr daran, daß Frauen sich gerade von anderen Frauen isolieren. Woher sollen denn gute Erfahrungen kommen, von denen wir leben."
- „Das Thema ist überfällig! Ich sehe in der Bewegung feministischer Theologie und Frauen einen zukunftsweisenden Weg, der die Grenze zwischen evangelisch und katholisch, Mann und Frau und auch anderen religiösen Abgrenzungen aufheben wird. Viele Frauen haben sich ihre Kraft noch nicht bewußt gemacht, sie schlummern dahin, leiden, zerstören sich selbst durch Krankheit und Depressionen. Wir sollten unsern neuen Weg selbstbewußt, konsequent und liebend gehen. Dazu brauchen wir die gegenseitige Vergewisserung!"
- „Ich halte auch das *ökumenische* Gespräch für wichtig. Frauen in der katholischen Kirche leiden viel massiver, nicht so subtil wie in der protestantischen Kirche. Die Rolle der Frauen in der Kirche hat viel mit unserer gemeinsamen Geschichte zu tun."

Beklagt wird ein Mangel an Solidarität untereinander und ein zu geringes Maß an Toleranz, das unterschiedlichen Lebensformen und -anschauungen keinen Raum läßt, z.B.:
- „Die Solidarität unter Frauen läßt sehr zu wünschen übrig. Unterschwelliger Neid und Rivalität machen unfrei. Über Generationskonflikte sollte mehr diskutiert werden. Toleranz lesbischer Frauen gegenüber muß gefördert werden."
- „Unabhängig von meinem Frausein erlebe ich, daß ich als nebenamtlich Beschäftigte weder die Vorteile und die Anerkennung der Hauptamtlichen noch der Ehrenamtlichen erfahre. Oder liegt es doch daran, daß ich ‚Hausfrau' auch von anderen Frauen nicht als Beruf anerkannt wird???"
- „Wenn die vielen Frauen in der Kirche sich ernst nähmen und ernst genommen würden, wären sie ein ungeheures Potential, das Kirchenstrukturen zum Wackeln brächte. Allerdings sind Frauen nach meinen Erfahrungen gleichzeitig auch die größten Gegnerinnen der Emanzipation und feministischen Theologie. *Aufklärung* (und Geduld) *tut not.*"

Eine Reihe von Aussagen thematisiert den Eigen-Anteil von Frauen an der derzeit fehlenden Gleichberechtigung in der Kirche. *„Mangelndes Selbstbewußtsein"*, ungenügende Vertretung eigener Interessen und zu geringes Bemühen um notwendige Information und Qualifizierung kommen dabei zur Sprache:
- „Es gibt viele Widerstände, und viele liegen in uns, aber wir überholen sie mit der Zeit."
- „Wir müssen das ‚Nein-Sagen' üben."
- „Frauen müssen sich, besonders in der Kirche, noch viel bewußter darüber werden, was sie wert sind. Erst dann können sie auch den Kampf mit der Kirche und den Kirchenmännern aufnehmen."
- „Wir Frauen sollten für die Situation nicht dauernd nur die Männer anklagen, sondern mit gesundem Selbstbewußtsein auch unseren Platz (wo auch immer wir ihn uns wünschen) einnehmen und ausfüllen."
- „Es ist zwecklos, die Kirche und die Männer in ihr ändern zu wollen. Wir Frauen müssen uns ändern und lernen, unsere Fragen, Wünsche, Bedürfnisse und Forderungen in Liebe mit Nachdruck, Beharrlichkeit und Geduld einzubringen."
- „Ich habe die Erfahrung gemacht, daß die Frauen, mit denen ich in der Kirche zusammenarbeite, fast nie wissen, wie Kirche funktioniert, weil sie sich keine Mühe gemacht haben, dieses gesellschaftliche Gebilde zu verstehen, das mehr ist als eine Sozialstation."
- „Das ‚Befreiende des Evangeliums' kommt für die Frau nie von alleine und selbstverständlich - um alles muß gekämpft werden, und das macht oft so müde, und dabei ist frau oft so sehr alleingelassen - auch von den eigenen Schwestern. Dank an Euch!"

Andere Antworten beschreiben das Mißverhältnis zwischen der mehrheitlich von Frauen erbrachten praktischen Gemeindearbeit und ihrer mangelnden Anerken-

nung, nicht zuletzt auch in finanzieller Hinsicht. In einigen dieser Voten wird noch einmal ein besonders hohes Maß an persönlicher Betroffenheit spürbar:
- „Ich erlebe, daß es Frauen sind, die in der Kirche *arbeiten,* das heißt für mich: ‚die Basisarbeit machen' und gerade für diese Tätigkeiten keine Anerkennung in Form von Bezahlung erhalten, und das ist für mich ein großer Mißstand, damit komme ich nicht klar."[158]
- „Die Kirche tut sich mit dem Thema ‚Frauen' sehr schwer. Ich denke, daß Frauen in der Institution Kirche ausgenutzt werden durch ihre Dienstbarkeit. Welcher Mann würde dieselbe Arbeit, die Frauen in der Gemeinde leisten, überhaupt tun - und wenn - wohl auch ehrenamtlich oder gegen eine so lächerlich geringe Entlohnung, wie die meisten Frauen das tun müssen oder wollen - dazu noch oft ohne die geringste Wertschätzung?"
- „Die Rolle der *aktiven* Pfarrfrau sollte neu überdacht werden! Es wird erwartet, daß sie selbstverständlich vieles ehrenamtlich und unentgeltlich macht. Wenn ein Amtsinhaber (Pastorin) in die Gemeinde kommt, wird selbstverständlich für fast die gleiche Tätigkeit ein Gehalt bezahlt! Die Pfarrfrau wird ausgenutzt, und manche lassen sich ausnutzen! Wo bleibt hier Anerkennung und Gleichstellung?? Stirbt der Mann plötzlich, muß sie umgehend das Pfarrhaus räumen. (Dies habe ich in einem konkreten Fall erlebt.)"

Andere Frauen kommen erneut auf das Verhältnis zwischen ehren- und hauptamtlichen Mitarbeiterinnen und Mitarbeitern zu sprechen:
- „Im kirchlichen Bereich sollten Frauen, die ehrenamtlich arbeiten, mehr beratende Funktionen einnehmen können. Ich halte es für wichtig, daß gerade diese Gruppe der Frauen in der Kirche wichtige Impulse von außen einbringen. Hauptamtliche Mitarbeiter verfolgen oft einen festen ‚Fahrplan', der über lange Zeit nicht verändert wird. Daher halte ich ein Miteinander beider Gruppen für wichtig!"
- „Es müßten von ‚außen' Personen in Gemeinden gehen und die ehrenamtlichen Mitarbeiterinnen mehr über ihre Rechte aufklären, um zur Bildung stärkeren Selbstbewußtseins beizutragen - die Rechte von ehrenamtlichen MitarbeiterInnen müßten den Pastorinnen und Pastoren, den kirchlichen Mitarbeiterinnen und Mitarbeitern schon in der Ausbildung stärker vermittelt (bewußt gemacht) werden."
- „Von Beruf bin ich Lehrerin, habe diesen jedoch nach der Geburt meines 2. Kindes zugunsten meiner Kinder aufgegeben. Entsprechend meiner Ausbildung werde ich z.Zt. in der Arbeit mit Kindern und Jugendlichen eingesetzt, werde aber demnächst aufhören müssen, da eine Diakonenstelle geschaffen wurde - dann bin ich überflüssig."

Einige beruflich in der Kirche tätige Frauen bringen auch in ihren Schlußbemerkungen noch einmal zum Ausdruck, wo sie im Arbeitsfeld Kirche einen Mangel an Gleichberechtigung / Gleichbehandlung erlebt haben oder ständig erleben, z.B.:
- „Ich bin keine ‚Feministin' und habe in dieser Sache auch keine großen Ambitionen. Mir wäre schon gedient, wenn die Gleichbehandlung von Mann und Frau im gleichen Beruf möglich würde, wenn meine Kompetenz in fachlicher Hinsicht akzeptiert würde und ich für Kollegen nicht zur ständigen ‚wandelnden Verunsicherung' würde durch mein bloßes Auftreten bzw. Existieren."
- „Ich finde es nicht in Ordnung, daß die sozialen Berufe so schlecht bezahlt werden und besonders, daß Frauen, die in der gleichen Position wie Männer stehen, z.T. schlechter bezahlt werden."
- „Es wird nicht gesehen, daß berufstätige Frauen die Organisation von Haushalt, Wäsche etc. auch zu führen haben. Männer werden oft ‚bedient', sind frei von solchen Dingen - delegieren viel und schaffen deshalb mehr. Ansprüche und Erwartungshaltung der Kirche, auch in der Freizeit präsent zu sein oder dies und das noch mit zu übernehmen, empfinde ich oft als belastend."
- „Ich hatte seit 19.. nur Ämter, die ‚keiner will' - d. h., die den Männern unzumutbar erschienen: Krankenhaus mit 1000 Betten / Gemeinde mit fünf Dörfern, drei Predigtstellen oder Teilzeit mit ungeordneten Arbeitsbedingungen und Vertretung = Arbeit für zwei Personen."
- „Manche Männer meinen, Epistel und Lesung dürften nur vom Kirchenvorstand vorgetragen werden. Warum sollte das nicht auch eine Küsterin können? (Oder sind wir nur als Putzfrau gern gesehen?)"

---

[158] Antwort einer Frau ohne besonderes Amt in der Kirche.

Auch ausschließlich ehrenamtlich in der Kirche tätige Frauen sehen Probleme in der Beschäftigungssituation hauptamtlicher Mitarbeiterinnen, z.B.:
- „Ich finde es empörend, daß die Kirche, wenn beide Ehepartner Theologe/in sind, nur noch einen (in der Regel ist das der Mann) einstellt bzw. beide zusammen nur eine Stelle bekommen.[159] Dadurch werden die Frauen massiv zurückgedrängt und behindert. In der Praxis sieht das dann so aus, daß die Frauen ihre theologische Qualifikation wie bisher als unbezahlte Helferin ihres ‚Pfarrherrn' einbringen dürfen. Weiter finde ich es empörend, daß es gerade innerhalb der Kirche üblich ist, Putzfrauen (z.B. in kirchlichen Kindergärten) nur mit 19 Wochenstunden zu beschäftigen, um an ihnen die Sozialversicherung zu sparen. ‚Die Kirche' spricht von sich selbst gern als von ‚Solidargemeinschaft', verhält sich aber nicht christlicher als jeder andere Arbeitgeber, eher im Gegenteil."

Trotz der auch in diesen Schlußvoten unübersehbar kritischen Haltung zahlreicher Befragter angesichts der von ihnen in Kirche und Gemeinde gesammelten Erfahrungen wird an vielen Stellen sichtbar, daß ein Großteil dieser Frauen nicht aufhört, sich verantwortungsvoll mit den Lebensmöglichkeiten in der Kirche zu beschäftigen. So denken beispielsweise manche Befragte darüber nach, wie sich die Kirche angesichts verstärkter Berufsorientierung und, damit verbunden, eines nicht mehr so selbstverständlichen ehrenamtlichen Engagements von Frauen in Zukunft verhalten könne:
- „Wenn die viele ehrenamtliche Tätigkeit unzähliger Frauen nicht wäre, bliebe so viel an Gemeindearbeit auf der Strecke. Bei der zunehmenden Berufstätigkeit der Frauen auch mit Kindern wird sich die Kirche überlegen müssen, wie sie weiterhin Anreize schafft, daß solche Arbeiten getan werden können."
- „Mit zunehmender Berufstätigkeit auch der Hausfrauen wird es an den Frauen fehlen, die genügend Freizeit haben, sich in ehrenamtliche Aufgaben einzubringen z. B. Besuchsdienste, Vor- oder Nachmittagskreise, langfristige Vorbereitungen. Es wäre wünschenswert, wenn von der Kirche Impulse ausgingen, die mehr Arbeitsteilung (Beruf-Familie) möglich machten, dann hätten vielleicht beide Partner nicht mehr soviel Sorge um die Karriere. Frauen sollten nicht mehr auf die tradierte Rolle festgelegt werden, aber auch ermutigt werden, darüber nachzudenken, ob ihre Berufstätigkeit nur als Spiegelbild des Leistungsbildes vom Mann zu sehen ist."

Gelegentlich werden in diesem Zusammenhang auch Ideen zu Papier gebracht, die andeuten, in welcher Richtung hier eine positive Entwicklung in Gang kommen könnte:
- „Ich finde es schade, daß ehrenamtliche Tätigkeiten und auch nebenberufliche Arbeiten nur innerhalb eines kleinen Kreises vergeben werden. Viele jüngere Frauen wären gewiß bereit, in der Kirche mitzuarbeiten. Doch es fehlt einfach an detaillierter Information und geeigneten Leuten, die auch Frauen einfach mal ansprechen oder auch besuchen."
- „Mich bedrückt, daß es sehr schwer ist, junge Frauen zur aktiven Mitarbeit zu bewegen; die Gemeinden sollten mehr Möglichkeiten schaffen, für Kinderbetreuung zu sorgen, damit junge Frauen an Aktivitäten und (vor allem) Gottesdiensten teilnehmen können."
- „Jungen interessierten Frauen müßten *eigenverantwortliche* Aufgaben zugestanden werden."

Auch am Beispiel dieser Frauen-Befragung thematisieren einige Frauen das Thema „Benachteiligung in Kirche und Gemeinde". Die geringe Wertschätzung von Frauen spiegelt sich für einen Teil der Befragten darin wider, daß sie von der *Fragebogenaktion* entweder gar nicht, zu spät oder nur durch Zufall erfahren haben. Mit einer solchen Vorgehensweise, die auch als *„Verhinderungsstrategie"* wahrgenommen wird, verbinden sich gelegentlich Assoziationen, die wenig Hoffnung auf Veränderungen im Blick auf die Durchsetzbarkeit von Frauenrechten und -anliegen in der Kirche zulassen.

---

[159] Wie bereits angemerkt, wurde diese sog. 100 %-Regelung zwischenzeitlich aufgehoben.

- „Dieser Fragebogen ging uns in den Gemeinden entweder spät bzw. gar nicht zu. So fürchte ich, daß das Bild nach der Auswertung mehr als schemenhaft sein wird, denn so wie uns wird es sicher auch vielen anderen Frauen ergangen sein. Dennoch ist dieser Fragebogen notwendig, dringend erforderlich bzw. längst überfällig."
- „Äußerst bezeichnend finde ich übrigens, daß viele Pastoren diese Fragebögen den Frauen ganz unterschlagen haben bzw. indirekt dafür gesorgt haben, daß so wenig wie möglich von der Umfrage Gebrauch machen können, indem sie die Fragebögen gar nicht ausgeteilt haben. Ich habe nur durch Zufall davon erfahren!"
- „Unser Pastor sagte auf meine Anfrage nach diesem Testblatt, er sei schließlich keine Frau, deshalb habe er nicht daran gedacht, das Testblatt außerhalb des Frauenkreises an andere Frauen zu verteilen. Ich finde, das sagt genug aus!"

Manchmal berichten Frauen eher „lächelnd" von ihren in diesem Zusammenhang gemachten Erfahrungen:

- „Es ist interessant und amüsant, jetzt, wo diese Fragebogen im Umlauf sind, feststellen zu müssen, daß es den Männern gar nicht recht ist, daß die Frauen diese Formulare ausfüllen. Sie versuchen, sie davon abzuhalten."

Einige Befragte begrüßen ausdrücklich die *Befragungsaktion* sowie die anschließende Frauen-Anhörung in der Synode; sie verbinden damit Hoffnungen auf eine Verbesserung der Stellung von Frauen in der Kirche, z.B.:

- „Ich bin froh, daß das Thema so breitgefächert aufgegriffen wird, und hoffe auf eine Verbesserung der Situation auch in den kleinen Dörfern."
- „Gut, daß Sie den Fragebogen gemacht haben, hoffentlich werden die Ergebnisse etwas in der Männerspitze bewegen!"
- „Ich wünsche mir, daß diese Aktionen, z.B. Fragebögen, Frauen-Hearing ihren Niederschlag in geforderten strukturellen Veränderungen finden werden: eine bessere Gegenwart für Frauen in der Kirche."

Nicht wenige Frauen haben diese Befragung offenbar als Ermutigung erlebt oder wurden durch sie zur Beschäftigung mit den angeschnittenen Problemen angeregt:

- „Ich finde es gut, daß dieser Fragebogen gemacht wurde, daß so viel in Bewegung ist. Es macht Mut zu wissen, daß fitte Frauen in der Kirche arbeiten. Vielen Dank!"
- „Die Initiative ‚Fragebogen' finde ich prima! Dankeschön! Ich begrüße den Aufbruch als Frau in der Kirche, es erweckt Hoffnungen."
- „Ich danke euch Schwestern für eure Anstrengungen! Ich würde gern viel mehr ‚mitmischen', aber XY (= Heimatort der Befragten) ist fernab. Wenn wir nicht wüßten, daß es in Hannover unbezähmbare Wühlmäusinnen gibt, würden wir hier vielleicht verzagen."
- „Ich finde die Fragebogenaktion gut und hoffe, daß sie ein repräsentatives Bild der Frauen in der Kirche wiedergibt. Das Thema hat mich veranlaßt, im zukünftigen Beruf der Diakonin einen anderen Blickwinkel für Frauenarbeit in der Gemeinde zu bekommen."
- „Ich habe Interesse daran, mich in diesem Bereich zu engagieren. Wo finde ich Kontaktadressen, wie kann ich mich selbst informieren (Literatur, Infos)?"

Aber auch *Skepsis* und *Hoffnungslosigkeit* im Blick auf Veränderungen, die die Benachteiligung von Frauen in der Kirche tatsächlich beenden könnten, kommen in einer Reihe dieser ergänzend formulierten Bemerkungen zum Ausdruck, z.B.:

- „Da unsere Kirche von Männern geleitet wird, gebe ich unserem Anliegen wenig Aussicht auf Erfolg der Veränderung. Ich fürchte, daß diese Männer nicht einen Zentimeter Boden ‚hergeben' werden, nur die Begründungen und scheinbaren Notwendigkeiten werden noch raffinierter sein."
- „Dieses Thema klingt so toll, ich glaube auch, daß viel getan wird, aber es wird wohl noch lange dauern, bis Frauen den Platz in der Kirche haben, den sie auch ausfüllen können."
- „Es kostet unheimlich viel Energie, als Frau in der Kirche zu arbeiten, da die patriarchalen Strukturen so festgefahren sind. Wie lange jede Frau diese Kraft aufbringt, ist unterschiedlich. Viele Frauen, die etwas verändern wollen, gehen nach kurzer Zeit frustriert."
- „Ich glaube, daß Frauen ihre wertvolle Energie verschwenden, wenn sie versuchen, sich innerhalb der Kirche zu emanzipieren. Das Ergebnis dieses ständigen, fruchtlosen und aufreibenden Kamp-

fes ist doch meist nur eine kleine Spielwiese (z.B. Frauenkreise o.ä.!) für Frauen, wo sie sich ‚austoben' können, im Grund aber die Strukturen nicht mal ankratzen."
- „Es bedarf wohl erst einer Generation ‚neuer Männer' (allerdings auch ‚neuer Frauen'), um im Blick auf Gleichberechtigung / Gleichstellung / *Mit-* statt Zuarbeit usw. etwas in Gang zu bringen."
- „Ich finde es schade, daß mir wichtige / interessierte Menschen gerade nicht in der Kirche zu finden sind. Es ist schwer, mit den meisten Frauen in den Gemeinden, die ich kenne, einen Weg zu finden."

Das Maß an „Radikalität", mit dem Frauen auf wahrgenommene Defizite reagieren, erweist sich nochmal einmal als sehr unterschiedlich. Die folgenden Zitate kennzeichnen die Breite des Spannungsbogens:
- „Die Zeit ist vorbei, in der Frauen die Männer in der Kirche nur um mehr Beteiligung *bitten* sollten. *Notfalls* braucht es Druck. Frauen haben ein Recht, entsprechend beachtet und ernstgenommen zu werden."
- „Die Frauen sollten mal einen Kirchenstreik machen, falls man ihre berechtigten Forderungen abwimmeln will - besser könnten sie ihre Wichtigkeit und Macht gar nicht demonstrieren."
- „Ich wünsche mir etwas mehr Geduld im Hinblick auf Forderungen nach institutionellen Veränderungen (weiblicher Bischof, Gleichstellungsstelle, Quotenregelung): Zu früh gepflückte Früchte werden zwar auch künstlich reif, aber haben nie das Aroma der Früchte, die wirklich geerntet werden, wenn die Zeit reif ist! Was in 1950 Jahren an Dummheiten gewachsen ist, läßt sich nicht in zwanzig Jahren ausmerzen."

Manchmal wird *„um der Sache der Frauen willen"* zur Vorsicht gemahnt:
- „Wir müssen aufpassen, daß wir bei der Thematisierung dieses Reizthemas nicht massive Ängste bei Frauen und Männern auslösen und uns dadurch schaden."
- „Gleichberechtigung sollte energisch angestrebt, nicht aber durch Parolen hochgespielt und so leicht der Lächerlichkeit preisgegeben werden."

Neben einer großen Zahl von Antworten, die sehr eindeutig Probleme der Benachteiligung von Frauen in der Kirche thematisieren, gibt es auch in diesen Schlußbemerkungen Hinweise darauf, daß Frauen diese Situation als ambivalent erleben:
- „Trotz meiner vielen Kritik der Kirche gegenüber halte ich die Kirche für sehr wichtig und merke, daß viele Frauen anfangen, sich gegen viele Dinge zu wehren."
- „Ich bin oft so wütend auf meine Kirche, weil ich sie ‚irgendwo' auch liebe. - Liebt sie mich auch? Wir werden sehen!"
- „Ich fühle mich wohl in der Kirche, wenngleich ich auch an ihr leide, deshalb bleibe ich in ihr, denn verändern und helfen kann ich besser, wenn ich in ihr bleibe."

Andere Frauen haben den Eindruck, persönlich nicht von solcher Benachteiligung betroffen zu sein, erkennen aber die vorhandenen strukturellen Probleme, z.B.:
- „Ich fühle mich als Frau mit meinen Ansprüchen an berufliche Tätigkeit zum größten Teil aufgehoben, durch persönliche Arbeitsteilung mit meinem Mann, obwohl ich mit dieser rein privaten Lösung nicht zufrieden bin, da ich mir eine gesellschaftliche Lösung wünsche."
- „Ich begrüße diese Fragebogenaktion. Für mich persönlich ist sie nicht von außerordentlicher Wichtigkeit, da wir in unserer Gemeinde keine Probleme haben, die die Frauen direkt betreffen. Wir haben diesen Fragebogen mit anderen Frauen an einem Abend durchgesprochen und dabei viele interessante Gespräche geführt. Beim Kirchenvorsteher(innen)tag in X. habe ich von einer neu hineingewählten Frau, die jetzt als erste und einzige Frau dem KV dieser Gemeinde angehört, erfahren, wie schwer es sein kann, sich als Frau gegen die bisherige ‚Macht' der Männer durchzusetzen. Ich hätte nie geglaubt, daß es so etwas noch gibt. Schon aus dieser Erfahrung heraus halte ich die Fragebogenaktion für sehr wichtig."

Manche Befragte machen deutlich, daß sie selbst sich noch in einer Meinungsbildungs- und Suchphase befinden:

- „Wichtig finde ich, wenn es innerhalb der Gemeinde Informationen zur feministischen Theologie gäbe. So ist ‚Frau' auf das angewiesen, was Zeitungen schreiben bzw. durch mündliche Wiedergabe übertragen wird. Mir wäre es eine Hilfe, wenn diese Informationen von kompetenter kirchlicher Stelle bestätigt bzw. kritisiert werden. Bezüglich der patriarchalischen Sprache innerhalb der Kirche wäre ich glücklich über Hinweise und Anregungen zur Findung einer neuen Ausdrucksweise (Erfahrungen auf diesem Gebiet), die ‚Frau' entspricht!"

Daneben gibt es auch Antworten, die von einem hohen Maß an Selbstbewußtsein zeugen und zugleich eine Bejahung des Bestehenden wie die Notwendigkeit seiner kritischen Überprüfung beinhalten:

- „Kirche und Diakonie möchte ich nicht getrennt wissen! - Befähigte Frauen der Kirche sollten Dienst in der Diakonie tun! - Überprüfung der finanziellen Situation der Tätigen in Kirche und Diakonie / Diakonie und Kirche. ‚Ich diene gern in leitender Position.'"[160]

Neben solchen Antworten, die das Thema „Frauen und Kirche" in der im Fragebogen thematisierten Weise zumindest tendenziell unterstützen, gibt es auch andere, die hier - explizit oder doch der Grundhaltung ihrer Antwort nach - eher *skeptisch* bis *ablehnend* reagieren (vgl. wieder Tabelle 78). So beschreiben beispielsweise einige Befragte an dieser Stelle (noch einmal) ihre uneingeschränkte Freude und Zufriedenheit mit ihrem Leben und ihrem Engagement im Raum der Kirche:

- „Für mich persönlich bedeutet die Mitarbeit in der Kirche eine Bereicherung, immer wieder neue Kontakte, Auseinandersetzung mit Fragenden, Geselligkeit und Spaß."
- „Mir hat die Arbeit im kirchlichen Bereich geholfen, das Schrumpfen der Familie zu verkraften. Ich bin dankbar für die Möglichkeiten der Selbstverwirklichung."
- „Dank der Möglichkeiten, ehrenamtliche Aufgaben in der Gemeinde zu übernehmen, empfinde ich mein Alleinsein nicht als Einsamkeit."
- „Ich kann mich als Frau in meiner Kirche wohlfühlen, da kein besonderes Leistungsverhalten von mir gefordert wird außer dem, welches ich selbst von mir fordere. Ich fühle mich in meiner Gemeinde frei, nicht gebunden an Zwänge, die mir gerade im ländlichen Bereich als Geschäftsfrau auferlegt werden. Wichtig ist auch das Gefühl, unter ‚Gleichgesinnten' zu sein."

Daß solch gute Erfahrungen vom Vorliegen bestimmter Bedingungen abhängen könnten, die nicht nur in den Frauen selbst liegen, sondern auch in äußeren Gegebenheiten, das zieht z.B. diese - persönlich offenbar sehr zufriedene - Mitarbeiterin in Betracht:

- „Wer engagiert ist und mit *Freude* mitarbeitet, macht ungleich bessere Erfahrungen als alle diejenigen, die sich haben überreden lassen mitzumachen, die also nicht ‚nein' sagen wollten oder konnten. ‚Suchet so werdet ihr finden', Positives (wer *das* sucht), Negatives (wer dieses sucht).- Ich selbst habe mich *als Frau* noch nie diskriminiert oder zu wenig berücksichtigt gefühlt, es spielt für mich keine Rolle. *Allerdings*: man muß wohl etwas Selbstbewußtsein mitbringen und es sich finanziell leisten können, ehrenamtlich mitzuarbeiten. *Das kann leider nicht jede Frau!*"

Einige Befragte beschreiben zwar die unterschiedliche Stellung von Frauen und Männern in der Kirche als veränderungsbedürftig; gleichwohl entwickeln sie Befürchtungen vor einer *„Abspaltung"*, werben für mehr Verständnis der Geschlechter untereinander und plädieren für Bemühungen, einen Konsens anzustreben.

- „Machen Sie den Männern deutlich, daß Frauengruppen nicht gegen sie arbeiten, sondern zunächst einmal für sich selber Klarheit schaffen wollen - um dann mit den Männern zusammenzuarbeiten!"
- „Ich halte es für wichtig und notwendig, daß Frauen leitende Positionen bekleiden. Meine Bemerkungen auf den anderen Seiten beziehen sich auf sogenannte Emanzipierte, die meinen, durch die Unterdrückung des Mannes alles ins rechte Lot zu bekommen. Das ist in meinen Augen völlig

---

[160] Antwort einer Diakonisse mit langjähriger Leitungserfahrung.

falsch und indiskutabel. Es ist wichtig, daß Männer und Frauen gleichberechtigt nebeneinander arbeiten und jeder die Fähigkeiten des anderen achtet und akzeptiert."
- „Weder Mann noch Frau sollen hervorgehoben werden. Die Menschen sollen partnerschaftlich miteinander umgehen."
- „Es wäre schade, wenn die Anstöße ins andere Extrem umkippen würden und ein Feindbild von Männern entsteht."
- „Wir müssen es vor allem wagen, *alle* sogenannten Frauenfragen *gelassen* anzugehen - ohne die Männer zu verprellen. Wir sind aufeinander angewiesen, in der Gesellschaft - vor allem aber in der Kirche!"
- „Manchmal Aggressionen. Einerseits bin ich dafür, daß Frauen selbständiger, selbstsicherer und selbstverständlicher auftreten, andererseits möchte ich aber auch *keine Umkehrung*. Ich möchte dem Mann auch abnehmen, daß er sich bemüht, anders als gewohnt und zumeist anerzogen mit der Frau umzugehen. Geschwisterlich!"
- „In der christlichen Kirche habe ich zumindest den Traum und die Chance, Nächstenliebe (in dem Sinn, ‚die Menschen so zu sehen, wie Gott sie gemeint hat') zu leben, und das schließt unbedingt die Männer ein. Gegen sie zu kämpfen wäre ein Rückschritt in eine vorchristliche Zeit, wo der eine den andern unterdrückt."

In einigen Äußerungen kommt zum Ausdruck, daß Frauen das Thema „Gleichberechtigung" zwar durchaus wichtig finden, die mit dieser Befragung gewählte Art seiner Behandlung aber für *„überzogen"* halten, z.B.:

- „Die Überbetonung der Frauenfrage birgt die Gefahr der Einseitigkeit in sich. Ich meine, wir sollten die gemeinsame Verantwortung von Männern und Frauen stärker ins Blickfeld rücken. (Wenn einmal vier Wochen lang keine Frau zur Kirche ginge und kirchlichen Dienst verrichtete, würde manches deutlich sichtbar!) Gleiche Chancen bei gleicher Qualifikation sollten im kirchlichen Dienst Selbstverständlichkeit werden. Wenn die ‚Scheinheiligkeit' zugunsten echter Mitmenschlichkeit und Partnerschaft abgebaut würde, verlören viele Probleme der Frauen ihre Bedeutung in der Kirche."
- „Ich bin sehr wohl für die Gleichberechtigung von Frau und Mann auch in der Kirche. Aber eine solche Überbetonung der Frau in der Kirche, wie sie mir aus diesem Fragebogen zu sprechen scheint, halte ich für überflüssig, obwohl mir klar ist, daß die Frau lange Zeit regelrecht unterdrückt worden ist. Die Entwicklung in unserer Gesellschaft und Kirche in Richtung Partnerschaft läßt sich m.E. aber Gott sei Dank nicht mehr aufhalten."

Auch eine Spaltung unter den Frauen selbst wird befürchtet:

- „Gefahr, die ich bei diesem Thema sehe: Spaltung der Frauen in a) engagierte jüngere, ‚linke' Emanzen, die ihre Rechte einfordern, b) ‚dienende', ältere, christlich engagierte Frauen, für die die Aufbruchstimmung der Jüngeren u.U. problematisch ist."

In anderen Antworten wird darauf hingewiesen, daß das Thema *„Mann und Kirche"* nicht vernachlässigt werden sollte, sondern - mindestens - ebenso wie „Frau und Kirche" bearbeitet werden müßte:

- „Ich stelle mir die Frage: ‚Warum ist es nötig, immer nur eine gezielte Gruppe anzusprechen?' Sicher können die Probleme dann spezieller bearbeitet werden, nur wäre es wichtig, bei diesen Problemen die Männer hinzuziehen. So würde den Männern die Möglichkeit gegeben, unter der Regie der Frauen ihre Forderungen zu verstehen und lernfähig zu werden (hoffentlich!)."
- „Es sollten möglichst viele Frauen und Männer darüber nachdenken. Mir wären gemischte Gemeindekreise und Initiativgruppen lieber als nach Geschlechtern getrennte Zusammenarbeit. Aber da die Beteiligung von Männern gering ist, müßten wir Frauen den Männern den Zugang zur Kirche irgendwie erleichtern. Unsere Frauenkreise sind teilweise langweilig - auch für Frauen selbst."
- „Brennender erscheint mir manchmal die Frage ‚Männer und Kirche' - schaut man sich in Kreisen und Gottesdiensten um. Warum fühlen sich Männer von Glaubens- und Lebensfragen, Gesprächskreisen und sozialen Diensten weniger angesprochen? Kirche sollte zu mehr ‚Menschsein' im umfassenden Sinn ermutigen und damit beide Geschlechter gleichermaßen ansprechen. Wenn Männer verstärkt ‚regieren', dann ist das eher ein Problem der Männer (Machtstreben) als der Frauen."
- „Mit aggressiven Mitteln, angefangen und aufgehört bei der Sprache, wird in Eurer Sache nichts erreicht, was gute Früchte bringt. Die Gefahr, Unrecht zu tun und sich lächerlich zu machen, besteht.

Eurer Sache käme man näher durch Engagement für ‚Männer und Kirche'! (Frauenprobleme entstehen, Feministinnen werden geboren dadurch, daß viele viele Männer ihre Verantwortung nicht wahrnehmen!!!)"

In einigen Antworten wird das Geschlechterverhältnis als „ein Teilaspekt *der Probleme und Streitigkeiten in den Gemeinden*" beschrieben und der Wunsch hinzugefügt, daß Kirche *„der Ort sein sollte, an dem Frauen* und *Männer, Alte* und *Junge, Kranke* und *Behinderte, Ausländer* und *Deutsche etc. partnerschaftlich, gemeinschaftlich zusammenkommen".* Auf den Punkt gebracht wird dieser Gedanke in folgenden Sätzen:
- „Ich hielte mehr von dem Thema ‚Der Mensch und die Kirche'."
- „In unserer Gesellschaft - und in unserer Kirche! - kommt .. grundsätzlich der *schwache* Mensch zu kurz. *Hier* sollte eine Bewußtseins- und Verhaltensänderung auftreten. ... Die als ‚patriarchal' bekannten Verhaltensweisen von Männern fand ich in gleicher Weise (!!!) bei Frauen vor - ... können Frauen oft sehr kalt und unnahbar sein (ich auch!!!). Wir hätten in vielem erstmal an uns selbst zu arbeiten."

Besonders deutlich wird die Ambivalenz, die manche Frauen in der Beschäftigung mit dem Thema „Frauen und Kirche" empfinden, in folgender Schlußbemerkung:
- „Die Frauen in der Kirche und in der Gesellschaft sind oft gar nicht so entrechtet, wie sie sich gerne darstellen. Ich denke, daß gerade durch ein nur für Frauen zugelassenes Forum[161] neue Feindbilder geschaffen werden. Die Frauen sollten die sich nun langsam verändernden Männer nicht mit der gleichen Ignoranz behandeln, mit der sie zuvor, seit dem Bestehen der Menschheit, behandelt worden sind. Ich persönlich wehre mich, wie ich meine, auch erfolgreich gegen die immer noch latent und weniger offensichtlich vorhandene Unterdrückung der Frau. Ich weiß allerdings, daß es dazu einer starken Persönlichkeit, Durchsetzungs-, vor allem aber Durchhaltevermögen bedarf. Wenn nun also ein Frauenforum sich die Aufgabe stellt, den Frauen Mut zu machen und ihnen somit von offizieller Seite den Rücken stärkt, so begrüße ich seine Durchführung."

Eine größere Zahl von Befragten bestreitet generell oder individuell die am Ausgangspunkt der hier verhandelten Fragen stehenden Problemanzeigen, z.B. :
- „Da die Frauen sowieso schon in der Kirche die stärkste Gruppe bilden, brauchen sie sich meiner Meinung nach nicht um noch mehr Beachtung bzw. Anerkennung zu bemühen. Man sollte sich vielmehr darum kümmern, daß mehr Männer von der Kirche angesprochen werden und Zugang zu ihr finden."
- „Solange Frauen und Männer freizügig zum Gottesdienst willkommen sind, sehe ich keine ‚Frauen'-Probleme, denn er ist das Zentrum der Gemeinde!"
- „Das Selbstbewußtsein der Frauen steigt ständig durch vermehrtes Lernen, Können und Bewähren im Beruf. Das hat zur Folge, daß sich ein vernünftiges Miteinander in gegenseitiger Achtung von selbst ergeben wird, bei Abwägung der Interessen beider Gruppen."
- „Frauen bemühen sich, ihren Weg in Staat, Kirche und Gesellschaft zu finden. Ist wohl auch gut so. Für mich stellt sich die Lage anders: Ich habe wohl das große Glück, einen verständnisvollen Ehemann zu haben, der mich so akzeptiert, wie ich bin, und meine Arbeit unterstützt, ohne selber Beziehungen zur Kirche zu haben. Er nimmt mich ernst und stellt mich nicht in Frage, so wie auch ich das bei ihm nie tun werde. Darum stellen sich für mich viele Fragen und Probleme nicht."

Einige Frauen haben den Eindruck, die Beschäftigung mit dem Thema „Frauen und Kirche" verdecke die heute *„eigentlich wichtigen"* Fragen:
- „Ich wünsche den Verantwortlichen für diese Umfrageaktion mehr Sensibilität für die wirklich wichtigen Fragen unserer Zeit. Z.B.: Wie wird man mit dem Alleinsein fertig? Wo gibt es Hilfe bei Eheproblemen? Was mache ich, wenn mein Kind drogenabhängig wird?"

---

[161] Gemeint ist das in der Ev.- luth. Landeskirche Hannovers geplante und im Frühjahr 1989 durchgeführte Frauenforum, das, ebenso wie diese Frauen-Befragung, auf die Frauen-Anhörung in der Synode vorbereiten sollte.

- „In einer Zeit allgemeiner Verflachung und besonderer Bedrohung der Kirche durch ‚New Age' und vieler Probleme mehr finde ich es dramatisch, daß Kirchen-Interna ihre Kräfte in eigenen Reihen mit Geschlechts-Problemen vergeuden und nicht Männlein wie Weiblein gemeinsam den Kampf des Evangeliums führen, um dem *Leib Christi zu dienen* und ‚auf dem Unteren Wege' Frucht zu bringen."

Andere sprechen sich gegen vermutete *„Gleichmacherei"* aus, problematisieren beispielsweise die Gleichstellung von Frauen im Pfarramt (*„trotz besonderer Möglichkeiten als Frau in der Seelsorge"*) oder betonen die Bejahung von Ehe und Mutterschaft:
- „Ich erlebe, daß Frauen im Pastorenamt z.B. im Bereich Seelsorge auch problematisch sind - Schwangerschaft, Kinderbetreuung usw.; Seelsorge kann oft nicht warten (z.B., bis die Kinder im Bett sind, das Kind geboren ist usw.)."
- „Vielleicht muß nicht die Frau um mehr Rechte usw. kämpfen, sondern die Ehe als geistliche Aufgabe und Geschenk wird unterschätzt. Wenn das in unserer Kirche neu entdeckt würde ... und dazu können Frauengruppen helfen, wir können uns Mut machen, mehr von der Ehe zu erwarten und zu fordern (nicht so direkt vom Ehemann). Das Gemeindeleben würde gesünder, Männer und Frauen gingen auch sonst anders miteinander um."

So auch in besonderer Schärfe, unterstützt durch Vorwürfe und Unterstellungen, in folgendem Votum:
- „Ich bin glückliche Ehefrau und Mutter, fühle mich respektiert, geliebt und angenommen. Ich brauche keinen häuslichen Frust bei meinem Job loszuwerden. Leider sind viele meiner Kolleginnen gefrustet!!! Daher die innere Unzufriedenheit, die sie durch endlose Diskussionen aus der Welt schaffen wollen. Weil sie entweder keinen Mann bekommen haben oder eine schlechte Ehe führen, versuchen sie, die Enttäuschung den Männern in der Kirche anzulasten. Wenn die Frau etwas leistet, soll sie in die Hände spucken und nicht diskutieren."

Dabei spielen religiöse Überzeugungen auch hier eine wesentliche Rolle:
- „Da die Bibel als Gottes Wort von der Frau Unterordnung verlangt, sollte ihr Entschluß, in der Kirche mitzuarbeiten, auf der Gewißheit beruhen, daß Gott sie für dieses Amt bestimmt hat. Außerdem sollte sie bereit sein, ihr Amt ggf. abzugeben."
- „Wollen wir nicht von den Frauen aus der Bibel lernen, die in Umsicht und Weisheit, aus Liebe zu ihrem Gott und Herrn gehandelt haben in aller Bescheidenheit und Demut: Rebecca 1. Mose 24, Hanna 1. Samuel 1-2, 11, Abigail 1. Samuel 25, Die Sunamitin 2. Könige 4, 8-37, 8, 1-6, Maria, die Mutter Jesu, Maria und Martha, Maria Magdalena, Lydia Apostelgeschichte 16, 14-15. Wie viele Frauen haben an ihrem Platz in Familie und Gemeinde ihre Aufgabe erkannt und genutzt als Gehilfin des Mannes. Wichtig ist allein: Welchen Platz nimmt der Herr, unser Gott, im Leben ein. Das entscheidet über Brauchbarkeit im Leben eines Menschen und ist der Motor, der in Bewegung setzt."
- „In 1. Könige 17, 9 steht: Mache dich auf und geh nach Zarpat, das bei Sidon liegt und bleibe dort, denn ich habe dort einer Witwe geboten, dich zu versorgen. Auch im Alten Testament hat Gott einer Frau geboten, die den Propheten Elia versorgen sollte."
- „Daß mich das Thema anwidert: ‚Wir Frauen ...' Sie merken gar nicht, wie lächerlich sie sich machen. Dabei sind sie auf dem besten Weg, dieselben Fehler zu machen, bei denen sie sich an den Männern aufregen. Auf keinen Fall dient diese Richtung der Einheit und dem Frieden in der Kirche! Als Christen haben wir es nicht nötig, uns selbst in den Vordergrund zu stellen. Matthäus 23, 12: ‚Wer sich selbst erhöht, der wird erniedrigt werden, und wer sich selbst erniedrigt, der wird erhöht werden!' "

Vereinzelt werden auch Argumente aus dem Bereich der Anthropologie bemüht:
- „Die ganze Aktion in ein ‚totgeborenes Kind', da Männer grundsätzlich versuchen, einen *Anderen* (ob Frau *oder Mann*) zu unterdrücken, wenn sie merken, ein anderer könnte ihnen überlegen sein - das liegt in der Natur der Männer, daß sie sich überlegen fühlen müssen. (Warum haben in der Natur die männlichen Tiere das hübschere und buntere Federkleid?) Mann und Frau sind nun mal nicht gleich, sondern *gleichwertig!*"

Auch grundsätzliche Kritik am Fragebogen bzw. an der gesamten Befragungsaktion ist Teil der Auseinandersetzung mit dem Anliegen „Frauen und Kirche":
- „Der Unterton dieser ganzen Befragung ist mir zu oberflächlich und tendenziös. Das Wort ‚Gerechtigkeit' wird schlicht mißbraucht. Wo gibt es denn die?! Frauen werden sie auch nicht schaffen können. Jeder Mensch ist einmalig. Nirgendwo wird darauf hingewiesen, daß mit einer Leitung die Last der *Verantwortung* verbunden ist. Wer diese im Zusammenhang mit der Kirche nicht sieht, kann nichts verbessern, sondern nur noch mehr kaputtmachen."
- „Die Fragen unter 7.[162] sind Suggestivfragen. Gerade als Frau erlebe ich das wechselseitige Angewiesensein, das Zeit und Kraft kostet, unabhängig von haupt- oder ehrenamtlicher Tätigkeit."

Die - vom Projektansatz her durchaus beabsichtigte - *„subjektive"* Perspektive, wie sie sich in dieser Erhebung von Frauenerfahrungen in der Kirche spiegelt, kommt als kritischer Einwand ebenfalls zur Sprache:
- „Ich nehme an, daß die Angaben, die aus den verschiedenen Fragebogen hervorgehen, weniger die *objektive* Situation der Frau in der Gemeindearbeit widerspiegeln als vielmehr die *innere* Einstellung der jeweiligen Mitarbeiterin. Somit ist das Ergebnis sehr subjektiv."

Gelegentlich wird die Breite der angeschnittenen Themen bzw. die Berücksichtigung unterschiedlicher Lebenssituationen als unzureichend erlebt, z.B.:
- „Mir fehlen Fragen nach Inhalten in dieser Befragung: Gottesbild, religiöse Erfahrungen, Lieder, biblische Texte."
- „Der Fragebogen scheint mir doch sehr auf Frauen im ‚mittleren' Alter ausgerichtet, nämlich die, die in dieser Spannung Familie - Arbeit - Kirche stehen; es gibt aber inzwischen viele neue Richtungen von Frauen, die in einer ganz anderen Problematik stehen."

Andere Befragte kritisieren die Fragen als *„zu umfangreich"*, *„zu kompliziert"*, *„schwer verständlich"* und *„fremd"* und verbinden mit dieser Kritik die Sorge (und manchmal auch den Vorwurf), daß die Auseinandersetzung mit den anstehenden Themen so zu einer Sache nur einer bestimmten Teilgruppe von Frauen werde:
- „Ich finde diesen Fragebogen recht umfangreich. Man bzw. Frau hätte sich auf das Wesentliche beschränken sollen. Manche Fragen sind für die Frauen mißverständlich, da im Ausdruck kompliziert. Wenn man (Frau) alle damit erreichen möchte, dann sollte in Zukunft einfach formuliert werden - in einer Sprache, die jeder versteht, nicht nur Akademiker und Eingeweihte. Unsere Frauen hat das abgeschreckt, diese Bögen auszufüllen."
- „Ich möchte diesen Fragebogen kritisieren: Meines Erachtens sind die Fragen größtenteils *zu anspruchsvoll* für Frauen, die keine höhere Schulbildung besitzen. Und diese Gruppe von Frauen gehört in unserer Gemeinde zu den ‚treusten' Mitarbeiterinnen. Ich finde es schade, daß durch die *Art* dieses Fragebogens solche Frauen von vornherein ausgeschlossen werden."
- „Es dürfen diejenigen Frauen in der Kirche nicht geringer bewertet und geschätzt werden, die z.B. die Kindererziehung als Aufgabe einer Mutter jahrelang pflichtbewußt erfüllt haben und daher für Weiterbildung, was z.B. das Ausdrucksvermögen anbelangt, keine oder zu wenig Zeit gefunden haben!"
- „Wird dieser Fragebogen, der viele eigene Formulierungen zur Beantwortung erfordert, wirklich allen Schichten von Frauen gerecht? Es wäre schade, wenn Interessen von bestimmten Frauen nicht berücksichtigt werden könnten!"
- „Die Sprache, in der sowohl die Fragen als auch der Brief an uns gehalten sind, ist für die meisten Frauen in der Kirche eine fremde Sprache. Die Frauen, die in ‚meiner' Gemeinde mitmachen, sich einsetzen, zum Gottesdienst kommen, sind solche, von denen Brüder (verächtlich) sagen: Wieder nur zehn alte Weiblein im Gottesdienst gewesen ... Und Ihr stempelt sie wieder dazu ab, indem Ihr sie so hilflos macht mit Euren Fragen (nebenbei: ich fand die Fragen auch sehr schwierig). Frauen in der Kirche - das ist nicht nur die Frauen-Szene, sondern das ist auch Kreisfrauentreffen ..., und alle diese Frauen sind mir sehr wichtig geworden, seit ich sie kennengelernt habe."

---

[162] D.h. die Fragen, die sich mit „Gedanken und Forderungen im Zusammenhang mit dem Thema ‚Frauen in der Kirche' " beschäftigen.

Vorschläge, wie ein solcher Mangel hätte behoben werden können, gehen allerdings in recht gegensätzliche Richtungen:
- „Die Beantwortung und Auswertung wäre einfacher gewesen, wenn mehr Auswahlantworten (zum Ankreuzen) angeboten worden wären."
- „Eine freie Stellungnahme wäre mir leichter gefallen, oder mehr Platz zwischen den Fragen."

Auf Kritik stoßen bei einigen Befragten auch die Blümchen, die - zeichnerisch in den Fragebogen eingestreut - zur Auflockerung gedacht waren, bei manchen Frauen aber offenbar eher negative Assoziationen hervorgerufen haben:
- „Warum brauchen Frauen auf einem Frauenfragebogen Blumen?"
- „Sie wirken verniedlichend und passen nicht zur Brisanz der Fragen. Cartoons allenfalls hätte ich besser gefunden".

Solche Kritik wird manchmal als Ausdruck grundlegenden Ärgers formuliert:
- „Meinen Sie, die Blümchen stimmen einen milder?"

Andere Frauen würzen ihre Kritik mit deutlicher Ironie:
- „Zu Ihrem Formular möchte ich sagen: Aus den Blümchen möchte ich mir ein Kränzchen winden und es auf mein Köpfchen legen."

Neben diesen zahlreichen und vielfältigen Bemerkungen, mit denen Frauen am Ende des Fragebogens noch einmal in der einen oder anderen Weise zum Gesamtthema der Umfrage Stellung beziehen, gibt es auch noch ein paar andere Äußerungen (vgl. dazu noch einmal Tabelle 78). Einige Frauen bringen darin ihre grundsätzliche Kritik an der Kirche zum Ausdruck.[163] Andere berichten abschließend von ganz persönlichen Erfahrungen, Wünschen oder Interessen, die jedoch keinen unmittelbaren Zusammenhang mit dem Befragungsthema erkennen lassen.

---

[163] Dabei setzen sie an ganz unterschiedlichen Punkten an, z.B. am Verhältnis Kirche - Staat, an der Haltung der Kirche zur Sexualität und zu verschiedenen Formen partnerschaftlichen Lebens von Frauen und Männern (*„mehr Aufgeschlossenheit der Kirche für andere Formen des Lebens in Beziehungen"*) oder an der als ungenügend beschriebenen Aufarbeitung der Kirchengeschichte (z.B. im Blick auf *„Hexenverfolgung"* oder *„Kirche im Nationalsozialismus"*).

9 Frauen in der Kirche: Zwischen Engagement und Enttäuschung

Erfahrungen von Frauen in und mit der Kirche waren das Thema einer „Frauen-Befragung" in der Ev.-luth. Landeskirche Hannovers. Diese Befragung war Teil eines umfassenderen Prozesses, der darauf zielte, Frauenanliegen im kirchenleitenden Handeln explizit zu berücksichtigen und damit - auf längere Sicht - einen Beitrag zu einer „erneuerten Gemeinschaft von Frauen und Männern in der Kirche" zu leisten. Mit Hilfe einer breit angelegten Umfrage sollte herausgefunden werden, wo Frauen heute die evangelische Kirche, ihre Strukturen und ihr Handeln kritisch betrachten und welche Veränderungsnotwendigkeiten ihnen aus Frauensicht besonders vordringlich erscheinen. Tatsächlich haben sich sehr viele Frauen in dieser Befragung zu Wort gemeldet und damit deutlich gemacht, wie wichtig es ihnen ist, sich zu den im Erhebungsbogen angeschnittenen Fragen zu äußern.

„Frauenerfahrungen" in und mit der Kirche - dieses Stichwort umschließt ein weites Spektrum durchaus unterschiedlicher Hinsichten: Frauen machen Erfahrungen mit der Kirche, indem sie deren öffentliche Äußerungen wahrnehmen, am Leben innerhalb oder außerhalb der Ortsgemeinden partizipieren, sich als ehrenamtliche Mitarbeiterinnen aktiv und gestaltend daran beteiligen, einen Beruf in der Kirche ausüben oder als Studierende oder Auszubildende auf einen solchen Beruf zugehen.

Frauen waren in dieser Befragung gebeten, von ihren „Erfahrungen" zu berichten; damit war klar, daß nicht aus der Distanz beobachtbare „objektive" Sachverhalte erhoben werden sollten, sondern Eindrücke und Wahrnehmungen, die immer auch die „Subjektivität" derjenigen beinhalten, die sie beschreiben. Was Menschen - in diesem Fall Frauen - als ihre Erfahrungen wiedergeben (können), ist ein Produkt aus konkret - und manchmal ansatzweise auch „objektiv" - benennbaren Ereignissen, einem dazugehörigen situativen Kontext, der auch die jeweilige Vorgeschichte einschließt, aus Wünschen und Erwartungen, Hoffnungen und Befürchtungen derjenigen, die handeln bzw. von einem Handeln betroffen sind sowie aus damit eng verknüpften Deutungen des jeweiligen Geschehens. Nicht um - wie auch immer zu definierende und zu erfassende - „objektive Sachverhalte" konnte und sollte es also gehen. Erhoben wurden etwa 4000 Einzelsichtweisen, die - jede für sich - mit Sicherheit „subjektiv gefärbt" sind. Aus ihnen setzt diese Auswertung ein Muster zusammen, das - als Spiegelbild kirchlicher „Frauenerfahrungen" - dennoch „wahr" und „gültig" ist.
Wenn somit „Frauenerfahrungen" - wie jede Art von Erfahrungen - nicht von den Personen zu trennen sind, die eben diese Erfahrungen gemacht haben und von ihnen berichten, dann ist es notwendig, den Kreis dieser Personen - also die Gesamtheit der Frauen, die sich an der Umfrage beteiligt haben - möglichst genau zu beschreiben.
Bei der Konzipierung der Frauen-Befragung war der Vorbereitungskreis davon ausgegangen, daß insbesondere Frauen, die großes Interesse an der Kirche haben und selbst aktiv am Leben von Kirche und Gemeinde mitwirken, bereit und in der Lage sein würden, zu den aufgeworfenen Fragen Stellung zu nehmen. Entsprechend vollzog sich die Verteilung der Erhebungsbogen über Kanäle, die geeignet erschienen, in erster Linie solche engagierten Frauen zu erreichen.
Eine „Vorstellung" der Befragten ergibt tatsächlich ein recht markantes Bild: Ganz überwiegend handelt es sich um Frauen, die sich in vielfältiger Weise am kirchlichen Leben beteiligen. Die meisten Befragten haben ehrenamtlich Aufgaben in der

Kirche übernommen; eine ganze Reihe der antwortenden Frauen übt einen Beruf in der Kirche aus; andere bereiten sich gerade auf einen späteren Beruf im kirchlichen Bereich vor. Die dokumentierten Äußerungen sind also zweifellos nicht als Abbild all jener Erfahrungen zu betrachten, die weibliche Kirchenmitglieder in ihrer Gesamtheit in Kirche und Gemeinde machen. Insbesondere die in der evangelischen Mitgliederschaft zahlenmäßig weit überwiegenden Frauen, die kaum oder überhaupt nicht am kirchlichen Leben partizipieren, kommen in der Befragung allenfalls am Rande vor. Sie wurden vermutlich weder durch den Verteilmodus der Fragebogen erreicht noch dürfte in der Regel dort, wo dies doch der Fall gewesen sein sollte, seitens dieser Frauen ein hinreichendes Maß an Motivation bestanden haben, sich mit den anstehenden Fragen in der erbetenen Weise schriftlich auseinanderzusetzen.

9.1 Kirche und Gemeinde aus der Sicht kirchlich interessierter, engagierter Frauen

„Frauen-Erfahrungen" in und mit der Kirche - in den Frageformulierungen wurden die antwortbereiten Frauen darum gebeten, ihre Erfahrungsberichte bewußt unter dem Blickwinkel eigenen Frau-Seins zu präsentieren. Wie die Ergebnisse zeigen, akzeptiert die überwiegende Mehrzahl der Antwortenden eine solche Hinsicht und reagiert gezielt in entsprechender Weise. Nur von einer Minderheit der Befragten wird einer solchen Perspektive explizit widersprochen; sie sehen nach eigenen Angaben keine Möglichkeit, in besonderer Weise von ihren Erfahrungen „als Frau" in Kirche und Gemeinde zu berichten.
Das bedeutet freilich nicht, daß diese an der Kirche interessierten Frauen, die sich oft auch selbst engagiert an der Gestaltung kirchlichen Lebens beteiligen, ein einheitliches Frauenbewußtsein entwickelt hätten. Es bedeutet ebensowenig, daß sie in ihrer Wahrnehmung der Situation von Frauen in der Kirche übereinstimmen. Zu unterschiedlich sind die Erfahrungen, die die Befragten gesammelt haben: Teils äußern sie sich darüber sehr froh und zufrieden, teils signalisieren sie beträchtlichen Ärger und vielfältige Enttäuschung und machen deutlich, daß die Geduld, die sie beim Warten auf Veränderung aufbringen müssen, auf eine harte Probe gestellt wird. Als sehr unterschiedlich erweisen sich auch die Vorstellungen und Wünsche im Blick darauf, was den Frauen an der Kirche wichtig ist und wie Kirche (eigentlich) sein sollte. So überrascht es auch nicht, wie verschieden - teilweise kontrovers - auch die konkreten Wünsche und Forderungen ausfallen, die die Frauen in dieser Umfrage bezüglich notwendiger Veränderungen zum Ausdruck bringen.

Für die meisten Frauen, die sich an dieser Befragung beteiligt haben, stellt die Ortsgemeinde eine wichtige Bezugsebene dar. Im Blick auf diese gemeindliche Ebene und, stärker noch, wenn es um Erfahrungen mit Kirche und Gemeinde insgesamt geht, überwiegen bei den Antwortenden die *positiven* Eindrücke. An der Spitze solch positiver Äußerungen stehen Erfahrungen von guter Gemeinschaft, von wohltuenden zwischenmenschlichen Kontakten. Viele Frauen erleben die Kirche als ein Stück „Heimat". In einer ganzen Reihe dieser Antworten werden besondere Kennzeichen dieser sozialen Dimension von Kirche und Gemeinde sichtbar, insbesondere eine häufig unterstrichene „Offenheit" sowie ein „partnerschaftliches" Miteinander. Andere Antworten unterstreichen besonders den „geistlichen" Charakter dieser Gemeinschaft.
Eine positive Sichtweise der Befragten wird außerdem wesentlich bestimmt durch erfahrene Anerkennung und Akzeptanz der eigenen Person wie der von Frauen

geleisteten Arbeit. Auch von guten, schwesterlichen Kontakten von Frauen untereinander ist vielfach die Rede.
Die Liste der *Negativ*erfahrungen wird angeführt von vielfältigen Hinweisen auf mangelnde Gleichberechtigung; insbesondere geht es dabei um die Festlegung von Frauen auf Elemente einer herkömmlichen Frauenrolle und um den für sie nach wie vor beschränkten Zugang zu Macht- und Entscheidungspositionen. (Von positiven Erfahrungen erlebter Gleichberechtigung berichten Frauen deutlich seltener; wo dies geschieht, wird als Indiz immer wieder auf einen wachsenden Frauenanteil in den Kirchenvorständen - d.h. im Bereich der Gemeindeleitung - hingewiesen.)
In vielen Negativ-Antworten kommt Enttäuschung über fehlende Anerkennung für geleistete Arbeit zum Ausdruck. Von zahlreichen Befragten werden hierarchische Strukturen als beengend und notwendiges Engagement behindernd erlebt. Andere Antworten beschreiben ein diesen Frauen zu gering erscheinendes Maß an Offenheit - für bestimmte Themen oder Probleme, Ideen und Arbeitsformen oder für veränderte Lebensbedingungen in der Gesellschaft. In einigen Erfahrungsberichten finden sich aber auch kritische Hinweise auf mangelnde Eindeutigkeit im Umgang mit der christlichen Botschaft.

Bei Durchsicht derjenigen Antworten, mit denen Frauen ein Bild der von ihnen „gewünschten Kirche" beschreiben, wird unmittelbar deutlich, in welch nachhaltiger Weise eine solche Wunschvorstellung die in der Kirche gesammelten Erfahrungen prägt - wobei mit einer solche Feststellung nicht ausgeschlossen werden soll, daß diese Erfahrungen ihrerseits auf die Vorstellungen von der Wunschkirche zurückwirken. Eine Kirche, wie die meisten der befragten Frauen sie sich wünschen, ist in sozialer wie religiöser Hinsicht zu umschreiben. Kennzeichen sind die bereits genannten Stichworte Gemeinschaft, Heimat, Miteinander; in dieser Kirche können Menschen erleben, was es heißt, „angenommen zu sein". Das schließt für viele Antwortende ein hohes Maß an Offenheit und Toleranz ein, auch für Andersdenkende und -glaubende. Im religiösen Bereich setzen Frauen bei der Skizzierung ihrer Wunschkirche unterschiedliche Akzente: Ein Teil der Befragten sieht sie durch (Neu-)Belebung traditioneller Formen und „ursprünglicher Inhalte" verwirklicht, andere wünschen sich Veränderungen, damit die Menschen heute die Kirche als „zeitgemäß" erfahren. In Antworten der letztgenannten Art kommt nicht selten der Wunsch nach einer „frauenfreundlichen" Kirche zum Ausdruck: Kirche soll, so betonen diese Befragten, in ihrer Sprache, ihren Predigten und Lebensformen den Erfahrungen und Vorstellungen von Frauen mehr Raum geben als bisher.
Über spezielle Aspekte der Lebenssituation von Frauen wird vielfach generell Wert darauf gelegt, daß kirchliches Reden und Handeln auf den Lebensalltag von Menschen bezogen ist. Auch dieser Wunsch hat mehrere Facetten: Frauen beschreiben hier ihre Vorstellung von einer „kommunikativen Gemeinde", deren Mitglieder miteinander über die eigenen Sorgen sprechen, in der eine oft als bedrückend erlebte soziale Wirklichkeit wahrgenommen, mit schwierigen Lebensproblemen vorbehaltlos und offen umgegangen wird und wo Christen für Benachteiligte eintreten. Eine Fortsetzung findet dieser Wunsch in der - vereinzelt freilich auch bestrittenen - Forderung, Kirche möge doch zu sozialen und politischen Themen engagiert und angstfrei Stellung nehmen.
Die Wunschkirche vieler Frauen ist weiter gekennzeichnet durch „gute Zusammenarbeit" - zwischen Mitarbeiterinnen und Mitarbeitern verschiedener Berufsgruppen wie zwischen haupt-, neben- und ehrenamtlich tätigen Männern und Frauen. Immer wieder ist in solchen Voten davon die Rede, daß hierarchische Beziehungsmuster

abgebaut und durch ein größeres Maß an „Mitbestimmung" und „geschwisterlichen Umgang" untereinander ersetzt werden sollten. Anerkennung ehrenamtlich geleisteter Arbeit sollte in der von vielen Befragten skizzierten Wunschkirche selbstverständlich sein. Ähnliches gilt für eine Verbesserung der Arbeitsbedingungen und Verdienstmöglichkeiten insbesondere für die derzeit geringfügig Beschäftigten bzw. für Mitarbeiterinnen und Mitarbeiter der unteren Einkommensklassen.
Und für eine ganze Reihe von Frauen gehört zu ihrer Wunschkirche selbstverständlich auch die Verwirklichung von Gleichberechtigung; sie kommt für die meisten Befragten, die sich in dieser Hinsicht explizit geäußert haben, vor allem in der Eröffnung von Zugangswegen zu kirchenleitenden Positionen zum Ausdruck.

Diese Prioritätensetzung spiegelt sich in der Reaktion der Befragten auf einige konkrete *Forderungen*: Ein Höchstmaß an Zustimmung finden hier die Sätze:
- *„Frauen müssen an kirchenleitenden Positionen gleichberechtigt beteiligt sein."*
Und:
- *„Frauen dürfen den Männern die ‚dienenden Arbeiten' in der Kirche nicht mehr so selbstverständlich abnehmen."*
Um strukturelle Maßnahmen frauenpolitischer Art ging es bei Fragen nach der Einrichtung einer kirchlichen *„Gleichstellungsstelle"*, die sich dafür einsetzen könnte, *„daß Lebenssituationen und Bedürfnisse von Frauen in Kirche und Gesellschaft besser wahrgenommen werden und Frauen Gerechtigkeit erfahren"*, sowie nach Durchsetzung einer *„Quotenregelung"* in der Kirche, um *„mehr Frauen als bisher an der Leitung der Kirche zu beteiligen"*. Diese Forderungen werden jeweils nur von einer - allerdings durchaus nicht kleinen - Minderheit der antwortenden Frauen uneingeschränkt unterstützt. Was die vorgeschlagene „Gleichstellungsstelle" betrifft, so sind die meisten Frauen aber nicht grundsätzlich gegen eine solche Maßnahme; sie möchten jedoch erst noch Genaueres über deren Ziele und Ausgestaltung wissen bzw. Bedingungen formuliert sehen, die wirksames Handeln einer solchen Einrichtung sicherstellen können.
Deutlich größer sind die Vorbehalte gegenüber einer Quotenregelung. Obwohl der Zugang zu kirchenleitenden Positionen von sehr vielen Frauen nachdrücklich gefordert wird, hat ein großer Teil von ihnen Bedenken dagegen, dieses Ziel auf solchem Wege zu erreichen. Gründe für solche Zurückhaltung liegen einerseits in der Hoffnung, fähigen Frauen könnte der Schritt in die Leitungsverantwortung auch ohne derartige strukturelle Hilfe gelingen, aber auch in der Sorge vor daraus möglicherweise resultierenden nachteiligen Folgen - für die Frauen selbst, für die betroffenen Männer, für das Miteinander von Frauen und Männern, für die zu lösenden Aufgaben und für die Kirche insgesamt. Anderen Frauen erscheint eine Quotenregelung angesichts bestehender Ungleichbehandlung als allzu punktuelle, das Problem nicht wirklich lösende Maßnahme; sie wünschen sich weiterreichende Prozesse einer „Bewußtseinsänderung" bei allen Beteiligten.

Der Forderung nach einer „Sprache in der Kirche, die Frauen und Männer einbezieht", wird ebenfalls nur von wenigen Frauen explizit widersprochen; aber sie mit großem Nachdruck zu vertreten, dazu ist die Mehrheit der Antwortenden anscheinend nicht bereit. Zu groß sind möglicherweise die Befürchtungen, wegen einer solchen Forderung „verlacht zu werden", zu groß erscheinen vielen wohl auch die - tatsächlich ja durchaus vorhandenen - Schwierigkeiten, eine weitgehend „männliche" Sprache wirklich zu verändern.
Kaum offener Widerspruch, nicht selten aber eher freundliche Zurückhaltung wird spürbar gegenüber der Forderung nach „viel stärkerer Berücksichtigung biblischer

Frauengeschichten." Immerhin fänden drei Viertel der Befragten eine solche Veränderung entweder „sehr wichtig" oder doch zumindest „auch schön".
Auf große Zustimmung unter den Befragten stößt dagegen der an die Adresse der Frauen selbst gerichtete Appell:
- „Wir Frauen müssen uns untereinander um mehr Schwesterlichkeit bemühen."

Welche Vorstellungen entwickeln die befragten Frauen selbst, wenn es darum geht, der von ihnen gewünschten Kirche näherzukommen? Die Schritte, die sie in diesem Zusammenhang im einzelnen skizzieren, sind vielfältige Konkretionen der von ihnen genannten Zielvorstellungen. Sie können an dieser Stelle nicht im Detail wiederholt werden. Interessant erscheint jedoch, wem es die Antwortenden zutrauen (bzw. zumuten), an der Verwirklichung ihrer Ziele mitzuarbeiten. Mit großer Deutlichkeit wird hier folgendes sichtbar: Im Kirchen- und Gemeindeverständnis der meisten Befragten hat offenbar die Mitgliederschaft in ihrer Gesamtheit einen hohen Stellenwert. An sie - und damit auch an sich selbst als aktive Kirchenmitglieder - wenden sich die meisten Antwortenden, wenn sie erklären, „die ganze Gemeinde" oder „wir alle" seien aufgerufen und in der Lage, die als notwendig erachteten Schritte zu tun. Erst auf dem zweiten bzw. dritten Platz folgen - mit deutlichem Abstand - Leitungsgremien und Pastorinnen bzw. Pastoren. Auch wenn sich, wie im Kontext der Beschreibung positiver wie negativer Erfahrungen sichtbar wurde, Freude wie Ärger vieler Frauen in der Kirche an Organen der Kirchenleitung bzw. Pfarramtsinhabern bzw. - und nur selten genannt - -inhaberinnen festmachen ließ, so zeigt doch dieses Ergebnis, daß Frauen sich des in der Mitgliederschaft vorhandenen Veränderungspotentials durchaus bewußt sind. Daß sie, die Frauen - als die z.Zt. aktivere Gruppe in den Gemeinden - in besonderer Weise Trägerinnen solcher verändernder Initiativen sein könnten, davon ist in nicht wenigen Antworten explizit die Rede.

In diesem Zusammenhang erweist sich noch eine andere Frage als aufschlußreich, die Frauen im Anschluß an die Beschreibung ortsgemeindlicher Erfahrungen beantwortet haben, nämlich die Frage nach den *Auswirkungen*, die eben diese Erfahrungen auf ihr persönliches Verhältnis zur Kirche gehabt haben. Soweit die Befragten solche Wirkungen an sich selbst wahrgenommen haben, sehen sie diese überwiegend unter positivem Vorzeichen.
Im Interesse einer sachgerechten Würdigung dieses Befundes muß allerdings an dieser Stelle noch einmal daran erinnert werden, daß die antwortenden Frauen eine nicht-repräsentative Auswahl darstellen, daß es nicht auszuschließen - genauer gesagt: sogar ziemlich wahrscheinlich -, daß Frauen, deren ortsgemeindliche Erfahrungen ihre Distanz zur Kirche vergrößert haben, an dieser Befragung kaum beteiligt waren. Das genannte Resultat darf also nicht im Sinn einer „Gesamtbilanz" ortsgemeindlicher Arbeit gedeutet werden. Nichtsdestoweniger besagt es, daß die Mehrzahl der hier antwortenden, kirchlich überwiegend recht aktiven Frauen durch Erfahrungen in der eigenen Gemeinde in ihrem Verhältnis zur Kirche im allgemeinen wie in ihrem persönlichen Engagement eher unterstützt und bestärkt wurden. Diese von den Befragten beschriebenen „Auswirkungen" ortsgemeindlicher Erfahrung schließen aber auch Zuwächse an Kritikfähigkeit und -bereitschaft ein; die Frauen haben diese als persönlichen Gewinn verbucht; sie haben gelernt, freier und selbstbewußter mit ihrer Gemeinde, den dort vorgegebenen Mustern und Erwartungen umzugehen, eigene Interessen und Bedürfnisse deutlicher zur Sprache zu bringen. Kein Zweifel, nicht wenige Frauen sind auf dem Hintergrund ihrer ge-

meindlichen Erfahrungen kämpferischer geworden, gerade auch im Blick darauf, was die Anliegen von Frauen in der Kirche betrifft!

Wunsch-Kirchenbilder wie Frauenerfahrungen in und mit der Kirche bilden gemeinsam den Hintergrund, auf dem die Befragten ihre Gesamtsicht zum Thema „Frauen in der Kirche" dargestellt haben. So unterschiedlich wie die den Fragebogen zu entnehmenden Wunschvorstellungen und Erfahrungsberichte sind auch die durch das Stichwort „Frau und Kirche" ausgelösten Assoziationen: In ihrer Mehrzahl lassen sie erkennen, daß die Befragten dieses Stichwort insoweit positiv aufgenommen haben, als sie die Intention des mit dieser Frauenbefragung verbundenen Anliegens unterstützen, auf eine „erneuerte Gemeinschaft von Frauen und Männern in der Kirche" hinzuarbeiten; die Gefühle, die dieses Stichwort bei den Befragten auslöst, sind allerdings recht verschieden; sie reichen von der Hoffnung auf tatsächliche Verbesserung über Ärger und Wut bis zu Resignation und stiller Enttäuschung. Diejenigen, die diesem Stichwort „Frau und Kirche" gegenüber negativ reagieren, lassen neben Unbehagen oder Desinteresse zum Teil auch stark emotional gefärbte Ablehnung erkennen, äußern ihrerseits Ärger oder Zorn.

Ein hohes Maß an Betroffenheit wird auch in einer Art „Schlußvotum" spürbar, das viele Frauen ergänzend angefügt haben. Zahlreiche Befragte beschäftigen sich hier (noch einmal) mit dem von ihnen festgestellten Mangel an gleichberechtigter Teilhabe von Frauen in der Kirche; viele dieser Antworten enthalten konkrete Überlegungen und Vorschläge, wie Verbesserungen auf den Weg gebracht werden könnten. Appelle an verstärkte Solidarität von Frauen untereinander sind darunter ebenso anzutreffen wie Bemühungen um gegenseitige Ermutigung. Aber nicht nur aus der Perspektive erlebter Benachteiligung wird hier argumentiert; vielen Frauen geht es auch um den Beitrag, den sie für gutes Leben in der Kirche - und für ein zeit- und evangeliumsgemäßes Handeln der Kirche in der Gesellschaft leisten könnten, wenn eine erneuerte Gemeinschaft von Frauen und Männern schrittweise verwirklicht würde.

Andere Frauen machen an der gleichen Stelle noch einmal ihre Einwände gegen ein solches Bemühen geltend; oder sie erläutern ausführlich, wo sie persönlich wichtige Erfahrungen als Frauen in der Kirche gemacht haben.

9.2 „Frauen und Kirche" - aus der Perspektive unterschiedlicher „Ämter"

Die Stellung der befragten Frauen zur Kirche wurde in allen Punkten dieser Analyse als differenzierendes Merkmal berücksichtigt; dabei wurde unterschieden zwischen beruflich oder ehrenamtlich tätigen Frauen sowie Frauen in Ausbildung auf einen Beruf in der Kirche und solchen „ohne besonderes Amt". Vielfach erwuchsen aus diesen verschiedenartigen Perspektiven Unterschiede in den beschriebenen Wahrnehmungen und Vorstellungen. Kirche ruft offenbar zumindest graduell unterschiedliche Erfahrungen bei Frauen hervor, je nachdem, ob sich diese, ohne Übernahme eines besonderen Amtes, nach eigenen Wünschen und Möglichkeiten am kirchlichen Leben beteiligen, ob sie sich als ehrenamtliche Mitarbeiterinnen „freiwillig" für eine Mitarbeit entscheiden, oder ob sie - infolge der einmal getroffenen Berufswahl - in besonders existentieller Weise mit ihr verbunden sind oder doch nach Abschluß der gewählten Ausbildung eine solche Verbindung - die auch als Abhängigkeit erlebt werden kann - erwarten.

Bei Frauen, die durch ihren Beruf mit der Kirche eng verbunden sind, konnte man vermuten, daß sie diese - und die in ihr gegebenen Lebens- und Arbeitsmöglich-

keiten - besonders genau und kritisch betrachten. Dort, wo sie Veränderungen für notwendig halten, werden sie auf deren Verhinderung oder Verzögerung mit großer Wahrscheinlichkeit vergleichsweise heftig reagieren, zumal ihnen persönliche Alternativen, wie beispielsweise ein Wechsel auf einen außerkirchlichen Arbeitsplatz, in vielen Fällen kaum gegeben und oft auch nicht wünschenswert erscheinen dürften.
Dagegen schien es weniger wahrscheinlich, enttäuschte und verärgerte Frauen unter den ehrenamtliche Mitarbeiterinnen oder bei den „Frauen ohne besonderes Amt" zu treffen; man könnte vermuten, daß diese Frauen - ohne existentiell mit der Kirche verbunden zu sein - das Interesse am kirchlichen Leben (und damit auch an dieser Befragung) wohl inzwischen eher verloren hätten.

Wenden wir uns in diesem Schlußkapitel also noch einmal diesen verschiedenen Teilgruppen zu.

9.2.1 Ehrenamtliche Mitarbeiterinnen

Die Frauen, die sich an dieser Frauenbefragung beteiligt haben, sind in der Mehrzahl ehrenamtlich in Kirche und Gemeinde tätig - vor allem als Inhaberinnen kirchlicher Leitungsämter oder Mitarbeiterinnen in der Frauenarbeit, im Besuchsdienst, in der Arbeit mit Kindern oder Erwachsenen und im musikalischen Bereich. Die meisten von ihnen leisten in der Kirche ausschließlich unbezahlte Arbeit; allerdings sind nicht wenige Frauen, die einem Beruf in der Kirche nachgehen, außerdem in bestimmten kirchlichen Arbeitsfeldern auch ehrenamtlich engagiert. Ein beträchtlicher Teil derjenigen, die in der Kirche ausschließlich ehrenamtlich tätig sind, übt einen Beruf im außerkirchlichen Bereich aus. Die meisten Ehrenamtlichen in dieser Befragung sind zwischen 40 und 60 Jahre alt; sie leben überwiegend mit ihrem (Ehe-) Partner und einem oder mehreren Kindern in einem gemeinsamen Haushalt.
Ehrenamtlich in der Kirche tätige Befragte haben häufig mehrere Aufgaben gleichzeitig übernommen, zum Teil verbunden mit erheblichem Zeitaufwand. In verschiedenen Altersgruppen gibt es, was die Art und Weise ehrenamtlichen Tuns betrifft, unterschiedliche Schwerpunkte. Mit steigendem Lebensalter nimmt der zeitliche Umfang solchen Engagements tendenziell zu; älteren Frauen fällt es zugleich offenbar schwerer als jüngeren Befragten, sich und anderen über diesen Zeitaufwand Rechenschaft zu geben; möglicherweise sind jüngere Frauen mehr als ältere daran gewöhnt, die eigene Zeit als „knappes Gut" genau zu kalkulieren.
Letztere Feststellung gilt der Tendenz nach auch für berufstätige Frauen. Soweit diese ihrem Beruf außerhalb der Kirche nachgehen, ist das Ausmaß an Zeit, das sie für ehrenamtliche Arbeit in der Kirche zur Verfügung stellen (können), zugleich im Schnitt etwas geringer als bei anderen Ehrenamtlichen.

Was die (ausschließlich) ehrenamtlichen Mitarbeiterinnen anbelangt, so benennen diese Antwortenden besonders viele positive und auffallend wenig negative Erfahrungen in und mit der Kirche im allgemeinen und mit ihrer Ortsgemeinde im besonderen. Stärker noch als andere Befragte weisen sie unter positivem Vorzeichen vor allem auf Erfahrungen von guter Gemeinschaft und Anerkennung der eigenen Person und der für Kirche und Gemeinde erbrachten Leistungen hin.
Solche guten Erfahrungen haben sich denn auch bei einem sehr großen Teil dieser Ehrenamtlichen ihrerseits positiv ausgewirkt - im Blick auf ihr Verhältnis zu Kir-

che und Gemeinde im allgemeinen wie auch hinsichtlich einer Verstärkung der eigenen Bereitschaft zum Engagement.
Befunde dieser Art dürfen freilich nicht dahingehend mißverstanden werden, daß es in dieser Teilgruppe überhaupt keine Negativ-Voten gäbe. Auch diese Frauen sprechen, wenn auch in relativ geringerer Zahl als andere Befragte, von fehlender Gleichberechtigung - d.h. beispielsweise von Überhört- oder Nicht-Ernst-Genommen-Werden, von Nicht-Beteiligung an Entscheidungen und von einer Festlegung auf „alte Rollenmuster", „aufs Kaffeekochen und Kuchenbacken", aber auch von einem Mangel an Anerkennung und Dank für den erbrachten Einsatz. Ein solches Defizit erkennen sie unter anderem auch darin, daß kirchliche Strukturen den Bedingungen ehrenamtlicher Arbeit oft nicht hinreichend gerecht werden oder daß ein ehrenamtlicher Beitrag oft nicht erbeten, sondern allzu selbstverständlich vorausgesetzt wird.
Entsprechend gibt es unter diesen ehrenamtlichen Mitarbeiterinnen auch Frauen, die in ihren Äußerungen über die Auswirkungen solcher Erfahrungen „gemischte Gefühle" erkennen lassen oder Prozesse persönlicher Entwicklung beschreiben, die sie zu Kirche und Gemeinde als solcher eher auf Distanz gebracht haben. Daß solche Tendenzen unter den Ehrenamtlichen nicht stärker ausgeprägt sind, könnte auch daran liegen, daß wirklich enttäuschte oder verärgerte Frauen bereits eine weitergehende Distanzierung vollzogen, ehrenamtliche Arbeit reduziert oder ganz eingestellt, möglicherweise auch auf eine Teilnahme an dieser Befragung verzichtet haben.
Wie setzen die befragten Ehrenamtlichen ihre Erfahrungen in und mit der Kirche in *Wünsche* bzw. *Forderungen* um? Verstärkte Bemühungen um die soziale Dimension der Kirche, um ein gemeinschaftsförderndes, offenes und partnerschaftliches Miteinander sowie um deutliche Bezüge zum Lebensalltag der Menschen spielen in ihrem Wunschkatalog eine große Rolle. Von „Geborgenheit in einer christlichen Gemeinschaft" ist da die Rede und davon, daß die Menschen in der Kirche „aufeinander zugehen" und „einander zuhören" möchten. „Offenheit nach außen", Toleranz und Konfliktbereitschaft werden ebenfalls von zahlreichen ehrenamtlichen Mitarbeiterinnen als ihnen persönlich wichtige Merkmale benannt. Nicht wenige Befragte, die ehrenamtlich Aufgaben in der Kirche übernommen haben, legen bei der Beschreibung ihrer Wunschkirche auch Wert darauf, daß solche Arbeit anerkannt wird und daß sie nicht das Gefühl haben müssen, ausgenutzt zu werden. Besonders häufig aber werden spontan Anliegen formuliert, die das geistliche Leben in der Kirche, Spiritualität und Arbeit an biblischen Texten betreffen; viele dieser Frauen wünschen sich Veränderungen, die neuen Entwicklungen auch im religiösen Bereich Raum geben; „Gottesdienste in verschiedenen Formen" werden hier ebenso genannt wie „frauenfreundliche Predigten". Noch häufiger aber geht es ehrenamtlichen Mitarbeiterinnen um die Wahrung bzw. Wiederbelebung gottesdienstlicher und anderer religiöser Traditionen. Es ist nicht zu übersehen: Die Vorstellungen, die diese Frauen von ihrer Wunschkirche entwerfen, sind bunt und vielfältig, manchmal auch einander widersprechend.

Die Frauenbefragung gibt uns Gelegenheit, noch etwas genauer herauszufinden, was diesen ehrenamtlichen Mitarbeiterinnen persönlich an der von ihnen geleisteten Arbeit wichtig und wertvoll ist und welche Erfahrungen sie speziell im Rahmen solchen ehrenamtlichen Tuns gesammelt haben.
Auf die direkte Frage nach der positiven Bedeutung ehrenamtlicher Arbeit für die Frauen selbst lassen fast alle Befragten erkennen, daß sie eine solche als gegeben betrachten. Vor allem bringen sie in ihren Antworten zum Ausdruck, daß ihr Tun ge-

eignet sei, dem eigenen Leben Sinn zu geben, aber auch anderen Menschen Hilfe zum Leben zu leisten. Die Möglichkeit, „Gemeinschaft" zu erfahren, begegnet uns ebenfalls als wichtiger Aspekt der ehrenamtlichen Arbeit. Nicht wenige Ehrenamtliche haben auch positiv erlebt, daß ihr Engagement ihnen die Chance eröffnet, im christlichen Glauben zu wachsen oder aber diesen Glauben an andere weiterzugeben. Spezifische Themen und Anliegen von Frauen kommen seltener zur Sprache, wo Befragte diese persönliche Bedeutung ehrenamtlichen Engagements zu beschreiben versuchen; wenn dies doch der Fall ist, haben die betreffenden Ehrenamtlichen manchmal den Eindruck, sich damit eher „am Rande der Kirche" zu bewegen.

Was die im Kontext solchen Engagements gesammelten Erfahrungen betrifft, so kommen die Frauen mehrheitlich zu einer positiven Einschätzung, wenn es um Möglichkeiten geht, „eigene Fähigkeiten und Begabungen einzubringen und selbst über die Art der Mitarbeit zu entscheiden". Eher von Einschränkungen sprechen sie dagegen im Blick auf „Selbstbestimmung über den Umfang". Von eigenen Problemen, „nein" zu sagen, ist in diesem Zusammenhang ebenso die Rede wie von der immer wieder in Gemeinde und Kirche anzutreffenden Tendenz, vorhandene Mitarbeitsbereitschaft „auszunutzen". Was die „Zusammenarbeit mit Pastoren / Pastorinnen und anderen Hauptamtlichen" und die „Beteiligung an Information, Diskussion und Entscheidungsprozessen" anbelangt, so sind die Antworten zwar überwiegend positiv; Hinweise auf Probleme sind jedoch vorhanden und sollten nicht übersehen werden. Kommunikationsdefizite unterschiedlicher Art werden hier ebenso sichtbar wie Behinderungen gemeinsamen Arbeitens durch mangelnde Kooperationsbereitschaft, durch Konkurrenz und strukturelle Ungleichgewichte, die sich aus der Sicht ehrenamtlicher Mitarbeiterinnen für diese nachteilig auswirken.

Vielfältig sind die Antworten der Ehrenamtlichen im Blick auf die Erstattung von Kosten, die im Rahmen ihrer Arbeit entstehen und meist von ihnen selbst verauslagt werden. Es gibt deutliche Hinweise darauf, daß nicht alle Frauen hier eine für sie wirklich befriedigende Regelung vorfinden.

Ein besonders hohes Maß an negativen Voten formulieren ehrenamtliche Mitarbeiterinnen dort, wo es um Gremienarbeit geht, also um einen vergleichsweise hochformalisierten, vorgegebenen Regelungen unterworfenen Bereich kirchlicher Arbeit. Soweit diese Frauen über Gremien-Erfahrungen verfügen, erklären sie ziemlich häufig, daß man sie dort nicht wirklich hört, ihre Anliegen nicht ernst nimmt. Andere Frauen weisen darauf hin, daß auch sie selbst Anteil an diesen Problemen haben, weil es ihnen manchmal schwerfällt, sich in einem Gremium durchzusetzen, sich für eigene Überzeugungen und Interessen stark zu machen. Und immer wieder ist auch von „zuviel Verwaltung" und - korrespondierend - einem als zu gering erlebten Ausmaß an wirklich sinnvoll erscheinender inhaltlicher Arbeit die Rede.

Entsprechend der in der Summe doch recht beträchtlichen Zahl kritischer Anmerkungen bejahen ehrenamtliche Mitarbeiterinnen sehr zahlreich die Frage nach notwendigen Veränderungen; auf größte Zustimmung stößt dabei das Stichwort „Fortbildung"; viele Befragte verbinden damit offensichtlich die Hoffnung, sie selbst könnten auf diesem Weg besser auf Schwierigkeiten vorbereitet und für ihre Bewältigung zugerüstet werden. Aber auch „mehr Anerkennung" für geleistete ehrenamtliche Arbeit wäre eine von zahlreichen Frauen gewünschte Veränderung.

Insgesamt zeigen die Antworten: Ehrenamtliches Engagement hat für die Mitarbeiterinnen selbst hohe persönliche Bedeutung. Dies läßt sie einerseits besonders sensibel auf Erfahrungen mangelnder Anerkennung und Wertschätzung des von ihnen geleisteten Beitrags reagieren. Andererseits hat ein so hoher persönlicher Stellenwert dieser Arbeit zur Folge, daß viele ehrenamtlich tätige Frauen offenbar bereit sind, über viele auftretende Probleme und Schwierigkeiten hinwegzusehen, Enttäuschungen zu akzeptieren, manchmal sogar Kränkungen zu ertragen. Zahlreiche Frauen suchen Fehler eher bei sich selbst als bei anderen, und sie ziehen vor allen anderen Veränderungsmöglichkeiten jene in Betracht, die sie selbst unmittelbar in die Hand nehmen können, indem sie Wissenslücken schließen, eigene Fähigkeiten (weiter-)entwickeln, sich selbst verändern.

Bleibt schließlich zu fragen: Wie haben die ehrenamtlichen Mitarbeiterinnen auf das zentrale Thema dieser Umfrage - „Frauen in der Kirche" - reagiert? Die meisten von ihnen haben sich dieser Frage gestellt; ihre Antworten zeigen ein leichtes Übergewicht zugunsten solcher Voten, die das mit der Frauenbefragung verbundene Anliegen unterstützen, zu einer „erneuerten Gemeinschaft von Frauen und Männern in der Kirche" beizutragen, in der Frauen ein höheres Maß an Gleichberechtigung, Gleichbeachtung und Gleichbehandlung zuteil wird. Hoffnung auf Veränderung, zumindest aber Interesse am Thema spiegeln sich in den meisten derartigen Äußerungen. Fast ebenso viele Frauen dieser Teilgruppe signalisieren allerdings an dieser Stelle eher Zurückhaltung, lassen erkennen, daß ihnen Fragen dieser Art Unbehagen bereiten oder formulieren sogar scharfe Ablehnung. Zwischen diesen beiden Gruppierungen angesiedelt ist eine nicht ganz kleine Gruppe von Frauen, die sich noch unschlüssig sind, bei denen das Stichwort „Frau und Kirche" ganz offensichtlich zwiespältige Empfindungen auslöst.
Deutliche Ablehnung seitens der Mehrheit dieser ausschließlich ehrenamtlich in der Kirche tätigen Frauen erfährt die Forderung nach Einführung einer Quotenregelung. Häufiger als Befragte aller übrigen Teilgruppen vertreten sie die Auffassung, daß „fähige Frauen sich auch ohne eine solche Regelung durchsetzen" bzw. eine solche Regelung aus verschiedenen anderen Gründen besser unterbleiben sollte. Was die Einrichtung einer Gleichstellungsstelle in der Kirche betrifft, sind zwar auch die ehrenamtlich engagierten Frauen durchaus nicht der Meinung, eine solche Stelle sei grundsätzlich „überflüssig". Häufiger noch als andere Befragte möchten sie ihre Unterstützung einer derartigen Forderung jedoch von deren konkreten Aufgaben sowie ihrer Ausstattung und Arbeitsweise abhängig machen.
Vergleichsweise zurückhaltend äußert sich ein Großteil der Ehrenamtlichen auch im Blick auf eine Reihe weiterer Maßnahmen, die der Gleichstellung von Frauen in der Kirche dienen könnten - nämlich die verstärkte Berücksichtigung biblischer Frauengeschichten, eine Sprache, die Frauen und Männer einbezieht, gleichberechtigte Beteiligung von Frauen an kirchenleitenden Positionen und das Bemühen, Männern die ‚dienenden Arbeiten' nicht mehr so selbstverständlich abzunehmen. Dennoch gilt: Auch in dieser Teilgruppe finden alle angesprochenen Forderungen mehrheitlich Unterstützung. Die stärkste Zustimmung allerdings erfährt bei den ehrenamtlichen Mitarbeiterinnen jener Appell, der sie selbst zum Handeln bzw. zu einer veränderten Haltung aufruft: „Wir Frauen in der Kirche müssen uns untereinander um mehr Schwesterlichkeit bemühen."

9.2.2 Frauen ohne besonderes Amt in der Kirche

Frauen „ohne besonderes Amt in der Kirche" bilden in dieser Frauenbefragung eine - wenn auch nicht ganz kleine - Minderheit. Auch wenn sie weder beruflich noch ehrenamtlich in der Kirche engagiert sind, ist hier noch einmal zu unterstreichen, daß diese Befragten, was ihr Verhältnis zu Kirche und Gemeinde betrifft, keine repräsentative Auswahl aus der Gesamtheit weiblicher Kirchenmitglieder darstellen; auch sie sind in sehr großer Zahl an kirchlichen Kreisen und Gruppen beteiligt, die meisten von ihnen nehmen nach eigenen Angaben am Gottesdienst teil. Durch die Beantwortung des Frauenfragebogens haben sie zudem ihr prinzipielles Interesse am Thema „Frauen und Kirche" zum Ausdruck gebracht.

Wie nun erfahren diese Frauen ohne besonderes Amt die Kirche? Welche Wünsche und Forderungen kommen in ihren Antworten zum Ausdruck?

Ein erster Befund, der insbesondere bei den frei formulierten Aussagen fast durchgängig erkennbar ist, betrifft das Antwortverhalten dieser Teilgruppe: Frauen ohne besonderes Amt haben in sehr viel größerer Zahl auf Äußerungen zu den gestellten Fragen verzichtet als die übrigen Befragten; wo Antworten vorliegen, sind sie tendenziell knapper gefaßt, die Frauen sprechen weniger spezifische Aspekte eines Erfahrungszusammenhangs an - ein Ergebnis, in dem möglicherweise ein größeres Maß an Distanz zu den angeschnittenen Themen und Problemen zum Ausdruck kommt.

Nichtsdestoweniger haben auch Frauen ohne kirchliches Amt in großer Zahl von ihren Erfahrungen in Kirche und Gemeinde berichtet. Dabei überwiegen ebenfalls die positiven Eindrücke. Auch für diese Frauen gilt, daß das Erleben von „Gemeinschaft" ein wesentliches Kennzeichen ihrer Kirchenerfahrung darstellt. Der Hinweis auf einen Mangel an Gemeinschaftserfahrung spielt bei den in dieser Teilgruppe vergleichsweise seltenen Negativ-Voten ebenfalls eine relativ große Rolle. Unter positivem Vorzeichen berichten Frauen ohne besonderes Amt in der Kirche außerdem vergleichsweise häufig davon, daß Kirche Raum für Frauenthemen biete und daß Frauen hier gute und geeignete Veranstaltungsangebote fänden.

Obwohl die Beschreibung ortsgemeindlicher Erfahrungen, die diese Frauen geben, insgesamt einen „geteilten Eindruck" hinterläßt, weil sich positive und negative Bemerkungen dabei annähernd die Waage halten, sprechen sie selbst doch davon, daß sich ihr Verhältnis zu Kirche und Gemeinde auf diesem Hintergrund insgesamt eher verbessert habe.

Die von diesen „Frauen ohne besonderes kirchliches Amt" skizzierte Wunschkirche ist - entsprechend dem von den ehrenamtlichen Mitarbeiterinnen gezeichneten Bild - vor allem gekennzeichnet durch intensives soziales und religiöses Miteinander-Leben; der Wunsch nach Bezügen zum Lebensalltag der Menschen kommt bei diesen Befragten sogar noch etwas stärker zum Tragen. Das Thema „Gleichberechtigung" dagegen sprechen Frauen ohne Amt - wiederum in weitgehender Übereinstimmung mit den ehrenamtlichen Mitarbeiterinnen - in diesem Zusammenhang eher selten an.

Auch auf das Stichwort „Frauen und Kirche" reagieren diese „Frauen ohne besonderes Amt" eher zurückhaltend; ein vergleichsweise großer Teil von ihnen läßt die Frage nach den dadurch ausgelösten Assoziationen unbeantwortet. Soweit Äußerungen vorliegen, ist das Bild ähnlich wie bei den ehrenamtlichen Mitarbeiterinnen, d.h. auch diese Teilgruppe ist in diesem Punkt in zwei nahezu gleichgroße Untergruppen gespalten, die die Thematik und das mit ihr verbundene Anliegen teils bejahen, teils aber auch gleichgültig oder ablehnend von sich weisen.

Diese Ähnlichkeit mit den ehrenamtlichen Mitarbeiterinnen im Umgang mit dem Thema „Frau und Kirche" setzt sich größtenteils fort, wo es um die Unterstützung bestimmter frauenpolitischer Forderungen in der Kirche geht. Strukturellen Veränderungen, wie der Einrichtung einer Gleichstellungsstelle oder der Einführung einer Quotenregelung für Frauen in der Kirche, können diese Frauen ohne Amt allerdings in vergleichsweise größerer Zahl etwas Positives abgewinnen; sie sind deshalb auch eher bereit, entsprechende Forderungen zu unterstützen.

9.2.3 Frauen, die einen Beruf in der Kirche ausüben

Frauen, die einen Beruf in der Kirche ausüben oder sich auf einen solchen Beruf vorbereiten, haben sich in sehr großer Zahl an dieser Frauenbefragung beteiligt. Dabei wurden Frauen aus ganz verschiedenen Berufen in der verfaßten Kirche erreicht: Küsterinnen und Pastorinnen, Pfarrsekretärinnen und Diakoninnen, Kirchenmusikerinnen, Mitarbeiterinnen in Diakonie- und Sozialstationen, Erzieherinnen, Sozialarbeiterinnen, Mitarbeiterinnen in der Erwachsenenbildung und in der kirchlichen Verwaltung sowie viele andere beruflich in der Kirche tätige Frauen haben diesen Erhebungsbogen beantwortet.
Das Spektrum der von diesen Frauen wöchentlich geleisteten Arbeitszeit ist breit: Es reicht von der nur wenige Stunden umfassenden „Nebentätigkeit" bis zum Vollzeit-Arbeitsplatz, wobei Frauen in unterschiedlichen Berufsgruppen hier von recht unterschiedlichen Stundenzahlen berichten. Ein großer Teil dieser Befragten leistet in der Kirche nicht nur bezahlte Arbeit; zahlreiche Frauen berichten außerdem von ihrem - teilweise ganz erheblichen - ehrenamtlichen Engagement. Auch wenn sich die beruflich in der Kirche tätigen Frauen vergleichsweise seltener als ehrenamtliche Mitarbeiterinnen und Frauen ohne Amt am Gottesdienst sowie an kirchlichen Kreisen und Gruppen beteiligen, partizipiert doch die Mehrheit dieser Befragten über die eigene berufliche Arbeit hinaus in vielfältiger Weise am kirchlichen Leben.

Die meisten beruflich in der Kirche tätigen Frauen in dieser Umfrage sind zwischen 30 und 60 Jahre alt. In einigen Berufsgruppen gibt es vergleichsweise hohe Anteile alleinlebender Frauen - insbesondere unter den befragten Pastorinnen, Diakoninnen und Sozialpädagoginnen / Sozialarbeiterinnen. Andere leben zum größeren Teil mit (Ehe-) Partner und Kind bzw. Kindern in einem gemeinsamen Haushalt; dies gilt vor allem für die an dieser Befragung beteiligten Pfarrsekretärinnen und Gemeindeschwestern. Alleinerziehende Frauen finden sich in größerer Zahl nur in der Teilgruppe der Küsterinnen.

Diese Frauen, die einen Beruf in der Kirche ausüben, haben sich an einigen Stellen dieses Erhebungsbogens besonders ausführlich und differenziert geäußert. Die inhaltliche Sichtung ihrer Berichte läßt deutlich erkennen, daß diese - trotz vielfältiger Beteiligung dieser Befragten am kirchlichen Leben - stark von Eindrücken geprägt sind, die die Frauen im Rahmen ihres Arbeitsverhältnisses gewonnen haben. Mit der Kirche als „Arbeitgeberin" verbinden sie dabei eher negative als positive Vorstellungen; nicht selten wurden hier Erwartungen enttäuscht, die darauf gerichtet waren, daß die Kirche mit ihren Mitarbeiterinnen und Mitarbeitern eigentlich „anders" umgehen müßte als andere Arbeitgeber.
Anders als bei den ehrenamtlichen Mitarbeiterinnen zeigt sich bei beruflich in der Kirche tätigen Frauen, daß die Zahl derjenigen, die von Negativerfahrungen mit der Kirche im allgemeinen berichten, fast ebenso hoch ist wie die Zahl derjenigen, die

positive Aspekte zur Sprache bringen. Auch für diese Frauen ist die eigene Ortsgemeinde als Bezugsebene ganz überwiegend vorhanden, auch wenn eine kleine Teilgruppe dieser Berufstätigen erklärt, zu ihr keinen oder doch nur einen auf bestimmte Gruppen begrenzten Kontakt zu haben. Wo es um die Auswirkung gemeindlicher Erfahrungen auf das eigene Verhältnis zur Kirche geht, zeigen diese beruflich im kirchlichen Bereich tätigen Frauen - wiederum abweichend von den Ehrenamtlichen - ebenfalls ein durchaus „gemischtes" Ergebnis, zu dem Hinweise auf wachsende Distanzierung ebenso gehören wie Prozesse der Annäherung und Vertiefung.

Besonders oft sprechen die beruflich in der Kirche tätigen Frauen in ihren Negativ-Voten von mangelnder Gleichberechtigung. Daß sehr viele dieser Befragten sich in ihrer Arbeit bewußt „als Frauen" erleben, zeigt sich auch darin, daß die Möglichkeit, als Frau die eigenen Fähigkeiten in die Arbeit einzubringen, von ihnen mehrfach spontan thematisiert wird, zum größeren Teil als erfreute Feststellung, daß eine solche Möglichkeit bestehe, manchmal aber auch voller Enttäuschung darüber, daß dies eben nicht der Fall sei. Daß die Kirche „Betätigungsfelder für Frauen" biete, wird von beruflich hier tätigen Befragten ebenfalls relativ häufig positiv vermerkt; und auch die offenbar von nicht wenigen Frauen gewonnene Einsicht, daß Frauen in der konkreten Ausgestaltung und Bewältigung der ihnen gestellten Aufgaben „über andere Möglichkeiten verfügen" als Männer in ähnlichen Positionen, macht einen Teil der berichteten Positiv-Erfahrungen aus. Umgekehrt sind in dieser Teilgruppe in relativ großer Zahl Äußerungen anzutreffen, die darauf hinweisen, daß die persönliche Lage von Frauen in der Kirche nicht hinreichend berücksichtigt werde.

Wie sich an mehreren Stellen dieser Umfrage zeigt, reagiert ein großer Teil der beruflich in der Kirche tätigen Befragten sehr aufmerksam darauf, ob und wie die von Frauen geleistete Arbeit und darüberhinaus ihre Person als solche anerkannt werden; sie registrieren recht genau, ob Kirche Frauen mit ihren Kenntnissen und Fähigkeiten, ihren Fragen und Interessen, aber auch mit den aus ihrer je konkreten Lebenssituation erwachsenden Problemen Beachtung schenkt. Wo beruflich in der Kirche tätige Frauen positive Erfahrungen beschreiben, da spielt beispielsweise erlebte Anerkennung ebenfalls ein ziemlich große Rolle.

Auf ihre Berufserfahrungen unmittelbar angesprochen entwerfen diese Frauen ein in groben Zügen etwa so zu beschreibendes Bild: Die Zusammenarbeit mit Männern wird zwar grundsätzlich als eher gut erlebt; aber eine ganze Reihe dieser Befragten weist doch auf Probleme hin: Sie haben die Erfahrung gemacht, daß ihre Fachkompetenz vielfach nicht anerkannt wird, daß man immer wieder versucht, sie auf eine traditionelle Frauenrolle festzulegen und daß sie als Frauen sich oft „mühsam durchsetzen" müssen; auch als unterschiedlich empfundene „Arbeitsstile" von Männern und Frauen werden manchmal als kooperationshemmend genannt. Was die Zusammenarbeit mit anderen Frauen betrifft, so scheinen die von den Befragten erinnerten Probleme etwas geringer zu sein; und sie sind, wie die Auswertung zeigt, auch anderer Art: Wo Frauen die Kooperation untereinander als schwierig empfinden, hat dies offenbar häufig mit Konkurrenz und mangelnder Solidarität zu tun; Probleme im Umgang mit Macht werden hier ebenso angesprochen wie ein teilweise fehlendes Selbstbewußtsein von Frauen.

Besonders viele Problemanzeigen sind in den Antworten dieser Frauen enthalten, wo es um ihre Beteiligung an Information, Diskussion und Entscheidungsprozessen im Blick auf das eigene Arbeitsfeld geht; auch dort, wo speziell Gremienarbeit angesprochen ist, da ist vielfach von Schwierigkeiten und Ärger die Rede.

Beruflich in der Kirche tätige Frauen sehen für sich nur wenig Aufstiegschancen; Ursachen hierfür vermuten sie unter anderem in festgelegten Geschlechtsrollen, die Frauen den Zugang zu höheren Positionen verwehren, in der mehrfachen Belastung von Frauen durch ihre Berufs- und Familienrolle und in den hohen Anforderungen, die besonders an Frauen gestellt werden, wenn sie sich in Leitungspositionen behaupten wollen. Entsprechend dringlich fordern die meisten Befragten hier Veränderungen, und zwar vor allem im Bereich der Arbeitsbedingungen; diese sollten - so äußern viele Befragte - unbedingt so ausgestaltet werden, daß eine Vereinbarkeit von Familie und Beruf tatsächlich gewährleistet ist - für Frauen wie für Männer. Daneben erhoffen sich Frauen durch gezielte Fortbildungsangebote bessere Ausgangsvoraussetzungen für sich selbst, damit beruflicher Aufstieg möglich wird.

Daß beruflich in der Kirche tätige Frauen auf dem Hintergrund solcher Erfahrungen die direkte Frage nach erlebter Diskriminierung sehr häufig bejahen, kommt nicht unerwartet. Solche Diskriminierung, die die Befragten teils persönlich erlebt, teils bei anderen Frauen wahrgenommen haben, liegt insbesondere in der häufig als schlechter empfundenen Ausstattung der für Frauen verfügbaren Stellen, in der Nicht-Anerkennung weiblicher Leistungen, in der Zurückweisung von Frauen bei Stellenbesetzung oder Beförderung, in diskriminierender Behandlung im Zusammenhang mit Schwangerschaft, Geburt oder Kindererziehung oder allgemein in einem Umgang mit Frauen, den diese als persönliche „Herabsetzung" empfinden.

Wenn beruflich in der Kirche tätige Frauen ihre Wunschkirche beschreiben, dann stehen dabei Aspekte des „sozialen Miteinander" mit Abstand vorn: eine „offene Gemeinschaft", in der man sich gegenseitig gelten läßt, deren Mitglieder aufeinander hören, wo viele an der Gestaltung beteiligt sind und in der Menschen sich angenommen fühlen können - solche Stichworte prägen unter anderem das Bild der von den berufstätigen Frauen gewünschten Kirche. Diese Wunschkirche hat aber auch für die beruflich in ihr tätigen Frauen eine „religiöse Seite", wenngleich entsprechende Äußerungen mit vergleichsweise geringerer Häufigkeit anzutreffen sind als in der Teilgruppe der Ehrenamtlichen; anders als bei ehrenamtlichen Mitarbeiterinnen und Frauen ohne Amt halten sich bei den beruflich in der Kirche tätigen Frauen Wünsche in Bezug auf eher traditionelle religiöse Elemente mit solchen nach einem „neuen", „veränderten" geistlichen Leben in der Kirche zahlenmäßig etwa die Waage. Besonders oft werden von diesen berufstätigen Frauen Vorstellungen formuliert, in denen es um eine „frauenfreundliche Kirche" auch im gottesdienstlichen Bereich geht - in der Sprache wie in der Auswahl von Texten, in Predigten und liturgischen Formen. Daß Bezugnahmen auf die Lebenswelt von Menschen in ihrer Wunschkirche ebenfalls große Bedeutung hat, sei noch angemerkt, ebenso wie die Tatsache, daß diese Wunschvorstellungen für eine größere Zahl dieser Befragten auch Elemente von Gleichberechtigung explizit einschließt. Daß Frauen selbst für diese Befragten besonders häufig in den Blick kommen, wo es um Schritte zur Verwirklichung dieser Wunschkirche geht, kann als Hinweis darauf betrachtet werden, daß sie die eigenen Kräfte durchaus nicht geringschätzen.

Wie ernst es diesen beruflich in der Kirche tätigen Frauen mit ihrem Wunsch nach Verbesserung der Situation von Frauen in der Kirche ist, das wird auch in den zum Stichwort „Frau und Kirche" formulierten Assoziationen erkennbar: In dieser Teilgruppe gibt es eine deutliche Mehrheit, die ein solches Anliegen unterstützt, und viele dieser Befragten zeigen in ihren Äußerungen ein hohes Maß an persönlicher Betroffenheit - Hoffnung, Wut, Enttäuschung oder Resignation. Zwar finden sich

auch unter diesen Berufstätigen zahlreiche Frauen, bei denen das Thema offenbar Unbehagen auslöst. Starke, erkennbar emotional gefärbte Ablehnung wird jedoch in dieser Teilgruppe nur selten spürbar.
Dieser Eindruck wird noch verstärkt durch die Reaktionen dieser Frauen auf den im Fragebogen präsentierten „Forderungskatalog": Fast allen dort genannten Punkten - der gleichberechtigten Beteiligung von Frauen an kirchenleitenden Positionen, dem Bemühen, den Männern die ‚dienenden Arbeiten' nicht mehr so selbstverständlich abzunehmen, aber auch Wünschen nach einer Frauen und Männer einbeziehenden Sprache und nach stärkerer Berücksichtigung biblischer Frauengeschichten - wird seitens dieser Frauen in kirchlichen Berufen ein erheblich höheres Maß an Unterstützung zuteil, als dies in den Antworten der Ehrenamtlichen und der Frauen ohne besonderes Amt in der Kirche zum Ausdruck kommt. Dieses Bild wiederholt sich, wo es um die Einrichtung einer Gleichstellungsstelle und - vor allem - um die Einführung einer Quotenregelung geht. Die letztgenannte Forderung berührt ja auch unmittelbar das von Frauen dieser Teilgruppe immer wieder mit großem Nachdruck formulierte Problem mangelnder Gleichberechtigung, insbesondere, was den Zugang von Frauen zu kirchlichen Leitungspositionen betrifft.

Die Frauenbefragung bietet über diese pauschale Skizzierung der Erfahrungen beruflich in der Kirche tätiger Frauen hinaus die Möglichkeit, zumindest ansatzweise auf Besonderheiten hinzuweisen, die Frauen bestimmter *Berufsgruppen* in ihrem Umgang mit den angeschnittenen Fragen aufweisen. Einige der im Rahmen der Detailanalysen erzielten Resultate seien hier kurz zusammengefaßt:

Die befragten *Pastorinnen* und *Diakoninnen* lassen an vielen Stellen erkennen, daß sie sich besonders intensiv mit den anstehenden Fragen beschäftigt haben bzw. daß es ihnen besonders wichtig ist, im Rahmen dieser Umfrage hierzu Stellung zu nehmen: So machen sie beispielsweise in besonders großer Zahl Aussagen über ihre Wunschkirche sowie zu positiven wie negativen Erfahrungen in und mit der Kirche.
Vor allem Pastorinnen sprechen dabei oft von „mangelnder Gleichberechtigung". Ebenso wie die Diakoninnen sind sie besonders skeptisch, wenn es um berufliche Aufstiegsmöglichkeiten für Frauen in der Kirche geht. Dem entspricht, daß Frauen aus beiden Berufsgruppen der Einrichtung einer Gleichstellungsstelle ebenso wie der Einführung einer Quotenregelung für Frauen in der Kirche mit weit überdurchschnittlicher Häufigkeit zustimmen.
Diakoninnen achten vergleichsweise häufig darauf, inwieweit sie als Frauen sich in dieser Kirche mit ihren Fähigkeiten einbringen können; einige von ihnen berichten in diesem Zusammenhang spontan von positiven Ergebnissen; nicht wenige jedoch äußern sich in dieser Hinsicht enttäuscht. Zu einem solchen eher negativen Ergebnis kommen an anderer Stelle auch die befragten Pastorinnen.
Frauen aus diesen beiden Berufsgruppen haben weiter gemeinsam, daß sie, wenn es um positive Erfahrungen geht, sehr oft auf die „besonderen Möglichkeiten" hinweisen, die sie - im Unterschied zu Männern - bei der Wahrnehmung ihrer Aufgaben in der Kirche haben; nicht selten bringen Befragte in diesem Zusammenhang die Überzeugung zum Ausdruck, daß Frauen besonders gute Voraussetzungen mitbringen, um in Gemeinden Beziehungen aufzubauen, daß sie in seelsorgerlichen Gesprächen verhältnismäßig leicht Kontakt herstellen können und - auf Grund fehlender Festlegung auf eine männlich geprägte Amtsrolle - insgesamt eher in der Lage sind, Veränderung in Gang zu bringen.

Unter den Positiv-Voten der befragten Diakoninnen finden sich auffallend oft Hinweise auf erlebte „Schwesterlichkeit von Frauen untereinander".

Sozialpädagoginnen / Sozialarbeiterinnen orientieren sich anscheinend relativ seltener als andere in der Kirche beruflich tätige Frauen an einer gemeindlichen Bezugsebene; die meisten von ihnen sind beruflich auf einer übergemeindlichen Ebene oder in besonderen Einrichtungen tätig. Wo es um Vorstellungen von der eigenen Wunschkirche und um die zu ihrer Verwirklichung notwendigen Veränderungen geht, da haben sich diese Frauen aber besonders engagiert in die Befragung eingebracht. Mit Pastorinnen und Diakoninnen teilen sie eine ausgesprochen kritische Sicht der Kirche als „Arbeitgeberin" und ein ausgeprägtes Bewußtsein, was die Diskriminierung von Frauen im Rahmen ihrer beruflichen Arbeit betrifft. Wie Pastorinnen und Diakoninnen plädieren sie mit Nachdruck für die Einrichtung einer Gleichstellungsstelle und für die Einführung einer Quotenregelung für Frauen in der Kirche. Ebenso wie Frauen dieser beiden anderen Berufsgruppen beschreiben sie besonders oft Probleme in der beruflichen Zusammenarbeit mit Männern und in der Arbeit in Gremien. Gemeinsam ist den Befragten aus diesen drei Teilgruppen schließlich auch der dringende Wunsch nach einer Veränderung von Arbeitsbedingungen, um Frauen den beruflichen Aufstieg in der Kirche zu erleichtern.

Die an der Erhebung beteiligten *Kirchenmusikerinnen* zeigen nur an wenigen Stellen größere Abweichungen von der Gesamtheit der beruflich in der Kirche tätigen Befragten. Sie haben auffallend häufig auf eine Beantwortung der Fragen verzichtet, die gezielt auf „Frauen, die einen Beruf in der Kirche ausüben" gerichtet waren, ein Ergebnis, das angesichts der großen Zahl von nur stundenweise Beschäftigten in dieser Teilgruppe nicht überrascht. Daß dieser Befund nicht gleichbedeutend ist mit mangelndem Interesse am kirchlichen Geschehen, wird an anderer Stelle deutlich: Diese Frauen haben - ähnlich wie Pastorinnen, Diakoninnen und Sozialpädagoginnen / Sozialarbeiterinnen - herausragend häufig und ausführlich Vorstellungen bezüglich der von ihnen gewünschten Kirche geäußert.
Von positiven Erfahrungen, wo es darum geht, die eigene Fähigkeiten als Frau in die berufliche Arbeit einzubringen, berichten neben Kirchenmusikerinnen besonders häufig auch Erzieherinnen, Sozialpädagoginnen / Sozialarbeiterinnen, Gemeindeschwestern und Küsterinnen. Vor allem die Antworten von Erzieherinnen und Kirchenmusikerinnen lassen ferner erkennen, daß sie ihre Fachkompetenz oft auch noch in ehrenamtliches Engagement in Kirche und Gemeinde einbringen.

Die befragten *Küsterinnen* machen ebenfalls in großer Zahl Angaben über ehrenamtlich im kirchlichen Bereich wahrgenommene Aufgaben, wobei sie - ähnlich wie ein größerer Teil der *Pfarrsekretärinnen* - offenbar nicht selten jeweils dort eingesetzt werden, wo gerade Arbeiten zu erledigen sind; daneben werden von Frauen aus diesen beiden Berufsgruppen offenbar relativ häufig Aufgaben im Besuchsdienst und in der Arbeit mit älteren Menschen ehrenamtlich übernommen.
Zu eigenen Erfahrungen mit der Kirche im allgemeinen und speziell im Rahmen ihrer Berufsausübung haben die befragten Küsterinnen in vergleichsweise großer Zahl nicht im einzelnen Stellung genommen. Möglicherweise ist dieser Befund - wie bei den Kirchenmusikerinnen - im Zusammenhang mit ihrem oft nur stundenweisen Einsatz zu sehen. Im Blick auf die „Zusammenarbeit mit Männern" äußern sich Küsterinnen dennoch vergleichsweise sehr positiv.
Eine ähnliche Tendenz zeichnet sich in den Antworten der befragten Gemeindeschwestern / Mitarbeiterinnen in Diakoniestationen ab, ebenso bei Angestellten in

der kirchlichen Verwaltung und, wenngleich weniger deutlich, bei Pfarrsekretärinnen.
Zu berichten ist schließlich noch von einigen Ergebnissen, die die im kirchlichen Dienst tätigen *Erzieherinnen* betreffen: Frauen aus dieser Berufsgruppe weisen in dieser Umfrage auffallend oft darauf hin, daß sie nicht an Entscheidungen beteiligt werden, die ihren Arbeitsbereich betreffen. Zugleich unterstützen auch sie in relativ großer Zahl Forderungen nach strukturellen Maßnahmen zur Verbesserung der Situation von Frauen in der Kirche - nämlich nach Einrichtung einer Gleichstellungsstelle und nach Einführung einer Quotenregelung.

9.2.4 Frauen, die sich auf einen Beruf in der Kirche vorbereiten

Der Frauenfragebogen wurde nicht nur von Frauen beantwortet, die bereits einen Beruf in der Kirche ausüben. Beteiligt haben sich auch - meist jüngere - Befragte, die sich zum Erhebungszeitpunkt auf einen solchen Beruf vorbereitet haben.
Überwiegend handelte es sich dabei um Theologiestudentinnen oder Vikarinnen, also um Frauen, die sich mit dem Gedanken trugen, Pastorin oder Religionslehrerin zu werden. Frauen, die damals gerade ein religionspädagogisches Studium mit dem Berufsziel Diakonin absolvierten, sind ebenfalls in größerer Zahl in der Umfrage vertreten.
Die Ausbildungsgänge, die diese Befragten durchlaufen, zielen also mehr oder weniger eindeutig auf bestimmte kirchliche Arbeitsfelder. Daneben ergeben sich aus den Antworten dieser Frauen auch Hinweise auf unmittelbare Kontakte zu Kirche und Gemeinde. Von ehrenamtlichem Engagement - sehr oft im Bereich der Kinder- und Jugendarbeit - ist hier ebenso zu sprechen wie von der Teilnahme am Gottesdienst und / oder an kirchlichen Kreisen und Gruppen.

Frauen, die sich zum Erhebungszeitpunkt in Ausbildung auf einen Beruf in der Kirche befanden, haben sich offenbar besonders um sorgfältige, ausführliche und differenzierte Beantwortung der gestellten Fragen bemüht: Fast immer ist die Zahl fehlender Antworten in dieser Teilgruppe besonders gering.
Auch in inhaltlicher Hinsicht gibt es eindeutige Tendenzen: Diese noch in beruflicher Ausbildung stehenden, überwiegend recht jungen Frauen äußern sich in den meisten Punkten besonders kritisch. Sie achten sehr genau darauf, wie es in den Erfahrungsbereichen, die hier angesprochen sind, um die Gleichberechtigung von Frauen bestellt ist. Wo es darum geht, Erfahrungen als Frau in der Kirche zu beschreiben, überwiegen die Negativ-Voten: Fehlende Gleichberechtigung, mangelnde Anerkennung der eigenen Person und der geleisteten Arbeit sowie der Arbeit von Frauen insgesamt, auch Enttäuschung darüber, daß Veränderungen nicht oder doch nur langsam in Gang kommen - Stichworte dieser Art begegnen uns im Katalog der Negativ-Erfahrungen, wie er von diesen Frauen zusammengestellt wurde, besonders häufig. Auch dort, wo von ehrenamtlichem Engagement in der Kirche berichtet wird, machen diese in Ausbildung befindlichen Frauen öfter als andere kritische Anmerkungen, stellen beispielsweise die Möglichkeit in Frage, eigene Fähigkeiten in die Arbeit einzubringen und über Art und Umfang der Mitarbeit zu entscheiden; sie äußern sich vergleichsweise kritisch über die Zusammenarbeit mit Pastoren und anderen Hauptamtlichen und über die eigene Beteiligung an Information, Diskussion und Entscheidungsprozessen, und sie bringen in besonders großer Zahl Zustimmung zu dem Satz „Frauen dienen - Männer leiten" zum Ausdruck.

Gleichzeitig finden sich in dieser Teilgruppe aber auch relativ viele positive Hinweise auf erlebte Anerkennung und gute Erfahrungen von Schwesterlichkeit mit anderen Frauen. Vergleichsweise viele in Ausbildung auf einen Beruf in der Kirche stehende Frauen berichten von „Neuanfängen" und ihnen hoffnungsvoll erscheinenden „Aufbrüchen". Auch selbstbewußte Feststellungen, in denen von „besonderen Möglichkeiten der Frauen", ihren kirchlichen Aufgaben gerecht zu werden, die Rede ist, begegnen uns in dieser Befragtengruppe relativ häufig. Assoziationen zum Thema „Frau und Kirche", von diesen Befragten in ausnehmend großer Zahl zu Papier gebracht, signalisieren überwiegend Unterstützung für das mit dieser Befragung verbundene Anliegen: Nicht selten verknüpfen sich auch für diese - überwiegend jungen - Frauen damit Gefühle von Hoffnung; häufiger als andere Befragte reagieren sie aber auch zornig oder enttäuscht, oder in ihren Antworten mischen sich Aufbruchshoffnung mit Zeichen von Resignation.

Kaum eine dieser in einer kirchlichen Ausbildung stehenden Frauen hat darauf verzichtet, die eigene Wunschkirche zu beschreiben. Hinsichtlich der drei in diesem Zusammenhang insgesamt am häufigsten angesprochenen Merkmalen - ihre soziale und religiöse Ausgestaltung sowie ihren Bezug zur Lebenswelt betreffend - unterscheiden sich die hier geäußerten Vorstellungen von jenen der bereits beruflich in der Kirche tätigen Frauen nur in einem Punkt: Neue, „zeitgemäßere" Formen im religiösen Bereich sind für die noch in Ausbildung stehenden, überwiegend jungen Frauen offenbar noch wichtiger als für die bereits in kirchlichen Berufen tätigen Befragten; wieder werden hier oft Vorstellungen einer „frauenfreundlichen Kirche" und großes Interesse an feministischer Theologie zum Ausdruck gebracht. Damit einher geht in dieser Teilgruppe der ganz besonders nachdrücklich vorgetragene Wunsch nach Gleichberechtigung. Und schließlich zeichnet sich die von diesen in einer kirchlichen Ausbildung stehenden Befragten gewünschte Kirche auch aus durch die mehrfach geäußerte Forderung nach Stellungnahmen zu sozialen und politischen Themen. Daß auch gute Zusammenarbeit und der Abbau von Hierarchie für viele dieser Befragten zu den Kennzeichen ihrer Wunschkirche gehören, sei ebenfalls erwähnt.

Im Zusammenhang der Frage, wer Veränderungen der Kirche in der beschriebenen Richtung in Gang setzen könnte, richten sich Erwartungen und Hoffnungen dieser in Ausbildung auf einen kirchlichen Beruf befindlichen Befragten in ganz besonderem Maß auf Frauen. Daneben sollen freilich auch kirchliche Leitungsgremien ihren Beitrag dazu leisten, daß die Wunschkirche dieser Frauen, die in der Zukunft voraussichtlich ihren Beruf in der Kirche ausüben wollen, Wirklichkeit werden kann.

Sehr nachdrücklich werden denn auch Forderungen unterstützt, die zur Verbesserung der Situation von Frauen in der Kirche beitragen können: Gleichberechtigte Beteiligung an kirchenleitenden Positionen, das Bemühen, Männern die ‚dienenden Aufgaben' nicht mehr so selbstverständlich abzunehmen, aber auch der Gebrauch einer Sprache, die Frauen und Männer einbezieht - solche Maßnahmen finden in dieser Teilgruppe fast uneingeschränkte Zustimmung. Auch von der Schaffung einer Gleichstellungsstelle versprechen sich diese meist jungen Frauen offenbar noch mehr als andere Befragte; und schließlich ist auch die Zahl derjenigen, die einer Quotenregelung für Frauen in der Kirche ausdrücklich widersprechen, hier besonders gering.

9.3. „Frauen und Kirche" - aus der Perspektive unterschiedlicher Lebenssituationen

Unterschiedliche Lebenssituationen beeinflussen offenbar zum Teil recht nachhaltig, wie Frauen Kirche und Gemeinde erleben und welche Erfahrungen sie mit ihrem persönlichen Engagement in diesem Bereich machen. Zwar läßt sich, wie die Befunde zeigen, kaum je sagen, daß bestimmte Erfahrungen, Wünsche oder Forderungen ausschließlich für bestimmte Teilgruppen zutreffen bzw. von Frauen in bestimmten Lebenssituationen überhaupt nicht zum Ausdruck gebracht würden. Unterschiede in der Gewichtung der verschiedenen Erfahrungen und Vorstellungen sind aber an manchen Stellen deutlich erkennbar. Sie sollen zum Schluß noch etwas genauer herausgearbeitet werden. Dabei ist es angesichts der Fülle von Detailergebnissen, die im Zuge der Auswertung zusammengetragen wurden, nicht möglich, alle im Bericht genannten Aspekte noch einmal aufzunehmen; vielmehr soll versucht werden, einige übergreifende Muster zu entdecken und zu beschreiben.

An vielen Stellen dieses Berichts wird deutlich, daß Frauen unterschiedlichen *Lebensalters* die ihnen gestellten Fragen in unterschiedlicher Weise beantworten.
Das Merkmal Lebensalter weist einerseits auf die Zugehörigkeit der Befragten zu unterschiedlichen Frauengenerationen hin; Frauen, die in den zwanziger oder dreißiger Jahren dieses Jahrhunderts geboren und aufgewachsen sind, haben wahrscheinlich in vieler Hinsicht anders geartete Prozesse familiärer, schulischer und beruflicher Erziehung und Bildung durchlaufen als diejenigen, deren Kindheit und Jugend im Zweiten Weltkrieg oder in der unmittelbaren Nachkriegszeit lag; ihr Sozialisationshintergrund wiederum dürfte sich deutlich von jenem unterscheiden, der die in den sechziger oder siebziger Jahren geborenen Frauen geprägt hat. Im Zusammenhang der in dieser Frauenbefragung angeschnittenen Thematik ist dabei vor allem die in der Gesellschaft und Kirche vermittelte Frauenrolle wichtig. Verbesserungen im Bereich schulischer und beruflicher Bildung und häufigere Aufnahme außerhäuslicher Berufstätigkeit bei gleichzeitiger Wahrnehmung einer Familienrolle - oder aber bei bewußtem Verzicht auf eine solche - sind in diesem Zusammenhang ebenso bedeutsam wie Wandlungsprozesse im kirchlichen Leben, nicht zuletzt im Blick auf die dort von Frauen beruflich wie ehrenamtlich geleistete Arbeit.
Das Merkmal Lebensalter gibt andererseits in gewissem Umfang Hinweis auf die Lebensphase, in der sich einzelne Frauen in einem bestimmten Zeitpunkt befinden. Im Blick auf die in der Frauenbefragung verwendeten Altersklassen liegt es nahe, an folgende Lebenssituationen zu denken: Junge Frauen unter 20 Jahren sind mit relativ hoher Wahrscheinlichkeit noch in die elterliche Familie sowie in schulische Zusammenhänge eingebunden; die meisten von ihnen beginnen gerade erst, eine eigene Identität „als Frau" zu entwickeln; zwischen 20 und 30 Jahren absolvieren die meisten Frauen eine Berufsausbildung, sammeln erste Berufserfahrungen und bauen Partnerbeziehungen auf; Frauen zwischen 30 und 40 Jahren haben die eigene berufliche Position oft schon stärker ausgebaut; ein Großteil von ihnen lebt mit einem (Ehe-) Partner zusammen, viele haben Kinder geboren und versuchen, ihre Verpflichtungen in Familie und Beruf miteinander in Einklang zu bringen; andere haben sich für einen Rückzug aus dem Erwerbsleben entschieden und nehmen intensiv eine Familien- und Mutterrolle wahr. Die Situation von Frauen zwischen 40 und 50 Jahren läßt sich häufig so beschreiben: Ihre Kinder sind oft schon herangewachsen, beginnen die Elternfamilie zu verlassen; diejenigen Frauen, die bisher viel Zeit und Kraft in familiäre Aufgaben investiert haben, suchen nun oft neue Orientierung in beruflicher oder ehrenamtlicher Arbeit; andere blicken inzwi-

schen auf eine langjährige Berufspraxis zurück; manche von ihnen leben weiterhin allein, in einer Reihe von Fällen ist eine Partnerschaft zerbrochen. Diese Lebenssituation setzt sich im darauffolgenden Jahrzehnt fort; oft wird sie durch die Wahrnehmung einer Großmutter-Rolle ergänzt. Zwischen dem 60. und 70. Lebensjahr beenden fast alle Frauen, die einen Beruf außer Haus ausgeübt haben, ihre Erwerbstätigkeit; in diesem Lebensabschnitt beginnt die Zahl der Alleinlebenden durch Verwitwung spürbar anzusteigen.

Wie die Auswertung der Frauenbefragung zeigt, gibt es keine durchgängige Grenzlinie, die Frauen mit unterschiedlichen Antworttendenzen voneinander trennt. Die Probleme, um die es hier geht, sind weder als Probleme einer bestimmten Frauengeneration zu beschreiben, noch sind sie auf einen bestimmten Lebensabschnitt begrenzt. Einige Muster treten jedoch immer wieder auf:
- In mehreren Punkten unterscheiden sich jüngere Frauen in ihren Antworten graduell von älteren Befragten; häufig markiert die Zeit um das 40. Lebensjahr eine Art „Schwelle". Sie trennt die nach dem Zweiten Weltkrieg geborenen Frauen von jenen, die in der Vorkriegszeit bzw. während des Krieges geboren sind. Manchmal wird eine solche Schwelle auch durch einen früheren oder späteren Zeitpunkt im Leben der befragten Frauen markiert. Und oft ist überhaupt keine derartige „Trennlinie" zu erkennen, die Antworten verändern sich eher stufenlos und kontinuierlich von einer Altersgruppe zur nächsten.
- An anderen Stellen sind es die Befragten mittleren Alters, also Frauen in den dreißiger und vierziger Jahren, deren Antworten sich auffallend sowohl von denen der jüngeren als auch der älteren Befragten unterscheiden.

In Erfahrungsberichten jüngerer Frauen ist - im Vergleich zu Antworten der älteren - seltener von positiven und häufiger von negativen Erfahrungen mit der Kirche im allgemeinen die Rede. Ältere Frauen weisen, wenn sie positive Erfahrungen beschreiben, besonders oft auf die „gute Gemeinschaft" hin, die sie in der Kirche erleben; Anerkennung und Akzeptanz werden von Frauen etwa ab 40 Jahren vergleichsweise häufig positiv registriert.

Jüngere Frauen, die als *ehrenamtliche* Mitarbeiterinnen in der Kirche tätig sind, äußern sich seltener als ältere davon überzeugt, daß sie ihre Fähigkeiten in diese Arbeit einbringen können und gute Möglichkeiten haben, selbst über Art und Umfang ihres Engagements zu entscheiden. Der Satz „Frauen dienen - Männer leiten" entspricht häufiger der Wahrnehmung dieser jüngeren Ehrenamtlichen.

Ähnliche Unterschiede gibt es, wenn *beruflich* in der Kirche tätige Frauen unterschiedlichen Alters von ihren Erfahrungen berichten: Auch hier äußern sich jüngere Frauen deutlich kritischer als ältere - gleichgültig, ob es um Auswirkungen der in der eigenen Ortsgemeinde gesammelten Erfahrungen im allgemeinen geht oder um spezifische Erfahrungen im Zusammenhang der beruflichen Arbeit: Verstärkte Kritik seitens dieser jüngeren Berufstätigen wird bezüglich der Wahrnehmung einer Arbeitgeberin-Rolle durch die Kirche ebenso laut wie dort, wo es um Möglichkeiten geht, die eigenen Fähigkeiten als Frau in die Arbeit einzubringen, um Informations- und Entscheidungsbeteiligung oder Gremienarbeit. Verbesserungen im Blick auf beruflichen Aufstieg für Frauen werden von diesen jüngeren Befragten wesentlich häufiger eingeklagt, sie fordern besonders eine Veränderung von Arbeitsbedingungen, verstärkte Angebote im Fortbildungsbereich und ein „Umdenken der Männer", aus dem für Frauen neue Chancen erwachsen sollen.

Ältere Frauen erleben ihre Ortsgemeinde eher als „kirchliche Heimat", und wenn sie in diesem Zusammenhang das Thema „Frauen" ansprechen, dann oft, um ganz einfach zu konstatieren, die Gemeinde sei eben überwiegend „Frauensache". Wo jüngere Frauen die eigene Gemeinde unter einer solchen „Frauenperspektive" betrachten, da spielt das Stichwort „Gleichberechtigung" eine größere Rolle - meist verbunden mit dem Hinweis auf vorhandene Defizite. Häufiger als ältere Befragte haben jüngere z.b. den Eindruck, in der Kirche würden Frauenthemen und -anliegen ebensowenig berücksichtigt wie die besondere Lebenssituation von Frauen.

Generell ist festzustellen: Jüngere Frauen insgesamt, besonders aber jene „in den Dreißigern" nehmen die Frage nach Negativ-Erfahrungen zum Anlaß, um ihre Kritik an mangelnder Gleichberechtigung in der Kirche zum Ausdruck zu bringen.

In ihren Assoziationen zu „Frau und Kirche" machen jüngere Frauen ihr Anliegen, Veränderungen herbeizuführen, die Frauen in der Kirche mehr Raum geben, ihnen mehr Beteiligung einräumen, in weit größerer Zahl deutlich als ältere Befragte. Diese jungen Frauen signalisieren Hoffnung auf mögliche Veränderung, aber auch Enttäuschung, Zorn und Ärger über wahrgenommene Benachteiligung und Zurücksetzung.

Besonders bei den *beruflich* in der Kirche tätigen Frauen zeichnet sich folgender Prozeßverlauf ab: Von den 21- bis 40jährigen Frauen dieser Teilgruppe werden in auffallend großer Zahl Antworten formuliert, in denen sich Resignation mit (noch) fortbestehender Hoffnung verbindet; schon unter den Dreißigjährigen scheint solche Hoffnung nicht selten an ihr Ende gekommen: Unter Frauen zwischen 31 und 60 Jahren gibt es vergleichsweise große Anteile von Antwortenden, die nur noch Resignation und fehlende Hoffnung auf positive Entwicklungen erkennen lassen.

Daß dieser Zeitraum zwischen 30 und 40 Jahren eine kritische Phase im Umgang mit dem Thema „Frau und Kirche" darstellt, wird auch an anderen Stellen sichtbar: So haben die 30- bis 40jährigen insgesamt bemerkenswert viele Aussagen formuliert, in denen von Schwesterlichkeit und gutem Kontakt zu anderen Frauen die Rede ist. Wieder sind es vor allem die in der Kirche beruflich tätigen Frauen dieses Alters, die nicht selten erfreut von einem sich abzeichnenden „Aufbruch" berichten, von Signalen, die darauf hindeuten, daß sich die Situation für Frauen in der Kirche verbessern könnte. Zugleich ist gerade unter den jüngeren Frauen die Zahl derjenigen hoch, die das Ausbleiben solcher Veränderung beklagen.

In der Beschreibung ihrer Wunschkirche thematisieren jüngere Frauen häufiger als ältere soziale Aspekte, und sie schließen nicht selten auch kirchliche Stellungnahmen zu sozialen und politischen Themen in ihr Wunschbild ein; religiöse Fragen werden von ihnen in diesem Zusammenhang insgesamt seltener angesprochen, jedoch begegnet uns in ihren Antworten vergleichsweise oft der Wunsch nach zeitgemäßen - und das heißt für sie oft explizit: frauengemäßen - religiösen Formen.

Jüngere Frauen äußern sich besonders zahlreich zu den von ihnen gewünschten Veränderungen; sie unterstützen wesentlich häufiger als ältere die in der Umfrage genannten Forderungen nach Beteiligung von Frauen an kirchenleitenden Positionen, nach einer Veränderung der Arbeitsteilung zwischen Männern und Frauen, wo es um die Wahrnehmung ‚dienender Aufgaben' geht. Besonders Befragte zwischen 31 und 40 Jahren sind offenbar sehr sensibel im Blick auf sprachliche Ausgrenzung von Frauen und fordern hier dringend Veränderung. Auch strukturelle Maßnahmen zur Verbesserung der Stellung der Frauen in der Kirche, nämlich die Einrichtung einer Gleichstellungsstelle und die Einführung einer Quotenregelung, werden von jüngeren Frauen mit deutlich größerem Nachdruck unterstützt.

Von diesem Bild abweichende Antwortmuster werden dort sichtbar, wo es um die verstärkte Berücksichtigung biblischer Frauengeschichten und um mehr Schwesterlichkeit unter Frauen geht; diese Forderungen werden auch von älteren Frauen

- insbesondere jenen in der Teilgruppe der ehrenamtlichen Mitarbeiterinnen - mit sehr großem Nachdruck unterstützt.

Neben diesen sehr zahlreich vorhandenen Ergebnissen, die Zusammenhänge zwischen dem Lebensalter der Frauen und ihren Erfahrungen in und mit der Kirche und ihren Vorstellungen und Wünschen für die Zukunft herstellen, enthält die Untersuchung an einigen Stellen auch Hinweise darauf, daß andere Aspekte weiblicher Lebenssituation hier von Bedeutung sein könnten.

Die *familiäre Situation* der befragten Frauen spiegelt sich zumindest punktuell in ihren Erfahrungsberichten: So schildern alleinlebende Frauen mit einem oder mehreren Kindern seltener als andere Befragte positive Erfahrungen mit der Kirche; seltener ist bei ihnen beispielsweise die Rede davon, daß Frauen sich mit ihren Interessen und Fähigkeiten in das kirchliche Leben einbringen können, daß ihnen geeignete Veranstaltungen angeboten werden, daß sie in der Kirche Möglichkeiten finden, sich persönlich weiterzuentwickeln und Gleichberechtigung erfahren.
Frauen mit Kindern - unabhängig davon, ob sie diese allein oder gemeinsam mit einem (Ehe-)Partner versorgen - sprechen in ihren Negativ-Voten häufiger davon, daß sie in der Kirche keine Berücksichtigung ihrer Lebenssituation erfahren.
Ehrenamtliche Mitarbeiterinnen, die mit ihrem (Ehe-)Partner zusammenleben, bringen etwas öfter als andere zum Ausdruck, daß es ihnen an Anerkennung für die in der Kirche geleistete Arbeit fehlt.
Die Antwortenden der alleinlebenden Befragten weichen an einer anderen Stelle merklich vom Gesamtergebnis ab: In ihren Äußerungen über positive Erfahrungen findet sich besonders oft das Stichwort „Gemeinschaft".

Was die ehrenamtlichen Mitarbeiterinnen betrifft, so macht es offenbar in einigen Punkten durchaus einen Unterschied, ob diese Frauen *außerhalb der Kirche beruflich tätig* sind oder ob sie - von ihrem ehrenamtlichen Engagement abgesehen - ihre Zeit ausschließlich für familiäre Aufgaben verwenden. Während die Zahl der ersteren unter den jüngeren Ehrenamtlichen - etwa bis zum 50. Lebensjahr - relativ hoch ist, gibt es unter älteren Frauen, die ehrenamtlich in der Kirche engagiert sind, nur wenige im außerkirchlichen Bereich beruflich tätige Frauen.
Die Auswertung zeigt, daß Frauen, die einen Beruf außerhalb der Kirche ausüben, im kirchlichen Bereich besonders oft ehrenamtliche Leitungsämter innehaben; ihr zeitlicher Einsatz für ehrenamtliche Arbeit ist eher etwas geringer als der von nicht berufstätigen Ehrenamtlichen; und sie sind auffallend gut in der Lage, das Ausmaß dieses Engagements selbst einzuschätzen.
Diese berufstätigen Frauen machen in vergleichsweise großer Zahl Angaben zu negativen Erfahrungen im kirchlichen Bereich. Häufiger als Frauen, die neben ihrem ehrenamtlichen Engagement in der Kirche keinen Beruf außerhalb des Hauses ausüben, berichten sie von fehlender Gleichberechtigung, mangelnder Berücksichtigung von Frauenthemen und von besonderen Lebenssituationen von Frauen. Sie sind vergleichsweise skeptischer, was die Möglichkeit betrifft, eigene Fähigkeiten in kirchliches Engagement einzubringen und selbst über Art und Umfang dieses Engagements zu entscheiden. Mangelnde Anerkennung dagegen scheint für diese Frauen eher ein geringeres Problem zu sein.

Was besagen all diese Befunde? Zweifellos deuten sie darauf hin, daß die unterschiedlichen Erfahrungen in und mit der Kirche, von denen Frauen berichten, ihre unterschiedlichen Kirchenbilder und ihre je verschiedene Art und Weise des Umgangs mit dem Thema „Frauen und Kirche" sehr viel mit den Frauen selbst zu tun haben, mit ihrer Lebensgeschichte und ihrer jeweils konkreten Lebenssituation. Die Frauenbefragung war als beschreibende Studie angelegt; sie zielte nicht darauf ab, einen weiterführenden Beitrag zum theoretischen Wissensbestand der sozialwissenschaftlichen Frauenforschung zu leisten. Dennoch sind diese differenzierenden Befunde geeignet, die Hypothesenbildung in diesem Bereich zu unterstützen, indem sie dazu anregen, eine Reihe von Fragen zu formulieren:

So wäre beispielsweise zu fragen, ob es sich bei den beschriebenen Unterschieden zwischen älteren und jüngeren Frauen eher um Generationsunterschiede handelt oder ob sich hierin die in verschiedenen Phasen des Frauenlebens gesammelten Erfahrungen abbilden. Möglicherweise überlagern sich in diesen Befunden Generationsunterschiede mit Erfahrungen, die Frauen unterschiedlichen Alters in ihrem Leben in Kirche und Gemeinde sammeln konnten, vielleicht aber auch mit dem Grad an bereits geleisteter Auseinandersetzung mit der eigenen Frauenrolle.

Auch die Beschreibung von Unterschieden zwischen Frauen, die - als ehrenamtlich in der Kirche tätige - beruflich im außerkirchlichen Bereich beschäftigt sind, und anderen, die sich neben ihrem ehrenamtlichen Einsatz ausschließlich Aufgaben in Bereich von Familie und Haushalt widmen, wirft neue Fragen auf. Sind die in unterschiedlicher Weise beschriebenen Erfahrungen, ihre unterschiedlichen Formen kirchlichen Engagements, ihre unterschiedliche Art des Umgangs mit dem Thema „Frau und Kirche" unmittelbare Folge unterschiedlicher Erfahrungen in außerkirchlichen Lebensbereichen? Wie kommen solche Auswirkungen zustande? Wovon hängen sie möglicherweise ab? Mit großer Wahrscheinlichkeit spiegeln sich in diesen Befunden wiederum auch Zusammenhänge mit dem Lebensalter. Welche Prozesse laufen hier im einzelnen ab?

Und schließlich - und nicht zuletzt: Welche Rolle spielen die in verschiedenen Lebensphasen von den Frauen im Bereich von Haushalt und Familie gesammelten Erfahrungen? Die Befragten haben mehrfach nachdrücklich darauf hingewiesen, wie wichtig dieser Lebensbereich für sie ist und wie schwierig zugleich seine Verknüpfung - mit beruflicher Arbeit wie auch mit ehrenamtlichem Engagement.

Auch wenn somit am Ende dieser Auswertung viele Fragen offenbleiben müssen, so leistet diese Frauenbefragung doch zweierlei: Sie dokumentiert in eindrucksvoller Weise, welche „Bewegung" unter den kirchlich interessierten und engagierten Frauen entstanden ist. Und sie zeigt detailliert auf, welcher Spannungsbogen sich auch in der Kirche aufgebaut hat, zwischen Frauen, die sich - mit unterschiedlichen Graden persönlicher Entschiedenheit und Entschlossenheit - für Veränderungen einsetzen, um Frauen neue Möglichkeiten gleichberechtigter Teilhabe am kirchlichen Leben zu eröffnen, und anderen, die solche Veränderungen mit Skepsis oder Sorge betrachten und deren Realisierung sehr überzeugt und nachdrücklich verhindern möchten. Deutlich wird auch, daß viele Frauen diese Spannung zugleich in sich selbst empfinden - zwischen Freude an der Arbeit - auch und gerade in der Kirche - und dem Ärger über erlebte Benachteiligung, zwischen Engagement und Enttäuschung.

Diese beiden Elemente - Spannung und Bewegung - sind Teil der Wirklichkeit, in der Frauen heute in der Kirche leben und in der damit auch die Kirche selbst lebt.

Nachwort

Am Ende dieses Berichts sei uns, die wir nun über mehrere Jahre an der Auswertung dieser Frauenbefragung gearbeitet haben, ein persönliches Wort gestattet, denn wir haben diese Arbeit in mehrfacher Hinsicht als etwas Besonderes erlebt.
Ein Teil dieser Besonderheiten war methodischer Art: Es ist in der empirischen Forschung ganz und gar nicht üblich, eine Befragung für eine nicht exakt zu definierende Personengesamtheit zu konzipieren; die Einladung zur Frauenbefragung wandte sich an alle Frauen, die am Thema „Frau und Kirche" interessiert waren! Und: Trotz einer sehr großen Zahl zu Befragender wurden überwiegend offene Fragen gestellt; jede einzelne Frau sollte die Möglichkeit haben, die ihr persönlich wichtigen Aspekte zur Sprache zu bringen.
Eine andere Besonderheit lag in der Thematik dieser Frauenbefragung: Viele Befragte haben deutlich gemacht, daß das Thema „Frauen und Kirche" für sie existentiell wichtig ist. Nicht nur für die Antwortenden aber gilt solche Betroffenheit; auch wir selbst als Bearbeiterinnen standen diesem Forschungsgegenstand nicht distanziert gegenüber; die angeschnittenen Fragen waren immer auch unsere Fragen, die benannten Probleme oft auch unsere Probleme.

Damit hat uns diese Frauenbefragung vor schwierige Aufgaben gestellt:
- Immer wieder mußte verdeutlicht werden, daß die Antwortenden nicht die Gesamtheit evangelischer Frauen repräsentieren. Obwohl das Projektinteresse von vornherein auf kirchlich interessierte und engagierte Frauen gerichtet war, bedurfte ein solches Vorgehen zusätzlicher Legitimation.
- Um diesem Charakter eines im statistischen Sinn nicht „repräsentativen" Projekts gerecht zu werden, haben wir uns bemüht, unterschiedlichen Einzelvoten und ihrer Bündelung zu umfassenderen Antwortkategorien möglichst viel Raum zu geben. Dennoch wollten wir auf tabellarische Übersichten über bestimmte „Häufigkeiten" nicht verzichten; nur nämlich lassen sich Aussagen, denen in der Befragtengesamtheit eher marginale Bedeutung zukommt, von anderen unterscheiden, die Erfahrungen und Vorstellungen sehr vieler Frauen zum Ausdruck bringen.
- Die Auswahl der Zitate fiel uns oft nicht leicht: Sollte eine bestimmte Antwort unbedingt aufgenommen werden, weil sie geeignet schien, ein wichtiges Detail in der Wahrnehmung von Frauen sichtbar zu machen, oder war besser darauf zu verzichten - zugunsten leichterer Lesbarkeit und eines besseren Erkennens „großer Linien" in den Befunden? Im Zweifel haben wir uns dafür entschieden, den Leserinnen und Lesern eine größere Zahl von Antwortzitaten zuzumuten, um die unterschiedlichen Sichtweisen möglichst in ihrer ganzen Breite herauszuarbeiten.
- Die wohl größte Schwierigkeit dieser Auswertung bestand in der Fülle und Komplexität des vorliegenden Materials. Die Antworten auf jede einzelne Frage sind vielfältig; Erfahrungsberichte scheinen sich an vielen Stellen zu widersprechen. Was einem Teil der Frauen an ihrer Kirche wichtig ist, spielt für andere kaum eine Rolle. Wo manche Frauen bereit sind, viel Kraft in Veränderung zu investieren, da plädieren andere vehement dagegen. Weder vom methodischen Ansatz des Projekts noch von seiner Intention her schien es uns möglich, diese Komplexität durch Orientierung an „Mehrheitsmeinungen" zu reduzieren. Vielmehr hielten wir es für geboten, erkennbare Unterschiede, Widersprüchlichkeiten, Ambivalenzen als solche zu beschreiben - mit der Folge, daß auch dieser Bericht vielfältig und in seinen Befunden nicht selten uneindeutig, ja widersprüchlich erscheint.

- Auch wir selbst haben während der Arbeit an der Auswertung mit der Betroffenheit gelebt, die die angeschnittenen Fragen bei Frauen auslösen, haben die Spannung empfunden, die wir im schließlich gewählten Titel auszudrücken versuchen. Wir haben uns im Umgang mit den Antworten bemüht, diese Spannung auszuhalten und dabei den uns eher fremden Erfahrungen und Anschauungen ebenso gerecht zu werden wie den uns vertrauten. Wir wollten die Hoffnungen derjenigen Frauen, die mit all ihrer Kraft an einer Veränderung der Kirche arbeiten möchten, ebenso spürbar werden lassen wie die Besorgnisse anderer Frauen, die meinen, solche Ansätze zu erneuerter Gemeinschaft von Frauen und Männern in der Kirche nicht unterstützen zu können.

Nicht immer ging dabei der in einem Fragebogen notierte Wunsch in Erfüllung: *„Nicht zuviel Streß beim Auswerten wünsche ich!"* Angespornt hat uns aber das vielfach signalisierte Interesse: *„Hoffentlich bekommen ‚wir Frauen' das Ergebnis dieser Aktion zu lesen."* Und es freut uns sehr, daß wir dem an anderer Stelle formulierten Wunsch entsprechen können: *„Ich finde dieses Projekt sehr wichtig; hoffentlich macht sich die Auswertung noch vor dem Jahr 2000 bemerkbar!"*

Hannover, im Dezember 1993   **Astrid Hieber**
                                                  Ingrid Lukatis